BERG 2000

Alpenvereinsjahrbuch

Band 124 der «Zeitschrift»

Schutzumschlag (Titel): Die glorreichen Sieben. Im Aufstieg über den Jamtalferner; im Hintergrund die Dreiländerspitze.
Foto: Heinz Zak
Seite 2: Edward Theodore Compton, Piz Buin unterhalb der Schattenlücke. Gouache auf Karton, 1912.
Doppelseite 4/5: Die Stammerspitze aus dem hinteren Val Sinestra.
Foto: Herbert Blank

ALPENVEREINSJAHRBUCH

BERG 2000

Band 124 der «Zeitschrift»

Redaktionsbeirat:
Dr. Peter Grauss, ÖAV
Josef Klenner, DAV
Luis Vonmetz, AVS
Lutz Bormann

Redaktion:
Walter Klier

Herausgegeben vom
Deutschen und Österreichischen Alpenverein
und vom Alpenverein Südtirol
München, Innsbruck, Bozen

Inhalt

In die Fremde – aus der Ferne: Ausland / Expeditionen

Lebendiger Alpenverein

Kartenbeilage: AV-Karte Blatt 26, Silvrettagruppe, 1:25.000, mit Skirouten

Reinhard Walcher, Trendsportarten: Pisting. Pipeing. Boarding. Watching.

Moralische Fragen im Grünen

Der kritische Mensch hat eine neue Kirche. Die Natur ist sein sakraler Raum. Unglücksfälle haben eine klare Funktion: Sie zeigen auf den Schuldigen. Von Stefanie Holzer

DIE «UMWELT» WURDE in den 80er Jahren erfunden. Wo vorher nichts oder nicht sehr viel gewesen war, entdeckte man nach und nach überaus leidensfähige Bestandteile der Natur. Und diese Bestandteile schienen sich wegen der schlechten Behandlung, die der Mensch ihnen angedeihen ließ, dazu zu entschließen, ihren Dienst endgültig aufzukündigen. Nicht nur die rote Waldameise drohte sich zu verabschieden, auch die Gletscher traten metaphorisch in den Hungersteik. Und der Mensch würde in Bälde als Urheber all dieses Übels seine gerechte Strafe präsentiert bekommen.

So in etwa erlebte die Verfasserin die Stimmung in den 80er Jahren. Sie *glaubte* an das Waldsterben. Bei der Beurteilung der allgemeinen Lage – man nahm Bäume wahr, die nicht gesund oder gar gänzlich abgestorben waren – stützte sie sich auf Aussagen von Wissenschaftlern und Experten.

An das Waldsterben zu glauben, setzte zumindest einen geringeren Grad an Entschlossenheit voraus als, zum Beispiel, der Glaube an die 1950 zum Dogma erklärte leibhaftige Himmelfahrt Marias. Aber auch die Katholiken haben auf der Universität ausgebildete Exegeten, die ihnen bescheinigen, daß sie die Welt aus dem richtigen Blickwinkel sehen.

Es scheint, wenn überhaupt, nur wenig zwischen Himmel und Erde zu geben, das nicht irgendein Experte wortreich belegen würde.

Ein vergessenes Untergangsszenario

Beim Waldsterben war die Sache so virulent geworden, daß, zum Beispiel, im Jahr 1982 die «Süddeutsche Zeitung» schrieb: «Der deutsche Wald stirbt.»[1] Dieselbe Zeitung diagnostizierte einen letalen Verlauf der Krankheit: Nach fünf Jahren, also 1987, würde der Wald in Deutschland gestorben sein. Nachweislich ist weder diese noch eine viel geringfügigere Katastrophe eingetreten. Im Gegenteil, der Wald hat sich seither ausgedehnt, und in den Alpen steigt die Waldgrenze.

Für das touristische Tirol ist gegenwärtig eher das Zuwachsen der Almen ein Problem als das Absterben von Bäumen. Das soll nicht heißen, daß der Wald rundum gesund ist. Im Tiroler Waldzustandsbericht des Jahres 1998 wurden für das vorangegangene Jahr 37% des Gesamtwaldes als nicht gesund ausgewiesen. «Dies bedeutet eine Verschlechterung der im Jahre 1995 durchgeführten Inventur. Die Tatsache, daß dabei der Anteil der stark geschädigten Bäume abgenommen hat und die Steigerung des Schädigungsgrades auf die Zunahme der leicht geschädigten Bäume zurückzuführen ist, läßt wohl die Feststellung zu, daß im langjährigen Durchschnitt eine Stabilisierung des Schädigungsgrades eingetreten ist.»[2] Der Waldzustandsbericht über das Jahr 1998 gibt bekannt, daß seit den 60er Jahren die Waldfläche in Tirol einen Zuwachs von 5% verzeichnet, der Holzvorrat um 20% gestiegen ist und der Waldzuwachs 60% beträgt. Für das Jahr 1998 «wurde aufgrund der erfahrungsgemäß geringen Dynamik auf eine eigene Erhebung zum Gesundheitszustand des Tiroler Waldes verzichtet».[3] Die Daten des Vorjahres gelten weiterhin.

Die Hysterie der 80er Jahre hatte zweifellos etwas Gutes zur Folge: Schadstoffemissionen verschiedenster Art wurden reduziert. Merkwürdig ist jedoch, daß die nicht eingetretene Katastrophe nicht auch zwangsläufig ein Ansteigen des Skeptizismus zur Folge hatte. Es wird weiterhin geglaubt – und es ist für alle etwas dabei: Die Klimakatastrophe tritt in den wissenschaftlich untermauerten Apokalypsen abwechselnd deswegen ein, weil es zu heiß und dann wieder weil es zu kalt wird. Einmal schmelzen die Gletscher als Folge des Treibhauseffektes ab, oder aber wir stehen am Beginn einer neuen Eiszeit, weil der Treibhauseffekt uns ein Mehr an Niederschlägen bringen wird.

Heutzutage leidet der Mensch angeblich an Überinformation. Die alleinige Ausrichtung an der Vernunft, und wie die modischen Formulierungen lauten, sei schuld an einer wie immer gearteten seelischen Verkümmerung. Das Gegenteil ist der Fall: Informationen werden nicht aufgenommen, weil lieber geglaubt wird, als daß gedacht würde.

Der kritische Mensch glaubt

Wie süchtig glaubt der moderne Mensch alles, was ihm sein baldiges Ende prophezeit. Und damit nicht genug, er freut sich wollüstig darauf. Als im Sommer 1998 eine Mure die Autobahn bei Franzensfeste verschüttete und dabei deutsche Reisende tötete, fragte der beliebte ARD-Nachrichtensprecher Ulrich Wickert in Südtirol an, ob «der Mensch» schuld an der Mure sei. Als der Sachverständige erklärte, daß Muren in den Alpen an sich nicht weiter ungewöhnlich seien, daß in gewissen Regionen nach starken Regenfällen Muren abgehen,

ohne daß der Mensch seine Finger im Spiel hätte, stand der Vorwurf des Verharmlosens und Abwiegelns im Raum. Man will sich die Allmachtsphantasie, alles zu beeinflussen, um keinen Preis nehmen lassen.
Nach dem Lawinenunglück in Galtür fragte das Wochenmagazin «News» platt: «Wer ist schuld?» Doch das sollte niemanden wundern. Schon vor Jahrzehnten hat Woody Allen festgestellt: «Schuld ist wichtig». Was vor nicht allzu langer Zeit eine «Geißel Gottes» oder «ein unbegreiflicher göttlicher Ratschluß» war, ist heute zum reflexhaften Suchen und automatischen Auffinden des (menschlichen) Verursachers geworden. Unfälle und Naturkatastrophen im Gebirge sind nicht mehr Teil des über die Jahrhunderte kleiner gewordenen Risikos, das das Leben im Gebirge mit sich bringt, sondern sind durch Gewinnsucht und Nachlässigkeit verschuldet. Nach der Katastrophe im Paznauntal fragte ein Wiener Radiojournalist, ob es nicht überhaupt fahrlässig sei, in Galtür zu wohnen. Gesprächsweise schlug er die Entsiedelung des Tales vor. Während noch nach Verschütteten gegraben wurde, fragte man den Bürgermeister von Galtür, wie er sich die kommende Sommersaison vorstelle.

Gottesdienst an der Natur

Moralische Betrachtungsweisen werden auf die Natur übertragen: Von der abstrakten Forderung, daß der Mensch sich stets zu mühen habe, gut zu sein, ist in Zeiten des abnehmenden Glaubens an «ein höheres Wesen» ein diffuses Schuldbewußtsein der Umwelt, «der Natur» gegenüber geblieben. Man selbst fährt selbstverständlich mit dem Auto/dem Flugzeug, wohin man will; die anderen sollen währenddessen zu Hause bleiben oder wenigstens sanften Tourismus machen. Man ist Mitglied bei Greenpeace und beim Alpenverein, ein bißchen in der Art, wie man sich früher einen Ablaß gekauft hat: Der Alpenverein erschließt selbstverständlich nach wie vor Berge für seine Mitglieder, aber wenn eine Seilbahn Schifahrer oder Ausflugsgäste in die Berge bringt, dann handelt es sich hier um eine moralisch mindere Form der Erschließung. Die Natur als sakraler Raum wird dadurch quasi entweiht.
Die Natur in den Alpen läßt nur zwei moralisch einwandfreie Beschäftigungen zu:
Entweder es wird dort bäuerliche Arbeit geleistet, oder aber der von außen kommende Bergsteiger und Bergwanderer nähert sich dem Objekt seiner Begierde mit Respekt. Mitunter mangelt es auch dem Bergsteiger an Einfühlungsvermögen, also stellt seine vereinsmäßig organisierte Vertretung Schilder mit einer Art Gottesdienstordnung auf, die den Bergwanderer an das richtige Benehmen auf Almen und im Gebirge erinnert: «Wegabschneider zerstören die Umwelt.»
Doch auch die bäuerliche Welt, in der der Bauer quasi als Natur-Ministrant agiert, ist nicht immer so, wie sich der Zivilisationsgeplagte das vorstellt: Mitunter beliebt der Bauer, abgesehen von Pülverchen, die er zur Steigerung des Ertrags oder zur Erleichterung seiner Arbeit auf dem Feld ausbringen mag, zuviele Rinder auf eine Weide zu schicken. Das gutmütige Weidevieh, das in geringer Anzahl den Boden festigt, wird bei Bevölkerungsdruck zum verlängerten Arm der rächenden Natur: In den sogenannten Viehgangeln setzt die Erosion an – und der Bauer ist, seiner phantasierten Naturnähe entkleidet, als sündiger Mensch entlarvt.
Die Kritiker des Massentourismus sind moderne Bußprediger. Sie können nicht genug kriegen von den Beweisen der allenthalben anzutreffenden Sünde: Sie fotographieren Straßen, Autobahnbrücken, Hochspannungsleitungen, Staumauern, Hotelkästen, Schneekanonen, Parkgaragen, Pisten, Liftbaustellen, Après-Ski-Schnapsabfüllstationen und natürlich die Blechlawine, die sich in Richtung Alpen wälzt.[4] Diese Bilder halten die Sünden wider die Natur fest. Analog zu den von katholischen Priestern früher in Aussicht gestellten Höllenqualen werden auch die Folgen der Sünde gezeigt: Muren- und Lawinenabgänge, Pisten, die noch schneebedeckt sind, während links und rechts schon Gras wächst, Pisten, die mit Schiern befahren werden, obwohl kein Schnee auf der Grasnarbe liegt.

Gerechter Zorn und himmelstürzende Verzweiflung

Wenn der Tourismuskritiker solcher Schaurigkeiten ansichtig wird, sei es in natura oder in effigie, dann überkommt ihn gerechter Zorn, gepaart mit himmelstürzender Verzweiflung: «Sie sind von weither angereist. Frau Geldwampe und Herr Demark. Dazwischen der kleine Gulden. Zweitausend Kilometer Dahinstottern, dreißig Stunden Auspuff an Auspuff, dann die klaren Schneeberge, Fastfood aus dem Kaufhaus, das fette Papier nach der Verspeisung aus dem Auto auf die Straße, von der Straße auf mein Feld. Schweine sind unterwegs. Zigarettenkippen, Coladosen, um Bäume gewickelte Kassettenbänder, alles aus dem Auto geworfen. Schau, Papi, die niedlichen Kühe. Tausende Dreckkübel pro Tag. Tausende pro Tag ins Ötztal, ins verstopfte Heimattal. Alle rasen und reisen, und dort das kleine Möchtegern-Porno-Alpin mit bunten Broschüren zum Ausverkauf dargeboten.»[5]
Der kühne Schwung einer Autobahnbrücke hat in den Augen eines solch wortgewaltigen Predigers nichts mit Schönheit, technischer Brillanz und Bequemlichkeit für den Menschen zu tun, sondern ist allein Hilfswerkzeug für das teuflische, Natur zerstörende Auto – ein bißchen so wie die Pfarrer der Vergangenheit, die in einer (schönen) Frau nur die Verlockungen des Teufels zu sehen vermochten. Frauen sind (hoffentlich) mitunter verführerisch, und die Brennerautobahn zieht Verkehr und andere Folgebeeinträchtigungen für die Umgebung an. Dennoch ist die Brennerautobahn ein Glück, denn sie brachte zum Beispiel den Orten an der alten Durchgangs-

straße, etwa Matrei und Steinach, Ruhe. Und sie bringt Millionen Menschen so schnell und so sicher wie möglich von Norden nach Süden und wieder zurück. Wer wüßte nicht, wie unverzichtbar gerade der Süden für unsere nördlichen Nachbarn ist? Goethe, Rilke, Heine und herauf zu Rolf Dieter Brinkmann, so heißen die Sänger der Sehnsucht Deutschlands nach Italien.

Die Mure als Fingerzeig Gottes

Umwelt und Natur sind der rationalen Betrachtung entzogen. Und das schönste ist, die Natur meldet sich immer wieder selbst als moralische Instanz zu Wort: Wenn eine Mure abgeht, dann handelt es sich nicht um eine Folge verschiedener Ursachen, die genau zu erforschen sind, sondern die Mure wird als ablehnende Stellungnahme der Natur zum menschlichen Treiben gelesen. Die Mure ersetzt in der Vorstellung der kritischen Beobachter sozusagen den Fingerzeig Gottes. Der herkömmliche Priester wird in diesen kuriosen neuzeitlichen Zusammenhängen von den Psychologen gegeben: Beim Unglück im Paznauntal wurde, als es noch um das nackte Überleben ging, denn auch unentwegt und penetrant die Frage nach psychischen Beschädigungen gestellt. Die Kamera war als Auge Gottes auf die Gesichter der Umweltsünder geheftet: Der Zuschauer sah, wie sich der des Skifahrens/des Gastgebens schuldig gemacht habende Delinquent vor der Kamera wand. Wenn er weinte, war die kathartische Vergebung möglich, denn der Schuldige hatte seine Strafe schließlich schon bekommen.

Der im warmen Wohnzimmer vor dem Fernseher sitzende Zuschauer und potentielle Umweltsünder jedenfalls kriegte zu sehen, wohin es führt, wenn er und seinesgleichen sich nicht bessern. Wenn sie weiter schifahren und wandern, über Pfingsten nach Italien sprinten, das Schigebiet für den Winterurlaub nach der Anzahl der Pistenkilometer und der Aufstiegshilfen aussuchen, sprich zum Vergnügen mit dem Auto in der Gegend herumsausen, dann wird es ihnen dereinst ergehen wie seinerzeit den Sündern, die der Katechismus liebevoll gemalt in der Hölle bratend zeigte. Aber vor ihnen, dessen sind sie sicher und darauf freuen sie sich auch schon, braten noch diejenigen, die das Schifahren per Seilbahn und Lift erst ermöglicht haben. Denn nach dem Spruch «Gelegenheit macht Diebe» sind in Wahrheit die Gastgeber allein schuld, denkt der Fernsehzuschauer.

Er fühlt sich wieder einmal verführt... Wenn die Natur sich an den Schuldigen rächen sollte, dann findet er das auch in Ordnung, nur ihn selbst als potentiell unschuldig Betroffenen sollte die Natur bei ihrem didaktischen Programm unbehelligt lassen.

Die Verfasserin ist vom Glauben an das Waldsterben schon geraume Zeit abgefallen. Sie hat daraus gelernt, daß man weder auf den Augenschein viel geben kann, noch den Experten alles glauben darf. Nach wie vor gilt dagegen das Wort des deutschen Schriftstellers Georg Christoph Lichtenberg (1742–1799): «Bevor ich mich zu sehr wundere, glaube ich es lieber nicht.»

[1] Dirk Maxeiner/Michael Miersch, Lexikon der Öko-Irrtümer. Überraschende Fakten zu Energie, Gentechnik, Gesundheit, Klima, Ozon, Wald und vielen anderen Umweltthemen. Eichborn Verlag, Frankfurt 1998. 415 Seiten.

[2] Zustand der Tiroler Wälder, Untersuchungen über den Waldzustand und die Immissionsbelastung. Bericht an den Tiroler Landtag 1998. 122 Seiten.

[3] Zustand der Tiroler Wälder, Untersuchungen über den Waldzustand und die Immissionsbelastung. Bericht an den Tiroler Landtag 1999. 136 Seiten.

[4] Sylvia Hamberger, Oswald Baumeister, Rudi Erlacher & Wolfgang Zängl, Schöne neue Alpen. Eine Ortsbesichtigung. Raben Verlag, München 1998. 241 Seiten.

[5] Hans Haid, Touristen in der Region. In: Schöne neue Alpen. Seite 185.

Wer macht Katastrophen im Gebirge?

Die Lawinenkatastrophe vom Februar 1999 hat im Dorf Galtür, im Herzen unseres Gebiets-Schwerpunkts «Silvretta», und ebenso im Ischgler Ortsteil Valzur weiter talaus im Paznauntal, schreckliche Zerstörungen angerichtet. Viel und mit Freude am gräßlichen Detail wurde in den Medien darüber berichtet. Die Mischung aus Unbedarftheit und Besserwisserei, die dabei zutage trat, konnte einen im Gebirge Lebenden nur staunen machen.

Die Tage von Galtür wurden zu einem Lehrstück über die rasche Verwandlung einer Natur- in eine Medienkatastrophe. Bevor noch die letzten Toten aus Schnee und Trümmern gegraben waren, gingen «kritische Geister» in Redaktionen und Fernsehstudios bereits daran, unbeschwert von der Faktenlage, die Schuldfrage zu klären. «Geht Ökonomie vor Ökologie?» und ähnlich lauteten diese Fragen, und mit der Schlagzeile von den «Alpen-Abzockern» brachte es die Bild-Zeitung auf den Punkt: jemand war da in böswilliger Absicht unter Vortäuschung falscher Tatsachen ins Gebirge gelockt worden. Im Nu waren der Mensch im allgemeinen und sein verderbliches Treiben in den Alpen im besonderen als Urgrund allen Übels erkannt.

Wenn – wie es nicht nur im Gebirge vorkommt – die Natur dem Menschen in unfreundlicher Weise seine Grenzen zeigt, dann wird das wissenschaftliche Weltbild zum größeren Tröster, als es die Religion je sein konnte. Stets ist eine «Ursache», ein «Verursacher» rasch zur Hand, und wenn es sich dabei – vorhersehbar – um «den Menschen» handelt, dann muß die Sache auch gewissermaßen inner-menschlich reparierbar und in Zukunft vermeidbar sein. Es ist kurios, in welchem Maß die (mit den Jahren wechselnden) Katastrophentheorien tatsächlich nichts widerspiegeln als menschliche Allmachtsphantasien.

Eine der zurzeit gängigsten Schlagwörter ist die «vom Menschen verursachte Klimakatastrophe», eine wissenschaftlich unbewiesene und wohl auch auf Dauer schwer zu erklärende Angelegenheit, was aber nicht hindert, daß unablässig und frohgemut wohliges Schaudern produzierend damit herumgeworfen wird. Wenn sich dann ein Fachgelehrter dem Ethos

Fotos: Herbert Blank, Galtür im Februar 1999.

der Wissenschaft wirklich verpflichtet fühlt, wie der Innsbrucker Glaziologe Gernot Patzelt im unten abgedruckten Interview mit einem österreichischen Wochenmagazin, dann kann das für den der Sensation nachspürenden Journalisten und in der Folge das interessierte Publikum offenbar nur enttäuschend wirken. Zur generellen Problematik der Klimaforschung und ihrer Möglichkeit, Entwicklungen vorauszusagen, möchten wir die Aufmerksamkeit unserer Leserinnen und Leser auf den profunden Aufsatz von Reinhard Böhm in diesem Band lenken.

W.K.

«Absolut kein Konsens»

Der Glaziologe Gernot Patzelt über die Klimakatastrophe im Lichte der Öffentlichkeit, die Wissenschaft und ihre politischen Implikationen

profil: *Die Gletscher schrumpfen dramatisch, die Pasterze ist in den letzten fünf Jahren um 70 Meter kürzer geworden. Sind Industrie und Autofahrer dran schuld?*

Patzelt: *Der jetzige Rückgang der Gletscher ist nichts Außergewöhnliches, das hat es in den letzten 10.000 Jahren mehrfach gegeben.*

profil: *Wie können Sie das behaupten?*

Patzelt: *Der Gletscherbach der Pasterze hat in den letzten Jahren bis zu drei Meter lange Baumrelikte ausgespült. Es gibt etliche Anzeichen, daß die Gletscher schon mehrfach kleiner waren und daß es dort Bäume gab, wo jetzt Eis liegt.*

profil: *Wie alt sind die Baumrelikte?*

Patzelt: *4000, 8000 Jahre. In den letzten 10.000 Jahren, der Nach-Eiszeit, waren die Alpengletscher zu zwei Dritteln der Zeit kleiner als heute, das heißt, daß es wärmer war.*

profil: *Sie kennen die Temperaturschwankungen, aber keine Ursache?*

Patzelt: *Da gibt es keine definitiven Erklärungen, aber jüngste dänische Untersuchungen können viele dieser Abweichungen mit schwankender Energieabstrahlung der Sonne erklären, ohne den menschlichen Einfluß bemühen zu müssen.*

profil: *Sie leugnen jeglichen menschlichen Einfluß?*

Patzelt: *Er ist bisher nicht nachweisbar, läßt sich aber auch nicht ausschließen. Unter dem Schlagwort «Treibhauseffekt» ist es durchaus denkbar, daß menschlicher Einfluß bei der jetzigen Erwärmung mit dabei ist, aber – und das ist das Wichtige dran – es hat die jetzige Erderwärmung mit Sicherheit nicht den natürlichen Schwankungsbereich unseres Klimas verlassen, weder im Ausmaß noch in der Geschwindigkeit.*

profil: *Es heißt, der Professor Patzelt stehe eindeutig auf der Seite der Beschwichtiger.*

Patzelt: *Jene Handvoll Wissenschafter, die sich mit den Alpengletschern beschäftigen, kommen alle zum gleichen Ergebnis. Nur die Erklärungen sind unterschiedlich. In der Frage «menschlicher Einfluß auf die globale Erwärmung» gibt es absolut keinen Konsens in der Wissenschaft. Es gibt seriöse Untersuchungen, die zu konträren Ergebnissen kommen. Die Erklärung dafür ist, daß man das Klimageschehen noch zuwenig versteht. In Skandinavien und in einem Großteil der Arktis gibt es jetzt einen Abkühlungstrend. Man muß das akzeptieren und weiter forschen, bis man es besser versteht. Aber viele Wissenschafter haben sich von politischen Interessen vereinnahmen lassen, und zwar in unterschiedliche Richtungen. Da sind manche Leute nicht unabhängig, und das ist auch erklärbar, denn die globalen Untersuchungen kosten sehr viel Geld, und dieses Geld kriegt man nur, wenn politische Grundsatzentscheidungen dahinterstehen – und die muß man bedienen. Das verfolge ich mit größerer Sorge als die Klimaänderung.*

profil: *Sind Sie frei von solchen Interessen?*

Patzelt: *Ja. Mich interessiert nur, was wirklich ist. Und da bin ich offen für jedes wissenschaftlich beweisbare Ergebnis.*

Aus: *profil* 45, 2. November 1998. Das Interview führte Robert Buchacher. Nachdruck mit freundlicher Genehmigung.

Kartengebiet: Silvretta

Alfred Tamerl
Robert Klien
Herbert Blank
Dieter Seibert
Rudolf Weiss
Gabriele Werner
J. J. Weilenmann
E. T. Compton

Oben: Die schwarze Gnadenmadonna von Einsiedeln schmückt in einer Fassung von Joseph Pfeiffer d. J. auch die Maria-Schnee-Kapelle in Ischgl (1854)
Rechts: Die Arlbergbahn-Brücke mit Schloß Wiesberg am Eingang zum Paznauntal.
Die Fotos zu diesem Beitrag stammen von Robert Klien, dessen ausführliche kunsthistorische Darstellung Stanzertal, Paznaun und Region Landeck *dem Interessierten zur weiterführenden Lektüre empfohlen sei.*

Das Tal mit den meisten Lawinen und den meisten Kapellen

Eine kulturhistorische Besichtigung des Paznauntals. Von Alfred Tamerl

Mit Fotos von Robert Klien und Bildern von Mathias Schmid

Wer das Paznauntal, eines der schönsten Schi- und Wandergebiete im westlichen Tirol, genauer kennen lernen möchte, sollte nicht die Hochsaison wählen. Es gibt Tage im Frühling und im Herbst, an denen der Besucher ungestört Wanderungen und Besichtigungen vornehmen kann, und vielleicht wird er mit den Einheimischen, die gar nicht so verschlossen sind, wie manche meinen, ins Gespräch kommen. Die Menschen, deren Vorfahren dieses klimatisch rauhe, lawinengefährdete Alpental in mühevoller Arbeit kultiviert haben, sind gern bereit, mit Fremden zu sprechen. Viele von ihnen sind stolz auf die günstige wirtschaftliche Entwicklung, die sich durch die touristische Erschließung seit dem Bau der Silvrettastraße und der Seilbahnen ergeben hat. Der Tourismus hat dem Gebiet, das noch in unserem Jahrhundert zu den einkommensschwächsten Österreichs zählte, seit den achtziger Jahren einen wirtschaftlichen Aufschwung gebracht, von dem die früheren Talbewohner nur träumen konnten.

Der kritische Betrachter erkennt schnell den Preis, der in den touristischen Ballungszentren für den wirtschaftlichen Fortschritt zu bezahlen ist, und er wird seinen Blick von den technischen Errungenschaften abwenden, sofern das möglich ist, und den freundlichen Gesprächspartner nur ganz vorsichtig auf die häßlichen Veränderungen ansprechen, um nicht den eben angebahnten Kontakt gleich unhöflich zu beenden. Alle wissen es, es gibt im Tal auch Kritiker an den Auswüchsen des modernen Tourismus. Man könne eben nicht alles haben, meinen zwei alte Galtürer, man könne die Hotels, Gaststätten, Sporthallen und Aufstiegshilfen, ohne die ein moderner Tourismus nicht möglich ist, nicht unter die Erde verlegen.

In der Zwischensaison ist hier nichts los. An einem Sonntagmorgen im November begegnet man kaum einem Auto, und die Gaststätten, die geöffnet haben, kann man zählen. Um so mehr entschädigt der ungestörte Blick auf die imposanten Berge und die Kunstdenkmäler, die man in einem Tal, das früher als unzugänglich und abgelegen galt, nicht vermuten würde.

Das Paznauntal erstreckt sich von der Silvretta nach Nordosten. Es ist die Trennungslinie zwischen der Verwallgruppe, die im Nordwesten liegt, und der südöstlich gelegenen Samnaungruppe. Der Talbach, der am Fuß der Gletscher entspringt und sich bei Schloß Wiesberg mit der vom Stanzertal herabfließenden Rosanna vereinigt, heißt Trisanna. Die Hauptorte sind See, Kappl, Langesthei, Ischgl, Mathon und Galtür.

Der Weg ins Tal

Den Eingang des Paznauntales bildet eine Schlucht, die seit 1884 von der bekannten Brücke der Arlbergbahn in einer Höhe von 84 Metern bei Schloß Wiesberg überquert wird. Von der gegenüberliegenden Arlbergstraße aus bietet sich ein eindrucksvolles Bild: Die mittelalterliche Burganlage mit dem mächtigen Bergfried auf unzugänglich scheinendem Felsen neben den hoch aufragenden Viaduktbögen der Trisannabrücke, einer der bedeutendsten Ingenieurleistungen des 19. Jahrhunderts. Es kommt nicht von ungefähr, daß gerade dieses Motiv so häufig auf Postkarten erscheint und auch in der Nachrichtensendung des Fernsehens als Tirol-Ikone Verwen-

Oben: Die Pfarrkirche zum Hl. Abt Antonius, dem Einsiedler, in Kappl, entstand in der heutigen Form zwischen 1692 und 1727
Unten: Kreuzigungsgruppe an der Ostwand der Kappler Pfarrkirche.

dung findet. Das Nebeneinander von Ritterburg und Eisenbahnbrücke symbolisiert den Zusammenhang von Tradition und Moderne, der am Beginn unseres Jahrhunderts die breite Zustimmung eines fortschrittsgläubigen städtischen Publikums fand.

Dabei hat man ein wenig nachgeholfen, denn die Burganlage präsentierte sich noch in den Jahren nach der Errichtung der Trisannabrücke als unscheinbares verfallendes Gemäuer, das erst kurz vor der Jahrhundertwende restauriert und mit dem heute stolz aufragenden Turm versehen wurde. Am Taleingang unter der Trisannabrücke steht das Kraftwerk der Landecker Karbidfabrik, das 1902 als damals größtes Elektrizitätswerk der österreichisch-ungarischen Monarchie erbaut wurde. Dr. Isidor Müller, aus Bruggen bei Landeck gebürtig, Notar, Alpinist, Fotograf und Dichter, verfaßte den ersten Reiseführer für das Paznauntal. Er war der erste und wohl auch der einzige, der die Trisannabrücke in einem Gedicht würdigte. Die ernstgemeinten Zeilen erschienen 1887 in dem von Müller im Eigenverlag herausgegebenen Büchlein mit dem poetischen Titel «Arl-Bahn-Gedenk». Sie lauten:

Wiesberger=Viadukt

O alte Burg, hatt'st du ein Ahnen,
Daß einstens man auf Eisenbahnen,
Auf Pfeilern schlank und schwindlicht hoch
Durchsausen wird die Lüfte noch?

Man hört' es nicht, wenn einer riefe
Da unten in des Thales Tiefe!
Dem Viadukt ist keiner gleich
Im ganzen großen Österreich.

Das Unterpaznaun ist eng, und seine beiden Gemeinden See und Kappl mit der Fraktion Langesthei bilden keine geschlossenen Ortschaften, sondern bestehen aus einer Vielzahl weit verstreuter, oft auf steilen Abhängen liegender Weiler. See liegt auf dem Talboden, der hier ausnahmsweise etwas breiter ist. Je weiter man ins Tal hineinkommt, umso höher steigen die Siedlungen an der Sonnenseite hinauf. Auch das Dorf Kappl mit seinen steilen Feldern liegt hoch am Hang, noch extremer ist die Situation in Langesthei. Heute fährt man auf der neuen Straße der Trisanna entlang, es ist aber reizvoll, dem alten Weg zu folgen, der über Kappl führt und bei Ulmich wieder den Talboden erreicht, wo das an Seitentälern reiche Obertal beginnt, das weiter und geräumiger ist als der

Fassadenmalerei an den Paznauner Bauernhäusern, die früher meist aus Holz erbaut waren, ist selten. Hier das Haus Kappl-Niederhof Nr. 119, Maria mit Kind, Wappen und Bindenschild von 1631.

vordere Talabschnitt. Hier liegen, umgeben von einer prächtigen Bergkulisse, die drei geschlossenen Ortschaften Ischgl, Mathon und Galtür. Die Baumlosigkeit zeigt die Höhe dieses Siedlungsraumes an. Die Schutzbauten an den Hängen und die zahlreichen Lawinenschranken an der Straße lassen ahnen, wie gefährdet er ist.

Ischgl und Galtür

gehören heute zu den bedeutendsten Schigebieten Tirols. Hier hat in den letzten Jahren eine Bautätigkeit eingesetzt, die den traditionellen Charakter der Dörfer völlig verändert hat, vom ästhetischen Standpunkt aus nicht zu deren Vorteil, wobei man anmerken muß, daß man in Galtür wesentlich schonender zu Werke ging als in Ischgl. Das «malerische und gefällige Bild» der «hübschgebauten und stattlichen Häuser» von Ischgl, von dem Tinkhauser in seiner «Beschreibung der Diözese Brixen» 1889 spricht, suchen wir heute vergebens. Stünde die Kirche nicht auf einem erhöhten Punkt, man würde sie inmitten der Hotelbauten nicht mehr wahrnehmen. Der Betrachter steht ratlos vor einer architektonischen Vielfalt, die sich weder zu einem einheitlichen Bild fügen noch der Landschaft harmonisch unterordnen will. Während die Bauten der siebziger und achtziger Jahre durch ihre nüchterne balkon- und satteldachzentrierte Einförmigkeit gekennzeichnet sind, trumpfen neuere Gebäude durch den phantasievolleren Einsatz von Zierelementen auf. Türme, Bogenfenster und kühn verschachtelte Dachformen verraten das Bestreben, dem Auge Gefälliges zu bieten, und bewirken das Gegenteil. Das Problem liegt vermutlich nicht nur im abwegigen Stil. Ob ein Gebäude nüchtern oder phantasievoll hingeklotzt wurde, hingeklotzt bleibt es allemal. Und es ist wohl auch die Menge, die hier zu Buche schlägt. Wer den Verlust der alten Ensembles, die andernorts, wie im benachbarten Engadin, erhalten und liebevoll restauriert wurden, betrauert, bedenkt nicht, daß die alten Bauernhäuser, so malerisch sie sein mögen, in den seltensten Fällen die Grundbedingungen eines menschengerechten Wohnens erfüllen. Was dem Städter als pittoresk erscheint, ist für den, der aus diesen Behausungen stammt, ein Stück unerquicklicher Vergangenheit, und er hat keinen Grund, den «Schandfleck» einer kostenaufwendigen Restaurierung zuzuführen. Es soll auch nicht verschwiegen werden, daß die Politiker dieses Landes der Erhaltung alter Bausubstanz kontinuierlich entgegenarbeiten, indem sie die Subvention für den Neubau eines Bauernhauses an den Abbruch des alten knüpfen. Die Denkmalschützer stoßen zudem mit ihren oft weltfremden Forderungen bei den Besitzern auf Unverständnis und Feindschaft. Deshalb lassen viele Altes so verfallen, daß die Gemeinde schließlich gezwungen ist, den Abbruchbescheid zu erlassen.

Galtür liegt 1583 m hoch. Hier öffnen sich die drei Ursprungstäler: im Süden das Jamtal, das zum vergletscherten Hauptkamm der Silvretta hinaufführt, im Südwesten das Vermunttal, durch das man die Bielerhöhe mit dem Silvretta-Stausee der Illkraftwerke erreicht, und im Nordwesten das Zeinis. Durch das Vermunttal führt seit 1953 die Silvretta-Hochalpenstraße vom Montafon über die Bielerhöhe nach Galtür, die Tirol mit Vorarlberg verbindet. Jenseits des Zeinisjochs, des alten Verbindungsweges ins Montafon, liegt die Kops-Alpe mit dem Kops-Stausee. Durch den Bau der Stauseen wurde auch der Neubau des Talweges notwendig. In den fünfziger Jahren erhielt das Paznauntal so modernere Straßenverhältnisse, die Voraussetzung für die touristische Erschließung.

Der Name des Tales

ist nicht schwer zu erklären. Er leitet sich von dem Weiler Paznaun ab, der heute zur Gemeinde Ischgl gehört. Die Bedeutung des Wortes ist aber dunkel, wie eben viele Ortsbezeichnungen im Tal fremd klingen und daran erinnern, daß hier in alter Zeit Romanen gelebt haben. Der Zusammenhang mit dem Oberen Gericht, dem Engadin und dem Montafon ist mehr als deutlich. Alte Urkunden, die dem ursprünglichen Wortlaut näher sind, geben oft Hinweise. Galtür wird hier «Cultura» oder «Cultaur» genannt, Ischgl heißt «Iscla». Wer diese Orte besucht hat, wird erkennen, daß

sich die Namen auf die landschaftlichen Gegebenheiten beziehen. Mit «Cultura» bezeichneten die ersten Siedler, die vom Engadin über das Fimberjoch herüberkamen, gerodetes Land, also ein Gebiet, das als Viehweide diente. Tatsächlich zeigt das Paznauntal bei Galtür eine Weite, die es bei See und Kappl nicht hat. Vor dem Aufkommen des Tourismus war die Almwirtschaft die Haupteinnahmequelle der Bevölkerung. «Iscla» heißt «Au» und spielt auf die Lage des Ortes auf dem Schwemmkegel des Fimberbaches an. Mathon, früher «Muntane» oder «Muntare» genannt, leitet sich vom romanischen Wort für Berg ab.
Die Leute im Obertal scheinen auf ihre romanischen Wurzeln stolz zu sein. Die Bezeichnungen «Cultura» und «Iscla» tauchen als Hotelnamen auf, und Inschriften in romanischer Sprache sind keine Seltenheit. Andererseits ist der alemannische Einschlag des Dialekts unüberhörbar, und das Verhältnis der Paznauner zu den Gemeinden im Engadin, die zu Fuß über das Fimberjoch, dem alten Verbindungsweg, in mehrstündiger Gehzeit erreichbar sind, war in der Vergangenheit nicht ungetrübt.
Wenn man vom Weiler Falgenair am Eingang des Tales absieht, sind die Ortsnamen im unteren Talabschnitt überwiegend deutsch, und die Historiker nehmen an, daß dieser Bereich erst im späteren Mittelalter besiedelt wurde. See entstand in einem Gebiet, wo es früher wirklich einen See gab. Der Name Kappl erinnert an die Kapelle zum hl. Antonius von Ägypten, und die Kirche von Kappl ist heute noch diesem Viehpatron geweiht. Langesthei heißt «Frühlingsalm». Der Frühling ist im Tiroler Oberland der «Langes», und eine Almhütte nennt man «Taje»; es ist ein Wort, das die bairischen Einwanderer von den in der Almwirtschaft bewanderten Romanen übernommen haben.
Da das Paznauntal ursprünglich als Almgebiet genutzt wurde, kamen die ersten Bewohner von den Orten, die hier Weiderechte besaßen. Das erklärt die frühere kirchliche und gerichtliche Zugehörigkeit der einzelnen Siedlungen zu Zentren, die alle in benachbarten Tälern liegen. See war eine Außenstelle der Mutterpfarre Serfaus (Oberinntal), Kappl gehörte zur Großpfarre Stanz (später Zams), Ischgl und Galtür hatten im Mittelalter ihre Pfarrkirchen gar im Engadin (Ischgl in Sent, früher Sins, Galtür in Ardez, früher Steinsberg). Entsprechend waren die Orte des Paznauntales verschiedenen Gerichten zugeteilt. Für die Leute von See war das Gericht Laudegg (Burg bei Ladis, später Ried, das «Obere G'richt») zuständig, Ischgl und Galtür gehörten zu Nauders, Kappl zu Landeck.

Bevor die Bewohner dieser Gemeinden eigene Seelsorgestationen erhielten, mußten sie über die Jöcher zum Gottesdienst gehen. Die Leute von Ischgl und Galtür trugen die Toten nach Sent bzw. Ardez, die von See nach Serfaus. Damit waren Wegstrecken bis zu zwölf Stunden verbunden. Gern erzählt man die Geschichte, daß die Paznauner im Winter, wenn die Übergänge unpassierbar waren, ihre Toten einfroren, bis der weite Weg zur Pfarrkirche angetreten werden konnte. Manche Horrorgeschichte, die sich um diese Notsituation rankt, ist wohl erfunden, aber es ist eine Tatsache, daß die Leichen über den Winter im Dachboden aufbewahrt wurden. In keiner Beschreibung des Paznauntales wird auf diese «unterhaltsamen» Anekdoten verzichtet, und sie haben sogar in die englischen Reisebücher des vorigen Jahrhunderts Eingang gefunden. Bei William Baillie Grohman, der sein erstes Tirolbuch 1875 unter dem Titel «Tyrol and the Tyrolese» veröffentlichte und der den Tirolern ein gutes Zeugnis ausstellt, lesen wir nach der Bemerkung, daß in Hochgallmigg die Hennen Steigeisen tragen, über das Paznauntal:
«In See, a tiny village in one of the remote glens of the latter valley [Oberinntal] the bodies of persons who had died in winter were formerly kept in the lofts of the houses till the snow vanished from the path traversing a mountain over 8,000 feet high, which connected See with the village to whose parish it belonged. See, however, with its population of 500 souls, has been recently added to a parish not requiring ten or twelve hours to be reached.» Die angegebene Einwohnerzahl ist korrekt, Grohman irrt aber, wenn er meint, die Gemeinde sei «kürzlich» einer anderen Pfarre zugeteilt worden. See wurde 1630 zur Kuratie erhoben und verfügte deshalb seit dem 17. Jahrhundert über einen eigenen Seelsorger und einen eigenen Friedhof.
Die Zeit, in der die genannten Bestattungssitten in Ischgl und Galtür üblich waren, liegt vor dem 15. Jahrhundert, und wir wissen nur wenig über die damaligen Zustände. Es ist nicht einmal genau bekannt, wann Ischgl und Galtür von den Pfarren im Engadin abgetrennt wurden. Es wird wohl während der Reformation, also um 1540, gewesen sein, als Ardez und Sent zum Calvinismus übertraten. Es sei auch erwähnt, daß es im Paznauntal noch in der zweiten Hälfte des vorigen Jahrhundert den makabren Brauch gab, exhumierte Totenschädel mit dem Namen zu versehen, zu bemalen und in der Totenkapelle zur Schau zu stellen. Einige Exemplare sind noch heute in der Pfarrkirche von Galtür zu besichtigen.

Drei Bäche

Durch das Paznauntal fließt die Trisanna, durch das Stanzertal die Rosanna, und die beiden Flüsse vereinigen sich bei Wiesberg zur Sanna. Namenforscher bringen die Vorsilbe «tri» mit den drei Bächen zusammen, durch deren Zusammenfluß die Trisanna im oberen Paznauntal entsteht. Merkwürdig ist aber die Tatsache, daß der Name des Flusses vor 1500 nicht dokumentiert ist und obendrein zuerst gar nicht Trisanna lautet. In den ältesten Berichten ist vielmehr von der «Rosanna» die Rede, während das Gewässer, das vom Arlberg durch das Stanzertal fließt, «Trisanna» heißt. Es kann sich

Kreuzigungsgruppe in der 1967/68 erbauten Kriegergedächtnisstätte an der Westseite der Pfarrkirche von Galtür. Darunter werden zahlreiche Totenköpfe aus dem ehemaligen Beinhaus verwahrt. Die Schädel tragen aufgemalt Namen und Jahreszahlen.

nicht um eine zufällige Verwechslung handeln. In einem Weistum des Jahres 1500 wird der Paznaunbach als «Rosanna» bezeichnet, und das Jagdbuch Maximilians wie auch die Verfachbücher des Gerichts Landeck bestätigen, daß der Talbach durch das Stanzertal «Trisanna» heißt. Laut Burglechners Landesbeschreibung kommt aus dem Stanzertal der «Tresanabach», aus dem «Tal in Paznaun» der «Rosanabach». Im Landecker Fischwasserbericht des Jahres 1768 fließt die «Trosana» allerdings aus beiden Tälern, zur Hälfte aus dem Stanzertal, zur Hälfte aus dem Paznauntal. Wie war es möglich, die Flußnamen so konsequent zu vertauschen? Erst die Tirolkarte des Peter Anich hat die heutige Namensgebung festgelegt.

Die Geschichte des Paznauntales

ist so interessant oder so uninteressant, wie eben die Geschichte der abgelegenen Täler Tirols sein kann. Die spärlichen Nachrichten geben ein unvollkommenes Bild, aber eines ist klar: Das Leben der Menschen war über Jahrhunderte von Entbehrungen geprägt. Wer sich entschloß, in einem Gebiet, das den Ackerbau nur in begrenztem Maße zuließ, zu siedeln, gehörte zur ärmeren sozialen Gruppe. Am Beginn standen Hirten aus dem Engadin, von denen wir nichts wissen. Von ihnen stammen die Namen für Berge und Fluren. Da die Bevölkerung Europas vor der Pestkatastrophe von 1348 stetig gestiegen war, wurde im 13. Jahrhundert der Siedlungsraum knapp, und so entstanden aus Almgebieten Dauersiedlungen. 1320 ließen sich im hintersten Paznauntal die Walser nieder («homines dicti Walser»). Das waren Leute aus dem Wallis, die vom Landesfürsten aus bisherigem Gemeinbesitz Land zur Anlegung von Höfen zugewiesen erhielten und die für ihre ausschließlich auf Viehwirtschaft ausgerichteten Güter einen Geldzins leisteten. Dabei erhielten sie weitgehende Selbstverwaltung eingeräumt. Die Walser treffen wir auch in Vorarlberg und im Pitztal. Seit der Einwanderung der Walser spricht man im Paznauntal deutsch. Die Randlage brachte Vorteile. Die Gerichts- und Pfarrorte lagen weit weg und konnten nur über beschwerliche Pfade erreicht werden. Im Winter war das Paznauntal von der Außenwelt abgeschnitten, wie das noch heute bei extremer Schneelage geschieht. Man war auf sich selbst gestellt, aber auch die Einflußnahme von außen war erschwert. Ischgl und Galtür hatten seit ältester Zeit ihre eigenen Gedingstätten. Das heißt, daß die Richter von Nauders zweimal im Jahr über das Gebirge kommen mußten, um an den bestimmten Tagen Recht zu sprechen. Diese Wege (15 Gehstunden) waren der Obrigkeit zu beschwerlich und auch für die Untertanen zu weit. So verlieh der Landesfürst Erzherzog Sigmund 1460 den Gemeinden Ischgl und Galtür die Untergerichtsbarkeit, die bis zur Gerichtsreform von 1849 bestand.

Es wäre allerdings ein Irrtum anzunehmen, daß es nicht Zeiten gab, in denen das Tal trotz der schlechten Wege

Links: Die Kreuzigungsgruppe auf dem Kalvarienberg von Ischgl stammt von dem bedeutenden Barockbildhauer Johann Ladner, der die Statuen 1763 bis 1769 im Auftrag des Ischgler Gastwirtes Franz Xaver Zangerl fertigte.
Rechts: Die Pfarrkirche zum Hl. Nikolaus in Ischgl. Der Turm stammt von 1471, Chor und Langhaus in heutiger Gestalt von 1755/57.

stärker frequentiert wurde. Da gab es den Saumpfad, der ins Engadin führte und noch im 17. Jahrhundert von Viehhändlern benutzt wurde. Einige Leute von Ischgl sollen von diesem Handel profitiert haben. Die schlechten Wegverhältnisse konnten auch den Durchmarsch von militärischen Einheiten nicht verhindern. Die älteste Nachricht in dieser Hinsicht stammt aus dem Jahr 1406.
Zu Beginn des 15. Jahrhunderts führte die Erwerbungspolitik der Habsburger vor dem Arlberg zur offenen Konfrontation mit den Appenzellern, hinter denen die Schweizer Eidgenossenschaft stand. Die Ritterheere der Habsburger mußten im Kampf gegen die Bauern Niederlage um Niederlage hinnehmen. 1405 schlossen sich die Leute vor dem Arlberg dem «Bund ob dem See» an, der sich gegen den Adel und die österreichische Herrschaft gebildet hatte. 1406 stießen die Appenzeller über den Arlberg und durch das Paznaun gegen Landeck vor. Die Bauern des Paznauntales, des Stanzertales, in der Gegend von Nauders und im Lechtal schlossen sich dem Bund an. Die Burg Arl und der Turm in Pettneu wurden zerstört und nicht mehr aufgebaut. 1407 besiegten die Appenzeller das herzogliche Aufgebot an der Innbrücke bei Zams und rückten gegen Imst vor. Die Nachricht von der gescheiterten Belagerung von Bregenz bewog sie schließlich, über das Lechtal in die Heimat zurückzukehren. Die Auflösung des Bundes erfolgte 1408. In der Auflösungsurkunde werden die Landleute im Stanzertal, im Lechtal, im Paznaun sowie die Walser «auf Galtür» als Mitglieder des Bundes angeführt. Sie unterwarfen sich wieder Herzog Friedrich («Friedl mit der leeren Tasche») und gaben an, sie seien «gezwungen» worden, dem aufrührerischen Bund beizutreten. In Wahrheit ging es hier um einen ersten Versuch der Bauern, sich aus ihrer bedrückten sozialen Lage zu befreien. Hätten die Fürsten damals nicht Herzog Friedrich geholfen, hätten sich Vorarlberg und das Tiroler Oberland der Eidgenossenschaft angeschlossen. Mit der oft zitierten Liebe der Tiroler Bauern zu ihrem Landesfürsten kann es also nicht weit her gewesen sein. Daß Herzog Friedrich auf seiner Flucht aus Konstanz, wo ihn das Konzil gebannt hatte, bei Bauern des Tiroler Oberlandes Zwischenaufenthalt genommen habe, ist deshalb wenig glaubhaft. Das sind Legenden, gegen die sich die schriftunkundigen Bauern nicht zur Wehr setzen konnten.
In der kriegerischen Auseinandersetzung zwischen Kaiser Maximilian und den Schweizern im Jahre 1499 war auch das Paznaun betroffen. Maximilian wollte die Selbständigkeitsbestrebungen der Eidgenossen verhindern, und als sich die Engadiner und Prättigauer den Schweizer Bünden anschlossen, schickte Maximilian seine Truppen. Den österreichischen Vorstoß, der in einen Plünderungszug ausartete, beantworteten die Engadiner mit grausamen Vergeltungsmaßnahmen. Nachdem ein kaiserliches Heer im April 1499 bei Frastanz (Vorarlberg), am zweiten Kriegsschauplatz, eine vernichtende Niederlage gegen die Schweizer erlitten hatte, brachen die Engadiner in den Vinschgau und in die Gegend von Nauders ein und schlugen im Mai 1499 die Truppen Maximilians im Münstertal. Auf österreichischer Seite fielen damals angeblich 5000 Mann. Der Kaiser soll erschüttert acht Tage an der Walstatt verbracht haben. Danach brachen Männer aus dem Engadin wieder plündernd und brandschatzend ein. Die Paznauner hatten das Zeinisjoch besetzt und zogen durch das Vermunttal dem anrückenden feindlichen Trupp entgegen. Sie waren aber schlecht gerüstet und mußten die Flucht ergreifen, worauf die Engadiner Galtür und die benachbarten Ortschaften plünderten und zerstörten und den Richter von Galtür gefangen nahmen.

Ähnliches wiederholte sich 1622, am Beginn des Dreißigjährigen Krieges, als der Tiroler Landesfürst Erzherzog Leopold mit seinen Truppen ins Engadin und in den Prättigau einmarschierte, um in diesen Gebieten seine noch vorhandenen Hoheitsrechte wahrzunehmen und in diesen überwiegend reformierten Gegenden dem katholischen Glauben wieder alleinige Geltung zu verschaffen. Dieser Vorstoß endete wie die früheren Kämpfe gegen die Schweizer in einer Niederlage der Habsburger. Die Engadiner rächten sich, wie sie dies 1499 getan hatten, und überfielen auch wieder das Paznaun. Am 11. Juli 1622 kam eine Schar feindlicher Bündner über das Zeinis nach Galtür, plünderte den Ort und

zündete etliche Häuser an. Am 29. Juli desselben Jahres zogen kaiserliche Truppen unter dem Befehl des Grafen von Sulz über den Arlberg und das Montafon und Paznaun ins Engadin. Ein Mann aus Galtür, ein gewisser Peter Egele, zeigte den Österreichern den Weg, die Schweizer wurden überrascht und erlitten eine Niederlage. Aus Rache überfielen am 24. August 1622 vierhundert Leute aus Steinsberg (heute Ardez) das Dorf Galtür, raubten und mordeten und steckten den Ort samt der Kirche in Brand. Es ist schwer vorstellbar, was das für jene Menschen, die ohnehin nie viel besessen hatten, bedeutete. Zudem erfolgten die Übergriffe von seiten einer Gemeinde, zu deren Pfarrbezirk Galtür einst gehört hatte. Die Auseinandersetzungen waren unter anderem wohl auch darauf zurückzuführen, daß die Paznauner katholisch blieben, während sich die Pfarrgemeinden Sent und Ardez, zu denen Ischgl und Galtür vor 1500 gehört hatten, dem Protestantismus zuwandten.

Kriegsereignisse

Die Paznauner mußten immer wieder den Durchmarsch und die Einquartierung österreichischer Truppen dulden. So in den Jahren 1691, 1796, 1798, 1799, 1800 und 1805. Und dann kamen die Kriegsereignisse des Jahres 1809, die, wie Tinkhauser in seiner Pfarrbeschreibung sagt, «jedem Freunde der vaterländischen Geschichte ohnehin bekannt sind.»

Von welchen Ereignissen ist hier die Rede?
Die Aufgebote der vier Gemeinden des Paznauntales hatten vom 11. April 1809 bis zum Ende des Aufstandes das Zeinisjoch besetzt gehalten. Es kam glücklicherweise zu keinen kriegerischen Auseinandersetzungen. Im Paznaun gab es aber ein Nachspiel: die sogenannte «Frauenschlacht am Giggler Tobel».
Die Oberinntaler hatten im November 1809 mit dem bayerischen General Klemens Graf Raglovich einen Waffenstillstand geschlossen und waren nach Hause zurückgekehrt. Folgen wir dem Bericht eines Heimatkundlers: «Schon wollten am 20. November die Paznauner Schützenhauptleute im Gasthaus zu Ischgl abrüsten, als der zungenfertige Vorarlberger Jubele aus Rankweil im Tal erschien und mit großen Sprüchen und vielem Geschrei alles wieder aufstachelte.» Dieser Jubele stellte den Friedenschluß von Schönbrunn als feindliche Propagandalüge hin und behauptete, Erzherzog Johann rücke mit einer kaiserlichen Armee ins Pustertal vor und die Vinschgauer seien in Richtung Landeck unterwegs. Die Paznauner Schützen bestimmten daraufhin Stefan Krismer («s'Stöffele»), den Pfarrprovisor von See, zum Kommandanten. Krismer hatte 1809 als Feldgeistlicher die Oberinntaler Schützen begleitet. Nach der letzten Bergiselschlacht am 1. November war er auf seiner Rückkehr ins Paznauntal unterwegs gezwungen worden, im Gefecht gegen die Bayern bei Arzl und Gunglgrün am 11. November das Kommando zu übernehmen. Jetzt widerfuhr ihm das gleiche noch einmal. Die Paznauner Schützen, die den Waffenstillstand nicht akzeptieren wollten, zogen also unter seiner Leitung zum Talausgang. Raglovich hatte von diesem Treiben Kunde erhalten und schickte am 24. November eine schriftliche Aufforderung an die Paznauner, sich nach Hause zu begeben. Jubele zerriß im Gasthaus das Schreiben des Generals, und die Hauptleute zündeten sich mit den Papierfetzen die Pfeifen an. Raglovich ließ nicht mit sich spaßen und schickte viertausend Mann über den Weiler Giggl in Richtung See. Gasser: «Die Bauern aber ermannten sich bald und ließen auch ihre Büchsen sprechen, wobei es auch manchen Versager gab, wenn Schneeflocken auf die Pulverpfanne fielen. Die Übermacht war allzu groß.»
Beim ersten feindlichen Kanonenschuß hatte sich Jubele aus dem Staub gemacht. In der höchsten Not ließ das Stöffele die Kirchenglocken läuten und gab den Frauen und Mädchen der Umgebung von See den Befehl, sich mit landwirtschaftlichem Gerät zu bewaffnen und den Männern am Giggler Tobel zu Hilfe zu eilen. 120 Frauen fanden sich ein. Eine Gruppe hatte den Auftrag, auf der gegenüberliegenden Talseite zwischen Raut und Glitt mit Steinlawinen die Straße zu blockieren. Die Schwester und Häuserin des Stefan Krismer tat sich angeblich besonders als geübte Schützin hervor. Schließlich mußten die Paznauner erkennen, daß sie von Jubele zu etwas Unüberlegtem angestiftet worden waren, und

Die Expositurkirche zum Hl. Sebastian in Mathon erhielt 1892/93 ihr heutiges Aussehen. Links die Himmelskönigin mit Fußvolk.

schickten Unterhändler zum bayerischen General. Raglovich nahm von einer Strafexpedition Abstand. Er soll sogar die Tapferkeit der Paznauner gelobt haben, die allerdings versprechen mußten, ihre Ehefrauen, Töchter und Mägde besser im Zaum zu halten.

Angesichts zweier Weltkriege wirkt diese Geschichte von der Tapferkeit der Paznauner Frauen komisch, ja fast frivol. Wir vermuten auch, daß da einiges hinzugedichtet wurde, denn es gab in der zweiten Hälfte des 19. Jahrhunderts Kreise, die den Aufstand der Tiroler von 1809 zum «Heldenzeitalter» hochstilisierten. Daß die Erhebung ein Mißerfolg war und daß man den Tirolern nach ihrer Rückkehr zu Österreich (1814) die alten Verhältnisse, um deren Erhaltung sie gekämpft hatten, nicht mehr genehmigte, wurde tunlichst verschwiegen.

Stefan Krismer war nach 1809 bestrebt, den Witwen und Waisen des Freiheitskampfes zu helfen. Unermüdlich sammelte er Geld für Zufluchtshäuser, wo Arme und Kranke Aufnahme fanden. So entstand 1833 das Kloster der Barmherzigen Schwestern in Ried im Oberinntal, 1835 das in Imst. Krismer übernahm schließlich die Kaplanei in Kronburg, erwarb 1845 die Ruine Kronburg mit sämtlichen Gütern und ließ 1848 das Klostergebäude neben der Wallfahrtskirche errichten. Man holte ihn, als König Friedrich August von Sachsen 1854 auf seinem Ausflug ins Pitztal bei Brennbichl (Imst) verunglückt war, um ihm die Letzte Ölung zu geben. Krismer hielt 1863 in Innsbruck bei der Feier zur Erinnerung an die 500jährige Zugehörigkeit Tirols zu Österreich vor 7000 Schützen und Kaiser Franz Joseph die Feldmesse. Er starb 1869 im Alter von 92 Jahren und liegt im Friedhof der Wallfahrtskirche Kronburg begraben. Das Geburtshaus des «Stöffele» steht in Karres. Es wurde nach Jahren des Verfalles von der Tiroler Künstlerin Dora Czell erworben und renoviert. Es wäre sonst abgerissen worden.

Dorfkirchen und Kapellen

Das Paznauntal zeichnet sich durch reich ausgestattete Dorfkirchen und durch eine große Anzahl von schön gestalteten Kapellen aus. Man sagt: Das Paznaun ist das Tal mit den meisten Lawinen und mit den meisten Kapellen. Besonders sehenswert sind die Gotteshäuser von Galtür und Ischgl, die in der Barockzeit neu gebaut oder erweitert wurden und deren Innenräume man im 18. Jahrhundert im Rokokostil dekorierte, wobei einheimische Künstler ihre Begabung unter Beweis stellten. Mathon, seit dem Ende des 17. Jahrhunderts eine eigene Seelsorgegemeinde, besitzt ein Gotteshaus, das 1891 im Nazarener-Stil umgestaltet wurde und wegen seiner architektonischen Einheitlichkeit bemerkenswert ist. Vergleicht man die von Gold und Weiß dominierten hellen Kirchenäume von Ischgl und Galtür mit der Kirche von Mathon, so könnte es keinen größeren Kontrast geben. Dieser finster-ernste von gebrochenen Ocker-, Braun- und Grüntönen bestimmte neuromanische Kirchenraum mit dunkelblauem Sternenhimmel spiegelt die rigorose Frömmigkeit der Geistlichen des 19. Jahrhunderts wider, die viele Talbewohner sanft oder unsanft zu spüren bekamen. Man mag zum Nazarenerstil stehen, wie man will, es ist löblich, daß sich die Gemeinde Mathon dazu entschlossen hat, den Charakter ihrer Kirche zu erhalten. Die Frage, die sich einem heutigen Betrachter aufdrängt, ist vielleicht, wie es möglich war, daß die Bewohner einer so armen Gegend die finanziellen Mittel für den Neubau und die Renovierung ihrer Kirchen aufbrachten. Wir müssen wohl annehmen, daß hinter diesen Leistungen eine außerordentliche Frömmigkeit stand.

Sofern Urkunden aus früher Zeit erhalten sind, so betreffen sie häufig kirchliche Verhältnisse. Die einzelnen Orte waren bestrebt, sich von den Mutterpfarren zu lösen und selbst eine Kirche mit einem eigenen Geistlichen zu besitzen. Die Pfarrkirchen, zu denen die Orte des Paznauntales gehörten, lagen, wie erwähnt, kilometerweit entfernt in einem anderen Tal und waren durch hohe Berge getrennt und nur in langen Fußmärschen erreichbar. Der Pfarrer hatte die Pflicht, die Leute in den Außenstellen zu betreuen, was allerdings nur unregelmäßig geschah. Die Leichen mußten zum Friedhof der Pfarrkirche gebracht werden, was in der Winterszeit unmöglich und in Seuchenzeiten gefährlich war. Wer Tote eigenmächtig beerdigte, riskierte Strafen: Bann und Interdikt.

die Geistlichen im Paznauntal einen Einfluß auf die Bevölkerung wie selten irgendwo.

Güterteilung und Saisonarbeit

Nach der Pest von 1635/36, die auch im Paznauntal ihre Opfer forderte, nahm die Bevölkerung stetig zu. Die vorhandenen Güter wurden immer wieder geteilt, so daß es für die Familien schwierig wurde, von den ohnehin kargen Erträgen des Bodens zu leben. So suchten seit dem 17. Jahrhundert immer mehr Männer im Sommer Arbeit im Ausland. Es kam alljährlich zu einer Zeitwanderung, die bis zum Ersten Weltkrieg andauerte. Die Männer, die im Frühjahr das Tal verließen und im Herbst zurückkehrten, verdingten sich meistens als Maurer und Zimmerer. Die Zeitwanderer gründeten Zünfte und Bruderschaften. Die Maurer des Oberinntales hatten sich 1689 zur Hauptlade von Imst zusammengeschlossen. Da die Zahl der Meister und Gesellen im Gericht Landeck damals schon beträchtlich war, wurde der Wunsch laut, auch in Landeck, Pettneu und Kappl Zunftladen zu errichten. Die Gründung einer solchen Gesellschaft war mit Kosten verbunden, und die entstandenen Schulden mußten gemeinsam getilgt werden. Die Zählung des Jahres 1706 ergab für Kappl 298 Maurer, davon waren 134 Meister und 164 Gesellen. Die Paznauner erhielten das Zunftprivileg im Jahre 1709, als die seit 1695 bestehende Afterlade zur Hauptlade erhoben wurde.

Prediger des Evangeliums. Nirgends bildete sich diese reformatorische Gruppe so rein aus wie in Tirol.
Die neue Lehre wurde verboten, ihre Anhänger vor Gericht gestellt und hingerichtet, wenn sie nicht abschworen. Bei Nacht und Nebel verließen viele das Land und flohen nach Mähren, wo sie bis 1620 geduldet waren. Wer in Tirol einen Wiedertäufer beherbergte, dem wurde das Haus niedergerissen und «zum ewigen Gedenken» nicht mehr aufgebaut. Verärgert stellte die Regierung in Innsbruck fest, daß die Bevölkerung den Anhängern der neuen Lehre freundlich gesinnt war und daß die Richter nicht mit gebotener Strenge vorgingen. Wiedertäuferische Prediger streiften ungehindert durch das Land und gewannen neue Anhänger, die mit ihnen nach Mähren zogen. Überall im Land tauchten Wiedertäufer auf, auch im Tiroler Oberland: im Ötztal, im Pitztal, in Imst, in Zams und in Landeck. 1535 faßte man ihren Anführer Jakob Huter aus St. Lorenzen (Pustertal), er wurde 1536 in Innsbruck öffentlich als Häretiker verbrannt. Die Ötztaler Wiedertäufer wurden in Imst dem Feuer übergeben. Auf diesem Hintergrund muß man die Arbeit der Visitatoren sehen. Wenn ein Pfarrer angab, seine Leute könnten nicht lesen, so deutete er an, daß sie kein Interesse an der Bibel und an ketzerischen Büchern hatten. Wer an Feiertagen arbeitete, achtete die Heiligen nicht. Mit der Einführung der Ohrenbeichte hoffte man, die Ketzer besser ausforschen zu können. Die Vertreter der katholischen Kirche wußten plötzlich, daß es höchste Zeit war, sich um das einfache Volk zu kümmern, bevor es die lutherischen Prediger taten. Und sie kümmerten sich in den folgenden Jahrhunderten so intensiv, daß die ersten Touristen erstaunt darüber waren, wie bedingungslos die Tiroler an der katholischen Kirche und ihren Vertretern festhielten. Im Laufe des 18. und 19. Jahrhunderts erlangten

Die Ausbildung zum Maurer, Steinmetz oder Zimmermann

war in der Zunftordnung genau vorgeschrieben. In frühen Jugendjahren trat man als Lehrling bei einem Meister ein. Voraussetzung waren lediger Stand und eheliche Geburt. Die Lehrzeit eines Maurerlehrlings betrug drei Jahre. Wer Steinmetz werden wollte, mußte fünf Lehrjahre absolvieren. Der Meister verköstigte den Lehrling und gab ihm einen kleinen Lohn. Bei Ungehorsam und anderen Vergehen wurde er vom Handwerk ausgeschlossen.
Nach der Lehrzeit wurde der junge Mann von seinem Lehrmeister feierlich «vor offener Lade» freigesprochen und zum Gesellen befördert. Als Geselle mußte er drei Jahre lang

Links: Die Kappler Zunftlade oder Zunfttruhe von 1695 stand früher in der Stube des jeweiligen Zunftvaters; heute ist sie im Kappler Widum in Verwahrung.
Unten: Wappentafel im Ischgler Widum.

wandern. Wer ohne Kündigung den Meister wechselte oder sich nicht an die dreijährige Wanderzeit hielt, mußte mit Sanktionen rechnen. Die nächste Stufe nach dem Gesellen war der Polier, der die Bauaufsicht übernehmen konnte. Die Krönung war die Erwerbung des Meistertitels. Die Meisterprüfung wurde vor der versammelten Handwerkerzunft abgelegt. Ein Maurer mußte ein zwei Schuh langes und ein Schuh breites Kreuzgewölbe mit dazugehörigem Grundriß und den Riß eines Giebels mit den dazugehörigen Fenstern aus Gips oder Lehmziegeln anfertigen. Der Steinmetz erhielt die Aufgabe, eine dorische Säule mit Postament und Kapitell, einen Architrav mit Fries und Hauptgesims aus Gips oder Hafnererde zu formen. Die Prüfung für den Zimmermann bestand in der Herstellung einer Kuppel für einen Kirchturm oder eines Dachstuhles für eine Kirche.
Nach bestandener Prüfung zahlte der neue Meister zwei Gulden in die Lade, die Prüfer erhielten ebenfalls zwei Gulden. Wer negativ abschnitt, mußte weitere Wanderjahre auf sich nehmen und ein zweites Mal antreten.

Die Zunft war nicht nur eine handwerkliche Vereinigung, sondern auch eine religiöse Gemeinschaft. Die Kappler wählten ihren Kirchenpatron, den hl. Antonius von Ägypten, zum Schirmherrn. Am Tag des Patroziniums versammelten sich die Zunftbrüder zu einer eigenen Messe, und jeder gab der Kirche ein Opfer. Für jedes verstorbene Mitglied wurde ein Sterbegottesdienst gehalten, an dem alle teilnehmen mußten, die nicht außer Landes waren. Im Kondukt trug der Brudermeister das Totenkreuz voran.
Der Moralkodex, an den sich jedes Zunftmitglied halten mußte, war streng. Wurde ein Lehrling Vater eines unehelichen Kindes, wurde er vom Handwerk ausgeschlossen und durfte keine Gelegenheit zu einer weiteren Lehre erhalten. War er Geselle oder Meister, zahlte er eine Geldstrafe. Beging ein Meister Ehebruch, so wurde er ausgeschlossen, mißhandelte er seine Frau, wurde er so lange suspendiert, bis er mit seiner Frau Frieden geschlossen hatte.
Auch der Umgang untereinander unterlag einem strengen Reglement.

Die Männer, die alljährlich auswanderten und oft in protestantischen Ländern Arbeit fanden, waren meistens sehr religiös. Erkrankte ein Handwerker im Ausland, so machte er sich auf die Heimreise. «Denn die Heimatverbundenheit war groß, und vor allem wollte jeder geistlichen Beistand in der Sterbestunde». Andreas Petter erkrankte 1728 im Schwabenland und kehrte trotz seines schlechten körperlichen Zustandes (zu Fuß) nach Tirol zurück. In Kappl angekommen, begab er sich nicht zu seiner Familie, sondern zum Geistlichen, um die Sterbesakramente zu empfangen. Er starb, ohne die Seinen wiederzusehen. Die Zunftmitglieder waren angehalten, einen erkrankten Mitbruder in einen katholischen Ort zu bringen, damit er dort die letzte Ölung bekommen konnte und in «geweihter» Erde bestattet wurde. Franz Hauser wurde 1728 von Mitbrüdern nach Kappl gekarrt, wo er nach wenigen Monaten verstarb.

Die Blütezeit der Kappler Zunft fällt in das 18. Jahrhundert, als Adel und Kirche in Österreich und Deutschland eine reiche Bautätigkeit entfalteten. Baumeister aus Tirol und Vorarlberg waren in leitender Funktion an der Entstehung berühmter Barockanlagen beteiligt. Jakob Prandtauer aus Stanz und Josef Mungenast aus Schnann ließen sich damals in St. Pölten nieder. Weniger bekannt ist, daß auch Maurer aus dem Paznauntal im Ausland eine neue Heimat fanden. Man weiß von etwa sechzig Personen, die nicht mehr in die Heimat zurückgekehrt sind. Der Kernraum dieser Auswanderung war Hessen-Darmstadt, vor allem die Städte Bensheim,

Mannheim, Mainz, Hanau, Dieburg, Gibburg und Darmstadt. Christian Wechner aus Unterholdernach (Kappl) war Hofbaumeister des Fürsten in Darmstadt, in dieser Funktion meldet ihn das Sterbebuch unter dem Jahr 1727. Sein Nachfolger war Bernhard Wechner von Unterbichl, ihm folgte Anton Siegele aus Kappl. Siegele ließ sich 1847 in

Darmstadt nieder, während sein Bruder Johann um diese Zeit als Baumeister in Gibburg genannt wird. Christian Stark und Ludwig Handle, beide aus Kappl, wirkten in Luxemburg. Handle leitete in der Stadt Luxemburg den Bau des Regierungsgebäudes, Christian Stark wurde 1686 Staatsbürger von Luxemburg. Er baute 1701 die Pfarrkirche von Bartingen.

Strafpredigten

Nur wenige brachten es so weit wie die Genannten. Viele verdingten sich als Hilfskräfte und verbrachten den Winter regelmäßig in der Heimat. In der Fremde lernten sie die städtische Lebensweise kennen, und so mancher kleidete sich nach der neuesten Mode oder nahm die sprachlichen Gepflogenheiten des Gastlandes an, um den Daheimgebliebenen zu imponieren. Das rief bei konservativen Talbewohnern Widerspruch hervor. Besonders bekannt ist die Strafpredigt, in der Joseph Alois Lindenthaler, der Kurat von Kappl, 1823 die aus dem Ausland zurückgekehrten Maurer öffentlich von der Kanzel herab maßregelte. Der Text ist in vollem Wortlaut erhalten. «Sapperlot, wo bin ich denn?» rief Lindenthaler «Denn ich sehe heute lauter Herren, flott und nobel gekleidete Herren vor mir, daß mir da heroben auf der Kanzel vor Respekt und Ehrfurcht der Schnaggler kommt! Ah so! Jetzt kenne ich einige davon. Sie sind Herr Maurer, Herr Steinmetz, Herr Maltarührer [Mörtelrührer]. Aber Herren sind sie bloß im Winter. Im Langes [Frühling] gehen sie Draht ziehen, Schnallen drücken, Tür klopfen, zu deutsch: betteln. Und nachher im Sommer? Da sind sie gesteckt voll Läus. – Also seht! Diese nobel hergeputzten, jetzt andächtig in der Kirche Versammelten sind: Winterherren, erster Teil; Langesbettler, zweiter Teil; Sommerlauser, dritter Teil.» Lindenthaler gliedert die Predigt in diese drei Abschnitte. Er unterhält die Pfarrgemeinde eine halbe Stunde lang auf Kosten der Zeitwanderer.

Lindenthaler weiter: «Um darzutun, daß die Paznauner, im besonderen die Kappler, im Winter Herren sind, brauchts keine besonderen Studien und Mühen; sie nennen sich selbst ‚Herren' und wollen von jedermann ‚Herr' tituliert sein. Da heißt es: ‚Herr Sepp Antoni, haben Sie die Güte, helfen Sie mir das – Häusel ausraggeln;' ‚Herr Hansjörg, haben Sie die Gewogenheit; tun Sie mir diese Laus da fort' oder ‚Haben Sie die Güte, mir den Mistkorb auf den Buggel zu heben.' Ja, freilich wohl, Herren, lauter Herren, ein schöner Titel ohne Mittel!» In dieser Tonart geht es weiter. Lindenthaler spottet über die noblen Gesten, die sich die Maurer zugelegt haben, und über die auswärtigen Wendungen, mit denen sie angeberisch ihre Rede schmücken. Er schimpft über die Putzsucht des jungen Mannes, dessen Mutter, die «Madam Maria», arm «wie eine Kirchenmaus» ist und bei der Nachbarin um Kartoffeln bettelt, weil der Sohn seinen ganzen Lohn für Kleider ausgegeben hat und die Mutter am «Hungertuche zappeln» läßt. Ein anderer ist so blöd und verlangt im Tiroler Gasthaus ausländische Weine, und wieder ein anderer läßt für sein Mädchen aufspielen. Lindenthaler: «Ja, ja, führe sie nur auf den Tanz; der Teufel geigt dabei auf und die ganze Hölle schlägt dazu den Takt.» Am Ende teilt Lindenthaler den Verunglimpften noch mit, daß er es nicht für nötig halte, sich zu entschuldigen, er sei ja schließlich kein «Höflichkeitsprofessor» und er verstehe sich nicht auf das «Schmeicheln und Schweifwedeln». Er wolle nur alle im Himmel haben, deshalb sollten alle «Hoffart und Kleiderpracht» ablegen und sich mit dem «Kleide der Demut und Bußfertigkeit antun». Die Verspotteten nahmen die Predigt übel. Sie brachten den Herrn Kurat wegen Ehrenbeleidigung vor Gericht. Lindenthaler wurde zu einem Tag Arrest verdonnert.

Die Schwabenkinder

Lindenthaler hat um die sozialen Verhältnisse gewußt, aber er betrachtete sie als gottgegeben oder selbstverschuldet. Er redete so viel von der verdorbenen Moral. Hatte er vergessen, daß zahlreiche Paznauner alljährlich im März ihre Kinder ins Schwabenland schickten? Die Kinder wanderten über zwei Jahrhunderte zu Fuß über den Arlberg, und das ohne die Begleitung von Erwachsenen. Sie bettelten auf dem Weg und schnitten sich in St. Christoph einen Span aus der gotischen Christophorusfigur, um sich vor dem Heimweh zu schützen. Sie boten sich auf den Märkten in Friedrichshafen und Ravensburg ihren künftigen Herren feil und versäumten dabei einige Monate Schulunterricht. Weder der Anschluß Tirols an Bayern noch die Rückkehr zu Österreich änderte etwas an diesen Zuständen. In Vorarlberg, das mit Tirol eine Verwaltungseinheit bildete, sahen es die Konservativen lieber, daß die Kinder auswanderten, als daß sie in den heimischen Fabriken arbeiteten. Der Dekan von Zams nennt (in Innsbruck in der Versammlung des Katholischen Stammvereins) 1851 den Skandal beim Namen. Er gibt zu Protokoll, daß sich die Eltern in seinem Sprengel (Schönwies, Stanzertal, Paznauntal) weigern, im Herbst ihre Kinder wieder aufzunehmen, wenn sie nicht die drei bis vier Gulden, die sie für ihre Dienste bekamen, nach Hause brachten. Zur gleichen Zeit gab es Missionsvereine, die sich um Kinder in China kümmerten. Es war aber bis zum Ende des Jahrhunderts nicht möglich, Mittel für verarmte Tiroler Bauernfamilien aufzutreiben. Armut war offensichtlich etwas, an dem man selbst schuld war. Die Zeit der Schwabenkinder, die auch aus allen Orten des Paznauntales jedes Jahr auswanderten, ging erst 1914 auf den Druck der internationalen Presse hin zu Ende. Ab 1891 gab es einen Verein, der sich darum kümmerte, daß die Kinder auf ihrer Wanderung mit Nahrung versorgt wurden und im Schwabenland in zumutbaren Verhältnissen leben konnten. Mit Pfarrer Gaim, der von 1901 bis 1914 die

Mathias Schmid war vielseitig. Hier zeigt er sich von seiner volkstümlich-heiter-besinnlichen Seite.
«Stillvergnügt». Öl auf Leinwand, 1874. Reproduktion dieses und der zwei folgenden Bilder mit freundlicher Genehmigung des Tiroler Landesmuseums Ferdinandeum.

Kinder begleitete, gab es zum ersten Mal einen Erwachsenen, der die Arbeitgeber kontrollierte. Da die Kinder auf siebzig schwäbische Gemeinden verteilt waren, benützte Gaim für seine Inspektionsreisen das Fahrrad. Er war der einzige Geistliche des Bistums Brixen, dem der Bischof die Benützung eines Fahrrades erlaubte.

Zwei der bedeutendsten Künstler Tirols stammen aus See im Paznauntal. Andreas Thamasch, der Barockschnitzer (1639–1697), dem das Kloster Stams seine schönsten Kunstwerke verdankt, und der Maler Mathias Schmid, dem wir uns kurz zuwenden wollen. Er steht an einer Wende, die nicht nur für das Paznauntal, sondern für ganz Tirol bedeutsam war, da sie das Heraufkommen einer neuen Zeit ankündigte.

Ein großer Tiroler Maler: Mathias Schmid

Mathias Schmid (er bestand auf der Schreibung seines Vornamens mit einem «t») wurde 1835, im gleichen Jahr wie sein späterer Kollege Franz Defregger, als sechstes von acht Kindern geboren. Bereits als Kind wollte er Maler werden. Nach eigener Angabe sei dafür seine Tätigkeit als Hüterbub ausschlaggebend gewesen. Er lehnte sich gegen den Lehrer und den Katecheten auf und sehnte sich nach der Freiheit auf der Alm. Erstaunlich ist, daß der Vater mit der Berufswahl des Sohnes einverstanden war. Da der alte Schmid meinte, es sei wichtig, das Handwerk von Grund auf zu lernen, schickte er den fünfzehnjährigen Mathias nach Tarrenz zu einem Maler in die Lehre.
Schmid erinnerte sich später gern an seinen ersten «größeren» Auftrag. Sein Meister erhielt eines Tages einen Brief des Kuraten von See. Er solle mit seinen Farben kommen und der nackten Eva, die in der Kirche von See auf dem Gewölbe dargestellt war, einen roten Mantel verpassen. Egger, so hieß der Malermeister aus Tarrenz, scheute sich, diesen Auftrag persönlich auszuführen, und schickte den Lehrbuben. Als Mathias in seiner Heimatgemeinde eintraf, hatte der Herr Kurat bereits alles vorbereiten lassen. Also schwang sich der Malerlehrling auf das Gerüst und hatte nun die barocke Eva vor sich, deren schönen Körper er überpinseln sollte. Er ging zögernd ans Werk und malte zunächst statt des Mantels zarte grüne Ranken, die den nackten Körper kaum verdeckten. Unten stand der Herr Kurat und rief immer wieder hinauf: «Es klöckt no nit!» [«Es reicht noch nicht!»]. So blieb Schmid nichts anderes übrig, als das erste Elternpaar in eine Blätterstaude zu hüllen, so daß nur noch die Köpfe herausschauten. Das Bild war 1889, als Tinkhausers Diözesanbeschreibung erschien, noch vorhanden. Man hat es später leider entfernt.
Von 1853 bis 1858 studierte Schmid in München an der Akademie. Seine Gönner waren zunächst Geistliche. Schmid widmete sich deshalb der religiösen Malerei und hatte erste Erfolge. Er erhielt vom Land Tirol ein dreijähriges Stipendium für die Münchener Akademie. Schmid studierte von 1863 bis 1865 bei Johann von Schraudolph und malte unter dessen Anleitung religiöse Bilder, unter anderem drei Altarblätter für den Magdalenenaltar in der Münchener Frauenkirche. Sie gingen im Zweiten Weltkrieg zugrunde. Seine Heimatgemeinde See bestellte für die Pfarrkirche drei neue Altarbilder und bestellte sie wieder ab, denn Schmid war inzwischen als Kirchenfeind verleumdet worden. Schließlich entzog ihm das Land Tirol das Stipendium. Was war geschehen?
Schmid hatte sich neuen Themen zugewandt. Ihn interessierte vor allem die Darstellung der Alpenlandschaft und ihrer Bewohner. Einige Zeichnungen waren in Zeitschriften erschienen, in der «Gartenlaube» und in der «Leipziger Illustrierten». Adolf Pichler, Lehrer an der Universität Innsbruck und Liebhaber der Alpen, hatte Schmids Darstellungen mit zum Teil satirischen antiklerikalen Texten versehen. Schon allein die Tatsache, daß Schmid für «lutherische» Blätter arbeitete, hätte genügt, um ihn in Tirol zu diskreditieren. In seinem Heimatdorf, wo er im Sommer regelmäßig malte, stempelte man ihn zum Feind, da er es verabsäumte, die Sonntagsmesse

Mathias Schmid: «Die Vertreibung der Zillertaler Protestanten 1837». Öl auf Leinwand, 1877. Tiroler Landesmuseum Ferdinandeum

zu besuchen. Der Herr Kurat hatte bereits die Gendarmerie beauftragt, Schmid zum Kirchenbesuch abzuholen, nur eine eilige Flucht konnte das schlimmste verhindern. Man munkelte, Schmid sei in München ein Freigeist geworden. Ein untrügliches Zeichen für seinen Abfall war, daß er Schiller las! An dieser Stelle muß angemerkt werden, daß in Tirol die Bücher der Klassiker erstmals unter der bayrischen Regierung (1805–1814) erlaubt waren. Möglicherweise war die Tatsache, daß die Tiroler 1809 unter anderem auch gegen das Eindringen von aufgeklärtem Gedankengut kämpften, ein Grund dafür, daß Schmid die Verherrlichung des Tiroler Aufstandes ablehnte. Er weigerte sich, auf der Erfolgswelle, die damals seine Tiroler Kollegen Franz Defregger und Alois Gabl trug, mitzuschwimmen. Schmid malte ein einziges Bild zu diesem Thema. Es zeigt zwei Frauen unter einem Kreuz. Eine liegt, von einer Kugel getroffen, tot am Boden, die andere richtet ein verzweifeltes Gebet an den Gekreuzigten. Im Mittelgrund erkennen wir die gegen den Feind vorrückenden Männer. Die Verurteilung des Krieges ist eindeutig. Schmid war Pazifist.
Er machte aber noch schlimmere Fehler. Als 1870 das Vatikanische Konzil das Unfehlbarkeitsdogma verkündete, schloß er sich der Altkatholischen Gemeinde Münchens an, das heißt, er war Gründungsmitglied einer Protestkirche, die sich nicht nur von Rom lossagte, sondern auch Ohrenbeichte und Zölibat abschaffte.
Zur gleichen Zeit wandte sich der junge Maler, der bei Kunstkennern bereits Anerkennung gefunden hatte, sozialkritischen Themen zu. Während seine Kollegen ein weitgehend geschöntes Bild Tirols und der Alpenbewohner lieferten, gab Schmid seinen Darstellungen eine kritische Note und schilderte in seinen Gemälden, die in rascher Folge entstanden, Zustände, die für gewisse Kreise wenig schmeichelhaft waren. «Die Bettelmönche» von 1871 lassen bereits ahnen, was sich da anbahnte. Das Bild zeigt zwei Kapuziner bei ihrer Haussammlung. Man mußte nicht zu den Eingeweihten gehören, um zu wissen, daß Schmid hier Verhältnisse seines Heimattales berührte. Die beiden Geistlichen haben mit der versammelten Bauernfamilie ein reichliches Sonntagsmahl eingenommen, und während der beleibte ältere Mönch noch schnell ein Stamperl Schnaps zu sich nimmt, schickt sich der jüngere Kollege an, die Gaben der Familie entgegenzunehmen. Die Kinder sind angehalten, das «Bettelbrot» zu übergeben. Sie werden dafür ein Heiligenbildchen erhalten. Die kleine Vierjährige ist aber nicht gewillt, die Speckseite, die sie fest in ihren Ärmchen hält, zu überreichen. Schmid läßt seine Personen verschieden auf den peinlichen Zwischenfall reagieren.
Das Gemälde löste widersprüchliche Beurteilungen aus. Die noch höflich angedeutete antiklerikale Haltung wurde vom liberalen Bürgertum Münchens begrüßt, die katholisch gesinnten Kreise Tirols reagierten erwartungsgemäß verärgert auf die Kritik ihres Landsmannes.

«Die Karrenzieher»

Ermutigt durch das Lob von Freunden und Kunstkennern, wagte sich Schmid an ein besonders heikles Thema heran. «Die Karrenzieher» (1872) zeigen eine Oberinntaler Karrnerfamilie, wie sie auf einem schmalen, steil ansteigenden Gebirgsweg an zwei Geistlichen, einem Kapuziner und einem Jesuiten, vorbeimüssen. Die Karrner, sie bildeten in Tirol die ärmste soziale Gruppe, ziehen ihren zweirädrigen Wagen, auf dem sie ihre gesamte Habe mit sich führen, durch das Land. Sie grüßen ehrerbietig die beiden Geistlichen, die sich an die Felswand drücken müssen, um die Karrner vorbeizulassen. Die Gesichter der beiden Herren spiegeln die tiefe Verachtung wider, die sie für die Besitzlosen empfinden. Wir entdecken auch auf diesem Bild ein kleines Mädchen, das ehrlich reagiert. Sie kümmert sich nicht um die geistlichen Herren, sondern wendet ihre ganze Aufmerksamkeit dem Hund zu.
Schmid kannte die Karrner aus eigener Anschauung, und er wußte, welcher Diskriminierung diese Menschen ausgesetzt waren. Er wählt die Landschaft des Oberinntals, und wenn er auch keine topographische Eindeutigkeit angestrebt hat, so assoziiert der Betrachter den Bergpfad mit der Straße zwischen Imst und Schönwies, die heute noch hoch über dem Tal an Felswänden entlangführt. Schönwies war eine Gemeinde, wo die Karrner seit alters das Recht hatten, den Winter zu verbringen. Da die Besitzlosen keine Heiratsgenehmigung erhielten, lebten sie in «wilden» Ehen. Die Karrner fühlten sich von der Kirche verlassen, die das «unmoralische» Verhalten verurteilte, aber nichts für die Verbesserung der sozialen Verhältnisse tat. Das hat Schmid unmißverständlich anklingen lassen, und er wurde auch verstanden.

«Sittenrichter» und «Herrgottshändler»

In seinem Gemälde «Der Sittenrichter» übt Schmid an jenen Geistlichen Kritik, die sich berechtigt glaubten, andere wegen ihres «unmoralischen» Verhaltens abzukanzeln. Das junge Paar in Tiroler Tracht will offensichtlich heiraten. Die Braut hält ein Baby im Arm, das Kind, das sie ohne den Segen der Kirche bekommen hat. Der Geistliche hält eine Strafpredigt, die jungen Leute schauen beschämt drein, während die Pfarrersköchin an der Tür lauscht und hämisch lacht. Noch deutlicher zeichnet Schmid die Unzulänglichkeit und Scheinheiligkeit der Vertreter der Kirche in der «Beichtzettelablieferung» und im «Herrgottshändler». Carl von Piloty – Schmid hatte bei ihm in München Unterricht genommen – lobte besonders letzteres Bild als «das bedeutendste, das seit Dezennien in München gemalt worden sei.»
Für den Klerus in Tirol war nun aber das Maß voll. In einem Pamphlet, das 1874 in den «Tiroler Stimmen» erschien, wurde Schmid öffentlich beschimpft. «Mathias Schmid will sich mit

Gewalt berühmt und reich machen, darum müssen wir ihm einige Aufmerksamkeit schenken...» Der Schreiber stellt nicht in Abrede, daß Schmid begabt ist, aber er erklärt ihn zum «affektierten Kopisten» Defreggers, dessen «geschickte Darstellung würdiger Objekte» lobend hervorgehoben wird. Schmid ziehe hingegen die Verhältnisse seiner Heimat in den Schmutz: «Mit ungezügelter Phantasie weidet er sich an allen Karrikaturen des Volkslebens, behandelt mit Vorliebe die religiösen Gebräuche oder die Sitten seines Heimathlandes, die er nach Angabe schlechter Kneipenwitze schildert, mit grob sinnlichen Pointen, für den schlechten Judengeschmack aufgeputzt...» Man beschuldigt Schmid im weiteren der Undankbarkeit. Geistliche seiner Heimat hätten ihm die Ausbildung ermöglicht, und jetzt falle er seinen Gönnern in den Rücken. Er habe sich das Stipendium des Landes Tirol durch geheuchelte Untertänigkeit erschlichen und habe mit diesen Mitteln eine brillante Technik erlernt, nur um gemeine Zoten zur Darstellung zu bringen.

Der heutige Leser dieser Zeilen fragt sich, welche Zote im «Herrgottshändler» dargestellt wurde. Das Bild zeigt zwei Geistliche mit Bauern vor einem Gasthaus bei einer Kartenrunde. Das Spiel wird durch die Herrgottshändler unterbrochen. Es handelt sich um fahrende Leute, die den Bauern ihre Schnitzereien zum Verkauf anbieten. Die Kartenrunde fühlt sich gestört, und die beiden Geistlichen lassen sich nicht davon beeindrucken, daß ihnen der Fahrende ein Kruzifix hinhält.

Der anonyme Autor der «Tiroler Stimmen» spricht schließlich davon, was ihn besonders erbittert:

«Im Paznaun kommt es wirklich vor, daß bei besonderen Gelegenheiten die Geistlichen mit Bauern ein ‚Spielele' machen, was aber eben die Kordialität mit sich bringt, in der Volk und Klerus in jenem tief religiösen Thale mitsammen leben, und kein Mensch stoßt sich daran. Wenn nun Schmid bei seinen häufigen Exkursionen nach Tirol für klug befindet, seine Heimath und Angehörige zu meiden, so soll er auch nicht so taktlos sein, Klerus und Volk seiner Heimath öffentlich zu verhöhnen.»

Die Diffamierung verhinderte den Ankauf des «Herrgottshändlers» durch das Land Tirol.

«Die Vertreibung der Zillertaler Protestanten 1837»

In diesem Zusammenhang gehören zwei weitere Gemälde. «Die Vertreibung der Zillertaler Protestanten 1837» entstand 1877, also vierzig Jahre nach dem dargestellten Ereignis, in dem das Land Tirol eine unrühmliche Rolle spielte. Schmid thematisiert hier die Tatsache, daß noch im 19. Jahrhundert 427 Zillertaler aus religiösen Gründen zur Auswanderung gezwungen wurden. Im Zillertal hatte der evangelische Glaube überdauert. So baten die Zillertaler Protestanten 1832 um die Erlaubnis, in Anwendung des Toleranzpatentes Josephs II. eine evangelische Gemeinde gründen zu dürfen. Die von den Konservativ-Klerikalen beherrschten Stände wandten sich gegen ein solches Zugeständnis. Tirol sollte ein einheitlich katholisches Land bleiben. Der Kaiser in Wien stellte die Zillertaler vor eine schwierige Entscheidung: Sie sollten ent-

Mathias Schmid als Porträtist: «Bildnis seiner Tochter Rosa.» Öl auf Leinwand, um 1892/93. Tiroler Landesmuseum Ferdinandeum

weder katholisch werden oder in eine andere österreichische Provinz auswandern, in der es bereits protestantische Gemeinden gab. Die Zillertaler wollten weder das eine noch das andere. Daraufhin griff der Polizeistaat durch. Die Zillertaler sahen sich mit einer Zwangsausweisung konfrontiert. Da ihnen die Religion wichtiger war als alles Irdische, verließen sie Tirol. Die meisten von ihnen zogen in das preußische Schlesien. Die rückwärtsgewandte Entscheidung der Mächtigen stieß nicht nur auf die Kritik des Auslandes, sondern auch auf die der fortschrittlich Gesinnten im Land, die sich auch gegen die Rückberufung der Jesuiten im Jahre 1838 wehrten. Man fürchtete die Rückkehr von Rückständigkeit und geistiger Unfreiheit.

«Die gefesselte Tyrolia»

Das andere Bild Schmids, «Die gefesselte Tyrolia», zeigt ein Mädchen, das von einem Jesuiten an einen Bildstock gebunden wird. Den Hintergrund bildet eine Hochgebirgslandschaft unter einem düsteren wolkenverhangenen Himmel. Wenn es einer wagte, Kritik an den politischen und sozialen Zuständen zu üben, schrien gewisse Kreise sofort «Tendenzmalerei» und prägten einen Begriff, den wir heute noch in Abhandlungen über jene Zeit finden, wie wenn nicht jede künstlerische Äußerung eine «Tendenz» hätte.
Schmid war nicht auf das Wohlwollen der Politiker und kirchlichen Würdenträger angewiesen. Er hatte das Glück, begeisterte Gönner zu finden, die seine Kunst schätzten. Schmid heiratete eine Frau aus bürgerlichem Hause und ließ sich in München nieder. Fast jeden Sommer zog es ihn aber in sein Heimattal zurück.
Die meisten Landschaftsbilder, die Mathias Schmid geschaffen hat, stellen Gegenden des Paznauntales dar. Seine Darstellungen erschienen in zahlreichen Zeitschriften. Sie stehen am Beginn des Alpinismus, der seit dem Ende des vorigen Jahrhunderts auch das Paznauntal erfaßte und der für die Talbewohner zunehmend eine bescheidene Einnahmequelle darstellte. Schmid war einer der ersten, der Werbung für die Landschaft der Silvrettagruppe machte und ein städtisches Publikum in die Alpen zog. Er stand nicht nur mit seinen Tiroler Kollegen Alois Gabl und Franz Defregger in Verbindung, sondern er kannte auch Fotografen und Alpinisten, wie zum Beispiel Ignaz Falch aus Grins, der für Postkartenverlage arbeitete, und den Alpinisten Dr. Isidor Müller.
Wie zögerlich der Tourismus im Paznauntal anlief, zeigt etwa der Eintrag im «Tiroler Verkehrs- und Hotelbuch» des Jahres 1914. Die Fahrzeit von Landeck nach Galtür betrug damals sieben Stunden. Der wichtigste Touristenort im Tal war Galtür, wo es neben den traditionellen Landgasthöfen bereits ein Hotel und eine Studentenherberge gab und von wo die Alpinisten zu vier Schutzhütten der Silvrettagruppe aufstiegen. Galtür bietet im Jahr 1914 88 Betten, Ischgl hingegen nur 74 Übernachtungsmöglichkeiten. Kappl preist das «Skiterrain» bei der Alpe Spidur an, während See außer den Schallerbachfällen im Kleindruck auch das «gute Terrain für Skiläufer» bei der Ascherhütte ins Treffen führt. In Ischgl fand man hingegen neben den drei Schutzhütten den nahen Wald, die Jagd- und Fischereigelegenheit, die Hochdruckwasserleitung, das elektrische Licht und die Badegelegenheit im Gasthof Post erwähnenswert. Von einer ausreichenden medizinischen Versorgung konnte nicht die Rede sein, denn einen «Wundarzt mit Apotheke» gab es nur in Kappl.
Interessant ist das Zusammentreffen von Mathias Schmid mit seinem höchsten Landesherrn, Kaiser Franz Joseph, anläßlich einer Ausstellung. Franz Joseph gab sich sehr interessiert, redete leutselig mit dem Künstler und lobte das eine und das andere Bild. Unter den ausgestellten Gemälden befand sich auch jenes, das eine «Tyrolia» zeigt. Ein junges frisches Mädel in Tracht hält die Tiroler Fahne, im Grunde ein eher nichtssagendes Bild. Der Kaiser betrachtete es eine Weile aufmerksam und sagte dann, daß er es schon kenne. Beim Hinausgehen richtete er noch einmal den Blick auf die «Tyrolia». Was veranlaßte Franz Joseph, so eingehend seinen Blick auf dieses Bild zu richten? Erinnerte es ihn an die andere Darstellung zum gleichen Thema, an die gefesselte Tyrolia, die man ihm ganz gewiß vorgelegt hatte?
Wie verbreitet die Gehässigkeit gegen Schmid war, illustriert eine Bemerkung in «Tinkhausers Diözesanbeschreibung». Hier wird unter anderem die Kapelle in Habingen bei See erwähnt. Der Schreiber glaubt, daß die Madonnendarstellung in dieser Kapelle von Schmid stammt. Er beurteilt das Werk so: «Sie [die Kapelle von Habingen] hat ein Altärchen [...] mit einem Bilde, Maria, das Jesukind auf den Armen, von Matthias (!) Schmid, das aber wenig religiöse Weihe besitzt.» In der Fußnote lesen wir: «Obgenannter Maler ist aus dieser Gemeinde gebürtig; derselbe hat sich hauptsächlich in pikanten Darstellungen aus dem Volksleben aus Tirol, insbesondere seines heimathlichen Thales versucht.» Das Marienbild eines Malers, der kirchliche Zustände kritisierte, konnte nicht religiös sein. Nun stammt dieses Bild aber vermutlich gar nicht von Schmid.
Es soll an dieser Stelle angemerkt werden, wie wenig es dem Maler, der aus ungünstigsten bäuerlichen Verhältnissen kam, um Geld und Ehre ging. Schmid lehnte es im Gegensatz zu Defregger ab, ein erfolgreiches Bild zu wiederholen, und er war nicht bereit, den Adelstitel anzunehmen.
Trotz vieler Ehrungen war Mathias Schmid lange Zeit vergessen. Das Geburtshaus in See, an dem man 1895 eine Gedenktafel anbrachte, wurde abgerissen, die nach ihm benannte Straße in München fiel um 1933 Baumaßnahmen zum Opfer, 1944 wurde Schmids Wohnhaus in München durch Bomben zerstört, 1962 ließ man sein Grab im Münchener Westfriedhof auf. Viele seiner Gemälde sind heute verschollen. Seit den siebziger Jahren nimmt man Schmid wieder

Silvretta-Bergeseinsamkeit.
Litzner und Seehorn von der Kromerlücke.
Foto: Herbert Blank

wahr. 1976 kaufte die Gemeinde See ein Bild, das einen Mann zeigt, der eine Frau zu einer Wallfahrtsstätte übers Gebirge trägt. 1990 erwarb das Ferdinandeum mit Unterstützung des Landes Tirol das verloren geglaubte Gemälde «Zillertaler Protestanten». In Innsbruck gibt es eine Schmidstraße. In Ischgl entstand heuer auf die Privatinitiative des Schmid-Verehrers Erwin Cimarolli ein Museum. Die in zwanzig Jahren liebevoll zusammengetragene Sammlung besteht aus einem Dutzend Gemälden, aus Zeichnungen, Dokumenten und Gegenständen aus dem Besitz des Künstlers. Beim Schmid-Museum beginnt der neu angelegte «Schmid-Lehrpfad» mit Reproduktionen der bekanntesten Gemälde. Wem diese «Marterlkultur» nicht zusagt, den entschädigt der Blick auf die herrliche Landschaft.
Das Tiroler Landesmuseum Ferdinandeum veranstaltete im Sommer 1999 eine repräsentative und sehr gelungene Mathias-Schmid-Ausstellung, obwohl es heuer keinerlei Gedenktage zu begehen gilt. Gleichzeitig erschien auch Petra Lugers Dissertation als Buch. Sowohl im alten als auch im neuen Tiroler Jungbürgerbuch hat man übrigens vergessen, Mathias Schmid zu erwähnen.
Die meisten Einwohner des Tales wissen, wer Mathias Schmid gewesen ist. Es ist nicht wahr, daß die Leute im Paznaun an ihrer Geschichte nicht interessiert sind; doch sollte es ihnen niemand verargen, daß sie nicht gern an jahrhundertelange Armut und Fremdbestimmung erinnert werden. Daß sie die alte Architektur nicht schätzen, hängt damit zusammen. Jahrhundertelang lebte man zwischen den Lawinenstrichen von der Landwirtschaft, die nicht alle ernähren konnte, jahrhundertelang war man auf sich selbst gestellt. Viele waren gezwungen abzuwandern. Das alles ist nicht erhebend. Es wird verdrängt ebenso wie die Hitlerzeit, die es in diesem Tal auch gegeben hat, die man aber lieber verschweigt. Das rassistische Blut und Bodengeschwafel, das damals in Zeitschriften von Leuten verbreitet wurde, die heute wieder über das Leben der Bergbauern erfolgreiche Bücher schreiben, schmeichelte den Bergbewohnern. Die früher Verachteten fanden sich plötzlich aufgewertet. Sie hatten infolge der Abgeschlossenheit das reinere Blut bewahrt, und ihr Charakter war durch jahrhundertelange Entbehrungen gestählt. In diesem Sinn lauten die Abschlußworte eines Aufsatzes über das Bergheuen aus dem Jahr 1941: «Wenn wir die Wetterlärchen auf unseren Almen mit ihren von Wind und Wetter zerzausten Formen und Gestalten anschauen, so erzählen sie uns auf ihre Art von dem Kampf, der hier oben herrscht und den der Bergbauer seit Jahrhunderten so zäh und tapfer Jahr für Jahr aufnimmt; sie sind uns gleichzeitig Symbol für die Kraft des Bergbauerntums, das trotz seines harten Kampfes oder gerade deshalb so bodenverwurzelt als Blutsquell der Nation in diesen schönen Bergtälern lebt und arbeitet.» (Erika Hubatschek, in: *Der Bergsteiger*, hrsg. vom Deutschen Alpenverein, Heft 10, 1941, S. 276)
Nach dem furchtbaren Lawinenunglück, das am 23. Februar 1999 den Ort Galtür getroffen hat, gab es neben Mitgefühl auch polemische Äußerungen. Manche behaupten, man habe das Tal zu freizügig für den Tourismus geöffnet. Diese Kritiker scheinen aber zu vergessen, daß die Menschen dieses Tales erst seit den achtziger Jahren unseres Jahrhunderts durch den Tourismus Zugang zu einem geregelten Einkommen erhalten haben. Warum redet keiner von anderen alpinen Gegenden, wo der Tourismus schon seit hundert Jahren für reichliches Einkommen und schon seit Jahrzehnten für die entsprechenden Probleme sorgt? Zu oft wird auch vergessen, daß die Touristen den Gastgebern ihre Vorstellungen und Wünsche aufzwingen. Die alte Not hat im Paznaun ein Ende, und man nimmt die neue Fremdbestimmung hin. Sie ist mit den Verhältnissen früherer Zeiten nicht vergleichbar.

Literatur

AmMann, Gert: Das Tiroler Oberland. Österr. Kunstmonographie Bd. IX. Salzburg 1978.
Fontana, Josef u. a.: Geschichte des Landes Tirol. 4 Bände. 2. Überarb. Auflage. Bozen, Innsbruck, Wien 1990.
Franz von Defregger und sein Kreis: Katalog des Tiroler Landesmuseums Ferdinandeum, 1987.
Gasser; Hannes: Erlebnis Paznauntal. Silvretta und Verwall. Graz und Stuttgart 1980.
Grohman, W. A. Baillie: Tyrol and the Tyrolese. The people and the land in their social, sporting, and mountaineering aspects. London 1877.
Juen, Gottfried: Die Kappler Zunft der Maurer, Steinmetzen, Steinhauer und Zimmerleute (1709–1984). In: Handwerkerverein Kappl, 275 Jahre Zunftprivileg. Festschrift.
Klien, Robert: Tiroler Oberland. Bezirk Landeck. Innsbruck, Wien, München 1972.
Klien, Robert / Walser, Josef: Kunstschätze und Baudenkmäler. Stanzertal, Paznaun und Region Landeck. Innsbruck, Wien 1998.
Luger, Petra: Mathias Schmid (1835–1923). Dissertation, Innsbruck.
Pfaundler, Gertrud: Tirol Lexikon. 2. Aufl., Innsbruck 1983.
Riedmann, Josef: Geschichte Tirols. Geschichte der österr. Bundesländer, hsg. v. Johann Rainer. Wien 1982.
Staffler, Jakob: Tirol und Vorarlberg. 3 Bände, 1839–1846
Tinkhauser / Rapp: Topographisch-historisch-statistische Beschreibung der Diözese Brixen. 4. Band. Brixen 1889.
Tiroler Verkehrs- und Hotelbuch 1914. Hsg. Landesverkehrsrat in Tirol. 12. Aufl. Innsbruck 1914.
Uhlig, Otto: Die Schwabenkinder aus Tirol und Vorarlberg. Tiroler Wirtschaftsstudien, 34. Folge. Innsbruck, Stuttgart und Aalen 1978.

Der Weiler Stockach, Gemeinde Kappl, Paznauntal.
Die Fotos zu folgenden Beitrag stammen vom Autor.

Eis, schwarze Felszacken, Seen, Blumen, Bergbauernland

Die Silvrettagruppe im Sommer. Ein Überblick. Von Dieter Seibert

Sommerliche Silvretta? Die spontane Aussage vieler Bergsteiger könnte lauten: Zwei Hütten (oder sind es vier?), weite Gletscher und ein Dutzend Gipfel von den Fluchthörnern bis zum Großseehorn – damit dürfte das Wichtigste umrissen sein. Die Wirklichkeit sieht etwas eindrucksvoller aus. Etwa 150 eigenständige Gipfel stehen in diesem Gebirge von gut 30 km Länge; zählt man alle Höhen mit einem eigenen Namen, dann steigt die Zahl weit über 200. Zudem kann der Alpinist zwischen dreizehn Hütten wählen, von denen sechs auf Schweizer Boden liegen.

Damit wären wir bei der zweiten Tatsache, die manchem nicht so geläufig sein dürfte: Etwa 55 % der Silvretta gehören zu Graubünden, also zur Schweiz. Daß die Berge auf der anderen Seite (für uns Deutsche und Österreicher) nicht einen langweiligen Hinterhof darstellen, mögen folgende Zahlen belegen: Von den zwanzig höchsten Bergen «gehören» den Österreichern zwölf, den Schweizern jedoch 19 (es gibt elf Grenzgipfel).

Noch ein paar Stichworte für Silvretta-Typisches: Zahllose Berge umgibt auch heute absolute Stille, 200 Bergseen beleben die Hochkare, im Frühsommer überzieht eine wahre Blütenpracht Hänge und Böden (etwa rote Alpenrosen-Flächen und Heere von Schwefelanemonen), eine einzigartige Bauernhof-Kultur findet man im Engadin…

Für die Gäste wichtig ist die Silvretta-Hochalpenstraße, die das Montafon mit dem Paznauntal verbindet. Bielerhöhe (2036 m) heißt der Paß, an dem auch der 2,5 km lange Silvretta-(Stau-)see – mit Motorboot-Verkehr – beginnt. Diese Straße führt so richtig ins Herz des Gebirges und bietet damit ideale Ausgangspunkte für viele Touren, lockt aber auch die Menschen in Scharen an.

Silvretta, drei Länder, drei Volksgruppen

Silvretta – ein klangvolles Wort! Eine Weidefläche, hoch über der innersten Val Sardasca, trugt einst diesen Namen. Über den Ursprung der Bezeichnung ist man sich nicht einig. Folgende Ableitung würde gut passen: «Suvra» bedeutet «oben» und «etta» bildet eine verstärkende Endung; so hätten wir hier die «oberste Alpe». Der Namen ist dann sozusagen stets gewachsen: Der Eisstrom im benachbarten Hochbecken wurde zum Silvrettagletscher, der beherrschende Gipfel darüber zum Silvrettahorn, der schon 5 km von der eigentlichen Silvretta entfernt ist. Schließlich breitete sich der Name über das gesamte Gebirge zwischen Schlappinerjoch und Fimberpaß aus.

Tirol, Vorarlberg und Graubünden stoßen an der Dreiländerspitze zusammen. Ungewöhnlicher ist die Tatsache, daß sich hier auch drei Volksgruppen berühren, die Bajuwaren (Paznauntal), Alemannen (Montafon, Prättigau, Davos) und Rätoromanen (Unterengadin). Auch an den Gletschernamen um den erwähnten Gipfel läßt sich dies ablesen: Die Tiroler (Bajuwaren) verwenden die Bezeichnung Ferner, deshalb Jamtalferner, bei den Alemannen ist Gletscher gebräuchlich (Vermuntgletscher), und im Rätoromanischen heißt es Vadret (Vadret Tuoi).

Einst war die gesamte Region rätoromanisches Sprachgebiet. So finden wir auch in Tirol und Vorarlberg zahllose Namen dieses Idioms wie Galtür, Larain, Vallüla, Vermunt, Gaschurn, zwischen die sich dann später deutsche Namen mischten. Bis heute blieb die romanische Betonung bestehen, so sagt man Gaschùrn und nicht Gàschurn. Anders bei den mit «V» beginnenden Worten. Diesen Buchstaben klingt auf österreichischer Seite wie ein «F» (Vallüla = Fallüla), im Süden jedoch weich (Val = Wal).

Viele rätoromanische Ortsnamen lassen sich direkt übersetzen. Die wichtigsten Begriffe: Piz - Spitze, Munt - Berg oder Hügel, Gonda - Blockfeld, Fuorcla - Scharte, Val - Tal, Lai - See, Aua - Bach, Funtana - Quelle und Brunnen, Vadret - Gletscher, God - Wald. Ein paar Namen aus der Silvretta: Lai Grisch - Grauer See, Piz Cotschen - Rotspitze, Fuorcla Pitschna - Kleine Scharte, Val Torta - Krummes Tal.

Wie im Italienischen ist bei den Rätoromanen das Wort «Val» (Tal) weiblich, was sich an Begriffen wie Val Torta oder Val Cotschna (die männlichen Formen lauten tort und cotschen) zeigt. Man sollte deshalb in deutschen Texten «die Val Torta» und nicht «das Val Torta» schreiben.

Bergbauern und Magic Highlights

Stellen Sie Ihr Auto einmal in Kappl im Paznauntal ab und wandern sie auf dem Anrainersträßchen nach Osten, hinaus bis nach Schrofen, dessen Höfe 500 m hoch über dem Tal in den Sonnenhängen liegen. Lassen Sie dabei ihre Phantasie spielen, denken Sie sich alles Heutige weg und versetzen Sie sich in die Zeit der Pioniere. Damals bestimmten Urwald, Geröll, Blockwerk, zerfurchtes Gelände die Szene. Vergleicht man damit die heutige Bilderbuch-Landschaft, berücksichtigt man zudem das so Jähe der (Mäh-)Wiesen, dann steigt die Achtung vor diesen Bergbauern. Sie waren es, die Täler und Höhen gestalteten. Zahllose Kapellen, Bildstöcke und Marterl dokumentieren Kampf und Ehrfurcht gegenüber der Natur mit ihren Hochwassern, Muren, Lawinen, mit Frösten im Sommer... Es war über viele Jahrhunderte ein äußerst harter Überlebenskampf mit mehr Armut als vollen Suppenschüsseln.

Längst wären die Täler rund um die Silvretta entsiedelt, hätte der Fremdenverkehr nicht neue Geldquellen erschlossen. Für das enge Paznauntal mit seinen außergewöhnlich hohen und steilen Talhängen gilt dies doppelt. Die Natur kann sehr «ungerecht» sein: Ausgerechnet der oberste Ort des Tales, Galtür (1584 m), das reizvoll auf sonnigem Boden liegt, wurde im Lawinen-Februar 1999 heimgesucht. Dabei setzt gerade diese Gemeinde auf «sanften Tourismus», verzichtete weitgehend auf die technische Erschließung. Traurig, daß selbsternannte Propheten, deren Weisheiten die Medien eifrig breittreten, durch Halbwahrheiten und falsche Töne zusätzliche Unsicherheiten verbreiten und damit Nachteile für die Betroffenen schaffen.

Ein ganz anderer Geist herrscht im benachbarten Ischgl (1376 m), der grell-bunt-amerikanisierten Super-Skistation. Der Prospekt (deutsche Ausgabe) trägt den Titel «taste the spirit». Er bietet Fun, Events, Surprise, Boarder News, Ironbike, Highlights, einen Hot-Mix; in dieser Fun-Sport-City goes anything nach dem Motto customer convenience. Völlig deplaziert verstecken sich in dem Text auch die beiden Worte Gastlichkeit und Gemütlichkeit.

Das obere Paznaun mit Ischgl und Galtür wurde aus dem Süden, vom Unterengadin, über die bis zu 2800 m hohen Pässe von Fimber, Futschöl und Vermunt besiedelt und versorgt; deshalb auch die vorwiegend rätoromanischen Orts- und Flurnamen. Eine abrupte Klimaverschlechterung Ende des Mittelalters ließ die Pässe vergletschern, die Verbindung wurde – außer im Fimbertal, das noch heute halb zur Schweiz gehört – immer schwieriger und gefährlicher. So löste man sich mehr und mehr vom «Mutterland».

Dieses Unterengadin zeigt zudem nicht nur eine reizvolle Landschaft, es bildet auch einen Kulturraum ganz eigener Prägung. Fast alle Dörfer liegen auf sonnseitigen Terrassen hoch über dem Inn, die wilden Dreitausender der Unterengadiner Dolomiten schaffen dazu einen malerischen Hintergrund. Im alten Teil von Schuls (Scuol), in Ardez, vor allem aber im Panorama-Ort Guarda (1653 m) wurden die gut erhaltenen historischen Höfe meist hervorragend restauriert und bilden heute Anziehungspunkte für alle kulturell Interessierten. Die Fassaden der stattlichen Häuser in den eng verschachtelten Dörfern sind mit viel Liebe und Aufwand geschmückt, mit Erkern, schmiedeeisernen Gittern und reicher Blumenpracht. Doch das besondere Merkmal sind die Sgraffiti, herausgekratzte Muster und Ornamente auf der Mauer in zarten Farbnuancen von beige und hellgrau bis weiß.

Große Gletscher, schwarze Felszacken, viele Seen ...

Die Landschaft im Herzen der Silvretta läßt sich mit nichts anderem in Österreich verwechseln. Weit dehnen sich die Gletscher, bilden meist wellige, stark zerklüftete Flächen mit breiten Spalten und manchem Eisbruch. Daraus wachsen dann, scheinbar schwarz, die Grate und Gipfel auf, zerklüftete Felsruinen mit bizarren Türmen und Zacken. Gratüberschreitungen sind hier kaum üblich. Die Bergsteiger stapfen über die Gletscher und benützen dann fast alle ein und dieselbe Route zum Gipfel. Etwas Kletterei ist fast immer notwendig, doch handelt es sich bei den Normalwegen fast nur um Einser oder Zweier.

Im Verhältnis zur Höhe der Berge, das Silvrettahorn etwa bringt es auf 3244 m, sind die Gletscher erstaunlich groß. Der Schneereichtum Vorarlbergs schafft diese außergewöhnlichen Verhältnisse. Der Hauptkamm wirkt als Wolken- und Schneefangzaun; so gibt es im Montafon doppelte Niederschlagsmengen gegenüber dem Unterengadin. Das sorgt nicht nur für gletscherfreie Berge im Süden, etwa den Piz Minschnun (3068 m) oder gar den Muttler (3294 m) in der Samnaungruppe, sondern auch für eine typische Trocken-Flora mit manch Stacheligem wie dem Sanddorn. Lichte Lärchenwälder schaffen zudem einen «Herbst in Flammen». An alten Stämmen dieser Bäume hängen häufig – eine Engadiner Besonderheit – lange, gelbe Bartflechten.

Schlaraffenland für Alpinisten, aber ebenso für Bergwanderer

Aller Einseitigkeit soll gleich vorgebeugt werden. Silvretta – ausschließlich ein Land für Bergsteiger mit Seil und Pickel? Im zentralen, stark vergletscherten Teil des Gebirges bieten viele der Gipfel echte Hochtouren, die einiges Können voraussetzen. Ausgesprochen zahlreich sind die Gipfelstürmer an Piz Buin, Dreiländerspitze oder Augstenberg. Diese Touren haben stets ähnlichen Charakter: Man wandert in der meist breit ausgetretenen Spur über die weiten Gletscher (mit ihren Spalten) und steigt auf dem «Normalweg» zum Gipfel empor. Schneerinnen, Trümmerhalden, kurze Block- und Felsgrate stellen bei guten Bedingungen nur mäßige Ansprüche (oft I, manchmal II). Bei Schnee oder gar Eis hingegen... Doch selbst im zentralen, hohen Teil der Silvretta ist das

Oben: Guarda, der malerische Ort im Unterengadin.
Rechts. Detail einer der Hausfassaden in Guarda.

Angebot auch für den ausgesprochenen Bergwanderer reichhaltig und bunt. Ganze Ausflüglerscharen pilgern zu den vier berühmten Hütten, wobei die meisten – etwas stur – auf den Jeep-Sträßchen wandern, statt sich reizvollere Wege zu suchen. So könnte man zur Wiesbadener Hütte ab der Mitte des Silvrettasees den alten Hüttenweg hoch oben in den Hängen benützen, um später über Radsattel und Bieltal wieder zurückzukehren. Oder: zur Saarbrücker Hütte gibt es den Panorama- und Alpenrosenweg über Tschifernella.
Warum ist zudem so wenig bekannt, daß hier ein Dutzend großer Gipfel mit Wegen erschlossen ist? Oft präsentieren sich diese Wanderziele als schöne, mächtige Berggestalten. So stürzt der Hochmaderer (2823 m, gut 3 Std.) beim Vermuntsee mit rostroten Wänden ab, und die Vallüla (2813 m, 2 1/2 Std., I) im Nordosten der Bielerhöhe bildet einen eleganten Dreikant. Geröll, Blockwerk und Schrofen erfordern bei fast all diesen Anstiegen einige Trittsicherheit. Das gilt auch für den berühmtesten Aussichtsberg, das Hohe Rad (2934 m, knapp 3 Std.), das ganz isoliert zwischen Ochsen- und Bieltal aufragt und zu dessen Panorama viele der Silvretta-Größen gehören.
Fast jeder Stützpunkt hat zudem seinen Hütten-Wege-Berg. Vom Vermuntkopf (2851 m, gut 1 Std.) bei der Wiesbadener Hütte kann man wie aus der Vogelschau den Seilschaften auf dem Vermuntgletscher zuschauen. Zum Kleinlitzner (2783 m, 45 Min.), der steil über der Saarbrücker Hütte aufragt, wurde eine Art Klettersteig erbaut, und über der Jamtalhütte gibt es einen Fast-Dreitausender, den Westgipfel des Westlichen Gamshorns (2987 m, 2 1/2 Std.).
Nicht weniger als 200 Seen schmücken die Silvretta-Hochkare, echte Kleinode in grüner Fassung oder von Blockwerk umgeben, in denen sich die Eisberge spiegeln. Unverständlich, daß die Fremdenverkehrsvereine diese reizvollen Ausflugsziele noch nicht entdeckt und erschlossen haben. So führen die Steige nur zufällig an ihnen vorbei, etwa am großflächigen Radsee (2456 m, Bieltal) oder den romantischen Jöriseen beim Flüela Weißhorn. Wer seine Karte studiert, könnte jedoch manchen Abstecher auf eigene Faust planen. Das lohnt sich immer! Nicht weniger als neunzehn Seen (um 2400 m Höhe) findet man etwa auf den Böden unter dem Hennekopf; vom Weg, der von der Bielerhöhe zur Getschnerscharte zieht, erreicht man sie nach kurzem, pfadlosem Aufstieg (insgesamt 1 1/2 Std.).
Gletscher vom sicheren Ufer aus anschauen, wäre ein weiteres Bergwander-Schmankerl. Das Glanzstück bietet hier die Grüne Kuppe (2579 m), die man in 40 Min. von der Wiesbadener Hütte besteigt. Unmittelbar vor einem gleißen dann die bis zu 150 m hohen Eisbrüche des Ochsentalergletschers mit seinen Wänden und Seraks.

Ein Berühmter und ein Gewaltiger

Man kann sie nicht alle einzeln vorstellen, die zahllosen Gipfel der Region. Hier ist nur Platz für ein paar besonders markante Vertreter wie die beiden folgenden.
99 m niedriger als der höchste Silvrettaberg ist der Piz Buin (3312 m), und doch herrscht er als absoluter König im Reich. Hier passen einige Superlative: Star der Werbung, Hauptgipfel Vorarlbergs, der so recht den Mittelpunkt des Gebirges bildet, das meistbegehrte Ziel. Das Wort «Buin», früher auch «Albuin», stammt wohl von Val Bovina her, bedeutet also Ochsental. Es gibt einen Großen und nebenan einen Kleinen Piz Buin, ein schöner, 3256 m hoher und dennoch kaum beachteter Berg. Exakter müßte es Piz Buin Grond und Piz Buin Pitschen heißen.
Der Normalweg ist typisch für größere Zentralalpenberge; bei warmem Wetter und trockenem Fels gibt es kaum Schwierigkeiten am immerhin 260 m hohen Gipfelaufbau. Aber die steilste Stufe dort ist nordseitig, damit rasch verschneit oder gar vereist, und erst jetzt merkt der Aufsteigende, daß es dort ganz schön steil in die Tiefe geht. Pickel, Steigeisen und Seil (nebst dem entsprechenden Wissen) braucht man sowieso, um die Gletscher zu überqueren, und mancher war auch in der Gipfelflanke schon froh um diese Hilfen. Ja, dieser und jener kehrte am «Kamin», den man eher als Rinne bezeichnen sollte, lieber um. Je berühmter ein Berg ist, desto mehr Menschen trifft man, die der Tour nicht so ganz gewachsen sind.
Einen Tag, den wirklich nicht jeder Berg aufweisen kann, war für den Piz Buin der 5.1.1898. Es bestieg nicht nur – zu diesem wahrlich frühen Zeitpunkt – Christian Guler als erster den berühmten Silvrettagipfel mit Ski, auch Schnauzer Halo war mit von der Partie. Er wurde im sogenannten Kamin «am Seil hinauf- und herabgehißt».
Eine einprägsame Höhe von 3399 m bieten die Fluchthörner, eine 1000 m breite Felsmauer, die ganz gewaltig über ihre Umgebung emporragt. Dunkle Amphibolite formen einen zerklüfteten Berg mit bis zu 500 m hohen Wänden und von Zacken besetzten Graten. Doch genau von Süden gesehen, bildet der Süd-(Haupt-)gipfel einen schlanken, eleganten Dreikant. Hier führt der Normalweg empor über Geröll, Schneerinnen, steile Rippen und durch eine Wand mit schönem, kantigem Fels (bis II+) – ein Gelände, das reichlich unnahbar aussieht. Deshalb heißt es auch im Führer des SAC: «Von Ferne betrachtet weckt sein Bau die Täuschung großer Schreckhaftigkeit...»
Die Überschreitung des zweithöchsten Silvrettabergs wird den Kletterern wohl häufiger in Artikeln und Büchern angepriesen, als von ihnen wirklich durchgeführt. Man muß dazu Spaß an dieser gewaltigen, urwüchsigen Felslandschaft haben, Vertrauen zu dem aufgetürmten Blockwerk in seiner «labilen Stabilität» gewinnen, die Route in diesem Durcheinander

Oben: Altes Bauernland im mittleren Paznauntal.
Rechts: Soweit die Autos reichen. Bielerhöhe gegen den Valgraggeskamm.

Gegend über Gegend.
Oben: Die Jamtalhütte.
Mitte: Jamtalferner und Gemsspitze.
Unten: Eckhörner und Litzner von Osten.

finden, gute Wetter- und Schneeverhältnisse abwarten. Findige bleiben weitgehend im Dreiergelände, wer jedoch den Stier (die Türme) gerne bei den Hörnern packt, trifft auf manche Viererstelle oder mehr.

Eis am Silvrettahorn, Schattenspitze im Schatten

Im Herbst nach einem schneearmen Sommer sollte man einmal all jene Leichtsinnigen, die mit unzureichender Ausrüstung und ohne Kenntnis der Spaltenbergung unbekümmert über die Silvretta-Eisfelder wandern, von der Wiesbadener Hütte zum Silvrettahorn (3244 m) schicken. Zahllose, oft gewaltige Spalten und mehrere Eisbrüche auf dem Ochsentalergletscher schaffen kniffelige, manchmal sogar unlösbare Aufgaben. Unsere Sorglosen sollten nun ein wenig ihre Phantasie einsetzen, sich zwei Drittel der Spalten unter Schneedecken versteckt vorstellen (verschneite Spalten verschwinden ja nicht, sie sind nur überwächtet) und dazu eine frühsommerliche Spur, die arglos über all diese Hohlräume führt. Die Situation am Silvrettahorn wiederholt sich an vielen Eisgipfeln des Gebirges: Der Zugang über die Gletscher ist gefährlicher als das Turnen und Klettern über die Gipfelfelsen (hier I). Dieses Horn bietet zudem eine sonst in der Silvretta eher seltene Möglichkeit: Gipfelkombinationen. Wer Lust hat, wandert und klettert (bis II) von der Fuorcla dal Cunfin stets über den Hauptkamm, überschreitet Signalhorn (3210 m), Silvretta-Egghorn (3147 m), Silvrettahorn und Schneeglocke (3223 m), um schließlich durchs Klostertal abzusteigen, wo er an einem besonderem Phänomen vorbeiläuft: Aus einem Zankapfel wurde eine Umwelthütte (Klostertalhütte für Selbstversorger).
«Ausverkauf der Alpen» zählt zu *den* Schlagworten in unserer Zeit. Oberflächlich, was so mancher in die Welt setzt! Nicht mehr als 10% der Berge werden regelmäßig bis häufig bestiegen, um den Rest bleibt es stets still bis absolut einsam. Im Gegensatz zum Alpenrand ändert sich an dieser Tatsache in den Zentralalpen seit Jahrzehnten nichts. Unser Beispiel: Auffallender kann sich ein Berg kaum präsentieren als die Schattenspitze (3202 m); jeder, der zur Wiesbadener Hütte pilgert, bewundert die elegante Gestalt mit den scharfen Graten über steilen Gletscherfeldern. Aber nur Blicke, keine Alpinisten erreichen diesen schönen Berg!

Das Gipfelpaar

In den Zentralalpen gibt es nichts Vergleichbares. Als schwarze Scheibe, mit steilem Eis verziert, zeigt sich der Großlitzner (3109 m) von der Saarbrücker Hütte. Hier ahnt man noch nichts von der Überraschung beim Anblick von Südosten oder Nordwesten. Ein Turm, schmal wie ein Daumen und

Oben: Am Weg zur Saarbrücker Hütte. Hinten die Getschnerspitzen.
Mitte: Die Heidelberger Hütte.
Unten: Der Großlitzner von Osten.

mit fast senkrechten Wänden, wächst in den Himmel – immerhin 100 m hoch. Über den Ostpfeiler klettert man empor, ein echter Dreier in schönem, kantigem Granitgneis, ein Leckerbissen im «Urgestein». Doch nur der Könner wird ihn genießen, bei den anderen zerrt das allzu Luftige an den Nerven. Die Tour läßt sich in beeindruckender Weise fortsetzten: Gratübergang zum Zwillingsgipfel, dem Großen Seehorn (3121 m), dem Herrscher der Nordwest-Silvretta. Meist wird die Tour von Osten nach Westen begangen, dann überlistet man die Schlüsselstelle (IV) per abseilen.
Das Große Seehorn (nebenan steht als kecker Doppelgipfel das Kleine Seehorn, 3032 m) sollte man ebenfalls von Nordwesten bewundern. Dann zeigt es sich wirklich als schmales, leicht gekrümmtes Horn, eine elegante Gestalt mit hoch hinaufziehendem Eisstreifen in der Flanke zwischen den plattigen Graten. Über diese Flanke und die linke Schneide (II) führt der übliche Aufstieg, wie so oft eine schattige Route, die stark von den herrschenden Verhältnissen beeinflußt wird.
Litze oder auch Litzi heißt im Walserdeutsch die Schattenseite. Unser so eindrucksvoller Berg ist also der Große Schattseitige. Keine glückliche Bezeichnung; da scheint die Angabe auf einer Karte von 1873 mit Litznerspitze besser zu passen. Wußten Sie außerdem, daß die Bezeichnung «Kromer» (Kromertal, Kromerspitzen) sich nicht von Chrom herleitet? Kromer ist das Dialektwort für Krämer, die hier einst von Tirol in den Prättigau und nach Davos gezogen sind.

Ewige Felskämme – Bergland der Stille und der Abenteuer

Seitenkämme findet man in allen Bereichen der Zentralalpen, aber nur die Silvretta wartet mit einer so großen Zahl wilder Felsgipfel in diesen Graten auf. Ihnen verhilft der Silvrettagneis zu auffallend kantigen und damit sehr markanten Formen. Trotzig unnahbare Gesellen, die ein absolutes Aschenputtel-Dasein führen! Dabei ragt mancher dieser Gipfel über viel begangenen Wegen auf, etwa Finsterkar- und Schnapfenlochspitzen über dem Jamtal oder die Zwillinge und Valgraggestürme zwischen den Routen zu Saarbrücker und Tübinger Hütte. Sogar einige Dreitausender findet man hier.
In unseren Tagen gibt es kein Publikum für Ziele dieser Art. Dem Bergwanderer fehlen die Steige, und Kletterer rechnen hier nicht mit lockenden Touren (die es aber durchaus gibt), zumal die Anmarschwege lang und kompliziert sind. Nur Individualisten finden hier ihren Spaß, turnen etwa durch das obere Maderanertäli mit seinen Riesenfelsblöcken bis zu Hausgröße, suchen einen Durchschlupf in diesem Chaos, stoßen zwischendurch auf ein Seeli und sitzen später ganz alleine auf einem der Gipfel, die mit dem lustigen Wort Valgragges beginnen.

Nur in einem Gelände dieser Art kann es passieren, daß der Hauptgipfel eines ganzen Kammes auf den Karten ohne Höhenangabe bleibt; zumindest war es bisher so. Vordere Getschnerspitze heißt ein 2975 m hoher Berg von markanter und formschöner Gestalt. Wem fällt es schon auf, daß er sozusagen unterschlagen wird! Bei Modetouren interessiert einen die Frage, «bin ich der erste heute», hier lautet sie eher, «bin ich der erste in diesem Jahr», oft sogar, «in diesem Jahrzehnt». Spannung gehört zu fast allen Touren in derartigem Gelände. Wenn es überhaupt eine Beschreibung gibt – oft sind es nur ein paar lapidare Hinweise, oder man findet gar nichts (hundert Routen für Neulandsuchende, oder sind es gar zweihundert?) –, bleibt immer die Unsicherheit: richtig, so lala oder falsch.

Piz Linard, der Elegante

Als vierseitige Pyramide ragt der Piz Linard weit über seine Umgebung empor. Mit 3411 m ist er der höchste Silvrettaberg. Gegen Südwesten vorgeschoben liegt er ganz auf Schweizer Boden. Trotz seiner Bedeutung und der auffallend ebenmäßig-eleganten Form steigen recht wenige zu dem überragenden Gipfel hinauf. Zur Ruhe – zumindest im Verhältnis zu anderen Hauptgipfeln – trägt wohl auch das Versteckte des Berges bei; lediglich über dem Engadin zwischen Zernez und Susch wird der Piz Linard für kurze Zeit auch aus dem Tal sichtbar. Er fehlt zudem auf der Alpenvereinskarte, die drei Gipfel weiter nördlich endet.
Wenige Berge sind so «ordentlich» wie der Piz Linard: Diese Pyramide fällt mit vier Graten und vier Wänden oder Flanken ab, die genau nach Süden, Osten usw. schauen. Größer, gewaltiger als sonst in der Silvretta ist dieser Berg: 1400 m stürzt die Ostwand gegen die Val Lavinuoz ab, 1200 m der Nordostgrat, 2000 m Höhenunterschied liegen zudem zwischen Inn und Gipfel (bei einer Entfernung von nur 8 km). Natürlich passen auch zum Panorama nur Superlative; zur Parade der Großen gehört alles von der Wildspitze über Ortler, Piz Bernina, Tödi bis zum Finsteraarhorn.
Chamanna dal Linard (2327 m, SAC) heißt ein reizvolles Selbstversorger-Hüttchen aus Stein, das – man mag es beim ersten Anblick kaum glauben – doch 42 Lager birgt. Es thront auf einem Aussichtsbalkon in der Val Glims und dient ausschließlich der Linard-Besteigung. Trittsicherheit und eine Portion alpiner Erfahrung erfordert der Normalweg durch die 550 m hohe Südflanke, eine Chaos-Welt aus Geröll, Blockwerk, plattigem Fels, Schnee, Rinnen und Rippen mit einigen Zweierstellen. Interessant sind die Zackengrate links und rechts (III), während alle anderen Routen kaum je einen Liebhaber finden. – Bemerkung am Rande: es hat sich bei uns die unsinnige französische Aussprache «Linäar» eingebürgert; richtig ist für dieses rätoromanische Wort «Linárd».

Schwarze Hörner und Ungeheuer

Manche weitere, sehr eindrucksvolle Berggestalt versteckt sich auf der Engadiner Silvrettaseite. Zu fast allen passen die gleichen Attribute: unbekannt, abgelegen, kaum bestiegen, dabei steil, rassig, anspruchsvoll mit sehr unterschiedlichem Fels von morsch bis hervorragend. Touren für Spezialisten!
Was stellen Sie sich unter «Unghür» vor? Die Schweizer lieben eine phonetische Schreibweise, selbst auf offiziellen Karten. Da wird dann sogar aus «hinter» ein «hinder», etwa beim Hinterweißhorn, pardon, Hinderwisshora. Unghürhörner heißen ein paar Zacken, die so wild und dunkel sind, daß sie an Ungeheuer (= Unghür) denken lassen. Sie bilden die kleinen Geschwister der gewaltigen, viergipfeligen Plattenhörner (3220 m), einem 2 km langen Felskamm mit zerborstenen, von Geröll- und Eisrinnen durchsetzten, bis zu 600 m hohen Flanken. Wer Urland liebt, kann sich hier austoben, in den Rinnen mit den Normalwegen (II und III), an den Graten (bis IV+) oder gar in der düsteren Nordflanke, die im Frühsommer eine Art Westalpentraining bietet.
Der Führerautor Walther Flaig schwärmte: «Was die Dent Blanche für das Wallis, ist das Verstanklahorn für die Silvretta: der rassigste, schwierigste Gipfel von wildestem Aussehen. Seine finstere Nordwand bildet zusammen mit jener der Verstanklaköpfe die düsteren Verstanklawände, das Schaustück über dem Silvrettagletscher.» Mit 3298 m handelt es sich um den vierthöchsten Silvrettaberg, der manchmal von Vereina über den Vernelasattel und den Südgrat (bis III) bestiegen wird oder auch gelegentlich von den zentralen Hütten umständlich und nicht ungefährlich über La Cudera, den Vadret da las Maisas und eine «Dreckflanke» zum Vernelasattel.

Zwei ebenfalls eindrucksvolle Trabanten flankieren das Verstanklahorn. Im Nordostgrat steht die Torwache (3186 m) mit gezackter Schneide und fast senkrechter Südwand, in der es zwei Kletterrouten bis VI gibt. Im Süden ist Il Chapütschin (3232 m), der Kapuziner, vorgebaut. Über seinen kantigen Felsgraten gibt es ein kleines Gipfelplateau, das eine Eiskalotte trägt; dies führte zum Namen. Die Überschreitung der drei Gipfel (IV) bietet die großzügigste Silvretta-Gratkletterei mit einer Mischung aus bestem und brüchigem Fels.
Zwei fast gegensätzliche «Gesichter» zeigt der nächste, ganz große Silvrettaberg, der Piz Fliana (3281 m): eine riesige, trümmerübersäte und wasserüberronnene Südflanke und eine mit Steilgletschern verzierte Nordflanke, von der hoffentlich nicht demnächst der Eismantel abschmilzt. Den Piz Fliana kennen auch die von Norden kommenden Alpinisten, wird der Berg doch gerne von der Wiesbadener Hütte nach einer Überschreitung von Fuorcla dal Cunfin und Plan da Mezdi über die Nordflanke und den Nordwestgrat besucht, eine umständliche Route von gut fünf Stunden Länge.

Das Ziel ist erreicht: Nordgipfel des Spi d'Ursanna. Der rätoromanische Name bedeutet «Bärenhöhe».
Alle Fotos zu diesem Beitrag stammen von Siegrun und Rudolf Weiss.

Das Winterparadies zwischen den drei Ländern

Skitouren in der Silvretta. Von Rudolf Weiss

Zum Einstieg – ein wenig (Ski-)Geschichte

«Die Schlittenfahrt durch das Paznaun war hochinteressant, so kalt der Wind auch wehte. Dann aber wurde die Sache geradezu katastrophal: Von Galtür zur Hütte, die im Sommer in zwei Stunden erreicht wird, brauchten wir, immer im Schnee bis an die Hüften, volle acht Stunden, und wurden dann derart eingeschneit, daß wir froh waren, nach vier Tagen Galtür überhaupt wieder zu erreichen. Wir ertranken beinahe in dem weichen Schnee, mußten schließlich liegend weiterkriechen, ein Stück unseres Gepäcks nach dem anderen mußte zurückgelassen werden, und eine lange Reihe von Gegenständen aller Art kennzeichnete unseren traurigen Rückzug.» Dieser Bericht über eine *Winterreise in die Silvretta* (Weihnacht 1886) stammt von Theodor Wundt, einem Pionier des Winterbergsteigens, das ohne Ski eine fürchterliche Plage gewesen sein muß.

Die Zeit war offenbar noch nicht reif für die langen Latten. Der bedeutende Bergsteiger Julius Pock beschreibt seine ersten Erfahrungen in den *Innsbrucker Nachrichten* (1887): «Einmal in Bewegung, geht es mit ungeheurer Schnelligkeit dahin, bremsen mit dem Stock bleibt völlig wirkungslos. […] Die Ski werden hauptsächlich für das Flachland geeignet, dagegen auf selbst mittelmäßig steilen Bergen kaum zu verwenden sein.»

Der Siegeszug der Ski war jedoch nicht aufzuhalten – und die Silvretta erwies sich als großartiges Skigebiet. Noch mehr: Erst durch die Ski sei die Silvretta so recht bekannt geworden, schreibt Walther Flaig in seinem Silvrettabuch (Erstauflage 1940) und schwärmt vom «idealsten Firnskigebiet der ganzen Alpen». Da verwundert es nicht, daß klassische Silvretta-Skifahrten sehr früh unternommen wurden, wie die Ost-West-Durchquerung von Ischgl (Paznauntal) nach Klosters (Prättigau) im März 1906.

Um die Jahrhundertwende gab es allerdings nur eine Handvoll Skibegeisterter, die nicht selten für verrückt gehalten wurden. Zwei Jahrzehnte später hielt Ing. Lent aus München bereits Skikurse auf dem Madlenerhaus ab. Er hatte einen berühmten Schüler, der in einer großartigen Erzählung (*Schnee am Kilimandscharo*) schreibt: «Am Weihnachtstag in Schruns war der Schnee so weiß, daß es den Augen weh tat, wenn man aus der Weinstube hinausblickte und die Leute aus der Kirche nach Hause kommen sah. Es war dort, wo sie die von Schlitten geglättete, von Urin gegelbte Straße hinaufgegangen waren, am Fluß entlang mit den steil abfallenden Tannenhängen, die Skier schwer auf der Schulter, und wo sie auf dem Gletscher oberhalb des Madlenerhauses die große Abfahrt machten, wo der Schnee so glatt aussah wie Zuckerguß, und so trocken war wie Pulver, und er erinnerte sich an das lautlose Sausen, das die Geschwindigkeit machte, wenn man wie ein Vogel hinunterschoß. Sie waren eine Woche lang im Madlenerhaus eingeschneit, damals im Schneesturm, und sie spielten im Rauch des Laternenlichts Karten, und die Einsätze wurden höher und höher, je mehr Herr Lent verlor. Schließlich verlor er das Ganze. Alles, das Geld der Skischule und den Verdienst der ganzen Saison, dann sein Vermögen.»

In der Novelle *Schnee am Kilimandscharo* hat sich der Schriftsteller Harry mit einem Dorn am Knie verletzt. Er erleidet eine Blutvergiftung. In die reale Handlung sind Phantasien des Sterbenden eingefügt, darunter auch diese Erinnerung an den Skilauf in der Silvretta.

Ernest Hemingway verbrachte (1924/25 und 1925/26) Skitourenwochen auf der Wiesbadner Hütte und auf dem Madlenerhaus, wo er tatsächlich eingeschneit wurde. Diese Aufenthalte regten ihn zu einer weiteren (etwas makabren) Erzählung an (*Ein Gebirgsidyll*).

Warum die Silvretta rasch zu einem Ski-Paradies wurde, schildert der Alpinschriftsteller Walther Flaig: «Das ist das Einmalige an der Ski-Silvretta: Jeder der Skitouren-Standorte hat seine ganz besondere Eigenart, Vorzüge und Schönheiten, die der andere nicht hat. Hat das Fimber – bei allen drei Standquartieren: Heidelbergerhütte, Idalpe und Bodenhaus – die schönsten leichten Skigipfel im Überfluß, so verfügt die Jamtalhütte zweifellos über die schönsten großen Gletscher-Skifahrten. Dazu kommen die herrlichen Jamrundfahrten, die auf weite Strecken um und über 3000 m verlaufen, sozusagen auf dem Dach der zentralen Silvretta. Zusammen mit den ebenso großzügigen Silvretta-Rundfahrten im Vermuntgebiet der Wiesbadnerhütte und der Tuoihütte erlauben sie Achter und Doppelachter-Rundfahrten über ein Halbdutzend der interessantesten Firnjoch- und Gletscherpässe in diesem Bereich. Der Vermuntpaß ist der Angelpunkt dieser dreifachen Riesendrehscheibe der alpinen Skitouristik – einmalig in den Alpen!»

Unten: Kurz nach dem Start von der Heidelberger Hütte zum Piz Tasna.
Rechts: Typische Silvretta-Skilandschaft: Weite, hindernislose Hänge in mäßiger Steilheit.

Natürlich setzte sich der Siegeszug der Ski auch in der bequemeren Form des Pistenskilaufs fort. Doch hält sich die Erschließung durch Aufstiegshilfen in der Silvretta in Grenzen. Eigentlich gibt es nur zwei große Liftgebiete, die Silvretta Nova um St. Gallenkirch/Gaschurn und das Skigebiet von Scuol im Unterengadin. Dazu kommen einige Anlagen unterhalb des Pischahorns (Davos) und rund um die Ballunspitze (Galtür). Der riesige Pistenzirkus von Ischgl liegt, auch wenn mit Silvretta Skiregion geworben wird, außerhalb der Silvretta in der Samnaungruppe, das Skigebiet von Gargellen im Rätikon. Gerade der vergletscherte Teil der Silvretta, der ihren Ruf als Tourengebiet begründet hat, ist völlig frei von Liftanlagen – gegenwärtig wenigstens. Die Silvretta ist ein Beispiel, daß der Pistenskilauf nicht das Ende für den Tourenskilauf bedeutet, wie man anfänglich meinte. Die Hütten in der Silvretta sind ständig überfüllt – ein Dauererfolg ohne aufwendige Werbung, von dem die Hoteliers in Ischgl nur träumen können…

Die Silvretta – ein großartiges Tourengebiet

Drei Länder teilen sich die Silvretta: Tirol, Vorarlberg und Graubünden. Der Bündner Anteil ist flächenmäßig größer als der von Tirol und Vorarlberg zusammen. Was die Bedeutung für den Tourenskilauf betrifft, liegt jedoch Österreich gut im Rennen: von den drei großen Skihütten liegen zwei (Heidelberger und Jamtal-Hütte) in Tirol, die dritte (Wiesbadener Hütte) in Vorarlberg. Die südliche Silvretta ist bei deutschen und österreichischen Tourengehern wenig bekannt. Zu Unrecht: Mit der Silvrettahütte (Prättigau) und der Chamanna Tuoi (Unterengadin) stehen hochgelegene Stützpunkte zur Verfügung; die Straße über den Flüelapaß und das Liftgebiet von Scuol locken zu bequemen Tagestouren.

Ischgl und die Heidelberger Hütte

Als Wintersportort hat Ischgl einen einzigartigen Aufschwung genommen. Drei große Bahnen führen heute in ein hochgelegenes Skigebiet mit zahlreichen weiteren Aufstiegshilfen. Das Dorf hat sich natürlich stark verändert. Um die Kirche stehen ein paar alte Häuser, sonst besteht Ischgl aus Hotels und Pensionen.
Die Heidelberger Hütte (erbaut 1889) des Deutschen Alpenvereins liegt im Fimbertal, der Grenze zwischen Samnaungruppe im Osten und Silvretta im Westen. Die Hütte ist ein Kuriosum. Sie steht auf Schweizer Boden, gehört einer Deutschen Sektion und wird von einem österreichischem Pächter bewirtschaftet.
Besonders geschätzt wird der Piz Tasna (3179 m). Die Abfahrt über den Vadret da Tasna ist bei guten Verhältnissen ein Traum im Pulverschnee! Im Talboden hat es ausgeträumt. Nur bei «schnellem» Schnee erreicht man die Hütte ohne Schieben. Der lange flache Anstieg durch das Fimbertal ist auch der Nachteil bei anderen Gipfeln wie Piz Davo Lais, Breite Krone oder Fluchthorn. Skigenuß ohne lange Anmärsche versprechen die Gipfel rund um die Hütte, von denen allerdings nur die Larainfernerspitze die magische Dreitausendermarke überschreitet.

Galtür und die Jamtalhütte

Skierschießungen mit angenehmen und unangenehmen Begleiterscheinungen gibt es auch in Galtür, aber gewissermaßen im Kleinformat, wenn man sie mit Ischgl vergleicht.
Die Jamtalhütte, 2164 m, wurde 1882 von der Sektion Schwaben erbaut. Das Tourenangebot ist ebenso vielfältig wie das der Heidelberger Hütte, alpin jedoch deutlich anspruchsvoller. Die Gletscher sind zwar nicht spaltenreich und gefährlich, erfordern aber ein höheres Maß an Aufmerksamkeit und alpiner Erfahrung. Der Gipfelaufbau erfordert häufiger etwas

Kletterfertigkeit (wie Vordere Jamspitze, Dreiländerspitze). Zum Tourenbereich gehört der Augstenberg, in der alpinen Literatur als «herrlichster und höchster Skiberg der Silvretta» bezeichnet. Beliebte Skigipfel sind aber auch Gemsspitze, Jamspitzen und die Dreiländerspitze, die sich Tirol mit Vorarlberg und Graubünden teilen muß. Für gute Skiläufer sind Schnapfenspitze und Haagspitze besonders empfehlenswerte Ziele – mit dem zusätzlichen Vorteil eines kurzen Zustieges.

Die Hütte wird seit Generationen von der Familie Lorenz bewirtschaftet, die bekannte Bergführer hervorgebracht hat und in der Erschließungsgeschichte der Silvretta eine besondere Rolle spielt. Der gegenwärtige Hüttenwirt Gottlieb hat etwa einen Vorläufer gleichen Namens, der 1882 autorisiert wurde und zu den begehrtesten Führern in den Ost- und Westalpen zählte, mit vielen Erstbesteigungen in der Silvretta. Mit dem Vorgänger Franz Lorenz verband mich eine langjährige Freundschaft. Ich habe beruflich und privat so ziemlich alle Pächter von «Ski-Hütten» in den Ostalpen kennengelernt. Darunter war m. E. keiner, der eine so hohe persönliche Autorität ausstrahlte wie Franz. Die Hüttenruhe, um die manche seiner Kollegen mit Lautstärke und der Androhung fürchterlicher Konsequenzen rangen (Bergsteiger meines Alters werden sich etwa an die Tschierva-Hütte erinnern), erreichte Franz dadurch, daß er in den Gastraum kam und ruhig sagte: «Es ist gleich zehn Uhr.» Franz war auch ein Vorbild an Fleiß und Verläßlichkeit. Er sorgte als letzter am Abend für die Hüttenruhe und am Morgen als erster für das Frühstück. Für viele Bergsteiger gehörte er zur Silvretta wie die Fluchthörner oder die Jamspitzen.

Von der Lawinenkatastrophe im Februar 1999 blieb auch die Familie Lorenz nicht verschont. Gottlieb verlor seine Mutter und seine Frau, die – zusätzliche Tragik! – im sechsten Monat schwanger war.

Das Leben geht weiter. Die Jamtalhütte wird in Zukunft kaum weniger Gäste haben als vor dem großen Unglück. Schlimmeres ist für das Dorf zu befürchten. Galtür lebt vom Tourismus. Wenn die Gäste ausbleiben, werden viele Einheimische abwandern müssen. Es ist zu hoffen, daß die Gefahren allmählich richtig eingeschätzt werden: die Wahrscheinlichkeit, den «Tod auf der Straße» zu erleiden, ist um ein Vielfaches höher als die Wahrscheinlichkeit eines Lawinenunfalls.

Partenen und nicht weniger als dreieinhalb Hütten

Partenen ist ein Ortsteil der Gemeinde Gaschurn. Die große Vermuntbahn, die seit einigen Jahren den veralteten Schrägaufzug ersetzt, dient – zusammen mit Kleinbussen – als Zubringer zur Bielerhöhe. Man erspart sich den Aufstieg zum Madlenerhaus und verkürzt ihn, wenn man die Wiesbadener

oder die Saarbrücker Hütte zum Ziel hat.
Für den Tourengeher ist die Wiesbadener Hütte des Deutschen Alpenvereins (2443 m, erbaut 1898) die bedeutendste der drei Hütten des Talortes Partenen. Das Tourengebiet ist im Vergleich zur Jamtal- oder der Heidelberger Hütte alpiner. Sie ist Ausgangspunkt für Gipfel mit klingenden Namen wie Dreiländerspitze, Silvrettahorn, Piz Fliana – vor allem aber für den Großen Piz Buin. Der Buin ist zwar nur der dritthöchste Gipfel der Silvretta (nach Piz Linard und Fluchthorn), zweifellos aber der bekannteste und begehrteste. Seine zentrale Lage in der Silvretta und die bedeutende Höhe (3312 m) begründen seinen Ruf als großartigster Aussichtsberg dieser Gebirgsgruppe. Vom Piz Buin sieht man im Osten die Eisriesen der Ötztaler Alpen, im Westen die Viertausender der Berner Alpen, dazu die Sesvennagruppe, die Ortlergruppe, Livigno- und Bernina-Alpen, die Granitklötze des Bergell, die Albula-, Adula- und Plessur-Alpen, die Urner und davor die Glarner Alpen, selbstverständlich Churfirsten und Rätikon, aber auch den Bregenzer Wald, die Lechtaler und Allgäuer Alpen und noch viele andere.
Das Madlener Haus (1986 m, erbaut 1884) gehört gleichfalls der Sektion Wiesbaden. Die Gipfelanstiege führen durch lange Täler zu schönen Skigipfeln wie Getschnerspitzen oder Haagspitze, die man aber von der Wiesbadener Hütte ungleich schneller erreicht. Auf dem langen Weg zu einem Parade-Skigipfel, der Schneeglocke, kann man sich über die in der Überschrift erwähnte halbe Hütte wundern. Es ist die Klostertaler Umwelthütte mit einer eigenartigen Geschichte. Um die Mitte der sechziger Jahre wurde der Rohbau von der Sektion Wiesbaden erstellt. Da aber der Deutsche Alpenverein einen Grundsatzbeschluß gefällt hatte, keine neuen Hütten mehr zu errichten, stockte der weitere Ausbau. Man befaßte sich bereits mit dem Gedanken, den Rohbau zu schleifen. Damit hatten die Gemeinden Galtür (Grundbesitzerin) und Gaschurn (politische Zuständigkeit) wenig Freude. Sie setzten den Deutschen Alpenverein gehörig unter Druck, die Hütte auszubauen und in sinnvoller Weise zu nützen. Tatsächlich war der Deutsche Alpenverein kompromißbereit, zumal es auch in seinen Reihen Stimmen gab, die sich für eine Erhaltung aussprachen. Die Hütte wurde ausgebaut. Ein Teil wird vom Österreichischen Bergrettungsdienst genützt, ein anderer (mit AV-Schlüssel zugänglich, ausgestattet mit einem Ofen und 18 Schlafplätzen) dient Selbstversorgern, ein Notraum mit zwei Schlafplätzen ist stets offen.

Die Saarbrücker Hütte (2538 m, erbaut 1911/1932) gehört zu den kleineren Unterkünften in der Silvretta. Das Tourengebiet ist großartig, für den Tourenskilauf aber weniger gut geeignet als das der östlichen Nachbarn. Einerseits sind die Anstiege so schwierig, daß man nur bedingt von einer Skitour sprechen kann (wie Großes Seehorn, Kleinlitzner). Andererseits liegt der Ausgangspunkt zu hoch – hübsche Skiziele wie

Links: Großer Buin (links der Bildmitte) und Kleiner Buin (rechts der Bildmitte), dazwischen die Buinlücke, aus der bei günstigen Verhältnissen eine Steilabfahrt in die Val Tuoi möglich ist.
Unten: Aufstieg zum Piz Davo Lais («Hintere Seen»). Hinten die mächtigen Fluchthörner.

Winterberg und Sonntagsspitze sind nur 400 m höher als der Hüttenstandort.
Noch weniger kann man die Tübinger Hütte (2191 m, erbaut 1908) als Skihütte betrachten. Man erreicht sie von Gaschurn durch das Garneratal, auf einem häufig lawinengefährdeten Anstieg, und hat dann nur einen Selbsterversorgerraum zur Verfügung. Das allein hält den Andrang in Grenzen, auch wenn mehrere Gipfelziele (etwa der Kessispitz, auch «Chessispitz»), durchaus lohend sind.

Klosters und die Silvrettahütte

Klosters Platz (1179 m) und Klosters Dorf (1124 m) - ein Nobel-Skidorf, das selbst Königshäuser zu schätzen wissen! Die Tourengeher in der Silvretta werden vom Pistenrummel nicht berührt. Das Klosterser Skigebiet Gotschna am linken Ufer der Landquart, das mit dem Skigebiet von Davos zusammengeschlossen ist, liegt in den Plessur-Alpen; das zweite Skigebiet von Klosters, Madrisa, im Rätikon.
Von großer Bedeutung für die Ski-Erschließung war die Silvrettahütte (2341 m) des Schweizer Alpenclubs (SAC), ein stattliches Haus mit 85 Schlafplätzen. So bequem wie auf den großen österreichischen Hütten geht es hier nicht zu. Die Bewirtschaftung ist einfach und es gibt nur Lager. Der Aufstieg zur Hütte zieht sich gehörig. Erst sehr spät im Jahr verkürzt ihn allenfalls ein Taxibus zur Alp Sardasca (1648 m) auf die Hälfte (immer noch $2^1/_2$ Stunden). Für die mangelnde Bequemlichkeit entschädigen großartige, zum Teil aber recht schwierige Touren, wie Silvrettahorn, Piz Buin, Verstanklahorn oder Piz Fliana. Das private Berghaus Vereina (1943 m) wird im Winter nicht bewirtschaftet, ein Winterraum ist jedoch stets offen. Das hält die Zahl der Besucher in Grenzen, obwohl man schöne Skigipfel wie das Pischahorn, das Gorihorn, das Muttelhorn und das Flüela Weißhorn von der ungewohnten Schattseite her besteigen kann.

Davos und der Gasthof Tschuggen

Davos hat den schwierigen Sprung von der Lungenheilstättenstadt zur Sport- und Kongreßstadt geschafft. Es gehört zu den größten und berühmtesten Skistationen der Welt, doch liegt nur das verhältnismäßig kleine Skigebiet Pischa in der Silvretta. Eine Gondelbahn verkürzt den Anstieg zum großartigen Pischahorn und ermöglicht Tiefschnee- und Firnabfahrten der Sonderklasse.
Und was hat es mit dem gemütlichen Gasthof «Tschuggen»

auf sich? Ein großartiger Ausgangspunkt für Skitouren ist die Paßstraße von Davos nach Susch im Unterengadin. Oberhalb und unterhalb des Flüelapasses startet man zu herrlichen Touren in der Silvretta wie zum Pischahorn («auf ehrlich», ohne Lifthilfe), Gorihorn, Flüela Wisshorn und Piz Champatsch. Der Flüelapaß wird derzeit ganzjährig offengehalten und nur nach starken Schneefällen im Winter oder starker Tageserwärmung im späten Frühjahr vorübergehend gesperrt. Das wird sich vermutlich ändern. Der Vereinatunnel (19 km) ist im Bau, eine wintersichere Verbindung zwischen Prättigau und Unterengadin, ein Eisenbahntunnel mit Autoverladung von Klosters-Selfranga nach Susch-Lavin. Ab dem Jahr 2000 (nach neuesten Meldungen bereits ab 19. November 1999) sollen stündlich drei Züge in jeder Richtung verkehren. Zum Nachteil für Tourengeher wird die Straße nach der Eröffnung des Tunnels vermutlich nur mehr bis zum Gasthof Tschuggen geräumt werden. Die Anstiege zu den erwähnten Gipfeln verlängern sich dadurch entsprechend. Sie dürften allerdings dann auch viel einsamer sein …

Guarda und die Chamanna Tuoi (Tuoi-Hütte)

Guarda ist ein liebevoll restauriertes Engadiner Dorf, ein «Museum voller Leben». Es liegt 1653 m hoch und ist Ausgangspunkt für die Chamanna Tuoi (2250 m) des SAC im gleichnamigen Tal. Man muß hier zwar auch – der Schweizer alpinen Tradition gemäß – mit Lagern vorlieb nehmen, doch gibt es die Bequemlichkeit der Halbpension. Die Hütte ist ein ausgezeichneter Stützpunkt für Skitouren. Viele Gipfel, die deutsche und österreichische Tourengeher von der Wiesbadener und der Jamtalhütte her kennen, können auch von Süden her bestiegen werden: Piz Fliana, Piz Buin, Dreiländerspitze, Jamspitzen, um nur die wichtigsten zu nennen.

Scuol oder die bequeme Art, Dreitausender zu sammeln

Scuol (Schuls) ist der Hauptort des Unterengadins. Das Skigebiet Motta Naluns ermöglicht Skitouren nach dem Motto «Viel Abfahrtsfreude für geringe Anstiegsmühe».
Der Dreitausender Piz Minschun etwa wird aus dem Liftgebiet in $1^1/_2$ Stunden erreicht, dann folgt eine Abfahrt durch die Val Urschai und die Val Tasna nach Ardez – 1600 Höhenmeter! Diese Abfahrt führt ebenso wie die vom Piz Tasna, dem Piz Faschalba oder dem Piz Davo Lais keineswegs durchs Liftgebiet, sondern durch einsame, urtümliche Täler bis ins Inntal hinunter. Die Rückkehr nach Scuol ist mühelos mit öffentlichen Verkehrsmitteln möglich. Beispiel: Für den Piz Tasna muß man drei Stunden für den Aufstieg rechnen,

Links: Ein weiteres schönes Skiziel: Piz Greala. Hier auf den letzten Metern zum Gipfel.
Unten: Am Silvrettahorn. Ein luftiger Grat führt zum Gipfel.

hat dann aber, wenn die Schneelage reicht, 2000 Höhenmeter Abfahrt nach Ramosch vor sich, die sich mit einer Zwischenabfahrt auf 2250 m erhöhen! Wer Aufstiegshilfen nicht grundsätzlich verachtet, sollte es einmal mit Skitouren dieser Art versuchen.

Zum Schluß

Der Kreis hat sich geschlossen. Von Ischgl aus haben wir die Silvretta umrundet, und sind immer wieder zu Hütten in der zentralen Gletscherregion aufgestiegen. Im Gegensatz zu anderen Gebirgsgruppen sind Touren im Bereich hochgelegener Hütten ein Markenzeichen der Silvretta.
Anfang der fünfziger Jahre bin ich zum ersten Mal in die Silvretta gekommen. Mit den Lebensmitteln ging es noch recht knapp zu. Die damals kleineren Hütten waren ungewöhnlich gut besucht. Liftanlagen gab es nicht. Ischgl war ein Bauerndorf. Die Tourengeher waren unter sich, denn Skilauf war damals eben Tourenskilauf. Ihr skiläuferisches Können war allerdings viel geringer als heute – Aufstiegshilfen haben auch ihr Gutes!
Heute sind die Hütten groß und dennoch überfüllt. Sie bieten jede Bequemlichkeit, auf Wunsch wird Müsli zum Frühstück und Schnitzel zum Abendessen serviert. An einer reichhaltigen Getränkekarte fehlt es nicht. Wir schlafen in unseren AV-Schlafsäcken in gemütlichen Zimmern oder in (mitunter weniger gemütlichen) Matratzenlagern. Das alles natürlich nur, wenn man sich rechtzeitig anmeldet, sonst kann einem unvermutet eine Nacht auf einem Tisch oder auf dem Fußboden blühen… Die Silvretta ist ein gutes Beispiel dafür, daß der Pistenskilauf keineswegs das Ende für den Tourenskilauf bedeutet hat, wie man einmal meinte.
Es ist für einen alten Bergsteiger schön zu erleben, daß sich viel Jugend auf den Hütten tummelt und uns Alten zeigt, daß man auch bei üblem «Eisenbahnerpulver» (= Bruchharsch) nicht mit «Andreas-Hofer-Gedächtnisschwüngen» (= Spitzkehren) abfahren muß, sondern locker und gelenkig die Hänge hinabwedeln kann.
Veränderungen hin, Veränderungen her. Ich finde, die Silvretta ist im Grunde geblieben, was sie war: das schönste Gletscherskigebiet der Alpen.

Literatur

Academischer Alpenclub Zürich (1913): Skiführer für die Silvretta und Berninagruppe. Chur.
Deutscher Alpenverein (1997, 8.A.), Österreichischer Alpenverein und Alpenverein Südtirol, Hg.: Die Alpenvereinshütten – Ostalpen. München.
Ernest Hemingway (1987): Erzählungen. Reinbek bei Hamburg. Darin: «Schnee auf dem Kilimandscharo» (1935), S. 267ff. und «Ein Gebirgsidyll» (1926), 377ff.
Flaig, Walther (1970, 6.A.): Das Silvrettabuch. München.
Lent, Walter: «Die Blaue Silvretta», 1. Auflage 1922, Skiführer für die Silvretta. München.
Pracht, Egon (1984, 10.A.): AV-Skiführer Rätikon und Silvretta. München.
Sehrig, Othmar (1906, 1. Auflage): Skiführer für Nordtirol, Band 4, Samnaun, Silvretta, Arlberggebiet. Innsbruck.

Skiführer

Die Skiführer von Sehrig (1906), aber auch von Pracht (1984) sind vergriffen. Es gibt derzeit keinen Gebietsführer für die Silvretta.
Eine Auswahl von Skitouren in der Silvretta findet sich dagegen in zahlreichen Veröffentlichungen, in den letzten Jahren etwa in:
Schneeweiß, Christian (1998): Skitouren in Österreich. München.
Weiss, Rudolf und Siegrun, Seibert, Dieter und Schall, Kurt (1997): Genuss-Schitourenatlas Österreich West. Wien.
Weiss, Rudolf und Siegrun (1997): Schitouren Nordtirol. Klagenfurt.

Landkarten

Im Maßstab 1:50.000: Österreichische Karte 169 (Partenen), 170 (Galtür); Schweizer Landeskarte 249S (Prättigau, mit Skirouten), 249S (Tarasp, mit Skirouten).
Im Maßstab 1:25.000: Alpenvereinskarte Nr. 26 (Silvrettagruppe, mit Skirouten); Schweizer Landeskarte 1177 (Serneus), 1178 (Groß Litzner), 1179 (Samnaun), 1197 (Davos), 1198 (Silvretta), 1199 (Scuol).

Die Silvretta Ein Gebirge für alle Jahreszeiten

Fotos von Herbert Blank

Linke Seite, oben: Schidepot, im Hintergrund der Piz Buin.
Unten: Fluchthorn-Südostgrat, im Aufstieg.

Rechte Seite, oben: Litzner, Seehorn, Kleiner Litzner.
Unten links: Die Große Vallüla.
Unten rechts: Im Aufstieg zum Klosterpaß.

Der Alpensalamander, aufgrund seiner kuriosen Fortbewegungsart auch «Tattermandl» genannt, erscheint vor Regenfällen auf der Bildfläche.
Alle Fotos zu diesem Beitrag von Herbert Blank.

In seiner Sommerheimat macht er sich verdient

Flora und Fauna in der Silvrettagruppe. Ein Streifzug von Gabriele Werner

Ein Alpenklischee

Piz Buin in braunen Flaschen mit Schraubdeckel mag das erste sein, was einem zu Silvretta einfällt, und dann vielleicht Hochalpenstraße, Stauseen, Schilifte. Daraus läßt sich kaum etwas zu jenen Bewohnern der Region, die nicht der Spezies Mensch zuzurechnen sind, ableiten, höchstens vielleicht, daß zumindest die Sensibleren unter ihnen gefährdet sind, doch wo wären sie das nicht. Surft man per Stichwort «Silvretta» durchs Internet, so werden einem neben der Schibindung dieses Namens auch die Titel verschiedener Touren- und Bergwanderführer sowie eine Unzahl touristischer Auskünfte bezüglich Unterkunft und sportlicher Vergnügungen geliefert, was den Eindruck verstärkt, die Silvretta sei vor allem Kulisse und weniger artenreicher Lebensraum. Das im letzten Winter in sämtliche Schlagzeilen geratene Galtür wirbt gar mit den Prädikaten «pollenarm – hausstaubmilbenfrei – keine Zecken», was Allergiker sicherlich erfreut, doch eigentlich ein Armutszeugnis ist.

Als Retter in der Not erweisen sich da die Veranstalter der Silvretta Classic Rallye, einem Oldtimer-Rennen, das vom Montafon zur Bielerhöhe führt. Sie locken die Zuschauer nicht nur mit dem Anblick der Wagen, sondern auch mit jenem von «Edelweiß, Enzian, Steinbock, Gletschern und Schneeresten des vergangenen Winters» auf die Bielerhöhe. Mit Gletschern und Schneeresten wird sicherlich nicht zu viel versprochen. Die Gletscher der Silvretta – alle mit Ausnahme des nach Süden gerichteten Silvrettagletschers vereisen die Nordhänge der Silvrettagruppe – sind, obwohl seit 1860 um mehr als die Hälfte zurückgegangen, noch immer zum Teil beeindruckend groß, und Schneereste sind wegen der Höhenlage auf jeden Fall zu erwarten. Enziane sind ebenfalls zu finden, wobei es sich hierbei zumeist um Koch's Enzian *(Gentiana kochiana, Gentiana acaulis L.s.str.)*[1] mit olivgrünen Flecken im Inneren der blauen Blütenglocken handelt und nicht um den sozusagen klassischen Stengellosen Enzian, nämlich Clusius' Enzian *(Gentiana clusii)*, dem diese grünen Flecken fehlen und der kalkhaltige Böden bevorzugt. Schwierigkeiten könnte es allerdings beim Edelweiß *(Leontopodium alpinum)* geben, einer Spezies, die sich bedingt durch die wechselhaften eiszeitlichen Klimaverhältnisse aus den Hochsteppen Asiens via Arktis in unsere Breiten verirrte[2,3]. Wie Clusius' Enzian ist es an kalkhaltige Böden gebunden. Nur an vereinzelten Stellen in der Silvretta, wo in die Gneise eingelagerte Hornblende- und Tonschieferschichten die Böden basischer machen, wie etwa zwischen Gargellen und Garneratal, sind Edelweiß auf den Vergaldener Edelweißwänden und auf der nahegelegenen Heimspitze zu finden[1]. Für die Silvretta ist der Inbegriff von Alpenblume also nicht gerade typisch. Häufiger wird man Edelweiß in den Felswänden des westlich an die Silvretta anschließenden Rätikon zu sehen bekommen. Übrigens, daß das Edelweiß, eine eigentlich lieber auf Rasen wachsende Pflanze, sich in unzugängliche Felsspalten zurückgezogen hat, geschah nicht gerade freiwillig, sondern ist ausschließlich auf exzessives Blumenpflücken zurückzuführen[1].

Um Steinböcke *(Capra ibex)* zu sehen, dürfte man ebenfalls etwas Glück benötigen. Laut Brehms Thierleben von 1877[4] bewohnten Steinböcke «in früheren Zeiten alle Hochalpen der Schweiz» und dürften beispielsweise während der Römerzeit häufig vorgekommen sein, «denn dieses prunkliebende Volk führte nicht selten ein- bis zweihundert lebendig gefangene Steinböcke zu den Kampfspielen nach Rom». Doch bereits im fünfzehnten Jahrhundert waren sie in der Schweiz selten. «Im Jahre 1612 verbot man ihre Jagd bei funfzig Kronen Geldbuße, schon einundzwanzig Jahre später bei körperlicher Strafe.» Trotzdem galten Steinböcke bereits Ende des 18. Jahrhunderts in der Schweiz als ausgerottet, und um 1860 war nur noch ein kleiner Bestand im Aostagebiet zu verzeichnen, dessen Schutz sich der König von Italien, Victor Emanuel, zur Aufgabe machte, «welcher [...] vom Antritte seiner Regierung an die größte Sorgfalt an den Tag legte, um der Ausrottung des edlen Wildes entgegenzutreten und seine Vermehrung zu fördern». In Salzburg und Tirol sind Steinböcke «Mitte des sechzehnten Jahrhunderts und vermuthlich durch die reichen Herren von Keutschbach eingebürgert worden, haben sich auch nur kurze Zeit dort gehalten. Wilddiebe gefährlichster Art stellten ihnen, weil Gehörn und Blut, ‚Herzknochen', ‚Bocksteine' etc. als kräftige Heilmittel galten, [...] nach», sodaß sich die Erzbischöfe von Salzburg zum Schutz der Tiere zu drakonischen Strafen, wie «den Verlust der Hand oder Galerenstrafe» veranlaßt sahen. Wegen der regelrechten «Schlachten zwischen Wildhütern und Wilddieben» ordnete Fürstbischof Johann Ernst von Thun (1687–

schon ertrinken, wenn es lediglich darum geht, sich ein Bild zu machen. Das, was vor einem liegt, zu ordnen, bietet bereits genügend Gelegenheit, Papiere hin und her zu schieben, weswegen die Suche nach dem, was noch fehlt, schnellstens eingestellt wird, auch wenn dabei etliches unbeachtet bleibt.

1709) jedoch schließlich die Ausrottung der Steinböcke an, und das Vorkommen dieser Tiere beschränkte sich in der Folge nur noch auf Tiergärten[4]. Seit mehreren Jahrzehnten wurden Steinböcke, die bevorzugt Felsregionen oberhalb der Waldgrenze bis 3000 m bewohnen und sich dort von Blättern, Gras, Flechten und Moosen ernähren, wieder ausgesetzt, so auch Ende der Fünfzigerjahre in der Westsilvretta. Einfach ist es nicht gerade, mehr als das durch Steinböcke aufgelockerte Edelweiß-Enzian-Klischee über Tier- und Pflanzenwelt der Silvretta in Erfahrung zu bringen. Kein Standardwerk ist zur Hand, in dem es sich einfach nachschlagen ließe, wer immer zum Problem befragt wird, zuckt die Achseln und meint, es würde wohl nicht so anders wie anderswo in der Gegend aussehen, eigene Eindrücke sind höchst unzuverlässig, die Universitätsbibliothek Innsbruck offenbart karge fünf Eintragungen zum Thema Silvretta, die allesamt nicht weiterhelfen. Doch es gibt sie, die Artenlisten, Bestandsaufnahmen und Abhandlungen zum Thema, die einen mit zahlreichen Details zu Pflanzen- und Tierwelt dieser Region versorgen[5].

Formende Kräfte

Was Cees Nooteboom angesichts des Unterfangens, verschiedene Fakten der spanischen Geschichte zu ordnen, schreibt, gibt einem zu denken: «Je mehr man liest, um so mehr Material häuft sich an, bis man merkt, daß man in einem Zimmer sitzt mit einem Puzzle, größer als das Zimmer selbst, und daß es um einen her Dutzende anderer Zimmer gibt, in denen in Schränken, Kartons und Körben noch mehr Material verwahrt wird. Und plötzlich kommt man sich wie der einsame Verrückte aus einem absurden Theaterstück vor, vor sich hin murmelnd, Papiere hin und her schiebend, auf der Suche nach dem, was noch fehlt, und dabei doch schon ertrinkend in dem, was alles vor einem liegt»[6]. Nun, wer will

Beim Versuch, sich Überblick über das Gebiet zu verschaffen, fällt zunächst die Vielfältigkeit der geologischen Gegebenheiten auf. Diese resultieren nicht zuletzt daraus, daß die Silvretta nicht nur die um das Silvrettahorn und den Silvrettagletscher gelegene Berggruppe bezeichnet, sondern ein wesentlich ausgedehnteres Gebiet umfaßt, dessen größter Teil in der Schweiz liegt. Auf österreichischer Seite zählen die oberen Teile des Paznaun und des Montafon dazu, wobei die nördliche Begrenzung entlang Trisanna und Ill verläuft. Ebenso wird das von Ischgl gegen Süden gerichtete Fimbertal dazugerechnet. Im Westen erstreckt sich die Silvretta bis zur Linie St. Gallenkirch, Gargellen, Klosters, Davos. Im Süden begrenzt der Oberlauf des Inn bis Ramosch die Silvretta. Das vorherrschende Gestein ist das Silvretta-Kristallin, ein Sammelbegriff für silikatische Gesteine, vorallem Gneise und kristalline Schiefer (Amphibolite), die an einigen Stellen von Hornblende- und Tonschiefer-Schichten durchbrochen sind. Silvretta-Kristallin findet sich auch außerhalb der Silvretta, wie etwa im Verwall oder Ötztal. Umgekehrt treten auch jüngere Gesteinszonen in der Silvretta auf, so etwa verschiedene Sedimente und Flysch im Fenster von Gargellen im Montafon oder im Unterengadiner Fenster im Inntal.

Vor allem in den Randzonen ist also die Geologie des Gebiets ziemlich inhomogen. Ein anschauliches Beispiel dafür ist das Fimbertal, das im Westen von Silvretta-Kristallin, im Osten vom leicht verwitternden Engadiner Schiefer aufgebaut wird, sodaß das Tal auf der einen Seite schroff wirkt und saure Böden aufweist, während die Böden der Ostseite basisch sind und die Hänge und Gipfel sanftere Formen zeigen. Dementsprechend vielfältig ist auch die Flora, denn Pflanzengesellschaften, die saure Böden bevorzugen, vermischen sich mit jenen, die basische Böden brauchen[7]. Eine für das gesamte Gebiet typische Flora ist daher schwer zu definieren, und darin liegt vielleicht gerade das Charakteristikum für die Vegetation nicht nur des Fimbertals, sondern der Silvretta insgesamt.

Neben den natürlichen Faktoren wie Geologie und Klima,

Standard-Alpenlandschaft: das Grün und Gelb der Bergwiese am Aufstieg zur Saarbrücker Hütte.

das an der Nordwestseite bedeutend mehr Niederschläge als an der Südostseite bringt, sind es, wie auch sonst in den Alpen, vor allem der Mensch und seine Haustiere, die das Landschaftsbild seit Jahrhunderten wesentlich beeinflußt haben. Fachmännisch werden diese Einflüsse als anthropozoogen bezeichnet, und ihren Höhepunkt erreichten sie während des Mittelalters, als der Wald auch in Hochlagen zum Zweck der Alpweide sowie zur Gewinnung von Bau- und Brennholz für den Bergbau und die Salzsiederei, in tieferen Lagen zur landwirtschaftlichen Nutzung durch Akkerbau und Heugewinnung, großflächig gerodet wurde. An den Sonnenhängen von Paznaun und Fimbertal beispielsweise wurde der Wald auf diese Weise sowohl von oben als auch von unten stark dezimiert, sodaß vielfach nur ein schmaler, von Lawinenstrichen durchzogener Waldgürtel vorhanden ist[7,8]. Dasselbe gilt für das Montafon, wo durch die traditionelle Viehwirtschaft die Vegetation verschiedener Höhenstufen durch Rinder, Schafe und Ziegen buchstäblich bis zum letzten Halm genutzt worden sein dürfte[2,9]. Bewässerungsanlagen wurden dort bis in eine Höhe von 2200 m gefunden[9] und eine typische Sommerweide ist die nahe der Bielerhöhe gelegene, heute nicht mehr bewirtschaftete Tschifernella auf etwa 2300 m Höhe[2].

Sieht man von den Laub- und Laubmischwäldern des Montafon ab, die bis Partenen reichen, sodaß die Entfernung zwischen letztem Buchenwald und nächstem Gletscher nur 7 km beträgt[9], so werden die Wälder der Silvretta in mittleren Lagen vor allem von Fichten, in höheren Lagen von verschiedenen Mischwäldern gebildet. Zirben (Arven), während der eiszeitlich bedingten Florenwanderung über die Arktis aus Südsibirien eingewandert[3], waren ursprünglich weiträumig in der Silvretta zu finden, die Bestände sind jedoch generell stark reduziert, im Montafon noch mehr als beispielsweise im Paznaun oder Fimbertal[7-9]. Reine Zirbenbestände kommen nur noch vereinzelt auf der Schattseite des Paznaun und des Lareintals vor, wo sie bis auf eine Höhe von etwa 2200 m auftreten. Im Paznaun und im Fimbertal treten Zirben vorallem gemeinsam mit Lärchen auf. Im niederschlagreicheren Kopsgebiet sind sie mit Fichten, Latschen, sowie mit Weiden und Grünerlen vermischt[8].

Bedingt durch die Jahrhunderte lang praktizierte landwirtschaftliche Nutzung liegt die aktuelle Waldgrenze bis zu 200 m unter jener, die rein von den äußeren Gegebenheiten her möglich wäre. Außerdem verläuft die Waldgrenze kaum als einheitliche Linie, sondern zumeist als Übergang von Wald zu baumloser alpiner Stufe, wo einzelne Baumgruppen, vor allem Zirben, inmitten von Krummhölzern (Latschen, Wacholder), Zwergstrauchheiden (Rostrote Alpenrosen, Heidel-, Preisel- und Rauschbeeren), Grünerlen oder Borstgrasrasen stehen[7]. Dabei sind die Baumbestände in Hochlagen oft überaltert, da wegen des Weideviehs und wegen zahlreicher Wildtiere junge Bäume nicht nachwachsen können. Zusätzlich behindert der Schnee in diesen Lagen den Nachwuchs von Bäumen und begünstigt gleichzeitig die Bildung von Alpenrosenheiden, die durch Schnee vor Kälte und Austrocknung geschützt werden[7].

Doch nicht nur Weidetiere, Wild und Schnee beeinflussen die Höhe der Baumgrenze. Auch ein bis etwa 35 cm großer Vogel aus der Familie der Raben ist daran wesentlich beteiligt. Der Tannenhäher *(Nucifraga caryocatactes)*, erkennbar am schokoladenbraunen, weiß gesprenkelten Gefieder und dem typischen Rabenschnabel, hat eine derart herausragende Vorliebe für Zirbensamen und Haselnüsse, daß er auch als Zirbelkrähe, Zirbelkrach, Zirmgratschen, Arvenhäher, Nußknacker, Nußrabe, Nußkrähe, Nußbeißer oder Nußpicker bezeichnet wird[4,10]. Laut *Brehms Thierleben*[4] zählt der Tannenhäher zu den «Zigeunervögeln», der je nach Nahrungsangebot in ganz Europa herumzieht, wobei er im Herbst in tiefere Lagen kommt und dabei auch in baumbestandenen Gärten beobachtet werden kann. Seinen Aufenthalt in einem bestimmten Revier macht er jedoch vom «Gedeihen oder Nichtgedeihen der Zirbelnüsse» abhängig, obwohl er neben diesen und Haselnüssen, seinen erklärten Leibspeisen, auch «Eicheln, Bücheln, Tannen-, Fichten-, und Kiefersamen, Getreide, Eberesch- oder Vogel-, Weißdorn-, Faulbaum-, Erd-, Heidel-, Preiselbeeren, sonstige Sämereien und Früchte, allerlei Kerbthiere, Würmer, Schnecken und kleine Wirbelthiere aller Klassen» verzehrt, insgesamt also «kein Kostverächter» ist und «daher selbst im Winter keine Noth [leidet]»[4]. Tannenhäher sammeln Zirbensamen in großer Zahl – bei einem Exemplar im Naturhistorischen Museum in Freiburg (Schweiz) wurden 134 dieser Samen im Kehlsack gefunden[10] – und legen davon Vorratskammern, und zwar offenbar bevorzugt oberhalb der Waldgrenze an, wobei ein Häher pro Saison mehrere Zehntausend Samen verstecken kann. In guten Samenjahren werden die Vorratskammern jedoch nur zum Teil geleert, sodaß übrig bleibende Samen auskeimen können, wodurch das Vorrücken der Waldgrenze in ihre ursprünglichen Höhen begünstigt wird[7]. Während der Tannenhäher in tieferen Lagen «schädlich werden können [würde]», ist daher seine nützliche Rolle in den Alpen bereits seit Brehms Zeiten unbestritten: «in seiner Sommerheimat macht er sich verdient. Ihm hauptsächlich soll man die Vermehrung der Arven danken, soll er es sein, welcher diese Bäume selbst da anpflanzt, wo weder der Wind noch der Mensch die Samenkörner hinbringen kann»[4].

Oberhalb der solcherart variablen Baumgrenze bis auf etwa 2500 m prägen verschiedene Zwergsträucher, wie Zwergwacholder oder Gemsheide (auch Alpen-Azalee, *Loiseleuria procumbens*) die Vegetation. Gemsheide, ein Holzgewächs arktischen Ursprungs, ist besonders widerstandsfähig, bewächst vor allem windausgesetzte, also auch im Winter zumeist schneefreie Kanten[3] und kann beispielsweise Temperaturschwankungen innerhalb des Tag-Nacht-Wechsels von bis zu

Unten: Spinnweben-Hauswurz.
Rechts: Gelber Enzian.

60°C überstehen[11]. In den Beständen dieser dichte Teppiche bildenden Pflanze herrschen tropische Verhältnisse: die Luftfeuchtigkeit sinkt praktisch nie unter 80% und in Bodennähe können bei warmem Wetter bis zu 45° C gemessen werden[3]. In höheren Lagen sind mit zunehmendem Maß zudem verschiedene Alpenrasen ausgebildet, zunächst der Bürstlings- oder Borstgrasrasen *(Nardus stricta)*, der «Inbegriff der blumenbunten Alpenmatte»[3], der in größerer Höhe in die von Krummsegge *(Carex curvula)* gebildeten alpinen Urwiesen übergeht. Je nach Standort treten auch verschiedene Blaugrasarten oder das wind- und kälteharte Nacktried *(Elyna myosuroides)* auf, ebenfalls eine Bergsteppenpflanze asiatischen Ursprungs, die über die Arktis in die Alpen einwanderte[3]. Krummseggenrasen finden sich vorallem auf jenen flacheren «Trogschultern», den Resten voreiszeitlicher Talböden, die ab etwa 2500 m Höhe ausgebildet sind und bis zu den etwa 2800 m hoch gelegenen, wieder steileren Schuttflächen und Felswänden unterhalb der Gletscher reichen[3].
Krummsegge bildet besonders dichte Horste aus (3000 Triebe pro m^2), die pro Jahr etwa 500 Neutriebe entwickeln. Dieser Zuwachs erfolgt dabei nur an einer Seite und das auch noch extrem langsam (1mm/Jahr), während die Triebe an der Hinterseite, verursacht durch Pilzbefall, absterben, wobei die abgestorbenen Blattenden die namensgebende Krümmung des Grases erhalten[3]. In den Mulden der Krummseggenrasen, die länger von Schnee bedeckt bleiben, bilden sich sogenannte «Schneetälchen» mit typischer Vegetation, wie den allseits bekannten Eisglöckchen *(Soldanella minima)* oder der Alpen-Wucherblume *(Leucanthemopsis alpina)*. Charakteristisch ist zudem das Vorkommen zahlreicher Flechtenarten[3,7], einerseits auf Felsflächen bis in die Gletscherregion, andererseits gemischt mit Gemsheide oder Krummsegge.
Die Schutthalden der in der Silvretta zahlreichen Gletschervorfelder und Moränen sind von Pionierpflanzen besiedelt, beispielsweise der Moschus-Schafgarbe *(Achillea moschata)*[11]. Mit zunehmender Höhe finden sich schießlich vorwiegend Sporenpflanzen, also Flechten, Moose, aber auch eine Reihe von Blütenpflanzen. In den Ötztaler Alpen sind immerhin 104 Arten von Blütenpflanzen über 3000 m dokumentiert[3], in der nahegelegenen Silvretta dürfte diese Zahl nicht wesentlich anders liegen.
Ein weiteres Element, das in vielerlei Hinsicht das Landschaftsbild sowie Flora und Fauna der Silvretta bestimmt, ist das Wasser. Zum einen sind im gesamten Gebiet Quellen, Bachränder, Schwemmsandböden, Rieselfluren, verschiedene Moore und Sümpfe mit unterschiedlichen Pflanzengesell-

schaften und Moosen zu finden[7,9]. Zum anderen hat die Erschließung der Wasserkraft durch die Vorarlberger Illwerke AG seit den Fünfzigerjahren wesentliche Veränderungen bewirkt. Die augenfälligsten davon sind die 1954 erbaute Hochalpenstraße, die Paznaun und Montafon verbindet, sowie die Speicher Kops, Vermunt und Silvretta, die von den Bächen des oberen Paznaun, des Verwall und der dem Vermuntgletscher unterhalb des Piz Buin entspringenden Ill gespeist werden. Vor allem entlang der Hochalpenstraße hat sich zudem ein florierender Winter- und Sommertourismus entwickelt.

Wasserkraft und Tourismus machen die Region heute wohlhabend und ermöglichen den weitgehenden Verzicht auf die mühselige Form der Viehwirtschaft vergangener Tage. Laut einer 1989 von der Vorarlberger Illwerke AG herausgegebenen Broschüre[12] wurde zwar bei der Planung der Kraftwerksbauten größtmögliche Rücksicht auf die Landschaft genommen. Zudem wurden sämtliche Speicher «mit Fischen besetzt», für die Begrünung der Baustellen «auch in schwierigen Hochlagen [...] besondere Bemühungen» aufgewendet und «umfangreiche Lawinenverbauungen und Aufforstungen vorgenommen»[12]. Dennoch waren und sind die Eingriffe in den Lebensraum Silvretta notgedrungen massiv und für manche der ursprünglichen Bewohner wenig verträglich. So bedeckt beispielsweise der Silvretta-Stausee ausgedehnte Schwemmgebiete des Ill-Gletscherbaches mit seltenen Pflanzengesellschaften, die zum Teil damit in Vorarlberg ausgestorben sind[2,11]. Ein Beispiel, das die Nebenwirkungen des Ausbaus touristischer Infrastruktur betrifft, wäre der Klettergarten zwischen Rifa und Zerres bei Partenen, durch dessen Errichtung der Pyramiden-Steinbrech *(Saxifraga cotyledon)*, eine in der Region seltene Art, deren Hauptverbreitungsgebiet in der Südschweiz liegt[13], von diesem Standort verdrängt wurde[1].

Und schließlich sind da auch noch die vielfältigen Probleme, die der Ausbau von Straßen und Schipisten für die Vegetation darstellt, da Maßnahmen zur Wiederbegrünung wegen der Höhenlage extrem schwierig sind. Ein so komplexes Gebilde wie der Krummseggenrasen etwa konnte in seiner vollen Ausprägung nicht einmal in vierhundert Jahren entstehen, wie die Analyse der Rasengesellschaften auf Moränen der Kleinen Eiszeit zeigte[2]. Es dürfte kein Zufall sein, daß der offizielle Naturschutz im Bereich der Silvretta kaum Einfluß nehmen kann. Weder auf Tiroler noch auf Vorarlberger Seite existieren Naturschutzgebiete, für Vorarlberg gibt es immerhin ein Biotopinventar, in dem auch verschiedene Standorte in der Silvretta erfaßt sind. Mehr als Empfehlungen können die Naturschutzbeauftragten allerdings nicht geben. Doch hier haben wir eindeutig sensibles Gebiet betreten. Zurück also zur unverfänglicheren Tier- und Pflanzenwelt, von der es zumindest in den Randzonen der Silvretta immer noch vielfältige Bestände gibt.

Letzte Refugien

«In einem Hochtal 1700 Meter über dem Meeresspiegel im österreichischen Montafon, in der Nähe der Gemeinde Partenen, fließt gemächlich ein Bach entlang eines schmalen Kiesweges. Er schlängelt sich durch ein Stück gewaltiger, unberührter Natur. Es gibt weder Skilifte noch Hochspannungsleitungen, keine Häuser oder Hütten. Die bizarren Bergformationen, welche zu beiden Seiten zum Himmel ragen, zeigen nur Spuren von Muren und Lawinenabgängen. Eine karge Welt von unheimlicher optischer Kraft». So beschreibt Rolf Zehetbauer[14], für die Ausstattung von Joseph Vilsmaiers Verfilmung von «Schlafes Bruder» verantwortlich, das von Gaschurn im Montafon nach Süden verlaufende Garneratal. Mit der Garneraschlucht am Taleingang sowie blumenbunten Wiesen und Matten, Hang- und Quellmooren an den über der Schlucht gelegenen Hängen, dem Flachmoor am ehemaligen, nun versandeten Garnera-See, artenreichen Pflanzengesellschaften auf Schwemmkies-Flächen, und den verschiedenen Stufen, die die Vegetation bis zu den Graten aufbauen, weist dieses bis zu seiner Entdeckung durch den Film und seit Abschluß der Dreharbeiten angeblich wieder ruhige Tal auch etliche Besonderheiten bezüglich Tier- und Pflanzenwelt auf. Der Weg zur Tübinger Hütte und darüber hinaus ist sozusagen mit Vielfalt gepflastert.

Unter den Pflanzen lassen sich zwei Raritäten verzeichnen, nämlich die Ganzrandige Primel *(Primula integrifolia L.)* und der bereits erwähnte Pyramiden-Steinbrech[13]. Abgesehen davon ist die Liste der für diese Gegend erfaßten Arten fast endlos, zwischen Alpen-Anemone und Zweiblatt wird hier kaum etwas ausgelassen[13]. Einzig und allein wegen ihrer vielsagenden Namen seien einige erwähnt wie etwa Niederliegender Dreizahn *(Sieglingia decumbens [L.] Bernh.)*, Kriechender Hauhechel *(Ononis repens L.)*, Engelsüß *(Polypodium vulgare L.)* oder Zweifelhaftes Hungerblümchen *(Draba dubai Sut.)*. Auch Restbestände von Zirben sind hier zu verzeichnen[13]. Steinböcke haben ein wichtiges Refugium an den Hängen der linken Talseite, Uhu und Steinhuhn, beides ebenfalls stark gefährdete Arten[15], brüten in diesem Tal, und Massenwanderungen von Fröschen treten alljährlich auf[14]. Verbrieft für das Garneratal sind zudem die ohnehin häufigeren Murmeltiere, denn Robert Schneider schreibt anläßlich einer Besichtigung des geplanten Drehorts für «Schlafes Bruder» die poetischen Worte: «Einige Wochen später ging ich mit Pascale, der ich den Roman gewidmet habe, der ich überhaupt alles verdanke und die mich hält, in das Garneratal hinauf. Ganz allein, nur wir beide und das Pfeifen der Murmeltiere»[14].

Es ist nicht verwunderlich, daß der Einzug des Filmtrosses, der relativ nahe am Taleingang etwa 500 m hinter der Zollwachhütte beim ehemaligen Garnerasee das Filmdorf Eschberg auf

Stengelloser blauer Enzian.

einer Fläche von etwa 10.000 m² erbaute, zudem «echten Mist aus dem Tal mit dem Geruch, den man von der Leinwand nicht riecht, aber stinken sieht», sowie Hühner, Ziegen, Schweine, Schafe, Rinder, Esel anschleppte und «dürftige Blumenrabatten» anpflanzte, die die örtlichen Kühe schnell zertrampelten, auf Widerstand bei Umweltschützern stieß[14]. Seit 1995 ist Eschberg, das ohnehin von einer Staublawine zerstört wurde, demontiert. Über eventuelle Nachwirkungen der Filmarbeiten auf die Tier- und Pflanzenwelt des Garneratals läßt sich höchstens spekulieren. Insgesamt scheint dieses Tal jedoch wieder zu seiner Rolle als unberührtes Stück Natur zurückgekehrt zu sein.

Auch in anderen Teilen der Silvretta gibt es zweifelsohne Raritäten. Seltenheit ist freilich kein Garant für dekorative Auffälligkeit, weswegen etliche dieser besonderen Spezies eher unscheinbar sind[1]. Dies gilt beispielsweise für eine Reihe mehr oder weniger «schöner» Pflanzen, die für das Montafon verzeichnet sind[1,9]. Bemerkenswert ist auch die Vegetation nasser Schwemmsandböden nahe der Heidelberger Hütte im Fimbertal, die ebenfalls der Kategorie der wenig Auffälligen zuzurechnen ist. Doch immerhin ist die Zusammensetzung dieser Pflanzengesellschaft jener Lapplands sehr ähnlich[16] und belegt somit die Wiederbesiedlung der Alpen durch die arktische Tundrenflora des Pleistozän, die seit dem endgültigen Gletscherrückzug vor etwa 14.000 Jahren durch üppigere Vegetation in Hochlagen zurückgedrängt wurde[2,3]. Weitere Besonderheiten, die leicht zu übersehen sind, erweisen sich als Relikte aus dem Tertiär und bevölkern heute noch die nivalen Zonen. Neben anderen dieser Reliktarten kann die Silvretta sogar eine eigene Spezies aufbieten, nämlich *Leptusa silvrettae*, eine zu den Kurzflüglern *(Staphylinidae)* zählende Käferart, deren einziger Fundort in der Silvretta liegt[17]. Gemeinsam mit einer Reihe anderer Arten, die die Nivalzonen der Alpen beleben, diente *L. silvrettae* sogar einem höheren wissenschaftlichen Zweck, nämlich dem Nachweis, daß Nunatakker – nicht vergletscherte Gipfel, die auch während der Eiszeiten die Eisdecke überragten und deren es etliche in der Silvretta gibt – ein Refugium zur inneralpinen Eiszeitüberdauerung darstellten[17].

Sicherlich ließen sich bei genauerem Hinsehen noch einige bemerkenswerte Aspekte bezüglich Flora und Fauna der Silvretta ausmachen. Doch eines dürfte auch nach dieser eher summarischen Betrachtung klar geworden sein: der Lebensraum Silvretta ist vielgestaltig und wird von unterschiedlichsten Gesellschaften bewohnt, die in ihrer Komplexität weit über die stereotype Vorstellung alpiner Blumen- und Tierwelt hinausgehen, welche in unseren Köpfen festgeschrieben ist. Hand aufs Herz, dachten nicht auch Sie zunächst nur an Alpenrosen, Enzian, Edelweiß und Gemsen im Geröll?

Literatur

[1]Grabherr, Georg und Gertraud, 1983, Häufigkeit und Verbreitung der gesetzlich geschützten Pflanzenarten im Montafon, Jahrbuch des Vorarlberger Landesmuseumsvereins, Bregenz

[2]Grabherr, Georg, 1987, XIV International Botanical Congress, excursion guide *High alpine flora and vegetation of the Tyrolean Alps (W Austria)*, excursion no. 18, Berlin

[3]Reisigl, Herbert, Keller, Richard, Alpenpflanzen im Lebensraum, 2. Auflage 1994, Gustav Fischer Verlag, Stuttgart, Jena, New York

[4]Brehms Thierleben. Allgemeine Kunde des Thierreichs. Zweite umgearbeitete und vermehrte Auflage, 1877, Leipzig, Verlag des Bibliographischen Instituts

[5]An dieser Stelle möchte ich Frau Brigitta Erschbamer, Institut für Botanik, Universität Innsbruck, für die Überlassung verschiedener vegetationskundlicher Publikationen herzlich danken.

[6]Nooteboom, Cees, Der Umweg nach Santiago, 1992, Suhrkamp Verlag, Frankfurt am Main

[7]Pott, R. et al., 1995, Paläoökologische Untersuchungen zu holozänen Waldgrenzschwankungen im oberen Fimbertal (Val Fenga, Silvretta, Ostschweiz), Phytocoenologia 25: 363–398

[8]Schiechtl, H.M. und Stern, R., 1975, Die Zirbe im Paznauntal und Stanzertal, in: Die Zirbe (Pinus cembra L.) in den Ostalpen, II. Teil, Angewandte Pflanzenphysiologie, Veröffentlichungen der Forstlichen Bundesversuchsanstalt Wien, Österreichischer Agrarverlag Wien, 24: 23–59

[9]Grabherr, Georg, 1983, Flora des Montafons (Vorarlberg, Österreich) 1. Teil: Neufunde und seltene Arten mit ergänzenden Angaben zur Autoökologie und Verbreitung im Gebiet, Berichte des naturwissenschaftlich-medizinischen Vereins Innsbruck, 70: 45–59

[10]Grzimeks Tierleben, Enzyklopädie des Tierreichs in 13 Bänden, 1993, Deutscher Taschenbuchverlag, München

[11]Aistleitner, Eyjolf, 1995, Rheticus, Vierteljahresschrift der Rheticus-Gesellschaft in Zusammenarbeit mit ARGE Naturwissenschaften, 17(3/4): 193–201

[12]Vorarlberger Illwerke AG, 1989, Sedlmayr KG, Dornbirn

[13]Friedrich, Hans Christian, 1954, Botanische Streifzüge im Gebiet der Tübinger Hütte und des Garnera-Tales im Montafon (Silvretta), in: Jahrbuch des Vereins zum Schutze der Alpenpflanzen und Tiere, 19, Buchdruckerei und Verlagsanstalt Carl Gerber, München

[14]Vilsmaier, Joseph, Schlafes Bruder, Der Film, Gustav Kiepenheuer Verlag, Leipzig, 1995

[15]Hofer, Rudolf, Alpentiere, Gräfe und Unzer GmbH, München

[16]Raabe, Ernst Wilhelm, 1958, Alpine Rasen im Vervall, Flora (oder Allgemeine Botanische Zeitung, VEB Gustav Fischer Verlag, Jena) 146, 354–375

[17]Janetschek, Heinz, 1956, Das Problem der inneralpinen Eiszeitüberdauerung durch Tiere (Ein Beitrag zur Geschichte der Nivalfauna), Österreichische Zoologische Zeitschrift VI (3/5), 422–489

E. T. Compton, Umgebung der Tübingerhütte (Garneratal). Mischtechnik auf Karton, 1909.

Wenige Jahrzehnte nach dem Pionier Johann Jakob Weilenmann zog Edward Theodore Compton, Haus- und Hofmaler des Alpenvereins und der Bergmaler nicht nur seiner Zeit, sondern der Inbegriff des Bergmalers, auch durch die Silvrettagruppe und hielt die Epoche im Bild fest, als die ersten, noch kleinen Hütten schon gebaut waren, das Wegenetz dichter wurde und die Zahl der Bergsteiger unaufhaltsam wuchs. Die in diesem Jahrbuch reproduzierten Bilder von E. T. Compton befinden sich im Besitz des Alpenverein-Museums Innsbruck, dem wir für die freundliche Genehmigung zum Abdruck danken.

Karges Land und Bewohner

Die Silvrettagruppe, geschildert von einem alpinen Klassiker. Aus Johann Jakob Weilenmanns «Aus der Firnenwelt». Mit Bildern von E. T. Compton

Es war am 28. Juli 1861, ein regnerischer, selten von einem Sonnenblick erhellter Tag, als ich hinauf über den Zeinis stieg. Als ob die trauernde Landschaft mit einem Lichtblick zu trösten, brach vor ihrem Scheiden mit intensivem Strahl die Sonne durch das schwarzgraue Gewölbe und rötete mit tiefer Porphyrglut die dunkle Felspyramide des Gorfen, die dem Wanderer auf der Paßhöhe so kühn entgegentritt. Die seltenen Alpenblumen, die am Wiesenpfade blühen, bunt des Talbaches Ufer durchwirken, haben für heute ausgeduftet. Über die stillen Auen von Galtür, an des Gorfen Fuß sich weitend, mit dem friedsam sie durchschlängelden Gletscherstrom, den zerstreuten Gehöften, dem roten Kirchturm, von dem herab ins leise Gemurmel des Baches die Vesperglocke tönt, über das ganze tief in Bergesschoß gebettete Tal senkt Dämmerung sich: Stern um Stern beginnt herabzuleuchten. Der Dorfplatz, des Tages Ziel, rückt näher... da steht ja das Wirtshaus! – wie gewohnt in bester Eintracht neben dem Widum.

«Ein Lager und Stärkung für einen müden Wanderer!» Jawohl, wenn er nit hoakel is! lautets von innen. Und wahrlich, die Voraussetzung war nicht ganz überflüssig! An Gegensätzen fehlts dem Alpenwanderer nicht – überraschend schnell folgen die Schattenseiten den Lichtblicken. Eben noch schwelgst du im Vollgenuß hehrer Gebirgsnatur und im Handumkehr, kaum nahst du wieder deinesgleichen, überkommen dich Ekel und Überdruß. «Die Welt ist vollkommen überall, wo der Mensch nicht hinkommt mit seiner Qual», brummst du in den Bart hinein. Und wie wenig Ansprüche du machst, so genügsam du sein magst, es kostet dich dennoch Überwindung, den Abend in der Wirtsstube zu verbringen, mit hunderterlei Gerüchen von um den Ofen zum Trocknen aufgehängten Wollkleidern und Kinderbettzeug, regendurchweichten Schuhen, qualmenden Öllampen, ungewaschenen Hunden, jungen Katzen, die noch nicht den Weg zur Tür hinaus finden, von beschmutzten Kindern, ebenso schwach entwickelten Ortssinnes, die mit ihnen auf dem schwarzen Boden sich wälzen oder unter dem Ofen Versteck spielen, von feuchtem Reisetabak, dem heißen Atem des Branntweintrinkers, von dampfenden «Kneedle und Sauerkraut», ranzigem «Selchfleisch», altem Käse herrührend, zu verbringen. Und glaubst du in diesem Qualm, in dieser verdorbenen Atmosphäre es nicht länger auszuhalten, unterfängst du dich, eines der winzigen Fensterschieberchen zu öffnen, in das du, erfreust du dich üppig entwickelter Hörapparate, den Kopf nicht zwängen kannst, ohne dich zu verletzen, so sieht dich der Wirt, einst Lehrer der Gemeinde, seither aber zum Dorfvorsteher, zum ersten Dorfmagnaten emporgestiegen, in dessen Händen Wohl und Wehe des Galtürers liegen, mit dem nicht zu spaßen ist, an, als wolltest du ihn vergiften.

Nur ein Trost bleibt mir. Das mit buntbefleckten Damen- und Heiligenbildern behangene Schlafgemach ist geräumig und reinlich. Da wenigstens kann niemand mir wehren, zu lüften; und dies geschieht auch so radikal, daß die humpelige Wirtin, wenn sie abends mir hinaufleuchtet, vor Kälte zusammenschauert. Wer würde glauben, daß sie, die wiewohl nicht sehr bejahrt, so gebeugt geht, deren Stimme hart und knarrend wie eine rostige Türangel (womit aber bei Leibe nicht gesagt werden will, daß ihr Gemüt ebenso), einst die glänzendste, gefeiertste Partie Galtürs war, die ihrem Gemahl nicht weniger denn 5000 Gulden und damit Beförderung und Ansehen brachte? So groß das Schlafgemach, so kurz, armselig und schmal ist das Bett, und der Strohsack so bauchig und abschüssig, daß ein normal gewachsener Mensch sich kaum darein zu fügen weiß, und es Nächte braucht, bis er sich daran gewöhnt.

***

Noch weiter unten weideten Kühe, von einer vierschrötigen, gesunden, sauber gekleideten Maid gehütet, die seelenvergnügt am Pfad saß und strickte. Ob ich nicht etwas rasten wolle, fragte sie, auf den Rafen deutend und zwei Reihen blendend weißer Zähne zeigend. Die Zumutung war am Platze. Man soll dem Körper hier und da Ruhe gönnen, nach meinem dumpfen Quartier komme ich immer noch früh genug. Und da wurde denn ein gar erbaulich Zwiegespräch, daran ein Volksökonome sich gaudiert hätte, über die weibliche Industrie des Tales gepflogen, deren die Maid eben beflissen. Was ists aber, das so unverwandt ihre Blicke nach meinem Beinwerk zieht? Ists stille Bewunderung, fesselt sie das respektable, leider nur äußerliche, durch die dicken Wollstrümpfe und hineingeschobenen Hosen so angeschwollene Volumen meiner Waden? ... Schon beginne ich mit Wohlgefallen, mit einer Anwandlung von Stolz herabzuschauen auf die Langverkannten, die hier erst, am Ende der

Welt fast, zur Würdigung gelangen sollten, – da plötzlich ruft diese Maid, ihrer Sache endlich gewiß, freudestrahlend ob der Entdeckung und entfernt, nicht ahnend, wie bitter sie mich enttäuschte: «Dia Strimpf sain da hinta g'macht woarda!» – Der Hülle, nicht dem Inhalt, der Strickerei, den Maschen galten ihre Blicke, eigenes Talfabrikat hatte sie darin erkannt. Und wirklich sind die weißen Wollstrümpfe, die sie strickt, den meinen ähnlich wie ein Ei dem anderen. Es gehen viele Strümpfe aus dieser Gegend nach der Ostschweiz. Das Thema erschöpft, gings vollends zu Tale.

Aller guten Dinge waren drei. Daher wird einen der nächsten Tage abermals nach dem öden Burgerstein hineingeschritten und die Nacht dort verbracht. Ein Bauer, als Führer engagiert, traf erst ein, als es dunkelte. Trotz des nahen Gletschers war die Luft so lau, daß wir des Feuers, das unterhalten wurde, nicht bedurft hätten. In der Frühe aber weckte uns das monotone Plätschern des Regens und wiederum zogen wir unverrichteter Dinge, und diesmal tüchtig durchnäßt und mißlaunt, ins Tal hinab.

Jetzt kann mir das Jamtal mit allem was drinnen, gestohlen werden. Ich habe dessen, das wenigstens in seinen vorderen Partien in pittoresker Beziehung nichts bietet, herzlich satt. Zwar sollte der Führer eine der folgenden Nächte wieder erscheinen, kam aber nicht, weil der Himmel auch gar zu mißlich drein sah. Und als wir uns wieder trafen, erklärte er, nun müsse er heuen, könne mich nicht mehr begleiten. Nicht voraussehend, auf dem Wege nach dem Fluchthorn wieder durch Jam zu kommen, mußte ich noch einmal hinein, die Steigeisen holen, die wir unterm Hüttendach versteckt und vergessen hatten.

***

Ich hatte einen Weg von nahezu vier Stunden gemacht um den Schäfer zu sehen, und als ich nun wieder die Alphütte betrat, war er noch nicht zurück. Nun vermutete man, er sei nach der Jamtaler Seite des sehr ausgedehnten, weidenreichen Predigerberges gegangen, zu sehen, ob keines seiner Tiere die Grenze der beiden Weidegebiete überschritten. Sie waren nämlich dessen schon beschuldigt worden. Und da eine den Geldbeutel armer Hirten empfindlich berührende Strafe auf solchen Überschreitungen liegt, war ihm gelegen, keinen Anlaß zu Klagen zu geben. Während meines Aufenthaltes in Galtür wurde ein anderer Hirte desselben Mangels an Wachsamkeit überführt und, er hatte gut sich sträuben und aufbegehren, durch den Machtspruch des Wirtes mit fünf Gulden gebüßt. Bedenkt man, daß gewöhnlich weder Hecke noch Mauer diese hohen Weidegebiete trennen, wie leicht bei einer zahlreichen, oft an die hunderte zählenden Herde solche Überschreitungen möglich, wie gering, kaum nennenswert der Schaden, den einige Schafe auf stundenweiten Rasenhängen tun, so will die Strafe eine strenge erscheinen, wiewohl wäre sie es nicht, auch arge Mißbräuche einreißen könnten.

Auf besondere Verwendung des Wirtes gab mir die Sennerin etwas Milch, den brennenden Durst zu löschen, und in einem unbewachten Moment flüsterte sie mir zu: Wenn die Bauern fort, werde sie mir auch noch Zieger geben. Was dies zu bedeuten hatte, wußte ich schon, und werde, einmal eingehaust in diesem unerquicklichen Quartier, noch mehr davon zu erzählen haben. Es gibt Gemeindealpen, wo selbst um Geld und gute Worte kaum ein Tropfen Milch zu erhalten ist, der Senner keine verkaufen darf und hierzu durch ein Gelübde sich hat verpflichten müssen. Einige halten es sehr strenge, man muß förmlich erbetteln, was man wünscht: «D'r Gottswill geb' ich's euch, aber nicht um Geld», heißt es. Andere, weniger skrupulöse, nehmen Geld an, wenn sie nicht zu befürchten haben, vom untergeordneten Hirtenpersonal verraten zu werden.

Etwa zehn Stunden waren nun seit dem Frühstück verflossen und da ich, ganz gegen meinen Brauch, keinen Bissen, nicht einmal das Kirschfläschchen mitgenommen, nicht beabsichtigend, so weit umherzuklettern, und keine Aussicht war, sobald den verheißenen Zieger zu bekommen, sintemalen sich die Sennerin mit einem hartnäckig ausharrenden Bauern in eine zärtliche Schäkerei eingelassen, die man, wie mir schien, lieber ohne Zeugen ausgesponnen hätte, begann der Magen ungeduldig zu werden und nach Galtür hinab zu drängen. Ich räumte das Feld, ohne den Schäfer gesehen zu haben.

Stilleben in Galtür

Glorreich sank der Abend nieder am dunkeln Gebirgskamm, im rosigen Schimmer noch die höchsten Zacken färbend, als ich durch den schweigenden Gebirgswald hinabstieg. Dann über die blumigen Wiesen schreitend, mit vollen Zügen den herrlichen Abend genießend, traf ich den Pfarrer des Ortes, der langsam dahinschlendernd, die Zeitung las. Während wir uns sprachen, kam vom Weiler her, durch den ich soeben gegangen, ohne zu ahnen, was dort vorging, ein Mädchen atemlos gelaufen und bat inständigst seine Wohlehrwürden, die zwar schon auf dem Wege dahin begriffen, sich zu beeilen, um einer Kranken, dem Tode nahe, beizustehen. Bald darauf kam die Nachricht, sie habe ausgerungen. Es war eine Witwe, die an der Wassersucht danieder gelegen. Ihr Sohn, ein wackerer, blühender Bursche, lag mit ihr am Nervenfieber krank, war ihr aber einen Tag vorangegangen. Tags darauf, eines Sonntags, wurden beide zu Grabe getragen. Das Ereignis hatte Aufsehen und Trauer, große Teilnahme in der Gemeinde hervorgerufen. Seit vor einer Reihe von Jahren sechs Personen in einem Hause von einer Lahne verschüttet und tot herausgegraben wurden – nur zwei Häuser sollen vor Lahnen sicher sein – ist es nicht vorgekommen, daß zwei Leichen zumal bestattet wurden. Fast die ganze, vierhundert Köpfe zählende Bevölkerung, hatte sich zum Leichenbegäng-

nis eingefunden. Der lange Zug schritt über den Dorfplatz nahe am Wirtshaus vorbei. Auf einem Schlitten, von sechs jungen Burschen entblößten Hauptes, seinen Kameraden, gezogen, lag unter einem weißen Bahrtuch der Sohn. Ihm folgte, getragen von eben so vielen Männern, die Mutter und dahinter Männer und Weiber, diese mit ihren runden Pelzmützen oder komischen, indigoblauen Baumwollhüten.
Wie die Extreme sich berühren, das Komische dem Ernst oft nahe liegt, zeigte sich hier in auffallender Weise.
Der Platz, um welchen herum der Kern der Gemeinde, Widum, Wirtshaus und einige andere Gebäude stehen, ist mit feinem Rasen bewachsen. In seiner Mitte, vom Wirtshause unabhängig, ist eine Kegelbahn, wo eben so oft nur zur Kurzweil, als um Geld gespielt wird. Vor und nach dem Gottesdienste zumal ist sie fast immer besetzt. Zur Sache tut sie übrigens nichts – der Esel, der auf dem Platze weidet, ists, der unsere Aufmerksamkeit in Anspruch nimmt. Er gehört armen Leuten, die mit ihm und einem Wägelchen den Botendienst nach Landeck versehen. Achtung daher vor dem Esel, dem Ernährer dieser Leute! Gestern abend erst zurück von der Reise, weidet er emsig, um nachzuholen, was er die letzten Tage versäumt. Obschon die Entfernung nur neun Stunden, braucht er dazu mehrere Tage. Der Weg ist eben schlecht und holperig.
Wie nun der Leichenzug näher rückte, hielt Langohr ein, lauschte aufmerksam und machte sogar Versuche, die Ohren zu spitzen, was ihm aber nur mit einem gelang, das andere beharrte eigensinnig in seiner demütig rückwärts liegenden Stellung. Und als dann vollends Pfarrer und Frühmesser in vollem Ornate feierlich einhergeschritten kamen und ihren monotonen Gesang ertönen ließen, da erhob Langohr die Nüstern, wies fletschend die Zähne und spreizte die Beine auseinander, als ob zu irgend einer Kraftäußerung ausholend oder vielleicht gar im Begriffe, eine Ungebührlichkeit zu begehen, die wir bedauern, allein mit Nachsicht aufnehmen müßten, denn Sache der Ortspolizei war es, Meister Langohr zu entfernen. Da täuschen wir uns jedoch, tun ihm schreiend Unrecht! ... wir, die in unserem Dünkel, als die Auserkorenen des Erdballes uns geberdend, jedem anderen Wesen edlere Empfindungen abzusprechen geneigt sind. Was ihn bewegt, seines Herzens zarteste Seite vibrieren macht, ist der beiden Priester Gesang – Teilnahme, tiefempfundene Teilnahme, überwogende Gefühle sind es, die nach Luft ringen, und aus voller Brust, mit langedehntem, herzerschütterndem I-ah! I-ah! I-ah! schauriger denn die Trompeten des jüngsten Gerichtes, stimmt er in die Klagelaute der dicht an ihm vorüberziehenden Wohlehrwürden ein. Es war ein schneidender Mißton! Gut, daß die Galtürer, ernst wie alle Bewohner rauher Gebirgstäler, wenig komische Ader haben. Kein Mund verzog sich.
In Krankheitsfällen, wo rasch Hilfe not tut, sind die Galtürer schlecht dran, da sie keinen Arzt haben und ihn in dem zwei Stunden entfernten Ischgl unten holen müssen. Und da dieser gar oft betrunken ist und seine Hülfe zu alledem hoch anrechnet, sperrt man sich lange möglichst, bevor man sich ihm anvertraut. Zweimal wöchentlich kommt er auf zuverlässigem Maultier daher geritten, das behenden Schrittes mit seiner leichtfertigen Würde über die schmalen Wiesenpfade trippelt.

***

E. T. Compton, Vallüla von Südwesten. Aquarell, Deckweiß und Bleistift auf Karton, ohne Jahr.

Nach Lektüre hatte ich im Wirtshaus vergebens gefahndet, Gebetbücher und eine seichte Rittergeschichte war alles, was der ehemalige Jugendbildner besaß, nicht zu vergessen die in Innsbruck erscheinende, dem Rückschritt und der Verdummung huldigende Volks- und Schützenzeitung, das einzige Blatt, das in die tiefe Wildnis dringt.
Hier und da kam eine Nachbarin, mit der obligaten Strickerei in der Hand, ein Weilchen zu plaudern. Sie war mir jedesmal eine willkommene Erscheinung und ist mir in freundlichem Andenken geblieben. Ihr rundes Antlitz, auf kurzem, stattlich gerundetem Leib sitzend, hat jenes huldreiche, behagenerweckende Schmunzeln, womit gewöhnlich Frau Sonne abkonterfeit wird. Sie zeigte Interesse für die Vorgänge in der

Außenwelt, hatte gesunde Lebensanschauungen, drückte sich auffallend korrekt, ja fast gewählt aus und zeichnete sich, ihr Äußeres ausgenommen, so vorteilhaft von den anderen Talbewohnern aus, daß man glauben möchte, sie sei ursprünglich nicht aus dieser, sondern habe lange Zeit in zivilisierter Umgebung gelebt. Mit Staunen vernahm ich jedoch, daß sie diesen Bergwinkel nie verlassen, dagegen, von Wißbegier getrieben, sich Bücher verschafft und aus ihnen manches gelernt und erfahren. Campe's Entdeckung von Amerika, einige Bände des Panoramas, eines der zuerst erschienenen Unterhaltungsblätter mit sehr primitiven Holzschnitten, figurieren in ihrem kleinen Büchervorrat. Von Schiller hat sie nur die Räuber gelesen, die ihr nicht behagten und von dem großen Autoren keine günstige Meinung gaben. Selten hat sich mir in so auffallender Weise dargetan, welchen veredelnden Einfluß nur einigermaßen gute Lektüre ausübt. Selbst an den erwachsenen Söhnen und Töchtern der Frau gibt er sich kund. Einer von jenen, ein junger Mann voll Anstand, begleitet zuweilen seinen Freund, den Paffeirer, auf der Jagd, und zwar weniger des Jagens wegen, als weil er von den Wundern der Alpenwelt sich angezogen fühlt. Dame ..., mein Mißgeschick bedauernd brachte mir Lesestoff. Als ich eines regnerischen Sonntag nachmittags, der zweite, den ich in Galtür verbrachte, meiner dicken Gönnerin das Geliehene zurückstellte, war ich überrascht, ihre Stube so wohnlich und heimelig zu finden, zu sehen, wie sauber Bänke, Tische und Stühle gescheuert waren, wie vorteilhaft das Gemach von der Wirtsstube abstach. Mit einem Anstand, der einer Stadtdame Ehre gemacht hätte, nötigte sie mich, bei ihr Kaffee zu nehmen, und auch ein Gläschen Kranewitter mußte ich kosten. Draußen stürmte und goß es, daß Gott erbarm. Hochaufbäumend mit unheimlichem Tosen wogte der Jambach daher. Frau ... meinte zwar, das sei alles nichts gegen die Winterstürme. Wie furchtbar dazumal Wind und Schnee hausen, davon könne man sich keinen Begriff machen, wenn man es nicht mit angesehen. Vor Guxeten und Schneewehen sei gar oft das nahe Wirtshaus nicht mehr zu sehen. Die Dächer sind hier mit langen, innen festgemachten Brettern gedeckt und sollen so dem Sturme besser widerstehen, als mit Steinblöcken beschwerte Schindeldächer; so malerisch machen sie das Haus aber nicht. Bei einigen Partien «Nünimohl», die ich, das Spiel zu kennen glaubend, mit der Hausfrau machte, verlor ich regelmäßig, und zwar nicht etwa aus Galanterie. Die Partie hatte kaum angefangen, so fand ich mich schon überlistet.

Was aber auf dieser unvollkommenen Welt, das nicht auch feinen Revers hätte? Auf den gelassenen Zügen der Dame ... gibt er sich zwar nicht zu erkennen, und doch hat, ihren Äußerungen nach zu urteilen, Hymen ihr mehr Dornen denn Rosen gebracht. Während Frauen sonst dem Jungesellen gegenüber als unentwegte Verfechterinnen des Ehestandes sich aufwerfen und seine Herrlichkeiten trotz mancher Stürme, die sie selbst erlebt, über dem Sonnenschein aber wieder vergessen, aufs Rührendste auszumalen verstehen und ihm nichts Gescheiteres anzuraten wissen, als auch unters Joch sich zu beugen, war hier just das Gegenteil. Herbe, wahrlich, müssen die über Dame ... ergangenen Erfahrungen gewesen sein, um sie, allem Anschein nach eine kluge, tüchtige Frau, zu berechtigen, mit solcher Bitterkeit sich über die Ehe auszulassen.

Mit Widerwillen nur ging ich nach meinem mit Bauern gefüllten Quartier zurück, wo ein Qualm zum Ersticken war und es bis in den grauenden Morgen so hoch herging, daß vor Singen, Brüllen, Fluchen, auf den Tisch fallenden Fäusten, Gläsergeklirre und dem Gepolter umgeworfener Stühle an Schlaf nicht zu denken war. Das nennen die Leute ihr Sonntagsplaisier!

An Werktagen ging es freilich umso stiller her. Durchnäßte Grenzgänger, meist hübsche, junge Burschen, kamen um mit einem Schnäpschen oder Glase Wein sich zu erwärmen. Vom Zeinis herab erschienen eines Tages, triefend vor Regen, in bedauernswertem Zustande, einige Handwerksburschen, die Mienen und Aussehen nach, ebenso gut mit der Polizei verfeindete, die große Straße meidende Vagabunden sein konnten, so man sie in einsamer Gegend lieber nicht allein träfe. Sie wollen hier übernachten und übergeben dem Wirt ihre Wanderbücher, die sie beim Fortgehen wieder erhalten. Sodann ziehen sie Schuhe und Strümpfe aus und trocknen sie am Ofen. Des Kleeblattes Einer, der Jüngste, ist, wie der erste Blick sagt und das Wanderbuch bestätigt, Jude und zwar böhmischer. Er hat das Aussehen eines geriebenen Burschen, weiß sich gewisse Airs zu geben. Der Schnitt der Kleider, die sorgsam arrangierten Haare, die Tournure, sein ganzes Wesen verraten, daß er sich mehr in den Städten herumgetrieben als seine vierschrötigen Kumpane. Schiene er nicht so durchtrieben schlau, sein nichts weniger als ordinäres Äußere, daran noch ein jugendlicher Duft haftet, könnte für ihn einnehmen. In den Kalender vertieft, gibt er seinen Gefährten in gewähltem, süßlichem Vortrag zuweilen etwas daraus zum Besten, bittern Weltschmerz atmende Betrachtungen daran knüpfend.

Auch Viehhändler auf dem Wege nach Fermunt kehren zuweilen ein. Und da höre ich denn die verschiedenartigsten Mutmaßungen über den Zweck meines Hierseins. Dieser sieht in mir den «Inschineer» und meint, ich müßte von der Regierung gut bezahlt sein, um so herumzuklettern. Jener hält mich für einen «Stein- und Kräuterklauber» und trägt mir, als spekulativer Kollege, seine Mineralien an. Ein anderer wittert in mir den Viehhändler oder vermutet, ich habe selber Galtlinge auf der Alpe. Ein Vierter hält mich, meines hellen Gewandes wegen, für einen brotlosen, Arbeit suchenden Müllerburschen. Nur den Turisten und sein Steckenpferd will niemand anerkennen, unmöglich, daß es derlei närrische Geschöpfe, eine so seltsame Liebhaberei gebe. Suche ich den

E. T. Compton, Madlenerhaus mit Hochmaderer. Mischtechnik auf Karton, ohne Jahr.

Leuten, deren Neugier befriedigt sein will, begreiflich zu machen, was mich hergebracht, so schütteln sie ungläubig den Kopf. Einen, der Kälber kaufen ging, kaum saß er mit seinem kleinen Buben hinterm Tisch und hatte den Schnaps gekostet und dann diesem gereicht, wunderte auch, woher ich komme. Meine Antwort, ich sei Schweizer, befriedigte ihn nicht. Wie das richtige Berliner Kind in seiner mit Einfalt gepaarten Superklugheit sich die Schweiz als einen einzigen großen Zuckerbäckerladen denkt, so glaubt er, in ihr wachsen nur Viehhändler. Vom Haupt bis zu Füßen mich musternd, schüttelte er argwöhnisch zweifelnd den Kopf, wie einer, der nicht zu täuschen, und ergeht sich sogar in impertinenten Äußerungen. Endlich mit sich selbst im Klaren, gibt er, zu den anderen Anwesenden sich wendend, denn mit mir will er nichts zu tun haben, mein Lächeln hat ihn erbost, in bündigem, alle Zweifel widerlegendem Orakelton den Spruch von sich: «Da Knepfa nach ischt er a Schwab'!» ... so daß also meine weißbeinernen, aus Viehknochen gedrehten Knöpfe mit dem Schwabenvolk identisch wären. Sonst sagt man meinen Landsleuten hier nach – mit gerechtem Stolz wiederhole ich es, denn so gut wie der Seifenverbrauch ist sicherlich die Wäsche ein zuverlässiger Kulturmesser – sie zeichnen sich durch saubere Hemden aus.

Nachmittags kam zuweilen der noch junge Pfarrer und der Frühmesser ihren Schoppen zu trinken. Als ich diesen das erste Mal schweigsam, als hätte er die Sprache verloren, in dem weltfernen Gebirgswinkel beim Bier sitzen sah, wußte ich nicht, was aus ihm machen; war fast ebenso perplex, wie die inquisitorischen Bauern, nur daß die Neugier sich nicht kund gab. Der lange, bis oben zugeknöpfte braune Rock, die an den Norden mahnende, bis auf die bebrillten Augen herabreichende Pelzmütze, das feine scharfgeschnittene Profil, alles dies ließ den Fremdling vermuten, irgend einen Ostländer, einen exilierten Polen oder Russen. Als er dann aber eine gewaltige Portion von Schimmel durch und durch gletscherblau gefärbtem Käse kommen ließ, wovon er jeden Brocken erst horizontal vors Auge hielt und über die Brille aufmerksamst untersuchte, da ergab sich aus den wenigen Worten, die er dabei verlor, daß er ein Tiroler sei, und nachdem er sich entfernt, vernahm ich auch, was für ein Amt er bekleide. Beim Glase Meraner taute in der Folge die eisige Kruste, die sich um die Brust des alleinstehenden, den Umgang mit seinesgleichen schmerzlich missenden Mannes gebildet, und ein reiches Gemüt brach wärmestrahlend hervor. In frühen Jahren, da seine Augen noch besser, fand er Trost und Unterhaltung in den Büchern, jetzt ist ihm auch dies versagt und seine einzige Zerstreuung ist, dem Fermuntbache entlang zu schlendern, seinem Wellenspiel zu lauschen und zu angeln. Die Beute ist zwar gering, selten erhascht er eine Forelle. In ein Blatt gewickelt bringt er sie alsdann, die Kinder des Wirtes damit zu erfreuen. Ehe er nach Galtür kam, war er in dem durch schöne Alpenszenerie sich auszeichnenden Duxtale. Auch er wußte von den Schneestürmen zu erzählen. Nahe bei der

Kirche wohnend, erreichte er sie zuweilen kaum, so hat er mit der Guxeten zu kämpfen, die ihn des Atems fast beraubt, ihn fast zu Boden wirft. Der Lauf des Tales bringt es mit sich, daß es den scharfen Nordostwinden besonders ausgesetzt ist. In der Abneigung (um sich gelinde auszudrücken) gegen die Protestanten geht Frühmesser mit dem großen Haufen der tirolischen Geistlichkeit und beklagt bitter, daß durch deren Gleichberechtigung dem Lande die Glaubenseinheit genommen wird. Er sieht darin seinen Ruin, und der Exschulmeister, ein Erzfanatiker, bestärkt ihn darin und prophezeit sogar eine Volkserhebung. Das Volk indes und zumal jene, die schon in der Schweiz arbeiteten und Vergleichungen anzustellen vermögen, hört man oft ganz anders sich aussprechen und das

Gebaren der Geistlichkeit nicht billigen. Dem Denkenden drängt sich etwa die Frage auf: Wie, wenn die protestantische Bevölkerung gegen unsere, unter ihnen lebenden, unbelästigt ihr Brot verdienenden Landsleute ebenso feindselig aufträte? Während andere Protestanten um diese Zeit in Tirol wollen Beleidigungen erfahren haben, ist mir während der sechs Wochen, die ich im Lande reiste, nicht die leiseste Unbill widerfahren. Freilich hütete ich mich, Anlaß zu geben. Für den Bauern mag es ohnehin ärgerlich genug sein, jene keine der Zeremonien mitmachen zu sehen, auf die er so viel hält. Gegen das österreichische Kaiserhaus, dem einst der Tiroler so ergeben, äußert sich, zumal unter dem Landvolke, eine tiefe Erbitterung. Die Wortbrüchigkeit der Regierung, die großartigen Unterschleife in der Armee, denen zum Teil ihre Niederlage in Italien zugeschrieben wird, das verhaßte Rekrutierungssystem, die schlechte Geldwährung, die erdrükkenden Steuern, allgemeine Mißregierung – wahrlich der Ursachen genug zur Unzufriedenheit! – haben diesen Gesinnungsumschwung herbeigeführt, der sich weniger mehr in lauten Verwünschungen, als in der stummen, nirgends Rettung sehenden Resignation der Verzweiflung äußert. «Man solle nur sehen», hört man oft, «ob für den Kaiser, und stände er noch so sehr in Not, je wieder ein Arm sich erhebe!»
Diesen Zuständen zu entgehen, würde man sich in den an die Schweiz grenzenden Landesteilen gerne ihr in die Arme werfen, die guten Klang hat; ja selbst Bayern sich anzuschließen, das gegen Tirol gekämpft, würde man nicht verschmähen. Das sind aber Chimären und es wäre kaum wünschbar für die Schweiz, daß sie durch ein Gebiet sich vergrößerte, dessen Bevölkerung in der Kultur so weit hinter ihr zurück, dessen einen so mächtigen Einfluß ausübende Geistlichkeit von so inhumanen Gesinnungen beseelt ist.

Auf der Alm

Eine heikle Frage, deren Lösung mir den ganzen Abend schon Kopfzerbrechen gemacht, war immer noch unentschieden. Brachte ich sie zur Sprache, so hieß es nur: «Es hat keine Not, wird sich schon machen» – wie es sich aber machen würde, war mir nicht klar.
Es handelte sich nämlich um nichts geringeres, als zu wissen, wo ich kommende Nacht mein Haupt hinlegen würde. Ein Heustock, des Turisten Trost, das Beste, was in den Bergen ihm werden kann, existiert nicht. Im weißen Bette zur Linken des Eingangs zum Milch- und Käsespeicher schlafen die beiden Sennerinnen, doch fänden auch drei Personen bequem darin Platz. Äußerem Anscheine nach nach ist es reinlicher, als man es in Sennhütten gewöhnlich findet. Die Bettstelle zur Rechten beziehen Schäfer und Kuhwirt. Sie ist um ein gut Teil schmaler und sehr lotterig. Schmutzige, übelriechende Wolldecken und Mäntel bilden das Oberbett, unterm Rücken hat man wenig mehr denn harte Bretter. Um beide Betten geht an zwei Seiten, die nicht an die Wand stoßen, eine Bank. Hätte man nur für diese Nacht das Lager getauscht, die Sache wäre abgetan gewesen. Den Weibern aber behagte dies wahrscheinlich nicht und es war ihnen auch nicht zu verargen. Daß in meiner Gegenwart kein Wort über diese Frage verlautete, ließ annehmen, daß sie beim Melken im Stalle, da die vier Bewohner der Hütte allein beisammen waren, besprochen und ohne mein Zutun erledigt worden. Wie dem sein mochte, das belebende Feuer in der Grube ist am Erlöschen, das Gespräch beginnt zu stocken, überhandnehmende Kälte mahnt das Lager zu suchen, und ich werde endlich erfahren, woran ich bin.
Die Sennerinnen ziehen Schuhe und Strümpfe aus und ohne weitere Toilette hüpfen sie ins hohe Bett hinein. Seltsam aber! Warum lassen sie einen so weiten Raum zwischen sich? Hoffentlich soll doch keiner von uns etwa ... Nein! Nur der Gedanke schon ist ja empörend! – Und doch! – Kaum wagt meine zartfühlende Feder das Schreckliche zu berichten – scheint so was planiert zu sein. Wer ist wohl der Auserkorene, das Opfer? Am Ende gar ich? Bin mir zwar nicht bewußt, so prima vista die Gunst der beiden Damen erobert zu haben – des veni, vidi, vici – traurig genug, ach du lieber Himmel! – kann sich so ein alter Knabe selten mehr rühmen. Rasch löste sich indes das Rätsel und kaum waren sie geborgen, die Beiden, als ohne daß ein Wort vorangegangen, hinein in ihre Mitte mit kühnem Sprung, der Schäfer sich schwung! Verdutzt, kaum meinen Augen trauend, staune ich das Manöver an. Da liegt er, der Hahn im Korbe unter der berghohen Federdecke begraben und hat sicherlich nicht über Kälte zu klagen, und mir, der allein noch im finsteren kalten Hüttenraume steht, bleibt wohl nichts anderes, als aufs eine Lager mich zu schmiegen. Er ist ein schmutziger, blödsinniger Tropf, der wie Pöll sagt, nicht Genie genug zum Kühehüten, um so größere Fertigkeit aber im Beten hat und darin es den Sennerinnen und Pölln, der viel zu zerstreut, weit vortut. Daher ist er auch immer Tonangeber oder Vorbeter, oder wie sonst der technische Ausdruck lauten mag. Zungenfertigkeit war auch im Wirtshause zu Galtür die Hauptsache. Anstands- und gedankenloser, in trivialerem Tone denn dort, vor und nach jedem Mahle, täglich xmal gebetet wurde, habe ich in ganz Tirol nie beten hören. Sogar die Kleine, die erst zu beten begann, war abgerichtet, die Händchen zu falten, erzweckte aber weiter nichts, als durch ihre naiven Faxen die anderen aus dem Konzept und zum Lachen zu bringen.
Übrigens lag ich über Erwarten gut und warm neben meinem düngerduftenden Schlafgenossen. Je weniger Verstand, um so mehr animalische Wärme entwickelte er.
Aus alledem ging hervor, daß bei der geheimen Debatte im Kuhstall von irgend welcher Seite ein durch mein Vorleben in Paznaun nicht gerechtfertigtes Mißtrauensvotum gefallen. Dennoch mußte ich zugeben, daß die beiden Weiber, so sehr unter dem ersten oberflächlichen Eindruck ihres Gebahrens

E. T. Compton, Signalhorn, Silvrettahorn, Schneeglocke. Mischtechnik auf Karton, ohne Jahr.

das Gegenteil schien, mit Takt sich benommen. Auch wußte ich mit dem Gedanken mich zu trösten, daß die kleinen Springer, die bekanntlich vorzugsweise die holde Nähe des schöneren Teils der Schöpfung suchen, mir ohne Zweifel im besseren Bette die Nacht vergällt hätten. Allfällige böswillige Unterschiebung oder Anspielung etwa auf saure Trauben, weise ich mit gerechter Entrüstung zurück. Einige Regentropfen ließen bald auf dem Dache sich hören und schwollen allmählich zu rauschendem Chore an, dessen einschläferndes Unisono auch diesmal seine Wirkung nicht verfehlte und mich in köstlichen Schlaf lullte.

Auch folgenden Tages nur Regen und wieder Regen, dunkle, kalte Nebel! Unter solchen Umständen ist eine Alphütte der trostloseste Aufenthalt. Nachmittags kamen, die Einsamkeit zu beleben, zwei Finanzwächter vom Tale heraufgestiegen. Sie überraschten mich in der Nähe des Kreuzes ob den Hütten sitzend und glaubten wohl, einen Fang gemacht zu haben. Mit soldatischem Ernst verlangten sie meinen Paß zu sehen, wollten wissen, was ich hier treibe, gaben sich aber bald zufrieden.

Es sind junge Leute, hoch schlank, blondhaarig und gutmütiger Natur, kaum das Geschäftliche abgetan, schmunzelnd und lachend der Eine, von dunkelgebräuntem, über die Wangen sich rötendem Teint, mit klugen Augen, schwarzen Haaren und zurückhaltenden Wesens der Andere.

Möglich, daß sie keine Ordre haben, weit talein zu gehen, oder hält das schlechte Wetter, bei dem sie nicht riskieren, von einem kontrollierenden Beamten überrascht zu werden, sie davon ab? Vielleicht auch, und wahrlich kein Wunder wäre es, hat das schöngeschlitzte Auge, aus langer, schwarzer Wimper Schatten gar freundlich hervorschauende Augenpaar der Zusennerin, vielleicht ihre silberklare Stimme, die mit gewinnendem Zauber ans Ohr klingt, oder gar nur – wie wenig bedarf es oft, ein Männerherz zu betören! – das neckische Grübchen in ihrer Wange, oder, wohl das wahrscheinlichste, alle diese Reize vereint, haben es ihnen angetan. Sie haben Büchse und triefenden Mantel abgelegt und sitzen um die Feuergrube, sich zu erwärmen, der eine zur Linken, der andere zur Rechten der Zusennerin, deren Herz – die verräterischen Augen erzählen es ja! – vor Wonne hüpft. Gönnen wirs ihr! – hat sie doch wenig hier oben und ist so lebenslustig!

Daß die Galtürer Mangel an Holz haben, würde niemand glauben, so verschwenderisch hausen sie damit, so toll knisterts und prasselts unter dem großen rundummauerten Käsekessel. Dichte Dampfwolken steigen davon auf, wogen und wallen im Windhauch, der durch die Mauerklinsen dringt. Davon umhüllt, steht auf dem hohen Mauerumfang – Macbeths Hexe, wie sie leibt und lebt – die nacktwadige Sennerin, den siedenden Inhalt rührend, indeß von oben herab, durch die

kleine Dachluke, heimlich still das Tageslicht bricht, phantastisch die Scene erhellend.
Der wohltuende Einfluß des Feuers hat die beiden Burschen in behagliche Gemütsstimmung versetzt, das wallende junge Blut hat die Oberhand gewonnen, den Berufszwang verscheucht. Das Pfeifchen wird gestopft und angesteckt und lustig darauflosgeschmaucht. Von beiden Flanken stürmische Anläufe in Wort und Blick auf das Herz der Zusennerin. Bald scheint der Blonde, bald der Schwarzhaarige den Sieg davon tragen zu wollen. Und während sie so holder Sinne Spiel pflegen, hätte ungehindert ein Heer von Schmugglern zu Tale steigen können. Wohl erinnert sich zuweilen der Dunkelhaarige, warum sie eigentlich da sind. «Geh jetzt mal außi!» sagt er zum andern, der zögernd der Mahnung folgt und einen Augenblick im Nebel und Regen sich umsieht, den der andere, als guter Stratege, dazu benutzt, der Dirn zu sagen, was man unter vier Augen sich anvertraut. Man hört Vorwürfe, Beteuerungen, sie habe noch keinen Schatz gehabt, flüstert ihr hübscher, kleiner Mund so vernehmlich, als sollten auch andere Ohren es hören. Und der Grenzgänger mit den klugen Augen und die andern Ohren, sie glauben daran wie ans Evangelium.
So ging es bis Melkzeit kam, wo die Sennerin, gern oder ungern, ihren Sitz zwischen den beiden Herzbestürmern aufgeben mußte, und den Stock zur Hand nahm, um am Abhang die Kühe zusammen und über den Steg zu den Ställen hinaufzutreiben – was gleichsam spielend geschah und mit einer Nonchalance, die deutlich genug sagte: «Diese Arbeit ist eigentlich unter meiner Würde!» Eine wahre Lust wars, das Klappern ihrer Holzsohlen auf dem Gestein zu hören, zu sehen, wie leicht und elastisch über den holprigen Bergeshang sie trippelte, wie anmutig ihr Arm, weiß und rund, den Stock schwang, und, gab eine nimmersatte Kuh ihrer freundlich mahnenden Stimme kein Gehör, auf die hartknochigen Posterioria applicierte.
Der Schäfer ist unterdeß von der hohen Terrasse des Predigerberges herabgestiegen, ein totes Lamm auf dem Rücken tragend, das von einem herabspringenden Stein erschlagen wurde. Er kam eben dazu, wie es verzuckte. Nun soll es ausgeweidet und gebraten werden, um uns zur Fluchthorn-Partie als Proviant zu dienen.
Zwischen Pöll und dem leichtmütigen Finanzjäger hat sich alsbald ein Handel eingefädelt. Jener war nämlich Soldat, er hat unter dem alten Radetzky die italienischen Feldzüge mitgemacht. Der hechtgraue Waffenrock mit grünen Aufschlägen und Kragen, die Jägeruniform der österreichischen Armee, der dort an der Mauer hängt neben der verlöcherten Garderobe des Kühers, datiert aus jener Zeit. Längst schon hat er des Grenzwächters begehrliche Blicke auf sich gezogen, doch wagt dieser nicht, ihn näher zu beaugenscheinigen, da zu befürchten, sein Kumpan möchte unterdeß auf dem Felde der Minne den Vorsprung gewinnen. Nun die Zusennerin am Melken, nimmt er den Rock herab. Noch vollkommen gut erhalten, sitzt er ihm, trotz der verschiedenen Statur der beiden Männer, wie angegossen. Leider aber fehlt im Ameublement der Sennhütte der Spiegel. Der Bursche hat gut sich drehen und winden, vor- und rückwärts sich beschauen, den gewünschten Gesamtüberblick seines herrlichen Ichs gewinnt er doch nicht und appelliert daher an unser Urteil, das so schmeichelhaft, so berauschend lautet, daß die Kauflust alsbald ihren Paroxysmus erreicht. Und wie dann vollends, den überschäumenden Melkeimer am strammen Arm, die Beisennerin eintritt, die zwar ihre Meinung nicht auszusprechen wagt, deren verstohlene Blicke aber, ebenso beredt, mit Behagen auf der schlanken Gestalt ruhen, da ist kein Widerstehen mehr. Sein muß der Rock werden! Nur um den Preis handelts sich noch. Der Schäfer will drei Gulden haben, der andere nur zwei geben. Nachdem jedoch das Schiedsgericht das Kleidungsstück innen und außen untersucht und preiswürdig gefunden, fügte er sich und die Sache wäre somit abgetan, bis an die weiteren Zahlungsbedingungen, die, als unwesentlich, noch nicht besprochen werden. Da zeigt sich aber erst, warum Pöll, dem sonst der Rock feil, bisher so hartnäckiges Schweigen beobachtete, mit keinem Blick den Käufer ermutigte. So gewissenhaft nämlich der Finanzwächter die Staatsfinanzen überwacht, so sehr vernachlässigt er die seinen. Und nun möchte er, als Weltreformer, der verschmäht, bei Kasse zu sein, in Larein das Kredit-System einführen, womit sich der Schäfer, als kluger Mann, nur dann befreunden kann, wenn er als Käufer auftritt. Daher das Ende vom Liede: Der Rock bleibt einstweilen noch in seiner Gewahrsame und mit langem Gesicht fügt sich der Grenzgänger ins Unabänderliche.
Ein geplagter Mensch ist sonst solch ein Grenzgänger, sein Los nicht zu beneiden. Kein Wunder, wenn er selten Geld in der Tasche hat! Wie oft kommt er nicht in den Fall, wenn triefend von Regen, von Frost geschüttelt, seinen Magen mit Schnäpschen, oder will er was Besseres ihm gönnen, mit einem Glase Wein zu erwärmen! Ob Sturm und Unwetter toben, Schneegestöber und Regen das Gesicht ihm peitschen, wie unwirsch der Himmel sich gebärde, er hat die ihm vorgezeichnete Tur über pfadlose Scheehänge und überflutete Berghalden, durch angeschwollene Wildbäche zu machen. Im strengen Winter selbst, will er nicht gestraft werden, darf er erst gegen Mitternacht in seinem Quartier erscheinen. Und die beschwerlichen Märsche, was fruchten sie? sehr wenig. Er darf von der ihm vorgeschriebenen Richtung nicht abgehen, nie nach seinem eigenen Ermessen handeln, und fände er es noch so sehr durch die Umstände geboten. Derselbe Weg wird zur selben Stunde gemacht – nicht immer von denselben Leuten zwar – zur selben Stunde trifft man da und dort ein und bleibt so lange als vorgeschrieben. Dies alles hat sich der Schwärzer bald gemerkt und läßt sich selten erwischen.
So um nichts und wieder nichts sich abmühen zu müssen, die

E. T. Compton, Garnerasee.
Aquarell und Deckweiß auf Karton, ohne Jahr.

Gesundheit zu ruinieren, wurmt die beiden Burschen. Dem Dunkelhaarigen zumal, der mehr zum Grübeln geneigt, geht es nahe. «Lieber im Zuchthaus sitzen, als in die Länge solch ein Leben zu führen!» rief er voll Unmuts aus, als wir einen Moment allein waren. Das einzige, was sie im österreichischen Staatshaushalt zu loben finden, ist der Tabak – ihr Tröster und Zeitvertreib während der langen Stunden, die sie müßig umherlungern. Wie der Soldat, bekommen sie ihn besser als das Volk, das eine bleischwere, klebrigfeuchte Blättermasse rauchen muß. Ich soll mich nur selbst überzeugen, meint der Blondhaarige, gutmütig das versogene Pfeifchen mir reichend, wie köstlich das Kraut schmecke – wozu ich aber nicht den Mut hatte; Mund und Nase sträubten sich dagegen.

Der Schäfer war unterdes nach Mathon hinabgegangen, wo er Frau und Mutter hat, um Gewürze und Kräuter zur schmackhaften Zubereitung des Lammbratens und auch Steigeisen und das Heuseil zu holen.

Des Wirtes Hund, der sich absolut nicht hinabjagen lassen wollte, wurde von einem Bauern mit Gewalt an einem Strick fortgeschleift. Er sperrte sich mit allen Vieren dagegen und erfüllte mit herzzerreißendem Geheul die Talwände, welche Kundgebungen rührender Anhänglichkeit ihm aber, statt Anerkennung, nur Flüche und eine Tracht Schläge von den mit Scheiten herausstürzenden Sennerinnen und Kühern zuzogen, die ihm, als er ihnen auswich, die Scheiter nachsandten.

Den Grenzwächtern, die längst schon lüstern nach der frisch gemolkenen Milch schielten, gestattete endlich die Sennerin, sich zu erlaben. Dann brachen sie auf, um nach Ischgl zu gehen, eine Entfernung von fast drei Stunden. Es war nach 9 Uhr, der Weg abscheulich vom Regen, die Nacht kalt, mond- und sternenlos; Felsgräte, Wolken und Wald zerflossen in undurchdringlicher Finsternis.

Geschichte der Berge – Geschichte der Bergsteiger Historie und Wissenschaft

Peter Danner
Fritz März
Andreas Hohl
Reinhard Böhm
Udo Dickenberger

Die Säulenbasis des Zeus-Heiligtums auf dem Gipfel des Lykaion-Gebirges.
Alle Fotos zu diesem Beitrag stammen von Dietram Müller.

Die schönsten Sagen des klassischen Altertums

Götter, Heroen und Kaufleute. Das Besteigen der Berge in der Antike. Erstmals in aller Vollständigkeit hier zusammengefaßt von Peter Danner

Wie wir durch archäologische Funde und aus schriftlichen Quellen wissen, steigen bereits seit vielen Jahrtausenden Menschen auf Berge[1]. Es soll hier nun untersucht werden, ob die Menschen in der Antike, also in der Zeit bis zum Ende des weströmischen Reiches im Jahr 476 n. Chr., wie die heutigen Bergsteiger aus Liebe zur Landschaft und Natur oder auf der Suche nach Entspannung, Herausforderung oder nach sich selbst, also dem, was man heute, nicht unbedingt präzisierend, das «alpine Erlebnis» nennt, in die Berge zogen oder ob sie andere Motive dazu bewogen.

Religiöse Gründe

Durch die Vorstellungen von Bergen als Mittelpunkt oder Achse der Welt, als Stützen des Himmels, als göttliche Wesen und als Wohnsitze der Götter oder der Seelen der Verstorbenen spielen die Berge in verschiedenen Religionen eine bedeutende Rolle[2]. Als Orte der Begegnung zwischen Göttern und Menschen und als Plätze der Verehrung von Gottheiten wurden sie seit langer Zeit von Menschen bestiegen.

Die ältesten Spuren religiöser Vorstellungen, die bisher auf Bergen nachgewiesen wurden, stammen aus der Altsteinzeit (vor 8000 v. Chr.). Im 2445 m hoch gelegenen Drachenloch bei Vättis (Kanton Graubünden) in der Schweiz schichteten Jäger, die dort Höhlenbären erlegt hatten, in einer Art Steinregal sieben Bärenschädel auf, die zum Ausgang der Höhle ausgerichtet waren[3]. Obwohl umstritten ist, ob hier ein Opfer an ein höheres Wesen oder eine rituelle Bestattung von Teilen des wichtigsten Beutetieres vorliegt, steht fest, daß der Aufstellung der Tierschädel kultische Vorstellungen zugrunde liegen.

Auch die etwa 40.000 Felszeichnungen am Monte Bego in den französischen Alpen, die in einer Höhe von 2000 bis 2600 m angebracht sind und in die Zeit bis etwa 1500 v. Chr. datiert werden, hatten zumindest zum Teil religiösen Charakter, wie die Darstellungen von Tänzen und Ritualen zeigen[4].

In der ersten Hälfte des 2. Jahrtausends v. Chr. wurden in Kreta auf mehreren Berggipfeln Heiligtümer eingerichtet[5]. Sie liegen zumeist in einer Höhe von 350 bis 800 m und waren von der nächsten Siedlung aus in etwa einer Stunde zu erreichen. Der höchste bekannte Kultplatz befindet sich in einer Höhe von 1231 m. Auf den höchsten Gipfeln Kretas sind jedoch keine Heiligtümer nachgewiesen. Auf einem Steingefäß aus Kreta ist ein derartiges Bergheiligtum dargestellt[6]. Auf einem gemauerten Sockel über dem Felsgipfel erhebt sich ein dreigeteilter Tempel. Auf den Altären vor dem Tempel sollten wohl die auf dem Dach des Tempels stehenden Wildziegen geopfert werden.

In der Urnenfelderzeit (etwa 1200–750 v. Chr.) wie in den vorausgehenden und nachfolgenden Jahrhunderten wurden vor allem in den Alpen, Brandopferplätze angelegt[7]. Sie liegen überwiegend auf Bergkuppen und Felsvorsprüngen, aber auch auf hohen Gipfeln. In der Regel bestehen sie aus Schichten von Erde und Holzkohle, aus Tierknochen und Scherben. Vielleicht sind die Steinanhäufungen, Brandschichten und Keramikreste auf dem Gipfel der Königsangerspitze (2439 m) bei Brixen einem solchen Opferplatz zuzuweisen[8].

Auf dem Gipfel des Berges Sinai (Mosesberg, 2285 m) fanden mehrere Begegnungen zwischen Jahwe und Mose statt[9], die in die Zeit um 1250 v. Chr. datiert werden. Mose wurde als erster Alleingänger in der Geschichte des Bergsteigens bezeichnet[10]. Diese Ansicht ist wohl dahingehend zu ändern, daß er der erste namentlich bekannte und in der Literatur bezeugte Alleingänger ist. Die anschließende Besteigung durch Mose, Aaron, Nadab, Abihu und die siebzig Ältesten Israels[11] könnte man als die erste schriftlich belegte große Bergexpedition bezeichnen, und die Besteigung von Mose mit seinem Diener Josua zum Empfang der Gesetzestafeln[12] als den ersten bezeugten Einsatz eines Sherpas.

In Palästina errichteten verschiedene kanaanäische Völker in der ersten Hälfte des 1. Jahrtausends v. Chr. auf Bergen Kultstätten mit Steinmalen und Kultpfählen[13]. Dort wurden Schlachtopfer und Räucheropfer dargebracht, und es wurde kultische Prostitution betrieben. Durch die Übernahme solcher Praktiken[14] erregten die Israeliten mehrmals den Zorn Jahwes[15]. So wurde König Salomo durch seine Frauen – es waren immerhin tausend[16] – zur Verehrung anderer Götter verführt und baute für sie Kulthöhen.[17]

Aber auch für die rechtgläubigen Israeliten waren die Berge Kultorte. Jahwe schickte Abraham auf einen Berg, damit er dort seinen Sohn Isaak opfere[18], und Josua errichtete für Jahwe auf dem Berg Ebal einen Altar aus unbehauenen

Steinen, auf dem Brand- und Schlachtopfer dargebracht wurden[19].
In schriftlichen Quellen des 1. Jahrtausends v. Chr. und aus römischer Zeit sind Altäre oder Heiligtümer auf den höchsten und bekanntesten Gipfeln Griechenlands erwähnt: auf dem Athos (2033 m)[20] auf Chalkidike, auf dem Olymp (2817 m)[21] in Makedonien, auf dem Pelion (1551 m)[22] in Thessalien, auf dem Kithairon (1408 m)[23] und dem Helikon (1748 m)[24] in Böotien und auf dem Lykaion (1420 m)[25] und der Kyllene (2376 m)[26] in Arkadien.
Der Philosoph Sokrates (um 470–399 v. Chr.) soll zur Lage von Heiligtümern gesagt haben: «Für Tempel allerdings und Altäre ... sei ein Ort besonders geeignet, der gut sichtbar, doch schwer zugänglich sei; denn es sei einerseits angenehm, sie beim Beten zu sehen, andererseits sei es aber auch angenehm, unbefleckt dahin zu gelangen»[27].
Der griechische Schriftsteller Pausanias (2. Jhdt. n. Chr.) beschrieb das Heiligtum auf dem Lykaion, von dem Überreste erhalten sind[28]: «Auf dem obersten Gipfel des Berges befindet sich eine Erdaufschüttung, der Altar des Zeus Lykaios ... Vor dem Altar stehen zwei Säulen gegen Sonnenaufgang, und auf ihnen waren früher einmal vergoldete Adler angebracht gewesen.»[29]
Am Olymp wurden 100 m unterhalb des Gipfels Reste einer Kultstätte aus hellenistischer Zeit (323–30 v. Chr.) gefunden[30]. Auch auf dem Pelion[31] und dem Oros auf der Insel Ägina (534 m)[32] wurden Heiligtümer ausgegraben. Im Zeusheiligtum auf Ägina befand sich auch eine Herberge für Pilger.
Die meisten Kultstätten auf Bergen waren Zeus geweiht, der viele Beinamen hatte, die auf Berge Bezug nehmen[33]. Außerdem wurden Helios, Artemis, Dionysos, Demeter, Pan, Apollon und Kybele auf Bergen verehrt[34].
In mehreren Fällen sind wir über die Kulthandlungen genauer unterrichtet. Auf der Oite (2158 m) in Thessalien fanden Feuerfeste statt, die daran erinnerten, daß Herakles sich an dieser Stelle auf einem Scheiterhaufen verbrannte und dann unter die Götter aufgenommen wurde[35]. Auf dem Gipfel des Pelion versammelten sich einmal im Jahr Jünglinge, die sich wegen der Kälte in Schaffelle hüllten, um einen Regenzauber durchzuführen[36]. Beim Fest der Daidala wurden Holzidole auf Wägen zum Gipfel des Kithairon gefahren. Dort wurden sie auf einem aus Holz gebauten Altar zusammen mit einem dem Zeus geweihten Stier und einer der Hera geweihten Kuh verbrannt[37]. Am Lykaion wurden dem Zeus Menschenopfer dargebracht[38]. Dagegen mußten die zum Opfer bestimmten Leute, die auf der Insel Leukas von einer Klippe ins Meer gestoßen wurden[39], vor ihrem Tod keine anstrengende Bergtour unternehmen.
Religiöse Riten wurden aber nicht nur auf Berggipfeln vollzogen. Zu Ehren Apollons tanzten und sangen Mädchen aus Delphi um einen hohen Felsen des Parnassos[40]. Die Thyaden, Anhängerinnen des Gottes Dionysos aus Delphi und Athen, veranstalteten auf dem gleichen Berg alle zwei Jahre im Winter ein Fest[41]. Einmal wurden sie, wie der Schriftsteller Plutarch (46–120 n. Chr.) berichtete, von einem Schneesturm überrascht und dann im ersten überlieferten Bergrettungseinsatz geborgen[42]. Ihre Gewänder waren angeblich so steif gefroren, daß sie beim Öffnen zersplitterten. Auch auf anderen Bergen gaben sich Mänaden, das sind ebenfalls Verehrerinnen des Dionysos, in der Nacht bei Fackellicht und dem Klang der Handtrommeln und Flöten ekstatischen Tänzen hin[43].
Bei den Persern waren Berggipfel ebenfalls Orte des Kultes. Griechischen Autoren zufolge opferten sie auf Bergen Zeus[44], der offenbar mit Zarathustra gleichgesetzt wurde. Über Zarathustra berichtete Dion Chrysostomos (2.–3. Jhdt. n. Chr.): «Wie die Perser erzählen, habe er sich aus Liebe zur Weisheit und Gerechtigkeit von den Menschen zurückgezogen und auf einem Berge für sich allein gelebt. Da sei viel Feuer vom Himmel gefallen und habe den Berg in Flammen gesetzt, und unaufhörlich habe er gebrannt. Der König mit den vornehmen Persern habe sich nun genähert, um zu dem Gott zu beten. Da sei Zoroaster unversehrt aus dem Feuer zu ihnen getreten, habe sich ihnen gnädig gezeigt und ihnen geboten, getrost zu sein und Opfer darzubringen, da der Gott an dieser Stätte erschienen sei.»[45] Auf dem Tmolos (Boz Dag, 2157 m) im Westen Kleinasiens, der ihnen ein heiliger Berg war, errichteten die Perser eine Aussichtswarte[46].
Auch in Italien sind viele Heiligtümer auf Bergen bekannt. An der Westspitze Siziliens ragt der Eryx (Monte San Giuliano) 751 m hoch auf. Er beherbergte einst das berühmte Heiligtum der Venus[47], das wahrscheinlich auf einen phönikischen Kult zurückgeht, wie vor allem die Tempelprostitution zeigt. Diese war wohl auch in stärkerem Ausmaß als die Verehrung der Venus als Stammutter der Römer die Ursache für die Beliebtheit des Heiligtums in römischer Zeit.
Die Latiner errichteten auf dem Mons Albanus (Monte Cavo, 954 m) südlich von Rom ihr Bundesheiligtum, das Juppiter Latiaris geweiht war[48]. In Terracina wird der Gipfel des ca. 220 m hohen Monte S. Angelo von einem aus mehreren Gebäuden bestehenden Heiligtum der Venus eingenommen[49]. Eigenartige religiöse Riten vollzogen einige Familien auf dem Gipfel des Soracte (691 m) nördlich von Rom: «Diese gehen bei dem jährlichen Opfer, welches am Berg Soracte dem Apollon dargebracht wird, über einen brennenden Holzstoß, ohne sich verbrennen.»[50]
Auch außerhalb Italiens sind in vielen Teilen des römischen Reiches zahlreiche Kultstätten auf Bergen bekannt. Ein prominenter Besteiger eines höheren Berges in religiösen Absicht war der Kaiser Julian, der im Jahr 363 n. Chr. «am vorausbestimmten Festtage» den Kasios (Tiyaret Dag, Djebel al-Aqra, 1739 m) in Syrien bestieg und dort dem Juppiter opferte[51]. Im heutigen Österreich wurden von den Kelten Tempel auf Bergen gebaut, z. B. am Gipfel des Magdalensberges (1056

Blick von Westen auf die Gipfelregion des Parnass.

m)[52]. Auf dem Hemmaberg in Kärnten (840 m) wurde an einem keltischen und römischen Kultplatz seit 400 n. Chr. ein großes christliches Pilgerheiligtum mit fünf Kirchen und einem Pilgerhaus errichtet[53].
Auf vielen Bergen gab es eine Abfolge verschiedener Kulte, die häufig bis in die Gegenwart reicht. Auf dem Karmel (551 m) in Palästina gab es ein Höhenheiligtum der Israeliten, das später zerstört und in einen Kultplatz des Baal verwandelt wurde. Elia besiegte schließlich die Priester des Baal und baute den Altar für Jahwe wieder auf[54]. Im 6. Jhdt. v. Chr. soll sich hier der Philosoph Pythagoras mehrere Male in einem Heiligtum aufgehalten haben[55]. Einer Quelle des 4. Jhdts. v. Chr. zufolge[56] war der Berg Zeus heilig. Im 1. Jhdt. n. Chr. opferte hier der römische Kaiser Vespasian (9–79 n. Chr.) dem Berggott Karmel[57]. Schließlich wurde hier eine christliche Kirche gebaut.
Für Jesus Christus waren Berge Orte der Verkündigung[58], der Erscheinung[59], wegen der Aussicht auf die Reiche der Erde auch der Versuchung[60], des Gebetes[61] und schließlich des Todes[62].
Der heilige Valerius (4. Jhdt. n. Chr.), der erste Bischof von Couserans, bestieg der Legende nach den nach ihm benannten Mont Valier (2839 m) in den Pyrenäen und errichtete auf dem Gipfel ein Steinkreuz[63].
In der Spätantike wandelten Wallfahrer auf den Spuren von Mose und anderen biblischen Gestalten. Die aus Gallien oder Spanien stammende Pilgerin Aetheria stieg im späten 4. oder frühen 5. Jhdt. n. Chr. auf den Gipfel des Berges Sinai (2285 m) und auf den Berg Nebo (810 m)[64], von dem aus Mose in das Gelobte Land geblickt haben soll. Die heilige Paula (gest. 404 n. Chr.) bestieg in Palästina den Berg Tabor (560 m), der als Ort der Verklärung Jesu angesehen wurde[65]. Viele Christen brachen zu Berggipfeln auf, um Mönche zu besuchen, die dort als Einsiedler oder in klösterlichen Gemeinschaften wohnten[66].
Die Überquerung hoher Gebirge wagten bereits in früher Zeit buddhistische Mönche auf ihren Missionsreisen. Sie stießen im 3. Jhdt. v. Chr. ins Himalaya-Gebiet vor, und im 4. Jhdt. n. Chr. sind Reisen von Indien durch Mittelasien nach China bezeugt[67].
Angeblich bestiegen nicht nur fromme Gläubige aus religiösen Gründen Berge. Diogenes Laertios (3. Jhdt. n. Chr.) überlieferte eine an den Tod des Herakles auf dem Berg Oite erinnernde Version des Todes des Philosophen Empedokles (494–434 v. Chr.) auf dem Ätna (3323 m), einem heute noch aktiven Vulkan in Sizilien: «Er sei, nachdem er sich erhoben, in der Richtung auf den Ätna zu gewandert und, bei den Feuerschlünden angelangt, sei er hineingesprungen und verschwunden, in der Absicht, den über ihn verbreiteten Glauben, er sei zum Gott geworden, zu bestärken; weiterhin aber sei die Wahrheit zutage gekommen, als eine seiner Sandalen aus dem Krater herausgeschleudert wurde; denn er pflegte eherne zu tragen.»[68]

Wirtschaftliche Gründe

Seit grauer Vorzeit wurden die Paßübergänge in Gebirgen von Händlern benützt. In den Alpen befanden sich darunter auch Pässe von über 3000 m Höhe. So wurde eine am Fuße des Matterhorns in 2600 m Höhe gelegene Terrasse, die von einem Felsen überdacht ist und Funde der Zeit zwischen 7900 und 1500 v. Chr. enthielt, wahrscheinlich von Händlern, die vom Aostatal über den Theodulpaß (3301 m) ins Wallis zogen, als Biwakplatz verwendet. Seit der Jungsteinzeit (ab ca. 5000 v. Chr.) belegen Importwaren in der Schweiz einen regen Handel mit dem Süden.
Im Zuge wirtschaftlicher Tätigkeit drangen Menschen in vorgeschichtlicher Zeit vereinzelt bis in die Gipfelregion vor, wie Funde eines jungsteinzeitlichen Steinbeils (3000–1800 v. Chr.) unter dem Gipfel des Monte Generoso (1700 m) im Tessin, eine bronzezeitliche Speerspitze (1800–800 v. Chr.) am Riffelhorn (2927 m) im Wallis und latènezeitliche Speerspitzen (400 v. Chr.–0) am Piz Tschütta (3254 m) und am Sassal Masòn (3031 m) in Graubünden zeigen[69].
Der griechische Geograph Strabon (63 v. Chr.–19 n. Chr.) berichtete von Gipfelbesteigungen der Bevölkerung im Kaukasus, die offenbar ebenfalls aus wirtschaftlichen Beweggründen erfolgten[70].
Die Ursache für die Aufenthalte im Bereich der Gipfel war in

den meisten Fällen wohl die Jagd[71]. Bei den Griechen standen hiebei nicht der Gewinn der Beute oder das Vergnügen im Vordergrund, sondern die erzieherische Aufgabe[72]. Die jungen Leute sollten dadurch die Fähigkeit zur Ausdauer, zur Selbstbeherrschung, zur Abhärtung und zum Leiden erlangen und so auf den Kriegsdienst vorbereitet werden. Oppian (um 200 n. Chr.) hob hervor, daß es ein Vergnügen sei, bei der Jagd inmitten der Felsen zu rasten[73].

Auch auf der Suche nach Heilkräutern[74] und nach Edelsteinen[75] mußten große Höhen erklommen werden. Darüber hinaus wurden die Berge von Hirten[76], Goldwäschern und Goldgräbern[77], Steinbrucharbeitern[78], Bergleuten[79], Holzfällern[80], Köhlern[81], Imkern[82] und von jenen aufgesucht, die Schnee und Eis zur Herstellung von erfrischenden Getränken beschafften[83]. Einer wenig zuverlässigen Quelle zufolge waren der Tmolos in Kleinasien und der Berg Nysa in Indien bis zum Gipfel landwirtschaftlich genutzt[84].

Der römische Schriftsteller Plinius der Ältere (23–79 n. Chr.) stellte zur Erschließung der Berge aus wirtschaftlichen Gründen fest: «Wir durchhauen diese Berge und schleppen sie fort aus keinem anderen Grund als um des Vergnügens willen, wo es doch schon staunenswert war, daß man sie überstieg. Nahezu als ein Wunder betrachteten es unsere Vorfahren, daß die Alpen von Hannibal und später von den Kimbern überwunden wurden: Jetzt zerschlägt man diese Berge selbst zu tausenderlei Arten von Marmorblöcken. Vorgebirge werden für das Meer geöffnet, und die Natur wird eingeebnet; wir entfernen das, was zur Trennung der Völker als Grenze errichtet war, und wegen des Marmors baut man Schiffe; durch die Fluten, den wildesten Teil der Natur, schafft man Felsgipfel von hier nach dort, was immer noch größere Nachsicht verdient, als wenn man bis zu den Wolken emporsteigt auf der Suche nach einem Gefäß, um Getränke kühl zu halten, und wenn man die am Himmel nächsten stehenden Felsen aushöhlt, um aus Eis trinken zu können.»[85]

Mehrmals überschritten ganze Stämme und Völker auf der Suche nach neuem Lebens- und Wirtschaftsraum die Alpen. Die erste Alpenüberquerung der Kelten wurde vom römischen Historiker Livius (59 v. Chr.–17 n. Chr.) in die Zeit des römischen Königs Tarquinius Priscus datiert (um 600 v. Chr.)[86], was aber von der heutigen Forschung nicht als zuverlässig angesehen wird[87]. Dagegen ist der Vorstoß der Kelten über die Alpen in die Poebene am Beginn des 4. Jhdts. bezeugt. Die Ursachen dieser Wanderungen sind zum Teil von Legenden umrankt. Während Livius die Überbevölkerung als Auslöser angab[88], verließ einer Tradition zufolge[89] der Etrusker Arruns aus Clusium (Chiusi) seine Heimat, nachdem sein Ziehsohn Lucumo seine bis dahin treue Frau verführt hatte, und trieb Handel mit den Kelten. Diese hatten großes Verlangen nach Wein, Öl und Früchten, die sie so kennenlernten, und wurden von Arruns zur Übersiedlung nach Italien angeregt. Eine ähnliche Version findet sich bei Plinius: «Man erzählt, daß Gallien, durch den damals als unüberwindlich geltenden Schutzwall der Alpen zurückgehalten, zuerst zum Anlaß genommen habe, Italien zu überfluten, daß Helico, einer der Landsleute aus Helvetien, der sich in Rom (zur Ausübung) der Bildhauerei aufgehalten hatte, bei seiner Heimkehr eine trockene Feige und eine Traube, sowie Proben von Öl und Wein mitbrachte. Deswegen mag man entschuldigen, daß man diese Erzeugnisse sogar durch Krieg sich zu verschaffen suchte.»[90]

Nach den Kelten überschritten mehrmals germanische Stämme die Alpen, zunächst die Kimbern und Teutonen in der Zeit zwischen 113 und 102 v. Chr.[91]

Militärische Gründe

Im Zuge militärischer Unternehmungen wurden Berge zur Überquerung von Gebirgen, zum Bau, zur Verteidigung und zur Erstürmung von Festungen, beim Rückzug oder bei der Flucht vor Feinden, zum Zwecke der Erkundung und zur Nachrichtenübermittlung bestiegen.

Über die Kriegszüge der Assyrer und Perser nach Indien, bei denen hohe Gebirge überschritten werden mußten, gibt es keine genauen Nachrichten[92]. Besser unterrichtet sind wir über den Zug der Zehntausend, der griechischen Söldner, die im Jahr 401 v. Chr. Kyros den Jüngeren im Kampf gegen seinen Bruder, den persischen König Artaxerxes II., unterstützten, weil der Schriftsteller und Geschichtsschreiber Xenophon daran teilnahm[93]. Die Truppen zogen durch die Gebirge des südlichen Kleinasien nach Mesopotamien und wurden nach dem Tod des Kyros in der für ihn siegreichen Schlacht von Kunaxa von Xenophon entlang des Tigris und dann durch die Berge Armeniens zum Schwarzen Meer geführt.

König Philipp II. von Makedonien überquerte im Jahr 338 v. Chr. mit seinem Heer vor der Schlacht von Chaironea den Parnassos[94]. Sein Sohn Alexander der Große ließ, als er im Jahr 336 v. Chr. von Osten nach Thessalien marschierte, einen neuen Weg anlegen, um die von seinen Gegnern besetzten Pässe zu umgehen[95]. Im folgenden Jahr überschritt er den Balkan[96]. Schließlich überquerte er auf seinem Zug nach Asien (334–323 v. Chr.), der ihn bis nach Indien führte, zahlreiche Gebirge. Im Hindukusch stieg das Heer zweimal über Pässe, die höher als 3500 m waren[97].

Die Alpen wurden der Tradition zufolge zuerst von Herakles, dem Sohn des Zeus und der Alkmene, überquert. Er soll die Route über die Alpenpässe erst für den Übergang von Heeren eingerichtet haben[98], was dann die historisch bezeugten Überschreitungen durch die Kelten, Karthager und Germanen sowie – in entgegengesetzter Richtung – durch die Römer ermöglichte.

Die Kelten zogen am Beginn des 4. Jhdts. v. Chr. über die Alpen in die Poebene[99]. Sie setzten ihren Weg über den Apennin fort und erschienen 387 v. Chr. in Rom, wo sie angeblich nur durch das Schreien der Gänse, die der Göttin Juno heilig waren, von der Erstürmung des Kapitols abgehalten werden konnten[100].

Noch spektakulärer war der Zug der Karthager unter Hannibal, der im November 218 v. Chr. mit 50.000 Fußsoldaten, 9000 Reitern[101] und 37 Elephanten[102] vom Rhônetal in die Alpen aufbrach. Nach verlustreichen Kämpfen mit feindlichen Bewohnern überschritt das Heer unter vielen Entbehrungen durch das unwegsame Gelände und durch Schnee und Eis in vierzehn Tagen die Alpen und gelangte in die Poebene[103]. Nur 20.000 Fußsoldaten und 6000 Reiter sollen den Marsch überlebt haben[104]. Bereits elf Jahre später zog wieder ein karthagisches Heer, dieses Mal unter der Leitung von Hannibals Bruder Hasdrubal, über die Alpen nach Italien[105].

Im 2. Jhdt. v. Chr. stießen die Römer wiederholt in den Alpenraum vor, so 143 v. Chr. in das Gebiet der Salasser[106]. Die Kimbern und Teutonen überquerten am Ende des 2. Jhdts. v. Chr. die Alpen mit Wägen[107]. Der römische Feldherr Pompeius gelangte 77 v. Chr. auf seinem Zug nach Spanien – wie er betonte, auf einer besseren Route als Hannibal – vermutlich über den Mont Genèvre nach Gallien[108]. Cäsar zog 58 v. Chr. bei seinem Feldzug gegen die Gallier über den Großen St. Bernhard[109]. Um 15 v. Chr. wurde schließlich der ganze Ostalpenraum durch die Römer unter Tiberius und Drusus erobert[110]. Im Winter 458/459 n. Chr. überschritt ein römisches Heer unter dem Kaiser Maiorianus auf dem Weg nach Gallien die Alpen[111].

In Asien wurden nach Alexander dem Großen mehrmals Gebirge aus militärischen Gründen überquert. Antiochos III. der Große, der König des Seleukidenreiches, gelangte im Jahr 206 v. Chr. über den Hindukusch nach Indien[112]. Mithridates VI., der König von Pontus (Kleinasien), überschritt vor 100 v. Chr. den Kaukasos, und die römischen Feldherren Lukullus und Pompeius überquerten wenige Jahrzehnte später bei ihren Feldzügen gegen Mithridates Gebirge in Armenien, letzterer auch den Kaukasos[113]. Im Jahr 41 n. Chr. stieg Suetonius Paulinus über den Atlas im heutigen Marokko[114].

Wegen der guten Verteidigungsmöglichkeit wurden auf Berggipfeln Festungen angelegt. Besondere Anforderungen an das bergsteigerische Können stellte die Erstürmung der Bergfestung Sogdiana in Asien im Jahr 327 v. Chr. durch Alexander den Großen[115]. Dieser versprach jedem, der den Felsen erstieg, ein Geldgeschenk[116]. «So wurden Leute mit Übung im Bergsteigen bei Belagerung zusammengestellt, etwa 300 an der Zahl. Diese richteten kleine eiserne Pfähle, wie man sie sonst zur Befestigung der Zelte verwendete, her, um sie in den Schnee zu rammen … Indem man sie durch starke Leinenseile verband, begann man in der Nacht an der steilsten und deshalb am wenigsten bewachten Stelle mit dem Aufstieg, trieb, wo solcher zu sehen war, eiserne Bolzen in den Boden oder aber in den Schnee, wo dieser am wenigsten zu zerfallen drohte, und zog sich so, jeder an einer anderen Stelle den Felsen hinauf.»[117] Zur Eroberung der Festung auf dem «Fels des Chorienes» mußten die Soldaten Alexanders mit Leitern in eine Schlucht hinabsteigen. Dann schlugen sie an der steilsten Stelle des Felsens Bolzen in die Wand und befestigten dort einen Belag von Flechtwerk aus Reisig, den sie mit Erde bedeckten. Angesichts dieser Aktivitäten ergaben sich die Verteidiger[118].

Bei der Erstürmung der Festung Iliturgi in Spanien durch P. Cornelius Scipio während des 2. Punischen Krieges im Jahr 215 v. Chr. wurden Eisennägel als Hilfsmittel zum Klettern verwendet. Hier wurden für den Angriff wegen ihrer geübten Körper afrikanische Überläufer eingesetzt[119].

Zwischen 107 und 105 v. Chr. wurde im Krieg gegen den numidischen König Jugurtha von den Römern unter dem Feldherrn Marius eine Festung in Numidien (Nordafrika) eingenommen[120]. Ein Ligurer erkundete das felsige Gelände und führte dann die Soldaten den Berg hinauf. Dabei band er Seile um Felsen und Wurzeln, an denen sich die Soldaten hinaufzogen.

Antiochos III. eroberte 218 v. Chr. in Palästina die auf dem Berg Tabor (560 m) errichtete Stadt Atabyrion[121]. Sie wurde im 1. Jhdt. n. Chr. mit einer Mauer umgeben und konnte von den Römern unter Placidus im Jahr 67 n. Chr. nicht eingenommen werden[122]. Auf dem Masada genannten Felsen in der Nähe des Toten Meeres wurden im 2. und 1. Jhdt. v. Chr. unter dem Makkabäer Jonathan und unter dem König Herodes Festungen angelegt[123]. Als die Römer sie 73 n. Chr. belagerten, töteten einander die eingeschlossenen Juden gegenseitig, um den Eroberern nicht lebendig in die Hände zu fallen[124].

Berge wurden wiederholt als Rückzugs- und Fluchtorte aufgesucht. Nachdem sie den assyrischen König Sanherib im Jahr 681 v. Chr. ermordet hatten, mußten seine Söhne Adrammelech und Sarezer «in das Land Ararat», also in die Gegend um den Berg Ararat, fliehen[125].

Während des 1. Heiligen Krieges im Jahr 590 v. Chr. zogen die Reste der Bewohner des belagerten Krisa (bei Delphi in Griechenland) und der umliegenden Ortschaften auf den Parnassos und hielten sich dort sechs Jahre[126]. Nach der Schlacht bei den Thermopylen im Jahr 480 v. Chr. flüchteten die Phoker vor den Persern auf eine Anhöhe des Parnassos oberhalb von Tithorea[127], die sich für die Aufnahme einer größeren Menschenmenge eignete[128]. Die Einwohner Delphis flohen dann auf die Gipfel dieses Gebirges (Hauptgipfel 2457 m, Westgipfel 1644 m) und zur Korykischen Höhle (1360 m)[129].

Auf der Rückkehr von Mesopotamien im Jahr 401/400 v. Chr. eroberten die Zehntausend von den Karduchen besetzte Berggipfel, von denen aus sie mit Steinen beworfen wurden[130]. Während des Krieges im Balkangebirge im Jahr 335 v. Chr. hielten die Thraker die Berggipfel besetzt, um von dort

Karren auf die anstürmenden Griechen herunterrollen zu lassen[131]. In Asien setzte das Heer Alexanders des Großen wenige Jahre später den Feinden bis in die höchsten Berge nach[132]. Bei der Erstürmung des Aornos in Indien, auf den sich die einheimische Bevölkerung geflüchtet hatte, ließ Alexander einen Damm errichten, damit die Soldaten zum Felsen gelangen konnten[133].

Ein römisches Heer unter Hortensius wehrte 86/85 v. Chr. auf dem bereits erwähnten Felsen oberhalb von Tithorea die angreifenden Griechen ab.

Nach der Flucht aus einer Gladiatorenschule in Capua im Jahr 73 v. Chr. zogen sich Spartacus und etwa siebzig Kameraden auf den Gipfel des Vesuv (1303 m) zurück[134]. Plutarch berichtete: «Als darauf der Praetor Clodius mit dreitausend Mann von Rom gegen sie geschickt wurde und sie auf einem Berge belagerte, der nur einen schwierigen und schmalen Abstieg hatte, welchen Clodius besetzt hielt, auf allen anderen Seiten steile Felsabstürze, aber oben von vielen wilden Weinstöcken bewachsen war, schnitten sie die brauchbaren Weinranken ab und flochten daraus haltbare Leitern, so lang, daß sie, oben an der Spitze des Felsens befestigt, bis zum Boden hinabreichten. Auf diesen Leitern stiegen sie sicher hinab ... Die Römer bemerkten nichts davon. Daher umgingen die Sklaven sie und erschreckten sie durch ihren plötzlichen Angriff, schlugen sie in die Flucht und eroberten ihr Lager.»[135]

Im Jahr 55 v. Chr. schlossen die Juden unter Alexander ein römisches Heer, von dem sie später beim Berg Tabor vernichtend geschlagen wurden, auf dem Berg Garizim (870 m) ein[136].

Zu einer Erkundung bestieg im Jahr 181 v. Chr. König Philipp V. von Makedonien anläßlich eines Feldzuges einen Gipfel des Balkan-Gebirges (über 2000 m), wie Livius berichtet: «Ihn hatte die Begierde gepackt, auf den Gipfel des Haimos-Gebirges zu steigen, weil er der allgemein verbreiteten Ansicht Glauben geschenkt hatte, das Schwarze Meer, das Adriatische Meer, der Hister und die Alpen könnten gleichzeitig von dort erblickt werden. Wenn dies sich vor seinen Augen ausbreitete, hätte es für ihn nicht geringe Bedeutung für seinen Kriegsplan gegen Rom.»[137] Nach einem Weg von sieben Tagen bis zum Fuß des Gebirges und einem Anstieg von drei Tagen bis zum Gipfel mußte Philipp V. feststellen, daß das Gerücht falsch war[138].

Schließlich wurden Bergspitzen von Soldaten zum Empfang und zur Weitergabe von Signalen bestiegen[139]. Vor allem wurde auf diese Weise die Ankunft eines Feindes mitgeteilt. Seit dem 5. Jhdt. v. Chr. sind bei den Griechen[140] und Karduchen[141] Feuerzeichen zu militärischen Zwecken bezeugt[142]. Die Perser ließen sich in der Schlacht bei Marathon (480 v. Chr.) mit einem Schild, der offenbar die Sonnenstrahlen reflektierte, ein Signal geben[143]. Während der Ereignisse des Jahres 317 v. Chr. erhielten Perser, die dreißig Tagesreisen entfernt waren, an einem Tag die Befehle, die durch an hohen und nahe aneinander gelegenen Posten stationierte Leute mit lauter Stimme weitergegeben wurden[144]. Auch die Römer verwendeten Berge, um Signale zu senden und zu empfangen[145].

Eine andere Art von Signal verwendete M. Porcius Cato im Jahr 191 v. Chr. bei den Thermopylen in Griechenland. Er stieg mit Lucius Manlius, einem tüchtigen Bergsteiger, auf weithin sichtbare Klippen und errichtete dort Merkzeichen, nach denen sich am nächsten Tag das Heer orientierte[146].

Wissenschaftliche Gründe

Für die Funktion der Berge gab es folgende geologische Erklärung: «Die Berge hatte die Natur für sich selbst gemacht, als eine Art von Fugendichtung, um das Innere der Erde zusammenzuhalten und zugleich den Ansturm der Flüsse zu zähmen, die Fluten zu brechen und so die am wenigsten in Ruhe verharrenden Teile durch ihre härteste Materie in Schranken zu halten.»[147]

Der griechische Philosoph und Geograph Dikaiarchos (4.–3. Jhdt. v. Chr.), ein Schüler des Aristoteles und Theophrast, maß die Höhe von griechischen Bergen[148]. Für den höchsten Berg Griechenlands hielt er den Pelion in Thessalien, als dessen Höhe er 1250 Schritte in senkrechter Richtung (= 1850 m) ermittelte[149]. Tatsächlich ist er 1618 m hoch und deutlich niedriger als der Olymp (2917 m). Dessen Höhe maß der Mathematiker und Geograph Xenagoras (3.–2. Jhdt. v. Chr.) von der 900 m hoch gelegenen Paßhöhe westlich des Olymp-Massivs aus mit 10 Stadien und 96 Fuß[150] (1787 m[151]), was der tatsächlichen Höhe (2813 m) sehr nahe kommt. Weniger exakt wurde die Höhe des Haimos (Balkan, 2376 m) mit 6 Meilen (9000 m)[152] bestimmt.

Sehr vage sind die Angaben des Polybios über die Größe der Alpen: «Um die Größe und die Höhe der Alpen zu veranschaulichen, zieht derselbe Autor (Polybios) die größten griechischen Berge zum Vergleich heran ... Alle diese Gebirge könnten von einem rüstigen Fußgänger fast in einem einzigen Tag erstiegen und in der gleichen Zeit umschritten werden, bei den Alpen dagegen reichten nicht einmal fünf Tage für die Ersteigung aus. Die Länge, am Rand der Poebene gemessen, betrage zweitausendzweihundert Stadien.»[153] Die angegebene Länge von umgerechnet 389,4 km ist viel zu gering, die von Strabon überlieferte Höhe von 100 Stadien (= 17.700 m)[154] dagegen viel zu hoch. Plinius berichtete über die Alpengipfel, daß sie «in langer Ausdehnung von nicht weniger als 50.000 Schritten aufragen.»[155] Dieser Wert entspricht 74.000 m. Nicht ganz zutreffend ist auch der Höhenvergleich mit dem Kaukasos (5633 m)[156]. Als höchster Berg der Alpen wurde der Vesulus (Monte Viso, 3841 m) angesehen[157].

Geographen überschritten Gebirge zur Längenbestimmung der Erde, wie sie etwa Artemidoros von Ephesos (um 100 v.

Die Gipfelregion des Olymp, von der Agapitos-Hütte aus gesehen.

Chr.) durchführte[158], und bestiegen Berge als Grundlage für Beschreibungen der Erde[159]. So geht aus dem Text Strabons (um 63 v. Chr.–19 n. Chr.)[160] über den Vesuv (1303 m) hervor, daß entweder er selbst, ein Gewährsmann oder der Verfasser einer älteren Quelle, vielleicht Poseidonios (um 135–51/50 v. Chr.), den Gipfel aus der Nähe gesehen hat.

Über Berge, die sie nicht bestiegen hatten, verbreiteten Geographen zahlreiche Irrtümer. So wurde behauptet, daß vom Gipfel des Haimos[161] und des Argaios[162] in Kappadokien (Erciyes Dag, 3917 m) aus zwei Meere gesehen werden könnten. Die Angabe über den Argaios beruht auf einer falschen Einschätzung des Abstandes zwischen dem Schwarzen Meer und dem Mittelmeer[163].

Die vulkanische Tätigkeit erregte das besondere Interesse der Naturforscher. Das lateinische Lehrgedicht *Aetna* aus dem 1. Jhdt. n. Chr. behandelt in 646 Versen die Theorie des Vulkanismus. Leute, die den Ätna in Sizilien bestiegen hatten, gaben Strabon einen detaillierten Bericht vom Aussehen des Kraters[164].

Vorstellungen über meteorologische Erscheinungen zeigen, daß nicht alle Berge betreffenden Beobachtungen auf Augenschein beruhten. Weit verbreitet war die Ansicht, daß hohe Gipfel, so die Kyllene[165], der Olymp[166], der Athos[167], die Ida[168] in Kleinasien und der Atabyrion[169] auf Rhodos, nicht von Wind und Regen berührt wurden: «So finden z. B. die, welche auf das Kyllenegebirge ... hinaufziehen, um dem auf dem Gipfel verehrten Hermes zu opfern, wenn sie nach Jahresfrist wieder hinaufkommen, um ihre Opfer darzubringen, Opferfleisch und die von dem Brandopfer herrührende Asche in genau demselben Zustande, in welchem sie diese Gegenstände verlassen hatten, und weder durch Wind noch Regen verändert, weil alle Wolkenbildung und das Auftreten von Winden nur unterhalb des Gipfels des Berges stattfindet.»[170] Vom Atlas (4167 m) wurde behauptet, daß die Wolken nie von seinen Gipfeln weichen[171].

Richtig beobachtet wurde, daß der Atlas[172] und der Argaios[173] von ewigem Schnee bedeckt sind.

Besonderes Interesse fanden der Sonnenauf- und -untergang. Es wurde festgestellt, daß am Gipfel des Athos[174] und der Ida[175] die Sonne früher aufgeht als an der Küste. Vom Ätna wurde berichtet, daß die Sonne beim Aufgang in den Farben des Regenbogens schillere[176], und von der Ida, daß die Sonne in mehreren Feuern entlang des Horizonts aufgehe, die sich schließlich vereinigen[177].

Ein erstaunliches Phänomen wurde in Afrika beobachtet: «In der Provinz Kyrenaika soll ein dem Südwind geheiligter Felsen stehen, den keine menschliche Hand berühren darf, da dann sofort der Südwind die Sandmassen aufwirbeln würde.»[178]

Auch Botaniker stiegen in die Berge. Plinius erwähnte Forscher aus früheren Generationen, die auf der Suche nach Heilkräutern auch unwegsame Berggipfel aufsuchten[179]. Wohl ins Reich der Sage gehört dagegen die chinesische Erzählung über Liu Ch'en, der in der Mitte des 1. Jhdts. im Berg der Himmelsterrasse nach Kräutern des ewigen Lebens suchte, sich dabei verirrte und erst heimkehrte, nachdem sieben Generationen dahingegangen waren[180].

Schließlich wurden Berge zur Beobachtung des Himmels bestiegen[181]. Thales von Milet (6. Jhdt. v. Chr.) soll den Himmel vom Mykale (Samsun Dag, Dilek, 1237 m) aus beobachtet haben, Anaxagoras von Klazomenai (5. Jhdt. v. Chr.) vom Mimas (Ak Dag, 1212 m) in Ionien aus[182]. Auch der Pangaion (1956 m) in Makedonien und der Athos (2033 m) wurden angeblich zu diesem Zweck bestiegen[183]. Eudoxos (4. Jhdt. v. Chr.) soll auf der Spitze eines hohen Berges alt geworden sein, während er die Bahnen der Sterne verfolgte[184].

Ferner wurden zu einem Vergleich Leute herangezogen, die sich, als sie zur Beobachtung der Phänomene des Himmels auf einen Berg kletterten, in den Felsen verstiegen und weder vor noch zurück gehen konnten[185].

Der Historiker Polybios behauptete, in die Alpen gereist zu

sein, um die Berichte über den Alpenübergang Hannibals zu überprüfen[186]. Wegen seiner ungenauen topographischen Angaben wurde jedoch bezweifelt, daß er tatsächlich die Alpen überquert hatte[187].
Anthropologen beschäftigten sich mit der Natur der Gebirgsbewohner. Von mehreren Autoren wurde die Wildheit der Bergbevölkerung betont[188]. Strabon nannte die Alpenbewohner räuberisch[189]. Sehr drastisch charakterisierte sie der römische Historiker Florus (2. Jhdt. n. Chr.): «Wie groß die Wildheit der Alpenstämme war, läßt sich leicht an ihren Frauen zeigen, die, als die Wurfgeschoße ausgingen, ihre Kinder zuerst auf den Boden und dann den Soldaten ins Gesicht warfen.»[190] Diese Einschätzung der Alpenbewohner entspricht der Vorstellung, daß in der Ebene Zivilisation und Ordnung, in der Höhe dagegen Wildheit und Barbarei herrschten[191]. Man sah einen Zusammenhang zwischen der Umwelt und der Natur der Menschen: «Bei denen, die ein gebirgiges, rauhes, hochgelegenes und gut bewässertes Land bewohnen und wo große Unterschiede im Wechsel der Jahreszeiten bestehen, sind die Gestalten natürlich groß und zum Bestehen von Mühsal und Gefahr gut veranlagt, und Wildheit und Roheit sind solchen Naturen nicht zum wenigsten eigen.»[192]

Juridische Gründe

In der Antike wurde an Tempelschändern die Todesstrafe durch Sturz von einem Felsen vollzogen[193]. Dazu mußten die Henker und der Verurteilte diese Felsen erklimmen. In Delphi verwendete man dazu die Hyampeia (ca. 900 m), den östlichen Felsen der Phaidriaden, die sich über dem Heiligtum des Apollon erheben. Dorthin gelangte man über eine in den Stein gehauene Treppe, die an den Phaidriaden vorbei zur Korykischen Grotte führte[194]. Der Fabeldichter Äsop (6. Jhdt. v. Chr.) soll von der Hyampeia in die Tiefe gestürzt worden sein[195]. 356 v. Chr. klagten die Böoter einige führende Phoker des Religionsfrevels an und wollten sie auf die gleiche Weise töten, was dann aber nicht ausgeführt wurde[196]. Dieser Konflikt löste den 3. Heiligen Krieg aus (356–346 v. Chr.), in dessen Verlauf Philomelos, der General der Phoker, nach einem Gefecht mit den Lokrern bei den Phaidriaden einen Teil der gefangenen Feinde von diesen Felsen stürzen ließ[197].
Über den Tod des Grammatikers Daphitas (3. oder 2. Jhdt. v. Chr.), der den König Attalos von Pergamon und das Orakel von Delphi geschmäht hatte, gibt es verschiedene Legenden. Nach einer Überlieferung wurde er von einem Felsen gestürzt[198], nach einer anderen auf dem Berg Thorax (Gümüs Dag, 1016 m) im Westen Kleinasiens gekreuzigt[199].
Mit weniger Mühe gelangte man zu jener Klippe bei Kourion auf Zypern, von der jene gestoßen wurden, die den Altar des Gottes Apollon berührt hatten[200]. Leicht zu erreichen waren auch die Spitzen des Tarpeischen Felsens in Rom[201] und einer Klippe auf der Insel Capri[202], von denen aus die Römer die Todesstrafe vollstreckten.

Selbstmörderische Absicht

Nicht nur Verurteilte, sondern auch Selbstmörder verloren ihr Leben durch Sturz von einem Felsen. Durch einen Sprung vom korykischen Felsen im Parnassos soll der Philosoph Pherekydes von Syros (5. Jhdt. v. Chr.) sein Leben beendet haben[203].
Während des Marsches der Zehntausend durch das Land der Taocher warfen die einheimischen Frauen vor den Augen der entsetzten Griechen ihre kleinen Kinder über die Klippen und stürzten sich dann selbst in die Tiefe. Auch die Männer folgten ihnen. Als der Grieche Aineas von Stymphalos einen Mann am Sturz hindern wollte, wurde er mitgerissen und selbst getötet[204]. Beim Angriff der Truppen Alexanders des Großen auf den Felsen Aornos in Indien stürzten sich einige der hierher Geflüchteten «in kopfloser Angst die Klippen hinab und kamen auf diese Weise um.»[205]
Nach seiner Niederlage gegen die Böoter bei Neon im Jahr 354 v. Chr. sprang der General Philomelos von einem Felsen des Parnaß bei Tithorea in die Tiefe. Er erlitt also ein ähnliches Schicksal wie seine Gegner, die er von den Phaidriaden hatte stürzen lassen.

Medizinische Gründe

Während die einen auf Berge stiegen, um ihrem Leben ein Ende zu setzen, suchten sie andere zur Förderung ihrer Gesundheit auf. Den Römern waren heiße Quellen «auf den Kämmen der Alpen»[206] und in den Pyrenäen[207] bekannt. Von der einheimischen Bevölkerung wurden diese sicher bereits lange vor den Römern aufgesucht. Aber nicht nur warmen Quellen wurde eine heilende Wirkung zugeschrieben. Plinius zufolge hielten einige Ärzte – im Gegensatz zu anderen und zu ihm selbst – das Schneewasser für besonders heilkräftig.[208] Das Wasser einer Quelle Syriens neben dem Gebirge Taurus wurde zur Heilung von Steinbeschwerden angewandt[209]. Die Heilquellen lagen zwar nicht im Bereich der Gipfel, doch in einigen Fällen in beträchtlicher Höhe. Zur Gewinnung von Schneewasser mußte zumindest im Sommer ein höherer Aufstieg unternommen werden.

Wohnzwecke

Berge wurden nicht nur für kürzere Zeit aufgesucht, sondern auch ständig bewohnt. Wie bereits erwähnt, soll der persische Religionsgründer Zarathustra einsam auf einem Berg gelebt haben[210]. Mose verbrachte immerhin vierzig Tage und vierzig Nächte auf dem Berg Sinai[211]. Strabon erwähnte Leute, die auf dem Gipfel des Athos[212] und auf den Höhen des Kau-

Blick in den Krater des Ätna.

kasos[213] lebten.
Auf dem Berg Tabor in Palästina befand sich in hellenistischer Zeit eine Stadt[214].
Der Plan, unter Alexander dem Großen (356–323 v. Chr.) eine Stadt[215] oder zwei Städte[216] auf dem Athos, allerdings unterhalb des Gipfels, zu gründen, wurde ebensowenig verwirklicht wie jener des römischen Kaisers Caligula (12–41 n. Chr.), «hoch in den Alpen eine Stadt zu gründen»[217]. Es ist nicht bekannt, wo und in welcher Höhe die Stadtgründung des Caligula beabsichtigt war.
Die Römer errichteten auf Felsen Landhäuser. Auf der Insel Capri, auf die sich der Kaiser Tiberius 27 n. Chr. zurückzog, nimmt eine der kaiserlichen Villen den Gipfel eines Felsens ein, der 300 m zum Meer hin abfällt[218].
Von phantastischen Vorstellungen über Bergbewohner berichtete Plinius: «Nach Megasthenes soll es auf einem Berg, der Nulus heißt, Menschen mit verkehrten Fußsohlen und acht Zehen an jedem Fuß geben; auf vielen Bergen aber wohnt ein Menschenschlag mit Hundeköpfen, der sich in Felle wilder Tiere kleidet, statt der Sprache Gebell von sich gibt und, mit Krallen bewehrt, von der Jagd und vom Vogelfang lebt; zur Zeit seines Berichtes, schreibt Ktesias, seien es mehr als 120.000 gewesen.»[219] Während diese Angaben sich auf Indien beziehen und wie viele andere Mitteilungen über merkwürdige Völkerschaften Gegenden betreffen, die nur wenigen oder gar keinen Griechen und Römern durch eigene Anschauung bekannt waren, wurde auch von den Bewohnern des Berges Athos Bemerkenswertes überliefert. Von ihnen nahm man an, daß sie «einhundertvierzig Jahre alt werden …, weil sie sich von Vipernfleisch nährten; deshalb haben sie weder auf dem Kopfe noch in ihren Kleidern schädliches Ungeziefer.»[220] Die Bergwelt war vielen Menschen ähnlich fremd wie die entlegensten Gebiete der Erde.
Christliche Mönche zogen sich bereits in den ersten Jahrhunderten n. Chr. auf Berge zurück, wo sie als Einsiedler oder in Klöstern ihr Leben verbrachten[221]. Für die Wahl des Berges war entweder dessen Bedeutung in der christlichen Tradition bestimmend, wie beim Berg Sinai, oder der ausreichende Abstand von menschlichen Siedlungen, um ungestört zu sein. Die Entfernung konnte aber nicht groß genug sein, wie Theodoretos (1. Hälfte des 5. Jhdts. n. Chr.) entnommen werden kann, der über Makedonios, der wegen seiner Eßgewohnheit den Beinamen «Kritophagos» (Gerstenesser) trug, und seinen Kampf gegen die Versuchungen dieser Welt schrieb: «Dieser hatte also seinen Kampfplatz und seine Rennbahn auf den Gipfeln der Berge, ließ sich aber nicht fest an einem Ort nieder, sondern bewohnte bald diesen Berg, bald siedelte er nach jener Höhe über. Das tat er nicht aus Mißfallen an den Örtlichkeiten, sondern um den Massen der ihn Besuchenden und von allen Seiten Herbeiströmenden zu entfliehen.»[222]
Mehr Erfolg bei der Wahl des Platzes für seine Einsiedelei hatte Basilius von Cäsarea (um 330–379 n. Chr.). In einem Brief aus dem Jahr 356 n. Chr. rühmte er den ruhigen Platz auf einem Bergsattel und die schöne Aussicht [223]. Nicht alle Aufenthaltsorte der Mönche hatten einen solch idyllischen Charakter. Von einem Mönch namens Johannes berichtete Theodoretos: «Er bezog einen steilen Bergrücken, der sehr kalt und dem Nordwind ausge-

Säulenteile des Heiligtums der Pyra des Herakles auf dem Oite-Gebirge.

setzt ist, und verbrachte dort bereits fünfundzwanzig Jahre und erträgt gelassen die Unbilden der Witterung.»[224]
Auch in China hielten sich Einsiedler in den Bergen auf. Der Schriftsteller und spätere Kanzler der Chin-Dynastie Hsieh An (320–385 n. Chr.) verbrachte frühere Jahre seines Lebens auf dem Ostberg bei Kuei-chi in der Provinz Chekiang, allerdings nicht ganz allein, sondern zusammen mit einer Kurtisane, die er «dem Staub der Welt entführt hatte»[225].

Künstlerische Zwecke

Bei der Verwirklichung des erwähnten Projektes am Athos hätten Künstler und Handwerker diesen Berg besteigen müssen. Angeblich plante ein Architekt[226], den Berg Athos in eine Statue Alexanders des Großen verwandeln, die entweder in einer oder in beiden Händen eine Stadt hält[227]. Bei Vitruv spricht der Architekt zu Alexander: «Ich habe nämlich dem Berg Athos die Form einer männlichen Statue gegeben, in deren linker Hand ich die Mauern einer sehr umfangreichen Stadt dargestellt habe, in deren Rechten ich eine Schale angebracht habe, die das Wasser aller Flüsse, die an diesem Berge fließen, auffangen soll, damit es sich von dort ins Meer ergieße.» Als Gründe für die Ablehnung des Plans wurden angegeben, daß Alexander den Architekten als Schmeichler entlarvte und entließ[228], daß er dieses Vorhaben für eine allzu große Anmaßung hielt[229] oder daß die Nahrungsmittelversorgung der Stadt nicht gewährleistet gewesen wäre[230].
So mußte die Menschheit warten, bis im 20. Jhdt. n. Chr. in den USA ein ähnliches Vorhaben ausgeführt wurde, als am Mount Rushmore die Gesichter von vier amerikanischen Präsidenten aus dem Fels gehauen wurden.

Bergsteigen als Freizeitbeschäftigung

Es wurden nicht nur jene Schauplätze mythologischer Begebenheiten aufgesucht, an denen später Kultstätten eingerichtet wurden. Angeblich zeigten Einheimische dem Heer Alexanders des Großen im Hindukusch, den man für den Kaukasos hielt, jene Stelle, an der Prometheus angekettet gewesen war[231]. Pausanias ging auf den Sipylos (höchster Gipfel: 1658 m) im westlichen Kleinasien, wo der Überlieferung gemäß Niobe nach der Tötung ihrer vierzehn Kinder durch die Götter Apollon und Artemis in einen Stein verwandelt wurde: «Diese Niobe habe ich selber gesehen, als ich auf das Sipylosgebirge hinaufstieg; aus der Nähe bietet die Felswand in keiner Weise das Bild einer Frau, auch nicht einer trauernden; wenn man aber weiter entfernt steht, glaubt man eine weinende und trauernde Frau zu sehen.»[232]
Der römische Kaiser Hadrian (76–138 n. Chr.) bestieg aus historischem Interesse im Jahr 123 n. Chr. den Theches[233], jenen Berg, von dem aus die Zehntausend, die griechischen Söldner unter Xenophon, auf ihrer Rückkehr von Mesopotamien das erste Mal das Schwarze Meer gesehen hatten[234]. Es wurde angenommen, daß dieser Berg eine etwa 2000 m hohe Anhöhe beim Zigana-Paß südwestlich von Trapezunt war[235]. Von Hadrian sind weitere Bergbesteigungen überliefert. Den Ätna auf Sizilien bestieg er im Sommer des Jahres 125 n. Chr., «um den Sonnenaufgang zu erleben, der in dem bunten Spiel des Regenbogens schillern soll.»[236] Darüber hinaus erregte sicher auch der Krater des Vulkans sein Interesse.
Wahrscheinlich war es vor allem die vulkanische Tätigkeit des Ätna, die schon vor Hadrian eine größere Anzahl von Leuten veranlaßte, diesen Berg aus der Nähe zu betrachten. Wie Strabon berichtete, wurde der Berg von der Stadt Aitna aus bestiegen, die wahrscheinlich an der Stelle der heutigen Ortschaft Paternò lag. Dort standen Führer zur Verfügung. Einige Leute erzählten Strabon von ihrer Besichtigung des Kraters[237]. Römische Ruinen auf 2917 m Höhe, die nach Empedokles «Turm des Philosophen» benannt wurden, zeugen von der Besteigung des Ätna in der Antike. Es ist allerdings fraglich, ob dieser Bau, wie angenommen wurde[238], für Hadrian errichtet wurde. Der Dichter und Philosoph Seneca (4–65 n. Chr.) forderte seinen Freund Lucilius auf, ihm zu Ehren den Ätna zu besteigen[239] und ihm davon zu berichten, wie weit der ewige Schnee vom Kraterrand entfernt sei[240].

Im Schmerz versteinert. Der Niobe-Felsen am Sipylon-Gebirge bei Manaia.

Hadrian bestieg ferner im Jahr 129 n. Chr. den Kasios in Syrien bei Nacht, «um dort den Sonnenaufgang zu erleben; als er dort opfern wollte, traf nach Ausbruch eines Unwetters ein herniederfahrender Blitz das Opfertier und den Opferdiener.»[241]

Vielfach wurden Berge wegen der schönen Aussicht bestiegen. Die legendäre babylonische Königin Semiramis, deren historisches Vorbild die im 9. Jhdt. v. Chr. lebende assyrische Königin Sammuramat war, ließ angeblich auf einem hohen Felsen in Medien aufwendige Bauwerke errichten, von denen aus sie auf einen um den Felsen herum angelegten großen Park herabblickte[242]. Strabon berichtete, daß die Perser auf dem Tmolos (Boz Dag, 2157 m), in Kleinasien einen Aussichtspavillon aus weißem Marmor errichtet hatten[243]. Auch der Neptunsberg an der Nordostspitze Siziliens (Monte Ciccia, 609 m) war für seinen Ausblick bekannt. Von dort konnte man sowohl das Tyrrhenische als auch das Ionische Meer sehen[244].

Nach Strabon wurde der Argaios, der höchste Berg Kleinasiens (3917 m), von wenigen Leuten bestiegen. Sie berichteten, daß man vom Gipfel aus bei schönem Wetter sowohl das Schwarze Meer als auch das Mittelmeer erblicken könne[245]. Obwohl die Sicht auf die Meere nicht möglich ist[246], kann nicht ausgeschlossen werden, daß dieser Berg bereits im Altertum bestiegen wurde[247]. Im 19. Jhdt. entdeckte Überreste alter menschlicher Behausungen im oberen Teil des Berges[248] weisen darauf hin.

Nicht historisch bezeugt ist die Besteigung des Hindukusch durch den Philosophen Apollonios von Tyana (1. Jhdt. n. Chr.)[249].

Daß in Griechenland das Bergsteigen üblich war, geht aus der Feststellung des Polybios hervor, daß die Gipfel der höchsten Berge Griechenlands und Thrakiens fast an einem Tag erreicht werden könnten[250], und aus der Bemerkung des Pausanias über den Parnassos: «Von der korykischen Grotte aus ist es auch für einen rüstigen Mann schwierig, zu den Gipfeln des Parnaß zu gelangen; einmal liegen die Gipfel über den Wolken, und zum anderen schwärmen auf ihnen die Thyiaden für Dionysos und Apollon herum.»[251] Die genannten Ursachen für die Schwierigkeiten zeigen, daß wohl nur wenige Leute tatsächlich bis zu den Gipfeln vordrangen.

Auch in China gab es in den ersten Jahrhunderten n. Chr. Bergbesteiger. Als der General Yang Hu (gestorben 278 n. Chr.) Präfekt von Hsiang-yang war, bestieg er oft den Berg Hiän-schan im Süden von dieser Stadt[252]. Der Maler Zong Bing (375–443 n. Chr.) schrieb, daß er, als er für das Wandern in den Bergen zu alt war, sie zu Hause gemalt habe und so im Sitzen darin umhergeschweift sei[253]. Ferner wissen wir durch mehrere Gedichte, daß Bergsteigen in China beliebt war[254].

Nicht immer gab es nur ein einziges Motiv. Hadrian hatte auf dem Ätna neben dem Wunsch, den Sonnenaufgang zu erleben, sicher die Absicht, den Krater zu sehen und die Aussicht zu genießen. Darüber hinaus spielte der Ätna in der griechischen Mythologie eine große Rolle. Auch für Leute, die Interesse am Vulkanismus zeigten, war das sicher nicht der einzige Grund für den Aufstieg[255]. Im Fall des Kasios, auf dem Zeus verehrt wurde, spielten für Hadrian, wie das Mitführen eines Opfertieres zeigt, auch religiöse Gründe mit. Vielleicht folgte Hadrian bewußt seinem Vorgänger Trajan nach, dessen Opfer an Zeus Kasios er in einem Gedicht besang[256]. Das wichtigste Motiv antiker Bergsteiger war offenbar der Genuß der Rundsicht von einem Gipfel.

Obwohl es keine Quellen eindeutig belegen, kann nicht ausgeschlossen werden, daß Bergsteigen auch als Sport betrieben wurde. Darauf könnte der Bericht Plutarchs über das Verhalten der Kimbern in den Alpen hinweisen: «Die aber hatten für ihre Gegner nichts als Verachtung und frechen Hohn übrig, und einzig um ihnen ihre Kraft und ihren tollkühnen Mut vor Augen zu führen, nicht etwa um etwas Notwendiges zu tun, liefen sie nackt umher, wenn es schneite, kletterten durch Eis und tiefen Schnee auf die Bergeshöhen, setzten sich auf ihre breiten, flachen Schilde, stießen ab und sausten, unbekümmert um die schroffen Wände und klaffenden Schründe, in die Tiefe hinunter.»[257]

Die Fortbewegung in Fels, Schnee und Eis

Um felsiges Gelände für eine größere Anzahl von Menschen begehbar zu machen, wurden Stufen aus dem Gestein geschlagen. Das war bei zu kultischen Zwecken häufig besuchten Bergen der Fall, wie der Weg von Delphi zur Korykischen Höhe im Parnassos zeigt. Angeblich legten die Bauern, die die Abhänge des Berges Nysa in Indien bebauten, Wege an, die bis zum Gipfel führten, wo sich ein Heiligtum des Dionysos befand[258]. Auf den Gipfel des Kithairon führte eine Straße, auf der zu Kulthandlungen Holzidole hinaufgefahren wurden[259]. Im Krieg wurden Felsen behauen, um dem Heer einen Weg durch die Berge zu bahnen. Alexander der Große ließ im Jahr 336 v. Chr. durch Sprengen von Stufen einen neuen Weg durch die Felsen der Ossa anlegen[260]. Aus dem Stein geschlagene Wege führten auch zur Spitze des Aornos[261] und des «Felsens des Choriones», die Alexander der Große während des Feldzuges in Asien erstürmte: «... während auf den Gipfel nur ein enger Pfad führte, schwer zu begehen, nachdem man ihn gleichsam gegen den Willen der Natur so angelegt hatte, daß ein Aufstieg fast unmöglich zu bewältigen war, auch ohne daß man ihn eigens sperrte.»[262]

Die Karthager mußten 218 v. Chr. umfangreiche Arbeiten durchführen, um den Abstieg in die Poebene zu schaffen: «Es galt, Fels wegzuschlagen. Dazu fällten sie die ringsum stehenden riesigen Bäume und schichteten einen sehr großen Holzstoß auf. Als sich ein günstiger Wind erhoben hatte, der das Feuer entfachen konnte, wurde der Stoß angezündet. Dann machten sie den erhitzten Felsen durch Begießen mit Essig mürbe. Sie zertrümmerten den so durch das Feuer spröde gewordenen Stein mit eisernen Werkzeugen und machten die abschüssige Stelle durch kleine Serpentinen begehbar. So konnte man nicht nur die Zugtiere, sondern sogar die Elefanten hinabführen.»[263]

Die Perser legten aus strategischen Gründen Hochgebirgsstraßen an[264], und die Römer erschlossen zur Erleichterung des Verkehrs mehrere Alpenübergänge durch Straßen, die neben militärischen Zwecken vor allem dem Handel dienten. Strabon schilderte die Situation in den Alpen: «Denn nicht überall war es möglich, vermittelst Durchbrechung von Felsen und ungeheuren Bergwänden die Natur zu überwältigen, indem jene den Weg teils überragen, teils unterlaufen, so daß nur wenig Fehltretende unvermeidliche Gefahr laufen, in bodenlose Abgründe hinabzustürzen. Denn der Weg ist dort zuweilen so schmal, daß er den Fußgängern und selbst den ungewohnten Saumtieren Schwindel verursacht; die einheimischen dagegen tragen ihre Last sicher. Weder dem nun ist abzuhelfen, noch den ungeheuren, sich von oben herabwälzenden Eismassen, welche eine ganze Reisegesellschaft wegzureißen und in die sich hinabsenkenden Schlünde hineinzuschleudern vermögen.»[265]

Am Beginn des 3. Jhdts. n. Chr. wurde in China unter Kaiser Lieupang in der Provinz Schensi eine aufwendige Bergstraße gebaut, die durch steile Felshänge führte und Gebirgsflüsse überquerte[266].

Den Zugang zu einem Felsen verschafften sich die Soldaten Alexanders des Großen in einem Fall durch die Errichtung eines Dammes[267]. Zur Fortbewegung setzten sie Eisenpfähle und Seile ein: «Als man an die steilen Felsen gelangt war, umschlangen einige mit den Händen die hervorragenden Klippen und zogen sich in die Höhe, andere kletterten mittels darumgeworfener Seilschlingen hinauf, während sie die Keile in die Felsspalten schlugen als Stufen, um nacheinander darauf zu treten.»[268]

Eisennägel[269] und Stricke[270] wurden von Römern bei militärischen Aktionen benützt. Zum Hinabklettern vom Vesuv verwendeten Spartacus und seine Gefährten aus Weinranken geflochtene Leitern[271]. Die ersten bekannten Einsätze technischer Hilfsmittel beim Felsklettern gehen also auf strategische Notwendigkeiten zurück. Um besser klettern zu können, stiegen die Sodaten des Marius in Numidien barfuß auf einen Felsen[272].

Die Fortbewegung im Schnee war vor allem für Tiere und Wägen ein schwieriges Unterfangen.

Die Zehntausend unter Xenophon wickelten bei ihrem Marsch durch Armenien nach dem Rat der Einheimischen den Pferden Säcke um die Hufe, damit sie nicht so leicht im Schnee versanken[273]. In den Cottischen Alpen wurden bei Schnee bergab fahrende Wägen hinten durch Männer und Ochsen festgehalten und langsam hinabgerollt[274].

Die Menschen benützten dort im Winter zu ihrer Orientierung Schneestangen: «Weite Schluchten, auf denen das Eis ebene Strecken vortäuscht, verschlingen bisweilen Wanderer. Deswegen schlagen die Ortskundigen an weniger gefährdeten Stellen hochragende hölzerne Pfähle ein, damit ihre Reihe den Reisenden sicher seines Weges führt.» Waren die Pfähle bereits vom Schnee bedeckt, konnten die Berge nur mit einheimischen Führern überwunden werden[275]. In armenischen Gebirgen wurden im Winter andere Schutzmaßnahmen getroffen: «Dort sollen sogar, wenn starker Schnee gefallen, beim Übersteigen der Berge oft ganze Reisegesellschaften im Schnee versinken. Sie sollen aber auch gegen solche Gefahren Stangen mit sich führen, die sie auf die Oberfläche hinausstrecken, teils um atmen zu können, teils um den Nachkommenden ein Zeichen zu geben, damit sie Hilfe erhalten, ausgegraben und gerettet werden können.»[276]

Gegen die Schneeblindheit, an der später die Soldaten Alexanders des Großen leiden sollten[277], schützten sich die Zehntausend unter Xenophon durch schwarze Tücher vor den Augen[278].

Caesar ließ, als er im Winter 53/52 v. Chr. über das Cevennengebirge (höchster Gipfel: 1754 m) in das Land der Averner marschierte, sechs Fuß hohe Schneemassen wegräumen, um die Wege passierbar zu machen[279]. Zur Erleichte-

rung des Steigens im Schnee verwendeten die Einwohner des Kaukasos «mit Stacheln besetzte, rindslederne Sohlen von breiter Form der Handpauken», die Armenier hingegen volle Holzscheiben, die mit Nägeln versehen waren[280], oder kreisrunde Reifen aus Weidengeflecht[281]. Ein Steigeisen, das in einem Grab am Nordfuß des Kaukasos gefunden wurde[282], bestätigt die Richtigkeit der schriftlichen Quellen.
In China soll der Dichter und Alchemist Xie Lingyen (385–433 n. Chr.) Schuhe mit Frontzacken und Rutschflächen erfunden haben, um die Berge der Unsterblichen bequemer besteigen und hinabgleiten zu können[283].
Bergab bewegten sich die Bewohner des Kaukasos, Armeniens und Mediens bei Schnee auf Tierhäuten liegend[284]. Dagegen rutschten die Kimbern bei ihrer Alpenüberquerung auf ihren Schilden ins Tal[285].
Der Vollständigkeit halber sei auf eine Art der Fortbewegung ins Tal hingewiesen, die alle anderen an Geschwindigkeit übertrifft, den freien Fall. Die Bewegung des Fliegens von einem Fels, die freiwillig oder unfreiwillig erfolgte, hatte bei Selbstmördern, Menschenopfern und zu Tode Verurteilten in der Regel den Zweck, das Leben zu beenden. In Leukas wurden allerdings an den zu Opfern bestimmten Personen Flügel und verschiedenerlei Vögel festgebunden, um den Aufprall im Meer zu dämpfen und das Überleben zu ermöglichen[286]. Auch bei Bergunfällen und bei kriegerischen Unternehmungen konnten Menschen in die Tiefe stürzen.
Einen Flug nach oben zu einem Gipfel führten der Legende nach jene Engel durch, die den Leichnam der heiligen Katharina von Alexandria auf den Gipfel des Katharinenberges (2285 m) auf der Halbinsel Sinai trugen und dort bestatteten.

Die Berge in der antiken Literatur

In der Literatur spielten die Berge vor allem in mythologischen Erzählungen eine bedeutende Rolle[287]: als Wohnstätten, Aussichtspunkte, Liebesnester und Wurfgeschoße von Göttern und Heroen, als Orte der Zuflucht, der Bewährung und der Bestrafung, als Sternwarte, als personifizierte Wesen[288] und in anderen Zusammenhängen.
Viele Berge galten als Wohnsitze der Götter. Der Palast des Zeus befand sich auf dem Olymp, dem höchsten Berg Griechenlands. Ferner waren die Nymphen Bewohner der Berge. Die Musen hatten ihren Sitz am Helikon. Schließlich hatte Fama, das Gerücht, ihren Palast auf einem Berg, von dem aus sie alles überblicken konnte.
Auch andere Götter und Heroen verwendeten Berge als Aussichtspunkte. So betrachteten Zeus von der Ida in Kleinasien aus und Poseidon vom Gipfel auf Samothrake aus das Geschehen des Trojanischen Krieges. Jason bestieg den Dindymon, um ein Opfer darzubringen, und genoß die Aussicht von oben. Lynkeus blickte vom Taygetos über die Halbinsel Peloponnes. Charon, der Fährmann der Unterwelt, erbat sich einen Urlaub von einem Tag, um sich das Treiben der Menschen anzusehen. Um einen ausreichend hohen Aussichtspunkt zu haben, stapelte er zusammen mit dem Gott Hermes den Ossa und Pelion auf den Olymp und darauf noch die Oeta und den Parnassos[289]. Der König Hesperos wurde, als er vom Gipfel des Atlas aus die Sterne beobachtete, entrückt und in einen Stern verwandelt[290]. Auf dem Berg Ida in Kleinasien begegneten einander Aphrodite und der Trojaner Anchises, und das Ergebnis dieser Begegnung war Aeneas, der Stammvater der Römer.
In verschiedenen Sintflut-Berichten waren die Berge die Zufluchtsorte jener, die sich mit Schiffen retten konnten. Die Arche Noahs soll am Ararat gelandet sein. In der Flut, mit der Zeus die meisten Teile Griechenlands überschwemmen ließ, trieben Deukalion, der Sohn des Prometheus, und seine Gemahlin Pyrrha neun Tage auf einem Boot umher, bis sie den Parnassos erreichten. Einer anderen Sage zufolge konnten sich, als das Schwarze Meer in die Ägäis flutete, Menschen auf den Gipfel der Insel Samothrake retten.
Die Giganten versuchten, die Berge Olymp, Ossa und Pelion übereinander zu türmen, um den Himmel zu ersteigen. Wegen ihres Frevels wurden sie von den olympischen Göttern unter der Führung des Zeus bekämpft. Der Ätna galt als jener Berg, den Zeus auf den Giganten Enkelados oder auf seinen Gegner Typhon geworfen hatte, oder als die Werkstätte des schmiedenden Gottes Hephaistos.
Sisyphos mußte in der Unterwelt für seine Untaten, darunter die Fesselung des Todes, büßen, indem er einen Felsblock bis zum Gipfel eines Berges schob, von wo dieser dann immer wieder hinabrollte, sodaß die Mühe von vorne begann. Prometheus wurde als Strafe für den Raub des Feuers an einen Felsen des Kaukasos geschmiedet, wo ein Adler täglich ein Stück von seiner Leber wegfraß, die stetig nachwuchs.
Besonders häufig war Herakles in den Bergen unterwegs. Er kämpfte in Gebirgen gegen die Lapithen, den nemeischen Löwen und den erymanthischen Eber. Er siegte über den mythischen Stamm der Dryopen, die auf die Gipfel des Parnassos flüchteten. Nach der Tötung des Geryoneus auf der weit im Westen liegenden Insel Erytheia zog er mit dessen Rindern über die Pyrenäen nach Gallien und von dort über die Alpen nach Italien. Er befreite Prometheus im Kaukasos und tötete zuvor den Adler, der diesen gepeinigt hatte. In Indien versuchte er vergeblich, den Fels Aornos zu erstürmen. Schließlich verbrannte er sich selbst auf einem Berg Oite und wurde danach unter die Götter aufgenommen.
Der trojanische Königssohn Paris weidete Schafe auf dem Berg Ida, als Hermes mit den drei Göttinnen Hera, Athena und Aphrodite kam und ihn entscheiden ließ, wer die schönste sei, und auf diese Weise den Trojanischen Krieg auslöste. Die Nachricht vom Sieg der Griechen in diesem Krieg wurde durch Feuersignale auf acht Bergen nach Mykene mitgeteilt[291]. Mehrere mythologische Figuren, darunter

Die Gipfelregion des Pangaios-Gebirges.

Kephalos und Phylios, stürzten sich aus Liebeskummer von einem Felsen.
In Mythen finden sich also häufig jene Aspekte der Berge, die im Leben der Griechen und Römer eine Rolle spielten. Hier wurde Vieh geweidet, Wild gejagt und Göttern geopfert. Man genoß bei Tag die Aussicht und beobachtete in der Nacht die Sterne. Hierher zog man sich bei Gefahr zurück, und man übermittelte durch Feuerzeichen Nachrichten. Verzweifelte suchten Berge auf, um ihrem Leben ein Ende zu setzen.
Vielfach wurden Berge als Personen angesehen. Sie konnten sich bewegen, sehen, sprechen und fühlen. Der Atlas galt ebenso wie der Ätna als Säule des Himmels und konnte wegen seiner Nähe zu den Sternen Astronomie betreiben. Der Haimos war der Sohn des Windgottes Boreas und seiner Gemahlin Oreithyia und zeugte mit der Rhodope den Hebros. Der Helikon unterlag in einem Musikwettstreit dem Kithairon. Einer anderen Überlieferung zufolge ermordete der Kithairon seinen Bruder Helikon, um in den Besitz von dessen Erbteil zu gelangen. Heroen und Nymphen wurden in Berge verwandelt, die dann deren Namen trugen.

In den Werken Homers (8. Jhdt. v. Chr.) waren die Berge Orte, in denen Raubtiere und Schlangen hausten, wo das Feuer wütete, Stürme tosten und Wolken und Nebel hingen. Holzknechte fällten dort Bäume, Wanderer schreckten vor der Schlange zurück, und Hirten mußten ihre Herden gegen die Raubtiere verteidigen. Die Menschen waren auf die Gemeinschaft angewiesen und auf Geselligkeit angelegt und sahen keinen Wert in der Gebirgseinsamkeit[292]. Daher fand die Begeisterung für die Schönheit der Natur im Gebirge in der Literatur lange Zeit keinen Niederschlag. Vielmehr wurden die Gefahren und die Unwirtlichkeit der Berglandschaft betont. Der Aufenthalt im Gebirge war, wie ein scherzhaftes Gebet an Pan in einer Dichtung Theokrits (3. Jhdt. v. Chr.) zeigt, das Schlechteste, was man einem Menschen wünschen konnte:

Solltest du's aber verweigern, dann mag es dich beißen; den ganzen
Leib magst du dann mit den Nägeln zerkratzen und schlafen in Nesseln;
Mitten im Winter magst im Gebirge der Edonier hausen,
Gegen den Hebros gewandt, in der Nähe der Bärin, im Sommer
Aber magst du im fernsten Gebiet Äthiopiens weiden.[293]

Die Verwendung des Begriffs «Aussichtswarte» für Bergeshöhen zeigt, daß man mit Bergen vor allem die Aussicht verknüpfte[294]. Aristophanes (vor 445–385 v. Chr.) beschrieb in seiner Komödie *Wolken*, in der die Wolken vermenschlicht sind, die Aussicht, welche die an Bergen hängenden Wolken genießen[295]. Apollonios Rhodios (3. Jhdt. v. Chr.) schilderte den Anblick, den der vom Olymp zur Erde fliegende Gott Eros[296] genoß, und die Landschaft, die Jason vom Dindymon aus sah[297]. In einem Stück des Pacuvius (220–um 130 v. Chr.) heißt es: «Ich fange an, den Felsen in Angriff zu nehmen und den Berg zu besteigen, und lasse hoch oben den Blick in alle Richtungen schweifen.»[298] Plinius der Jüngere (61/62 – um 113 n. Chr.) schrieb: «Du wirst große Freude empfinden, wenn Du auf diese Lage der Region von einem Berg herabblickst. Und es wird Dir scheinen, als sähest Du nicht Ländereien, sondern ein in ausnehmender Schönheit gemaltes Bild; von solcher Vielfalt und solcher Ordnung werden die Augen erfrischt, wohin sie auch sehen.»[299]
Dagegen war für den Kirchenlehrer Augustinus (354–430 n. Chr.) der Umstand, daß der Anblick der Landschaft die Menschen erfreute, Anlaß zur Sorge: «Und es gehen die Menschen, zu bestaunen die Gipfel der Berge und die ungeheuren Fluten des Meeres und die weit dahinfließenden Ströme und den Saum des Ozeans und die Kreisbahnen der Gestirne, und haben nicht acht ihrer selbst.»[300] Dennoch beschrieb auch die fromme Pilgerin Aetheria die Aussicht vom Sinai und Nebo[301].
Der seit hellenistischer Zeit geänderten Haltung der Menschen gegenüber der Natur, die in der Literatur zum Ausdruck kommt, entspricht ein Lob der Schöpfung des römischen Philosophen und Politikers Cicero (106–43 v. Chr.): «Nimm die versiegenden kalten Quellen noch hinzu, das klare Wasser der Flüsse …, die schroffen Felsen, die hohen überhängenden Berge und die riesige Weite der Ebenen.»[302]
Allerdings wurden Berge vor allem beim Anblick aus der Ferne geschätzt: «Man kann in Gedanken, als ließe man seine Augen darüber hinwegschweifen, einmal die gesamte Erde und alle Meere überschauen: und schon werden sich unabsehbare fruchtbringende Flächen und Felder, dichtbewaldete Berge und Weiden für das Vieh, dann wieder Schiffe, die in unglaublicher Geschwindigkeit über die Meere fahren, zeigen.»[303]

Die Wildnis wurde weiterhin von den meisten Leuten gemieden[304], wie eine Stelle bei Lukrez (um 94–55 v. Chr.) zeigt:

... auch jetzt noch wimmelt die Erde von wilden
Tieren doch zur Genüge, ist voll von bebendem Schrecken
hin durch die Haine, die mächtigen Berge und endlosen Wälder;
diese Stellen zu meiden ist meistens in unserer Macht doch.[305]

Die Majestät der Berge kommt im Epos *Aeneis* des römischen Dichters Vergil (70–19 v. Chr.) zum Ausdruck:

... so, wie der Athos oder der Eryx oder der Vater
Appeninus selbst mit flimmernden Steineichen braust und
stolz mit schneeigem Gipfel sich hochauf reckt in die Lüfte.[306]

Vergil schilderte auch das faszinierende, aber bedrohliche Naturschauspiel des Vulkanismus:

... doch donnert nah der Ätna mit furchtbaren Trümmern.
Manchmal wirft er zum Äther empor eine düstere Wolke,
pechschwarz wirbelt ihr Qualm, durchgleißt von glühender Asche;
Flammenkugeln treibt er hinaus, leckt feurig die Sterne.
Manchmal speit er die Klippen, zerrissenes Bergeingeweide,
würgend hervor, wirft flüssige Felsbrocken hoch in die Lüfte
stöhnend in Klumpen empor und kocht vom untersten Grunde.[307]

In vielen Schilderungen der Alpen wurde die abweisende Natur[308] und die Wildheit ihrer Bewohner betont. So heißt es bei Silius Italicus (um 26–101 n. Chr.):

Alles, von ewigem Frost bedeckt und eisgrauem Hagel,
hält zusammen das dauernde Eis. Des steilen Gebirges
luftiges Antlitz starrt, und dem Aufgang der Sonne entgegen
kann doch der dauernde Reif in den Strahlen nimmermehr schmelzen.
Wie weit vom Tartaruszugang zum Reich der Schatten, vom Wasser
höllischen Sumpfes und den Seelen in unterster Tiefe
reicht der Abstand zur Oberwelt, so weit hebt in die Luft sich
hoch die Erde hier und deckt den Himmel mit Schatten.
Nie ist Frühling dort und keine Wonne des Sommers,
greulicher Winter nur herrscht auf den wilden Höhen und hält dort
seinen dauernden Wohnsitz. Von überall finstere Wolken
führt er herbei und mit Hagel gemischte Unwetterschauer.
Hier in den Alpen errichteten alle Winde und Stürme
sich ihr brausendes Reich. Verdunkelt durch ragende Felsen
ist der Blick, und die Berge verlieren sich hoch in den Wolken.[309]

Livius schrieb bei der Schilderung des Alpenüberganges Hannibals: «Trotzdem ließen die Höhe der Berge, die man jetzt aus der Nähe sah, die Schneemassen, die sich fast mit dem Himmel vereinigten, die elenden, auf Felsvorsprüngen gebauten Hütten, die Herdentiere und das Zugvieh, das von Kälte verkümmert aussah, die ungeschorenen und verwilderten Menschen, die gesamte lebende und leblose Natur, vor Frost erstarrt, und alle übrigen Erscheinungen, die beim Anblick noch abscheulicher wirken als die Schilderung, den Schrecken jetzt wieder neu entstehen.»[310]

In der chinesischen Literatur spielen die Berge in der im 4. Jhdt. n. Chr. aufgekommenen Landschaftsdichtung eine große Rolle. Diese äußert sich auch darin, daß «Berg und Wasser» gleichbedeutend mit dem Begriff der Landschaft waren[311]. Dabei spielt der Dualismus von Yin und Yang eine Rolle. Der Berg vertrat das männliche, helle, trockene Yang, das Wasser dagegen das weibliche, dunkle, feuchte Yin[312].

Während die Forderung der Weltüberwindung im Buddhismus die Hinwendung zur Schönheit der Natur als sündhaft erscheinen ließ, förderte die Rückkehr zur Natur durch den Taoismus den Sinn für das Landschaftserlebnis. Die ursprüngliche buddhistische Einstellung brachte Chuang-tzu (4. Jhdt. v. Chr.) zum Ausdruck: «Berge und Wälder, Hochebenen und Marschen erfüllen uns wohl mit überströmender Freude. Doch die Freude ist noch nicht beendet, da folgt schon die Trauer.»[313] Schließlich fand auch im Buddhismus ein Wandel statt[314]. Der Dichter Sun Ch'o (314–371 n. Chr.) sah in seinem Text *Fu vom Schweifen in den Bergen der Himmelsterrasse* das Hochgebirge als Sitz der taoistischen und buddhistischen Genien an. Berg und Strom deutete er als mythische Manifestationen des Seins, das auf die große Leere folgt[315].

Fluß und Berg wurden in der Dichtung als Gegenwelt zur Großstadt und als Zuflucht vor den Zwängen der Gesellschaft angesehen[316]. Der Dichter Hsieh Ling-yün (385–433 n. Chr.) schrieb im Gedicht *Den höchsten Punkt des Steinernen Tores besteigend*, das sich auf einen Berg in der Provinz Chekiang bezieht:

Des Morgens auf mit dem Stock zur schwindelnden Wand;
Des Abends ausruhen dann in Berges Genist.
Hoch auf der Felsenplatte ragt ein Rasthaus;
Gesäumt von Gipfeln, schaut's auf die Windung der Klamm ...[317]

Der Gipfelgrat des Tmolos-Gebirges (Boz-Dag).

auch die Gipfel erreichten. Ob sie dazu das Bedürfnis nach Aussicht oder religiöse Gefühle veranlaßten, muß offen bleiben. Seit der Jungsteinzeit sind in den Alpen Überschreitungen von Pässen zu Handelszwecken nachgewiesen. Die ältesten militärischen Unternehmungen größeren Umfangs erfolgten erst in späterer Zeit und betrafen meistens die Überquerung von Gebirgen, nicht die Besteigung von Gipfeln.

Während sicher bereits Jäger und Hirten kletterten, also auch die Hände zur Fortbewegung benützten[328], wurde offenbar erstmals bei der Eroberung von Festungen Seile, Eisenkeile und Leitern zur Überwindung steiler Felsen eingesetzt. Die ältesten Nachweise sind die Quellen über die Erstürmung der Festung Sogdiana durch das Heer Alexanders des Großen im Jahr 327 v. Chr. Als Begründer des Kletterns mit technischen Hilfsmitteln kann man also jene Soldaten des makedonischen Heeres ansehen, die diese militärische Aktion planten und durchführten.

Es ist nicht bekannt, wann Berge erstmals aus wissenschaftlichen Gründen aufgesucht wurden. Da seit dem 6. Jhdt. v. Chr., als die ionischen Naturphilosophen Thales und Anaximandros wirkten, astronomische Forschungen überliefert sind, ist es möglich, daß bereits damals Berge zur Beobachtung des Himmels bestiegen wurden, auch wenn die Quelle über Thales auf einem Berggipfel[329] nicht als historischer Beleg gewertet werden kann.

Entsprechend der seit hellenistischer Zeit (323–30 v. Chr.) geänderten Einstellung gegenüber der Natur, die in der Literatur und bildenden Kunst zum Ausdruck kommt, berichteten Quellen seit dem 1. Jhdt. v. Chr. von Bergbesteigungen als Freizeitbeschäftigung. Trotz der besonderen Aufmerksamkeit, die der Ätna wegen seiner vulkanischen Tätigkeit erregte, waren dessen Besteigungen sicher nicht nur durch naturkundliches Interesse veranlaßt, sondern in gleichem Maße durch die großartige Aussicht von diesem weitaus höchsten Gipfel Süditaliens. Dabei ist zu berücksichtigen, daß die Aussicht auf das Meer von den antiken Menschen besonders geschätzt wurde.

Die Bewohner der Hochgebirge lernten bereits vor vielen Jahrtausenden, sich an die Bedingungen der Bergwelt anzupassen, wie z. B. der Bericht Strabons über die Bevölkerung im Kaukasos und in Armenien zeigt[330]. Dagegen wirkten auf die überwiegend in Ebenen, sanftem Hügelland oder Mittelgebirgen wohnenden Griechen und Römer, denen wir den Großteil der schriftlichen Quellen über das Bergsteigen in der Antike verdanken, die Hochgebirge abschreckend. Sie schilderten die Unwirtlichkeit der Alpen und die Wildheit ihrer Bewohner besonders drastisch. Die meisten Quellen über

Berge wurden in der antiken Literatur auch im übertragenen Sinn verwendet und zu Gleichnissen herangezogen. Eine Figur in einer Komödie des Aristophanes würde sogar auf den Taygetos gehen, wenn sie dort oben den Frieden finden könnte[318]. Der römische Dichter Catull (1. Jhdt. v. Chr.) bezeichnete in einem Gedicht eine künstlerische Betätigung als Besteigung des Berges der Musen (Helikon), die mit Gefahren verbunden ist:

«Mentula unternimmt's, auf den Berg der Musen zu steigen,
Mit den Mistgabeln jäh werfen ihn Musen hinab.»[319]

Im Matthäus-Evangelium heißt es: «Eine Stadt, die auf einem Berge liegt, kann nicht verborgen bleiben. Man zündet auch nicht eine Lampe an und stellt sie unter einen Eimer ...»[320]

Der römische Kaiser Marcus Aurelius (121–180 n. Chr., Kaiser seit 161) gab den Ratschlag: «Lebe wie auf einem Berg. Es liegt ja nichts daran, ob einer hier oder dort, wenn er nur überall in der Welt wie in seiner Vaterstadt lebt.»[321]

Zusammenfassung

Die Reihenfolge der Motive für die frühesten Bergtouren wurde bisher unterschiedlich bewertet. H. F. Tozer sah als erstes Motiv religiöse Beweggründe an, dann vor allem die Wißbegierde, sowohl Neugier als auch wissenschaftliche Forschung[322]. K. Ziak meinte einerseits, daß der «Alpinismus religiösen Ursprungs» sei[323], und bezeichnete andererseits den römischen Kriegsgott Mars als «Urvater des Alpinismus»[324]. Dagegen nahmen andere Autoren an, daß zuerst Jäger[325] oder Hirten[326] Berge bestiegen. D. Fehling hielt den angeborenen Instinkt, der in den Menschen das Bedürfnis nach Fernsicht weckt, für die wichtigste Ursache des Bergsteigens[327].

Die vorgeschichtlichen Funde in den Alpen legen es nahe, daß die ersten Menschen aus wirtschaftlichen Gründen Berge aufsuchten. Entsprechend der Entwicklung der Menschheit von Jägern und Sammlern zu Ackerbauern und Viehzüchtern ist anzunehmen, daß zuerst Jäger und erst in einer späteren Phase Hirten Berge bestiegen. Obwohl zur Jagd und zum Viehhüten in der Regel keine Gipfel erklommen werden mußten, waren es wahrscheinlich Jäger oder Hirten, die zuerst

Der Felsen Hyampeia im Parnass-Gebirge bei Delphi.

Gipfelsiege im Altertum beziehen sich aus dem gleichen Grund auf Berge im klimatisch begünstigten Mittelmeergebiet.

Die antiken Texte zeigen, daß die Gefahren der Gebirge stark überschätzt wurden. Besonders deutlich kommt das in der zitierten Feststellung des Pausanias zum Ausdruck, daß die Besteigung des Gipfels des Parnassos durch die Anhängerinnen der Götter Dionysos und Apollon erschwert wird[331]. Um diese Bedrohung zu verstehen, muß man sich vor Augen halten, daß im Mythos der thebanische König Pentheus, als er das orgiastische Treiben der Verehrerinnen des Dionysos beobachtete, von ihnen entdeckt und in Stücke gerissen wurde. Ähnliche Gefahren lauerten dem heiligen Hippolyt (3. Jhdt. n. Chr.) zufolge auf dem Berg Ararat. Neben den ständigen Stürmen verhinderten dort Dämonen, die die Bergsteiger kopfüber in die Tiefe stürzten, das Erreichen des Gipfels[332]. Offenbar stehen solche Vorstellungen in Verbindung mit dem Gedanken, daß gewisse Bereiche der Natur, darunter die Hochgebirge, den Menschen verbotene und den Göttern vorbehaltene Gebiete seien[333].

Diese Texte weisen ebenso wie die erwähnten Berichte über phantastische meteorologische Phänomene darauf hin, daß nur eine sehr kleine Anzahl von Menschen bis zu den Gipfeln höherer Berge gelangte, sodaß auch unter gelehrten Menschen viele falsche Vorstellungen von den Bergen verbreitet waren. Wenn auch nicht alle Berichte über Bergbesteigungen in der Antike als historische Zeugnisse angesehen werden können, so vermitteln sie doch ein lebhaftes Bild von der Einstellung gegenüber den Bergen im Altertum.

Es besteht kein Zweifel, daß von den Menschen, die in der Antike aus verschiedensten Motiven Berge bestiegen, einige durch den Wunsch nach Naturgenuß und Aussicht dazu veranlaßt waren. Die von Strabon erwähnten Bezwinger des Ätna und Argaios oder der römische Kaiser Hadrian hatten sicher keine wesentlich anderen Beweggründe als die heutigen Bergsteiger. Daher gibt es keine Ursache für die weit verbreitete Meinung[334], daß der italienische Dichter Petrarca (1304–1374), der einen Bericht über seine Besteigung des Mont Ventoux (1912 m) in der Provence verfaßte, als «geistiger Vater des Alpinismus»[335] anzusehen sei[336]. Neben den antiken Quellen zeigt auch der Hinweis von Petrarca, daß er zum Erklimmen des Mont Ventoux durch den Text des Livius über die Besteigung des Haimos durch König Philipp V. von Makedonien angeregt wurde, daß bereits die Antike eine wichtige Etappe in der Geschichte des Alpinismus ist.

Anmerkungen

1 Wichtigste Literatur: B. Schwarz, Die Erschließung der Gebirge von den ältesten Zeiten bis auf Saussure (1787) (1885); H. F. Tozer, A History of Ancient Geography (1897) 313-337; L. Friedländer, Darstellungen aus der Sittengeschichte Roms I (101922); A. S. Pease, Appalachia 132, 1961, 289-297; D. Fehling, Ethologische Überlegungen auf dem Gebiet der Altertumskunde (1974) 39-58. Für Hinweise dankt der Verfasser Monika Frass, Reinhard Rathmayr und Martin Walkner, außerdem Claudine Pailhes und Laurance Vanderstraeten (Conseil Général de l'Ariège, Direction des Archives Départmentales) über Vermittlung von Françoise Knopper.
Die verwendeten Abkürzungen entsprechen den in K. Ziegler - W. Sontheimer (Hrsg.), Der Kleine Pauly 1 (1964) S. XI-XXVI und in der Einheitsübersetzung der Bibel verzeichneten.

2 Encyclopedia of Religion and Ethics VIII (Nachdruck 1980) 863-868 s. v. Mountains, Mountain-Gods (J. A. MacCulloch).

3 H. Bächler in: O. Tschumi (Hrsg.), Urgeschichte der Schweiz I (1949) 417-439.

4 C. B. Pascal, The Cults of Cisalpine Gaul (1964) 108.

5 B. Rutkowski, Cult Places in the Aegean World (1972) 73-98.

6 N. Platon, Zakros (1971) 161-169.

7 R. von Uslar, Vorgeschichtliche Fundkarten der Alpen (1991) 79-80.

8 Ebda. 302 Nr. 16U34.

9 Ex 19,20-32,15.

10 G. Oddo (Hrsg.), Bergsteigen. Alpinismus von den Anfängen bis heute (1971) 5.

11 Ex 24,9.

12 Ex 24,13.

13 Dtn 12,2. H. Wippert, Palästina in vorhellenistischer Zeit, Handbuch der Archäologie, Vorderasien II/I (1988) 621.

14 1. Kön 11,7; 12,31-33; 14,23; 22,44; 2. Kön 16,4; 23,5-15; 2. Chr 28,4.

15 Jes 57,7; 65,7; Jer 2,20; 3,6; 13,27; 17,2; Ez 6,13; 16,24; Hos 4,11-19.

16 1. Kön 11,3.

17 1. Kön 11,4. 7.

18 Gen 22,2.

19 Jos 8,30-32.

20 Aischyl. Ag. 285; Solin. 11,33.

21 Solin. 8,6.

22 Dikaiarchos, GGM I, 107 Nr. 2,8.

23 Paus. 9,3,7.

24 Hes. theog. 4.

25 Paus. 8,38,7.

26 Paus. 8,17,1.

27 Xen. mem. 3,8,10. Übersetzung: P. Jaerisch.

28 R. Stillwell (Hrsg.), The Princeton Encyclopedia of Classical Sites (1976) 537 s. v. Lykaion (W. F. Wyatt, Jr.).

29 Paus. 8,38,7. Übersetzung: E. Meyer.

30 H. Scheffel, Mitteilungen des Deutschen Archäologischen Instituts. Athenische Abteilung 47, 1922, 129-130.
31 A. S. Arvanitopulos, Praktika 1911, 303-315.
32 G. Welter, AA 1938, 8-16.
33 A. B. Cook, Zeus. A Study in Ancient Religion II/II (Nachdruck 1965) 868.
34 R. G. A. Buxton in: G. Siebert (Hrsg.), Nature et paysage dans la pensée et l'environnement des civilisations antiques (1996) 61.
35 Schol. T Il. 22,159.
36 Dikaiarchos, GGM 107 Nr.2,8.
37 Paus. 9,3,4-8.
38 Theophr. in: Porph. de abstinentia 2,27,3; Plat. Min. 315C.
39 Strab. 10,2,9 (452).
40 Pind. Paean 2,97-102.
41 Paus. 10,4,3.
42 Plut. mor. 953D.
43 Schwarz a. O. (Anm. 1) 140; A. Henrichs, Zeitschrift für Papyrologie und Epigraphik 4, 1969, 223-241.
44 Hdt. 1,131,2; Strab. 15,3,13 (732); Orig. contra Celsum 5,44.
45 Dion Chrys. or. 36,40. Übersetzung: W. Elliger.
46 Strab. 13,4,5 (625).
47 Diod. 4,83,3-6.
48 CIL XIV 2227; Liv. 45,15; Cass. Dio 50,8.
49 F. Coarelli, I santuari del Lazio in età repubblicana (1987) 111-140.
50 Plin. nat. 7,2,19. Übersetzung: R. König - G. Winkler.
51 Amm. 22,14,4. Übersetzung: O. Veh.
52 Stillwell a. O. (Anm. 28) 542 s. v. Magdalensberg (R. Noll).
53 F. Glaser, Das frühchristliche Pilgerheiligtum auf dem Hemmaberg (1991).
54 1. Kön 18,20-40.
55 Iambl. v. P. 3,15.
56 Skylax periplus 104.
57 Tac. hist. 2,78; Suet. Vesp. 5,6.
58 Mt 5,1-7,29; Lk 6,17-49.
59 Mt 17,1-9; Mk 9,2-10; Lk 9,28-36.
60 Mt 4,8-11; Lk 4,5-8.
61 Mt 26,30-46; Mk 14,26-42; Lk 22,39-46.
62 Mt 27,33-53; Mk 15,20b-39; Lk 23,33-49; Joh 19,17-30.
63 Duclos, L'histoire des Ariégeois I (1881) 178-179; J.-L. Pérès - J. Ubiergo, Montagnes Pyrénées (1973) 7.
64 Aeth. 1,2,6-1,3,8; 1,11,4.
65 Hieronymus epist. 108,13,6.
66 Theodoretos historia religiosa 13.
67 Schwarz a. O. (Anm. 1) 138.
68 Diog. Laert. 8,69. Übersetzung: O. Apelt.
69 Von Uslar a. O. (Anm. 7) 143 Nr. 5N21; 132 Nr. 4B98; 166 Nr. 6L39 und 6L36.
70 Strab. 11,5,6 (506).
71 1. Sam 26,20; Basilius epist. 14.
72 Xen. kyn. 12.
73 Opp. kyn. 2,36-37.
74 Plin. nat. 25,1,3.
75 Plin. nat. 37,10,27.
76 Jer 50,19; Hom. h. Hermes 231-232; Plat. Tht. 174D-E; Strab. 4,6,2 (202); Curt. 7,11,7.
77 Strab. 4,6,7 (205); 4,6,12 (208).
78 Hdt. 2,8; Strab. 17,1,34 (809); Plin. nat. 36,1,2; 36,1,22.
79 H. Cancik - H. Schneider (Hrsg.), Der Neue Pauly 2 (1997) 568-573 s. v. Bergbau (G. Weisgerber); RE I A (1920) 2080 s. v. Salz (Blümner).
80 Jes 40,16; Strab. 4,6,2 (202); Plin. nat. 16,76,197. M. H. Jameson in: J.-F. Bergier (Hrsg.), Montagnes, fleuves, forêts dans l'histoire. Barrières ou lignes de convergence? (1989) 9.
81 Aristoph. Ach. 321-349.
82 Plin. nat. 11,13,32-11,14,33.
83 Plin. nat. 19,19,55; 36,1,2.
84 Philostr. vita Ap. 2,8.
85 Plin. nat. 36,1,1-2. Übersetzung: R. König - J. Hopp.
86 Liv. 5,34,1-5,35,3.
87 R. M. Ogilvie, A Commentary on Livy Books 1-5 (1965) 702.
88 Liv. 5,34,2.
89 Liv. 5,33,2; Plut. Camillus 15; Dion. Hal. 13,10.
90 Plin. nat. 12,2,5. Übersetzung: R. König.
91 Liv. epit. 65. 68; Flor. 1,38; Plut. Marius 23.
92 Schwarz a. O. (Anm. 1) 163.
93 Xen. an.
94 Polyain. 4,2,8.
95 Polyain. 4,3,23.
96 Arr. an. 5,1,4-13.
97 Diod. 17,83,1; Curt. 7,3,5-17; Arr. an. 3,28,4; 4,22,4.
98 Diod. 4,19,3
99 Liv. 5,34.
100 Liv. 5,47,4.
101 Pol. 3,35,7.
102 Pol. 3,42,11.
103 Pol. 3,49-56; Liv. 21,32-37.
104 Pol. 3,56,4. Höhere Zahlen bei Liv. 21,38,4: 80.000 Fußsoldaten und 10.000 Reiter.
105 Liv. 27,39,1-9.
106 Strab. 4,1,5 (180).
107 Flor. 1,38,17; Orosius 5,17; Plut. Marius 27.
108 Sall. epist. Pomp. 4.
109 Caes. Gall. 1,10,3.
110 Cass. Dio 54,22.
111 Sidon. c. 5,510-552.
112 Pol. 11,34,11.
113 Schwarz a. O. (Anm. 1) 283-286.
114 Plin. nat. 4,1,14-15; Cass. Dio 60,9,1.
115 Curt. 7,11,1-19; Arr. an. 4,18,4-4,19,2.
116 Curt. 7,11,12; Arr. an. 4,18,7.
117 Arr. an. 4,19,1-2.
118 Arr. an. 4,21.
119 Liv. 28,20,1-4.
120 Sall. Iug. 92,5-94,5.
121 Pol. 5,70.
122 Ios. bell. Iud. 4,1,8 (54-61).
123 Ios. bell. Iud. 7,8,3-4 (285-303).
124 Ios. bell. Iud. 7,8,5-7,9,2 (280-406).
125 Jes 37,38.
126 Schol. Pind. Hyp. Pyth. b. d.
127 Hdt. 8,32,1; Diod. 11,14,1; Plut. Sulla 15,4.
128 Hdt. 8,32,1.
129 Hdt. 8,35-39, bes. 36.
130 Xen. an. 4,2,11-13.
131 Arr. an. 1,1,6-7.
132 Arr. an. 3,24,3; 4,24,6.
133 Arr. an. 4,28-30.
134 Frontin. 1,5,21; Flor. 2,8,3-4; App. civ. 1,14,116.
135 Plut. Crassus 9. Übersetzung: K. Ziegler.
136 Ios. ant. Iud. 14,6,2 (100).
137 Liv. 40,21,2. Übersetzung: H. J. Hillen.
138 Liv. 40,22,1-7.
139 Pol. 10,43-47; Ain. takt. 6,1. Tozer a. O. (Anm. 1) 328-335.
140 Thuk. 2,94 (vgl. Diod. 12,49,4); 3,80; 4; Arr. an. 4,29,2; Diod. 19,57,5; 19,97,1; Pol. 10,42,6-8 (vgl. Liv. 28,5,17).
141 Xen. an. 4,1,11; 4,4,9.
142 Keine Angabe, welche Art von Signal: Xen. hell. 6,2,33-35 (vgl. Polyain. 3,9,55); 7,2,5.
143 Hdt. 6,115.
144 Diod. 19,17,7.
145 Suet. Tib. 65,2.
146 Plut. Cato d. Ä. 13.
147 Plin. nat. 36,1,1. Übersetzung: R. König - J. Hopp.
148 Geminos elementa astronomiae 17,5; Plin. nat. 2,65,162.
149 Plin. nat. 2,65,162.
150 Plut. Aemilius 16,9.
151 1 Stadion = 600 Fuß. Bei Verwendung des attisch-ionischen Fußes von 29,5 cm ergeben sich 1787 m, bei Verwendung des dorischen Fußes von 32,6 cm 1987,3 m.
152 Plin. nat. 4,11,41.
153 Pol. 34,10 = Strab. 4,6,12. Übersetzung: H. Drexler.
154 Strab. 4,6,5 (203).
155 Plin. nat. 2,65,162. Übersetzung: R. König. Der Übersetzer hielt diesen Wert für durch Abschrift entstellt (S. 236).
156 Arr. per. p. E. 11,5.
157 Plin. nat. 3,20,117; Solin. 2,25.
158 Plin. nat. 2,112,244.
159 Strab. 4,1,3 (179).
160 Strab. 5,4,8 (247).
161 Pol. 24,3; Mela 2,17. Widerlegt von Strab. 7,5,1 (313); Liv. 40,22,5.
162 Strab. 12,2,7 (538).
163 Hdt. 1,72; Strab. 11,1,7 (492).
164 Strab. 6,2,8 (273-274).
165 Geminos elementa astronomiae 17,3.
166 Solin. 8,6; Aug. de genesi contra Manichaeos libri II 1,15,24.
167 Solin. 11,33; Mela 2,31.
168 Diod. 17,7,6.
169 Geminos elementa astronomiae 17,4.
170 Geminos elementa astronomiae 17,3. Übersetzung: C. Manitius.
171 Hdt. 4,184,3.
172 Plin. nat. 5,1,15; Cass. Dio 76,13,3.
173 Strab. 12,2,7 (538).
174 Strab. 7, fr. 33. 35.
175 Diod. 17,7,6.
176 H. A. Hadr. 13,3.
177 Diod. 17,7,6-7; Lucr. 5,661-663.
178 Plin. nat. 2,44,115. Übersetzung: R. König - G. Winkler. Vgl. Mela 1,39.
179 Plin. nat. 25,1,3.
180 G. Debon, Chinesische Dichtung. Geschichte, Struktur, Theorie (1989) 258.
181 Pease a. O. (Anm. 1) 295-296.
182 Philostr. vita Ap. 2,5.
183 Philostr. vita Ap. 2,5.
184 Petron. 88,4.
185 Phil. de providentia 2, 27 (639) = Eus. praeparatio evangelica 8,14,27 (391 b-c).
186 Pol. 3,48,12.
187 Schwarz a. O. (Anm. 1) 210. 227; J. Seibert, Gymnasium 95, 1988, 31-32.
188 Liv. 21,32,7-8; Curt. 7,3,6.
189 Strab. 4,6,6 (204); 4,6,7 (205).
190 Flor. 2,22. Übersetzung: H. Grassl.

191 H. Grassl, Grazer Beiträge 20, 1994, 195-211.
192 Hippokr. de aere 24,87. Übersetzung: H. Diller.
193 Eur. Ion 1266-1268.
194 RE XI (1922) 1449 s. v. Korykion antron (Pieske).
195 Plut. mor. 556-557; Suda s. v. Aisopos.
196 Aischin. 142; Demosth. 19,327; Paus. 10,2,4.
197 Diod. 16,28,3.
198 Val. Max. 1,8 ext. 8.
199 Strab. 14,1,39 (647).
200 Strab. 14,6,3 (683).
201 RE IV A (1932) s. v. 2330 Tarpeium saxum (Taubenschlag); Der Kleine Pauly 5 (1975) s. v. Tarpeium saxum (G. Radke).
202 Suet. Tib. 62,2.
203 Diog. Laert. 1,118. Hier sind auch andere Überlieferungen erwähnt. W. Schmid - O. Stählin, Geschichte der griechischen Literatur I,1, Handbuch der Altertumswissenschaft VII/I,1 (1929) 725 Anm. 8 hielten eine Verwechslung mit dem Tod des Äsop für möglich. Da keine Verwechslung von Todesstrafe und Selbstmord anzunehmen ist, wurde diese Überlieferung eher durch den Tod des Äsop angeregt.
204 Xen. an. 4,7,13-15.
205 Arr. an. 4,30,4. Übersetzung: G. Wirth.
206 Plin. nat. 2,106,227.
207 Plin. nat. 31,2,4.
208 Plin. nat. 31,21,32-33.
209 Plin. nat. 31,5,9.
210 Dion Chrys. or. 36,40.
211 Ex 24,18.
212 Strab. 7, fr. 33.
213 Strab. 11,5,6 (506).
214 Pol. 5,70,6.
215 Vitr. 2, Vorrede 2; Plut. Alexandros 72.
216 Strab. 14,1,23 (641); Lukian. pro imag. 9.
217 Suet. Cal. 21. Übersetzung: A. Lambert.
218 H. Mielsch, Die römische Villa (1987) 143-148.
219 Plin. nat. 7,2,22. Übersetzung: R. König - G. Winkler.
220 Plin. nat. 7,2,27. Übersetzung: R. König - G. Winkler.
221 Theodoretos historia ecclesiastica 4,28; Theodoretos historia religiosa 1; 11; 12; 13; 23. Schwarz a. O. (Anm. 1) 142-143; Bibliotheca Sanctorum XI (1968) 1142 s. v. Simeone, Stilita, il Giovane, santo (D. Stiernon).
222 Theodoretos historia religiosa 13. Übersetzung: K. Gutberlet.
223 Basilius epist. 14.
224 Theodoretos historia religiosa 23. Übersetzung: K. Gutberlet.
225 Debon (1989) a. O. (Anm. 180) 246.
226 Vitr. 2, Vorrede 2: Deinokrates; Strab. 14,1,23 (641): Cheirokrates; Plut. Alexandros 72: Stasikrates.
227 S. Anm. 215-216.
228 Lukian. hist. 12.
229 Lukian. pro imag. 9.
230 Vitr. 2, Vorrede 3.
231 Diod. 17,83,1. Vgl. Curt. 7,3,22; Arr. an. 5,3,2.
232 Paus. 1,21,3. Übersetzung: E. Meyer.
233 Arr. per. p. E. 1,1.
234 Xen. an. 4,7,21.
235 RE V A (1934) s. v. Theches (W. Ruge).
236 H. A. Hadr. 13,3. Übersetzung: E. Hohl.
237 Strab. 6,2,8 (273-274).
238 Gemmelaro, zitiert von Friedländer a. O. (Anm. 1) 484; Pease a. O. (Anm. 1) 294 (mit Vorbehalt).
239 Sen. ep. 79,2.
240 Sen. ep. 79,4.
241 H. A. Hadr. 14,3. Übersetzung: E. Hohl.
242 Diod. 2,13,3.
243 Strab. 13,4,5 (625).
244 Solin. 5,12.
245 Strab. 12,2,7 (538).
246 F. H. Tozer, Turkish Armenia and Eastern Asia Minor (1881) 125.
247 Zweifel äußerten W. Lehner, Die Eroberung der Alpen (1924) 24; Fehling a. O. (Anm. 1) 53.
248 Tozer a. O. 126-127.
249 Philostr. vita Ap. 2,4-5. Der Hindukusch wird hier Kaukasos genannt.
250 Pol. 34,10,15.
251 Paus. 10,32,7.
252 G. Debon, Mein Haus liegt menschenfern doch nah den Dingen. Dreitausend Jahre chinesischer Poesie (1988) 159.
253 G. Holzwarth in: A. Eggebrecht (Hrsg.), China. Eine Wiege der Weltkultur (1994) 165.
254 Debon (1989) a. O. (Anm. 180) 235-236 Nr. 40.
255 Fehling a. O. 53-54 Anm. 216. Dagegen über Hadrian: W. Weber, Untersuchungen zur Geschichte des Kaisers Hadrianus (1907) 197: «rein naturwissenschaftliches Interesse».
256 Anth. Pal. 6,332.
257 Plut. Marius 23. Übersetzung: K. Ziegler.
258 Philostr. vita Ap. 2,8.
259 Paus. 9,3,7.
260 Polyain. 4,3,23.
261 Arr. an. 4,28,3.
262 Arr. an. 4,21,2. Übersetzung: G. Wirth.
263 Liv. 21,37,2-3. Übersetzung: J. Feix.
264 Arr. an. 3,18,1.
265 Strab. 4,6,6 (204). Übersetzung: A. Forbiger.
266 Schwarz a. O. (Anm. 1) 96.
267 Arr. an. 4,29,7-4,30,1.
268 Curt. 7,11,15. Übersetzung: J. Sibelis - H. Weismann - G. John. Vgl. Arr. an. 4,19,1-2.
269 Liv. 28,20,3-4.
270 Sall. Iug. 94,2.
271 Plut. Crassus 9.
272 Sall. Iug. 94,1.
273 Xen. an. 4,5,36.
274 Amm. 15,10,4.
275 Amm. 15,10,5. Übersetzung: W. Seyfarth.
276 Strab. 11,14,4 (528). Übersetzung: A. Forbiger.
277 Diod. 17,82,7; Curt. 7,3,13.
278 Xen. an. 4,5,13.
279 Caes. Gall. 7,8,2.
280 Strab. 11,5,6 (506). Übersetzung: A. Forbiger.
281 Arrian, FGrH II B 876 Nr. 156 F 153. Zu den Schneeschuhen: K. Meuli, Gesammelte Schriften II (1975) 779-797.
282 Tozer a. O. (Anm. 1) 316.
283 A. Szesny in: Eggebrecht a. O. (Anm. 253) 209.
284 Strab. 11,5,6 (506).
285 Plut. Marius 23.
286 Strab. 10,2,9 (452).
287 Auf detaillierte Literaturangaben wird hier verzichtet. Sie finden sich in den Artikeln zu den einzelnen mythologischen Figuren und Bergen in RE sowie in: W. H. Roscher (Hrsg.), Ausführliches Lexikon der griechischen und römischen Mythologie (1884-1886).
288 Roscher a. O. II,2, 2108-2128 s. v. Lokalpersonifikationen, Ortsgottheiten (H. Speuding).
289 Lukian. contemplantes.
290 Diod 3,60,4.
291 Aischyl. Ag. 281-317.
292 W. Elliger, Die Darstellung der Landschaft in der griechischen Dichtung (1975) 89.
293 Theokr. 7,109-114. Übersetzung: F. P. Fritz.
294 Griechisch: skopiá; lateinisch: specula. Hom. Il. 4,275-276; 5,770-771; Hom. Od. 10,97; Verg. Aen. 10,454-455; 11,526-527; Verg. ecl. 8,59-60.
295 Aristoph. Nub. 280-290.
296 Ap. Rhod. 3,158-166.
297 Ap. Rhod. 1,1112-1116.
298 Pacuvius Chryses 9,95. Übersetzung: D. Fehling.
299 Plin. epist. 5,6,13. Übersetzung: R. Förtsch.
300 Aug. conf. 10,8,15. Übersetzung: H. Nachod – P. Stern.
301 Aeth. 1,3,8; 1,12,3-11.
302 Cic. nat. 2,98. Übersetzung: W. Gerlach - K. Bayer.
303 Cic. nat. 2,161. Berge als Begrenzung des Horizonts: Plin. epist. 2,17,5. Hinweise, daß der Genuß des Anblickes von Bergen nicht jedermanns Sache ist: Cic. Lael. 19,68; Cic. leg. 2,1,2.
304 Ausnahme: Sen. de tranquillitate animi 2,13.
305 Lukr. 5,39-42. Übersetzung: K.Büchner.
306 Verg. Aen. 12,701-703. Übersetzung: J. Götte.
307 Verg. Aen. 3,571-577. Übersetzung: J. Götte.
308 RE I (1894) 1610 s. v. Alpes (Partsch).
309 Sil. 3,477-493. Übersetzung: H. Rupprecht.
310 Liv. 21,32,7-8. Übersetzung: J. Feix
311 Debon (1989) a. O. (Anm. 180) 93.
312 Debon (1988) a. O. (Anm. 252) 153.
313 Debon (1989) a. O. 94.
314 Debon (1988) a. O. 153.
315 Debon (1989) a. O. 93.
316 Debon (1988) a. O. 153.
317 Debon (1989) a. O. 235-236 Nr. 40.
318 Aristoph. Lys. 117-118.
319 Catull. 105. Übersetzung: W. Eisenhut.
320 Mt 5,14.
321 M. Aur. 10,15. Übersetzung: A. Wittstock.
322 Tozer a. O. (Anm. 1) 319.
323 K. Ziak, Der Mensch und die Berge. Eine Weltgeschichte des Alpinismus (21956) 10.
324 Ebda. 13.
325 K. Lukan, Alpenwanderungen in die Vorzeit zu Drachenhöhlen und Druidensteinen, Felsbildern und Römerstraßen (1965) 20.
326 Pease a. O. (Anm. 1) 290.
327 Fehling a. O. (Anm. 1) 52-58, bes. 58.
328 Curt. 7,11,7.
329 Philostr. vita Ap. 2,5.
331 Strab. 11,5,6 (506).
332 Paus. 10,32,7.
332 Hippolyt in Pentateuchum. Ad Genes. 8,1 (709C-D).
333 Sil. 3,500-502.
334 z. B. Schwarz a. O. (Anm. 1) 465; A. Zschokke, Jahrbuch des Schweizer Alpenclub 32, 1896-1897, 208; W. A. B. Coolidge, Josias Simler et Les origines de l'Alpinisme (1904) S. XXXI. XXXV; Lehner, a. O. (Anm. 246) 41. 43; Ziak a. O. (Anm. 323) 30; T. Hiebeler, Lexikon der Alpen (1977) 425.
335 R. Oppenheim, Die Entdeckung der Alpen (1974) 26.
336 Eine andere Einschätzung Petrarcas legt auch die Analyse seines Berichtes nahe: G. Billanovich, Italia medievale e umanistica 9, 1966, 389-401. Deutsche Übersetzung: ders. in: A. Buck (Hrsg.), Petrarca (1976) 444-461.

Yeti mit Reinhold Messner. Die Bilder zum folgenden Beitrag stammen von dem österreichischen Zeichner Andreas Breinbauer.

Aus der Geschichte eines Höhenflugs

Bergsteigen und Alpenverein im 20. Jahrhundert.
Ein Überblick unter besonderer Berücksichtigung des deutschsprachigen Mitteleuropa. Von Fritz März

Ein rundes Datum

fordert geradezu heraus, Rückblick auf das Vergangene zu halten – vorausgesetzt, es lohnt sich zurückzublicken. Das kann man bei der Entwicklung, die das Bergsteigen im nun abgelaufenen Jahrhundert genommen hat, mit Fug und Recht annehmen.

Alpinistisch wurde das neue Jahrhundert mit einer sportlichen Großtat eröffnet: der ersten freien Ersteigung des Dent du Géant (4041 m) in der Montblanc-Gruppe durch die österreichischen Bergsteiger Th. Maischberger, H. Pfannl und F. Zimmer. Zwar war der Gipfel schon 1882 durch W. W. Graham mit dem Führer Payot erstiegen worden, doch unter Verwendung von Leitern, Seilen und Stiften, also künstlichen Hilfsmitteln. A. Mummery, der mit Burgener 1880 einen Versuch unternommen hatte, bezeichnete den Gipfel als «absolut unersteiglich mit fairen Mitteln». Diese «fair means», werden uns auch im 20. Jahrhundert noch hinreichend beschäftigen.

Das Bergsteigen hat immer schon eine enge Verbindung mit der Wissenschaft; so sei die Eröffnung der Metereologischen Station auf der Zugspitze im Jahr 1900 erwähnt. Erster Beobachter war der Spitzenbergsteiger J. Enzensperger, der im Jahr darauf bei einer Antarktisexpedition ums Leben kam. Alldieweil die Bergsteiger seit jeher erzählfreudig und alpinliterarisch interessiert waren, erschien ab 1900 in München auch die *Deutsche Alpenzeitung*, die in der ersten Hälfte des Jahrhunderts zur wichtigsten deutschsprachigen alpinen Zeitschrift wurde.

Die Entwicklung des Bergsteigens im 19. Jahrhundert ging vornehmlich von England aus. Es sei hier nur der Ersteersteiger des Matterhorns (1865), E. Whymper, genannt. London war die Welthauptstadt der Bergsteigerei. Zu Ende des 19. Jahrhunderts wurde diese nach Ansicht eines maßgeblichen Chronisten von der Themse an die Isar, nach München, verlegt, wobei nicht übersehen werden soll, daß es auch andere bedeutende Zentren des Alpinismus wie Wien, Mailand, Dresden oder Turin gab, während Freiburg zu einer Urzelle des alpinen Skilaufs wurde. Damit ist zugleich gesagt, daß das Bergsteigen meist eine Sache der Städter war. Die Gebirgler konnten erst langsam als ortskundige Führer und Träger für die Herren aus der Stadt (Damen waren unter den Bergsteigern noch die Ausnahme) wie auch als Wirte durch die Bergtouristen zu Nebenverdienst kommen. Nur wenige, etwa die Mitbegründer des Deutschen Alpenvereins, der Großkaufmann J. Stüdl aus Prag und der Pfarrer F. Senn aus Vent, sahen Notwendigkeit und Segen des Tourismus für die Bergregionen voraus.

Wenn auch 1865, im Jahr der Matterhorn-Erstersteigung, der Mooresporn am Montblanc erstmals begangen wurde, so war doch zunächst die Erreichung des Gipfels auf dem möglichst einfachsten Weg vorrangiges Ziel. Nachdem die meisten Gipfel der Alpen erstiegen waren (1906 der letzte Viertausender der Alpen, der Mont Brouillard im Montblanc-Massiv, durch K. Blodig und O. Eckenstein mit dem Bergführer Brocherel), wandte man sich den Graten und Wänden zu. Das Bergsteigen nahm eine mehr sportliche Richtung an, wiewohl im Geiste der Pioniere der Eroberungsdrang noch vorherrschte. Auch setzte sich das führerlose Bergsteigen durch. So kletterte P. Preuß die Ostwand der Guglia di Brenta (Campanile alto) allein und ohne Verwendung künstlicher Hilfsmittel. 1912 durchkletterten H. Dülfer und W. Schaarschmidt erstmals die Fleischbank-Ostwand im Wilden Kaiser, allerdings unter sehr maßvoller Verwendung von künstlichen Hilfsmitteln. Dülfer durchstieg im Alleingang den Dülferriß im Wilden Kaiser, was erst Jahrzehnte später von H. Rebitsch wiederholt wurde. 1913 durchkletterte die führerlose Partie Dülfer und W. v. Redwitz die Totenkirchl-Westwand auf direktem Weg. Auch in den Westalpen griff das führerlose Bergsteigen immer mehr um sich. Beispielhaft sei der Name H. Pfann genannt.

Über die Verwendung von Hilfsmitteln, Haken und Seilen, gab es bereits heftige Diskussionen, die in einem denkwürdigen Ausspracheabend in der Sektion Bayerland in München gipfelten. Dülfer und Preuß waren die Wortführer, wobei Preuß Hilfsmittel kategorisch ablehnte und nur für den Notfall akzeptieren wollte. Preuß stürzte einige Zeit später tödlich ab. Übrigens wurden die Haken durch O. Herzog erst richtig verwendbar. Er kam auf die Idee, Feuerwehrkarabiner zu verwenden. Vorher mußte man sich umständlich aus- und wieder anseilen, wenn man sich per Haken sichern wollte.

Schwierigkeiten

Empfand H. Delago 1895 seinen Weg auf den nach ihm benannten Turm in der Rosengartengruppe, nach heutiger

Bewertung teilweise V- (Delagokamine), als die Obergrenze der Schwierigkeit, so liegt sie heute beim XI. Grad – dies aber unter ganz anderen Voraussetzungen, was die Sicherungstechnik und die Ausrüstung betrifft. Etliche Leistungen aus der Zeit der letzten Jahrhundertwende erheischen heute noch Respekt: So die Begehung der Predigtstuhl-Ostwand, IV+, durch L. Distel und C. Herr 1899, die Ersteigung der Guglia di Brenta (Campanile Basso) durch K. Berger und O. Ampferer (1899), ebenfalls ein guter Vierer, während im gleichen Jahr E. Spötl und K. Grissemann die Nordwand des Kleinen Solsteins im Karwendel bezwangen (heute V-). In der gleichen Schwierigkeit liegt der Südkamin der Südlichen Wolfebnerspitze in den Allgäuer Alpen (v. Cube und A. Schulze), während E. Spötl, O. Melzer und K. Berger mit der Nordwand des Pflerscher Tribulans einen glatten Fünfer meisterten.
Das alles wurde meist mit Nagelschuhen, manchmal mit Steigeisen und, wenn es haarig wurde, in Strumpfsocken unternommen. Auch Dachdeckerschuhe fanden Verwendung. Daß der Manchonfilz von den Druckmaschinen eine brauchbare Klettersohle abgab, wurde erst später entdeckt; er wurde um 1950 vom Gummi abgelöst.
Die Entwicklung des Bergsteigens beschränkte sich nicht auf die Alpen. Kurz vor der Jahrhundertwende erstieg der Schweizer Bergführer M. Zurbriggen in Südamerika den fast 7000 m hohen Aconcagua. 1907 erreichte der Engländer T. G. Longstaff mit den Brüdern Brocherel den Gipfel des Trisul, 7120 m, im indischen Himalaya. Der Herzog der Abruzzen unternahm 1909 eine Expedition zum zweithöchsten Berg der Erde, dem K2, bei der der damals beste Bergfotograf, V. Sella, den ersten Expeditionsfilm drehte.
Der Begründer des deutschen Auslandsbergsteigens war der einer Reederfamilie entstammende W. Rickmer Rickmers, der zu Ende des 19. Jahrhunderts den Kaukasus und Armenien bereiste und bis lange nach dem Krieg Expeditionen organisierte und führte. Nebenbei war er auch einer der ersten Skipioniere und Gründer des «Skiclub of Great Britain» in Davos.
Der aus Norwegen stammende Skilauf hielt in dieser Zeit Einzug in den Alpen. Nachdem 1898 der Monte Rosa als erster Viertausender der Alpen erstiegen worden war, fand 1900 die erste deutsche Meisterschaft in den nordischen Disziplinen am Feldberg statt und 1905 der erste Torlauf, noch mit Einstocktechnik. M. Zdarsky in Lilienfeld (Niederösterreich) und W. Paulcke in Freiburg waren die Hauptprotagonisten des neuen Sports. Paulcke hielt 1901 in St. Anton einen ersten Skikurs. Im gleichen Jahr stiftete General Roberts, der Earl of Kandahar, den Siegespokal für das Wildstrubelrennen.
Ein auch noch so kurzer Überblick über diese Entwicklung wäre unvollständig, ohne einen Blick auf die außeralpinen Klettergebiete, insbesondere die Sächsische Schweiz, das Elbsandsteingebirge zu werfen. Hier entwickelte sich früh eine hochstehende Kletterethik, und viele Elbsandsteinkletterer leisteten in hohen Gebirgen Erhebliches. Auch im Frankenjura wurde schon um die Jahrhundertwende geklettert.

Der Alpenverein,

1863 in Wien als Österreichischer Alpenverein, 1869 in München als Deutscher Alpenverein gegründet, wurde 1873 zum Deutschen und Österreichischen Alpenverein vereinigt. Der Verein in zwei Staaten, ein Unikum, das es sonst nirgendwo in dieser Form gab, bestand bis 1938. Seine Hauptaufgabe sah er in der Erschließung der Alpen durch Hütten und Wege. Die meisten deutschen Sektionen bauten ihre Hütten mangels eigener Gebirge in Österreich, vornehmlich in Westösterreich und dem heutigen Südtirol. Die meisten Hütten und vor allem die Wege – 40.000 Kilometer – bilden dort heute das Rückgrat des Breitenbergsteigens. Der Schweizer Alpenclub, der Club Alpino Italiano und der Club Alpin Français schufen in ihren Tätigkeitsgebieten Vergleichbares. 1895 wurde die Sektion Bayerland, aus Protest gegen die vermeintliche Übererschließung, zur Pflege des Bergsteigens schärferer Richtung gegründet, wie schon vorher der Akademische Alpenverein München (AAVM) und 1878 der Österreichische Alpenklub (ÖAK) in Wien.
Die Mitgliedschaft des Alpenvereins, vornehmlich Herren, setzte sich aus den sogenannten besseren Kreisen zusammen, Freiberufler, Lehrer, Offiziere, Beamte, Angestellte und Unternehmer. Das ist leicht erklärlich: Für den Arbeiter oder den kleinen Angestellten betrug die wöchentliche Arbeitszeit sechzig Stunden. Also mußte auch am Samstag zehn, später acht Stunden gearbeitet werden.
Besonders fortschrittliche Unternehmer führten vor dem ersten Weltkrieg den freien Samstagnachmittag ein. So kam es 1895 in Wien zur Gründung der Naturfreunde und 1905 zu einer solchen in München. Hier waren nicht nur die Arbeiter zusammengeschlossen, die bergsteigen wollten. Das Ziel der Naturfreunde war es, allen Arbeitern, die Freizeitaktivitäten nachgehen wollten, eine gesellschaftliche Basis zu bieten.
Der Erste Weltkrieg setzte dem zivilen Bergsteigen ein Ende. Viele der Bergsteiger waren national eingestellt und meldeten sich freiwillig zu den Waffen. Nach dem Kriegseintritt Italiens 1915 kam es zu einem Gebirgskrieg von bis dahin unvorstellbarer Dimension. Mehr Männer kamen durch Lawinen als durch Waffen zu Tode, 16.000 allein im schneereichen Winter 1916/17. Ganze Bergmassive wie der Col di Lana (Col di sangue, Blutberg nennen ihn die Italiener) oder der Pasubio wurden in die Luft gesprengt. Schließlich waren die Italiener bei den Siegern und erhielten Südtirol und 95 dort gelegene Hütten des DuÖAV, die zum Teil zerstört waren. Die Hütten fielen an den CAI, den italienischen Alpenklub. Heute ist der Verlust verschmerzt, es ist gleichgültig, ob man

auf einer Hütte des DAV, ÖAV oder des CAI ist, man ist unter Bergsteigern.
Nach dem Krieg begannen die Bergsteiger, soweit sie den Krieg überlebt hatten, wieder bergzusteigen. Viel hatte sich nicht geändert. Die Ausrüstung blieb praktisch gleich. Die Bekleidung wurde vielleicht etwas funktioneller. Die Krawatte gehörte nicht mehr zur Ausrüstung des männlichen Bergsteigers, und auch die weiblichen trugen Hosen. Als erfolgreiche Bergsteigerin dieser Zeit sei Eleonore Noll-Hasenklever genannt. Es dauerte weit in die zweite Hälfte des 20. Jahrhunderts hinein, bis die Frau als ebenbürtige Bergsteigerin anerkannt wurde.
Eine neue Entwicklung bahnte sich durch die Erfindung des Eishakens an, mit dessen Hilfe W. Welzenbach und F. Rigele die Nordwestwand des Wiesbachhorns bezwangen. Welzenbach war ein führender Bergsteiger dieser Epoche. In den Ostund noch mehr in den Westalpen gelangen ihm viele Erstbegehungen großer Eis- und Felswände, etwa die direkte Nordwand der Dent d'Hérens im Wallis. Die Erstbegehung der Fleischbank-Südostwand im Wilden Kaiser durch F. Wiessner und R. Rossi brachte in der Form des Seilzugs am Rossi-Überhang ein Novum.
Große Felswände wurden in diesen Jahren durchstiegen, etwa die Civetta-Nordwestwand (E. Solleder, G. Lettenbauer), der Marmolata-Südwestpfeiler (L. Micheluzzi, D. Christomannos, R. Perathoner) oder die Nordwand der Großen Zinne (E. Comici, A. und G. Dimai). 1935, im Jahr, in dem die Großglockner-Hochalpenstraße eröffnet wurde, durchstiegen R. Cassin und V. Ratti die Nordwand der Westlichen Zinne, damals die schwierigste Kletterei überhaupt. Welzenbach hatte die alte Schwierigkeitsskala mit ihren fünf Graden gründlich überarbeitet und eine sechsstufige Skala eingeführt,

bei der jeder Grad in minus, «normal» und plus unterteilt war. Die Brüder Schmid durchstiegen die Matterhorn-Nordwand; dafür erhielten sie bei den Olympischen Spielen 1932 eine Goldmedaille. R. Cassin, Esposito und V. Ratti bewältigten die Nordostwand des Piz Badile, wobei sie in der Wand ihre Landsleute Molteni und Valsecchi einholten und sich mit ihnen zusammenschlossen; diese beiden starben nach Erreichen des Gipfels an Erschöpfung. 1938 lösten A. Heckmair, W. Vörg, F. Kasparek und H. Harrer mit der Durchsteigung der Eiger-Nordwand eines der letzten großen Probleme der Alpen. Acht Bergsteiger hatten vor ihnen bei Ersteigungsversuchen ihr Leben gelassen. R. Cassin, Esposito und Tizzoni bezwangen den Nordpfeiler der Grandes Jorasses (Walker-Pfeiler), die G. Rebuffat als die ernsthafteste Tour der Alpen bezeichnet.

Viele Spitzenbergsteiger waren in den dreißiger Jahren arbeitslos und führten ein Leben als Bergvagabunden. Das Buch *Bergvagabunden* von Hans Ertl mit Walter Schmidkunz als Ghostwriter war lange Zeit ein Kultbuch wie auch *Junger Mensch im Gebirg* von Leo Maduschka, der dem AAVM angehörte, ein Verein, der damals eine unerhörte Leistungsdichte aufwies.

F. Wiessner, der im Elbsandsteingebirge und in den Alpen so erfolgreiche Kletterer, wanderte Ende der zwanziger Jahre nach Amerika aus und trug das Ideengut des Freikletterns, wie es im Elbsandstein bis heute gepflegt wird, in die Neue Welt. Er wurd dort zu einem führenden Bergsteiger (1936 Ersteigung des Mount Waddington, des mit 4042 m höchsten Berges in der Küstenkette British Columbias). In Amerika entwickelte sich, maßgeblich von Wiessner beeinflußt, die Bewegung des Freikletterns, die nach dem 2. Weltkrieg nach Europa «zurückkehrte». Wiessner nahm 1932 an der deutsch-österreichischen Nanga-Parbat-Expedition teil und leitete 1939 die amerikanische K-2-Expedition, bei der er mit Pasang Dawa Lama die Höhe von 8382 m erreichte.

Expeditionen

Damit sind wir im Expeditionsgeschehen. Anfang der zwanziger Jahre versuchten die Engländer, den Mount Everest, den höchsten Berg der Welt, zu besteigen und setzten ihre Versuche unverdrossen fort, bis sie 1953 am Ziel waren. Ein Rätsel gibt die englische Expedition von 1924 auf: Waren ihre stärksten Männer, G. Mallory und A. Irvine, am Gipfel? Jedenfalls müssen sie sehr hoch gekommen sein; sie wurden von unten in etwa 8500 Metern zum letzten Mal gesichtet, eine unglaubliche Leistung mit der damaligen Ausrüstung. 75 Jahre später, 1999, fand eine Suchexpedition in 8240 m Höhe die Leiche Mallorys. Er muß gestürzt sein und sich dabei ein Bein gebrochen haben. Aufklärung erhofft man sich von der Kamera, einer Kodak, die man bisher nicht gefunden hat. Die Mehrzahl der Fachleute ist der Meinung, die beiden hätten den Gipfel nicht erreicht, so daß Hillary und Tensing tatsächlich die Erstersteiger sind. Diese konnten, nachdem sich Nepal Fremden geöffnet hatte, auch die günstigere Route von Süden her benützen.

1929 führt der Münchner Notar P. Bauer eine erste Expedition zum Kangchendzönga und erreichte über den schwierigen Nordostsporn 7400 m, wobei er einen neuen Expeditionsstil kreierte. Die Expedition mußte den schwierigen Weg über Sikkim nehmen, da, wie erwähnt, das Königreich Nepal, das die leichteren Anstiege geboten hätte, Fremden damals hermetisch verschlossen war. 1931 versuchte Bauer ein zweites Mal den Kantsch, wie er in Bergsteigerkreisen genannt wird. Man erreicht den Sporngipfel, 7700 m. E. Allwein, enger Freund Bauers und bei seinen Expeditionen dabei, erreichte 1928 mit der deutsch-russischen Pamir-Expedition den Pik Lenin, 7124 m. Eine russische Expedition erreichte mit W. Je. Abalakow 1931 den höchsten Berg der Sowjetunion, den Pik Kommunismus, 7482 m. Nachdem schon 1932 eine deutsch-österreichische Expedition am Nanga Parbat gewesen war, versuchte es eine weitere 1934 nochmals, mit tragischem Ausgang. A. Drexel, W. Merkl, W. Welzenbach, U. Wieland und sechs Träger fanden den Tod. 1936 erstieg eine englisch-amerikanische Expedition den heiligsten Berg Indiens, die Nanda Devi (7816 m). N. E. Odell und H. W. Tilman erreichten den Gipfel. 1937 wurde der höchste Gipfel des Tien-Schan-Gebirges, der Pik Pobjeda (7439 m), von einer sowjetischen Expedition erstiegen.

1937 kam es dann am Nanga Parbat zu einer großen Katastrophe. Die von der Deutschen Himalayastiftung entsandte Expedition wurde von einer Riesenlawine verschüttet. Sieben Bergsteiger und neun Sherpas fanden den Tod. Eine kleine Bergungsexpedition unter Bauer flog sofort nach Indien, um die Kameraden wenigstens zu bergen und im Eis würdig zu begraben.

Die Ski- und Bergfilme Arnold Fancks trugen viel zur Verbreitung vor allem des alpinen Skilaufes bei. Auch die Bergfilme Luis Trenkers popularisierten den Alpinismus.

Aus dem Leben der Vereine

Der Deutsche und Österreichische Alpenverein leckte sich während der 20er und 30er Jahre die Wunden, die ihm der Krieg durch den Verlust von Hütten und den Kriegstod vieler Mitglieder geschlagen hatte. Den Verlust der Hütten versuchte man, soweit es die schlechten wirtschaftlichen Verhältnisse gestatteten, durch Neubauten im verbliebenen Gebiet auszugleichen. Zugleich fand eine Rückbesinnung auf bergsteigerische Grundsätze statt. Die Nürnberger Grundsätze 1919 und vor allem die Tölzer Richtlinien 1923 sollten dem einfachen Leben der Bergsteiger gerecht werden. Schon vor der Jahrhundertwende hörte man Klagen über zuviel Luxus auf den Hütten, wenn die alten Strohlager durch Matratzen

ersetzt wurden. Der Bergsteiger hatte hart, genügsam und bescheiden in seinen Ansprüchen zu sein – vor allem in seinen hygienischen, meinen manche heute noch.
1920 wurde aus dem Alpenverein heraus die Bergwacht gegründet; zunächst um dem wilden Treiben in den Bergen (Pflanzen- und andere Räubereien) Einhalt zu gebieten. Bald wurde sie zur Rettungsorganisation. Von 1925 an gab ihr durch Jahrzehnte Ludwig Gramminger, genannt Wiggerl, die meisten Impulse.
Nicht wenige meinten in diesen Jahren, der Bergsteiger solle völkisch-national eingestellt sein. Damit sind wir bei einem dunklen Kapitel in der Geschichte des Alpenvereins. 1921 hatte der hervorragende Bergsteiger und üble antisemitische Hetzer E. Pichl, ein österreichischer Beamter, in Wien durchgesetzt, daß die «Ursektion» Austria, aus der einst der Österreichische Alpenverein hervorgegangen war, in ihren Statuten den Arierparagraphen einführte. Daraufhin schlossen sich die Juden aus der Sektion Austria und anderen in Wien zur Sektion Donauland zusammen. Nun wogte jahrelang der Kampf um den Ausschluß dieser Sektion aus dem DuÖAV, der schließlich 1924 durchgesetzt wurde, gegen die Zusicherung eines achtjährigen «Waffenstillstandes» wegen des Arierparagraphen. Zahlreiche Sektionen in Deutschland und Österreich führten in ihren Satzungen den Arierparagraphen ein. Doch muß auch gesagt werden, daß sich viele Persönlichkeiten und Sektionen energisch gegen diesen Ungeist wehrten. (Zur Geschichte der Alpenvereine in den dreißiger und vierziger Jahren vergleiche den ausführlichen Beitrag von Helmuth Zebhauser im Jahrbuch *Berg '98*.)
1932 wurde in Chamonix die UIAA, ein Zusammenschluß aller Bergsteigervereine, gegründet. Sie war zunächst auf Europa beschränkt. Einige Vereine, in deren Ländern Bergstei-

Kompromißlos solo:
Hermann Buhl kämpft sich durch.

gen eine gewisse Tradition hatte, wie der American Alpine Club in den USA, schlossen sich an.
Wieder zog ein Krieg durch Europa, der Millionen das Leben kostete, die Gesundheit, die Heimat. Die Alpen schienen noch am ehesten ein Refugium zu sein und wurden aufgesucht, wann und wo es nur ging, trotz aller Beschränkungen. 1943 durchstiegen H. Buhl, der Urlaub vom Militär hatte, diesen überzog und deshalb in den «Bau» wanderte, W. Weiß und H. Reischl erstmals die Westwand der Maukspitze, die damals schwierigste Tour im Wilden Kaiser.
Kaum war der Krieg zu Ende, zogen die Bergsteiger, die ihn halbwegs heil überstanden hatten, mit den jungen, die der Krieg gerade noch gestreift hatte, wieder in die Berge. Für die deutschen Bergsteiger war der Raum eng geworden. Alle Grenzen waren geschlossen, und selbst um in den kleinen verbliebenen Alpenraum zu gelangen, bedurfte es größerer Findigkeit. Ausrüstung gab es nicht zu kaufen, so benützte man die alten Sachen und trotzte dem Hunger. Die Kleidung war manchmal so abgerissen, daß man die Kletterer für Banditen hielt. Das Oberreintal im Wettersteingebirge war damals das Dorado der Kletterer. Knapp jenseits der Grenze tat sich Bedeutendes: H. Rebitsch durchkletterte mit S. Spiegl und K. Rainer die Direkte Nordwand der Lalidererspitze im Karwendel und am selben Berg mit F. Lorenz die Nordverschneidung; damals mit VI+ bewertet, weil es keinen höheren Grad gab. Heute wird die Route – freigeklettert – mit VII beurteilt.
Die Bergsteiger fanden bald heraus, wie man über die Grenzen kam. So kletterten deutsche Bergsteiger wieder im Wilden Kaiser, in den Hohen Tauern und den Dolomiten, schwarz sozusagen, ohne Paß und Visum. Das Risiko, erwischt und eingelocht zu werden, nahm man in Kauf. Der blutjunge M. Schließler schlich sich durch alle Grenzen bis zum Mont Blanc, wo er mit H. Buhl den Peutereygrat in einer Art Wettrennen schaffte. 1946 war es auch, als J. Salathé und A. Nelson die Südwestwand des Half Dome im Yosemite-Tal in 20 Stunden Kletterzeit bezwangen. Es war der Auftakt für die moderne Big-Wall-Technik, die großen Einfluß auf das gesamte Bergsteigen gewinnen sollte.
Geändert hatte sich an der Ausrüstung bisher wenig. Man ging fast wie vor dem Krieg, ja wie zu Dülfers Zeiten; höchstens daß man einen Tricouni-Beschlag an den Bergschuhen hatte, wenn man sich das leisten konnte. Dann kamen die Gummisohlen auf, und die Seile wurden statt aus Hanf aus Nylon oder Perlon hergestellt, eine gewaltige Zunahme der Sicherheit.
Und dann begann die Eisenzeit. Die Schwierigkeit der Routen nahm zu. W. Bonatti war einer derjenigen, der mit anspruchsvollen Technorouten (Capucin-Ostwand, Bonatti-Pfeiler) Alpingeschichte schrieb. Aufsehen erregte die erste Begehung der Direkten Nordwand der Großen Zinne durch L. Brandler, D. Hasse, J. Lehne und S. Löw. Das war der Anfang der Direttissima-Ära. Die vier hatten Bohrhaken – wie andere vor ihnen – verwendet, was von vielen scharf gerügt wurde. Doch hatten sie künstliche Hilfsmittel so sparsam eingesetzt, daß Freikletter-Schwierigkeiten zu meistern waren, deretwegen Wiederholer empfahlen, den VII. Schwierigkeitsgrad einzuführen. Das Rüstzeug dazu hatten die Erstbegeher sich in der «Sächsischen Schweiz» geholt, aus der sie stammten. Wenn man sagt, man habe sich in der Folgezeit einfach die Wände hochgenagelt, so mag das für manche Route stimmen; insgesamt ist es sicher eine unzulässige Vereinfachung.

In den Bergen der Welt

Zwischen 1950 und 1964 wurden alle 14 Achttausender erstiegen. Den Anfang machten 1950 die Franzosen M. Herzog und L. Lachenal mit der 8091 m hohen Annapurna. 1953 standen die Engländer auf ihrem lang umworbenen Everest (8848 m). Unter der Leitung von J. Hunt erreichten E. Hillary und Tenzing Norgay den Gipfel. Im gleichen Jahr machte H. Buhl seinen unvergleichlichen Alleingang auf den Nanga Parbat (8125 m) im Rahmen einer deutsch-österreichischen Expedition unter der Leitung K. Herrligkoffers. Letzterer war in dieser Ära sicher der erfolgreichste deutsche Expeditionsleiter. Allerdings war er menschlich so schwierig, daß es laufend Ärger bei seinen Expeditionen gab. Die Ersteigung der 8000er erfolgte zunächst durch große Expeditionen, die entsprechenden Aufwand an Trägern, Material und dementsprechend Geld verlangten. Doch 1954 ersteigen H. Tichy, S. Jöchler und Pasang Dawa Lama mit einer Kleinexpedition den 8153 m hohen Cho Oyu. Übrigens verwendete Buhl bei seinem Alleingang auf den Nanga Parbat kein Sauerstoffgerät.
Nicht nur im Himalaja gab es Erfolge. In Patagonien werden Fitz Roy und Cerro Torre erstiegen, zwar «nur» 3000er, doch viele bezeichnen sie als schwierigste Berge der Welt.

1945 wurde der DAV,

mit dem Stigma den Nazivereins behaftet, aufgelöst. Bald wurden die Sektionen von den Besatzungsmächten, mit Ausnahme der Sowjetunion, wieder zugelassen. Auf höherer Ebene konstituierte sich in Bayern der Alpenverein e. V. In Stuttgart installierte man für die Sektionen aus Baden-Württemberg und Nordrhein-Westfalen eine Beratungsstelle. Nachdem man einander zunächst wacker besäbelt hatte, schritt man 1950 zur Neugründung des Deutschen Alpenvereins. Zwölf Herren, sechs aus jedem Lager, waren die Paten, fortan die «Zwölf Apostel» genannt. Von da an ging es mit der Mitgliederzahl, den Hütten, der Kompetenz im Ausbildungswesen und anderem wieder aufwärts. Ein Markstein war die Rückgabe der in Österreich beschlagnahmten Hütten, die der

Österreichische Alpenverein, vor allem Hofrat Martin Busch, getreulich verwaltet hatte.
Nicht vergessen werden darf in diesem Zusammenhang die Wiedergründung des Alpenvereins in Südtirol in der Form des Alpenvereins Südtirol, kurz AVS, der sich bald nach dem Krieg kräftig entwickelte und heute mehr als 10% der deutschsprachigen Bevölkerung Südtirols umfaßt.
R. Messner ist vor allem bekannt als derjenige, der als erster alle Achttausender der Welt (manche davon mehrfach) erstiegen hat. Er hat auch in den Alpen größte Schwierigkeiten gemeistert. So kletterte er am Mittelpfeiler des Heiligkreuzkofels in den Dolomiten 1968 eine Stelle mit dem Schwierigkeitsgrad VIII, als es diesen offiziell noch gar nicht gab. Messner ist sicher auf dem Gebiet des Alpinismus eine der interessantesten Figuren. Nicht nur seiner Taten, sondern auch seiner Bücher wegen. Auch wenn er manchmal unpopuläre Meinungen vertritt, ist er sicher über Jahrzehnte hinweg eine der geistig führenden Persönlichkeiten des Bergsteigens.
Offiziell eingeführt, wenn man so sagen darf, wurde der siebte Schwierigkeitsgrad mit der Durchsteigung der Pumprisse am Fleischbankpfeiler durch H. Kiene und R. Karl 1977. Dies war der Anlaß der Öffnung der UIAA-Skala nach oben.
Mehr und mehr wurden nun Routen frei gemacht, die zuvor mit technischer Hilfe erklettert worden waren. In der alpinen Presse traten Begriffe wie «Rotpunkt» und «Sportklettern» immer häufiger auf, als Gegensatz zum «Eroberungsklettern». Die neue Art des Kletterns kam aus Amerika. Beim Sportklettern werden hohe Schwierigkeiten oft an kleinen Wänden und ohne einen Gipfel zu erreichen geklettert. Klettergebiete,

die früher nur als Trainingsgebiete oder überhaupt nicht beachtet wurden, wurden zum Ziel der jungen Bergsteiger. Die Sportkletterbewegung ergriff auch den Alpenverein, vor allem nachdem in Brixen 1984 ein Symposium «Bergsteigen heute - morgen» von DAV, ÖAV und AVS gemeinsam veranstaltet worden war; das erste Mal in der Geschichte des Alpenvereins, daß sich ein großes Gremium ausschließlich mit dem eigentlichen Zweck des Alpenvereins befaßte, dem Bergsteigen in jeder Form.

Die Bergsteiger in der Sowjetunion veranstalteten schon seit 1949 Wettklettern an den Küstenfelsen der Krim, ohne daß dies größere Bedeutung für das Bergsteigen weltweit hatte. Zu Beginn der 80er Jahre wurde dem Wettklettern, allerdings nach anderen Kriterien als auf der Krim, plötzlich größere Bedeutung beigemessen. Anfangs noch im Freien abgehalten, wie in Arco, zogen die Wettbewerbe bald in Hallen um. Heute ist das Wettklettern fester Bestandteil der Bergsteigerszene, es gibt Meisterschaften auf allen Ebenen. Kletterwände und Kletterhallen sind häufig Bestandteil des Inventars von Alpenvereinssektionen.

Schon früh wurden vielbegangene Wege und Steige mit eisernen Stiften, Klammern, Leitern und Drahtseilen versichert, wie zum Beispiel der Weg durch das Höllental auf die Zugspitze oder der Heilbronner Weg in den Allgäuer Alpen. Nun legte man ausgesprochene Klettersteige an, die mehr oder weniger stark mit künstlichen Versicherungen versehen waren, damit auch Bergsteiger, die keine höheren Kletterschwierigkeitsgrade beherrschten, in Gebiete vordringen konnten, die bis dahin den Kletterern vorbehalten waren. Der erste Steig dieser Art war wohl der Pößnecker Steig in der Sella, vor dem ersten Weltkrieg von der winzigen Sektion Pößneck (Thüringen) erbaut. Folgte man zunächst den natürlichen Geländeformen, gab es später Eisenwege, die mitten durch steile Wände gezogen wurden. Kein Wunder, daß Klettersteige bald umstritten waren, wie das unter Bergsteigern üblich ist: Der Streit um Entwicklungen, die richtige Art, Berg zu steigen. Mittlerweile hat sich die Bauwut etwas gelegt.

Ein wichtiges Ereignis für den Deutschen Alpenverein war die Öffnung der innerdeutschen Grenze. In der DDR gab es keinen Alpenverein. Kleine Reste aus den ehemaligen Sektionen hatten sich in den Betriebssportgruppen erhalten können. Nun schossen die alten Sektionen aus dem Boden, so daß der Deutsche Alpenverein eher als die beiden ehemaligen deutschen Teilstaaten wiedervereinigt war.

Der bekannteste Bergsteiger aus der ehemaligen DDR ist B. Arnold. Allein 600 Erstbegehungen höchster Schwierigkeit im Elbsandstein machen ihn zu einem der wohl erfolgreichsten Kletterer. Obwohl er nicht systemkonform war und deshalb Reiseschwierigkeiten hatte, war er auch in außeralpinen Bergen erfolgreich und ist das bis heute (1998/99 El Pillar rojo-Vela y Viento an der Aguja Mermoz/Patagonien mit K. Albert, 8+/9).

Mit der Zunahme der Zahl der Bergsteiger ist das Bergsteigen ungemein vielfältig geworden. War das Fahrrad seit je ein Verkehrsmittel der Bergsteiger, wird es nun mit dem Mountain Bike eine Spielart des Bergsteigens. Natürlich sollten die Biker auf Wegen bleiben, wo sie die Fußgänger nicht stark belästigen. Die meisten tun es auch (manch Fußwanderer fühlt sich allein vom Anblick der Mountainbiker belästigt). Mittlerweile gibt es weite Radwege, quer über die Alpen, in den Anden und im Himalaya. Das Canyoning führt in unwegsame Schluchten, während der Gleitschirmflieger sich hoch in die Lüfte schwingt. Eine zeitlang verkündeten die alpinen Weitwanderer ihr Credo. Inzwischen kann man auch ohne Credo weit wandern.

Auch das Skifahren hat sich weiterentwickelt. Die meisten Skiläufer bewegen sich auf den Pisten, auch die Bergsteiger zuweilen. Die gehen auch auf Skitouren, und das manchmal in solchen Mengen, daß sich regelrechte Tourenpisten gebildet haben. Beim Skibergsteigen werden heute Flanken von einer Steilheit befahren, daß einem der Atem stockt. Einzelne fahren Eiswände, über die sich früher Extreme mit Pickel und Steigeisen hochgearbeitet haben. Das Snowboard ist nicht mehr auf Pisten beschränkt. Mittlerweile snowboarded man in alpinem bis sehr alpinem Gelände. Zum Anstieg nimmt man neuerdings wieder Schneeschuhe, ein Relikt der Vorskifahrerzeit, das eine Renaissance erlebt.

Moderne Eisgeräte ermöglichen mit entsprechender Technik das Klettern an senkrechter Eisfläche. Aktuelle Spielarten sind Wasserfallklettern oder das «Mixed-Klettern», die Mischung von Fels und Eis in höchster Schwierigkeit.

Nachdem die Achttausender alle erstiegen waren,

kamen in den Bergen der Welt die schwierigen Flanken und Grate an die Reihe; der Stil der Besteigungen änderte sich. Waren Expeditionen auf hohe Berge früher ein gewaltiges Transportunternehmen, so machte R. Messner den Alpinstil populär. Dabei versuchen wenige, oft nur zwei, höchst leistungsfähige Bergsteiger mit leichtem Gepäck und wenigen oder keinen Trägern so schnell wie möglich den Gipfel zu erreichen. Das Paradebeispiel war Messners Alleingang auf den Everest. Schon früher hatten andere den Alpinstil vorweggenommen, so 1937 und 1939 der Schweizer E. Grob mit den jungen Münchnern H. Paidar und L. Schmaderer im Kangchendzöngagebiet oder, wie erwähnt H. Tichy, S. Jöchler und Pasang Dawa Lama am Cho Oyu 1954. Neben Franzosen, Engländern, Amerikanern und Japanern zählen Bergsteiger aus dem Ostblock, die ihre Erfolge mit geringen finanziellen Mitteln erkämpfen müssen, zu den führenden Bergsteigern der 70er und 80er Jahre.

Das Trekking wird die Expedition des kleinen Mannes. In einer normalen Urlaubszeit kann man so die Berge der Welt erleben und einen guten Eindruck vom Leben der Menschen und ihrer Kultur mitnehmen. Selbstverständlich kann man das Trekking selbst organisieren; die meisten buchen über ein Trekking-Unternehmen, wie es der DAV mit seiner Bergsteigerschule Summit Club hat. Auch im ÖAV existiert eine solche Organisation. Gewerbliche Betriebe übernehmen die Organisation von Expeditionen, auch auf 8000er; sie werden zu einem nicht mehr vertretbaren Risiko, wenn Menschen mitgenommen werden, denen die bergsteigerische Qualifikation fehlt. Am 8. Mai 1996 kam es am Everest zur Katastrophe. Acht Menschen starben im Gipfelbereich.

Die UIAA wandelte sich ab Mitte der 80er Jahre. Was als «Rotweinclub» verspottet worden war, wurde zum echten Weltverband. Verbände aus Ländern, wo man kaum Bergsteiger vermutet hätte, etwa aus Südafrika oder Malaysia, wurden Mitglieder.

Eng verbunden mit der Entwicklung

des Bergsteigens und des Alpenvereins ist die des Naturschutzes. Schon in den 1880er Jahren unterstützte der Alpenverein Naturschutzmaßnahmen, etwa Aufforstungen. Später war der «Ödland-Gedanke» die tragende Idee des Naturschutzes. Ödland, also das vom Menschen nicht zum Kulturland geprägte Gebiet, sollte völlig geschützt werden.

Im Jahre 1900 gründete der DuÖAV auf seiner Hauptversammlung zu Straßburg den Verein zum Schutze der Alpenpflanzen, der sich dann, gewissermaßen als Tochter des Alpenvereins, zum Verein zum Schutze der Bergwelt entwikkelte. In den zwanziger Jahren nahm der Alpenverein den Schutz der Natur als Satzungsziel in seine Statuten auf. Wenn diese davon sprechen, die Natur in ihrer Ursprünglichkeit zu erhalten, muß man sich allerdings fragen, wie denn etwas, das sich fortwährend ändert wie die Natur, in seiner Ursprünglichkeit erhalten werden kann?

Dennoch kämpfte der Alpenverein wacker gegen Erschließungen wie die Zugspitzbahn, gegen die 1926 in einem Münchner Bierkeller eine geharnischte Protestversammlung stattfand; vergebens, wie wir wissen. Ganz vergeblich? Wenn heute das Umweltbewußtsein allgemein hoch ist, so ist das auch ein Erfolg der Arbeit des Alpenvereins. Freilich hatte er es in den eigenen Reihen schwer, wenn es um den Bau von Hütten ging.

Erst allmählich gewann der Gedanke Raum, daß man nicht jede Erschließung bekriegen kann, sondern eine großflächige Gesamtplanung erforderlich ist, wie sie im bayerischen Alpenplan Anfang der 70er Jahre verwirklicht wurde. Der erste Anstoß zu diesem Plan wurde übrigens in den *Mitteilungen*, dem Blatt des Alpenvereins, gegeben, wie auch die Idee zur Alpenkonvention dem Alpenverein entsprang.

Allmählich drohte die Bewegung ihre Kinder, eigentlich ihre Väter, zu fressen. Naturschützer erkannten, daß man die Alpen am besten schützt, wenn man den Menschen aussperrt. Da gegen Autobahnen und Atomkraftwerke nichts auszurichten war, schützte man die Bergsteiger, vor allem die Kletterer, hinaus. Das begann in den Klettergebieten der Mittelgebirge; nun sind auch die Alpen nicht mehr davor gefeit. Das trotzige Aufbegehren «Wir lassen uns nicht hinausschützen» Mitte der 80er Jahre wurde selbst im Alpenverein zunächst nicht von allen verstanden. Mittlerweile hat der Alpenverein Strategien entwickelt, wie man die Zusammenarbeit mit den Naturschützern findet und im Konsens die Probleme um Naturschutz und Naturnutz lösen kann.

Der Alpenverein begann sich – wie erwähnt – in den 80er Jahren stärker auf seine eigentliche Aufgabe, das Bergsteigen, zu besinnen. Dies war höchste Zeit, denn nun, gegen Ende des Jahrhunderts, gibt es Bestrebungen, den Zugang zu den Bergen allgemein zu erschweren, ja zu verhindern. Es wird im neuen Jahrhundert eine Aufgabe der Bergsteigervereine sein, diesen Zugang offenzuhalten, und zwar weltweit; frei nach dem Motto, das der damalige Oberbürgermeister von Stuttgart, Rommel, 1994 anläßlich der Hauptversammlung des DAV bei seiner 125-Jahr-Feier so formulierte: «Wenn unbesucht die Alpenwelt – wozu hat Gott sie hingestellt?»

Die Grenze des Möglichen

Um die gegenwärtig erreichten Kletterschwierigkeiten mit ein paar Highlights zu markieren: Im September 1991 kletterte W. Güllich mit seiner Route «Aktion direkt» (heutzutage sind phantasievolle Namen gefragt) am Bärenkopf im nördlichen Frankenjura den XI. Grad. S. Glowacz meisterte nach guter Vorbereitung am Fleischbankpfeiler im Kaiser mit «Des Kaisers neue Kleider» X+ in einer Mehrseillängenroute. Eine Vielzahl ähnlich schwieriger und langer Routen kreierten A. und Th. Huber, die «Huababuam», an den Randabstürzen der Reiter Alm (Berchtesgadener Alpen). Die Amerikanerin Lynn Hill, die schon jahrelang zur Spitzengruppe beim Wettklettern zählte, kletterte die Nose am El Capitán in Yosemite als erste Rotpunkt.

Ähnliche Leistungen sind bei Unternehmen in außeralpinen Gebieten zu verzeichnen. Dazu einige Beispiele: Die Südwand des Cerro Torre in Patagonien, eine Route mit VII, A4/ 75°, die die Slowenen Jeglic und Karo 1987 bezwangen und die bis heute keine Wiederholung gefunden hat. Humar und Jeglic bezwangen auch die Westwand des Nuptse (7784 m). Mit ihrer Erstbegehung der Westwand des 7008 m hohen Latok II (VII/A 3) zusammen mit T. Güetsch und dem Amerikaner C. Anker haben sich auch die Huababuam aus Berchtesgaden in dieser Spitzengruppe etabliert.

Solche Leistungen können nur noch von Profis erbracht werden. Immense Trainingsanstrengungen nach neuesten Erkenntnissen der Trainingslehre mit modernstem Material sind die Voraussetzung, dazu eine unglaubliche Ausdauer. So berannten Jeglic und Karo die Südwand des Cerro Torre innerhalb zweier Monate nicht weniger als 24 Mal – und das bei den bekannt wüsten Wetterverhältnissen Patagoniens.

Parallel zu dieser Leistungssteigerung hat sich bei manchen die Risikobereitschaft erhöht. «No risk – no fun» lautet die Parole – leider auch bei Leuten, denen die Leistung fehlt. Überhaupt heißen die Schlagworte am Ende dieses ereignisreichen Jahrhunderts Fun, Action, Event, Kick, mit entsprechendem Adrenalinausstoß. Das ist der Zeitgeist, von dem der jüngst verstorbene bayerische Generalintendant Everding sagte, wer sich mit ihm verheirate, sei bald verwitwet. Doch ist zu hoffen, daß der gesunde Sportgeist, den jeder Bergsteiger mehr oder weniger hat (sonst würde er die Mühe des Aufstiegs scheuen), über die Erscheinungen des Zeitgeistes siegen wird. Auch der Alpenverein hat in diesem Jahrhundert manchen – nicht allen – Versuchungen des Zeitgeistes widerstanden.

Nach der ehernen Tradition der alpinen Führerliteratur wurden im vorliegenden Text die Vornamen der Begeher in der Regel abgekürzt, ausgeschrieben werden sie nur bei Frauen sowie bei jenen überseeischen Bergsteigern, bei denen unklar ist, welcher Namensteil der Vor- und welcher der Nachname sein könnte. (Anm.d.Red.)

Grade der Leistungssteigerung.

Fliegerpfeil und Friedenspfad

Auf den Spuren des Gebirgskrieges 1915/1918. Sperrforts und Sprachinseln im Trentino. Von Johannes Menge

IM JAHR 1993 führte uns erstmals eine Wanderung ins Fleimstal (Lagorai-Gebirge); dabei stießen wir auf Überbleibsel des Ersten Weltkrieges: Reste von Konservendosen, Kavernen, Stacheldraht, einen in den Fels gehauenen Weg, eine Rampe. Die Funde bestürzten und faszinierten uns. Krieg in solchen Höhen – über 2000 Meter – erschien unglaublich.
Ein paar Jahre später beschlossen wir, einen Urlaub am «Friedenspfad», der alten Frontlinie des Gebirgskrieges, zu verbringen. Wir wählten als Ausgangspunkt Luserna, die deutsche Sprachinsel im Trentino. Der Aufbruch erfolgte wegen des noch fehlenden Quartiers ungewohnt früh: Um halb sieben Uhr fahren Petra und ich über das Tannheimer Tal, das Hahntennjoch, den Reschenpaß nach Trient und dann nach Luserna hinauf. Kurz vor Schließung des Informationsbüros kommen wir an und erhalten eine Liste mit Privatunterkünften, die wir erfolglos abklappern, aber den Ort lernen wir dabei fast vollständig kennen. Schließlich werden wir an eine Pension verwiesen, die sicher Platz habe. Ein drahtiger älterer Herr mäht das hohe Gras vor dem Gebäude, noch einmal sage ich meinen Satz: «Cerchiamo una camera per una coppia.» Dann erweist sich, daß er Deutsch spricht (Schwyzerdütsch), und er nimmt uns auf. Mitteilsam wird er nie, aber wir erfahren allmählich, daß er aus Lusérn stammt, doch seit Jahrzehnten in Zürich lebt, dort als Maurer arbeitet, das Haus in 25 Sommern mit eigenen Händen gebaut hat und im August den Pensionsbetrieb unterhält. Von zwei verheirateten Töchtern ist die Rede, ein Enkel ist häufig da, eine Schwester macht ebenfalls Urlaub von der Schweiz (Verkäuferin) und strickt Warmes für ihn. Sie ist wesentlich gesprächiger.
Unser Wirt hat alle in einer Pension anfallenden Funktionen inne, macht die Betten, überzieht sie frisch und versorgt uns mit dem Frühstück, das aus hochprozentigem Kaffee und Milch zu gleichen Teilen, zwei Brötchen, Butter und zwei Sorten Marmelade besteht, von denen im Lauf der Zeit eine ausgeht und durch eine andere ersetzt wird. Jeden Morgen steuert er folgende Sätze bei: «Guten Morgen! – Kaffee kommt gleich. – So(li)! – Guten Appetit!» Ein Mensch von äußerster Geradlinigkeit, ohne jede Allüren oder Hintergedanken. Seinen Namen haben wir nicht erfahren.
Unsere eigene Verpflegung entspricht der Unveränderlichkeit des Frühstücks: Von einer einzigen Pizza abgesehen essen wir jeden Abend auf dem Gaskocher bereitete Spaghetti und trinken dazu Rotwein aus der Gegend: Cabernet, Marzemino, Rotaliano. Gewöhnlich verlassen wir unser Zimmer nach der Heimkehr am späten Nachmittag oder Abend nicht mehr und genießen es, uns nach schweißtreibenden Wanderungen der Erholung zu widmen; nach dem Essen dient das Bett als Leseaufenthalt.
Das Wetter vereitelt den ursprünglichen Plan, auf dem Friedenspfad von Unterkunft zu Unterkunft zu wandern. (In der Pension finden solche Wanderer ein Bett und Trocknungsmöglichkeit.) Wir bleiben die ganzen zweieinhalb Wochen. Der Wirt belohnt unsere Entscheidung mit einem größeren Zimmer, das als Eckzimmer von zwei Seiten Licht hat und zu deren einer das Grün eines Baumes hereinblickt.
Luserna gehört zum Gebiet der Sieben Gemeinden, das im Ersten Weltkrieg eine wichtige strategische Rolle hatte: Weitläufige Wälder, tief eingeschnittene Täler, stark verkarstetes Gelände stellten natürliche Hindernisse gegen militärisches Vordringen dar. Ihnen wurde eine Reihe von Sperrwerken als künstliche Hindernisse hinzugefügt. Auf Seiten der Österreicher betrieb Feldmarschall Conrad von Hötzendorf zu Anfang des Jahrhunderts den Bau von Forts gegen Italien, mit dem das Kaiserreich Österreich-Ungarn zwar verbündet war («Dreibund»), aber dessen Bündnistreue wegen der Konkurrenzsituation im Südalpenraum bezweifelt wurde. Tatsächlich blieb Italien bei Kriegsausbruch neutral, kündigte am 4. 5. 1915 den Dreibundvertrag und erklärte am 23. 5. 1915 Österreich-Ungarn den Krieg. In wenigen Tagen besetzte darauf Österreich die Gebirgskämme an der Grenze und kam damit Italien zuvor, obwohl dieses eine hervorragende Gebirgstruppe mit moderner Ausrüstung besaß. Die Österreicher hatten dagegen ihre Gebirgstruppen an der Ostfront und konnte die Verteidigung zunächst nur mit Standschützen, Gendarmerie und Freiwilligen, also keinen regulären Truppenteilen, aufbauen. Das Zögern des italienischen Militärs, das die Schwäche der österreichischen Verteidigung nicht durchschaute, hatte zur Folge, daß Italien nicht auf österreichisches Gebiet vordringen konnte, und das blieb so während des gesamten Gebirgskriegs; ja, Ende 1917 mußte Italien sogar Teile seiner Hochgebirgsfront räumen. Im ganzen war diese Front jedoch unbeweglich, an manchen Abschnitten lagen sich die Feinde jahrelang im Stellungskrieg gegenüber. Der

Fort Verle («Rocca Alta»)
Alle Aufnahmen vom Autor.

Gebirgskrieg verlief nach den Berichten Beteiligter in mancher Hinsicht fairer als der Krieg auf den Großschlachtfeldern im Osten und Westen Europas, es kam mehr auf den einzelnen Mann an und es war eher eine Wahrnehmung des Feindes als Mensch möglich; dennoch war es ein grausamer Krieg, und zum menschlichen Feind kam noch die Natur als Gegner. Etwa 150.000 bis 180.000 Soldaten (nach H. v. Lichem: *Der einsame Krieg*. Bozen 1996) starben an der Hochgebirgsfront auf beiden Seiten.

Am ersten Tag ist unser Ziel die geographisch und militärisch markante Spitze der Cima Vezzena (Betonung auf der ersten Silbe, wie wir dem Gespräch mit dem Wirt entnehmen). Sie und der unter ihr gelegene Caldonazzo-See sind durch ihre Erwähnung in Robert Musils Geschichte vom Fliegerpfeil in seiner Erzählung *Die Amsel* noch tiefere Wurzeln meines Wunsches, den Gebirgskriegsschauplatz einmal zu besuchen. Musil erzählt in der Person eines Ich-Erzählers von der Gebirgsfront am Caldonazzo-See in der Schönheit eines Gebirgsherbsts, vom Glück, das in der Gegenwart des Todes erwächst, und von dem das Innerste bewegenden Erlebnis, als ein angespitzter Eisenstab, ein sogenannter Fliegerpfeil, von einem Flugzeug auf eine Gruppe von Soldaten abgeworfen, sich dem Erzähler mit einem singenden Ton nähert und von ihm wie eine Botschaft des Himmels empfunden wird, ehe er dicht neben ihm in der Erde verschwindet.

Auf 1908 m hatten die Österreicher die Bergspitze teilweise planiert und ein ansehnliches Festungsgebäude an den verbleibenden Felsrest angebaut. Auf diese Festung und die weiter unten liegende Festung Verle schossen die Italiener vom etwa sechs Kilometer entfernten höheren Monte Verena herab. Auch nach dem Krieg starben dort noch gelegentlich junge Männer, wohl als Kletterer, wie die Erinnerungstafeln vermuten lassen (z. B. 1927–1950, 1941–1964). Auf dem Rückweg schleppen wir uns trotz großer Ermüdung zu rekonstruierten Schützengräben und besichtigen das große Fort Luserna, dessentwegen der Ort im Ersten Weltkrieg zerstört wurde.

Von diesen Forts gibt es sieben österreichische auf der Hochfläche der Sieben Gemeinden. Während unseres Aufenthaltes haben wir sie bis auf eines besichtigt. Sie sind im Krieg immer wieder schwer beschädigt worden, durch Tausende von Geschossen bis zum unglaublichen Kaliber von 42 cm, die manchmal in wochenlangen Attacken auf die eingeschlossene und von aller Hilfe abgeschnittene Besatzung prasselten – so mancher wurde offenbar in den Bunkern verrückt. Luis Trenker hat das Leben darin, mit dem Kampf gegen den Feind, die Nässe, die Kälte, die Dunkelheit, die Angst, lebendig begraben zu werden, mit den Schmerzen der Verwundeten, der Hilflosigkeit der anderen gegenüber diesen Schmerzen, mit der Trauer um den nie endenden Verlust von Kameraden, er hat Überleben und Tod in einem dieser Forts – es ist das unterhalb der Cima Vezzena gelegene Fort Verle – in seinem Buch *Sperrfort Rocca Alta* dargestellt. Wir haben das Buch später gelesen, und es war uns ein zu Herzen gehender Führer durch das Gebiet um Luserna in der Kriegsgestalt von 1915/16.

Die meisten der Forts sind heute Trümmerhaufen, welcher Zustand aber nicht aus dem Krieg stammt, sondern aus den dreißiger Jahren, als man sie wegen der darin enthaltenen Menge von Armierungseisen sprengte. Eines, Fort Belvedere (Gschwent), ist aber wenig beschädigt und wird heute als Museum benutzt. Wie auch die anderen, «modernen» Forts der Zeit ist es in den Fels hineingebaut, die Gräben aus dem Fels herausgehauen. Zwischen dem Mannschaftsgebäude, den Schießständen und den anderen Standpunkten führen in den Fels geschlagene Gänge, die teilweise wie Bergswerksstollen wirken. Das Fort Belvedere wurde von 1909 bis 1912 für zwei Millionen Goldkronen unter Planung und Leitung von Generalstabsoberleutnant Rudolf Schneider gebaut, der 1967 in Wien starb. Belvedere vermittelt uns die Anschauung auch für die anderen Festungswerke, die nur zum Teil noch betretbare Hohlräume aufweisen. Ihre Lage an exponierten Stellen in der Landschaft macht sie gleichwohl besuchenswert. Sehenswert ist auch die in der Nähe der Straße von Carbonare im Wald versteckt liegende österreichische Kommandostelle für den Hochlandsektor.

Unser Hinweg hat uns im Bogen ohne große Steigung zum Fort geführt. Da Lusern von dort aus fast vor unserer Nase liegt, wenn auch durch ein Tal getrennt, wählen wir den Weg durch das Tal – zunächst ein wunderschöner, zweifellos ursprünglich militärischer Weg unter den Felsen am Hang entlang. Dann geht's in Serpentinen hinab und am Gegenhang wieder hinauf, hitze- und schweißtreibend, aber sehr befriedigend, im Gegensatz zu den Wegen auf der Hochebene auch völlig einsam. Die Wege an den Talhängen, oben oft auf verfallenden Terrassen aus der Zeit, als hier noch etwas angebaut wurde, weiter unten im Buchenmischwald, sind die

Das ehemalige Militärspital am Monte Verena.

schönsten Wege des Gebiets. Gelegentlich sind diese Hangwege sehr ausgesetzt, so oberhalb des Centatals, das Petra ahnungslos als Rückweg vom Caldonazzosee wählt – mit Empfehlungstafeln, sich an den Stahlseilen am bröckeligen Pfad über dem Abgrund zu sichern, oder als handtuchbreite Stellen zwischen aufsteigendem Felsen rechts und abfallendem Felsen links auf unserer letzten Tour beim Spitz Tonezza.

Am ersten Wochenende gönnen wir uns zur Erholung vom tageweisen Steigen einen Besuch in Rovereto mit dem Kriegsmuseum in der alten Burg. Am nächsten Tag – eher gezwungenermaßen wegen des Wetters – setzen wir die touristische Besichtigung in Trient fort, das uns mit seinem malerischen Stadtbild etwas ausgestorben vorkommt – zunächst finden wir nur geschlossene Cafés und lechzen doch nach einem Cappuccino.

Im Kriegsmuseum von Rovereto können wir den Abdruck des Tagebuchs des österreichischen Leutnants Felix Hecht von Eleda erwerben, der im Adamello-Gebiet ein halbes Jahr auf einem Berggipfel ein Kommando hatte und dann bei einem Angriff der Alpini umkam. Das in Gabelsberger-Stenographie verfaßte geheime Tagebuch, in das Hecht seine Empfindungen und seine Beurteilung der Ereignisse für sich niederschrieb und das er während seines Einsatzes am Corno di Cavento immer bei sich trug, fiel bei der Eroberung der Stellung durch Alpini dem Leutnant Fabrizio Battanta in die Hände, der es jahrzehntelang als Erinnerung an den tapferen Gegner aufbewahrte, ohne seinen Inhalt zu kennen. Dieses Buch regt uns an, mehr über die Hintergründe des Kriegs zu erfahren, dessen Hinterlassenschaften wir überall begegnen. Da trifft es sich gut, daß ein heimatgeschichtlich interessierter Pensions-Mitbewohner aus Innsbruck sich kundig gemacht hat und uns auf Kauf- und Leihmöglichkeit von Literatur am Ort aufmerksam macht. Wir eilen also zu *Tabacchi* und kaufen einige Hefte über die Sprache der Luserner (*Biar soin kimbarn* = Wir sind Kimbern), die aber zur Seite gelegt werden, als wir im deutschsprachigen Teil der erstaunlich guten Bibliothek die Werke von Heinz von Lichem über den Gebirgskrieg finden.

Da erfahren wir in der manchmal etwas überschwenglichen Darstellung viele oft unglaubliche Einzelheiten über diesen Gebirgskrieg: Ein Drittel der Soldaten (mindestens 60.000) kam durch Lawinen um, ein weiteres Drittel durch andere Gebirgsnatureinwirkungen, ein Drittel durch Feindeinwirkung. Nach den Kämpfen um die Forts und der Verlegung der Frontlinie folgte jahrelanger Stellungskrieg, in dem man sich oft auf Sichtweite in den Gräben gegenüberlag. In den Gletschern wurden nach der Idee des Österreichers Leo Handl Stollen gebohrt, um die Soldaten vor Feind und Wetter zu schützen, aber man kam in der zweiten Hälfte des Kriegs auch auf den Gedanken, Felsstollen unter die Stellungen des Feindes zu treiben und diese in die Luft zu sprengen. Die Todesarten waren vielfältig: lebendig begraben (durch Lawinen oder Sprengungen), verbrennen (Einsatz von Flammenwerfern gegen die Feinde), verhungern oder verdursten lassen (im Fall von fehlendem Nachschub oder durch Einschluß in Lawinen und gesprengten Kavernen), ertränken (im Schlamm der Isonzoschlachten), zerstückeln (Beschuß mit Granaten). Das erlitten die armen Soldaten im Bewußtsein, «Gott, Kaiser und Vaterland» (Inschrift auf dem Soldatenfriedhof in Folgaria) zu dienen. Diejenigen freilich, die überlebten – wegen der immer schlechteren Versorgung mit einem Durchschnittsgewicht von 46 kg –, kehrten in eine Republik zurück, die sich für ihren Einsatz nicht mehr interessierte. Und wohin wäre wohl ein Saban Selimac zurückgekehrt, läge er nicht seit dem 18. 5. 1917 auf dem Soldatenfriedhof in Slaghenaufi?

Im Anblick der Überreste dieses Krieges überkommen uns ambivalente Gefühle. Auf der einen Seite erscheint uns ein Krieg von diesem Ausmaß in der friedlichen Landschaft, die uns umgibt, unvorstellbar. Die Ruinen sind Trümmer einer untergegangenen Zeit, mehr aller Lebensspuren ledig als so manches bauliche Zeugnis des Mittelalters und selbst der Antike. Wir können auch die politischen Ziele dieses Krieges nicht mehr nachvollziehen. Daß Deutschland, Österreich, Frankreich, Italien Krieg miteinander führen könnten – das erscheint am Ende des 2. Jahrtausends trotz des jugoslawischen Krieges undenkbar. Schon für die Soldaten vor achtzig Jahren wurde wohl, je länger und blutiger der Krieg andauerte, desto mehr die Diskrepanz zwischen dem Aufwand und dem Ziel empfunden. Dazu kam, daß die Soldaten ihre Feinde immer wieder als Menschen wie sie selbst erlebten und nicht als die Ungeheuer, die die Kriegspropaganda aus ihnen machen wollte. (Luis Trenker: *Um Mitternacht rufen wir ihnen: «Gute Weihnachten!» zu; sie antworten mit «Buon Natale!», rufen sogar einzelne Namen.* Sperrfort Rocca Alta. S. 208) Aber obwohl die Kämpfenden im Gebirgskrieg besonders schlecht informiert und selbst die Kommandanten von Gebirgsabschnitten oft über die Gesamtlage im unklaren

Das Gipfelkreuz auf dem einst österreichischen Teil des Pasubio.

gelassen waren, taten fast alle, so gut sie es vermochten, ihre Pflicht.

Das aber ist das andere Gefühl gegenüber den Gebirgskriegsresten: das Staunen, was diese Leute auszuhalten hatten und in welch hohem Maße sie es aushielten. Über Wochen und Monate in den Betonkellern der Forts ausharrend, im meterhohen Winterschnee der Gipfel hausend und oft mehr von Lawinen bedroht als vom Feind, mit einer Ausrüstung, die heute niemand mehr für eine einfache Bergwanderung benutzen wollte, dem harten Klima des Hochgebirges ausgesetzt, manchmal alpine Höchstleistungen vollbringend, wegen fehlenden Nachschubs unter Hunger leidend, in Unterständen unter den widrigsten hygienischen Bedingungen zusammengepfercht, vollbrachten die Soldaten Leistungen, denen man sich einen besseren Zweck gewünscht hätte. Die Versuche dieser Vergegenwärtigung haben für uns etwas durchaus Faszinierendes, um nicht zu sagen: Lustvolles. Es ist ungefähr wie die Erinnerung an eine Bergtour, bei der wir in großer Gefahr waren oder es sogar um Leben und Tod ging. Was der einzelne in diesem Krieg geleistet hat, wird von Sinn oder Unsinn des Krieges nicht berührt. Freilich – wie viele wurden nicht gerettet!

Ohne Spuren des Krieges finden wir den höchsten Berg unseres Gebiets, die Becca di Filadonna, einen Felsklotz über dem Etschtal, dessen Besteigung wir an einem Regentag abbrechen müssen – rattennaß kommen wir nach Lusern zurück und beschließen, unser Quartier nicht aufzugeben – um sie am nächsten Tag bei Sonnenwetter nachzuholen. Dort oben gewinnen wir etwas von der Orientierung, die uns Wolkendunst oder Waldesdickicht bisher verwehrt haben.

Alle anderen Aussichtspunkte waren früher Kampfplätze: Der Kamm von der Cima Vezzena über die Cima Manderiolo zur Porta Manazzo. Am Abstieg vom Kamm, von wo aus wir einen Güterweg zurückgehen wollen, scheucht Petra eine ansehnliche Kreuzotter auf, die erzürnt zischend in ein Loch verschwindet.

Der Monte Verena ist ein ganz für sich stehender Berg, auf dessen Spitze die Italiener eine Festung bauten. Die Sicht ist herrlich, dagegen entbehrt der Berg selbst allen Reizes für den Wanderer, weil eine Vierfachsesselbahn hinaufführt und teilweise eine Asphaltstraße benutzt werden muß.

Der Pasubio ist ein Berg, wie wir ihn niemals zuvor gesehen haben. Ein liebliches Tal führt uns zum Borcolapaß. In den bescheidenen Dörfern an der Hangstraße hätten wir gerne gewohnt – südliche Lebensart ist zu erahnen. Dann kommt eine Strecke durch lauschigen Laubwald und dann der Paß, von dem aus ein Steig hochführt. Oben stoßen wir auf einen der Bergkante folgenden Schützengraben und auf dem weiteren Weg auf Militärrelikte, etwa eine Art Sieb, vielleicht aus einer Gasmaske. Im vegetationslosen Fels angelangt, blicken uns die Hänge eines Kars aus lauter dunklen Kavernenaugen an. Vor einem ausgemauerten Loch – Müller-Kaverne steht auf dem Schlußstein des Eingangs in gemeißelten Buchstaben – liegt eine Sammlung von Schuhsohlen und Menschenknochen. Der Gipfel besteht aus zwei Hochflächen, von denen die niedrigere die Österreicher, die höhere die Italiener besetzt hielten und sich dort von 1916 bis 1918 in unbeweglichem Stellungskrieg Auge in Auge gegenüberlagen. Die Hochfläche des Kalkbergs ist durchwühlt von Gängen, Gräben und Einschlaglöchern. Kein Quadratmeter hat sein ursprüngliches Aussehen bewahrt. Am Ende des Krieges trieben die Österreicher einen Stollen unter die italienischen Stellungen und sprengten diese mit Hunderten von Soldaten in die Luft. Die Sprengung ist so gut erhalten, als ob kaum Zeit darüber vergangen wäre. Unter den vielen Wanderern, die mit uns auf dem Gipfel sind, herrscht ein beklommenes Schweigen. In der Nähe des Pasubio liegt der Monte Corno Battisti, auf dem der Trentiner Cesare Battisti als italienischer Offizier von den Österreichern gefangengenommen wurde. Er war als österreichischer Abgeordneter vor dem Krieg für den Anschluß des italienischsprachigen Trentino an Italien eingetreten und wurde nun als Deserteur hingerichtet. Die Italiener verehren ihn und andere mit ähnlichem Schicksal als Märtyrer.

Die umkämpfte Grenze des Gebirgskriegs ist heute zum *Friedenspfad* umgewidmet, zur Mahnung der Nachkommen derer, die ihr Leben in diesem Krieg einsetzen mußten. Die Initiative zur Wiederherstellung der verfallenen Frontsteige für eine friedlich und völkerverbindende Nutzung ging von dem österreichischen Offizier und Kriegshistoriker Walther Schaumann aus. Er wanderte auf den Spuren seines Vaters, der in den Dolomiten gekämpft hatte, und begann zunächst mit seiner Familie die Arbeit der Wiederherstellung und Dokumentation. 1973 gründete er den Verein *Dolomitenfreunde*, der sich die Aufgabe setzte, die alpinen Wege des Gebirgskriegs wiederherzustellen, Unterkünfte zu bauen und – inzwischen Schwerpunkt der Arbeit – den Gebirgskrieg durch den Ausbau von musealen Einrichtungen zu doku-

Fort Verena.

mentieren. In den Dolomiten geschah diese Arbeit zwischen dem Col di Lana und den Sextener Dolomiten, dann kam der sich von dort nach Osten erstreckende Karnische Kamm dazu. In Arbeitseinsätzen während des Sommers haben inzwischen über 2000 Freiwillige aus fünfzehn Nationen unentgeltlich mitgearbeitet. Alpine und andere Vereine, Privatpersonen und Wirtschaftsbetriebe, aber auch staatliche Institutionen, nicht zuletzt das italienische und österreichische Militär, haben mitgeholfen, um das Motto der *Dolomitenfreunde* – «Wege, die einst Fronten trennten, sollen uns heute verbinden» – mit Leben zu erfüllen.

Der Arbeit der *Dolomitenfreunde* folgte eine ähnliche Initiative im Trentino. Hier verband man den Gedanken, die Wanderer an den Krieg zu erinnern, mit der Hilfe für die Arbeitslosen. Federführend war das italienische Amt für die Landschaftspflege (Servizio Ripristino e Valorizzazione Ambientale). Ab 1986 richteten kleine Gruppen die Wege wieder her, restaurierten zerfallene Schützengräben, stellten Wegweiser und Erläuterungstafeln auf und markierten den *Sentiero della Pace* mit dem Symbol der Friedenstaube. Vierhundert Kilometer ist er lang und reicht vom Tonalepaß am Ortler bis zur Marmolada.

Die Suche nach den Spuren des Kriegs verdrängt zunächst den zweiten Interessengegenstand, nämlich die Sprache der Leute von Lusern. Aber wir halten dann doch noch Ausschau nach den Namen auf dem Friedhof. Dort bestätigt sich der im Dorf schon gewonnene Eindruck, daß eine Vielzahl der Luserner *Nicolussi* und *Gasperi* heißen. Das sind auch die Namen zweier Ortschaften von Lavarone (einer Sammelgemeinde zwischen Folgaria und Luserna) und sie sollen auf *Nikolaus* und *Kasper* zurückgehen. Weitere nicht gerade italienisch klingende Namen sind Neff, Baiz, Zagher, Zom, Pecher. Es kommen auch deutsche Vornamen vor, wie Sigfrid Nicolussi Paolaz. Eine interessante Namenskombination weist das im Ort arbeitende Baugeschäft Marcello Iobstraibizer auf. Eine Tier- und Pflanzenschau in der Elementarschule ist zugleich eine Art Lexikon, weil die Objekte italienisch und kimbrisch bezeichnet sind. Wir finden unter anderem den *Adlar*, *Ram* (Raben) und *Khlea* (Klee). Natürlich sind die Luserner keine Kimbern, vielmehr sind es im Mittelalter in das Gebiet eingewanderte Baiern.

Sprachinseln bewahren durch ihre Isolation vom zusammenhängenden Sprachverband einen alten Sprachzustand. Der Luserner Dialekt erinnert in manchen Einzelheiten (Vokalreichtum, Vorherrschen stimmloser Verschlußlaute, Wortbestand) fast mehr ans Althochdeutsche als an spätere, auch schon alte Formen des Deutschen. Natürlich mußte sich die Sprache an die italienischsprachige Umwelt anpassen, und so finden sich Wörter von italienischer Herkunft, z.B. *tschain* (Abendessen) zu ital. *cena*, *tzivolje* (Zwiebel) zu ital. *cipolla*, *ur* (Stunde) zu ital. *hora*. Das Kimbrische von Lusern war zunächst nur eine gesprochene Sprache und wird durch das italienische Alphabet wiedergegeben, dem Akzente und diakritische Zeichen zur Verdeutlichung der Aussprache des *Taucias Gareida* (wörtlich: deutsches Gerede) beigegeben wurden. Auch in Lusérn ist der alte Dialekt gefährdet, und der *Kulturverein Lusern* bemüht sich, die Tradition zu bewahren. Um den Charakter dieser Sprache anschaulich zu machen, hier noch eine Textprobe:

DA PEER UN DAR VINKH
A gjungar peer is gant in pa'nan balt, gaülane un lürnane. Dénna hatten ghehöart a vinkh, un darsèl hatten khöt: «Bas hasto, as to asó lürnst un gaülst?» Und dar peer hat khöt: «I han vorloort mai Muatar un i vãng khuan ãndra milch.» – «Eh, bas bil'do as sai?» hatten khöt dar vinkh. «I han ò nia khuana ghevãnk, un leebe alls uas.» Un dar peer: «Liabar mai vinkh, ma'khéntars in de schinkh, du hast ghetrunkht khuana milch!»

Der Bär und der Fink
Ein junger Bär ging heulend und brummend in den Wald. Ein Fink hörte ihn und fragte: «Was hast du, weshalb weinst du und heulst du so?» Und der Bär sagte: «Ich habe meine Mutter verloren und bekomme keine Milch mehr!» – «Das ist doch nicht so schlimm!» antwortete der Fink. «Ich habe nie Milch bekommen und lebe trotzdem.» Und der Bär: «Mein lieber Fink, man sieht es an deinen Beinen, daß du nie Milch getrunken hast!»

Am letzten Tag kaufen wir im kleinen Lebensmittelladen zehn Flaschen des von uns geprüften heimischen Weines. Der Krämer merkt, daß wir im Begriff sind abzureisen, und verzichtet auf einen Kassenzettel. Dann sagen wir dem kleinen Hund, der so gerne in der Mitte des Dorfplatzes sitzt, Adieu und fahren mit einem Aufenthalt im vergleichsweise schon sehr deutschen Bozen wieder nach Hause.

Im Savannengürtel an der Südwestflanke des Kamerunberges.
Alle Aufnahmen stammen von Autor.

Mongo ma loba – der Berg der Götter

Zur Geschichte und Gegenwart des Alpinismus am Kamerunberg.

Von Andreas Hohl

Einst …

Aus den Fluten des Atlantiks steigt am Golf von Guinea ein mächtiger Vulkan empor. An seinen Fuß schlagen die warmen Wellen der tropischen See, über seinen Gipfel jagen eisigkalte Winde. Über 4000 m hoch, bildet der Berg eine gewaltige Barriere für die feuchtheißen Luftmassen, die vom Meer heraufdrängen. Kap Debundscha, eine Landzunge an der Westflanke des Riesen, ist mit über 11.000 mm Niederschlag der zweitfeuchteste Ort der Erde.

Dokumente über die Vor- und Frühgeschichte Afrikas sind rar. Griechische Quellen berichten, daß 600 v. Chr. der ägyptische Pharao Necho eine Expedition wahrscheinlich phönikischer Seeleute ausrüstete, die innerhalb von vier Jahren den Kontinent umschiffte. Da sich die Phöniker in der Regel in Küstennähe hielten, müßten sie auch den Kamerunberg gesehen haben. Die älteste überlieferte Darstellung aus dem Gebiet des heutigen Kamerun ist ein in griechischer Übersetzung erhaltener Reisebericht über den Seefahrer Hanno, der von Karthago aus die westafrikanischen Küsten erkundete. Im Golf von Guinea entdeckte Hanno 525 v. Chr. einen feuerspeienden Berg. Er gab ihm den Namen «Götterwagen».

Fast zwei Jahrtausende später, im Jahre 1472, erblickte ein Europäer, der portugiesische Seefahrer Fernão do Póo, den Kamerunberg. Wegen des Krabbenreichtums im Delta des Wouri-Flusses, wo die Schiffe des Seefahrers ankerten, nannte er den Strom «Rio dos camarões», Krabbenfluß. Daraus entstand die deutsche Bezeichnung für das ganze Land «Kamerun».

Quer durch Zentralafrika zieht die sogenannte Kamerun-Dorsale, eine geotektonisch instabile Zone. Wie Perlen auf der Schnur reihen sich dort Vulkane aneinander. Im Süden beginnt die Kette mit Vulkaninseln. Im Golf von Guinea liegen Annobón, Saõ Tomé, Principe und Malabo, das früher nach seinem Entdecker Fernão do Póo hieß. An der Küste des Festlands steigt der höchste Vulkan, der Kamerunberg, empor. Im Landesinneren setzt sich die Störungszone in weitem Schwung über die vielen kamerunischen Vulkane, wie Mt. Kupé, Manengouba, Mt. Oko oder die Schlote von Rhumsiki nach Norden fort. Ihren Abschluß findet die Kamerun-Dorsale im Tibestigebirge des Tschad.

Die Ureinwohner der Wälder um den Kamerunberg scheinen Pygmäen gewesen zu sein. Erst in den letzten 500 bis 1000 Jahren erreichten die Bantu-Völker Zentral- und Südkamerun. Die große Ost-West-Wanderung dieser Völker folgte erst der Nordgrenze des zentralafrikanischen Regenwaldes. Später drangen sie in mehreren Wellen in den Regenwald ein und verdrängten die dort lebenden Pygmäen. An den Hängen des Kamerunbergs siedelte sich der Stamm der Bakweri an. Sie rodeten Teile des Urwalds, um Ackerbau zu betreiben, und nutzten den Wald und die ausgedehnten Savannen oberhalb der Baumgrenze zur Jagd. Für die Bakweris ist der Kamerunberg der Sitz der Götter. Der Sage nach lebte an den Küsten Kameruns einst ein Gott namens Ebassamoto, der halb Stein, halb Mensch war. Seine Frau war die Meeresgöttin Nalowa. Als sie sich im Streit trennten, ging Nalowa ins Meer. Ebassamoto türmte einen riesigen Berg auf und versteckte sich dort, damit ihn seine Frau nicht mehr finden konnte. Er legte einen wunderschönen Garten an mit großen Bäumen, bunten Blumen und herrlichen Früchten. Jeder, der den Berg bestieg, konnte von den Früchten essen, soviel er wollte. Doch wehe dem, der von den Früchten etwas mit ins Tal nahm. Dann zürnte Ebassamoto und spuckte Feuer und Flamme. Bis heute sehen die Bakweris in den Ausbrüchen des Kamerunbergs den Zorn Gottes.

Selbst wenn man heute auch andere Ursachen für die Vulkanausbrüche annimmt, so ist ein gesunder Respekt vor der Kraft des Berges durchaus angebracht. Auf dem Kamerunberg lassen sich über hundert Krater unterschieden. In unserem Jahrhundert gab es Ausbrüche in den Jahren 1909, 1922, 1959 und zuletzt 1982. Die Schlote und erstarrten Lavaflüsse sind wichtige Orte, an denen Wissenschaftler die Neubesiedlung von Ödland durch Pflanzen studieren können. Erst stellen sich Flechten ein, dann Farne, danach Orchideen in erstaunlicher Anzahl, und schließlich kommen die ersten Bäume wieder hoch. Nach kaum hundert Jahren nimmt der Wald die ehemals kahle Zone wieder in Beschlag.

Die Europäer

hielten sich lange vom Berg fern. Es genügte ihnen, ihn als Orientierungspunkt für die Seefahrt zu benutzen. Erst fast 400 Jahre nach den Fahrten von Fernão do Póo, im Jahr 1858, gründeten Baptistenmissionare unter der Leitung von Alfred

Saker die Hafenstadt Victoria, das heutige Limbé, am Fuße des Kamerunbergs. Von dort aus erkundeten sie die Hänge des Berges und erreichten das Bakweridorf Buea, das 1901 zum Sitz der deutschen Kolonialverwaltung werden sollte. Buea liegt auf 1000 m Höhe, was bis heute die Obergrenze der der dauerhaften menschlichen Besiedlung darstellt.

Im Jahr 1861 rüsteten der englische Kapitän Richard Burton und der deutsche Botaniker Gustav Mann eine Expedition zur Erforschung des Kamerunbergs aus. Mit Bakweri-Führern und -Trägern brach man in den dichten Regenwald auf. Nach vielstündigem Marsch stießen Mann und seine Leute in 2260 m Höhe auf eine ergiebige Quelle. Aufgrund der vielen Krater, Schründe, Schlote und Risse im Vulkangestein versikkert das Regenwasser am Berg sehr schnell. Wasser ist in den oberen Lagen Mangelware. Das Areal um die Manns-Quelle, die bis heute den Namen ihres europäischen Entdeckers trägt, ist ein unverzichtbarer Rastplatz für alle Unternehmungen an der Westflanke des Berges.

Die Expedition von Burton und Mann erreichte kurz oberhalb der Manns-Quelle die Baumgrenze und setzte ihren Weg in der Savannenregion fort. Die Westflanke des Kamerunbergs steigt sehr gemächlich an, nur der Gipfelaufstieg ist etwas steiler. Dennoch forderten die Höhe und die zunehmende Kälte ihren Tribut. Wie Burton berichtete, blieben aus Mangel an warmer Kleidung und wegen Erschöpfung nach und nach alle Träger und europäischen Bergsteiger zurück. Um 13.30 Uhr am 27. Dezember 1861 erreichte Richard Burton allein den Fako, den Hauptgipfel des Kamerunbergs, auf 4075 m Höhe.

Doch Burton hatte nicht nur Freude an seinem Gipfelerfolg. Er hatte seine Füße auf dem Rückweg zur Manns-Quelle so wundgelaufen, daß er sich bis Victoria in der «Missionarsschaukel» von den Bakweris zurücktragen lassen mußte. Mann gab indes nicht auf. Am 3. Januar 1862 erreichte er zusammen mit dem spanischen Richter Calvo den Gipfel.

Nach einer Erholungspause in Victoria waren Burton und Mann Ende Januar 1862 wieder auf dem Berg. Diesmal diente ihr Aufstieg einer höheren Mission. Burton pflanzte feierlich die britische Fahne in das brüchige Gestein und nahm den Kamerunberg im Namen von Queen Victoria in Besitz. Dieses merkwürdige Gebaren der Weißen und die betrübliche Tatsache, daß sie nur einen Teil des versprochenen Lohnes erhielten, verärgerten die Bakweris so, daß sie sich einige Jahre weigerten, Fremde auf ihren Pfaden wandern zu lassen.

1877 gelang dem Baptistenmissionar Comber die nächste Besteigung. 1879 war der Ethnologe Flegel auf dem Berg und beschrieb als erster die Schönheit der Landschaft und die interessanten Jägerhüttendörfer am Waldrand. Die weiteste Beachtung erhielt jedoch die Besteigung des Kamerunbergs durch den für die *Kölnische Zeitung* tätigen Journalisten Hugo Zöllner im Jahre 1884. Mit seiner spannenden, bis heute lesenswerten Reisebeschreibung brachte Zöllner den

Linke Seite: Der Krater des Ausbruchs von 1982.
Rechte Seite oben: Die Vegetation in Gipfelnähe: gelbe Flechten auf schwarzem Vulkansand.
Mitte: Urwaldblume.
Unten: Blume in Gipfelnähe, mit sukkulenten Blättern und weißen Schutzhärchen um die Blüte.

Kamerunberg ins Bewußtsein der deutschen Öffentlichkeit. Seine Besteigung erfolgte in einem für Schwarzafrika schicksalhaften Jahr. Auf weltpolitischer Ebene wollte Deutschland nicht länger abseits stehen. Deutsche Handelsleute drängten die Reichsregierung, Protektorate in Afrika zu gründen, bevor andere europäische Mächte den Kontinent endgültig unter sich aufgeteilt hatten.

1884 entsandte Bismarck den damaligen Generalkonsul von Tunis, den berühmten Afrikareisenden und Entdecker des Tibesti, Gustav Nachtigal, «behufs Abschließung von Verträgen an die afrikanische Westküste». Am 10. Juli 1884 erreichte Nachtigal an Bord der «Möve» den Kamerun-Fluß, wo bereits das englische Kanonenboot «Goshawk» lag. Nachtigal wähnte sich schon zu spät gekommen. Doch der britische Konsul Hewett befand sich nicht an Bord, sodaß die Engländer Kamerun nicht in Besitz nehmen hatten können. Nachtigal schloß daraufhin mit den Douala-Königen Bell, Akwa und Dido Schutzverträge im Auftrag der deutschen Regierung und erklärte mit einer feierlichen Flaggenhissung am 14. Juli 1884 die deutsche Oberhoheit über das «Schutzgebiet Kamerun». Fünf Tage später traf der britische Konsul Hewett an Bord des Kanonenboots «Flirt» ein. Er konnte nur noch vergeblich gegen die deutsche Besitzergreifung protestieren. Deutschland hatte das Wettrennen um den Kamerun gewonnen. Die verspätete Ankunft von Hewett, die England eine Kolonie kostete, trug ihm den Spitznamen «Too-late-Consul» ein.

Um die zunehmenden Spannungen zwischen den Kolonialmächten in Zentralafrika zu beseitigen, trafen sich am 15. November 1884 Vertreter von 14 Nationen unter dem Vorsitz des deutschen Reichskanzlers Bismarck auf der Kongo-Konferenz in Berlin. Die europäischen Staaten definierten ihre Interessensphären in der Region und teilten am Verhandlungstisch Afrika mit Bleistift und Lineal, ungeachtet der geographischen oder ethnischen Grenzen, neu auf. Mit der Verabschiedung der Kongo-Akte am 23. Februar 1885 wurde die deutsche Kolonie Kamerun auch international anerkannt.

Die Reisebeschreibungen Zöllners und die Nachrichten von der Gründung einer deutschen Kolonie im Kamerun führten zu einem vermehrten Interesse am Kamerunberg. Zwischen 1884 und 1895, dem Zeitpunkt der Erschließung einer direkteren Route von Buea aus, meisterten über zwanzig Expeditionen mit deutschen Offizieren, Wissenschaftlern und anderen Gipfelstürmern den Berg.

Für die Bakweris war das starke Interesse der Deutschen an dem Land um den Kamerunberg weniger erfreulich. 1894 wurden die Dörfer um Buea militärisch unterworfen. Das Hauptziel der deutschen Kolonialpolitik war die wirtschaftliche Erschließung der Region. In der Umgebung des Kamerunbergs wurden die Afrikaner von ihrem angestammten Land vertrieben. Auf den sehr fruchtbaren Böden entstanden riesige Kakao-, Kautschuk-, Ölpalmen- und Bananenplantagen. Die Plantagenprodukte wurden zunächst mit Trägerkarawanen zu den Häfen transportiert. Die wachsenden Transportmengen machten bald den Bau von Eisenbahnen, wie der Bahn von Victoria über die Esserschen Plantagen bis nach Soppo am Kamerunberg, notwendig. Die einheimische Bevölkerung wurde zu Trägerdiensten, zur Anlage von Plantagen und zum Eisenbahnbau verpflichtet. Immer wieder aufflackernde Aufstände wurden in Blut erstickt. Die Bakweris mußten auf den Plantagen in Barackensiedlungen wohnen. Aus freien Bauern wurden Lohnabhängige. Da sich die Bakweris als wenig resistent erwiesen, wurde «besseres Menschenmaterial» aus der Gegend von Bamenda und Yaoundé rekrutiert. Doch auch für die Neuankömmlinge führte die Kombination aus feuchtheißem Klima, harter Arbeit und Malaria oft zum frühen Tod.

Buea wurde zunehmend zu einem Zentrum der deutschen Aktivitäten in der neuen Kolonie. Die Plantagen florierten. Die in dem vom ersten Gouverneur Freiherr Julius von Soden gegründeten Verwaltungssitz Douala ansässigen Beamten entflohen an freien Tagen den sumpfigen Niederungen an der Kamerun-Bucht und erholten sich im für Europäer weit angenehmeren Höhenklima von Buea. Der zweite Gouverneur, Jesco von Puttkamer, wertete die klimatischen Vorteile Bueas höher als die bessere Verkehrsanbindung Doualas und verlegte 1901 die deutsche Kolonialverwaltung in den Gebirgsort.

Die deutschen Kolonisten schufen sich ein Stück Heimat, indem sie Obst- und Gemüsegärten mit heimischen Sorten anlegten. Ein botanischer Garten entstand, der auch zum Testen verschiedendster Kulturpflanzen diente. Selbst eine Almwirtschaft wurde eingerichtet. Allgäuer Vieh, gehütet von original Allgäuer Sennern, weidete an den Hängen des Kamerunbergs und stellte die Versorgung der Beamten mit Milch und Käse sicher.

Die Bevorzugung von Buea führte auch bei den Bergbesteigungen zu einem Wandel. 1895 wurde vom deutschen Marinestabsarzt Ziemann und dem Leutnant zur See Witschel die direkte Route von Buea auf den Gipfel erstbegangen. Im gleichen Jahr erreichte die Engländerin Mary Kingsley über diesen teilweise sehr steilen Weg als erste Frau den Gipfel. Bald geriet die ursprüngliche Route über die Manns-Quelle in Vergessenheit, zumal im Jahr 1897 die Sektion Kamerun des Deutschen Alpenvereins begann, Schutzhütten an der Direktroute zu errichten. Die drei Hütten – Musake-Hütte (1870 m), Johann-Albrechts-Hütte (2780 m) und Herzogin-Elisabeth-Hütte (3950 m) – werden bis heute bei der Besteigung des Kamerunbergs auf dem Normalweg benutzt. Diese Route wurde auch im 20. Jahrhundert von fast allen Bergsteigern gewählt. Daran änderte auch der Machtwechsel von der deutschen zur britischen Kolonialherrschaft und die Unabhängigkeit des Kamerun nichts.

… und jetzt

In den achtziger Jahren war einfaches Bergwandern auf dem Normalweg nicht mehr genug. Von einer großen Biermarke (Guinness) als Sponsor wurde ein Wettlauf ins Leben gerufen, der als eines der härtesten Bergrennen der Welt gilt. Das Mountain Race führt alljährlich im Januar Kameruner und ausländische Spitzenläufer nach Buea. Vom Sportstadium auf 950 m geht es über 1000 Höhenmeter durch den feuchtheißen, tropischen Regenwald empor. In der Savannenregion über 2000 m wird der Weg sehr steil, und selbst die Spitzensportler müssen das Laufen einstellen. Sie eilen in schnellem Marsch über scharfkantiges Geröll bergauf, bis der sanfter ansteigende Kegel des Hauptgipfels über 3000 m wieder den Schnellauf zuläßt. Nach drei Stunden Laufzeit erreichen die ersten Athleten den Gipfel auf 4075 m. Einige Läufer haben trotz der Schwüle im unteren Teil Wollmütze und Handschuhe mitgenommen, um der Auskühlung in den eisigen Winden der Gipfelregion zu entgehen. Der Abstieg ist weit schwieriger als der Aufstieg. Schwere Läufer haben kaum eine Chance; sie rutschen im oberen Bereich in der lockeren Vulkanasche oder geraten in der Savannenregion auf der spitzen, lockeren Brockenlava ins Wanken. Die Bergspezialisten wiegen kaum 40 kg und gleiten in perfektem Gleichgewicht wie auf Schienen den Berg hinab. Die Tortur endet wieder im Sportstadium. Der unglaubliche Rekord für die über 3100 Höhenmeter hoch und wieder hinunter steht auf nicht einmal vier Stunden.

Bedingt durch diesen Rummel und auch durch die Bildung einer Führer-Träger-«Mafia», wie sie auch von anderen Bergen bekannt ist, hat die Normalroute für den das ursprüngliche Naturerleben schätzenden Bergfreund an Attraktivität verloren. Von in Kamerun lebenden Deutschen kam der Vorschlag, die Route über die Manns-Quelle wiederzubeleben. Im Frühjahr 1998 stellten Mitarbeiter der deutschen Gesellschaft für technische Zusammenarbeit (GTZ) in Buea mit dem Autor eine lange, die schönsten Seiten des Kamerunbergs erschließende Tour zusammen.

Vom Dorf Bokwango (950 m) aus geht die Wanderung zunächst durch Gärten und Plantagen. Langsam werden die Spuren menschlicher Kultivierung spärlicher, und der Weg führt durch dichten Regenwald. Nach einem Tagesmarsch wird das Lager an der Manns-Quelle (2440 m) erreicht. Der zweite Tag führt durch die Savannenzone. Der Blick weitet sich nach der begrenzten Sicht im Urwald, und die Atmung wird freier. An der Westflanke des Bergs geht es langsam, aber stetig aufwärts. Ein kurzer Abstecher führt zum Krater des letzten Vulkanausbruchs im Jahre 1982. Zwischen 3000 und 3200 m sind zwei Felder mit etwas schwierig zu begehender loser Brockenlava zu queren. Das wasserlose zweite Camp 2 liegt auf 3400 m. Von dort sind es noch 700 Höhenmeter bis zum 4095 m hohen Fako-Gipfel. In den frühen Morgenstunden ist die Chance auf gute Fernsicht am besten.

Nach dem Gipfelsturm geht es am Steilabfall der Nordflanke 1000 Höhenmeter auf grasigem, steilen Gelände weglos bergab. Auf 2300 m Höhe wird die Bergflanke langsam flacher und die Savannenregion beginnt. Das dritte Camp liegt unter Bäumen und wird von einem Bächlein mit Wasser versorgt. Die nächste Tagesetappe führt durch den urtümlichsten Wald, der am Kamerunberg noch zu finden ist. Affenhorden lärmen in den Baumriesen, Spuren von Waldelefanten sind häufig. Durch dichten Wald, voll von bizarren Baumwurzeln und schlangengleichen Lianen, geht der Marsch bis zum Jägerhüttendorf Nitele (1800 m). Daran anschließend folgt ein stetiger Anstieg bis zur alten Radiostation (2540 m). Bei klarem Wetter kann man vom dortigen Camp weit ins Land blicken und nachts den funkelnden Sternenhimmel bewundern. Der fünfte und letzte Tag am Kamerunberg bringt einen gemächlichen Abstieg durch alle Vegetationszonen. Die Etappe endet im Dorf Bonakanda (1000 m), wo Anschluß an das Pistennetz besteht.

Die Allgäuer Senner sind aus dem Kamerun längst verschwunden, doch gibt es heute eine neue Art von Deutschen, die am Mongo ma loba arbeitet. Die GTZ finanziert dort ein integriertes Naturschutz- und Entwicklungsprojekt, das Mount Cameroon Project. Die Natur am Kamerunberg soll vor Wilderern, Holzräubern und Brandrodung betreibenden Bauern geschützt werden. Naturschutz ohne intensive Einbeziehung der lokalen Bevölkerung ist jedoch in einer relativ dicht besiedelten Region wie dem Südwestkamerun nicht möglich. Es gibt kein Nebeneinander von Schutz- und Nutzräumen, sondern nur ein Miteinander. Deshalb sind Umweltbildung und die Schaffung alternativer Einkommensquellen für die Bevölkerung notwendig. So wurden zum Beispiel die schlimmsten Elefantenjäger am Kamerunberg vom Mount Cameroon Project angestellt. Sie erforschen und überwachen jetzt die Elefantenbestände und dienen als Bergführer. Große Hoffnungen werden auf den Ökotourismus gesetzt, der Arbeitsstellen schaffen und die lokale Wirtschaft beleben soll.

Der Kamerunberg wird auch in tausend Jahren noch die Wolken über dem Atlantik fangen. Ob der Reichtum der Schöpfung an seinen Hängen so lange erhalten werden kann, ist ungewiß. Doch wenn die Menschlein in ihrer Gier zu zerstörerisch werden, wird der Berg der Götter vielleicht zornig aufschnauben und ihnen mit seinem Feueratem die Grenzen aufzeigen.

Literatur

Fuchs, Regina: Kamerun, Know-How-Verlag, Hohenthann 1994.
Kolonie und Heimat (Hrsg.): Eine Reise durch die deutschen Kolonien: Kamerun, Berlin 1910.
Schmidt-Soltau, Kai: Einmal Fako und nie wieder, Buea 1998.

Das Schlapperebenkees in der Goldberggruppe (Hohe Tauern) im September 1986 mit der Vorstoßmoräne von 1980. Vergleiche auch Abb. 11, die den Gletschervorstoß der 1960er bis 1980er Jahre dokumentiert. Foto: Reinhard Böhm

Das Klima im Wandel

«Der Zukunft das Klima entlocken.» Ein Fachgebiet zwischen Elfenbeinturm und Sensationshascherei. Ein Wissenschaftler betrachtet seine Wissenschaft. Von Reinhard Böhm

Seit den 1980er Jahren ist ein Teilaspekt der Klimatologie aus dem Elfenbeinturm der Gelehrten in den Brennpunkt des öffentlichen Interesses katapultiert worden: die Frage der Klimaschwankungen. Bereits vor hundert Jahren hatte der schwedische Naturforscher Svante Arrhenius die Hypothese formuliert, daß der CO_2-Gehalt der Atmosphäre ein wichtiger Faktor der Regulierung des globalen Klimas ist und daß die industrielle Entwicklung über den massiven Gebrauch fossiler Energiequellen (zunächst Kohle, später auch Erdöl und Erdgas) den natürlichen Anteil dieses Spurengases in der Atmosphäre ansteigen läßt und eine globale Erwärmung auslösen könnte. Diese Theorie fand jedoch außerhalb der kleinen Gruppe von Fachklimatologen wenig Beachtung. Vor allem das Zusammentreffen von zwei Faktoren dürfte es gewesen sein, das dieser bis dahin ruhigen Teildisziplin der Meteorologie in den letzten beiden Jahrzehnten einen ungeahnten Auftrieb verliehen hat. Einerseits begann man in den Klimameßreihen fast überall auf der Erde ein deutliches Ansteigen der Temperaturen zu registrieren, und andererseits erlaubte die Entwicklung der Computer nun, mathematische Modelle zur Simulation des Erdklimas zu entwickeln, wodurch längerfristige Klimaprognosen in den Bereich des Möglichen rückten. Es handelt sich hiebei um eine sehr junge wissenschaftliche Disziplin, die derzeit noch in Entwicklung begriffen ist. Jedes neue Teilergebnis wird allerdings von den Medien sofort aufgegriffen, wodurch für die Öffentlichkeit ein oft verwirrendes Bild entsteht.

Da die wissenschaftlichen Erkenntnisse noch kein abgerundetes und abgesichertes Bild der komplizierten Mechanismen des Erdklimas geben, ist Spekulationen, Glauben statt Wissen, bewußter und unbewußter Desinformation Tür und Tor geöffnet. Als Klimatologe staunt man oft, was die Klimatologie derzeit bereits angeblich alles zu leisten vermag, und welche Ergebnisse unsere Wissenschaft bereits erzielt haben soll. Dabei ist es nicht leicht, einen Überblick über den tatsächlichen Stand des Wissens zu gewinnen und diesen dann noch in kurzer und verständlicher Form weiterzugeben. Trotzdem sei hier der Versuch gewagt, vor allem den Lesern dieses Jahrbuchs gegenüber, die bei ihren Begegnungen mit der Natur in unserer Berglandschaft immer wieder auf indirekte Zeugen von Klimaschwankungen stoßen. Ein gefällter Baum mit seinen Jahrringen als Klimakalender, Endmoränen weit vor den heutigen Gletscherzungen, aus den Gletschertoren ausgeschwemmte alte Baumstämme, Flurnamen wie «Übergossene Alm» oder «Ochsenkarkees» sowie Vergleiche von eigenen, neuen Fotos mit historischen Aufnahmen, die man oft an den Wänden der Berghütten findet, vermitteln dem Interessierten, daß mit dem Klima in den Alpen «etwas los ist». Und spätestens, wenn der Bergwanderer mit einer vielleicht gar nicht so alten Karte bei der Orientierung Schiffbruch in der Gletscherregion erleidet, da sie nicht mehr mit der Realität übereinstimmt, wird klar, daß Klimaschwankungen nicht nur im globalen Sinn, sondern auch im Kleinen erhebliche Bedeutung haben können. Was es nun auf sich hat mit Begriffen wie natürliche oder künstliche Klimaschwankungen, natürlicher oder anthropogener Treibhauseffekt, Meßdaten oder Proxidaten, bis hin zur delikaten Unterscheidung zwischen gesichertem Wissen und Spekulation, das sei Gegenstand der folgenden Darstellung. Vorerst sei eine Kurzeinführung in die Funktionsweisen des Erdklimas versucht, vor allem in bezug auf diejenigen Faktoren, die mit der Variabilität des Klimas zu tun haben.

Die Wirkungsweise des Klimasystems

Was die Erde für Lebensformen wie die unsrige bewohnbar macht, ist zunächst ihre Lufthülle, dann das Vorhandensein von Wasser und zuletzt die Tatsache, daß bei den für das Klima unseres Planeten typischen Temperaturen dieses Wasser in allen drei Aggregatzuständen, fest, flüssig und gasförmig, auftritt. Diese Tatsache erschwert zwar das Leben der Meteorologen – Theorie und Praxis unserer Wissenschaft wären wesentlich einfacher, wenn wir unsere Rechenmodelle, Wetter- und Klimavorhersagen für eine trockene Atmosphäre machen könnten – der Nachteil wäre nur, daß es in diesem Fall keine Menschen, schon gar keine Meteorologen und wohl auch sonst keine Lebensformen auf der Erde gäbe.

Den Antrieb aller Vorgänge in der Erdatmosphäre liefert fast ausschließlich die Sonne. Als sehr heißer Körper sendet sie Energie in Form von elektromagnetischer Strahlung vor allem im sichtbaren Bereich des Lichtes aus, die von der Erde – je nachdem wo sie auftrifft – auf sehr unterschiedliche Weise aufgenommen wird. Ein Teil wird sofort wieder reflektiert und trägt nicht zur Energieaufnahme unseres Planeten bei.

Wolken oder Schnee tun dies in sehr hohem Ausmaß, Wüstengebiete bereits deutlich weniger, von Pflanzen bewachsene Oberflächen ebenfalls, und am wenigsten reflektieren Wasseroberflächen (außer bei sehr flachem Einfallswinkel). Ein sehr geringer Teil der Einstrahlung wird von der Atmosphäre direkt aufgenommen, der größte Teil der Strahlungsenergie wird an der Erdoberfläche in Wärme umgesetzt. Je nach Einfallswinkel der Strahlung wird mehr (steiler Strahlungseinfall) oder weniger (flacher Einfallswinkel) Energie pro Flächeneinheit aufgenommen. Daraus ergeben sich bereits grundlegende Kennzeichen des Erdklimas: kalte Polarregionen, warme Äquatorialzonen, die durch die Erddrehung bedingten Tag-Nacht-Unterschiede, die durch die Neigung der Erdachse verursachten Jahreszeiten und nicht zuletzt – speziell in Gebirgsregionen wichtig – Unterschiede zwischen Nord- und Südhängen (wobei noch verstärkend die Abschattung wirkt). Von der Oberfläche dringt schließlich die aufgenommene Energie auf den Kontinenten durch die (schwache) molekulare Wärmeleitung nur wenig in den Boden ein, in den Ozeanen erfolgt ein sehr viel stärkerer Wärmetransport in tiefere Wasserschichten durch die in einer Flüssigkeit frei beweglichen Moleküle.

Darauf beruht ein weiteres Hauptmerkmal des Erdklimas – die Unterschiede zwischen dem extremeren Kontinentalklima und dem ausgeglicheneren ozeanischen Klima. Die an der Oberfläche umgesetzte und nicht in den Boden oder das Wasser weitergeleitete Energie wird nun von hier wieder abgestrahlt, und zwar gemäß der viel niedrigeren Temperatur unseres Planeten im Vergleich zur Sonne in einem wesentlich langwelligeren Wellenlängenbereich, der unsichtbaren Infrarotstrahlung. Würde diese Infrarotstrahlung ungehindert ins Weltall austreten, hätte die Erdoberfläche eine globale Durchschnittstemperatur von etwa -18°C. Hier greift nun jedoch der natürliche Treibhauseffekt der Erdatmosphäre regulierend ein, und zwar durch bestimmte Bestandteile der Lufthülle (an erster Stelle das Wasser in flüssigem und gasförmigem Zustand, an zweiter Stelle das Kohlendioxid [CO_2] und eine Reihe anderer Spurengase). Diese «klimatogenen» oder «Treibhausgase» nehmen Teile der langwelligen Ausstrahlung der Erde auf, erwärmen sich und strahlen sie in Form der atmosphärischen Gegenstrahlung wieder zurück. Dieser «natürliche Treibhauseffekt» bewirkt eine Anhebung der globalen Mitteltemperatur auf etwa +15°C, wie sie mit nur geringen Abweichungen von maximal 1 bis 2 Grad für die letzten 10.000 Jahre der Erdgeschichte charakteristisch waren.

Nun fehlen nur noch wenige Bausteine in unserem Gedankengebäude, das es uns erlauben wird, die Vorgänge zu verstehen, die unser Klima und seine große Variabilität in groben Zügen bestimmen. Einer davon ist das physikalische Gesetz, daß Gase bei Druckabfall abkühlen und sich bei Druckanstieg erwärmen. Wer jemals Luft aus einem Fahrradschlauch abgelassen und dabei seine Finger in die Nähe des Ventils gehalten hat, kennt diesen Effekt. Da die Lufthülle der Erde unter ihrer eigenen Last (die sich aus dem Gravitationsgesetz ergibt) in tieferen Schichten unter höherem Druck steht als in höheren, würde sie ohne zusätzliche Wärmequellen von unten nach oben regelmäßig immer kälter werden (was sie in der Regel auch tut). Dieser Effekt spielt im Gebirgsklima eine wichtige Rolle.

Warum die Luft aus dem Fahrradschlauch überhaupt ausströmt, ergibt sich aus dem physikalischen Gesetz, daß Gase unter unterschiedlichem Druck durch Strömungen versuchen, diese Druckunterschiede auszugleichen. Warme Luft (das Gas, mit dem wir es beim Klima zu tun haben) ist weniger dicht als kalte – und damit haben wir bereits den Grund für das Entstehen von Winden oder Stürmen. Sie würden auf einer sich nicht drehenden Erde immer von Hochdruckgebieten zu Tiefdruckgebieten wehen. Durch die ablenkende Kraft der Erddrehung wird daraus eine spiralförmige Bewegung (für deren Form die Reibung zwischen den Luftmolekülen eine Rolle spielt). Diese Luftströmungen und vor allem die Strömungen in den Ozeanen (im dichteren Wasser können wesentlich größere Wärmemengen transportiert werden als in der viel dünneren Luft) tendieren somit dazu, das Erdklima weniger extrem zu gestalten. Große Wärmemengen werden von den äquatorialen zu den polaren Zonen transportiert und mildern die Unterschiede zwischen heißen und kalten Klimazonen der Erde.

Der letzte notwendige Baustein in unserem Modell ergibt sich aus der bereits erwähnten Tatsache, daß Wasser auf der Erde in allen drei Aggregatzuständen vorhanden ist. Beim Übergang von einem Aggregatzustand in den anderen, neh-

Links: Das Wurtenkees in der Goldberggruppe im September 1896 mit seiner noch mächtigen Zunge von etwa 180 m Eisdicke. Im Hintergrund Alteck, Niedere Scharte und Goldbergtauernkopf.
Foto: A. E. Forster (Archiv Sonnblickverein, Wien)
Rechts: Das verschwundene westliche Wurtenkees im September 1997 (gleicher Standort wie die alte Aufnahme). Im Vordergrund der Speicher Hochwurten. Der Gletscher hat sich ganz aus dem Bildausschnitt nach rechts hinten zurückgezogen.
Foto: Reinhard Böhm

men wir etwa den von flüssig zu gasförmig, wird eine relativ große Energiemenge verbraucht (Verdunstung) oder freigesetzt (Kondensation). Diese Energiemengen stehen nicht zur direkten Umsetzung der Strahlungsenergie in Temperaturänderungen zur Verfügung. Aus diesem Grund überleben wir das an sich unwirtliche Klima in einer Saunakammer, solange wir durch Verdunstung unseres Schweißes an der Hautoberfläche diese kühl halten. In der Erdatmosphäre ist dabei noch ein letztes physikalisches Gesetz von Bedeutung, nämlich die Tatsache, daß wärmere Luft mehr Wasserdampf (H_2O in der gasförmigen Phase) in sich aufnehmen kann als kältere. Es gibt somit bei jeder Temperatur einen maximalen Wasserdampfgehalt (man spricht dann von 100% relativer Feuchte) bei dessen Erreichung Kondensation stattfindet (also flüssiges Wasser entsteht), und dieser «Sättigungspunkt» wird bei kälterer Luft früher erreicht als bei warmer.
Wir haben nun alle wesentlichen Faktoren beisammen, die es uns erlauben, die Wirkungsweise der Erdatmosphäre zu verstehen. Wir können nachvollziehen, wie die Sonnenstrahlung je nach Beschaffenheit der Erdoberfläche ein kompliziertes Muster unterschiedlicher Temperaturen erzeugt, wie diese durch Winde und Meeresströmungen ausgeglichen werden, wie die Sonnenenergie Wasser aus den Ozeanen verdunstet, dieses Wasser in der Atmosphäre aufsteigt, in kühlere Luftschichten gelangt, dort wieder kondensiert und als Niederschlag zu Boden fällt. Wir verstehen, warum in den Bergen in größerer Höhe auch im Sommer Schnee und nicht Regen fallen kann, und wir haben eine erste Ahnung davon, wie es um den natürlichen und den künstlichen Treibhauseffekt bestellt ist. Mit diesen Bausteinen arbeiten auch die Klimamodelleure, die uns mit ihren Modellrechnungen aus der 10.000-jährigen Ruhe eines sehr konstanten Erdklimas aufgeschreckt haben, als die Menschheit ihre Ackerbauzivilisation aufbauen konnte, ohne durch drastische Klimakatastrophen daran gehindert zu werden.
Was die Arbeit der Modelleure so aufwendig macht, ist nicht das qualitative Verständnis der Funktionsweise des Klimas, sondern die Umsetzung in Zahlenwerte, also in ein quantitatives Verständnis. Umgesetzt auf die aktuelle Klimadebatte heißt das: Es nützt uns wenig, zu wissen, daß ein Anstieg der klimatogenen Spurengase (den wir durch das Verbrennen von fossilen Energieträgern wie Kohle, Erdöl und Erdgas verursachen) dazu führt, daß in den tieferen Luftschichten ein größerer Anteil der von der Sonne eingestrahlten Energie zurückgehalten wird. Die unendlich komplizierte Frage ist, in Zahlen zu berechnen, welcher Teil dieser zusätzlichen Energie zum Erwärmen der Atmosphäre verwendet wird, welcher Teil zum Erhöhen der Verdunstung von den Wasseroberflächen der Erde und damit zu einer Ankurbelung des Wasserkreislaufes verwendet wird, und nicht zuletzt, welcher Teil der Treibhausenergie in Bewegungsenergie umgesetzt wird und somit die Windsysteme verändert.
Und alle diese Berechnungen nützen wenig für einen globalen Mittelwert; sie müssen in möglichst hoher räumlicher Auflösung für die ungemein abwechslungsreiche Oberflächengestaltung der Erde durchgeführt werden. Auch die dritte Dimension ist dabei nicht zu vernachlässigen. Wetter und Klima spielen sich nicht nur in den bodennahen Luftschichten ab, vielmehr sind Luftschichten bis hinauf in 10 bis 20 km Höhe relevant; und aus unseren Grundbausteinen wird auch klar, daß die Strömungen und Temperaturen an der Oberfläche und in den Tiefen der Ozeane nicht zu vernachlässigen sind. Die Ergebnisse der Modellrechnungen müssen schließlich mit den Meßergebnissen der Klimabeobachtungsmeßnetze verglichen werden, einerseits um ihre Genauigkeit zu überprüfen, andererseits um die vorausberechneten (menschlich verursachten) Klimaschwankungen der Zukunft mit den (natürlichen) Klimaschwankungen der Vergangenheit zu vergleichen. Wenden wir uns also zunächst den Klimaschwankungen der Vergangenheit zu.

Die Vergangenheit des Erdklimas

Auch in der Naturwissenschaft, deren Vorgangsweise darin besteht, die Naturgesetze zu erkennen, sie in mathematische Formeln zu fassen und deren Ergebnisse durch Messungen zu überprüfen, ist man gut beraten, nicht zu viel zu glauben (was es in der Naturwissenschaft theoretisch gar nicht gibt), sondern zu versuchen, einen möglichst großen Anteil dessen zu verstehen, was man über ihre Erkenntnisse liest, hört oder sieht. Daß das bei der Fülle an angehäuftem Wissen und dem hohen Grad an Spezialisierung nicht einfach ist, liegt auf der Hand. Aber die grundlegenden Ideen und Modellvorstellungen sind nicht so schwer nachzuvollziehen, wenn man von dem oft großen mathematischen Aufwand absieht, der bei der Umsetzung in die Praxis entsteht. Bevor wir also einige Beispiele aus dem aktuellen Stand der Forschung auf dem Gebiet der Vergangenheit des Erdklimas bringen, sei ein kurzer Abriß über die Methoden erlaubt, mit denen dieser Wissensstand erreicht werden konnte. Da bei diesem Artikel naturgemäß die Alpen im Vordergrund des Interesses stehen, ist eine Beschränkung auf die Zeit der letzten 50 Millionen Jahre zulässig, der Zeit, seit der die Alpen als Gebirge bestehen. (Vergleiche dazu den Beitrag von Thomas Hofmann im AV-Jahrbuch *Berg '98*).

Die instrumentelle Periode

Natürlich gibt es über diese lange Zeitspanne nur in einem überaus kurzen «Moment» direkte Messungen über den physikalischen Zustand der Atmosphäre, aus denen sich eine Beschreibung des Klimas und seiner Schwankungen ableiten lassen. Zwar ist der alpine Raum einer derjenigen, für den die

Das Sonnblick-Observatorium (1985). Seit dem Neubau Anfang der 1980er Jahre ist das traditionsreiche Observatorium, zusätzlich zu den alten Aufgaben in Meteorologie und Klimatologie, zu einer umweltchemischen «Background Station» geworden. Foto: Reinhard Böhm

längsten instrumentellen Meßreihen vorliegen, diese sind aber auch hier, an der Wiege der klimatologischen Wissenschaft, nur kurz. Seit den 1750er Jahren besitzen wir von einigen tiefgelegenen Orten ununterbrochene instrumentelle und homogene Meßreihen (Genf und Basel 1753, in Österreich Kremsmünster seit 1767, Wien, 1775, Innsbruck, 1794). Die wertvollen Meßreihen der hochalpinen Observatorien beginnen noch später (Großer St. Bernhard seit 1818, Hochobir - Villacher Alpe, 1851, Säntis, 1864, Sonnblick, 1886, Zugspitze 1900).

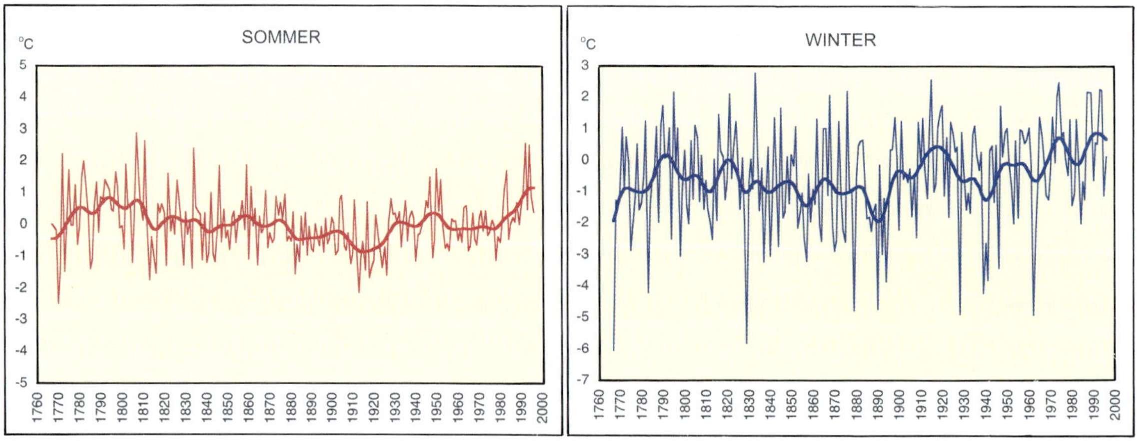

Abb. 1. Die Temperaturentwicklung in den Ostalpen im Sommer (links) und im Winter (rechts). Beide Reihen gemittelt aus 19 ostalpinen Reihen unter 1.000 m. Die Kurven zeigen die Einzelwerte und den geglätteten Verlauf. Alle Reihen sind Abweichungen vom Normalwert 1961-1990 Quelle: Auer et al., 1998

Auch instrumentelle Meßreihen sind noch kein Garant für eine adäquate Beschreibung der Klimaschwankungen. So gut wie nie ist es möglich, über längere Zeiträume hinweg die Meßmethodik, die Instrumente, den genauen Ort und die Umgebung der Meßstelle so konstant zu halten, daß die Meßergebnisse über den gesamten Zeitraum der «instrumentellen Periode» vergleichbar sind. Mit aufwendiger Durchforstung der historischen Archive der Wetterdienste müssen zunächst die «Metadaten» erhoben werden. Das sind die «Daten über die Erzeugung der Meßdaten»: Welcher Beobachter hat mit welchen Instrumenten welcher Qualität zu welchen Zeitpunkten des Tages gemessen, mit welchen Formeln wurden die Mittelwerte berechnet, in welcher Höhe über dem Boden waren etwa die Thermometer in welcher Art von Wetterhütte in welcher Umgebung aufgestellt, wann wurden Stationsverlegungen durchgeführt (eine Verlegung eines Barometers vom ersten in den dritten Stock des Observatoriums kann die gesamte Klimaschwankung eines Jahrhunderts vortäuschen), und so weiter und so fort.
Nach dieser Arbeit können entweder durch direkte Vergleichsmessungen (wenn etwa bei einer Verlegung am alten Ort eine gewisse Zeit hindurch parallele Messungen zum neuen Standort durchgeführt worden sind) oder durch den Vergleich mit nicht zu weit entfernten Vergleichsreihen durch mathematische Homogenitätstests die Sprungstellen (Inhomogenitäten) der Meßreihe eliminiert (besser gesagt vermindert) werden. Allein solche «homogenisierten» Meßreihen sind geeignet, die tatsächlichen Klimaschwankungen zu beschreiben. Es wird den Leser vielleicht überraschen, daß die Homogenisierung der Meßdaten durch die Wetterdienste keine Selbstverständlichkeit ist. Der Hinweis darauf, daß es etwa im Fall Österreichs eines zehnjährigen Aufwands bedurft hat, um unsere Langzeitreihen zu homogenisieren, mag als Erklärung dienen, daß man derzeit noch nicht davon sprechen kann, daß es ein geschlossenes Bild von globaler Abdeckung über die Klima-

schwankungen der instrumentellen Phase gibt. Qualitativ gute globale Langzeit-Datensätze gibt es lediglich für die Lufttemperatur, mit großen Einschränkungen für den Niederschlag. In den Ostalpen ist die Situation besser; hier liegen für eine ausreichende Zahl von Orten homogenisierte Zeitreihen aller gemessenen Klimaelemente vor.

Einige Beispiele aus dem ostalpinen Klimadatensatz sollen einen Eindruck von der Variabilität des Klimas in der instrumentellen Phase geben. Es handelt sich dabei jeweils nicht um Einzelreihen, sondern um solche, die aus mehreren Reihen gemittelt wurden.

Die Temperaturreihen der Abbildungen 1 und 2 machen uns bereits mit einem Phänomen der Klimaschwankungen bekannt, das zu vielen Mißverständnissen führt, dem der unterschiedlichen Zeithorizonte. Schon hier, bei den instrumentellen Meßreihen mit einer Länge von lediglich gut 200 Jahren, sehen die Kurven der Einzeljahre (die dünnen Linien) ganz anders aus als die dicken, geglätteten Kurven, bei denen alle Schwankungen von weniger als zwanzig Jahren mathematisch herausgefiltert worden sind (für mathematisch Interessierte: mit einem Gaußschen Tiefpaßfilter einer Filterweite von zwanzig Jahren). Es ist also absolut sinnlos, aus einem einzelnen oder aus wenigen Wintern oder Jahren bereits Rückschlüsse auf Langzeiteffekte zu ziehen, wie es allzu oft geschieht.

Wie ein verregnetes Wochenende noch keinen kalten Sommer prophezeien läßt, sagt ein milder Winter noch nichts aus über «die auf uns zukommenden Treibhauswinter» (Originalzitat aus einem einschlägigen Club 2, als es diese ORF-Sendung noch gab). Außerdem erkennt man, daß die Temperaturentwicklung in verschiedenen Jahreszeiten nicht parallel verläuft. Interessant ist, daß der Temperaturanstieg der letzten Jahrzehnte in den Ostalpen durchaus nicht als das herausragende Ereignis bezeichnet werden kann, als das es in der aktuellen Klimaschwankungsdebatte immer wieder hingestellt wird. Vor allem die Sommertemperaturen waren in der Zeit um 1800 mehrere Jahrzehnte hindurch durchaus auf einem vergleichbaren Niveau wie in den 1980er und 1990er Jahren, nur die Wintertemperaturen lagen im 19. Jahrhundert durchwegs tiefer als in unserem.

In Abbildung 2 sind die Kurven der Jahresmittel gezeigt, und zwar diejenigen der Stationen unter 1000 m und die der hochalpinen Observatorien von der Villacher Alpe (2140 m) bis zum Sonnblick (3106 m). Beide Kurven verlaufen völlig parallel, es hat also in der instrumentellen Periode keine unterschiedlichen Entwicklungen in Berg und Tal gegeben, und auch im Westen und Osten bzw. nördlich und südlich des Alpenhauptkamms war die Temperaturvariabilität einheitlich (diese Vergleiche werden hier aus Platzgründen nicht gezeigt).

Eine räumlich einheitliche Klimaentwicklung wie bei den Temperaturen ist bei anderen Klimaelementen nicht in jedem Fall gegeben. So zeigen die Niederschlagskurven der Abbildung 3 deutliche Unterschiede vor allem zwischen dem westlichen Teil der Ostalpen gegenüber dem Süden und Osten. Dominierend sind auch hier nicht langjährig einheitliche Trends; man kann nicht von einer «Niederschlagszunahme oder -abnahme in Österreich» sprechen, sondern von einem unterschiedlichen «Auf und Ab», je nachdem in welchem Gebiet man sich befindet.

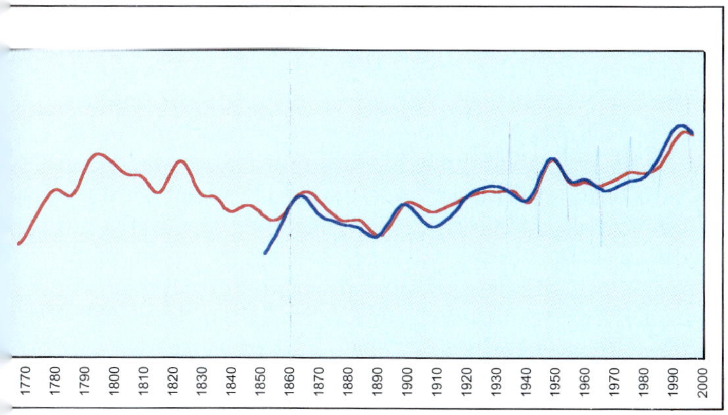

…. 2. Die Temperaturentwicklung in den Ostalpen – Jahresmittel der …9 Tieflandstationen (unter 1000 m, rot) und der vier hochalpinen Observatorien (oberhalb 2000 m, blau). Alle Reihen sind Abweichungen vom Normalwert 1961–1990 Quelle: Auer et al., 1998

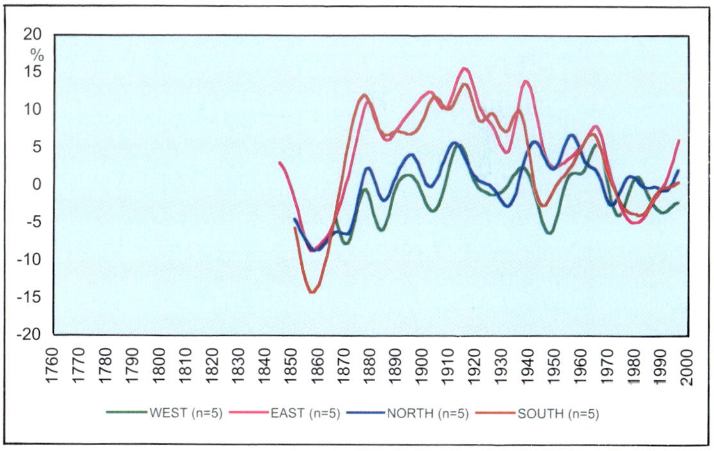

Abb. 3. Die Niederschlagsentwicklung in den Ostalpen 20jährig geglättete Jahressummen, prozentuelle Abweichungen vom Normalwert 1961–1990 in den Subregionen West, Ost, Nord und Süd. Regionalisiert aus insgesamt 60 homogenisierten Einzelreihen aus Auer, 1993

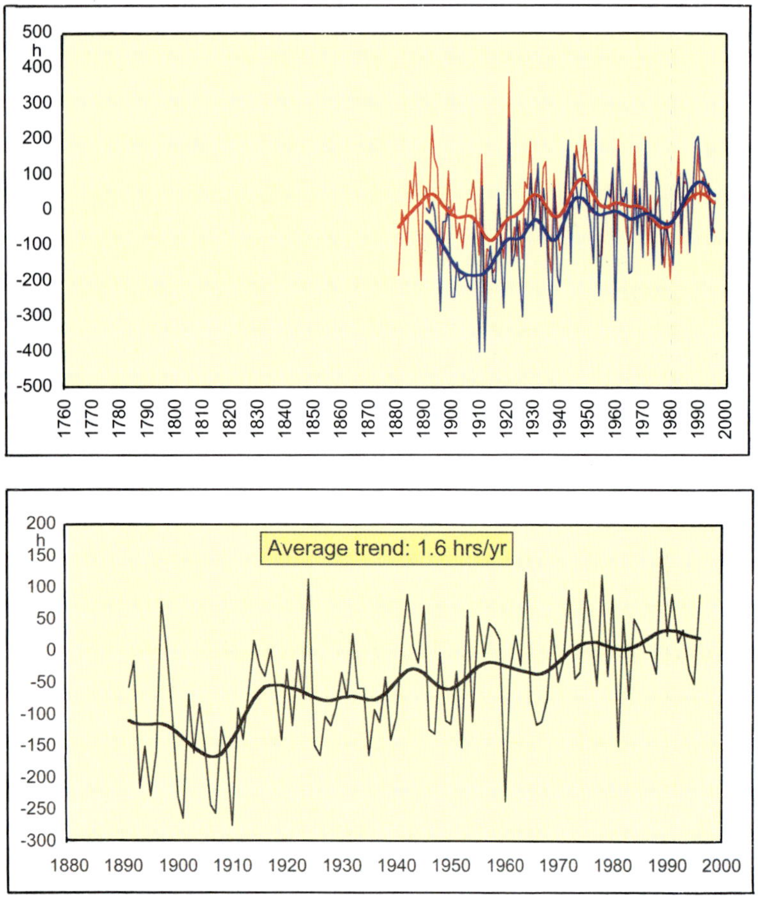

Abb. 4. Die Schwankungen der Sonnenscheindauer in den Ostalpen in hochalpinen Lagen (blau) und im Tiefland (rot) sowie die Differenz aus beiden (untere Kurve)
Einzelne und 20jährig geglättete Jahressummen, Abweichungen vom Normalwert 1961–1990 (in Stunden pro Jahr) Gemittelt aus 8 homogenisierten Einzelreihen unter 1000 m und den vier hochalpinen Observatorien oberhalb 2000 m. Quelle: Auer et al., 1998

Bei den Sonnenscheinreihen wiederum (Abbildung 4) ist es nicht die horizontale Entfernung, die die Unterschiede ausmacht. Die hochalpinen Stationen zeigen einen anderen Verlauf als die Tieflandstationen. Es hat hier in den letzten hundert Jahren eine stetige Zunahme der Sonnenscheindauer in den hochalpinen Lagen gegenüber jener im Tiefland stattgefunden. Genauere Untersuchungen an Bewölkungs- und Strahlungsmeßreihen konnten zeigen, daß dieses Phänomen auf eine Zunahme der Lufttrübung der unteren Luftschichten zurückzuführen ist und nicht auf ein gegenläufiges Verhalten der tiefen und der hohen Wolken – also in diesem Fall ein Hinweis auf einen menschlich verursachten Klimaeffekt, wenn auch nicht in der Art und Weise, wie er in der aktuellen Treibhausdebatte diskutiert wird.
Zum Abschluß unseres Streifzuges durch die ostalpinen Klimazeitreihen zeigt die Abbildung 5 einen Vergleich der geglätteten Jahresmittel der Lufttemperatur, des Luftdrucks und der (ungestörten hochalpinen) Sonnenscheindauer in den Ostalpen. Der überraschend ähnliche Verlauf dieser drei

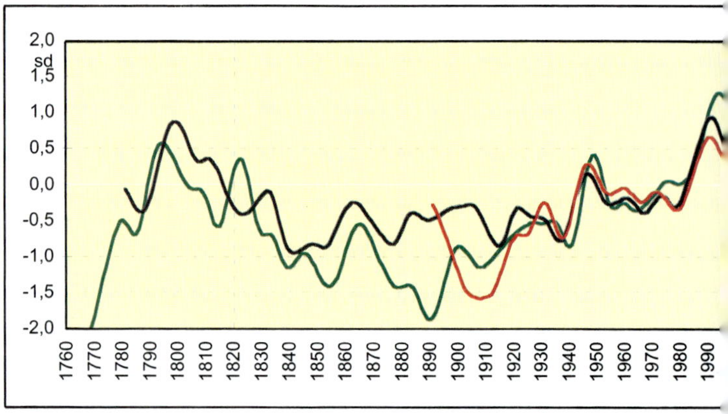

Abb. 5 Vergleich der geglätteten ostalpinen Temperatur- (grün), Luftdruck- (schwarz) und Sonnenscheinreihen (rot). Für Mathematik Vergleichbar gemacht durch Standardisierung auf die jeweilige Standardabweichung (sd). Quelle: Auer et al., 1998

Klimagrößen legt den Schluß nahe, daß in unserer Region die Temperaturschwankungen der letzten 200 Jahre zum überwiegenden Teil auf Verlagerungen der Luftdrucksysteme zurückzuführen sind, die über die Sonnenscheindauer (Bewölkung) die Temperaturentwicklung steuern. Ein bereits merkbares «Treibhaussignal» läßt sich aus den ostalpinen Meßreihen jedenfalls nicht herausfiltern (in diesem Fall müßte die Temperaturreihe den Luftdruck- und Sonnenscheinreihen in den letzten Jahren oder Jahrzehnten statistisch signifikant «davonlaufen»).
Die Stellung der alpinen Klimaschwankungen im globalen Zusammenhang kann nur für die Temperaturentwicklung geprüft werden, da es allein für dieses Klimaelement qualitativ gute globale Datensätze gibt, wie etwa den der «Climatic Research Unit» der Universität East Anglia. Hier haben Phil Jones und Kollegen die Langzeitdaten von einigen tausend Temperaturreihen zusammengetragen und einer Homogenisierung unterzogen. Zwar hat auch dieser Datensatz einige Schwierigkeiten, die regionalen und lokalen Entwicklungen wiederzugeben, die globale Entwicklung ist aber zweifellos korrekt dargestellt. Abb. 6 zeigt die globale Temperaturentwicklung im Vergleich zu der in den Ostalpen. Die globale Entwicklung verläuft gedämpfter als die lokale in unserem Gebiet, zeigt aber im großen und ganzen ähnlichen Verlauf. Da die globale Abdeckung mit instrumentellen Meßreihen nicht so lange zurückreicht wie die in den Alpen, wird die Warmphase um 1800 – mitten im vorindustriellen Klima mit niedrigem CO_2-Pegel – von der globalen Kurve nicht erfaßt. Dadurch beginnt die globale Temperaturkurve genau zur Zeit eines Temperaturminimums und zeigt nur den nachfolgenden Temperaturanstieg, nicht die vorangehende Abkühlungsphase. Die in der aktuellen Klimadiskussion wohl am häufigsten gebrauchten Argumente beziehen sich allerdings genau auf diese kurze globale Meßreihe. Formulierungen wie «seit Beginn der Messungen steigt die globale Temperatur ständig an» oder «die wärmsten Jahre seit Beginn der Messungen waren alle im letzten Jahrzehnt» relativieren sich stark, wenn man die längeren alpinen Meßreihen ins

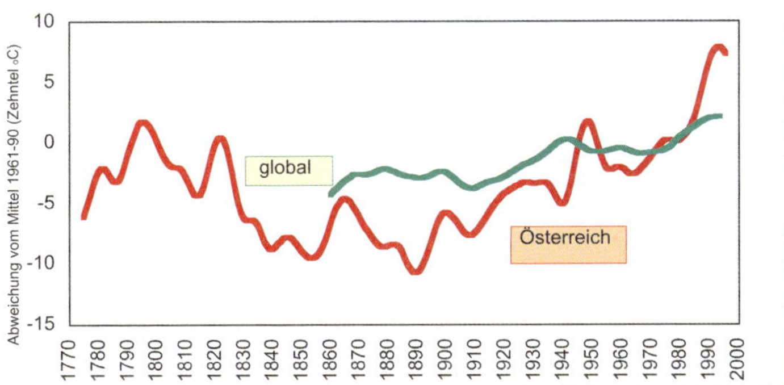

Abb. 6. Die globale Temperaturentwicklung in der instrumentellen Phase im Vergleich zu der in den Ostalpen Quellen: global (CRU-Homepage:www.cru.ac.uk), Ostalpen (ALOCLIM-Datenbank, ZAMG)

Kalkül zieht.

Es besteht somit ein dringender Bedarf, Aussagen über das vorinstrumentelle Klima zu gewinnen, um den Rahmen des natürlichen Klimas besser abzustecken. Das Zeitfenster der instrumentellen Phase ist zu klein dazu.

Die vorinstrumentelle Periode

In den Jahrhunderten, Jahrtausenden und Jahrmillionen seit der Auffaltung der Alpen müssen wir uns bei der Rekonstruktion des Klimas mit indirekten Klimazeugen behelfen, die naturgemäß immer seltener, ungenauer und auch in ihrer zeitlichen Auflösung immer unschärfer werden, je weiter wir in die Vergangenheit zurückblicken wollen. Nicht auszuschließen, daß uralte Mythen wie die biblischen Berichte von einer Sintflut oder Überlieferungen nördlicher Völker der Weltentstehung aus dem Eis bereits auf lange zurückliegende drastische Klimaereignisse hinweisen. Als erster Naturwissenschaftler im modernen Sinn hat der Schweizer Luis Agassiz im 18. Jahrhundert verschiedene geologische Tatsachen in den Alpen auf frühere enorme Vergletscherungen zurückgeführt und den Begriff «Eiszeit» eingeführt. Der Sprung von qualitativen Theorien und Überlegungen zu quantitativ verwertbaren, naturwissenschaftlichen «Proxidaten» (wie die indirekten Klimazeugen heute bezeichnet werden) fand aber erst gegen Ende des 19. Jahrhunderts statt; einen starken Aufschwung nahmen die verschiedenen Zweige der «Paläoklimaforschung» wieder in den letzten Jahrzehnten, nicht zuletzt bedingt durch die Treibhausdebatte, die den Ruf nach langen Vergleichsreihen für die Modell-Szenarien des künftigen Klimas laut werden ließ.

Methoden der Gewinnung von Proxidaten

Welche sind nun die «vorinstrumentellen Instrumente», mit denen sich das Paläoklima rekonstruieren läßt? Man muß auf der Erdoberfläche, im Erdinneren, im Eis von Gletschern, in Pflanzen, in den Sedimenten von Seen oder des Tiefseebodens nach Auswirkungen früherer Klimazustände suchen und aus diesen Auswirkungen auf das Klima zurückschließen. Neben diesen naturwissenschaftlichen Methoden werden auch historische Quellen nach Hinweisen auf Wetter und Klima durchforstet. Nicht immer sind diese Rückschlüsse eindeutig, und auch die räumliche Erfassung der gesamten Erde sowie die lückenlose zeitliche Abdeckung sind nur in seltenen Fällen gegeben. Einige Beispiele sollen die Möglichkeiten und auch die Probleme der Proxidatengewinnung verdeutlichen.

Historische Quellen

Zwar hat das Wetter die Menschen schon immer interessiert, da es vor allem in der vortechnisierten Welt viel unmittelbarer und gefährlicher in das Leben eingegriffen hat. Mißernten führten unweigerlich zu Hungerkatastrophen, Blitzschläge konnten ganze Dörfer abbrennen lassen, bei Überschwemmungen gab es keine Vorwarnung – und der gesamte Lebensablauf war viel unmittelbarer den Wettereinflüssen ausgesetzt. Dementsprechend haben Chronisten häufig über Wetterereignisse berichtet – allerdings verständlicherweise eher über abnormes Wetter, über Katastrophen, als über den unauffälligen Verlauf des täglichen Normalwetters. Daraus ergibt sich bereits das Hauptproblem der historischen Klimatologie: In den Daten sind tendenziell einzelne Extremereignisse überrepräsentiert und der normale Klima-Ablauf weniger abgedeckt. Nur in den seltensten Fällen sind Aussagen über längere Phasen möglich, wie etwa im Fall von Berichten über das Zufrieren des Bodensees – dazu bedarf es einer langen Kaltphase, und wir haben somit eine echte Aussage über einen ganzen Winter. Eine Mißernte hingegen kann viele Gründe haben, vom zwanzig Minuten dauernden Hagelschlag bis zum monatelang verregneten und zu kalten oder andererseits heißen und trockenen Sommer. Darüber hinaus ist das Quellenstudium sehr arbeitsaufwendig und bedarf einer Zusammenarbeit von Historikern und Klimatologen. Nur in seltenen Glücksfällen sind diese in einer Person vereinigt, wie im Fall des Schweizers Christian Pfister, der die umfassendsten Arbeiten auf diesem Gebiet durchgeführt hat (Pfister, 1988).

Baumringanalyse

Hier haben wir es mit einer Datenquelle zu tun, die vor allem den Vorteil hat, lückenlose Zeitreihen von Jahr zu Jahr zu liefern, ein Umstand, der bei anderen Proxidaten eher selten ist. Sowohl die Dicke der Jahrringe als auch die Dichte des Materials und auch die Zusammensetzung der Kohlenstoff-Isotopen erlauben Rückschlüsse auf das Klima. Vor allem Bäume in klimatologischer Grenzlage, also an der oberen Baumgrenze (hier große Sensitivität bezüglich der Tempera-

Links: Der große Eisstoß des Winters 1928/29, der die Donau von Mohacs (Südungarn) bis Ebersdorf oberhalb von Melk bedeckte (vgl. Abb. 1). Foto: Archiv R. Hinkel (aus E. Strömmer, 1999)

tur der Wachstumsperiode) oder an der Grenze zu Trockengebieten (hier Sensitivität auf Niederschlag) lassen das Klima in den Baumringen in den Vordergrund treten. Schwierigkeiten ergeben sich durch den Einfluß standortbedingter Faktoren wie Bodenbeschaffenheit, Nährstoffversorgung, Abschattung durch schneller wachsende Bäume der Umgebung oder deren plötzlicher Ausfall etwa durch Windbruch. Erst die Zusammenschau vieler Einzelergebnisse läßt tatsächliche Rückschlüsse auf das Klima zu. Insgesamt sind aber Bäume hervorragende Zeugen für das Frühlings- und Sommerklima, nicht zuletzt durch die Tatsache, daß sie ihr Klimagedächtnis auch nach ihrem Absterben beibehalten und dadurch Rekonstruktionen möglich sind, die mehrere tausend Jahre zurück reichen. Sie schaffen harte Fakten in der Paläoklimatologie, wie etwa die Baumstämme, die von Zeit zu Zeit vor den zurückgehenden Zungen der Gletscher zum Vorschein kommen und darauf verweisen, daß die Vergletscherung früher jedenfalls geringer gewesen sein muß als in unserer heutigen Wärmeperiode.

Gletscher

Gletscher werden oft, vor allem in Gebirgsgegenden wie den Alpen, als offensichtliche Zeugen für Klimaveränderungen verwendet. Sie reagieren auch auf das Klima, und der Gletscherrückgang in den Alpen ist eines der am häufigsten verwendeten und einleuchtenden Argumente in der Klimadiskussion. Wie können sie aber als Proxidaten verwendet werden? In erster Linie sind es Gletschervorstöße, die in Form von Moränen ein in der Landschaft deutlich sichtbares Zeichen hinterlassen – Zeiten des Gletscherrückganges hingegen sind kaum dokumentiert. Ihre Spuren werden von einem darauffolgenden Vorstoß vernichtet oder zumindest stark verändert. Die zweite Schwierigkeit besteht in der nicht eindeutigen Umkehrbarkeit der Wirkungskette Klima-Gletscher. Wetter und Klima wirken sich direkt auf die Massenbilanz eines Gletschers aus, das sind die jährlichen «Einnahmen» eines Gletschers durch den akkumulierten Winterschnee minus die «Verluste» durch Abschmelzung im Sommer.

Die Einnahmen sind also von Niederschlag und Temperatur abhängig (Schnee geht positiv in die Bilanz ein, Regen negativ). Die Verluste wiederum spiegeln die Temperatur wieder, wobei der eigentliche Wirkungsfaktor die Sonneneinstrahlung ist und nicht die Wärme der Luft, und auch die Niederschläge in der Abschmelzperiode sind nicht vernachlässigbar. Ein sommerlicher Schneefall schützt längere Zeit hindurch den Gletscher vor weiterer Abschmelzung, da seine weiße Oberfläche die Reflexion der Sonnenstrahlung drastisch erhöht.

Darüber hinaus hinterläßt nicht die Massenbilanz Spuren im Gelände, sondern die Längenänderung am Gletscherrand, wo die Moränen aufgehäuft werden. Zwar ist es heute durch Modellrechnungen bereits gelungen, den gesamten Vorgang Klima-Massenbilanz-Eisbewegung bis hin zur Moränenbildung am Eisrand gut zu simulieren. Bei der Umkehrung der Wirkungskette, also dem Rückschluß von der Moräne zum Klima, besteht jedoch das Dilemma, daß man nicht feststellen kann, ob der Gletschervorstoß durch den Faktor Strahlung-Temperatur oder durch den Faktor Niederschlag bedingt war. In der Öffentlichkeit wird meist Gletscherwachstum mit Abkühlung, Gletscherrückgang mit Erwärmung gleichgesetzt. Als einleuchtendes Beispiel, daß dem nicht so sein muß, seien die Gletscher der norwegischen Westküste erwähnt, die gerade in den letzten, auch dort sehr warmen Jahren ein-

Linke Seite unten: Die vorstoßende Gletscherzunge des Nigardsbreen (Jostedalen, Norwegen), Mai 1996. Das Eis überfährt einen Busch, also Terrain, das längere Zeit eisfrei war.
Rechts: Die 25 m mächtige Kalbungsfront des Wurtenkeeses, 1984. Dieser Teil des Gletschers ist seither verschwunden.
Fotos: Reinhard Böhm.

drucksvoll vorstoßen, weil hier der Niederschlagstrend steil nach oben zeigt.

Eisbohrkerne

Hier haben wir eine der besten Proxidatenquellen vorliegen, die wieder mit den Gletschern zu tun hat. Sie beruht auf Ergebnissen der Kernphysik. Messungen im Niederschlagswasser von Meßstellen auf der ganzen Erde haben ergeben, daß das Verhältnis der Sauerstoffisotope ^{16}O und ^{18}O in direktem Zusammenhang mit der Temperatur beim Kondensationsvorgang des Niederschlages steht. In Klimaregionen, wo die Temperatur das gesamte Jahr hindurch nicht über 0°C ansteigt, wird der gesamte Niederschlag Jahr für Jahr in Form von Schneeschichten angehäuft, und es entsteht so im Lauf der Zeit ein perfekter Kalender von gespeicherten Temperaturinformationen.
Wo sind nun derartige Klimaregionen zu finden? Einerseits in den Polargebieten und andererseits in den Hochgebirgen der gemäßigten und sogar der tropischen Zonen der Erde. Begonnen hat dieser Zweig der Klimatologie auf den riesigen Eisschilden der Antarktis und Grönlands. Verschiedene mehrere 1000 m tiefe Bohrkerne wurden gebohrt und analysiert. Die erarbeiteten Temperaturkalender reichen bereits einige hunderttausend Jahre zurück und sind unsere Hauptlieferanten an qualitativ hochstehender Information über das Klima der Vergangenheit. In jüngster Zeit wurden zunehmend auch Bohrkerne aus außerpolaren Gebirgsregionen entnommen. Hier macht aber die unregelmäßige Geländegestaltung die Suche nach geeigneten Bohrstellen schwierig. Bei geneigtem Gelände fließt der Klimakalender mit der Gletscherbewegung davon – es kommen daher nur hochgelegene flache Kuppen oder Paßlagen in Frage. In den Alpen muß man temperaturbedingt bereits deutlich über 4000 m hinaufgehen, um nicht warme Jahre durch Abschmelzung zu verlieren. Zur Zeit ist ein internationales Foschungsprojekt dabei, Eisbohrkerne aus der Gipfelregion von Monte Rosa und Mont Blanc zu untersuchen, wo diese Bedingungen erfüllt sind. Der Vorteil dieses alpinen Forschungspojekts liegt einerseits in den hier existierenden langen instrumentellen Meßreihen (mit denen die Isotopendaten besser geeicht werden können als in Grönland und in der Antarktis). Andererseits ergänzen die außerpolaren Eiskalender das Bild des arktischen und antarktischen hin zu einem globalen Bild des Klimas der Vergangenheit.

Alpine Moore

Auch bei der Bildung von Mooren haben wir es mit einem Vorgang zu tun, bei dem Material Jahr für Jahr schichtförmig abgelagert und konserviert wird und somit Information aus der Vergangenheit gespeichert ist. Vor allem sind es die Pollen der Pflanzen der Umgebung, die Rückschlüsse auf das Klima erlauben. Einige alpine Moore dokumentieren sehr gut die Wiederbesiedelung der Alpen durch Pflanzen nach der letzten Eiszeit, und auch schwächere Klimaschwankungen der letzen 10.000 Jahre sind erkennbar. Berühmt ist in dieser Beziehung das Rotmoos im hintersten Ötztal. Hier hat der Gletscherbach einen senkrechten Schnitt durch das Moor gelegt – es lohnt sich, die kurze Wanderung zu dieser Stelle zu unternehmen und einen Blick auf mehrere tausend Jahre Klimageschichte zu werfen.

Bohrkerne in Seeböden

Ein ähnlicher Mechanismus wie bei den Mooren findet auch an gewissen Stellen der postglazialen alpinen Seen statt. Sie haben sich nach dem Rückzug der Gletscherzungen der letzten Eiszeit gebildet, und seither lagert sich auf ihrem Grund ständig Material ab, das im Idealfall (an Stellen geringer Strömung) ebenfalls lückenlose Klimakalender liefert. Auch hier ist es wieder die Vegetationsentwicklung, die dokumentiert ist. Die Seeprofile ergänzen durch ihren viel niedrigeren Standort gut die hochgelegenen Moore im Vorland der heutigen Gletscher.

Tiefseebohrkerne

Derselbe Vorgang wie auf dem Grund der Alpenseen findet auch auf dem Grund der Ozeane statt. Ständig rieseln die Reste abgestorbener Lebewesen auf den Tiefseeboden und werden schichtförmig angehäuft. Da hier keine Gletscher der Eiszeiten die Sedimentschichtungen zerstört haben, reicht die Klimainformation bedeutend weiter zurück und deckt in einigen Fällen einige Millionen Jahre ab. In den ozeanischen Bohrkernen ist es vor allem die Artenzusammensetzung in den verschieden alten Schichten, die Klimarückschlüsse erlaubt. Zusätzlich liefert wieder das Sauerstoff-Isotopenverhältnis eine Temperaturinformation.
Neben den besprochenen gibt es weitere Proxidatenquellen, die auf Ausgrabungen von Fossilien, auf gesteinsbildende

Vorgänge und anderes zurückgehen, aber mit den hier genauer besprochenen indirekten Klimadaten hat man bereits einen guten Überblick über das Handwerkszeug des Paläoklimatologen gewonnen. Allen Datenquellen ist gemeinsam, daß sie nur indirekte Hinweise auf das Klima liefern, daß die Informationen naturgemäß nur für begrenzte Gebiete repräsentativ sind und daß die Schärfe der zeitlichen Auflösung immer geringer wird, je weiter wir in die Vergangenheit zurückgehen. Die Hauptanstrengungen der Paläoklimaforschung gehen zur Zeit dahin, in groß angelegten internationalen Projekten eine globale Zusammenschau des angehäuften Detailwissens zu versuchen. Als Musterbeispiele können die beiden Großprojekte CLIMAP (Climate: Mapping, Analysis and Prediction) und COHMAP (Climates of the Holocene - Mapping based on Pollen Data) dienen, beschrieben in Wright et al., 1993. Dabei müssen immer wieder alte Forschungsergebnise beiseite geräumt werden, sei es, daß eine bessere zeitliche Auflösung althergebrachte Bezeichnungen wie «Kleine Eiszeit» wieder in kalte und wärmere Unterperioden zerlegen, sei es, daß neue Ergebnisse aus anderen Regionen die angenommene globale Bedeutung von Klimaereignissen auf eine regionale oder lokale begrenzt. Insgesamt tragen diese internationalen Anstrengungen jedoch sehr wohl dazu bei, daß sich allmählich ein zwar unscharfes, aber doch besser abgesichertes Bild des globalen Klimas der Vergangenheit abzuzeichnen beginnt.

Erstmals kann auch der Versuch unternommen werden, mit mathematisch-physikalischen Modellen nach Gründen für die Klimaschwankungen der Vergangenheit zu forschen, um dadurch das theoretische Handwerkzeug zu verbessern, das zum Verständnis der künftigen Klimaentwicklung nötig ist. Alles ist aber noch im Fluß, gerade jetzt kommt es jährlich zu neuen Erkenntnissen, und so kann auch in der folgenden Darstellung von Ergebnissen der Paläoklimatologie noch nicht «das globale Klima der Vergangenheit» gezeigt werden, sondern nur möglichst gut abgesicherte Teilergebnisse, mit dem geographischen Schwerpunkt auf den Alpen. Wie wir aus den zur Verfügung stehenden Daten gesehen haben, sind die meisten Proxidaten Temperaturdaten, wodurch aus unserer Zeitreise durch das Klima der Vergangenheit notwendig eine solche durch das Temperaturklima der Vergangenheit wird.

Ergebnisse der Paläoklimatologie

Theoretisch kann das Klima der Erde zwischen zwei extremen Ausformungen pendeln, der eines völlig eisfreien Planeten und der eines völlig vereisten. Beide Klimazustände wären sehr stabil, da sie durch einen der wirksamsten «Rückkopplungs-Mechanismen» stabilisiert wären, die es im Klimasystem gibt, die «Albedo-Rückkopplung» (unter Albedo einer Oberfläche versteht man die Reflexion der solaren Einstrahlung). Es besteht infolge der Tatsache, daß Schnee und Eis wesentlich mehr an Strahlung reflektieren als alle anderen Oberflächenformen, bei Abkühlung die Tendenz, daß immer größere Gebiete der Erde von Schnee oder Eis bedeckt werden, dadurch noch mehr an Einstrahlung ins Weltall verloren geht und die Temperatur weiter sinkt. Bei Erwärmung verläuft dieser Selbstverstärkungsmechanismus umgekehrt. In der Erdgeschichte war von diesen beiden stabilen Endzuständen des Klimas der erste, der einer eisfreien Erde, die meiste Zeit über gegeben. Wahrscheinlich gab es über etwa 90% der Erdgeschichte keine Vereisung, auch nicht an den Polen. Der zweite Zustand, die Erde im Eispanzer, ist nie aufgetreten. Auch was wir «Eiszeitklima» nennen (in dem wir uns auch heute befinden) hatte immer nur eine teilweise Vereisung gewisser Gebiete zur Folge, in unserem Fall eine solche der Antarktis und Grönlands und einiger hochgelegener Gebirgsregionen. Der wesentliche Faktor zur Stabilisierung eines lange anhaltenden Warmklimas ist die Existenz der Ozeane und die Stellung und Größe der Kontinente auf ihrer Wanderung und Verformung, die erstmals Alfred Wegener erkannt hat. Auf der Ozeanoberfläche kann die Albedo-Rückkopplung nicht wirksam werden, und nur wenn sich größere Kontinentalmassen auf und in der Nähe der Pole befinden, kann der Absturz des Klimas vom stabilen Warmklima in ein instabiles kälteres Klima mit Vereisungen auf den Kontinenten erfolgen. Bedingt durch die Größe der Ozeane und auch durch den Treibhauseffekt sind in der Erdgeschichte derartige Vereisungen sehr selten und haben bisher nie zum totalen

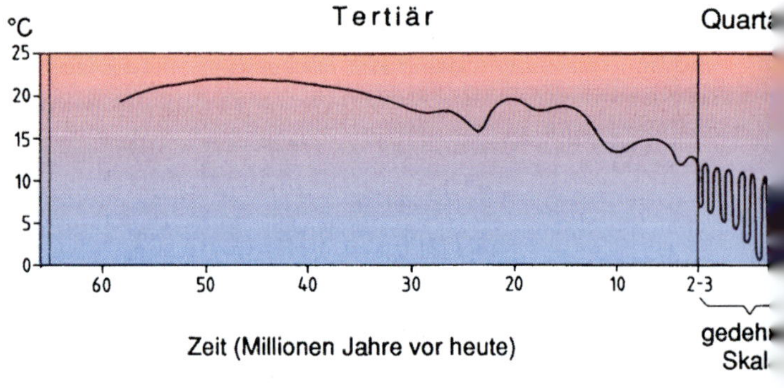

Abb. 7. Temperaturverlauf in West- und Mitteleuropa in den letzten 60 Millionen Jahren der Erdgeschichte Quelle: Nilsson, 1983

Absturz in ein stabiles Eiszeitalter geführt, in dem kein flüssiges, sondern nur noch festes Wasser vorhanden wäre. Immerhin jedoch leben wir seit einigen Millionen Jahren in einem instabilen Eiszeitklima; vor etwa dreißig Millionen Jahren begann die Vergletscherung der Antarktis, vor zehn Millionen war sie völlig vereist, und vor zwei bis drei

Abb. 8. Der Temperaturverlauf während der letzten 2,5 Millionen Jahre der Erdgeschichte Abgeleitet aus Isotopendaten von Tiefsee-Bohrkernen (Quelle: Crowley and North, 1991)

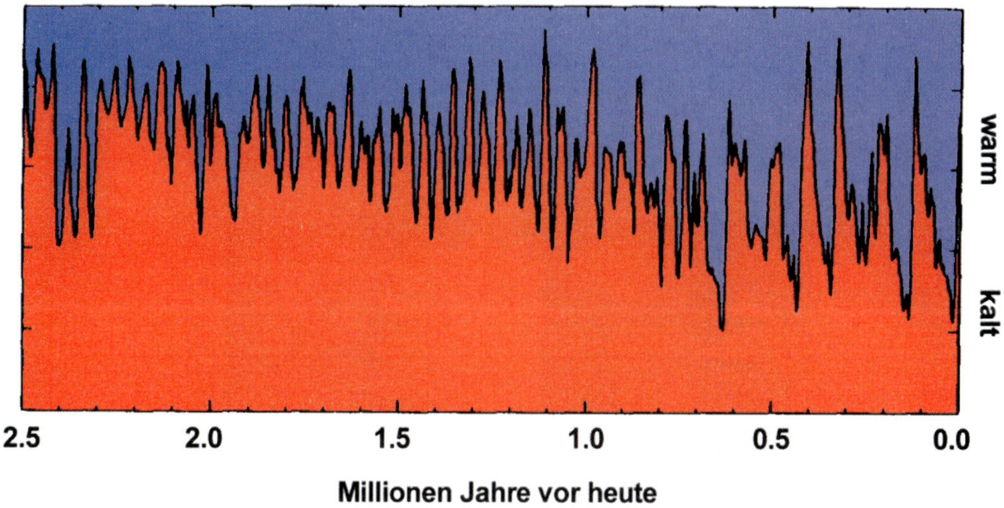

Millionen Jahren zeigten sich die ersten größeren Vereisungen auch auf der Nordhalbkugel. Schematisch skizziert ist dieser letzte Klimaabsturz in unser heutiges Eiszeitalter in Abb. 7. Deutlich zu sehen ist der markante Unterschied zwischen dem stabilen Warmklima des älteren Tertiärs (das auch in den Jahrmillionen des noch älteren Erdmittelalters gegeben war) mit einem globalen Temperaturschnitt von etwa 10 Grad über dem derzeitigen, und dem zunächst langsamen und dann schlagartig erfolgenden Umschalten auf das instabile quartäre Kaltklima, in dem geologisch gesehen sehr schnell, etwa alle 100.000 Jahre, Pendelungen zwischen Kalt- und Warmzeiten stattfinden, deren Größenordung ebenfalls im Bereich von 10 Grad liegt. Den Anstoß zu diesen Pendelungen dürften dabei die Unregelmäßigkeiten in den Bewegungen der Erde geben. Sie bewegt sich in einer Bahn um die Sonne, die zyklisch mehr oder weniger stark von einer Kreisbahn abweicht («Exzentrizität»), und auch die Erdachse bleibt nicht stabil im Raum, sondern vollführt ebenfalls periodische Veränderungen (Nutation und Präzession). Dadurch verändert sich zwar nicht die gesamte Strahlungbilanz der Erde im Mittel, aber auf Teilen des Planeten verändert sich die Sonneneinstrahlung dadurch schon, und zwar in Form einer komplizierten Überlagerung mehrerer Schwingungen von etwa 400.000, 100.000, 41.000, 23.000 und 18.000 Jahren Periodendauer. Der Belgrader Astronom Milutin Milankovic hat diese Strahlungsschwankungen vor etwa sechzig Jahren bereits für alle Breitenkreisgürtel der Erde berechnet, und auf ihre Klimawirksamkeit hingewiesen, wenn etwa in 60 bis 65 Grad Nord diese an sich geringen Schwankungen der Einstrahlung auf den dort existierenden großen Landmassen Nordamerikas und Eurasiens den Albedomechanismus auslösen. Ähnlich wie im Fall Wegeners, dessen Kontinentaldrift-Theorie erst Jahrzehnte später von der modernen Geophysik akzeptiert wurde, hat auch in der Klimaforschung ein derartiges Revival stattgefunden. Milankovics Berechnungen werden an Großrechenanlagen mit globalen Klimamodellen verbunden und finden nun ihre Bestätigung. Wieder scheint eine Kombination von mehreren Antriebsmechanismen der Wahrheit am nächsten zu kommen: Im Fall der Eiszeitauslösung auf der Nordhalbkugel besteht diese Kombination nach dem heutigen Stand der Forschung aus der Vorbedingung der Stellung der Kontinente zusammen mit den astronomischen Zyklen (diese Kombination war aber schon wesentlich länger gegeben, ohne zu Vereisungen zu führen), und aus einem langsam, aber kontinuierlich abfallenden natürlichen CO_2-Gehalt, der erstmals vor zwei bis drei Millionen Jahren die Albedo-Rückkopplung in den höheren nördlichen Breiten in Gang setzen konnte.

Seither prägen die Milankovic-Phasen das Erdklima und – besonders ausgeprägt seit etwa 700.000 Jahren – überziehen sich große Gebiete der Nordhalbkugel zyklisch mit Eispanzern von 2000 bis 3000 m Dicke, die einige zehntausend Jahre hindurch alles Leben unter sich auslöschen und auch die Landschaft grundlegend verändern.

Die Temperaturschwankungen des globalen Klimas zwischen einer Kaltzeit und einer Warmzeit liegen besonders hoch in der Nähe der Vereisungszonen, also auch im Bereich der Alpen. Hier waren die Temperaturen gegenüber heute um 10 bis 15°C herabgesetzt, also bis zu 25°C gegenüber dem Tertiär. In den Tropen, weit entfernt von den radikalen Auswirkungen der Inlandvereisungen, liegt der Schwankungsbereich Eiszeit-Zwischeneiszeit bei etwa 5°C. Die Eismassen der Kaltzeiten hobelten selbst Gesteinsformationen ab und haben auch die Alpen erst zu dem Gebirge gemacht, wie wir es kennen, mit Trogtälern, wo auch hier 2 km mächtige Eisströme am Werk waren, scharfen Graten, zu denen die Eisströme gerade nicht mehr hinaufreichten, und Endmoränen, die heute die Voralpenseen begrenzen. Gleichzeitig führte die Tatsache, daß in den Kaltphasen enorme Wassermassen in Form von Inlandeis gebunden waren, zu einer Absenkung des Meeresspiegels von mehr als hundert Metern, was zu einem neuen Bild der Kontinente beitrug – die britischen Inseln waren mit dem europäischen Kontinent, Asien war über die Beringstraße hinweg mit Nordamerika verbunden, die Adria war weitgehend ausgetrocknet und die Mündung des Po lag nicht bei Ravenna, sondern mehrere 100 km weiter südlich. In den (deutlich kürzeren) Zwischeneiszeiten, in deren letzter wir seit gut 10.000 Jahren leben, war der Meeresspiegel etwa auf dem Niveau der Jetztzeit, in einigen Fällen um einige Meter höher. Es blieb aber auch in den Warmzeiten auf der Nordhalbkugel stets ein mächtiges Vereisungsrelikt in Grönland zurück, und die antarktische Vereisung war eher etwas stärker ausgeprägt als in Kaltzeiten. Auf dieses scheinbare Paradoxon kommen wir später noch zurück.

Diese mächtigen Eismassen halten uns vor Augen, daß wir zur Zeit nicht in einem stabilen Warmklima, sondern im geologischen Augenblick eines Wärmemaximums leben. Wenn man als Maßstab Jahrtausende anlegt, ticken die Uhren der

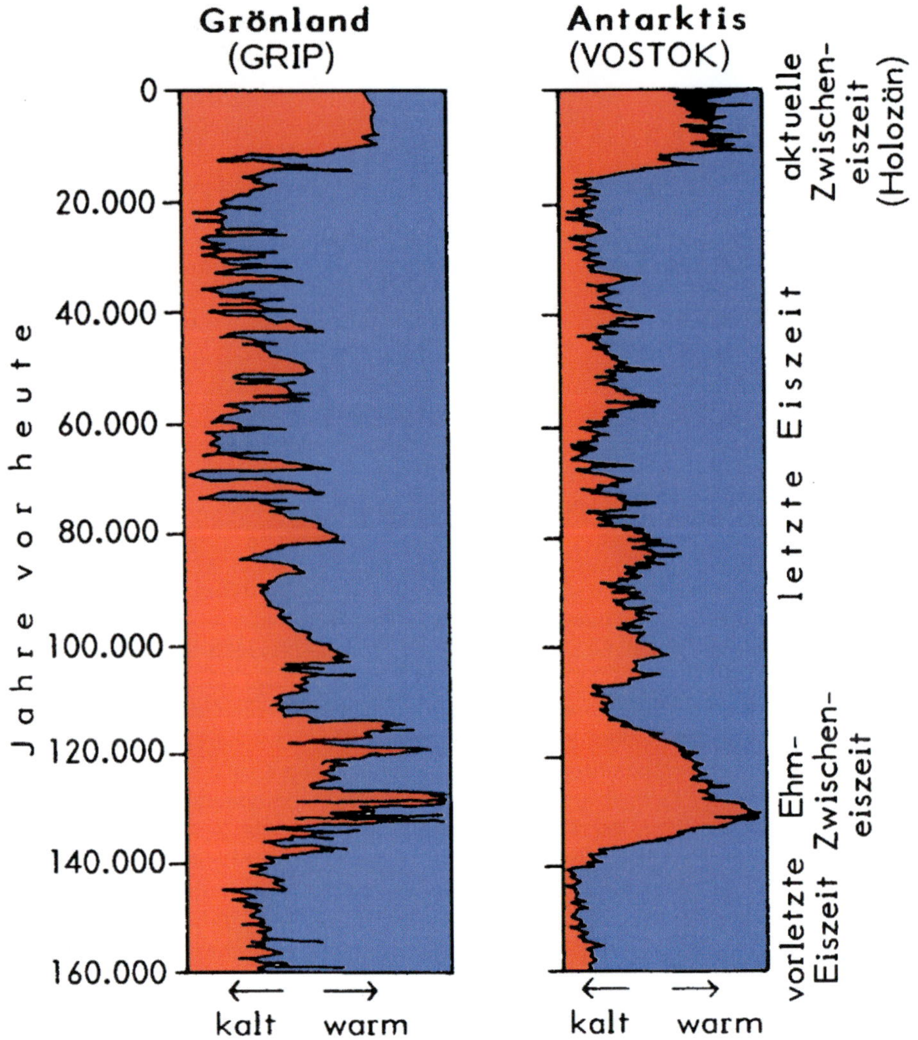

Abb. 9. Der letzte 100.000-Jahre-Zyklus in Eisbohrkernen aus Grönland und der Antarktis
Quelle: Jouzel et al., 1994

Von den anfänglich 60 Millionen Jahren Klimaentwicklung aus Abb. 7 vergrößert nun unsere Lupe der Isotopentemperaturen in Abb. 9 die letzten 160.000 Jahre. Beide Bohrkerne in Arktis und Antarktis zeigen die letzte Zwischeneiszeit (Eem) mit ihrer wärmsten Phase ca. 130.000 Jahre vor heute, den langsamen Abfall in die letzte Kaltzeit und den sehr raschen Übergang zu unserem (holozänen) Warmklima. Beide Zwischeneiszeiten dauern nur kurz, während die Kaltphase sehr lange anhält. Markant ist der Unterschied der beiden Bohrkerne bei der letzten Erwärmung, wo im grönländischen Bohrkern nach einer anfänglichen starken Erwärmung (in den Alpen zogen sich bis etwa 13.000 vor heute die Gletscher bereits in die inneren Seitentäler zurück) ein Kälterückfall stattfand, der die Gletscherzungen der Alpen wieder in die Haupttäler vorschob. Diese Klimakatastrophe mit enormen Schwankungen innerhalb von nur Jahrzehnten ist zur Zeit Gegenstand intensiver Forschungsbemühungen, wobei die Theorien von einem Einfluß der abschmelzenden Inlandeismassen mit ihrem starken Süßwasserzufluß in eine sensitive Zone des Nordatlantiks ausgehen, der zu einer «Abschaltung» des Golfstroms führen soll, wodurch die Hauptwärmezufuhr nach Norden abgeblockt wäre, ein interessantes Gedankenexperiment der Möglichkeit lokaler Abkühlung im Nordatlantikbereich bei an sich globaler Tendenz zu starker Erwärmung.

Erdbahnparameter zur Zeit bereits langsam, aber stetig wieder in Richtung auf eine neue Kaltzeit zu. Die Sorgen, die wir uns zur Zeit über einen globalen Temperaturanstieg von einigen Grad C durch einen von uns verursachten zusätzlichen Treibhauseffekt machen, beziehen sich auf die Jahrhunderte, die unmittelbar vor uns liegen. Um die nächsten Jahrtausende des kommenden Eiszeitzyklus zu überbrücken, dazu reichen die Reserven aller fossiler Brennstoffe bei weitem nicht aus.

Die letzten beiden der 100.000-Jahreszyklen sind in den bereits erwähnten Klimakalendern der grönländischen und antarktischen Eisbohrkerne mit einer für weiter zurückliegende Zeiten nicht erreichbaren sehr hohen zeitlichen Auflösung dokumentiert. Über Temperaturschwankungen der letzten 200.000 bis 300.000 Jahre können wir bereits auf der Basis von Jahrzehnten diskutieren, also einem Zeithorizont, der für eine menschliche Lebensspanne von Bedeutung ist. Dementsprechend unruhiger ist auch die «Fieberkurve» des Klimas, wenn man es mit dem «Isotopenthermometer» der Eisbohrkerne mißt, wie das Beispiel der Abb. 9 zeigt.

Erst nach diesen Pendelungen der Dryaszeit in der Größenordnung der 100.000-Jahresschwankungen von etwa 10°C fand der endgültige Umschwung zu den letzten 10.000 Jahren mit bei uns sehr stabilem Klima statt. Bereits während der Dryas-Pendelungen hatte sich im Alpenvorland wieder der Eichenmischwald angesiedelt, etwa 9.000 Jahre vor heute kam es zur allgemeinen Ausbreitung von Hasel, Ahorn, Linde und Ulme in den Alpentälern, und auch der Arvenwald bei Obergurgl in 2000 m Seehöhe begann bereits zu entstehen. Ungefähr 6000 Jahre vor heute war mit der Wiederansiedlung von Buche, Tanne und Fichte das heutige natürliche Vegetationsbild der Alpen wieder gegeben. Nun haben wir es nur noch mit den wesentlich gedämpfteren Klimaschwankungen zu tun, deren Größenordnung im Bereich +/- 1°C wir bereits aus der instrumentellen Periode her kennen. Aber auch diese geringen Fluktuationen haben durchaus ihre Bedeutung, lassen Gletscher beträchtlich wachsen und schrumpfen, verlagern die Vegetationsgrenzen um 100 bis 200 m nach oben oder unten, führen zu Schwierigkeiten in

der Nahrungsmittelproduktion.
Die folgenden Beispiele mögen illustrieren, wie stark derartige «schwache» Klimaschwankungen in unser Bild von den Jahreszeiten eingreifen können und wie lange sich althergebrachte Ansichten über den Jahresablauf in unseren Köpfen halten, ohne daß wir uns bewußt werden, daß sie mit dem heutigen Klima nicht mehr übereinstimmen. Gehen wir ins Wiener Kunsthistorische Museum und sehen wir uns die berühmten Brueghelschen Winterbilder an, die der holländische Meister in einer kälteren Klimaperiode in einem Land gemalt hat, in dem derartige schnee- und eisstarrende Winter im warmen 20. Jahrhundert nicht mehr an der Tagesordnung sind. Sportinteressierte kennen vielleicht auch den Grachtenlauf, dessen alte Tradition vorsah, mit Schlittschuhen die gefrorenen holländischen Kanäle zu befahren, ein Wettbewerb, der in unserer Zeit fast nur noch auf dem Kärntner Weißensee oder vor der finnischen Küste stattfindet. Nicht zuletzt werden Musikinteressierte die Mozart-Melodie von «Komm lieber Mai und mache die Bäume wieder grün» im Ohr haben und sich vielleicht noch nie Gedanken darüber gemacht haben, daß die Belaubung der Bäume in unseren Zeiten bereits im April stattfindet. Alle drei Beispiele haben mit der letzten kalten Klimaphase der Nacheiszeit zu tun, die in der Wissenschaft unter der Bezeichnung «Kleine Eiszeit» läuft. Die letzte Phase dieser Kleinen Eiszeit (wobei die Betonung auf «klein» liegen muß im Vergleich zu «wirklichen» Eiszeiten, die zumindest zehn Mal so starke Schwankungen aufwiesen) ließ bis 1850 die Alpengletscher einige Vorstöße bis in die Nähe ihrer größten postglazialen Ausdehnung vollführen. Wenn wir aus unserer Sagenwelt die Geschichte von der «Übergossenen Alm» betrachten, so könnte darin durchaus die Erinnerung an das Ende einer deutlich wärmeren Phase enthalten sein, die bei uns Klimatologen den Namen «Mittelalterliches Optimum» trägt.
Der erste markante Gletschervorstoß der «Kleinen Eiszeit» im Hochköniggebiet (wo die Sage angesiedelt ist) erfolgte um 1600 unserer Zeitrechnung und überfuhr große Flächen, auf denen sich in den davor liegenden wärmeren Jahrhunderten eine geschlossene Vegetationsdecke hatte bilden können. (Daß es dazu im rauhen Hochgebirgsklima mehrerer Jahrhunderte bedarf, sehen wir, wenn wir die noch sehr schüttere Vegetationsdecke betrachten, die sich seit 150 Jahren innerhalb der 1850er Moränen bilden hat können.
Nicht zuletzt wird sicher auch, neben anderen Faktoren wie die Goldfunde im neu entdeckten Amerika und die Austreibungen der überwiegend protestantischen Bergknappen, das Klima mit zu den Schwierigkeiten beigetragen haben, in die nach der mittelalterlichen Blütezeit die hochgelegenen Goldbergbaue in den Hohen Tauern zu Beginn der Kleinen Eiszeit geraten sind.
Auf einer Zeitskala, die Schwankungen unter hundert Jahren unterdrückt, stellt sich der Temperaturverlauf der letzten 10.000 Jahre so dar, wie er vom «Intergovernmental Panel on Climate Change» (IPCC) aus vielen verschiedenen direkten und Proxidaten zusammengetragen worden ist. Abb. 10 stellt diese holozäne Klimakurve dar, wobei die gängigen Bezeichnungen der einzelnen markanten Kalt- und Warmphasen eingetragen sind.
Hier ist er nun, der letzte Baustein des Rahmens der natürlichen Klimaschwankungen, in den wir die Vorhersagen über das künftige Klima einordnen müssen, um sie besser beurteilen zu können. Der Vergleich mit den letzten 10.000 Jahren wird oft gebraucht und oft falsch angewendet. Der Hauptfehler liegt meist in der unzulässigen Vermischung verschiedener Zeitskalen. Mit der geglätteten Kurve der Abb. 10 dürfen wieder nur 100-jährig geglättete aktuelle oder prognostizierte Werte (auf die wir später eingehen) verglichen werden. Absolut sinnlos ist etwa die Aussage «das letzte Jahrzehnt war das wärmste der Nacheiszeit». Dazu müßten wir eine Klimakurve der letzten 10.000 Jahre mit einer zeitlichen Auflösung von nur zehn Jahren zur Verfügung haben – und die haben wir nicht. Es wird auch nie eine sinnvolle Klimakurve mit so hoher Auflösung geben, da für diese kurzen Zeiträume die regionalen und lokalen Unterschiede dominant werden, und wir wohl nie ausreichend viele Proxidaten zur Verfügung haben werden, um ein globales Bild des Klimas der Nacheiszeit mit zeitlicher Auflösung von ein bis zehn Jahren zu

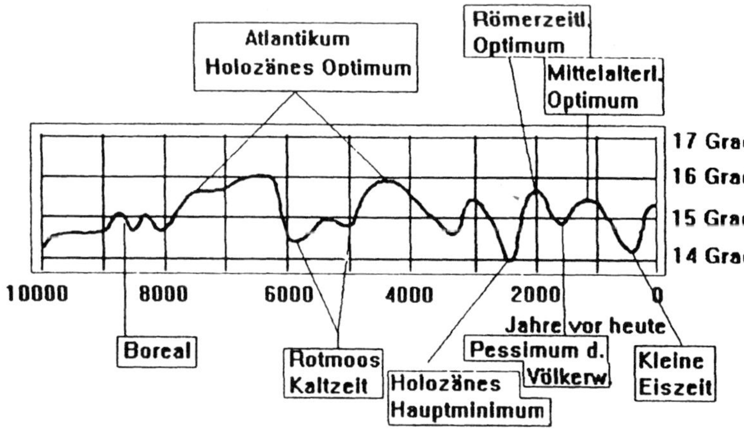

Abb. 10. Rekonstruktion des globalen Temperaturverlaufs der letzten 10.000 Jahre – das Holozän
Quelle: Böhm, 1993 (zusammengestellt nach verschiedenen Primärquellen)

entwerfen. Dazu müßten wir ein regelmäßiges Netz von Proxidaten von einigen 1.000 Punkten auf dem Globus haben, was wohl einerseits wegen des großen Aufwandes nicht vorstellbar ist; andererseits existieren aus weiten Gebie-

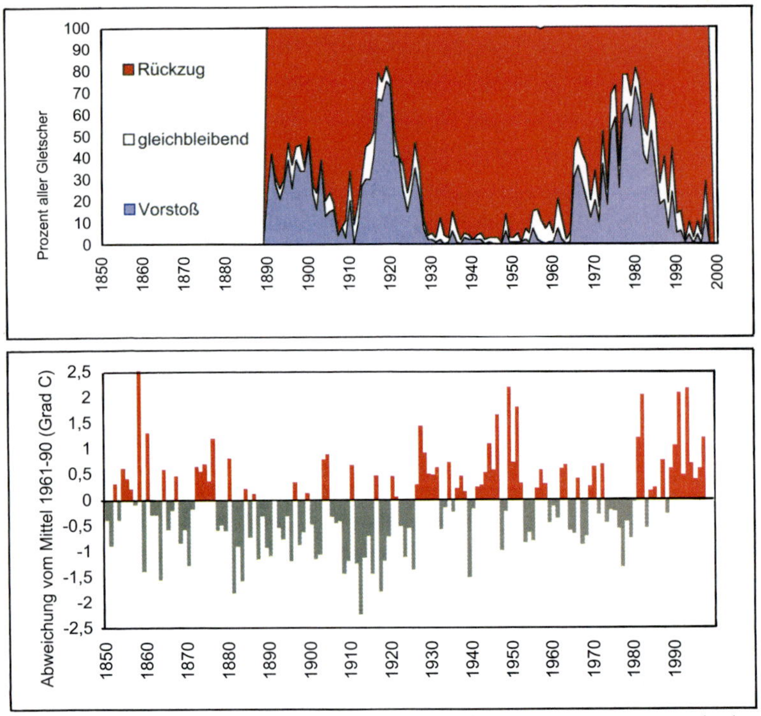

Abb. 11. Prozentsätze von vorstoßenden (blau) und zurückgehenden (rot) Gletschern in Österreich (oben) im Vergleich mit den mittleren Sommertemperaturen der ostalpinen Höhenobservatorien Villacher Alpe, Sonnblick, Zugspitze und Säntis
Quellen: Gletscher aus dem Gletscherarchiv des ÖAV (G. Patzelt, 1999) Temperaturen aus der ALOCLIM-Datenbank der Zentralanstalt f. Met. u. Geodyn., Wien

ten keine indirekten Klimazeugen. Nicht überall gibt es Eis zum Anbohren, nur in ganz wenigen Gebieten befinden sich Bäume in klimatischer Grenzlage, Pieter Brueghel hat nur in Holland seine Winterbilder gemalt, und so fehlen die anderen hundert «Kleine-Eiszeit-Maler» aus allen Teilen des Globus.

Wir sind nun wieder in der Gegenwart des Klimas, in der instrumentellen Periode angelangt. Ein letztes Beispiel dafür, vor unserem Ausflug in die Zukunft, gibt Abb. 11. Sie zeigt die Gletschermessungen des Alpenvereins, der seit 1890 wertvolles Datenmaterial über die Längenänderungen der österreichischen Gletscher gesammelt hat, zusammen mit den mittleren Sommertemperaturen der ostalpinen Höhenobservatorien.

Das Klima der Zukunft

Nun verlassen wir den Boden des durch Messungen abgesicherten Wissens und begeben uns in den Bereich der Theorie. In diesem Bereich der Naturwissenschaft, in dem es gilt, mit theoretisch-mathematischen Modellvorstellungen die Natur so gut wie möglich zu simulieren, findet zur Zeit die wohl faszinierendste Entwicklung unserer Wissenschaft statt. Allein gut abgesicherte Rechenmodelle, geprüft durch den Vergleich mit dem gemessenen Klima der Gegenwart und Vergangenheit, erlauben es, einen Blick in die Zukunft des Klimas zu tun. Vor der Besprechung der Ergebnisse ist es auch und gerade hier nötig, ein gewisses Verständnis über die Arbeitsweise der Klimamodellierung zu haben, um deren Ergebnisse kritisch beurteilen zu können. Auch wenn es schwierig ist, sich dieses Wissen anzueignen, erspart es einem auch in diesem Fall, allzuviel glauben zu müssen und dadurch hilflos der ungefilterten Flut an veröffentlichten wahren Aussagen, Meinungen, Halbwahrheiten, und falschen Darstellungen ausgeliefert zu sein.

Wie funktionieren Klimamodelle

Ein mathematisches Klimamodell hat die Aufgabe, die im ersten Abschnitt skizzierten physikalischen Zusammenhänge in der Gashülle der Atmosphäre, der Hydrosphäre der Ozeane und der Kryosphäre der Eismassen der Erde in mathematische Formeln zu fassen. Es handelt sich dabei um eine Reihe von sogenannten Differentialgleichungen, also Gleichungen, die beschreiben, wie sich eine physikalische Größe in Abhängigkeit von einer oder mehreren anderen verändert. Kennt man nun einen «Anfangszustand» (etwa das Wetter heute um 12 Uhr auf der ganzen Erde), so kann man durch «Integration» des Gleichungssystems in die Zukunft hineinrechnen, also etwa eine Prognose des Wetters geben, das in drei Tagen herrschen wird. Theoretisch müßte das Gleichungssystem für jedes kleinste Luftpaket durchgerechnet werden, um seine dreidimensionale Bahn durch die Atmosphäre (Wind), seine Dichteänderungen, seine Temperatur- und Feuchteänderungen, die Kondensations- und Verdunstungsvorgänge, denen es auf seinem Weg unterworfen ist, zu simulieren. Die Summe von Millionen von Luftpaketen, die dann im Lauf des Vorhersagezeitraums den interessierten Konsumenten der Wetterprognose umwehen, ergeben den für ihn zu erwartenden Wetterablauf.

Diese Art der Modellrechnung nennt man «Globale Zirkulationsmodelle» (in der englischen Abkürzung «GCM»). Mit ihnen rechnet der Prognosedienst und versucht, das Wetter der nächsten Woche vorherzusagen. Daß das Ergebnis der Simulationsrechnung nicht immer mit der Wirklichkeit übereinstimmt, ist bekannt, wenngleich die tatsächliche Qualität der Wetterprognosen durchaus besser ist als ihr Ruf in der Öffentlichkeit. Die Fehlerquellen liegen nicht so sehr in der Unkenntnis über die in der Atmosphäre herrschenden physikalischen Zusammenhänge, sondern vielmehr im Problem der räumlichen Auflösung. Natürlich ist es nicht möglich, Berechnungen für jedes einzelne kleine Luftpaket durchzuführen, und auch der Anfangszustand ist nur für eine beschränkte Anzahl von Meßstationen bekannt (derzeit wird an etwa 10.000 Bodenmeßstationen regelmäßig gemessen, mit zusätzlich etwa 1000 Punkten mit zumindest zweimal täglichen Radiosonden-Ballonaufstiegen bis 30 km Höhe). Typi-

sche globale Wetterprognosemodelle rechnen derzeit mit einem globalen Gitternetz von etwa 70 km Distanz und mit bis zu zwanzig vertikalen Schichten der Atmosphäre. Alles, was zwischen diesen 70 km voneinander entfernten Punkten liegt, an denen die Differentialgleichungen des GCM in kurzen Zeitschritten gelöst werden, kennt das Rechenmodell nicht und verursacht Fehler in der Prognose. Auch mit der an sich groben Maschenweite kommen für die tägliche Wetterprognose Millionen und Abermillionen von Rechenschritten zustande, die nur mit den schnellsten und leistungsfähigsten Supercomputern in vertretbarer Zeit (schneller als das Wetter selbst abläuft) abgehandelt werden können.
Im Prinzip werden für die Klimaprognose der nächsten fünfzig bis hundert Jahre dieselben Rechenmodelle verwendet wie für die wenigen Tage der täglichen Wetterprognose. Wie ist das möglich? Zunächst hat der Computer für Klimamodellrechnungen mehr Zeit als für die tägliche Wetterprognose, für die derzeit pro Tag Vorhersagedauer zwanzig Minuten Rechenzeit auf einem Supercomputer verbraucht werden, um nicht von der Natur überholt zu werden. Ein GCM mit der hohen Auflösung der täglichen Wetterprognose erfordert für einen 50jährigen Klimalauf etwa ein halbes Jahr Rechenzeit auf einem Supercomputer. Gegenüber der täglichen Wetterprognose kommt allerdings im Fall von Klimarechnungen die Notwendigkeit dazu, zusätzlich zum Atmosphärenmodell ein ähnlich aufwendiges Ozeanmodell zu rechnen, da die Ozeane das prägende Element für Langzeitschwankungen sind. Diese «voll gekoppelten Ozean-Atmosphärenmodelle» wurden vor etwa zehn Jahren erstmals in die Praxis umgesetzt und stellten einen Meilenstein im Verständnis der Klimaschwankungen dar. Zusätzlich muß dem gekoppelten Ozean-Atmosphärenmodell noch die Information über das Verhalten der Treibhausgase und anderer Wirkungsfaktoren eingegeben werden, es laufen also auch noch CO_2-Modelle, Methanmodelle, Sulfatmodelle usw.
Das alles würde die Rechenzeit in die Größenordnung von unrealistischen mehreren Jahren treiben. Man muß somit für globale Klimamodelle das Gitternetz wieder grobmaschiger machen. Übliche Gitterdistanzen sind zur Zeit 5 Grad (geographische Länge und Breite) und 2,5 Grad; derzeit beginnt man in Richtung 1 Grad Gitterdistanz zu gehen. Bei dieser Gitterdistanz ist die Form der Kontinente bereits einigermaßen befriedigend darzustellen, und auch Gebirge wie die Alpen werden im Modell erkennbar, wenn auch nur sehr grob. Modellrechnungen mit befriedigender Modellierung der Oberflächentopographie würden Auflösungen von 10 km und weniger erfordern, was im globalen Maßstab noch undenkbar ist. Man hilft sich zur Zeit mit dem sogenannten «Downscaling». Hier wird entweder auf statistischem Weg (mit dem dichten Netz von Meßstationen) oder mit einem «eingebetteten» kleinräumigen Rechenmodell von hoher Auflösung versucht, das von den GCMs gelieferte großräumige «Klimasignal» wie mit einer Lupe zu betrachten.
Aber nicht nur mit der räumlichen Auflösung haben die Klimamodelle zu kämpfen. Sie starten nicht wie die Wetterprognose-Modelle von einem gemessenen Anfangszustand, sondern simulieren zunächst einmal Jahrzehnte hindurch das globale Wetter, und erst bis sie ein stabiles Klima unter heutigen Bedingungen liefern, kann man dieses modellierte heutige Klima mit dem tatsächlich gemessenen vergleichen. Dabei zeigt sich, daß vor allem noch Probleme existieren, den hydrologischen Zyklus (Verdunstung, Wolkenbildung, Niederschlag, Abfluß) zu modellieren, daß die so wichtigen Wärmetransporte in den Ozeanen und der Wärmetransport Ozean-Atmosphäre noch nicht ganz klappen und daß ganz allgemein immer größere Differenzen zum gemessenen Klima auftreten, je kleinräumiger die Aussagen sein sollen. Den Problemkreis der «flux-corrections» beginnen die Modelleure in den Griff zu bekommen, und es gibt bereits erste Klimamodelle, die ohne diese Korrekturen auskommen.
Eine zweite Prüfmöglichkeit ergibt sich aus dem Vergleich der Ergebnisse verschiedener, an unterschiedlichen Instituten entwickelter Klimamodelle. Es sind weltweit weniger als zehn Institute, die globale Klimamodelle entwickelt haben. Auch beim Vergleich ihrer Ergebnisse werden die beschriebenen Problemkreise offenbar. In groben Zügen stimmt das globale Bild, das die Modelle entwerfen, überein, aber je mehr man ins Detail geht, desto mehr dominieren die Abweichungen zwischen den einzelnen Ergebnissen.
Eine dritte Möglichkeit, sich über die Fähigkeit der Klimamodelle ein Urteil zu bilden, das Klima der Zukunft korrekt wiederzugeben, ist die der Meinungsumfrage unter Fachleuten. Zwar ist es nicht die Vorgangsweise der Naturwissenschaftler, die Richtigkeit ihrer Erkenntnisse durch Mehrheitsentscheid zu untermauern; da in der öffentlichen Klimadiskussion jedoch immer wieder Feststellungen getroffen werden wie «die überwältigende Mehrheit der Fachleute hält für sicher, daß ...», oder «in Fachkreisen ist unbestritten, daß ...», haben wir uns auf das Terrain der Befragung unserer Kollegen begeben, um einmal zu sehen, was wirklich die Meinung der Klimatologen ist. Im Jahr 1994 haben wir auf internationalen Fachtagungen Fragebögen mit 32 Fragen verteilt, wie man sie in Medienberichten immer wieder findet. Die Meinungsspektren von drei dieser Fragen, die sich mit der Fähigkeit der GCMs auseinandersetzen, das Klima korrekt zu modellieren, seien hier als Beispiel gezeigt.
Zwar war zum Zeitpunkt der Umfrage gerade wieder ein Entwicklungsschub im Gange, und die Klimamodelle wurden um die (abkühlende) Wirkung der Sulfataerosole bereichert, wodurch sie sicherlich einen Schritt näher an die Wirklichkeit gerückt sind, aber das Meinungsspektrum in Fachkreisen wird sich seither trotzdem nur unwesentlich geändert haben, wie man bei der Teilnahme an Fachtagungen und Diskussionen, bei denen keine Journalisten und Politiker

zugegen sind, erkennt.
Die Meinungsumfrage zeigt klar auf, wo die Probleme liegen. Es wird den Modellen mehrheitlich (aber nicht von allen Fachleuten) zugetraut, im globalen Mittel sinnvolle Aussagen zu treffen. Nur 20% der Befragten trauen ihnen das auch im regionalen Sinn zu, und ein verschwindend geringer Prozentsatz ist der Meinung, daß Aussagen für das lokale Klima der nächsten Jahrzehnte gemacht werden können. Daß diese Probleme weiterhin bestehen, formuliert eine aktuelle Quelle aus dem Jahr 1998 noch schärfer als unsere Umfrage: der wissenschaftliche Schlußbericht des nationalen Forschungsprogramms NFP 31 der Schweiz «Klimaänderungen und Naturkatastrophen» (Bader und Kunz, ed., 1998). Es heißt dort im Kapitel «Der Zukunft das Klima entlocken»: «Die eigentliche wissenschaftliche Herausforderung betrifft die nach wie

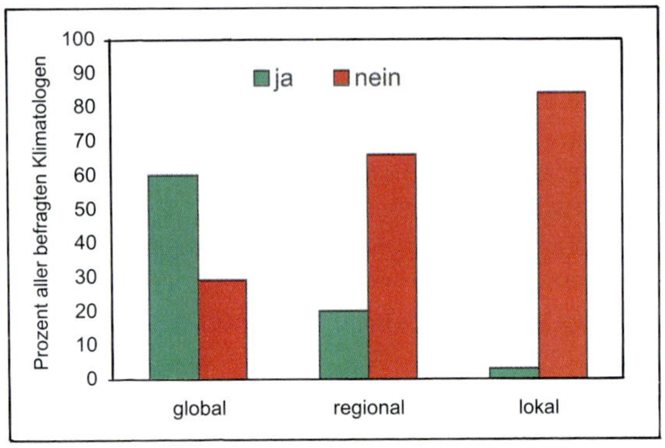

Abb. 12. Die Meinung von 101 Klimatologen im Jahr 1994 auf die Frage: Sind Sie der Ansicht, daß die heutigen «General Circulation Models» erfolgreich den durch Treibhausgase verursachten Klimawechsel modellieren können, und zwar im globalen, regionalen und lokalen Maßstab? Quelle: Auer, Böhm und Steinacker, 1996

vor ungelöste Frage, in welcher Größenordnung der erhöhte atmosphärische Gehalt an treibhauswirksamen Spurengasen und andere klimawirksame menschliche Emissionen Einfluß auf die Temperaturentwicklung an der Erdoberfläche nehmen. Es handelt sich dabei um grundsätzliche Überlegungen zur Wirkungsweise des globalen Klimasystems. Heute ist die Wissenschaft weit davon entfernt, das globale Klimasystem in seiner ganzen Komplexität genügend gut zu verstehen, um diese schwierige Frage nur annähernd befriedigend beantworten zu können ...»
Hier haben die Schweizer Kollegen ganz schön tief in den kritischen Topf gegriffen, aber sie haben wahrscheinlich mit ihrer Formulierung nur allzu recht.
Da der Schreiber dieser Zeilen bei aller Skepsis, die auch er teilt, trotzdem von dem fasziniert ist, was zur Zeit auf dem Gebiet der Klima-Modellrechnungen vor sich geht, sei im nächsten Abschnitt einiges aus der Küche der mathematischen Modelle vorgestellt. Es soll als Querschnitt durch das dienen, was zur Zeit versucht wird und welche Ergebnisse in Zukunft möglich sein werden, auch wenn die derzeitigen noch mit kritischem Abstand betrachtet werden sollten. Bei der rasanten Entwicklung, die sich auf dem Sektor der elektronischen Rechenanlagen abspielt, sind in den nächsten Jahren sicher wesentliche Fortschritte zu erwarten, die durchaus auch große Überraschungen beinhalten könnten.

Was sagen uns die Klimamodelle

Beginnen wir mit dem wohl am häufigsten verwendeten und auch am besten abgesicherten Resultat der Modellrechnungen, dem künftigen Temperaturverlauf der Mitteltemperatur der Erde unter dem Einfluß von zwei von uns verursachten Änderungen der Erdatmosphäre. Mit an der Spitze der Forschung sind das Max-Planck-Institut für Meteorologie in Hamburg und das britische Hardley Centre for Climate Prediction and Research (HCCPR) mit ihren gekoppelten Atmosphären-Ozean-GCMs. Abbildung 13 zeigt je eine Treibhausgas-Modellrechnung und eine mit Treibhausgasen und Sulfataerosolen, die von diesen Instituten angestellt wurden.
Der Unterschied zwischen der roten und der blauen Kurve verdeutlicht den bereits erwähnten Fortschritt der Klimamodellierung der letzten Jahre, die Miteinbeziehung der abkühlenden Wirkung der Sulfataerosole. Die blaue Kurve zeigt also den aktuellsten Stand der Wissenschaft. Nach ihr ist bis Mitte des 21. Jahrhunderts nach den Hamburger Kollegen mit einem globalen Temperaturanstieg von 2°C zu rechnen. Die Kollegen aus England liegen etwas niedriger, bis Ende des 21. Jahrhunderts wären + 3° gegenüber dem «natürlichen» Klima erreicht. Beiden Modellrechnungen liegt ein «business as usual scenario» über das Verhalten der Menschheit zugrunde, also keine Änderungen in unserem Verhalten, keine Energiesparmaßnahmen, eine weiterhin rasant wachsende Bevölkerung, Wirtschaftsentwicklungen in Indien und China, etc. Diese globalen Mittelkurven sind wie gesagt das glaubwürdigste, was uns von den Klimamodellen angeboten wird. Wenn wir uns über die Auswirkungen des Treibhauseffekts Gedanken machen, sollten wir uns deshalb auch auf solche in globalem Maßstab konzentrieren, etwa auf die Frage der Höhe des Meeresspiegels. Sie wird durch zwei Faktoren beeinflußt: die thermische Ausdehnung des Ozeanwassers und die Abschmelzung von den Eismassen der Erde (Gebirgsgletscher und polare Inlandeismassen in Grönland und der Antarktis). Der derzeitige Stand der Forschung erwartet in den nächsten 100 Jahren einen Meeresspiegelanstieg von 0,5 m. Auch hier mußten die noch vor wenigen

Jahren kursierenden Horrorzahlen, die in den Medien weidlich zu Fotomontagen untergehender Küstenstädte und ganzer Inselstaaten ausgenutzt wurden, zurückgenommen werden. Hauptverantwortlich dafür war die nun realistischere Einschätzung des Beitrages der Antarktis zum Meeresspiegelanstieg. Es ist ja ein sehr einleuchtendes Bild, sich eine Antarktis vorzustellen, deren gigantische Schmelzwassermengen im Treibhausklima den Meeresspiegel ansteigen lassen. Wer von uns hat nicht die Beiträge von Wissenschaftsmagazinen oder Naturfilmen im Gedächtnis, die uns in herrlichen Bildern vom Inlandeis abbrechende Eisberge zeigen?

Diese Bilder sind zwar echt (Eisberge brechen allerdings gerade von vorstoßenden Gletschern vermehrt ab), die mitgelieferte Botschaft vom Beitrag der Antarktis zur Meeresspiegelkatastrophe ist nur mit Sicherheit falsch. Seit einigen Jahren zeigen es die nun besseren Modellrechnungen, daß die vorhergesagten Temperaturanstiege im Gebiet der Antarktis bewirken, daß in der wärmeren Luft mehr Niederschlag fallen wird (wir haben das schon im ersten Kapitel erfahren), dieser bei den immer noch deutlich unter 0°C liegenden Temperaturen weiterhin in Form von Schnee fällt und somit das Eisvolumen der Antarktis im Treibhausklima wächst. Dadurch trägt die Antarktis zu einem Absinken des Meeresspiegels bei, neueste Modellrechnungen beziffern diesen Beitrag mit -9 cm bis 2100. Das Inlandeis Grönlands liegt in weniger extremem Kaltklima und wird leicht zurückgehen, mit einem Beitrag zum Meeresspiegel von +3 cm bis 2100. (Wild and Ohmura, 1999) Alle Gebirgsgletscher der Erde zusammen liefern viel kleinere Beiträge, die vernachlässigt werden können. Die erwähnten 50 cm Meeresspiegelanstieg bis 2100 beruhen somit zum überwiegenden Teil auf der thermischen Expansion der Ozeane und werden durch den Nettoeffekt des Gletscherrückgangs in Grönland und des Zuwachses in der Antarktis sogar gedämpft.

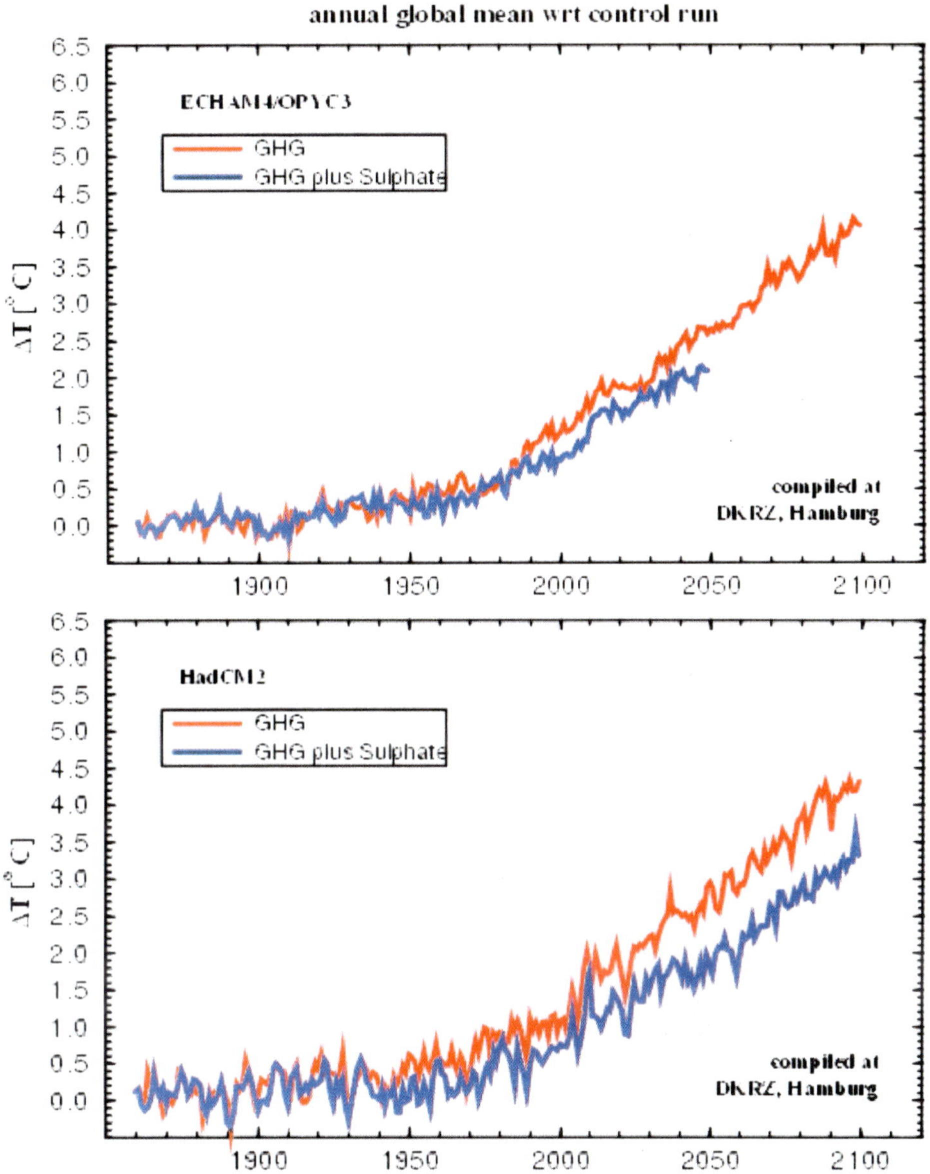

Abb. 13. Mittlere Temperatur der untersten Schicht der Erdatmosphäre unter dem Einfluß der Treibhausgase (rot) und unter dem zusätzlichen Einfluß der Sulfataerosole (blau) gerechnet mit Modellen des Max-Planck-Instituts für Meteorologie, Hamburg und des Hadley Centre for Climate Prediction and Research, UK
Quelle: HYPERLINK http://www.dkrz.de/ipcc/ddc

Wie steht es nun mit regionalen und lokalen Effekten? Wie unsere Abb. 12 bereits gezeigt hat, ist das letzte, was ein seriöser Wissenschaftler derzeit machen sollte, Antworten zu geben auf Fragen mit lokalem Bezug wie: «Mit wieviel Schnee können die Wintersportorte der Alpen im nächsten Jahrhundert rechnen?» oder: «In welchem Ausmaß werden die Starkniederschläge und Vermurungen in den Alpentälern ansteigen?» Bei der Behandlung solcher lokaler Probleme mit den Ergebnissen der GCMs genügt schon eine kleine Unkorrektheit bezüglich des Wärmetransports des Golfstroms, und die Alpen wandern von Prognose +3 Grad auf nur +1 Grad oder gar -1 Grad (was auch nicht gänzlich auszuschließen ist, siehe Kälterückfall der Dryaszeit und die von den GCMs prognostizierten größeren Süßwassermengen im Nordatlantik durch Niederschlagsanstieg). Leider besteht bezüglich solcher lokaler Fragestellungen ein enormer Druck auf die Wissenschaft,

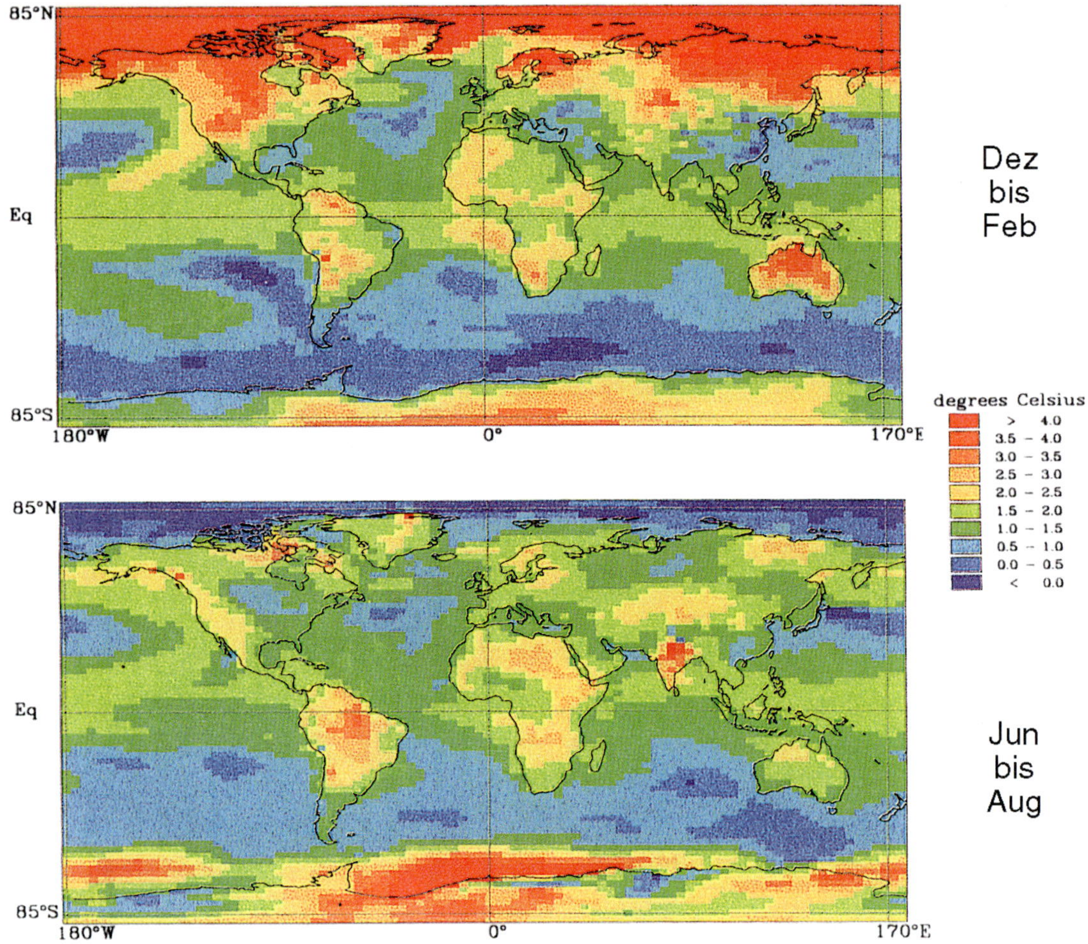

Abb. 14. Mittlere Oberflächentemperaturänderung bis 2050 (gegenüber dem Mittel 1961–90) nach dem HADCM2-SUL Modell (business as usual, Treibhausgase und Sulfat berücksichtigt)
Quelle: Hulme and Barrow, ed., 1997

da jedermann wissen will, wie sich sein lokales Problem im Licht des Treibhausklimas darstellt. Dieser Druck führt in vielen Fällen dazu, daß Fragen von der Wissenschaft beantwortet werden, die seriös zur Zeit noch nicht beantwortet werden können.

Bleiben wir hier lieber beim großräumigen Bild, das die Klimamodelle vom Treibhausklima des nächsten Jahrhunderts entwerfen. Konzentrieren wir uns dabei weniger auf absolute Zahlenwerte (die mögen noch falsch eingeschätzt werden), sondern mehr auf die globalen Muster der vorhergesagten Temperaturänderungen, denen wir eher vertrauen können. Abbildung 14 zeigt die für 2050 zu erwartenden Temperaturänderungen im Nordwinter (Dez–Feb) und im Nordsommer (Jun–Aug) nach dem gekoppelten GCM des Hadley Centre HADCM2-SUL.

Drei grundsätzliche Muster sind erkennbar. Am stärksten steigen die Temperaturen in den Polarwintern, wobei der Nordwinter noch den Südwinter übertrifft. Hier ist offensichtlich die bereits beschriebene «Albedorückkopplung» am Werk. Das zweite Muster zeigt ein stärkeres Ansteigen über den Kontinenten, ein schwächeres über den Ozeanen. Auch das haben wir bereits gelernt: Ozeane gleichen durch die Durchmischung im Wasser Gegensätze eher aus, Kontinente verhalten sich extremer. Allerdings betrifft das nicht alle Teile der Kontinente gleichmäßig; auffällig ist etwa die Abkühlungstendenz über großen Teilen Chinas, besonders im Winter. Hier zeigt das Modell seine Fähigkeit, die Wirkung der Sulfataerosole abzuschätzen. Gerade für China wird eine rasante Wirtschaftsentwicklung prognostiziert, und das wird zweifellos parallel gehen mit einem stark vergrößerten Ausstoß an Schadstoffen, der paradoxerweise zu einer «Verbesserung» der Klimasituation führt. Wenn wir genau das tun, wovor bereits gewarnt wurde, dann sei abschließend noch ein Blick auf die Alpenregion gestattet. Wenn wir das entsprechende Kästchen auf den Karten heraussuchen (die quadratische Struktur zeigt die Auflösung des Modells), so bekommen wir einen Wert von + 1.5 bis 2°C im Winter und einen leicht niedrigeren im Sommer. Zum Wert dieser lokalen bis regionalen Aussage siehe Abb. 12.

Bei allen gezeigten Modellergebnissen dürfen wir nicht in den Fehler verfallen, die beschriebenen Temperaturänderungen für die zu halten, die dann tatsächlich eintreten werden. Die Modelläufe der GCMs vergleichen lediglich ihre «Kontrolläufe» ohne Treibhausgase und Sulfataerosole mit den Simulationen mit diesen beiden Einflußfaktoren. Die Differenz ergibt dann die gezeigten Ergebnisse. Nun wirken im Klimasystem aber noch eine Anzahl anderer Einflußfaktoren, die noch nicht in die GCMs eingebaut sind, wie Vulkanausbrüche, Änderungen der Energiezufuhr von der Sonne, Erdbahnperioden u.a.

Gerade der Faktor der Einstrahlungsaktivität wird zur Zeit intensiv untersucht, und es stellt sich immer mehr heraus, daß die alte Lehrbuchweisheit der «Solarkonstante» zu verwerfen ist. Abgesehen von den (vor allem langfristig wirksamen) Schwankungen der Erdbahnparameter, die die Eiszeiten steuern, zeigt auch die Strahlungsaktivität der Sonne durchaus Schwankungen im Bereich von Jahrzehnten und Jahrhunderten. Einen interessanten Vergleich von gemischten Meß- und Proxireihen der Solarkonstante und der mittleren Sommertemperatur auf der Nordhalbkugel zeigt Abb. 15. Hier sehen wir das natürliche Klima am Werk im Vergleich zu einem seiner vielen denkbaren Einflußfaktoren. Zwar handelt es sich bei dem Themenkreis der Schwankungen der Solarkonstante um einen noch jüngeren Zweig der Forschung als den der Treibhausgase, und vor allem vor quantitativen Aussagen muß noch gewarnt werden, aber der Blick auf die Ähnlichkeit der Sonnen- und Temperaturkurven in der Abbildung 15 vermittelt zumindest ein Gefühl dafür, was außer dem Treibhauseffekt unser Klima variabel macht.

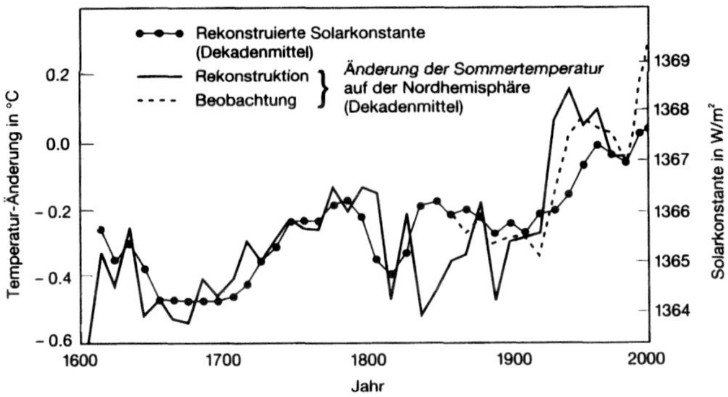

Abb. 15. Sonnenaktivität und Temperatur seit 1600 Entnommen aus Bader und Kunz, 1998, ursprüngliche Quelle: Lean, Beer and Bradley, 1995

Nachsatz

Wir haben auf unserer Zeitreise durch das Klima der Vergangenheit einen ersten Eindruck davon bekommen, wie sich Wetter und Klima auf allen Zeitskalen von Minuten (im Fall eines sommerlichen Gewitterschauers) bis zu Jahrmillionen (wenn die driftenden Kontinente das Kommando über das Klima übernehmen) variabel ist. Der zur Verfügung stehende Platz hat es nicht erlaubt, dem komplizierten Klimasystem wirklich gerecht zu werden, mit all seinen Zusammenhängen, Rückkopplungen, Verzögerungen und Dämpfungen, internen und externen Einflußfaktoren. Aber es konnte hoffentlich ein gewisses Gefühl dafür vermittelt werden, daß einfache, auf den ersten Blick einleuchtende Ursache-Wirkungs-Faktoren eher atypisch sind für ein derartiges vernetztes System. Von den tatsächlichen Vorgängen in der Atmosphäre, die wir versuchen, durch direkte Messungen und durch indirekte Klimazeugen zu erkennen, haben wir den Sprung in die Welt der mathematischen Modelle getan, in der Jahrzehnte von virtuellen Wettervorgängen im Inneren von Hochleistungs-Rechenanlagen ablaufen. Dadurch haben wir Hinweise, auf welche Art wir derzeit damit beginnen, selbst zu einem der Einflußfaktoren der Klimamaschine zu werden. Obwohl hier modernste Naturwissenschaft auf hohem Niveau betrieben wird, ist unsere Modellvorstellung von der realen Natur immer noch sehr begrenzt. Der zielführendste Weg zu neuen, besseren Erkenntnissen wäre zweifellos, diese junge Wissensdisziplin in Ruhe ihren Weg gehen zu lassen, die bekannten naturwissenschaftlichen Kriterien anzuwenden, die auf dem Weg von der Theorie zum Modell, zu dessen Prüfung durch Messungen, durch die Veröffentlichung in Fachzeitschriften und die Kritik der Fachkollegen sehr gut imstande sind, die Spreu vom Weizen zu trennen.

Leider ist in unserem Fall dieser ruhige Weg, der Qualität garantiert, bereits beinahe verbaut. Das große öffentliche Interesse in einer modernen Medienlandschaft mit ihren ungeahnten Möglichkeiten, unendlich schnell unendlich viele Informationen zu verbreiten, die dabei aber unfähig ist, qualitativ zu unterscheiden zwischen Nichtigkeiten und Wichtigem, zwischen Falschem und Richtigem, spiegelt uns die Möglichkeit vor, daß wir innerhalb weniger Jahre die Abkürzung der unzulässigen Vereinfachung auf dem zwangsweise gewundenen Pfad der Erkenntnis nehmen können. Kollegen, die ihre Arbeit ernst nehmen, werden von den Simplifikatoren überholt, Leute, die begründete Zweifel formulieren, werden beschuldigt, «in dieser für die Menschheit so wichtigen Frage unnötig Zeit zu vergeuden». «Sie sollen lieber ihre Theorien denen in die Hand geben, die deren Auswirkungen studieren, um der Gesellschaft sinnvolle Werkzeuge in die Hand zu geben, wie die auf uns zukommende Katastrophe noch abzuwenden ist». Das führt zu einer unguten Situation, in der man auch auf wissenschaftlichen Fachtagungen oft aus dem Staunen nicht herauskommt, wie in Parallelsitzungen einerseits versucht wird, die Mängel der Klimamodelle aufzuzeigen und sie zu beseitigen, drei Zimmer weiter aber die Biologen, Lawinen- und Wildbachverbauungs-Leute, die Forstingenieure und Agrarklimatologen aus diesen unfertigen Modellergebnissen bereits die Auswirkungen des Klimawandels ableiten. Und wenn man dann am Abend Radio oder TV konsumiert, bekommt man schon die fertigen Rezepte zur Rettung der Welt vorgesetzt.

Erlauben Sie mir dazu noch einige Anmerkungen eines Klimatologen, die zwar zum Teil den Bereich seiner Fachdisziplin überschreiten, was immer ein gefährliches Unterfangen ist, was jedoch bei einem so vielschichtigen Problem nicht umgangen werden kann. Kommen wir zum realistischen Kern der Klimadiskussion. Seitens der Klimatologen wurde erkannt, daß wir gerade dabei sind, in das Klimasystem einzugreifen. Die Hinweise, die wir dafür haben, sind allein aus den Ergebnissen von Klimamodellrechnungen abgeleitet. Die so beliebten, aber deshalb nicht wahreren Rückschlüsse auf das Klima der letzten hundert Jahre mit steigenden Temperaturen zum Beweis, daß wir das Klima bereits ändern, lassen wir am besten beiseite. Alle diesbezüglichen «statistischen Beweise» (ein Widerspruch in sich, wie auch der berühmte gleichzeitige Rückgang der Störche und der Geburtenrate nicht beweist, daß die Störche die Kinder bringen) scheitern an der starken natürlichen Variabilität des Klimas. Wir müssen schon auf die theoretischen Gebäude der Klimamodellierung bauen, und sie sind es auch wert, genau interpretiert zu werden. Mit großer Wahrscheinlichkeit sagen uns die Klimamodelle, daß der höhere Pegel an Treibhausgasen in den nächsten 100 Jahren die globale Mitteltemperatur der Erde um einige wenige Grad C ansteigen lassen wird. Ab einem Anstieg von mehr als 1°C überschreiten wir dabei den Rahmen, der die letzten 10.000 Jahre hindurch im globalen Mittel durch natürliche Klimaschwankungen abgesteckt war. Bereits einfachere physikalische Tatsachen sagen uns dann, daß diese «Treibhausatmosphäre» im globalen Mittel mehr Feuchtigkeit beinhalten wird und die Niederschläge steigen werden. Alle weiteren Aussagen, die sich auf regionale Entwicklungen beziehen, auf deren Folgen auf die verschiedensten Bereiche des Ökosystems und des menschlichen Lebens, sind zur Zeit noch nicht abgesichertes Wissen.

Was ist nun zu tun in einer derartigen Situation? Sind wir gut beraten, im Zweifel vorzubauen, um später eventuell irreparablen Schäden vorzubeugen? Im Zweifel neige ich eher dazu, diese Strategie zu verfolgen. Aber wenn, dann unter Beachtung absoluter Aufrichtigkeit in der Argumentation. Ich kann sie schon nicht mehr hören, all die Übertreibungen und als gesichertes Wissen verkauften Spekulationen.

Ein Argument ist allerdings wert, genauer bewertet zu werden: Es handelt sich bei allen Maßnahmen, die helfen, den Ausstoß des wichtigsten anthropogenen Treibhausgases, des Kohlendioxids, zu vermindern, gleichzeitig um Maßnahmen, die die Luftqualität an sich verbessern. Das ist richtig. Wenn es uns gelingt, durch die Klimadebatte eine Kursänderung weg vom Verbrennen fossiler Energieträger hin zu einer sanften Energietechnologie auf den Weg zu bringen, soll es mir recht sein. Nur scheint mir die derzeit zu beobachtende fast 100%ige Konzentration der Argumente auf die Klimaschiene langfristig kontraproduktiv zu sein. Bei den zu dieser Kursänderung unserer gesamten Wirtschaft notwendigen einschneidenden Maßnahmen wird es nicht leicht sein, die Leute lange Zeit hindurch von der Richtigkeit des neuen Kurses zu überzeugen. Dazu bedarf es schnell zu erzielender herzeigbarer Ergebnisse. Als positives Beispiel möge die SO_2-Debatte dienen, die in den Siebzigerjahren durch Hinweise aus der Wissenschaft begann, daß bedrohliche steigende Schadstofftrends gemessen wurden. Zunächst wurde kurzsichtig mit einer «Hochschornsteinpolitik» begonnen, die letztlich das Problem nur in weiter entfernte Gebiete verlagerte und dort mit zu den bekannten Waldschäden beitrug. Letztlich wurden aber doch Maßnahmen gesetzt wie reinere Brennstoffe (schwefelarmes Heizöl, Filteranlagen), mit einem Resultat, mit dem wir in den entwickelten Industrieländern leben können. Die SO_2-Belastung ging deutlich zurück. Der ganze Vorgang dauerte weniger als zwanzig Jahre.

Beim Problem der Klimaschwankungen ist die Lage wesentlich vielschichtiger. Zum ersten ist die Sachlage bei weitem noch nicht geklärt, und nichts trägt mehr zum Unwillen dessen bei, der einer guten Sache wegen Verzicht leisten soll, als die Erkenntnis, daß versucht wurde und wird, ihn mit falschen Tatsachen dazu zu bewegen. Daher lautet meine Hauptforderung, auch bei noch so gutem Willen, niemals den Boden der Tatsachen zu verlassen. Das zweite Problem ist, daß es ungeheuer schwierig sein wird, die Treibhausgase wieder auf einen niedrigeren Pegel zu bringen. Die Verbrennung fossiler Energieträger ist auf derart fundamentale Weise mit unserer Zivilisation verbunden, daß es nur schwer vorstellbar ist, wie eine weiterhin wachsende Erdbevölkerung, die zu ihrem überwiegenden Teil auf diesem Gebiet einen ungeheuren Nachholbedarf hat, diese auf radikale Weise zurücknehmen sollte. So wird es nicht leicht sein, schnell vorzeigbare Ergebnisse bei der Stabilisierung des Klimas zu erzielen, da die Reaktionen des Klimasystems, auch bei erfolgreicher Drosselung der Emissionen, sehr langsam sind. Obwohl ich damit gegen meine eigenen Interessen als Klimatologe spreche (dem es nur recht sein könnte, wenn in seinem Wissensgebiet die Forschungsgelder sprudeln), erschiene es mir klüger und sinnvoller, die Debatte wieder stärker in Richtung Luftreinhaltung zu verschieben. Dieselben Maßnahmen führen hier zu schneller sichtbaren, besser meßbaren und auch vom Einzelnen unmittelbar fühlbaren Ergebnissen, durch die er auf die Dauer sicher leichter motivierbar sein wird. Wenn dann als langfristige Draufgabe auch Effekte beim Klima erzielbar sind, soll es uns recht sein.

Trotzdem erscheint es mir zweifelhaft, daß es gelingen wird, wieder zum «vorindustriellen Klima» zurückzukehren, und ich habe meine Schwierigkeiten mit dem Verständnis, was darunter zu verstehen sein soll. Ist es das der Kleinen Eiszeit, die zufälligerweise gerade vor Beginn der Industrialisierung die Norm setzte? Sind es Warmzeiten wie im frühen Mittelalter oder vor 6000 bis 8000 Jahren, die früher seltsamerweise «Klimaoptimum» hießen? (Kann eine Warmzeit überhaupt diese Bezeichnung tragen, so etwas ist doch hochgradig «politically incorrect»?) Ich persönlich glaube, daß wir einerseits versuchen sollten, die Wissenschaft möglichst unbeeinflußt ihren Weg gehen zu lassen (als Klimatologe wünsche ich mir dazu auch die nötige Dotation für Forschungsprojekte), andererseits uns aber mit möglichst kühlem Kopf auf eine sehr wahrscheinliche Zukunft in einem global gesehen wärmeren Klima einstellen sollten. Wir sollten genau prüfen, wie die Auswirkungen dieser Erwärmung sein werden. Dazu müssen wir noch eine Zeit lang die bei Politikern derzeit so unbeliebte Grundlagenforschung betreiben und können erst dann auf die anwendungsorientierte Schiene überwechseln. Nicht jeder Wechsel ist per definitionem einer zum schlechteren: In der Hauptwärmeperiode der Nacheiszeit etwa waren große Gebiete der Sahara nicht die hocharide Wüste, als die wir sie heute kennen.

Angst und Panikparolen waren noch nie gute Problemlöser, laßt uns vielmehr versuchen, etwa die folgende Doppelstrategie zu gehen: Kurzfristig durch Verbesserung der Luftqualität mit Sicherheit unserer Gesundheit dienen und damit vielleicht auch langfristig eine Klimastabilisierung erreichen. Da die Klimastabilisierung wahrscheinlich nicht greifen wird, gleichzeitig schon heute damit beginnen, auf rationaler Basis einen möglichst friktionsfreien Übergang unserer Zivilisation in ein künftiges Warmklima zu ermöglichen. Die Naturwissenschaft wird dazu sicher ihren nötigen Beitrag leisten.

Literatur

Auer, Ingeborg, 1993: Niederschlagsschwankungen in Österreich seit Beginn der instrumentellen Beobachtungen. Österreichische Beiträge zu Meteorologie und Geophysik, H.7, 73 S.

Auer, Ingeborg, Reinhard Böhm and Reinhold Steinacker, 1996: An opinion poll among climatologists about climate change topics. Met. Zeitschr., N.F. 5, 145–155.

Auer, Ingeborg, Reinhard Böhm, Wolfgang Schöner und Martina Hagen, 1998: ALOCLIM (Austrian-Central European Long-term Climate). Projekts-Endbericht, 89 S., einzusehen an der ZAMG (Zentralanst.f. Met.u. Geodyn., Wien). Zum Zeitpunkt der Veröffentlichung von Berg 2000 werden bereits zwei ALOCLIM-Veröffentlichungen in der Reihe «Österreichische Beiträge zu Meteorologie und Geophysik» der ZAMG vorliegen.

Bader, Stephan und Pierre Kunz (ed.), 1998: Klimarisiken – Herausforderung für die Schweiz. 307 S., vdf – Hochschulverlag AG an der ETH Zürich.

Böhm, Reinhard, 1993: Geschichte der Temperatur. Historicum, Frj.93, 15–24.

Crowley, Thomas S. and Gerald R. North, 1991: Paleoclimatology. 339 Seiten, Oxford University Press, Clarendon Press, Oxford – New York.

Jouzel, Jean, Claude Lorius, S.J. Johnson and P. Grootes, 1994: Climate instabilities: Greenland and Antarctic records. C.R. Acad. Sci., Paris, 319, Serie II, 65–77.

Hofmann, Thomas, 1998: Von der Geognosie zur Plattentektonik – Die Entdeckung der Alpen und die Geschichte der Geologie. AV-Jahrbuch Berg '98, 117–123.

Houghton, John T. (ed.), 1991: Climate Change: The IPCC scientific assessment report 1990. Cambridge Univ. Press.

Houghton, John T. (ed.), 1996: Climate Change 1995 – The Science of Climate Change, The 2nd IPCC scientific assessment report, 572 Seiten, Cambridge Univ. Press.

Hulme, Mike and Elaine Barrow (ed.), 1997: Climates of the British Isles. Routledge, London, New York.

Nilsson, Tage, 1983: The Pleistocene. F. Enke, Stuttgart.

Patzelt, Gernot, 1999: Pers. Mitt. aus dem Gletscher-Archiv des ÖAV, Innsbruck.

Pfister, Christian, 1988: Klimageschichte der Schweiz: 1525–1860: Das Klima der Schweiz von 1525–1860 und seine Bedeutung in der Geschichte von Bevölkerung und Landwirtschaft. Acad. helv., Bern, Stuttgart.

Street-Parrot, F. Alayne and R.A. Parrot, 1993: Holocene Vegetation, Lake Levels and Climate of Africa. In: Wrigt et al., 1993, 318–353.

Wild, Martina and Atsumu Ohmura, 1999: Changes in mass balance of polar ice sheets as projected in a high resolution slice szenario with the ECHM4 T106 GCM. Geophysical Research Abstracts, Vol. 1, No 2, p. 587.

Strömmer, Elisabeth, 1999: Studien zur Klimageschichte Ostösterreichs anhand historischer Quellen der Jahre 1700 bis 1830. Diss. Univ. Wien, 375 Seiten.

Wright, jr., H.E., J.E. Kutzbach, T. Webb III, W.F. Ruddiman, F.A. Street-Parrot and P.J. Bartlein (ed.), 1993: Global Climates since the last Glacial Maximum. Univ. of Minnesota Press, Minneapolis, London, 569 Seiten.

Viel Wissen wird heute auch auf diversen Internet Home Pages vermittelt.

Zum Thema Klimamodelle genügt es, in die Home Page des Deutschen Klimarechenzentrums (DKRZ) einzusteigen, um sich mit einer Fülle von Links die internationale Welt der Klimamodellierung zu erschließen. (Achtung! Es geht dabei um ein Spektrum von harmlosen Abbildungen bis zu Datensätzen im Gigabyte Bereich): HYPERLINK http://www.dkrz.de

Auf dem Gebiet der globalen Klimabeobachtungen betreibt die Climatic Research Unit der University of East Anglia (Norwich) eine besuchenswerte Home Page: HYPERLINK http://www.cru.ac.uk

Danksagung

Mein Dank gilt Dr. Ingeborg Auer für die kritische Durchsicht und Diskussion des Manuskripts.

Da Anton Ruep ist hier verdurscht weil das Wirtshaus war ihm Wurscht
Wirtshaus 50 m

Hundert Jahre Marterl

Ein Beitrag zur Geschichte der fingierten Volkskultur

Von Udo Dickenberger. Mit Zeichnungen von Sebastian Schrank

Auff den vierdten Novembr. Anno LXV. starb Frantz Erhardt von Vlm: der fromb / redlich vnnd groß Stattschreiber: Welches Cörper gar nahe sechs Centner gewogen. Der allmächtige Gott wölle jhm ein fröhliche Aufferstehung geben.

Epitaph in der Evangelischen Stadtkirche zu Durlach, 1565[1]

Hier ist ertrunken Anna Lentner, / Sie wog mehr als drittbalb Zentner, / Gott geb' ihr in der Ewigkeit, / Nach ihrem Gewicht die Seligkeit.

Marterlspruch[2]

Das sogenannte Marterl aus dem Alpenraum, auf das wir in den einschlägigen Sammlungen stoßen, stammt gar nicht von den Einheimischen, dem Volk, sondern steht in einer langen gelehrten literarischen Tradition. Die Marterlsprüche kamen in einer Art poetischer Kopfgeburt ohne derbere Berührungen aus den Musenalmanachen der klassizistischen Epoche um 1800 in die Marterlsammlungen, die seit 1900 immer neu erschienen sind. Als «Volkspoesie» – wenn der Begriff in diesem Zusammenhang überhaupt sinnvoll ist – könnten wir sie nur bezeichnen, falls tatsächlich Einheimische an ihnen gedichtet hätten und nicht bloß einzelne gelehrte Publizisten Marterltexte zusammentragen, eifrige Fremdenverkehrsvorantreiber sie abschreiben und im Freien aufstellen würden.[3] Hans Moser weist in seinem Aufsatz *Vom Folklorismus in unserer Zeit* 1962 darauf hin, daß die sogenannte altbayerische Mundartdichtung zu einem guten Teil in der Mitte des 19. Jahrhunderts von dem geselligen Münchner Mineralogen Franz von Kobell verfaßt und in Sammlungen unters Volk gebracht wurde. Auch die Marterlverse rühren laut Moser nicht vom Landvolk selbst, sondern von Großstädtern her, die an literarischen Späßen und Mystifikationen interessiert waren, so wie Herbert Schwedt kurz danach *Heitere Grabsprüche und Hausinschriften* (1963) als typisches Wandergut zu erweisen suchte.[4] Moser denkt hierbei an die Betrachtungen, die John Meier in seinem Aufsatz *Volkstümliche und kunstmäßige Elemente in der Schnaderhüpfelpoesie* anstellt.[5] Meier beschäftigt sich dort mit der Herkunft der Schnaderhüpfel, die zum Teil tatsächlich von Angehörigen des Volkes selbst, andererseits aber von gebildeten Mundartdichtern, insbesondere von Ignaz Franz Castelli, Johann Gabriel Seidl oder auch von Franz von Kobell stammen, dessen Kunstlieder in ihren Strophen zu Schnaderhüpfel zerfasert worden sind. Möglicherweise könnte die Diskussion um den Ursprung dieses alpenländischen Epigramms[6] Modell für eine entsprechende Auseinandersetzung um das Marterl sein.[7] Mir scheint, daß sich die von John Meier aufgezeigte Unsinnigkeit einer strikten Trennung volkstümlicher und kunstmäßiger Einflüsse beim Schnaderhüpfel sinnfällig manifestiert, wenn Hans Grasberger selbst Schnaderhüpfel schreibt, sich dabei an den Weisen der Älpler orientiert und sie dann mit einer gelehrten Einleitung versieht.[8] Auch sonst macht sich die Kommentierlust des Dichters auf jeder Seite bemerkbar: er hat über seine Schnaderhüpfel unpassende Überschriften gesetzt; die Spuren des ordnenden Verstandes kommen dem vom Autor eingeschlagenen derb-vergnügten Programm in die Quere. Schnaderhüpfel mit Überschrift, mit Holzschnitten versehen und damit geradezu emblematisch aufgebaut: jedem Urwüchsigkeitsliebhaber muß vor diesem Eklektizismus grausen – und vor den Streifzügen eines Älplers durchs gesamtabendländische Kunst- und Literaturangebot.

Wer ist an der Aufstellung von Marterln interessiert? Von einer Wiener Künstlergesellschaft, deren Mitglieder Aufsätze, Vorträge, Lieder, Komödien und auch Grabschriften produzierten, berichtet Ignaz Franz Castelli.[9] Auf einen Münchner Maler und Dichter, der in den 40er und 50er Jahren des 19. Jahrhunderts die Burg Lebenberg in Südtirol mit Bildern und Sinnsprüchen ausschmückte, weist Ludwig Steub hin. Steub kannte einen vom Kronprinzen Maximilian beauftragten Sammler bayerischen Volksgutes, alter Sagen, Lieder, Bräuche, der zugleich seine eigenen Arbeiten unters Volk brachte, die dann spätere Betrachter von den «originären» Volkskulturmanifestationen nicht mehr unterscheiden konnten.[10] Im Herbst 1870 besuchte Steub den Friedhof im Dorf Tirol. Er wollte zusammen mit anderweitigen touristischen Vergnügungen auch Grabsteinstudien treiben und mußte bedauern, daß er nicht viel fand.[11]

Steub erwähnt die vielen Marterltäfelchen, die er, wohl 1842, im Ötztal gesehen hatte. Er fand viele von ihnen «mit ländlichen Versen» geziert. Daß diese Verse indes komisch seien, sagt er nicht, obwohl er sonst humoristische Vorfälle und Begebenheiten mit Behagen schildert.[12] Ein halbes Jahrhundert nach Steubs erster Tirol-Reise (und 25 Jahre nach

seiner Kontrollfahrt zu Beginn der 1870er Jahre) kam im Zuge des sich entwickelnden Fremdenverkehrs das Bedürfnis nach komischen Grabinschriften auf. Vor etwa hundert Jahren traten mehrere Sammler auf, die die heiteren Marterlverse, die sie suchten, dann auch fanden und sie veröffentlichten. Als Beispiel einer von den potentiellen Besuchern erwarteten Urwüchsigkeit teilte der im Auftrag der «Fremdenwirtschaft» reisende Ludwig von Hörmann in seinem Vorarlberg-Band den Text einer Gedächtnistafel an der Ill für einen sechsjährigen Jungen, der in dem Fluß ertrunken war, mit. *Hier an der Ill / O Wandrer steh still / Und betracht des Todes End und Ziel. / Der lieben Eltern volles Hoffen / Ist hier in der Ill ers …*[13]
Vier Jahre später bereits war das Marterl (leicht abweichend) in einer Sammlung vertreten, die seither zu einer weiten Verbreitung gelangt ist.[14] Der prototypische Marterlsammler Hörmann fand sofort Nachfolger.[15] Die Mitarbeiter der ersten Jahrgänge der *Zeitschrift für österreichische Volkskunde* versuchten, die Gräberpoesie neben dem Märchen und dem Lied als anerkannten Gegenstand der Volkskunde zu etablieren. Daß es auch zahlreiche schlechte Grabverse gibt, wurde von Anfang an zugestanden.[16] Anfangs mußte fleißig gesammelt werden. Bereits im ersten Jahrgang (1895) der Zeitschrift wurden Marterl veröffentlicht, welche einzelne Forscher der Redaktion zukommen ließen.[17] Im dritten Jahrgang (1897) teilte Robert Sieger einen Fragebogen zur Erfassung von Marterln mit. Er konnte weitere, allesamt ernste Marterl, vorstellen, die eingeschickt worden waren.[18] Die nächsten Jahrgänge enthalten Berichte über Marterl- und Grabschriftenfunde in aus teils an Vorarlberg, Tirol, Salzburg angrenzenden, teils abgelegeneren Regionen[19]. Die *Zeitschrift für österreichische Volkskunde* bildete so von Beginn an ein Forum der alpenländischen Marterl- und Grabschriftenforschung. Nach dem ersten heroischen Jahrzehnt flachte das Interesse freilich stark ab. Beim Studium der ersten Jahrgänge der Zeitschrift läßt sich noch verfolgen, wie die Mitarbeiter erst im Lauf der Zeit, etwa gegen 1900, auf die Komik einzelner vermeintlich naiver Marterlfunde aufmerksam wurden. Robert Sieger stellte 1895 noch unbeholfene Inschriften vor, die offenbar nicht belustigen sollen. Karl Reiterer zog 1898 bereits ausgiebig über seine skurrilen Funde her.[20] Das Marterl hatte in der Sicht der österreichischen Forschung bald seine Würde und Furchtbarkeit verloren. Sie trat in ihre beschwingte und vergnügte Phase ein – und damit in eine eminent produktive.
Auch in der reichsdeutschen Parallelaktion, der zu Berlin erscheinenden *Zeitschrift des Vereins für Volkskunde*, trieben einige der österreichischen Marterlforscher die Debatte voran.[21] Einzelne Forscher machen sich über Quellen ihrer Marterln Gedanken. Ludwig von Hörmanns und Anton Dresellys Sammlungen wurden zum Hilfsmittel für die Sammler, die kritisch die Authentizität ihrer eigenen Funde durchleuchteten.[22] Auch in Berlin wurden die Autoren auf die Komik vieler Grabschriften und Marterl aufmerksam.[23]

Neben der Marterl- wurde die Totenbrettforschung von den Beiträgern der *Zeitschrift für österreichische Volkskunde* von Anfang an eifrig vorwärtsgebracht. Auch hier wurde die Komik einzelner Verse bald bewußt.[24] Schwer vorstellbar, daß Sammler, die immer wieder vor erbärmlichen Inschriften standen, sich nicht überlegt haben sollten, dies alles könnten sie selbst doch weit besser, verkauzter: krude, verquere, derbkomische Epigramme schreiben, Marterl halt. Für den nächsten Verwandten des Marterls, den Totenbrettvers, ist der Nachweis seines literarisch vermittelten Charakters längst geglückt.[25] Einem Gedenkbrett mit einer konventionellen vierzeiligen Inschrift wurde zwischen 1912 und 1914 der handschriftliche Zusatz angefügt: *Oher kipt ihrem daß ewinke Ruh / und eine Glasle Schnabpseln dazu.*[26] Eindrucksvoll manifestiert sich so die Geburt des satirischen Totenbrettverses aus dem Geist des Branntweins. Vielleicht hat der Zusatzkünstler auch bloß zitiert; wahrscheinlich orientierte er sich an dem ähnlich lautenden Spottvers auf den Untergang eines Trinkers in Anton Dresellys großer Marterlsammlung.[27]
Panegyrische Inschriften provozieren den Spott des Betrachters. Josef Blau teilt in einem Aufsatz von 1904 ebenfalls den Bleistiftzusatz zu einem ernsthaften Totenbrettvers mit: *Alle Menschen müssen sterben, / Schuster, Schneider und der Schmied / Und der lausige Totengräber / Nimmt den*

krätzigen Bauern mit.[28] Vielleicht läßt sich das gesamte Marterlwesen als satirischer Zusatz zum seriösen Sepulkralbetrieb begreifen, als Satyrspiel zur ernsten Gedenk- und Erinnerungsindustrie. Wir können uns den Ablauf so vorstellen: Einzelne Einheimische verfassen naiv (doch nicht unbeeinflußt) Grabschriften, die mißlingen. Sie werden gerade deshalb später von spottlustigen Sammlern veröffentlicht und nachgeahmt. Ihre Publikationen dienen dann wieder als Vorlage für die Einheimischen, die lustige Verse anbringen wollen, und für die Tourismusindustrie, die überall herzhafte Marterl aufstellt, weil die Fremden ihren Spaß daran haben. Heiter präsentieren die Marterldichter (wie die übrigen gewerblichen Volkskulturschausteller) ein allumfassendes Unvermögen. Sie machen ihre Späßchen immer auf eigene Kosten. Während der Witz eine gewisse Geistesbildung voraussetzt, genügt beim Spaß «die Geschicklichkeit oder Ungeschicklichkeit, Lachen zu erregen».[29] Das Marterlwesen hat dabei den letzten Anschein seiner in Wahrheit nie vorhandenen Unschuld verloren. Marterl werden imitiert und parodiert, und sogar ein aufs Volks- und Urtümliche fixierter Sammler wie Hans Roth stellt in seinem Band *Marterlsprüch*[30] unter der Überschrift *Marterlsprüche ohne Marterl* rein literarische Marterl zusammen. Was in der Meinung der Autoren nichts taugt, darf dem Publikum immer noch als Marterl verkauft werden. Mit Gedenk- oder Votivsprüchen hat der Band *Marterln und Votivtaferln des Tuifelemalers Kassian Kluibenschädel. Zu Nutz und Frommen der verehrlichen Zeitgenossen herausgegeben von Rudolf Greinz* (Leipzig o. J.) zwar nichts zu schaffen, das Werk parodiert nicht und imitiert nicht, da hat einer für seine angestrengt lustigen, bemüht satirischen, bei alledem immens trostlosen Reimereien bloß einen vage Heiterkeit signalisierenden Titel gesucht. Unbeholfenheit allein gilt beim Marterlialisten schon für komisch – immerhin belegt noch diese unglückliche Benennung, wohin es um 1910 mit dem Begriff des Marterls in Süddeutschland gekommen war. Der Dichter Rudolf Greinz stand Münchner Literatenkreisen nahe.

Der Spaß geht verloren, wenn deutlich wird, daß die dargebotenen Kuriositäten für uns inszeniert werden.[32]

Entdecken wir draußen ein lustiges Marterl, wissen wir immer noch nicht, wo der Stifter abgeschrieben hat. Wer die sogenannte Gewachsenheit und die seinsollende Ursprünglichkeit der Volkskunst positiv wertet und sie polemisch der Nachgemachtheit der Literatur gegenüberstellt und dabei auf die Originalität seiner Inschriftenfunde große Stücke hält, der kann dann freilich nur mit Ärger konstatieren, daß sich Dichterzitate auf den doch so urtümlichen Grabsteinen und Marterln befinden. Hans Roth weist in der «Einleitung» seiner Schrift *Marterlsprüch* auf Verse von Klopstock, Hölty, Schiller und Schubart hin, die Vorlagen für panegyrische bayerische Inschriften sind, und spricht von einem Niedergang des Marterlwesens. Merkwürdigerweise scheinen die Sammler kaum der Frage nachgegangen zu sein, ob nicht ihre Marterl aus einer gelehrten humanistischen Tradition stammen könnten.[33] Einige Autoren haben über die Authentizität ihrer Inschriften reflektiert und sich Gedanken über deren Quellen gemacht.[34] Häufig werden indes selbst populäre Verszitate von den Sammlern nicht identifiziert.[35]

Zweifel an der Authentizität einzelner Marterlsprüche, die er in der Erstauflage 1898 seiner *Grabschriften* noch verzeichnet hatte, und an der Gattung überhaupt scheinen dem Sammler Anton Dreselly bei der Arbeit an der zweiten Ausgabe 1899 gekommen zu sein. In der Einleitung teilt er mit, er habe die unechten Verse nun ausgeschieden, zweifelhafte Verse mit einem Fragezeichen versehen und bloß einige davon, auf die er doch nicht habe verzichten wollen, in die Abteilung «Grabsprüche» gesteckt.[36] Offenbar versteht er unter den unechten Versen fingierte Inschriften, Verse, die nicht an einem monumentalen Träger fixiert waren, Verse von rein literarischem Charakter. Die Unfruchtbarkeit des Versuchs, volkstümliche und kunstmäßige Einflüsse beim Entstehen weitverbreiteter Grabschriften und Marterl zu trennen, erweist sich, wenn Dreselly die Herkunft seiner Verse diskutiert. Er kennt Autoren, die Marterlvorlagen geliefert haben, und will doch die Urheberschaft des Volkes retten, indem er erwägt, ob nicht die gelehrten Originalautoren ihrerseits Anleihen beim Volk gemacht haben könnten.[37] Obwohl er einsieht, daß viele Spottgrabschriften rein literarisch sind, scheint er doch anzunehmen, daß sie gleichwohl einen persönlichen Adressaten besaßen, als ob das typenkomische Epigramm solche Beziehungen nicht seit der griechischen Antike fingieren würde.[38]

Wo Dreselly keine Angabe über die monumentale Fixierung eines Marterls macht, ist anzunehmen, daß er von einer solchen Fixierung auch nichts weiß und seinen literarischen Gewährsleuten, die er im Literaturverzeichnis nennt, vertraut. Er stiftet Verwirrung, indem er rein literarische Epigramme neben Marterl stellt, die er womöglich tatsächlich irgendwo in Wald und Flur gefunden hat.[39]

Für die Textsorte Marterl ist konstitutiv: Der Leser muß annehmen können, daß die Komik nicht kalkuliert ist und das Marterl draußen tatsächlich irgendwo steht. Ganz anders die satirische Grabschrift des Klassizismus, deren literarischer Charakter immer evident war. Ein frühes Marterl, die *Beglaubigte Abschrift eines Epitaphiums auf dem Kirchhof des Dorfes Dreystätten in Unterösterreich* aus dem *Wiener Musenalmanach für 1785*, liefert im Titel denn auch schon die gewissermaßen notarielle Bestätigung seiner Authentizität mit.

Absichtlich wird unbeholfen gedichtet, als hätte es den schwäbischen Dorfschulmeister Biedermaier ins Hochgebirge verschlagen.[40] Das in Wahrheit naive Publikum redet immer neu von der Frische und Ursprünglichkeit dieser Erzeugnisse einer erfundenen oder zurechtgemachten «Volkskunst».[41]

Das Almanachepigramm verhält sich zum Marterl wie der Witz zum Spaß: «Der Witz aber erfreuet, erheitert, der Spaß macht lachen».[42] Beim Blättern in einer der bekannten Marterlsammlungen irritiert, daß da Texte vereint sind, die offensichtlich nicht zusammengehören: einerseits schlecht gereimte unbeholfene Verse, kunstvoll zugeschliffene klassizistische Epigramme andererseits. In den Sammlungen treffen Texte aus zwei Traditionslinien zusammen: einerseits urigvolkstümliche Verse über alpenländische Katastrophen aller Art (*Fiel in die Schlucht / Trotz Magersucht*), angeregt vielleicht von Kobell und seiner Mundartdichtung, häufig auch schon parodistisch; andererseits Epigramme aus der gelehrten Tradition, die teils den Almanachen der klassizistischen Periode um 1800 entnommen wurden.

Wer vom Marterl spricht, denkt meist nur an die erste Gruppe, stellt sich derbkomische Reime wäldlerischer Originalgenies vor und übersieht die zweite Gruppe. Beispiele aus der ersten Gruppe gibt es wahrscheinlich tatsächlich draußen im Freien, sozusagen originär; Epigramme aus der zweiten wahrscheinlich zunächst nur in den Sammlungen, in die sie auf direktem Wege, sozusagen trockenen Fußes, in rein literarischer Überlieferung gelangen – bis sie dann vielleicht tatsächlich abgeschrieben und als Marterl aufgestellt werden. Stoßen wir im Freien auf ein epideiktisches Epigramm, das uns aus der literarischen Tradition vertraut ist, können wir vermuten, daß der Text über den Umweg einer Sammlung an den Marterlstifter und nach draußen kam. Innovationen sind auf dem von uns beackerten Feld selten; die Tradition dominiert, und mit ihr der Rücklauf.[43] Literarische Quellen für Marterl können sein: die Spottepigramme einzelner Satiriker, von dem Wittenberger Original Taubmann (zu dem unten mehr) über die Barockdichter bis hin zu Kästner und Haug; Übersetzungen aus der Griechischen Anthologie, Martial-Übersetzungen, Übersetzungen von englischen und französischen Epigrammen; Stammbücher; die Musenalmanache der Zeit um 1800; Sammlungen von Inschriften und Marterln. Auf die Nähe der schlechteren Epigramme der Griechischen Anthologie, die gegen 1800 die Almanache und Zeitschriften füllten, zu mißratenen Grabschriften weist ein früher Kritiker hin. Christian Wilhelm Ahlwardt (1760–1830), Rektor in Anklam, verdammt die Epigramme und vergleicht sie mit marterlmäßigen Grabschriften der Art *Hier liegt Johann Schreiter / Aus Prenzlau, ein Bereuter.*[44]

Die Spottepigramme sind rein literarisch, sie richten sich gegen Typen, nicht gegen Individuen. Das Marterl lebt von der Fiktion, der tragische oder abstruse Vorfall, von dem es spricht, habe sich tatsächlich ereignet, da sei jemand untergegangen, ein echtes Opfer. Bei der Verwandlung der klassizistischen Epigramme in Marterl mußten die vordem namentlich bekannten Dichter zurücktreten, und die alten Typennamen (Harpax, Bav, Elvira, Silvia) wurden durch alpenländische Familiennamen (Matt, Melcher) ersetzt. Ein Berührungspunkt des Spottepigramms und des Marterls, welcher literarische Umwidmungen, wie wir sie hier beschreiben, erst ermöglichte: Beide Textsorten zeigen knappgefaßt einen kuriosen Todesfall an, sind, mit J. C. F. Haug 1826 zu reden, in Verse gebrachte Anekdoten.[45]

Vorlagen zum Abschreiben waren im 19. Jahrhundert vorhanden, die literarischen Spottgrabschriften in der Erinnerung ihrer Anhänger lebendig[46], und einige Klassiker des epideiktischen Epigramms lebten auch noch und wirkten immer weiter fort.[47] Bei einem Mundartautor, der als Urheber weiter Teile der alpenländischen Volkspoesie gilt, läßt sich leicht zeigen, daß er mit der populären Poesie der klassizistischen Periode gut vertraut war und sich von diesen Gedichten anregen ließ: Ignaz Franz Castelli. Er war ein gelehrter Dichter und kannte die beliebten Themen der klassizistischen Epigramme, auch ihr Personal. Er schrieb Epigramme auf schlechte Ärzte und streitende Eheleute, und namentlich für seine *Epigramme auf Blasius Knaster, den großen Tabakraucher*[48] scheinen die berühmten Haugschen Zyklen (*auf Herrn Wahls Riesennase, auf elende Ärzte*) Vorbild gewesen zu sein. Castelli dichtete volkstümliche Verse in gelehrtem Geist und aus der satirisch-epideiktischen Tradition heraus. Sinnbildhaft standen sich die klassizistische Epigrammatik höchstselbst und ihr prominentester Mittler zum Volk in den Bergen gegenüber, als Castelli im Sommer 1814, auf der Reise nach Frankreich, den greisen Spottgrabschriftendichter Haug in Stuttgart besuchte. Er hatte sich den Klassizisten aber, wie es scheint, nicht gar so übertrieben bieder und leutselig brav vorgestellt.[49]

Ich denke mir den Ablauf so. Marterl sind naiv entstanden, und diese wurden nach einiger Zeit gesammelt. Diese Sammlungen kamen unters Volk und machten Aufsehen. Nun wurden auch rein literarische Marterl geschrieben und veröffentlicht, teils neben echten Marterln, teils neben klassizistischen Epigrammen. Einige dieser literarischen Marterl wurden abgeschrieben und als volkstümliche Marterl ins Freie gestellt, wo sie, von eifrigen Sammlern wiederum aufgespürt, dann als vermeintliche Originalprodukte veröffentlicht wurden.[50]

Anton Dreselly hat ausgiebig aus den Quellen geschöpft; er nennt diese im Literaturverzeichnis seiner Marterlsammlung *Grabschriften* (Salzburg 1899). Die Musenalmanache und die Gedichtausgaben verzeichnet Dreselly nicht. Epigramme aus diesen Quellen müssen ihm über Umwege zugeflossen sein. Bei der Lektüre seiner Sammlung fällt auf, daß er Marterl, die ihre Laufbahn einst als klassizistisches Epigramm angetreten hatten, mit Vorliebe in die unseriös-schräge Abteilung «Grabsprüche» steckt.[51] Dresellys Sammlung enthält die Grabschrift auf einen Rechenmeister, die sich mit geringen Abweichungen in Ludwig Anton Haßlers Inschriftensammlung von 1819 fand.[52] Auch die detaillierte und umständliche Postmeisterinschrift, die die Bilder für die irdischen und überirdischen Sensationen des Opfers seinem Beruf entnahm, scheint

Dreselly bei Haßler gefunden zu haben.[53] Dresellys Spottgrabschrift auf einen überforderten Alten (*Hier liegt der alte Abentau, / Er starb an einer jungen Frau.*) steht leicht abweichend (manchmal ist es auch seine eigene Frau) im *Göttinger Musenalmanach für 1785*, wiederum bei Haßler, aber auch im Kapitel *Von komischen Grabschriften* in Karl Julius Webers Band *Demokritos, der lachende Philosoph.*[54]
Der bedeutende schwäbische Epigrammatiker Johann Christoph Friedrich Haug (1761–1829) lieferte für mehrere Marterl Dresellys die Vorlage. Dessen Marterl *Steh Wanderer still, schau eines Mannes Schmerzen, / Hier schläft mein Weib so sanft und gut; / Jetzt liegt der Stein auf ihrem Herzen, / Der lang auf meinem hat geruht*, ist eine einfachere Fassung von Haugs *Grabschrift.*[55] Dresellys Marterl *Das Grab ist die Brücke in's bessere Leben, / Den Brückenzoll muss man dem Doctor geben* stammt von Haug und stand (mit geringen Abweichungen) unter dem Titel *Das Grab* im *Göttinger Musenalmanach für 1791.*[56] Dresellys Schulmeister-Marterl *Hier liegt der Martin Krug, / Der Kinder, Weib und Orgel schlug* dürfte auf Haugs *Grabschrift des Schulmeisters und Küsters Bull* zurückgehen.[57]
Karl Wieninger teilt in seiner sehr lesenswerten Marterlsammlung *O Mensch bedenk die Ewigkeit* (Bozen 1976) die Grabschrift des 1804 verstorbenen Josef Götsch aus dem Unteren Vinschgau mit: *Weg von der Mühle an der Platt / Trat ich in Dienst der Leichen / Ich fütterte den Tod nun satt / In Hoffnung durchzuschleichen / Er aber sprach: Nein, was nur lebt, / Muß meine Beute sein: / Wer andern eine Grube gräbt, / Fällt endlich selbst hinein!*[58] Ein musterhaftes Marterl, aber doch keine Südtiroler Originalproduktion. Mit geringen Abweichungen stehen diese Verse als *Grabschrift auf einen Todtengräber* im *Vossischen Musenalmanach für 1787.*
Die sogenannten Taschenbücher, für die Haug noch Beiträge lieferte, und die späteren Alben des 19. Jahrhunderts scheiden als Medium weitgehend aus. Die Taschenbücher enthalten, soweit ich sehe, Gedichte und Erzählungen, aber, von frühen Ausnahmen abgesehen, so gut wie keine Epigramme, ganz anders als ihre unmittelbaren Vorgänger, die Musenalmanache.[59] Es findet sich aber eine andere gelehrte Tradition: Wenigstens einige Stammbucheintragungen des späten 18. Jahrhunderts stehen als satirische Grabschriften auch in Almanachen und in Inschriften- und Marterlsammlungen.[60]

Hermann Bausinger erwähnt in seinen *Formen der «Volkspoesie»* (1968) die von Johann Christian Hallmann ins Deutsche übertragenen *Epitafi Giocosi* (1658) von Gio. Francesco Loredano: 400 Spottgrabschriften auf 113 Seiten, über Typen (Alchimista, Vergine veschia) und Personen (Alessandro Magno, Xantippe), und mit einem sieben Seiten umfassenden Register ausgestattet.[61] Bausinger sieht in diesen und späteren Literatenscherzen eine mögliche Vorlage für kuriose Marterlverse, und er weist darauf hin, daß naiv komische Grabschriften von bereits in einer humoristischen Absicht verfaßten Grabschriften häufig nicht zu unterscheiden sind. Auf den Verfasser und Sammler von Grabschriften auf biblische Persönlichkeiten, auf Christoph Porsch, der 1674 und 1687 seine Epitaphe als *«Geistlicher Kirchhof»* veröffentlichte, und auf einzelne Quellen Porschs macht Leonhard Neubaur in seinem Aufsatz *Zum Spruch der Toten an die Lebenden* aufmerksam.[62]
Überrascht bin ich auf einen weiteren, sehr frühen, ebenfalls in der gelehrten Tradition stehenden Autor (oder doch nur Sammler?) von Marterlversen gestoßen. A. Ostheide beschäftigt sich in seinem Aufsatz *Deutsche Grabschriften in einer alten Vergilausgabe* mit den deutschen Grabschriften, die das Wittenberger Original Friedrich Taubmann (1565–1613) in der Vorrede (1609) seiner Ausgabe (1618) des Epos auf eine Mücke von Vergil erwähnt: panegyrische und satirische Grabschriften.[63] Taubmanns Spottgrabschriften entsprechen dem, was wir uns dank der seit hundert Jahren erscheinenden Sammlungen unter einem typischen Marterl vorstellen. Aus dem Zusammenhang läßt sich nicht erkennen, ob Taubmann

die satirischen Grabschriften tatsächlich irgendwo als Monumente fixiert vorfand, oder ob er mit ihnen die ihm bekannten deutschen Grabschriften parodiert.[64]

Unter den Spottgrabschriften Taubmanns, die Ostheide mitteilt, finden wir zwei Marterlklassiker. Einmal die Verse auf Pfarrer Melcher in einer frühen, vielleicht in der ersten Fassung: *Hier liegt begraben Herr Melcher, / Ein Pfarherr gewest ist welcher: / Er hat gelebt in Tugent vnd Zucht, / Ist gestorben an der Wassersucht, / Schaw doch lieber Leser frey, / Ist das nicht schad ? Ey, Ey.* Und, wohl erstmals, die Haschebrod-Verse, die später so außerordentlich beliebt werden sollten: *Hie liegt begrabn Hans Haschebrod: / Ich bitte dich du lieber Gott, / Das ewig Lebn wolst geben mir, / Gleich wie ich wolte geben dir, / Wenn ich were der liebe Gott, / Vnd du werest Hans Haschebrod.*[65]

Zweihundert Jahre nach Taubmann begann diese Grabschrift ihren Siegeszug durch die Inschriften- und Marterlsammlungen.[66] Die Inschrift eines 1907 verstorbenen Dorforiginals vom Attersee, die Hans Roth in der Einleitung zu seinem Band *Marterlsprüch* (München 1973) präsentiert: *Hier ruht in Gott / Der St. Gilgner Bot', / Sei gnädig ihm, o Herr, / Wie er es wär, / Wenn er wär Gott / Und Du der St. Gilgner Bot',* ist in Wahrheit eine Variation über ein sehr populäres Thema von Taubmann.[67]

Wer unreflektiert die Volkskultur hochhält, und von ihr eigenständige Leistungen erwartet, der weiß nicht, daß auch die Produktionen der wäldlerischen Genies immer schon literarisch vermittelt sind. Der dichtende Volksmensch vom Attersee ist gewissermaßen unter den Augen der akademischen Volkskunde alt geworden. Seinen Tod zeigte die *Zeitschrift für österreichische Volkskunde* in ihrem 14. Jahrgang 1908 an, und sie teilt dabei sogar zwei mutmaßliche Originalproduktionen des Dichters mit, darunter auch Hans Roths Kuhhandelepitaph auf den St. Gilgner Boten.[68] Einmal dem Nachdichter den Lorbeerkranz aufs Haupt gesetzt – und er gibt ihn nie mehr her.

«Über vieles wird sich schief gelacht, was nicht heiter ist», unkt der Spaßphilosoph Ernst Bloch.[69] Ob in der Naturgeschichte der Volksdichtung der erste Marterlvers eine ungeschickte Bildstock-, Totenbrett- oder Grabinschrift war, die von einem vergnügten Flaneur aufgeschrieben, veröffentlicht, von den Lesern weitergetragen, und am Ende parodiert wurde? Ob einer die klassizistischen Almanache studierte und dachte, solche Spottepigramme solle es auch im Freien, draußen, in der Natur geben? Ob tatsächlich, freilich ohne die Folgen abzusehen, Friedrich Taubmann das Marterl erfunden hat? Klar ist bloß, zu welchem Zeitpunkt seine Karriere ihren Höhepunkt erreichte: gegen 1900, als die alpenländische Touristikindustrie die skurrile Freiluftepitaphik in ihr Programm aufnahm.

Das Volk läßt sich gerne anregen. Die Vorlagen fürs Marterl, das Epigramm in Holz, suchen wir daher besser daheim, im Bücherschrank, in der Bibliothek. Was wir womöglich tatsächlich im Freien aufspüren, wurde vielleicht erst in der letzten Woche eigens für uns aufgestellt.

Am Samstag, dem 29. Oktober 1994, beinahe pünktlich zu Allerseelen, brachte *Wochenend*, die Beilage der *Gießener Allgemeinen*, der *Alsfelder Allgemeinen* und der *Wetterauer Zeitung*, unter dem Titel *Ein lustiger Friedhof und der liebe Augustin. Allerheiligen in Österreich. Eine Sammlung von Grabsprüchen* einen Artikel von Dagmar Dickhaut, die sich mit den satirischen Kruzifixinschriften befaßt, die ein Tiroler Kunstschmied in seinem Garten zusammengetragen – und die er doch wohl auch selber angefertigt und eingegraben hat. Der Handwerker versichert, da sei alles echt und nichts erfunden, was heißen soll, daß die Texte vom Volk stammen (und was die Journalistin offenbar ohne weiteres glaubt, gewissermaßen naturgemäß). Schauen wir uns die drei Inschriften an, die in dem sepulkralphilologischen Artikel zusammengefunden haben, stellen wir sofort fest, daß da in der Tat nichts erfunden wurde, denn der Schmied ist auf die bekannten literarischen Spottgrabschriften gestoßen. Ein Beispiel aus Dickhauts Revue: *Hier liegt mein Weib. Gott sei's gedankt, oft hat sie mit mir gezankt. Oh lieber Wanderer geh gleich fort von hier, sonst steht sie auf und zankt mit Dir.* Ohne behaupten zu wollen, damit auch schon zur Urfassung gelangt zu sein, was angesichts der Dominanz der Tradition über die Innovation in der gelehrten Kleindichtung leichtfertig wäre, und in Unkenntnis der direkten Vorlage des vergnügten Tirolers: seine Grabschrift geht auf Weckherlins *Grabschrifft der Frawen Sch.* zurück. Wieder bekommt das Volk kein Copyright: *Hie schlafet (und Got sey gedancket) / Ein weib, das tag und nacht gezancket; / Ach trettet nicht hart, liebe Leut, / Sonst wöcket ihr einen newen streit.*[70] Soweit das Original. Es wird in den Sammlungen häufig herangezogen, oft auch mit geringen Abweichungen.[71]

Beim Betrachten von Ludwig von Hörmanns Schrift *Wanderungen in Vorarlberg* (Innsbruck 1895) wird klar, auf was die Sache einmal hinauslaufen mußte. Hörmann weist im Vorwort darauf hin, daß sein Buch auf Anregung der Fremdenverkehrswirtschaft entstand. Einen «urwüchsigen Humor» entdeckt er dann schon ganz am Anfang seiner Wanderungen an einer alten Grabschrift (1672) in der Pfarrkirche zu Bregenz: *Allhie ligt der Madensack, / Nun helfen dich weder Pistoll noch Pracht, / Weil du aber den Grabstein hast bei Zeiten gmacht / Wird dich hoffentlich Got nemen in obacht* … Hörmann deutet an, welche Funktion eine solche Grabschrift in seinem groß angelegten Vorarlberg-Tourismus-Programm haben kann: sie soll eine «heitere Beigabe» zum übrigen, ernsthaften Kunst- und Kulturangebot sein.[72] Stellen wir uns vor, die Fremden kamen, und blickten vergnügt auf Hörmanns urwüchsige Grabschrift (die es hoffentlich auch schon gab, bevor Hörmann kam), und sie wollten mehr – da mußten dann die Marterl her.

Das Unmittelbare ist immer schon vermittelt, das Urtümliche entpuppt sich immer neu als inszeniert.

Anmerkungen

[1]*Die Inschriften des Großkreises Karlsruhe* (= *Die Deutschen Inschriften*, Bd. 20). München 1981, Nr. 229.

[2]Hans Roth, *Marterlsprüche*. München 1973, S. 54.

[3]Im Frühjahr 1991 regte Prof. Dr. Wolfgang Brückner, dem ich von meiner Beschäftigung mit dem Spottepigramm in den Almanachen des ausklingenden 18. Jahrhunderts berichtet hatte, diesen Aufsatz an und wies mich auf eine Reihe einschlägiger Arbeiten hin. – Betrachtungen über den literarisch vermittelten Charakter des Marterl habe ich dann zuerst in dem Artikel *Volkskultur und Marterlzauber* in der Beilage *Extra* zur *Wiener Zeitung* Nr. 226 vom 30. September 1994 angestellt. Vgl. auch meine Studie *Tirol gehört der Dichtung*. In: *Tirol*, Zeit-Schrift für Freizeitwirtschaft und Tourismus 46 (1994), Nr. 5.

[4]Hans Moser, *Volksbräuche im geschichtlichen Wandel*. Ergebnisse aus fünfzig Jahren volkskundlicher Quellenforschung. München 1985, S. 336–358, hier S. 348. – Herbert Schwedt, *Heitere Grabsprüche und Hausinschriften*. In: *Der Deutschunterricht 15* (1963). H. 2, S. 61–72. – Gegenwärtige ernsthafte Dokumentationen erweisen eine völlig andere Wirklichkeit als die der Schreibtisch-Imaginationen; vgl. Eva-Ruth Konrath, *Grabverse auf den Friedhöfen des Vinschgaus*. In: *Der Schlern 65* (1991) H. 4, 208–233.

[5]John Meier, *Kunstlied und Volkslied in Deutschland*. Halle a. S. 1906, S.41–59.

[6]Vgl. Hans Grasberger, *Über Herkunft und Wesen des Schnaderhüpfels*. In: H. G.: *Nix für unguet! Schnaderhüpfeln*. Leipzig 1884, S. XI–XXXI, hier S. XXI.

[7]*Zur Debatte um Ursprung und Verbreitung des Schnaderhüpfel* vgl. ebd., S. XIII ff. – Gustav Meyer, *Studien über das Schnaderhüpfel*. In: Ders.: *Essays und Studien zur Sprachgeschichte und Volkskunde*. Bd. 1, Berlin 1885; Bd. 2, Straßburg 1893. Bd. 1, S. 332–407, hier S. 332–365. – Max Dingler, *Geschriebene Mundart, das ist: Wohlerwogene und beherzigenswerte Regeln für die einheitliche und gemeinverständliche Schreibung der Bairischen Redeweis in Vers und Prosa*. Erfurt 1942, S. 10. – Zur Diskussion um Volkspoesie und Kunstpoesie und die Unterscheidbarkeit oder Einheit volkstümlicher und kunstmäßiger Elemente beim Schnaderhüpfel vgl. auch: Gustav Meyer, *Zur Volkskunde der Alpenländer* (1891). In: Ders.: (wie Anm. 7), Bd. 2, S. 145–162, hier S. 154–157. – Adolf Strack, *Hessische Vierzeiler*. In: *Hessische Blätter für Volkskunde 1* (1902), S. 30–60, hier S. 57–60. – Eine Bibliographie aller Sammlungen bei Klaus Beise, *Schnaderhüpfel*. In: *Hb. d. Volksliedes I*. München 1973, S. 613–677.

[8]Grasberger (wie Anm. 6).

[9]Franz Ignaz Castelli, *Aus dem Leben eines Wiener Phäaken*. 1781–1862. *Die Memoiren des I. F. Castelli*. Neu hg. v. Adolf Saager. Stuttgart o. J. [1912], S. 386.

[10]Ludwig Steub, *Drei Sommer in Tirol*. Bd. 1–3. München 1977. Reprint der Ausgabe Stuttgart 1871. Bd. 3, S. 156 f.

[11]Ebd., Bd. 3, S. 126–129.

[12]Ebd., Bd. 2, S. 101 f.

[13]Ludwig von Hörmann, *Wanderungen in Vorarlberg*. Innsbruck 1895, S. 73.

[14]Anton Dreselly (Hg.), *Grabschriften, Marterl-, Bildstöckl- und Totenbrett-Verse, dann Hausinschriften, Wohn- und Trinkstuben-Reime, Geräthe-Inschriften u. a. gesammelt, geordnet, sowie mit einer einleitenden Abhandlung versehen und hg. von Anton Dreselly*. Zweite, vollständig umgearbeitete, stark vermehrte und verbesserte Auflage. Salzburg o. J. [1899], S. 146.

[15]Vgl. etwa: Arthur Petak, *Friedhofsverse in Salzburg*. In: *Zs. f. österreichische Volkskunde I* (1895), S. 138–142, hier S. 138.

[16]Vgl.: Arthur Petak, *Über die Bedeutung der «Sterbe-Andenken»*. In: ebd. 2 (1896), S. 335–336.

[17]Ebd., I (1895), S. 126.

[18]Ebd. 3 (1897), S. 19–20, S. 304–308.

[19]Robert Sieger, *Marterln im italienischen Sprachgebiete Tirols*. In: *Zs. f. österreichische Volkskunde 2* (1896), S. 333–335. – Wilhelm Hein, *Marterln in Mähren*. In: ebd. 3 (1897), S. 288. – Alois John, *Über Kreuzsteine, Marterln und sog. Pestsäulen im Egerland*. In: ebd. 3 (1897), S. 79–84. – Karl Reiterer, *Grabschriften und Marterln aus Steiermark*. In: ebd. 4 (1898), S. 264–265. – Arthur Petak, *Grabschriften aus Leonding in Oberösterreich*. In: ebd. 5 (1899), S. 119–130. – Hans Widmann, *Grabsprüche*. In: ebd. 7 (1901), S. 161–163. – Aug. Stegensek, *Grabverse aus Gonobitz (in Steiermark) und Umgebung*. In: ebd. 14 (1908), S. 23–29.

[20]Robert Sieger, *Marterln und Grabkreuze*. In: *Zs. f. österreichische Volkskunde I* (1895), S. 292–294. – Karl Reiterer, *Grabschriften und Marterln aus Steiermark*. In: ebd. 4 (1898), S. 264–265. – Vgl. auch: Arthur Petak (Hg.), *Grabschriften aus Österreich*. Wien 1904, S. 71 (= *Supplementheft II zu Bd. X* (1904) der *Zeitschrift für österreichische Volkskunde*).

[21]Franz Ilwolf, *Allerlei Inschriften aus den Alpenländern*. In: *Zs. des Vereins f. Volkskunde 3* (1893), S. 278–285. – Marie Esyn, *Totenbretter aus Salzburg*. In: ebd. 8 (1898), S. 205–209. – Heinrich Heerwagen, *Totenbretter aus dem oberfränkischen Amte Forchheim*. In: ebd. 8 (1898), S. 346–347. – Robert Sieger, *Nichtdeutsche Marterln*. In: ebd. 9 (1899), S. 236–245. Johann Ziskal, *Mährische Marterln*. In: ebd. 10 (1900), S. 335.

[22]Ignaz von Zingerle: In: *Zs. des Vereins f. Volkskunde I* (1891), S. 103–105. – Adolf Pichler, *Tirolische Volksdichtung*. In: ebd. 4 (1894), S. 197–201, hier S. 198 f. – Raimund und Ludmilla Kaindl, *Friedhofsreime aus Hallstatt*. In: ebd. 16 (1906), S. 190–193. – Johannes Bolte, *Hin geht die Zeit, her kommt der Tod*. In: ebd. 16 (1906), S. 194–195.

[23]Vgl. *Zs. des Vereins f. Volkskunde 4* (1894), S. 92.– Karl Reiterer, *Volkssprüche aus dem Ennsthal*. In: Ebd. 6 (1896), S. 129–139, hier S. 139.

[24]Michael Urban, *Todtenbretter in Westböhmen*. In: *Zs. f. österreichische Volkskunde 1* (1895), S. 179–181. – Fr. Stolz, *Ueber die Leichenbretter im Mittelpinzgau*. In: ebd. 9 (1903), S. 1–15, hier S. 11. – K.A. Romstorfer, *Leichenbretter in Saalfelden*. In: ebd. 11 (1905), S. 116–118.

[25]Josef Blau, *Todtenbretter in der Gegend von Neuern, Neumark und Neukirchen*. In: ebd. 10 (1904), S. 16–42, besonders S. 25, S. 32, S. 35. – Friederike Wirth, *«Die Leichbretter»*. Ein absterbendes Brauchtum im Pinzgau. In: *Österr. Zs. f. Volkskunde* N. S. 22 (1968), S. 85–104, hier S. 93–104. – Walter

Hartinger, *Das Totenbrett. Überlegungen zu Nomenklatur und Genese eines Brauchs.* In: JbfVk N.F.5 (1982), S. 126-148, hier S. 127ff. - Harald Fähnrich, *Totenbretter in der nördlichen Oberpfalz, ein Brauch im Wandel.* Tirschenreuth 1988, S. 115f . - Reinhard Haller, *Totenbretter. Brauchdenkmäler in Niederbayern und der Oberpfalz.* Grafenau 1990, S. 42-47, S. 71-75, S. 214-218.

[26]Haller (wie Anm. 25) S. 66.

[27]Dreselly (wie Anm. 1;4), S. 139. - Wilhelm Michael Treichlinger (Hg.), *Wohl ist ihr und auch mir. Eine Sammlung von Grabschriften.* Zürich 1960, S. 42. - Roth (wie Anm. 2), S. 50. - Epigramme und satirische Grabschriften auf Säufer und deren gestörtes Verhältnis zum Wasser habe ich in meiner Sammlung *Der Tod und die Dichter* (Hildesheim 1991) zusammengetragen (S. 54, S. 102, S. 111f., S. 116).

[28]Blau (wie Anm. 25), S. 31. Weitere satirische Zusätze zu Totenbrettinschriften ebd., S. 28.

[29]Castelli (wie Anm. 9), S. 335.

[30]Roth (wie Anm. 2)

[31]Ist ein Fehler erst einmal in den Sandstein geschlagen worden, läßt er sich schwer wieder beseitigen. Die Inschrift an einem Bildstock von 1620 bei Herbstadt berichtet von einem tödlichen Jagdunfall, ist aber so verworren abgefaßt, daß der Betrachter den Vorgang beim besten Willen nicht begreifen kann. In: Heinrich Mehl, *Fränkische Bildstöcke in Rhön und Grabfeld. Frommer Sinn und kulturelles Erbe.* Würzburg 1978. S. 103. - Der Schreibfehler in einer Göttinger Grabschrift («Kavm zwoelf Moden / vereint, / entfloh sie den Armen / der Liebe») von 1793 hat eine bekannte Sudelbuchnotiz Lichtenbergs (*Ein Mädchen, kaum zwölf Moden alt,* K 251) veranlaßt (vgl.: Horst Gravenkamp, *Ein Mädchen, kaum zwölf Moden alt.* Lotte Michaelis und Sigmund Freud. *Hintergründe eines Lichtenberg-Aphorismus.* In: *Lichtenberg-Jahrbuch 1989,* S. 161-175). Die Inschrift an einem Kruzifix, wohl von 1797, im badischen Ottersweier läßt den Betrachter darüber grübeln, wer Anfang Mai 1796 dort denn nun eigentlich wen erschossen hat. In: *Zeugen der Zeit. Bildstöcke und Kreuze im Landkreis Rastatt.* Rastatt 1985, S. 295.

[32]Castelli teilt im Abschnitt *Einige Späße aus Tirol* seiner Lebenserinnerungen Merkwürdigkeiten mit, die er von einem Freund erhalten hat - darunter einige mißglückte Inschriften. Aufeinandergehäuft kommen seine Funde kaum zur Geltung; derlei, denkt sich der Leser, gibt es doch überall. In: Ignaz Franz Castelli, *Memoiren meines Lebens. Gefundenes und Empfundenes, Erlebtes und Erstrebtes.* Wien 1861, Bd. 1-4, Bd. 4, S. 57f .

[33]Vgl. die Grabschrift, wohl von 1590. In: Karl Wieninger, *O Mensch bedenk die Ewigkeit. Bildstöcke, Marterln, Votivbilder, Grabinschriften und Haustafeln in Südtirol.* Bozen 1976, S. 89f. *Thraso's Grabschrift* von Haug (im *Göttinger Musenalmanach für 1797*) sowie die *Grabschrift eines Engländers* von Kästner. In: Abraham Gotthelf Kästner, *Gesammelte poetische und prosaische schönwissenschaftliche Werke.* Bd. 1-2, Th. 1-4, Frankfurt 1971, Photomechanischer Reprint der Ausgabe Berlin 1841, Bd. 1, Th. 1, S. 17.

[34]Vorvort. In: *Deutsche Inschriften an Haus und Geräth. Zur epigrammatischen Volkspoesie.* Berlin 1875, S. V. - Alexander von Padberg, Einleitung. In: Ders.: *Haussprüche und Inschriften in Deutschland, in Österreich und in der Schweiz.* Paderborn 1898, S. VI. - Arthur Pedak, Friedhofsverse in Salzburg. In: *Zs. f. österreichische Volkskunde 1* (1895), S. 138-142, hier S. 138. - Aloys Dreyer (Hg.), *Unser Bayern. Volkshumor in Vers und Prosa.* München 1925, S. 30-33. - Robert Petsch, *Spruchdichtung des Volkes. Vor- und Frühformen der Volksdichtung. Ruf, Zauber- und Weisheitsspruch, Rätsel, Volks- und Kinderreim.* Halle 1938, S. 130f . - Treichlinger (wie Anm. 27), S. 61-62, S. 73-75, S. 77-78. - Herbert Schwedt, *Heitere Grabsprüche und Hausinschriften.* In: *Der Deutschunterricht 15* (1963), H. 2, S. 60-72, hier S. 65.

[35]Dreselly (wie Anm. 14) weist nach, daß einzelne seiner Inschriften auf Kirchenlieder, Dramen und Gedichte (von Schiller, Schubart, Bürger, Logau, Rückert, Fischart) zurückgehen (S. 51, S. 59, S. 148, S. 152, S. 205, S. 252, S. 295, S. 296.) Offenbar ist ihm aber entgangen, daß einer seiner Funde (S. 69) das bekannte und in der Sepulkralkultur außerordentlich beliebte Gedicht *Bei dem Grabe meines Vaters* von Claudius Matthias variiert. (In: Claudius Matthias, *Werke. Asmvs omnia sua Secum oder Sämtiche Werke des Wandsbecker Boten.* Bd. 1-2. Gotha 1882, Bd. 1, S. 106). - Fr. Stolz stellt in seinem Aufsatz *Ueber die Leichenbretter im Mittelpinzgau* fest, daß ein «Maler oder Schreiner Schiller's Glocke geplündert hat»; er weiß auch, daß die Strophe einer Inschrift aus dem Gedicht *Das Grab ist tief und stille* stammt, doch dessen Autor Salis kennt er offenbar nicht (in: *Zs f. österreichische Volkskunde 9* (1903), S. 1-15, hier S. 12). Strophen aus diesem Gedicht *Das Grab* (in: *Gedichte von Joh. Gaudenz von Salis-Seewis.* Zürich 1830, S. 41f.), das wohl zuerst im *Göttinger Musenalmanach für 1788* veröffentlicht wurde, tauchen, gewissermaßen von Liedstrophen zu Grabschriften zerfasert, an verschiedenen Stellen in Dresellys Sammlung (wie Anm. 14) auf (S. 78, S. 105, S. 182), die Zusammengehörigkeit der Strophen ist dem Herausgeber offenbar nicht aufgegangen. Weitere Beispiele für Grabverse, die nicht identifiziert werden, obwohl die Autoren der Vorlagen, Klassiker der sepulkralen Lyrik, auf jedem größeren Friedhof vertreten sind, bei: Aug. Stegensek, Grabverse aus Gonobitz (in Steiermark) und Umgebung. In: *Zs. f. österreichische Volkskunde 14* (1908), S. 23-29, hier S. 28.

[36]Dreselly (wie Anm. 14), S. 4.

[37]Ebd., S. 6-8.

[38]Ebd., S. 11, S. 17.

[39]Jutta Weisz, die Autorin der Abhandlung *Das deutsche Epigramm des 17. Jahrhunderts* (Stuttgart 1979) erliegt denn auch Dresellys Charme - sie scheint ohne weiteres zu glauben, daß die von Dreselly gesammelten komischen dörflichen Grabschriften echt, d. i. volkstümlich und monumental fixiert sind (S. 134).

[40]*Das Buch Biedermaier. Gedichte von Ludwig Eichrodt und Adolf Kußmaul sowie von ihrem Vorbild, dem «alten Dorfschulmeister» Samuel Friedrich Sauter ges. und hg. v. Ludwig Eichrodt.* Stuttgart 1911.

[41]Dreselly (wie Anm. 14), S. 28f . - Fred Weinmann, *Kunstmale der Pfalz.* Speyer 1975, S. 6. - Wieninger (wie Anm. 33), S. 6. - Anna Antonia Dirkmann, *Wegekreuze und Bildstöcke im Pfarrbezirk Hansell.* Altenberge 1977, S. 6. - Reinhard Worschech, *Bildstöcke, Wahrzeichen der Landschaft.* Rosenheim 1981, S. 7, S. 19, S. 138. - Margarethe Thinnes, *Wegekreuze und Bildstöcke im Saarland.* Saarbrükken 1985, S. 8. - Alfred Pohlmann / Birgit Schulte, *Die Bilder sind nützlich, die Andacht zu wecken. Ein Führer zu Wegemalen und Kapellen in Münster.* Münster o. J., S. 5. - Als eigenartige Dokumente für die Bereitschaft eines Forschers, auf die Urwüchsigkeitsdarbietungen seines Gegenstandes hereinzufallen, vgl.: Aloys Dreyer, *Franz von Kobell. Sein Leben und seine Werke.* I. Teil. Lebens- und Entwicklungsgang. 1. Periode (1803-1845). Freising 1903. - Ders.: *Franz von Kobell. Sein Leben und seine Dichtungen.* In: *Oberbayerisches Archiv für vaterländische Geschichte 52* (1904), H. 1. Folgen wir Dreyer, war Kobell in zweierlei Manier, auf altbajuwarisch und auf pfälzisch, kernhaft urwüchsig, obwohl er gar nicht dem Volk i. e. S. entsprang (oder vielleicht ja auch gerade deswegen).

[42]Castelli (wie Anm. 9), S. 197.

[43]Richard Levy, *Martial und die deutsche Epigrammatik des siebzehnten Jahrhunderts.* Stuttgart 1903, S. 3. - Paul Hempel, *Die Kunst Friedrichs von Logau.* Berlin 1917, S. 232-281. - Axel Linqvist, Einleitung. In: Johannes Grob, *Epigramme nebst einer Auswahl aus seinen übrigen Gedichten.* Leipzig 1929, S.24-58. - Peter Hess, *Epigramm.* Stuttgart 1989, S. 78f.

[44]Ernst Beutler, *Vom griechischen Epigramm im 18. Jahrhundert.* Leipzig 1909, S. 114. Friedrich Andreas Hallbauer, *Anweisung zur verbesserten deutschen Oratorie.* Kronberg 1974, Fotomechanische Reproduktion der Ausgabe Jena 1725, S. 669-681. - Vorwort. In: *Deutsche Inschriften an Haus und Geräth. Zur epigrammatischen Volkspoesie.* Berlin 1875, S. III.

[45]*Spiele der Laune und des Witzes in Epigrammen und versifizierten Anekdoten von J.C.F. Haug.* Tübingen 1826.

[46]*Biographie des Verfassers.* In: *Kästner* (wie Anm. 33), Bd. 2, Th. 4, S. 192-220, hier S. 213f . - Vorrede. In: ebd., Bd. 1, Th. 1, S. III-X, hier S. VIIIf.

[47]Heinrich Hoffmann, der Autor des *Struwwelpeter* (1845), veröffentlicht 1858 in der Literarischen Anstalt seines Freundes Loening das *Allerseelen-Büchlein. Eine humoristische Friedhofs-Anthologie.* - Johann Christoph Friedrich Haug veröffentlicht Epigrammbände in Stuttgart und Tübingen, aber auch in Berlin, Leipzig, Hamburg, in St. Gallen, Prag, Wien.

[48]*I.F. Castellis sämmtliche Werke.* Wien 1848, Bd. 1-16, Bd. 2, S. 165-169. Castellis Epigramme und Spottgrabschriften im klassizistischen Stil sind über die ersten vier Bände seiner umfangreichen Werkausgabe verteilt. Bei den meisten klassizistischen Epigrammen Castellis ließe sich, wäre der Autor nicht bekannt, schwer abschätzen, ob sie von ihm oder seinem Vorbild Haug stammen.

[49]Castelli (wie Anm. 32), Bd. 2, S. 18.

[50]Vgl die ähnliche Entwicklung beim griechischen Epigramm: Hermann Becky, Vorwort zu Buch IX. In: *Anthologia Graeca,* Griechisch - Deutsch ed. H. B., Bd. 1-4, München 1957-1958, Bd. 3, S. 8-11, hier S. 10-11.

[51]Dreselly (wie Anm. 14), S. 137-142.

[52]Ebd., S. 139. - Ludwig Anton Haßler (Hg.), *Der Wandler unter den Gräbern. Eine Sammlung von tausend Grab- und Inschriften von allerlei In- und Gehalt.* Gmünd 1819, S. 51. - Treichlinger (wie Anm. 27), S. 22.

[53]Dreselly (wie Anm. 14), S. 132f . - Haßler (wie Anm.52), S. 218.

[54]Dreselly (wie Anm. 14), S. 141. - Haßler (wie Anm. 52), S. 17. - Karl Julius Weber, *Demokritos, der*

lachende Philosoph. München 1966, S. 148.
[55]Dreselly (wie Anm. 14), S. 141. – *Epigramme und vermischte Gedichte von Johann Christoph Friedrich Haug.* Bd. I-2, Wien, Prag 1807, Bd. 1, S. 117.
[56]Dreselly (wie Anm. 14), S. 141. – Treichlinger (wie Anm. 27), S. 66. Ähnlich als Jenaer Stammbucheintragung von 1798 auch in: Robert Keil / Richard Keil, *Die deutschen Stammbücher des sechzehnten bis neunzehnten Jahrhunderts. Ernst und Scherz, Weisheit und Schwank in Original-Mittheilungen zur deutschen Kultur-Geschichte.* Berlin 1893, S. 294.
[57]Dreselly (wie Anm. 14), S. 60. – *Gedichte von Friedrich Haug.* Stuttgart 1840, S. 237. – *Deutsche Inschriften an Haus und Geräth. Zur epigrammatischen Volkspoesie.* Berlin 1875, S. 136; Treichlinger (wie Anm. 27), S. 21.
[58]Wieninger (wie Anm. 33), S. 127. – Vierzeilige Kurzfassungen bei Dreselly (wie Anm. 14), S. 140. – Treichlinger (wie Anm. 27), S. 31.
[59]Zdenko Skreb, *Das Epigramm in deutschen Musenalmanachen und Taschenbüchern um 1800.* Wien 1977, S. 78–82.
[60]So fand ich die *Grabschrift eines Tabakrauchers* in Haßlers Sammlung (wie Anm. 52), S. 63, und als Stammbuchvers von 1764 aus Erlangen in der Sammlung der Brüder Keil (wie Anm. 56), S. 247. Diese verzeichnen auch ein Ärzteepigramm Haugs, welches auch Dresellys und Treichlinger in ihre Sammlungen aufgenommen haben, vgl. oben (Anm. 56 – Ausführungen über wichtige Zitatgeber für Stammbucheintragungen bei Jörg-Ulrich Fechner, *Stammbücher als kunsthistorische Quellen.* In: Ders. (Hg.), *Stammbücher als kulturhistorische Quellen* (= *Wolfenbütteler Forschungen, Bd. 11*). München 1981, S. 18. – Einen Überblick über die als Zitatgeber für Stammbucheintragungen in der zweiten Hälfte des 18. Jahrhunderts beliebten Autoren geben die Autorenregisrer der beiden vom Germanischen Nationalmuseum Nürnberg veröffentlichten Stammbücherkataloge: *Die Stammbücher. Erster Teil. Die bis 1750 begonnenen Stammbücher. Zweiter Teil. Die 1751 bis 1790 begonnenen Stammbücher.* Beschrieben von Lotte Kurras (= *Kataloge des Germanischen Nationalmuseums Nürnberg. Die Handschriften des Germanischen Nationalmuseums Nürnberg,* Bd. 5, 1–2). Wiesbaden 1988–1994. – Vgl. auch Dreselly (wie Anm. 14), S. 6–8.
[61]Hermann Bausinger, *Formen der «Volkspoesie».* Berlin 1968, S. 118. – *Johann Christian Hallmanns von Bresslau Juris Utriusqve Candidati und Practici beym Käiser- und Königlichem Ober-Ambte daselbst & Papirener Kirchhoff oder aus dem Italiänischen übersetzte Grabschrifften,* hg. v. Klaus Sauer. Berlin 1964. Nach der Ausgabe: *Johann Christian Hallmanns von Breßlau Juris Utriusqve Candidati und Practici beym Käiser- und Königlichem Ober-Ambte daselbst & Leich-Reden, Todten-Gedichte und Aus dem Italiänischen übersetzte Grab-Schrifften.* Franckfurt, Leipzig 1682. – *Il Cimiterio. Epitafi Giocosi. De' Signori Gio: Francesco Loredano, e Pietro Michiele.* In: Loredano, *Gio. Francesco: Opere Contenvte nel qvarto Volume.* Venetia, Bd. 4, 1658–1670, Nr. 5,1658. – Hallmann benutzte die nur 100 Grabschriften umfassende Ausgabe von 1635.
[62]In: *Zs. des Vereins für Volkskunde 22* (1912), S. 293–295.
[63]*ZS. des Vereins für rheinische und westfälische Volkskunde 23* (1926), S. 123–126.
[64]Eine der Grabschriften Taubmanns ist in der von Ostheide benutzten Ausgabe im 18. Jahrhundert sogar mit einem handschriftlichen gereimten satirischen Zusatz versehen worden. Zur Person vgl.: *Tavbmaniana Oder Des Sinnreichen Poetens, Friederich Taubmanns Nachdenckliches Leben, Scharffsinnige Sprüche, Kluge Hof- und schertzhaffte Studenten-Reden, wie auch Dessen Denckwürdige Gedichte, artige Begebenheiten, Und was dem allen gleichförmig.* Franckfurt, Leipzig 1707.
[65]Ostheide (wie Anm.63), S. 125.
[66]Haßler (wie Anm. 52), S. 52. Inschriften mit ähnlicher deontologischer Argumentation in: Dreselly (wie Anm. 14), S. 209. – Karl Wieninger, *Hier in diesem Hause … Gedenktafeln und Hausinschriften im alpenländischen Raum.* Bozen 1978, S. 163.
[67]Roth (wie Anm. 2), S. 20. – Leicht abweichende Verse auf diesen Boten in: Dreselly (wie Anm. 14), S. 63. – Treichlinger (wie Anm. 27), S. 34. Eine niederdeutsche Fassung in: Dreselly (wie Anm. 14), S. 63. – Alexander von Padberg (Hg.): *Haussprüche und Inschriften in Deutschland, in Oesterreich und in der Schweiz.* Paderborn 1898, S. 16. – Weber (wie Anm. 54), S. 148.
[68]In: *Zs. f. österreichische Volkskunde 14* (1908), S. 214.
[69]Ernst Bloch, *Das Prinzip Hoffnung.* Bd. 1–3. Frankfurt a. M. 1982, Bd. 1, S. 500.
[70]*Georg Rudolf Weckherlins Gedichte,* hg. v. Hermann Fischer. Bd. 1–3. Tübingen 1894–1907, Bd. 1, S. 452.
[71]Verschiedene Fassungen im *Vossischen Musenalmanach für 1778* und im *Göttinger Musenalmanach für 1785.* – Haßler, (wie Anm. 52), S. 44f. – Dreselly (wie Anm. 14), S. 138; S. 58; S. 101. – Weber (wie Anm. 54), S. 151. – Wieninger (wie Anm. 33), S. 131. – Treichlinger (wie Anm. 27), S. 17; dort wird allerdings nicht, wie üblich, der Wanderer, sondern der Erlöser gewarnt und fortgeschickt. – Die Warnung vor einem, der über den Tod hinaus noch Streit sucht, auch in Epigrammen im 7. Buch (Nr. 71, Nr. 405, Nr. 408) der Griechischen Anthologie (wie Anm. 50), bei Hallmann (wie Anm. 61), Nr. III, bei Wernicke (in: *Christian Wernickes Epigramme.* Hg. und eingeleitet von Rudolf Pechel. Berlin 1909, S. 291).
[72]Hörmann (Wie Anm. 13), S. V, S. 19.

Die Kenntnis der Gebirge in ästhetischer Hinsicht: Kunst und Kultur

Ernst Krenek
Zipora Fried
Thomas Hofmann
Waltraud Mayr
Reinhard Walcher
Hans Henzinger
Herbert Kuntscher
Karl Lukan

Karg und gefühlvoll in einem, also kongenial zu Ernst Kreneks Text und Musik (die wir hier leider nicht zum Klingen bringen können), begleiten die Tuschezeichnungen von Zipora Fried die Reise durch das Österreich der Zwischenkriegszeit.

Reisebuch aus den österreichischen Alpen

Ein Liederzyklus von Ernst Krenek (1929). Mit Bildern von Zipora Fried

1. Motiv

Ich reise aus, meine Heimat zu entdecken.
So ist's mit uns:
Unglaube gegen uns selbst ist zutiefst in uns verwurzelt,
was andern selbstverständlich, ist uns Problem:
ob wir daheim sind, wo wir geboren.
Zusammengebraut aus verschiedenstem Blut,
mit vielem begabt, doch mit Zweifel zumeist,
irren wir hin und her, suchend uns selbst und die Heimat,
und kennen am Ende fast alles,
nur nicht das Land, dem wir gehören.
So reis' ich aus der Stadt,
in die Berge, die in mein Fenster schauen
und den Horizont unsrer Tage freundlich umschließen,
neugierig, ob ich's finde
mein Vaterland.

2. Verkehr

Mit der Bergbahn geht's elektrisch immer höher,
immer höher, immer höher durch den Wald, über die frühlingsbunten Wiesen.
Hart am Abhang schleicht sie hin so still und reinlich,
als wär' sie selbst ein Stück Natur
und nicht hingesetzt von Menschen.
Noch lieber fahr' ich aber Automobil:
das geht schön langsam und man spürt das durchmessene Land.
Doch im Postauto erst lernst du die Menschen kennen.
Die Härten des Fahrplans mildert sozialer Sinn der Passagiere,
und so steigt immer noch einer auf,
immer noch einer,
immer noch,
immer,
mit einem Witz scheuchend die Qual der Enge.
Der Chauffeur kann kaum zu seinen Hebeln,
und auf der unmöglich steilen, alten Straße
rutscht der Wagen oft bedenklich.
Doch es geht, es geht schon, nur Geduld!
Und jeder kommt ans Ziel und lächelt freundlich.
Unbedankt geschieht so die schwerste Arbeit,
denn wem soll man es auch rühmen,
daß die Straße wüst und gefährlich,
der Lenker aber kühn und prächtig ist?
Der Durchschnitt findet Anwert nur.
So ist dies Volk,
daß es durch Talent den Mangel und die eigene Indolenz besiegt.

3. Kloster in den Alpen

Riesengroß liegt das Kloster da im Tal,
unverrückt und nicht berührt vom Strom der Zeit.
Zwar haben sie auch alles:
Wasser, elektrisches Licht, Telephon, und den Rest;
doch sind sie der Technik Sklaven nicht wie wir.
Im ewig stillen Saal zwischen hunderttausend Büchern,
während freundlich die Mittagssonne auf altersgrauen Bänden spielt,
erklären elegante Mönche mit wohlberechtigtem Hochmut
dem hergelaufnen Pöbel,
was zu zeigen sie ihm gut finden.
Kühl entfernen sie sich,
und unentschleiert bleibt das Geheimnis,
das in dem Riesenbau du walten fühlst.
Abends dann beim Wein im Klosterkeller magst du nachdenken,
was für ein sinnlos Leben du führst.

4. Wetter

Unverbindlich ist das Wetter in den Alpen,
nicht bequem und nicht dem Wunsch des Reisenden entgegen kommend.
Unverläßlich wie ein Lieferant,
wechselt es von Stunde zu Stunde,
von Tal zu Tal.
Niemals läßt es uns vergessen,
daß wir in einer unwirtlichen Zone hausen,
daß unser Leben nur ein halbes Leben ist,
weil ihm die ewige Sonne fehlt.

11. Alpenbewohner

(Folkloristisches Potpourri)

Die Alpen werden von wilden Nomaden bewohnt.
Mit ungeheurem Lärm kommen sie hergebraust,
Sommer und Winter spei'n die geduldigen Züge ihre Scharen aus.
Heuschrecken gleich bedecken sie das Land.
Mit unsäglicher Banalität schreien sie laut und deutlich in die Landschaft,
als wollten sie den Berggeist wecken.
Selten sieht man Urbewohner stumpf und mürrisch den Greu'l betrachten
und im Stillen den Gewinn berechnen, den sie den Fremden aus Norden,
die so seltsam sprechen, obgleich es deutsch sein soll,
aus der Tasche ziehen werden.
Was uns noch fehlt, sind Leute von drüben,
mit schwarzen Schiffskoffern, herdenweise,
rücksichtslose, furchtbare.
Hätten wir «english church» und «golf de haute montagne»
auch bei uns (mit achtzehn holes), sie würden lieblich sich zum Ganzen fügen.
Am Samstag Abend wird das Berghotel im Handumdrehn zum Irrenhaus,
denn in dem Saale lassen, von dem Bier ermuntert,
alle Eingebornen einen desperaten Cantus steigen.
Auf der Veranda kräht ein altes Grammophon die neusten Schlager,
draußen aber krachen Motorräder, wie Raketen auf dem Schlachtfeld,
die von ihnen abgesessen, schwanken drecküberkrustet,
wie Vorweltungetüme in den Speisesaal,
der vom Gebrüll der Barbaren dröhnt.
So muß Weltuntergang sein!

12. Politik

Ihr Brüder, hört ein ernstes Wort!
Muß denn in diesem Lande alles, alles Politik sein?
Sind wir gestraft für unsre Sünden mit unheilbarem Irrsinn?
Habt ihr denn ganz verlernt zu leben um des Lebens willen?
Wir waren ausersehn, Hirten zu sein für die vielen Völker
des Ostens und Südens, die mit uns vereint waren.
Wir haben die Aufgabe nicht erfüllt,
die Prüfung nicht bestanden, von schlechten Lehrern schlecht vorbereitet.
Die Strafe war fürchterlich. Oder habt ihr das vergessen?
Gedenket, Brüder, der Zeit, da uns tausende fielen täglich, dem Mutwillen ausgeliefert!
Wie der Hunger uns gequält hat,
Elend, Kälte, Finsternis die einzigen Begleiter und Regenten unsres Lebens jahrelang!
Wie eure Kinder starben ausgehungert und erfroren,
wie die Greise auf der Straße fielen wie die Fliegen in der Herbstzeit,
wenn sie es nicht vorzogen, sich an schlechten Stricken aufzuhängen.
Gut, wir haben die Peiniger verjagt,
doch ist euch Peinigung und Lust an Qual so sehr Natur geworden,
daß wir uns jetzt gegenseitig zerfleischen müssen?
Habt ihr denn alle Lust am Leben ganz verloren, wird kein Tag mehr ohne Galle sein?
Ihr Brüder, schickt den blutigen Hanswurst endlich heim,
beendet die Todesmaskerade, denn es ist genug jetzt!
Oder es kommt noch schlimmer, und wir werden untergehn.
Blickt hin gegen Westen, wo ein freies Volk auf freien Bergen wohnt,
und lernt von ihm, wenn es auch spät ist, bald ist es allzuspät!
Brüder, hört, es ist die höchste Zeit!
Und hat das blutige Gespenst sich endlich in die tiefste Höhle dieser Berge verkrochen,
so laßt uns einen Stein davor wälzen, groß wie der Dachstein,
und an diesem Tag soll dann ein Lied erklingen,
wie man's in diesen Alpen noch nie gehört!
Brüder! Es ist höchste Zeit!

13. Gewitter

Plötzlich wird es schwarz zwischen den weißen Gipfeln,
Wolken, gelb und gefährlich, brechen herein von allen Seiten.
Sturzbäche sendet der Himmel herab, brüllend wälzt sich der Donner von Berg zu Berg.
Entsetzt, mit nassen Füßen, wund, mit keinem
trockenen Faden am Leib,
flieht der lächerliche Stadtfrack talwärts
und denkt mit Recht, daß die Natur nicht für ihn gemacht ist.
Wetter komm' und reinige uns von Dummheit, Bosheit, schleichender Gemeinheit!
Gib uns die Klarheit wieder, daß der Regenbogen des Geistes strahle!
Die Bäume brausen gewaltig, dunkelbraun schwellen

die Bäche,
das schwarze Verderben steht über uns!
Doch oben, fern durch den Regenschleier schimmert
blauer Himmel,
und die höchsten Spitzen ragen wie Gespenster.
Jetzt in gewaltigem Sturz braust das Licht nieder,
von der funkelnden Spitze auf den Gletscher herab,
an ungeheuren Abgründen schwarzen Schattens vorbei,
und die Sonne füllt mit unendlichem Glanz das Tal.

14. Heimweh

*Manchmal, in all dem Großen, gewaltig Schönen
empfind ich Heimweh nach meiner Stadt.
Einfach und grad ist alles, groß und gewaltig auch in
diesen Alpen
Dort aber ist um alles noch ein Geheimnis, der Zauber
dunkler, wirrer prächtiger Geschichte.
In verborgnen kleinen Dingen spiegelt sich noch heute
Größe, Glanz und Trauer alter, lang vergangner Zeiten.*

Diesem alten Boden, seinem unverwüsteten Duft,
der in ewig neuer Gestalt Geist werden läßt,
spielend wie ein Gott mit Kostbarkeiten,
ihm vertrau ich, nicht der neuen Idee.
Dies weht mich an,
wenn ich durch ihre Straßen gehe,
da wo die niedern gelben Häuser stehn.
Durch das grüne Tor seh ich in dem alten Hof den Lindenbaum.
Hier verbindet sich das Bild der Lebensfülle dem Gedanken der Weisheit,
die im Engen sich erfüllend alle Weite von selber hat.
Mag die Weite auch zertrümmert scheinen, unverloren bleibe der Geist!
Wer auch immer ihn verleugnet, ich bleib ihm treu.
Er wird sicher wieder gelten, wenn der Wahn dieser Zeit vorbei.

15. Heißer Tag am See

Hier ist alles weich und südlich,
und die Sonne scheint mit ungewohnter Glut.
Auf den Bergen schwebt jener leichte Dunst, den nur des Südens Sonne schafft,
und macht sie fern und durchsichtig.
Etwas wie Sicherheit glaub ich hier zu fühlen:
Eine Gnade beginnt ihre Flügel auszubreiten über das Leben,
und des Menschen Los ist nicht nur Kampf.
Irgendwo im Mittagsglast schwebt singend eine Frauenstimme über dem See,
sonst regt sich nichts, nur ein Fischlein springt manchmal mit leisem Schlag über das Wasser.
Ist das vielleicht das verheißene Land?
Ist das vielleicht die Heimat, die ich suche?

16. Kleine Stadt in den südlichen Alpen

Schmale Gassen, tief und dunkel, zwischen hohen Häusern steil und weiß,
die, seltsam ineinander verwachsen, wie ein Haus sind,
und nur abenteuerlich zerklüftet vom Menschen.
Dazwischen geht es bunt zu, und man ahnt das andre Blut.
Auf dem Platz, der in der Sonne brütet,
stehen zierliche Arkaden, liebliche Blumen aus südlichem Samen entsprossen,
den ein guter Wind einstens hieher geweht.
Und rings um steigt das breite Tal zu endlosen Höhen auf,
und noch am fernsten sanften Hügelrand, der schon ans Hochgebirg zu grenzen scheint,
baut sich ein kleines Dörfchen auf, am blauen Himmel hell hingesetzt.
Abends dann auf dem Platze spielt die Kapelle feurige Weisen,
ein bißchen falsch, ein wenig schnell, ganz wie sich's gehört,
denn wir sind ja im Süden und das Leben wird wieder
lebenswert!
Gepriesen seist du, lustige Stadt!

17. Ausblick nach Süden

Und über den Bergen liegt Welschland,
hell und heiter steh'n Sonne und Mond über den Höhen,
während hier noch Wolken drohn.
Und ich ahne von fern das italische Licht,
ewige Wahrheit des Lebens, schwebendes Dasein, Gnade des Himmels und der Erde …
Und über den Bergen liegt Welschland
meine Heimat nicht.
Und doch ist mir manchmal so, als wär ich lieber dort daheim.
Uns ist gegeben, daß wir immer meinen, anderswo wäre das Glück,
und so beneiden wir alle, die anders sind. Und doch muß die Distel ihr Glück auf ihrem Boden finden,
denn in den schönsten Garten verpflanzt, wird doch nie eine Rose aus ihr,
und nur wenn wir uns still bescheiden, wird uns jenes Glück vielleicht zuteil.

18. Entscheidung

Die Sehnsucht wird immer weiter bohren, denn wir lieben das!
«Sehnsucht wonach?»
Nach einem anderen Leben, nach einer anderen Zeit,
wo Natur und Mensch eins sind und Gleichklang alles, was geschieht!
«Glaube, glaube, liebe Seele, das ist nicht gegeben! Nie war es.»
So will ich es immer wollen, und sei es unmöglich!
«Liebe die Welt, wie sie ist! Liebe dich selbst, wie du bist!»
Keine Befreiung?
«Keine!»
So will ich also leben in der Freiheit des Geistes,
der selbst sich die Richtung gibt,
ich will mein Schicksal lieben, so wie es mir bestimmt,
und nach immer neuem mich sehnen, so lange das Lämpchen noch glimmt!

19. Heimkehr

So trägt der schnelle Zug mich wieder heimwärts, die Reise ist zu End.
Die schnellen Felder fliegen uns vorbei, Wald, Städtchen, Burg und Kapelle,
und von neuem emfind' ich den Schmerz der Vergänglichkeit.
Bald wird es klar: Jedes Ziel ist ein neuer Anfang,
und so werd' ich wieder reisen und will es gerne tun.
Doch möge mir vergönnt sein, eine Heimat dann zu finden, wenn ich wiederkehre.
Möchtest du, unser schönes Land, mir Heimat sein!
Liebes Vaterland?

20. Epilog

Am Tag nach meiner Heimkehr geh' ich durch das Weindorf im Osten der Stadt.
Seltsam ist die Straße, die hinführt.
Kein Haus an ihrem Rand, kein Fenster, das dich grüßt
und doch Bauten die ganze lange Straße hin,
niedrig, düster, mit schmalen Pforten wie die Gräber orientalischer Könige.
Schläft auch ein König drin, still hinter den dichten grünen Läden: der Wein.
Auf einem Tor steht ein merkwürdiger Spruch, einem Grab so angemessen wie einem Weinkeller auch:
Ich lebe, und weiß nicht, wie lang.
Ich sterbe, und weiß nicht, wann.
Ich geh, und weiß nicht, wohin,
mich wundert's, daß ich noch fröhlich bin.
Betroffen steh ich still. Letzte Weisheit alles Reisens, ja des ganzen Lebens?
Hier so nahe? Ewiger Zwiespalt der Kreatur!
Und doch ist's anders, denk ich drüber nach:
Ich lebe, und weiß nicht, wie lang.
Ich sterbe, und weiß nicht, wann.
Ich geh, und weiß nicht, wohin,
doch mich wundert's trotzdem nicht, daß ich trotzdem fröhlich bin!

Reisebilder aus Österreich

In seiner Autobiographie «Im Atem der Zeit» schildert Ernst Krenek Entstehung und erste Schicksale seines mittlerweile klassischen Liederzyklus

Im Frühling 1929 entschied ich, daß es für mich an der Zeit sei, das Land zu erkunden, zu dem ich eine eigenartige und leidenschaftliche Liebe entwickelt hatte. Ich entdeckte, daß ich einen großen Teil Österreichs gar nicht kannte, und ich wollte seine entlegenen Wege und Winkel besichtigen. Österreich wurde für mich ein sonderbar teurer Begriff, in dem sich auf seltsame Art Alltagsleben und traumhafte Unwirklichkeit mischten. Ich begann, es zu lieben, wie man ein kleines Kind oder einen liebenswürdigen alten Herrn lieben würde, anders gesagt, mit einem überwältigend zärtlichen Beschützergefühl. Oberflächlich gesehen hatte das mit der Schwäche zu tun, die der Organismus des Landes damals aufwies, das ja ein anscheinend dürftiges Relikt eines einst mächtigen Reiches war. Alles Große und Prächtige (und geradezu überwältigende Mengen an solchen Phänomenen waren überall zu sehen) gehörte der Vergangenheit an und wies auf weltweite Beziehungen und Verflechtungen hin, wohingegen die Gegenwart arm, klein, eng und provinziell war. Schnabel sagte in einer seiner eher abgeklärten Stimmungen, daß Österreich einer angenehmen Zukunft als Land der Schäfer und Oberkellner entgegensehe. Das verletzte mich furchtbar, weil ich zu dem Schluß gekommen war, daß Österreichs Größe nicht von seiner physischen Ausdehnung und Macht abhing, sondern kraft eines Gedanken oder mehrerer Gedanken geschaffen wurde, ein Phänomen des Geistes, das wiederbelebt werden sollte und konnte. Dem wollte ich meine ganze Energie widmen. Ich haßte die Jeremiaden der übriggebliebenen Intellektuellen, die anscheinend nur in Wien verharrten, weil sie zu arm, zu ängstlich oder zu unfähig waren, um es anderswo zu versuchen, und ich haßte diejenigen, die Wien verlassen hatten, weil die barbarischen und großsprecherischen Versuchungen Berlins sie angelockt hatten. Ich meinte, wir sollten zumindest ebenso stolz und selbständig werden wie die Schweiz.

Jedenfalls plante ich eine Pilgerfahrt zu den Heiligtümern der österreichischen Landschaft und Geschichte, und gegen Ende Mai, glaube ich, traten wir unsere etwa dreiwöchige Reise an, zu der ich meine Eltern eingeladen hatte. Es war eine der schönsten Unternehmungen meines Lebens. Wir fuhren zuerst mit der Bahn zu dem uns bereits bekannten Wallfahrtsort Mariazell, wo ich Berta voller Freude die wunderbare Basilika zeigte, mit den Zeichen dafür, daß viele Nationen die Heilige Jungfrau verehrten, und die bunten Läden, die furchtbare und rührende Devotionalien zum Kauf anboten. Mariazell sollte der letzte Ort außerhalb Wiens sein, den mein lieber Vater vor seinem Tod besuchte, und er ließ dort zwei winzige Medaillons mit dem Bild der Heiligen Jungfrau weihen, welche er meiner Mutter hinterließ, die sie mir und Berta geben sollte, wenn sie uns jemals wiedersehen würde. Von Mariazell aus machten wir einen Abstecher zu dem hübschen Erlaufsee, dessen in Franz Schuberts erstem veröffentlichten Lied gedacht ist. Dort gab es ein außergewöhnliches Mittagessen mit frischem Hecht. Mit einem der komfortablen Autobusse der österreichischen Post fuhren wir von Mariazell aus auf der wenig benutzten Straße weiter, die nach Gusswerk hinunter und durch die Schluchten von Wildalpen, unterhalb der Bergfestung des Hochschwabs, nach Gstatterboden im engen Ennstal führt, das dort Gesäuse heißt. Wir hielten in Admont, wo sich eine großartige Abtei mit einer herrlichen gotischen Kirche, einer phänomenalen barocken Bibliothek und einem höchst bemerkenswerten Weinkeller befindet, in dem seltene edle Weine aus den Klostergärten in der Südsteiermark angeboten wurden. Die Reise ging dann nach Bad Aussee weiter, dem südlichsten Kurort des berühmten Salzkammerguts, der allerdings noch in der Steiermark liegt. In Alt-Aussee machten wir Halt und wanderten zum Grundlsee hinüber, sahen hübsche Dörfer mit reicher alter Architektur und vielen neuen Villen, die herrlich zwischen kleinen Seen und bewaldeten Hügeln lagen, vor dem Hintergrund des bedrohlichen Höllengebirges im Osten und des schneebedeckten Dachsteins im Westen.

Unsere nächste Station war Hallstatt, die geisterhafte, melancholische Stadt an den Ufern eines stillen, schwarzen Sees, die von den steilen, aus allen Richtungen hereindrängenden Berghängen beinahe erdrückt wird. Der Bus trug uns hinauf zu dem einfachen Gasthof in Gosauschmied, von wo aus wir zu den Gosauseen hinaufstiegen, in denen sich der kantige Dachstein spiegelte. Er ist der östlichste Berg [sic] der Alpen und hat einen großen Gletscher auf dem flachen Gipfel. Von dort fuhren wir wieder mit dem Bus über die einsame Straße nach Abtenau, einem entlegenen Bergdorf über dem Salzachtal, das nach Salzburg führt. Weil wir uns entschlossen hatten, die bekannten und überlaufenen Orte zu meiden, fuhren wir südwärts nach Radstadt und über den Radtstäder Tauernpaß nach Mauterndorf, in der höchsten Region des steirischen Murtals. Diese Paßstraße war schon steil genug, aber es gab eine noch steilere – mit einer der stärksten Steigungen der Welt, die über den Katschberg zu der Kärntner Stadt Gmünd führte.

Da ich für die feinsten Stimmungsnuancen empfänglich war, wurde ich beim Anblick der ungewöhnlichen, ganz umschlossenen alten Piazza von Gmünd sehr aufgeregt, denn ich spürte, daß wir den Süden betreten hatten, und die Vorstellung, daß Österreich sogar in seinem verstümmelten Zustand etwas von dem fabelhaften, ersehnten, gesegneten, ewigen Süden hatte, berauschte mich. Bei genauerem Hinsehen ist daran nicht so viel, wie ich glaubte, denn Kärnten und die Untersteiermark und selbst die südlicheren Provinzen Carnia und Istrien – die jetzt von Österreich abgetrennt sind, sind Schnee und bitterer Kälte ausgesetzt. Aber weil ich es so wollte, fühlte ich etwas in der Luft, das nach Süden duftete, und das versetzte mich in Hochstimmung.

Es ging weiter nach Spittal in der Nähe von Millstatt, in dem ebenfalls beachtlich südländische, italienische Architektur zu sehen ist. Von Millstatt aus, wo sich der See träge unter der dunstigen, heißen Sonne der ersten Junitage ausdehnte, machten wir einige Ausflüge. Dann fuhren wir westwärts durch das Drautal und über den Iselsberg in das berühmte, so oft abgebildete Dorf Heiligenblut mit seinem schönen, eleganten gotischen Kirchturm, der sich klar gegen den ungeheuren Gletscher des Großglockners abzeichnet, dem höchsten Berg Österreichs in seiner neuen, begrenzten Form (früher war es der Ortler in Südtirol). Zu jener Zeit war von der neuen, herrlichen Großglockner-Hochalpenstraße noch keine Spur zu sehen. Es gab nur eine schmale, steile Bergstraße, die zum Franz-Josephs-Haus (oder Glocknerhaus?) führte, einer groß ausgebauten Berghütte gerade gegenüber von dem phantastischen Gipfel, hoch über dem riesigen Pasterzengletscher. Wir machten einen Ausflug zu einer der verlassenen Goldminen der Region, der Alte Pocher, wo wir einige gewagte Taktiken anwenden mußten, um einem respektgebietenden Stier auszuweichen, der in der Nachbarschaft weidete. «Alte unnennbare Tage.» Und hinunter ging's nach Lienz, der Hauptstadt von Osttirol, dem abgetrennten Teil der ehrwürdigen alten Provinz, alles, was Österreich geblieben war, nachdem das Märchenland Südtirol fort war. Ich verliebte mich in die kleine Stadt, ihre engen Straßen, ihre farbenfrohen Arkaden, Geschäfte und Märkte und das leicht italienische Flair, das in der Luft lag. Ungefähr dreißig Kilometer westlich begann Italien. Bis hierhin ging unsere Reise. Auf der Rückfahrt mit der Bahn machten wir für einen Tag am Semmering Halt, in dem prächtig altmodischen Hotel Erzherzog Johann, und stiegen zu der Berghütte auf dem Sonnwendstein hinauf, deren überraschend feine Küche einen guten Ruf hatte.

Diese Reise hatte es in sich. Ich glaube, es war das einzige Mal in meinem Leben, daß ein Werk so offensichtlich und unmittelbar durch Erleben inspiriert wurde. Ich entschloß mich auf der Stelle, einen Liederzyklus zu schreiben, der das eben Erlebte zum Ausdruck bringen sollte. Wenige Tage nach der Heimkehr begann ich, das *Reisebuch aus den österreichischen Alpen* zu komponieren, und in zwanzig Tagen beendete ich die zwanzig Lieder, wobei ich Texte und Musik

gleichzeitig schrieb, wie ich es von meinen Opern her gewohnt war, und ab und zu komponierte ich zwei Lieder an einem Tag. Das Werk ist fast ein Tagebuch, auch wenn ich es nicht «Reisetagebuch» nennen wollte (wie manche den Titel beharrlich falsch zitieren), zum Teil weil das «Reisetagebuch eines Philosophen» des Grafen Keyserling (den ich nicht mochte) recht populär geworden war (daher das falsche Zitieren meines Titels). Im folgenden sind die Lieder den entsprechenden Orten beziehungsweise Erlebnissen zugeordnet: «Verkehr» bezieht sich auf die elektrische Schmalspurbahn, die nach Mariazell führt, und auf alle Alpenpässe, die die Postautobusse bezwangen, besonders den Katschberg. «Kloster in den Alpen» ist Admont. Wir wurden von einem wirklich eleganten und auch ziemlich arroganten jungen Mönch herumgeführt. «Friedhof im Gebirge» ist Hallstatt. Dort befinden sich der steile Friedhof und der Karner. «Alpenbewohner» ist ein Eindruck vom Glocknerhaus. Der «blutige Hanswurst» in dem Lied «Politik» ist Fürst Starhemberg. «Gewitter» bezieht sich auf Heiligenblut. «Heißer Tag am See»: Millstatt. «Kleine Stadt im Süden»: Lienz.
Zwischen diese Reisebilder sind Reflexionen eingestreut, von denen ich «Rückblick» besonders gern mag. Der Grundton sind liebevolle Ironie, lyrischer Skeptizismus, Pathos, Resignation und Hoffnung. Die seltsamen Verse, die mich zu dem letzten Lied inspirierten, standen tatsächlich über dem Eingang zu einem Weinkeller in Stammersdorf, einem Ort, der ein paar Kilometer östlich [nördlich] von Wien jenseits der Donau liegt und auf eigentümliche Weise einen ganz orientalischen, asiatischen Charakter hat. Wir fuhren einige Tage nach der Rückkehr von unserer Reise dorthin.
Die Philosophie dieser Lieder erschien mir später naiv, um nicht zu sagen primitiv, und reaktionär. In «Heimweh» sage ich, daß ich dem alten Duft vertrauen will, nicht der «neuen Idee», was eine leise Anspielung auf die Neuerungen der sozialistischen Wiener Stadtregierung war. Diese Andeutung war mir später peinlich, aber ich kann zumindest sagen, daß ich nicht inkonsequent war, als ich die Haltung einnahm, die ich in den Jahren 1933 und 1934 tatsächlich einnahm. Ich war kein Überläufer, wie so viele andere es in jenen schicksalhaften Jahren waren. Die Lieder betonen durchweg den Kontrast zwischen dem Stadtbewohner, der das lyrische Subjekt des Zyklus ist, und den unverdorbenen Naturerscheinungen, mit denen er während seiner Erkundungsreise konfrontiert wird. Das war damals natürlich eines der grundlegendsten Probleme Österreichs, und in gewissem Maße ist es das immer noch. Die allgemeine Einstellung zu diesem Problem ist jener sehr ähnlich, die in der Oper *Das geheime Königreich* dargestellt wird, von der im vorigen Kapitel die Rede war. «Natur» als der legendäre, paradiesische Zustand der Menschheit wird sehr stark aus der Sicht von Karl Kraus gesehen, in dem Sinn, daß sie vom einzelnen wieder in Besitz genommen werden kann und soll, wie das himmlische Königreich des Evangeliums, das in uns selbst liegt.
Musikalisch kennzeichnen diese Lieder den Höhepunkt meiner «Rückkehr» zu Schubert. Damals hatte ich gerade den Nachdruck der Lieder Schuberts erstanden oder war gerade dabei, die entsprechenden zehn Bände der von Breitkopf und Härtel herausgegebenen Gesamtausgabe zu erwerben. Ich berauschte mich buchstäblich daran, diese einzigartigen, zeitlosen Wunderwerke der Musikliteratur immer wieder zu spielen. Weder vorher noch nachher ist es mir jemals wieder gelungen, Schuberts Kompositionsverfahren so vollendet neu zu erschaffen, ohne die Montagetechnik des Surrealismus anzuwenden, zumindest nicht absichtlich, sondern ganz ernsthaft und daher eigentlich auch ohne die eigene Originalität zu opfern. In einem Lied, «Unser Wein», kam ich dem Vorbild so nahe, daß ich mich entschloß, den Untertitel «Dem Andenken Franz Schuberts» hinzuzufügen. Erdmann behauptete, daß der «Rückblick», den ich so gern hatte, Schubert näherkäme als alle anderen Lieder, was vielleicht in einem subtileren, technischen Sinn richtig ist.
Diese Lieder sind der deutlichste und überzeugendste Beweis, den ich überhaupt erbringen kann, um eine Theorie zu unterstützen, die ich damals gegen die Atonalen propagierte, welche erklärten, Atonalität sei notwendig, weil das alte Vokabular erschöpft sei – und meine Theorie besagte, daß es möglich sein sollte, das alte Vokabular zu verjüngen und ihm durch eine neue, ursprüngliche Erfahrung seine alte Lebendigkeit und Frische zurückzugeben. Diese Theorie ist wahrscheinlich falsch, obgleich sie nicht ohne weiteres durch eine entgegengesetzte Theorie widerlegt werden kann, solange ein einziges, auf diese Theorie gestütztes Werk gültig und lebendig bleibt, und heute hat es den Anschein, daß mein *Reisebuch* eine beachtliche Lebendigkeit besitzt. Eine merkwürdige Beobachtung ist, daß das Werk, obgleich es ein Zeugnis tonaler Komposition ist, zumindest an zwei Stellen (am Schluß von «Gewitter» und an dem rezitativischen Anfang des letzten Liedes) Zwölftonreihen aufweist.
Bezeichnend ist weiterhin, daß es nicht möglich war, eine Aufführung des Werkes in Wien zu erreichen, obgleich in Anbetracht dessen, daß es eine Glorifizierung Österreichs darstellte, wie viele Jahre lang nur wenige oder gar keine geschrieben worden waren, nichts selbstverständlicher erschienen wäre. Ich erinnere mich nicht, in dieser Hinsicht besondere Anstrengungen unternommen zu haben, da ich immer noch auf meiner «splendid isolation» beharrte. Trotzdem bereitete die Universal Edition, getreu ihrer alten Tradition der Förderung neuer Musik und infolge meines großen Erfolges mit *Jonny*, eine hübsche Ausgabe des *Reisebuchs* in vier Heften vor, die, um die Erinnerung an frühe Schubert-Ausgaben zu wecken, im Querformat gedruckt wurden. Außerdem wurde eine Luxusausgabe veröffentlicht, in der die vier Hefte in einem Leinenband mit Goldprägung zusammengefaßt wurden, illustriert von vier Radierungen von

Herta Matura, einer jungen Künstlerin, die sich leider in der Hauptsache dadurch auszeichnete, daß sie von Hertzka protegiert wurde. Wie dem auch sei, die unaufdringlichen Bilder waren keine Schande für den hübschen Band, von dem, glaube ich, einhundert Exemplare aufgelegt wurden, von mir signiert.

Seltsamerweise ging dieses einzigartige Werk beinahe verloren, bevor es gedruckt wurde, denn eines Abends, als ich es in das Restaurant mitgenommen hatte, wo wir mit Schnabel aßen, ließ ich die Aktentasche mit dem Manuskript in dem Taxi liegen, das uns heimbrachte. Etwas zu verlieren hat mich immer schrecklich aufgeregt, oft ohne jedes Verhältnis zum Wert des verlorenen Gegenstandes. Mir ist klar, daß es nicht der Schaden ist, der mich seelisch aus dem Gleichgewicht bringt, wenn ich einen Bleistift verliere, sondern das erschrekkende Gefühl, daß ich unwissentlich dem Handeln einer geheimnisvollen Macht ausgeliefert war, die vorübergehend meine Selbstkontrolle außer Kraft gesetzt hat. Der Verlust dieses Manuskripts war eine ziemlich ernste Sache, und der Vorfall regte mich umso mehr auf, als die Aktentasche auch die Manuskriptkopie eines Streichtrios von Schnabel enthielt, das ich durchsehen sollte. Bemühungen, die verlorenen Noten wiederzufinden, waren ganz und gar vergeblich, obgleich ich sofort zu jenem Restaurant zurückeilte, verschiedene Taxiunternehmer anrief und schließlich ein Inserat in die Zeitungen setzte, in dem ich eine Belohnung versprach. Ich stellte mir vor, daß der Mann, der die Tasche fand, sich diese als Wertobjekt aneignete und die Noten empört als völlig wertlos wegwarf – es sei denn, er war Kenner, der die Papiere stillschweigend aufbewahrte, bis er oder seine Erben ohne Gefahr Gebrauch davon machen konnten. Unter diesem Gesichtspunkt wäre nur mein Manuskript von Interesse gewesen, denn Schnabels Trio war glücklicherweise die Abschrift eines Kopisten. Ich war natürlich vollkommen am Boden zerstört, als ich ihm sagen mußte, was passiert war, aber er tröstete mich, indem er mir eben diesen Sachverhalt erklärte. Was mein Werk anlangte, so hatte ich Glück, denn ich besaß eine komplette und detaillierte Bleistiftskizze, nach der ich das Ganze rekonstruieren konnte. Bei dieser Gelegenheit nahm ich eine wesentliche Änderung in einem Abschnitt des Liedes «Alpenbewohner» vor, indem ich einige zu aktuelle satirische Spitzen, die außerhalb Wiens kaum verständlich gewesen wären, herausnahm.

Das Zögern der Wiener Künstler oder der künstlerischen Unternehmen (Konzertagenturen, Radio etc.) dem Werk gegenüber war ärgerlich und offenbar dumm, aber erklärlich. Der Ruhm, den mir *Jonny* eingebracht hatte, hatte zwei Seiten. Einmal war ich als rücksichtsloser, zynischer Moderner bekannt, dem nichts heilig war, so daß er nicht einmal zögerte, die geheiligten Bezirke der Oper mit schmutzigem Jazz und undefinierbaren «Kakophonien» zu schänden. (Ich erinnere mich, daß in einer Kritik zu *Jonny* der erste Akkord der Oper vollständig wiedergegeben wurde, als Beispiel für die schrecklichen Dissonanzen, die ich über unschuldige Hörer verhängte – ein vollkommen harmloser Dominanttredezimakkord mit ausgelassener Undezime, so daß die Tredezime, stets nach streng orthodoxen Regeln, auch als Vorausnahme der Terz des unmittelbar folgenden Tonikadreiklangs interpretiert werden konnte, eine Kombination, die in den alltäglichsten Jazzarrangements tausendmal vorkommt.) Zugleich wurde ich als ehemaliger Moderner betrachtet, dem ein Licht aufgegangen war und dem es jetzt ums Geschäft ging, so daß manche Leute weitere populäre Schlager von mir erwarteten.

Das *Reisebuch* war musikalisch im ganzen sicherlich so einfach, daß es die Hüter der geheiligten Tradition zufriedenstellte, da ich offensichtlich kein dreister Bilderstürmer war, und auch denjenigen gefiel, die weitere «melodische» Äußerungen erwarteten. Es schien jedoch immer noch viel musikalischen Sprengstoff und viele Spitzfindigkeiten zu enthalten und vor allem war der literarische Gegenstand zu umstritten, zu schwermütig und zu ungewöhnlich, als daß er die Bedenken der beiden Parteien hätte ausräumen können. Ich wurde allmählich in die unerfreuliche Situation hineinmanövriert, zwischen zwei Stühlen zu sitzen, und dort befand ich mich in der Tat sehr bald. Die Tatsache, daß ich mir mindestens bis zur Machtübernahme der Nazis, aber auch noch danach (wenngleich in anderem Sinne) eine Philosophie zurechtlegte, die die Position zwischen den Stühlen als den einzig würdigen und einem klugen Zeitgenossen angemessenen Platz rühmte, kann entweder als Zeichen dafür gedeutet werden, daß ich wirklich zwischen zwei Stühlen sitzen wollte und daß letztendlich nichts Überraschendes daran war, daß meine Handlungen zu diesem Ergebnis führten, oder sie kann als rationale Erklärung für die Konsequenzen interpretiert werden, die ich durch meine Handlungsweise für mich heraufbeschworen hatte. Im Grunde laufen beide Deutungen auf dasselbe hinaus.

25 Jahre Großglockner-Hochalpenstraße,
1,80 Schilling, 1960.

Die große Welt der Alpen im Kleinformat

Alpine Briefmarkenmotive – eine geologische Österreichrallye

von Thomas Hofmann

Jeder kennt sie, viele sammeln sie, viele lieben sie und alle hassen sie – in dem Moment, wenn kein Befeuchterschwamm zur Verfügung steht. Die Rede ist von Briefmarken. Diese nur wenige Quadratzentimeter großen, rechteckigen, (meist) mit Zähnen versehenen, bunt bedruckten Papierstückerln sind mehr als bloß millionenfach aufgelegte Wertzeichen. Sie sind mehr als eine gewisse Garantie dafür, daß Postsendungen von A nach B befördert werden. Briefmarken sind Mosaiksteine, Teile eines bunten, ständig wachsenden Puzzles, sie stellen kleine, aber feine Aushängeschilder einer Nation dar. Briefmarken sind Staatsmonopol, Briefmarken sind Identität, Briefmarken sind ein Stück Österreich der besonderen Art. Rund 100.000 Abonnenten im In- und 35.000 im Ausland sammeln begierig die bunten Neuerscheinungen der Post im Kleinstformat.

«So vielfältig und facettenreich wie Österreich sind auch die Briefmarken unseres Landes – und jede für sich ist auch ein kleines Meisterwerk», wirbt die Post im Internet (www.pta.at) für ihre Briefmarken. Mit Recht sind die Österreicher stolz auf ihre Marken, erreichen sie doch bei weltweiten Wettbewerben und einschlägigen Ausstellungen immer wieder Spitzenplätze. Nicht selten stammt die «schönste Briefmarke der Welt» aus Österreich.

In einer Österreich-Rundfahrt wollen wir nun einen Blick auf die vielfach unbekannte geologische Vielfalt und die Milliarden Jahre alte Geschichte unseres Landes werfen. Es handelt sich um Momentaufnahmen aus dieser ungemein langen Zeit; ausgewählte Briefmarken der letzen Jahrzehnte beleuchten die einzelnen Stationen der Reise. Da es sich um Mosaiksteine österreichischer Identität handelt, haben wir einzelne Zitate der österreichischen Bundeshymne gewählt, um die Rundreise in Abschnitte zu gliedern.

«Land der Berge»

Unbestritten ist Österreich ein Land der Berge, wenn es nicht überhaupt *das* Land der Berge ist. Damit werden wir großgezogen, und es glauben nicht nur traditionsbewußte Tiroler, sogar musikverträumte Wiener geben es zu. Wenn schon ein Landschaftsattribut, dann «Land der Berge». Die Textdichterin Paula von Preradovic hat das klar gesehen und diese Worte an den Beginn der Bundeshymne gestellt. Schon rein physisch ist der Höhepunkt österreichischer Bergidentität zweifelsfrei der Großglockner, nach dem sogar eine Zigarrensorte benannt wurde. Weniger der Gipfel selbst als vielmehr der Weg dorthin, die Großglockner-Hochalpenstraße, ist ein beliebtes Briefmarkenmotiv.

Nach ersten Planungen 1924 wurde 1930 mit dem Bau der Straße begonnen; 1935 schließlich erfolgte nach einer reinen Bauzeit von 26 Monaten die Eröffnung. Zum Bau ist zu bemerken, daß dieses Unternehmen nicht nur Prestige, sondern auch der Beschäftigungspolitik in den krisengeschüttelten Dreißiger Jahren (26% Arbeitslosigkeit) diente. Auf der Großbaustelle wurden 2600 Menschen beschäftigt, die Baukosten betrugen mit 26 Millionen Schilling, 5% des österreichischen Gesamtinvestitionsvolumens des Jahres 1935. Schon im ersten Jahr wurde die Straße von 146.000 Besuchern befahren, bis 1985 waren es 35 Millionen. Das sichtbar an der Windschutzscheibe befestigte Abziehpickerl der Großglocknerstraßen AG war lange Zeit eine Art Markenzeichen und Stolz vieler Autofahrer. Anläßlich des 25. Jahrestages der Eröffnung wird 1960 mit einer monochromen, blauen 1,80-Schilling-Marke die Straße gefeiert. Das Motiv, ein Blick vom Freiwandeck (Kärntner Seite) Richtung Franz-Josefs-Höhe, zeigt die Straße, die sich breit nach hinten windet, als wahre Pionierleistung noch ganz im Mittelpunkt des Bildes. In der Bildmitte ist der Großglockner und rechts davon die Glocknerwand zu sehen. 1985 gedachte man des 50-Jahr-Jubiläums mit einer bunten Marke (4,-). Diesmal wird ein Bild von der Salzburger Seite gezeigt: das Fuschertörl mit der von Clemens Holzmeister erbauten Kapelle für die Opfer des Straßenbaues. Die Straße tritt in den Hintergrund, es dominiert die Bergszenerie; zentral erhebt sich der 2455 m hohe Törlkopf, an der rechten Bildkante ist der Brennkogel (3018 m) zu sehen. Geologisch ist dazu zu bemerken, daß der Glocknergipfel, mit seinen 3798 m als höchster Berg Österreichs eben nur fast ein Viertausender, aus Amphiboliten und Prasiniten besteht. Diese als harte Rippen herauswitternden, meist dunkelgrünen Gesteine werden zusammen mit etwas weicheren, meist bräunlich verwitternden Kalkglimmerschiefern zu den sogenannten «Bünderschiefern» gestellt. Insgesamt entsprechen diese Gesteinsabfolgen einstigen Ozeanböden, die im Zuge der alpinen Gebirgsbildung völlig umgewandelt wurden. Man muß sich beim Großglockner verge-

genwärtigen, daß dieser Berg aus Ablagerungen des Mesozoikums (Oberster Jura bis Kreide) besteht, die in einem mehrere tausend Meter tiefen Ozean abgelagert wurden.
Im Gegensatz dazu steht der Törlkopf: Entlang der Straße findet man eine Abfolge von Gipsen, Quarziten und Rauhwacken aus der Mitteltrias, die aus einem flachen Meeresbereich stammen oder sogar terrestrischen Einfluß widerspiegeln. Der Törlkopfgipfel selbst besteht aus Dolomit. Der Brennkogelgipfel mit den dunklen Serpentiniten wird zu den Bündnerschiefern gestellt, was heißt, daß es sich hiebei um einen ehemaligen Ozeanboden handelt.
Anders ist die Situation beim Eiskögele (3426 m), dem Grenzposten zwischen Salzburg, Tirol und Kärnten. Dieser Berg wurde 1996 als Motiv einer 6-Schilling-Marke für den länderübergreifenden Nationalpark «Hohe Tauern» gewählt. Das Bergmassiv besteht aus Gesteinsresten, die von zwei Gebirgsbildungen erfaßt wurden, der variszischen (320 Millionen Jahre) und der alpinen, die mit der «Tauernkristallisation» vor rund 30 Millionen Jahren einen Höhepunkt erreichte. Im Detail ist bei der Marke zu bemerken, daß die Gipfelpartie als Gesteinsdecke aus dem südlichen Großvenedigergebiet über die Zentralgneise im Vordergrund (reichen etwa bis zur Wolke unterhalb der S-6-Bezeichnung) überschoben wurde. Die Zentralgneise sind vor rund 320 Millionen Jahren als flüssige Gesteinsschmelzen in den Untergrund eingedrungen und als Granite erstarrt. Im Zuge der alpinen Gebirgsbildung wurden daraus Gneise. Besagte Zentralgneise bauen auch den Graukogl (2492 m) bei Bad Gastein auf, wo 1958 die Alpinen Ski-Weltmeisterschaften ausgetragen wurden; an sie erinnert eine blaue 1,50-Schilling-Marke.
Ebenfalls im Bereich der Tauern und ebenfalls ein Stück Geschichte ist der Sonnblick (3106 m), der 1961 mit einer 1,80-Schilling-Marke «75 Jahre Sonnblick-Observatorium» gewürdigt wird. Auf der ultramarinblauen Marke ist die aus Zentralgneis bestehende Steilwand mit Schneebedeckung zu sehen, das Observatorium verschwindet. Anläßlich «100 Jahre Sonnblick-Observatorium» (4-Schilling-Sondermarke) tritt hingegen die meteorologische Meßstation in den Vordergrund.
Der Name Sonnblick steht nicht nur mit der Wetterstation in Verbindung, sondern auch mit dem Tauerngold. Vor mehr als hundert Jahren bewirkte ein gewisser Ignaz Rojacher unter größtem persönlichen Einsatz eine Renaissance im Rauriser Goldbergbau. Als einer der Ärmsten war er lange Zeit nur Pächter des Goldbergbaus, den er später erwerben konnte. Schlußendlich erreichte er eine Jahresproduktion von 15,4 Kilogramm Gold und 38 Kilogramm Silber; trotzdem mußte er 1888 seinen Betrieb schließen. Immerhin konnte Rojacher am 2. September 1886 noch das Sonnblick-Observatorium eröffnen – die höchste ganzjährig betriebene Wetterstation in Europa – und schuf sich damit in aller Welt einen bleibenden Namen.
Daß man unter Bergen nicht immer nur die schroffen, schneebedeckten Berggipfel der Zentralalpen versteht, wird jedem klar, der sich vom Alpenvorland kommend der Alpennordseite nähert. Grob schematisch ist quer durch Österreich folgende Gliederung festzustellen: Südlich anschließend an die landwirtschaftlich fruchtbaren Ebenen des Alpenvorlandes (Molassezone) folgen hügelige Landstriche teils mit Wiesen oder Wäldern, die dem Helvetikum und der Flyschzone entsprechen.
Mit den ersten schroffen Felsgipfeln sind die Nördlichen Kalkalpen (überwiegend Kalke und Dolomite des Mesozoikums) erreicht, dann folgen die eher sanft hügeligen Berge (Schiefer und Kalke aus dem Paläozoikum) der Grauwackenzone, ehe Richtung Süden der Alpenhauptkamm mit den kristallinen Gesteinen der Zentralalpen folgt. Diese Abfolge ist im Untergrund durch die alpine Gebirgsbildung übereinander gestapelt. So reichen die Gesteine der Molassezone unter dem Helvetikum und der Flyschzone noch weit nach Süden bis unter die Kalkalpen; insgesamt ist hier von einem dachziegelartigen Bau zu sprechen. Beinahe lehrbuchmäßig ist dies auf der 7-Schilling-Marke «Nationalpark Kalkalpen» (1998) im Rahmen der Serie «Naturschönheiten» zu studieren. Im Vordergrund sieht man die bewaldeten Hügel der Flyschzone und im Hintergrund (=im Süden) die hellen Bergketten der Nördlichen Kalkalpen aus den verkarsteten Kalk- und Dolomitgesteinen der Trias.
Die Landschaft der Flyschzone ist mit der 6-Schilling-Marke «Nußberg/Leopoldsberg/Wien» (1997) mit einem Blick auf

die nördlicheren Teile des Wienerwaldes gut abgebildet. Der Wienerwald besteht aus einer Wechselfolge von Sand- und Tonsteinen (bzw. Mergeln) der Kreide- bzw. Tertiärzeit. Dabei handelt es sich um typische Tiefseeablagerungen eines bis zu mehr als tausend Meter tiefen Meeres. Hinzuweisen ist auch darauf, daß an die Hänge des Nußberges vor rund 15 Millionen Jahren ein tropisches Meer anbrandete, als das Wiener Becken seinen faunistischen Höhepunkt mit Korallen, Haifischen und hunderten Muscheln- und Schneckenarten erlebte. Dieselbe Region, aus einem etwas anderen Blickwinkel, zeigt eine braune 1-Schilling-Marke (1975) der Landschaftsserie: im Vordergrund das Kahlenbergerdorf, im Hintergrund der Gipfel des Leopoldsberges (425 m) mit der Kirche, wo einst der polnische Kaiser Sobieski seine Truppen sammelte, um Wien am 12. September 1683 aus der Umklammerung der türkischen Belagerung zu befreien.

Auch der Attersee, der größte Alpensee Österreichs, wird großteils von der Flyschzone umrahmt. 1977 finden wir auf einer Europamarke, mit dem Kürzel CEPT (=Conférence européenne des Administrations des Postes et des Télécommunications; 6,-) den Attersee mit der Kirche des Ortes im Vordergrund. Der Blick geht vom 807 m hohen Buchberg, dem nördlichsten Ausläufer der Flyschzone, aus und zeigt den Ort mit der Kirche, die auf einem eiszeitlichen Kieshügel (Eisstaukörper der Würmeiszeit) steht. Im Hintergrund ist der Attersee mit zwei Bergkulissen der Flyschzone zu sehen.

Nun kommen wir zu den schroffen Berggipfeln der Kalkalpen. Hier zeigt das Beispiel der Bischofsmütze (2018 m) an der salzburgisch-oberösterreichischen Grenze, daß Berge nicht nur verkarsten, sondern von Zeit zu Zeit auch ins Tal stürzen können.

Der Bergsturz an der zweigipfeligen Bischofsmütze sorgte für österreichweite Schlagzeilen: Am 22. September 1993 kam es zu einem ersten Bergsturz, am 10. Oktober um 10 Uhr folgte ein zweiter. Rund 70.000 m^3 Felsmaterial waren herabgestürzt. Der Dachsteinriffkalk der Obertrias der Gipfelpartie war durch senkrechte Klüfte und durch seit der Tertiärzeit anhaltend tiefgreifende Verkarstung sukzessive gelockert worden; in die Spalten war lehmiges Sediment eingedrungen. Verstärkt wurde dies durch bröselige Verwitterung des unterlagernden Hauptdolomits (Obertrias), so daß der Dachsteinriffkalk seinen Halt endgültig verlor. Dem ersten Bergsturz ging eine lange Regenperiode voraus, die für Abkühlung des Gesteins sorgte. Als am 22. September Föhn einsetzte, führte die Erwärmung zur Dehnung des Gesteins und löste den Bergsturz aus; ähnlich war es dann auch am 10. Oktober. Der Zeitpunkt (10 Uhr) ist typisch für Felsstürze, denn am Vormittag kommt die Wirkung der ersten Sonnenstrahlen auf das in der Nacht abgekühlte Gestein voll zum Tragen. Personen kamen glücklicherweise nicht zu schaden, der Alpenvereinsweg («Austriaweg») war vorsorglich gesperrt worden. So hat die 3-Schilling-Marke aus dem Jahr 1974 (Landschaftsserie) heute schon dokumentarischen Wert.

Ein weiterer bekannter Berg in den Nördlichen Kalkalpen ist der Schafberg (1782 m). Er gibt den Hintergrund für eine anläßlich des «Tages der Briefmarke» im Jahr 1964 herausgegebene Marke mit dem Nennwert von 3 Schilling ab. Im Vordergrund sieht man den Postautobahnhof von St. Gilgen mit den heute schon altertümlich anmutenden gelb-schwarzen Postbussen, im Hintergrund den Wolfgangsee und den Schafberg, 1782 m. Er besteht aus Hierlatzkalk; dieser helle Kalk aus dem unteren Jura ist bekannt für seine Seelilienstielglieder. Den Gipfel erreichen jährlich rund 225.000 Menschen mit der am 1. August 1893 eröffneten Schafbergbahn (6-Schilling-Sondermarke, 1993) und fahren dabei durch Kalke der Oberen Trias.

Auch die Martinswand bei Zirl (1986, 5 Schilling), die sich nahezu senkrecht neben der Inntalautobahn erhebt, gehört zu den Nördlichen Kalkalpen. Hier soll sich nicht nur einst Kaiser Maximilian verstiegen haben, hier ist auch festzuhalten, daß die Martinswand (Wettersteinkalk der Mitteltrias) sicher noch weit über 100 Meter unter den jetzigen Talboden in die Tiefe reicht. Denn das eiszeitliche Gletschereis schürfte das Inntal stellenweise bis zu mehrere hundert Meter aus, der Felsuntergrund bei Thaur in der Nähe von Innsbruck wurde beispielsweise in ca. 380 m Tiefe geortet.

«Land am Strome»

Natürlich ist hier die fixe Idee verewigt, daß es für Österreicher nur «einen» Strom, nämlich die blaue Donau, gibt. Zum Stichwort Donau ist eine 6-Schilling-Sondermarke zu nennen, die anläßlich der KSZE-Konferenz (Konferenz für Sicherheit und Zusammenarbeit in Europa) 1986 ausgegeben wurde. Auf dem Markenblock ist die Stadt Wien aus der Vogelschau zu sehen. Im Bild ist die Donau, die Alte Donau, die Neue Donau und der Donaukanal.

Aus der Wachau, die als schönster Abschnitt der österreichischen Donau angesehen und auch vermarktet wird, könnte man die 20-Schilling-Marke mit dem Stift Melk (1963) erwähnen. Das von Jakob Prandtauer erbaute Barockstift steht auf einem Felsvorsprung aus paläozoischen Paragneisen der Böhmischen Masse. Nicht unerwähnt soll das 1977 von Wolfgang Hutter entworfene «Donaumädchen» (6 Schilling) bleiben. Prompt gingen unzählige empörte Beschwerden ein, denn die barbusige Maid erhitzte damals die Gemüter. Ob die Ursache die ungewöhnliche Kombination der «nackten Tatsache» mit dem für Briefmarken üblichen Ablecken war, ist ungeklärt. Betrachten wir einige «harte» Fakten zur Donau, wie zum Beispiel die Wasserführung. Bei mehr als 5.000 m^3 pro Sekunde tritt der Fluß über die Ufer. Das Einzugsgebiet der Donau umfaßt, von Hainburg an gerechnet, 101.731 km^2. Das Gefälle beträgt 40 cm pro Kilometer, die Strömung ist damit groß genug, um Schotter zu transportieren. In diesen Geröllen findet sich auch das seit alters her heiß begehrte Donaugold, das aus den kristallinen Gesteinen der Zentralalpen (Tauern) stammt. Die Angaben schwanken von 0,005 bis 1,0 Gramm pro Tonne. Versuche, das Gold im größeren Rahmen zu gewinnen, wurden unter anderem beim Bau der Donaukraftwerke Ybbs-Persenbeug und Aschach gemacht – in beiden Fällen nicht wirklich rentabel. Im Stift Klosterneuburg existiert immerhin ein mit 1736 datierter Meßkelch als Beleg für die historische Flußgoldgewinnung.

In der Nachkriegszeit wurde die Donau in größerem Stil für die Stromgewinnung ausgebaut. Gleich einer Perlschnur reihen sich die Donaukraftwerke von Passau bis Wien. 1962 feierte man stolz «15 Jahre verstaatlichte Elektrizitätswirtschaft». Fünf Kraftwerke und ein Umspannwerk sind hier abgebildet: Kaprun (1,- Schilling), Ybbs-Persenbeug (1,50 Schilling) Lünersee (1,80 Schilling), das Kraftwerk bei Großraming (3,- Schilling), das Umspannwerk Bisamberg (4,- Schilling) und das Dampfkraftwerk in St. Andrä (6,40 Schilling) belegen die Pioniertaten der frühen E-Werks-Bauer, die auf den Ausbau der Wasserkraft setzten und noch nicht auf Widerstand der Bevölkerung stießen. Geologisch ist der 1-Schilling-Wert, der Speicher Mooserboden (Kaprun) der Tauernkraftwerke AG, interessant. Dominant erhebt sich auf der blauen Briefmarke im Hintergrund das Kitzsteinhorn (3203 m), das aus Bündnerschiefern besteht.

Auch «25 Jahre verstaatlichte Elektrizitätswirtschaft» werden 1972 für die Ausgabe von drei Sondermarken zum Anlaß genommen. Der 4-Schilling-Wert zeigt den Schlegeisspeicher (Zemmkraftwerk), den mit 126,5 m^3 Nutzinhalt größten Stausee der Tauernkraftwerke AG. Der Speicher in den Zillertaler Alpen liegt in den Zentralgneisen der Tauern (Bildvordergrund) und in Schiefergesteinen aus dem Paläozoikum (Kreiner Serie) im Bildhintergrund. Die 70-g-Marke dieser Serie zeigt die Starkstromleitung, die von Lienz nach Pelos (in der Nähe von Belluno) in Italien über die Lienzer Dolomiten (Kalk und Dolomite aus dem Mesozoikum) führt.

Auch die Krimmler Wasserfälle haben eine, wenn auch wenig bekannte Beziehung zur Stromgewinnung. Der alpine Ausflugspunkt Nummer 1 – rund eine halbe Million Besucher frequentieren das Naturwunder alljährlich – wurde 1899 ernstlich von Kraftwerksprojekten bedroht. Damals wollte ein Wiener Unternehmen 12 Kubikmeter Wasser pro Sekunde abzweigen, um damit 19 Turbinen zu speisen, was jedoch verhindert werden konnte. Mit einer Gesamthöhe von 400 Metern liegen die Krimmler Wasserfälle auf Rang fünf der welthöchsten Wasserfälle und würden ideale Voraussetzungen für eine Nutzung abgeben. Gewürdigt wurden die Fälle durch die Überreichung des Europäischen Naturschutzdiploms am 31. Mai 1969. 1970 erscheint anläßlich des «Europäischen Naturschutzjahres» eine 2-Schilling-Sondermarke. 1988 wurden die Wasserfälle im Rahmen der Serie «Naturschönheiten» ein zweites Mal gewürdigt (5-Schilling-Marke). Den geologischen Untergrund der Wasserfälle bilden die extrem harten Zentralgneise der Tauern, die als «Fallmacher» der einzelnen Stufen agieren. Die erste Stufe im oberen Achental besitzt eine Höhe von 140 Metern, dann folgt ein flaches Teilstück (Bündner Schiefer), dann der Mittlere Achenfall (100 m) und schließlich der Untere Achenfall mit mehr als 140 m Höhenunterschied. Aufgrund

ihrer Lage am Ausgang des Krimmler Achentales werden sie als Talmündungswasserfälle bezeichnet. Der Ursprung der Krimmler Ache liegt im Großvenediger-Gebiet, dem größten vergletscherten Gebirgsmassiv der Ostalpen. Dadurch kommt es jahreszeitlich bedingt zu stark unterschiedlicher Wasserführung, die zur Zeit der Schneeschmelze am größten ist. Dabei fließt rund 35 Mal mehr Wasser als beispielsweise im Jänner. Interessant ist auch die tageszeitliche Schwankung der Wassermenge, die zu Mittag ein Minimum erreicht und in der besuchsfreien Zeit zwischen 21 und 22 Uhr ein Maximum.

«Land der Hämmer, zukunftsreich!»

Mit diesen Worten ist die Industrie angesprochen. Beim Wort «Hämmer» fallen einem zuerst stahlverarbeitende Betriebe ein. Es geht wohl weniger um Hammerwerke als vielmehr um Betriebe wie die VOEST in Linz oder andere vergleichbare Werke. Jahrelang war damit auch fast automatisch die Verstaatlichte Industrie angesprochen. Jahrzehntelang waren diese Betriebe mit rauchenden Schloten ein sicherer Garant für den Wohlstand unseres Landes und boten damit in den «fetten» Jahren des Wohlstands und der Aufbauphase den Anlaß, zwei Serien aufzulegen.

1961 wurden «15 Jahre Verstaatlichte Unternehmen» mit einem fünfteiligen Satz gefeiert. Die zukunftsreiche Nation bildet Herzeigebetriebe ab: die Raffinerie Schwechat der ÖMV-AG, einen Hochofen der Österreichischen Alpine Montangesellschaft, das LD-Stahlwerk der VOEST in Linz, einen Großgenerator der Elin-Union und den Förderturm (Wolkersdorfer Schacht) der Lavanttaler Kohlen AG, deren geologischer Hintergrund kurz erläutert sei: Die Lavanttaler Kohlevorkommen stammen aus der Tertiärzeit, als es vor 20 Millionen Jahren zwischen der Kor- und der Saualpe zum Einsenken des Untergrundes und in weiterer Folge zum Auffüllen durch Sedimente kam. Ein Meeresvorstoß von Süden brachte bis zu 1000 m mächtige Sedimentabfolgen, in denen auch Kohleflöze enthalten sind. Die wichtigsten Braunkohlevorkommen liegen im Bereich von St. Stefan, Wolkersdorf und Maria Rojach, wo bis 1968 Kohle abgebaut wurde.

Zehn Jahre später, 1971, war man ein weiteres Mal wieder stolz auf die «Verstaatlichte»; diesmal erschienen allerdings nur mehr drei Marken (Steirischer Erzberg, Österreichische Stickstoffwerke in Linz und Donauhafen der VOEST in Linz). Der 1,50-Schilling-Wert wurde mit dem steirischen Erzberg bedacht, dem Inbegriff von Rohstoff schlechthin. Erstmals taucht der Erzberg schon 1946 auf einer 4-Groschen-Briefmarke auf. Deutlich sind hier die Terrassen des Abbaus in den Vordergrund gerückt. Kurze Zeit später ist er auf zwei weiteren Marken wieder zu finden: 1947 auf einer Marke, die anläßlich der «Wiener Messe» erschien und im Vordergrund einen Starkstrommast zeigt, und 1948 auf einer sogenannten Wiederaufbaumarke (40+20 Groschen) mit einem Bagger im Vordergrund. In Kurzform soll über die «Steirische Pyramide» oder dem «Steirischen Brotlaib» (1466 m) festgehalten werden: Der Erzberg ist der größte Erztagebau Mitteleuropas und die größte Sideritlagerstätte ($FeCO_3$) der Welt. Der Eisengehalt schwankt zwischen 22% und 40%, geologisch gehört der Erzberg zur Grauwackenzone. 1984 wurde für die Steirische Landesausstellung, «Erz und Eisen in der Grünen Mark», als Motiv einer 3,50-Schilling-Marke eine Eisenblüte gewählt. Dabei handelt es sich um strahlend weißen Aragonit (Kalziumkarbonat); das fadenförmige Mineral gleicht einem wirren Medusenhaupt und gehört zum Muß jeder Mineraliensammlung. Auch der Erzbergit vom Erzberg ist zu erwähnen; das ist eine streifig-lagige Verwachsung von weißem Calcit und bräunlichem Aragonit.

Nicht unerwähnt bleiben sollen unter dem Titel «Land der Hämmer» auch die Bergbauzeichen Hammer und Schlägel. Jahrhunderte lang wurde mit diesen beiden Werkzeugen in gefährlicher manueller Arbeit unter Tag mit der Hilfe des Feuers (Erhitzen) und des Wassers (Abschrecken) Erz abgebaut. Daher sind Hammer und Schlägel im Wappen vieler alter Bergbaustädte wie zum Beispiel Brixlegg zu finden, was eine 5-Schilling-Sondermarke «1200 Jahre Brixlegg» (1988) belegt. Bereits 1463 bestand in der alten Bergbaustadt eine Schmelzhütte. Das Brixlegger und Schwazer Silber kam in das Haller Münzamt – der Haller Münzerturm findet sich auf einer 1,80-Schilling-Marke aus dem Jahr 1960 – und in die kaiserliche Münzdirektion nach Wien. Auch der berühmte «Andreas-Hofer-Zwanziger» wurde im Jahre 1809 aus Brixlegger Kupfer geprägt.

Wenn die 1980 erschienene Marke «50 Jahre Erdöl in Österreich» (2,50 Schilling) einen Bohrturmarbeiter mit Rollenmeißel zeigt, so unterstreicht dies den Wandel in der Bedeu-

tung der Rohstoffe. War Jahrtausende lang die Gewinnung mineralischer Rohstoffe, allen voran von Erzen vorrangig, so ist die zweite Hälfte des 20. Jahrhunderts von der Suche nach Kohlenwasserstoffen, Erdöl und Erdgas, geprägt. Weniger bekannt ist die Tatsache, daß derartige teils extrem teure Erdölbohrungen nicht nur Öl und Gas finden, sondern gewissermaßen nebenbei den Alpenbau mit enthüllen helfen. Pionierleistungen sind die Bohrungen von Urmannsau oder Berndorf, oder aber auch die Bohrung «Zistersdorf ÜT 2a» (ÜT = Übertief, 2a = zweite Bohrung), die mit 8853 m einen europäischen Tiefbohrrekord aufstellte. Erstere Bohrungen bewiesen in den Jahren 1966 und 1979 erstmals die übereinander liegende Abfolge der verschiedenen geologischen Einheiten (Molassezone, Flyschzone und Nördliche Kalkalpen).

«Heimat, bist Du großer Söhne»

Der 1831 in London geborene und 1914 in Wien verstorbene Eduard Sueß ist ohne Zweifel einer der international bedeutsamsten Geologen. Nicht nur als weitblickender Wissenschaftler – ein Meilenstein ist das vierbändige Standardwerk «Das Antlitz der Erde» – trat er hervor, als engagiertem Gemeindepolitiker und «Vater der Wiener Hochquellenwasserleitung» verdankt ihm die Bundeshauptstadt bis zum heutigen Tag reines Quellwasser aus den Nördlichen Kalkalpen. 1989 wurde er im Gedenken an seinen 75. Todestag mit einer 6-Schilling-Sondermarke geehrt. In diesem Zusammenhang ist das Jubiläum «100 Jahre 1. Wiener Hochquellenleitung» zu nennen, die am 24. Oktober 1873 mit dem Hochzischen der Fontänen des Hochstrahlbrunnes am Wiener Schwarzenbergplatz in Betrieb genommen wurde. Das Motiv zeigt auf der 2-Schilling-Marke den Kaiserbrunn im Hölltal. Von hier ließ Kaiser Karl VI. mit Wasserreitern das Wasser holen. Wo die erste Hochquellenleitung ist, darf die zweite nicht fehlen: 1985 würdigte man mit einer 3,50-Schilling-Marke «75-Jahre 2. Wiener Hochquellenleitung» (Motiv: Aquädukt über den Hundsaubach im Steinbachtal bei Göstling, Niederösterreich). Hier ist nicht Eduard Sueß, sondern der Wiener Bürgermeister Karl Lueger zu nennen, der die Wasserleitung von Rax, Schneeberg und Schneealpe so groß konzipierte, daß sie bis zum heutigen Tag für die Wasserversorgung der Donaumetropole reicht.
Als zweiter bedeutender Geowissenschaftler ist Alfred Wegener zu würdigen. 1880 in Berlin geboren, studierte er zunächst Geophysik und kam 1924 nach Graz, wo er eine Professur für Meteorologie und Geophysik erhielt. Bekannt ist er für die Entdeckung der Kontinentaldrift und für seine Grönlandexpeditionen, deren letzte ihm 1930 auch zum tödlichen Verhängnis werden sollte (1980, 4-Schilling-Sondermarke). Eigentlich müßte auch der Innsbrucker Otto Ampferer (1875–1947) einmal zu Briefmarkenehren kommen, der mit der 1906 von ihm begründeten Unterströmungstheorie (=Konvektionsströme im Erdinnern [=Erdmantel]) die Entstehung von Faltengebirgen erklärte und damit in jedem Geologielehrbuch vertreten ist.
1992 wurde ein «echter» Österreicher mit einer 5-Schilling-Marke gewürdigt. Joseph Müller, 1742 in Poysdorf geboren, Montanist und Mineraloge, ist der Entdecker des Tellurs. (Dieses Metall wird als Zusatz für Eisenlegierungen verwendet.) Ab 1775 arbeitete er in Schwaz in Tirol als Oberbergmeister, später dann in Hermannstadt, 1820 erhielt er für seine Verdienste den Adelstitel «Freiherr von Reichenstein», nach dem heute übrigens auch ein Wein in Poysdorf benannt ist.
Schutzpatronin der Bergleute, Geologen und Artilleristen ist die Hl. Barbara mit dem Fest am 4. Dezember. «Barbarafeiern» sind mit allerhand Brauchtum bei Bergleuten und Geologen verbunden. Daß aber auch der Hl. Wolfgang einen echten geologischen Aspekt in seinem Leben hat, wird beim Betrachten einer Sondermarke aus dem Jahre 1976 klar: Der Hl. Wolfgang soll – der Sage nach – 976 seinen Bischofssitz in Regensburg verlassen haben, um sich am Falkenstein (717 m), einem steilen Berg in der Nähe des heutigen St. Gilgen (Ostufer des Sees), als Einsiedler niederzulassen. Dort quälte ihn der Teufel so sehr, daß er seine einem Geologenhammer nicht unähnliche Hacke den Berg hinunterwarf und gelobte, dort, wo die Hacke aufschlagen würde, eine Kirche zu erbauen. So ist der Überlieferung nach der Ort St. Wolfgang entstanden. Das Markenbild zeigt einen Ausschnitt aus dem berühmten Pacheraltar in St. Wolfgang (15. Jhdt.) mit dem Titel «Der Hl. Wolfgang baut die Kirche von St. Wolfgang». Im Bild sind leicht schräg gestellte, plattig geschichtete Gesteine, die der Heilige mit dem Hammer bearbeitet, zu sehen. In der geologischen Karte im Nahbereich von St. Wolfgang ist in unmittelbarer Umgebung zur Kirche «Hauptdolomit» mit einer Schichtneigung von bis zu 30° aus der Oberen Trias

vermerkt. In den dazugehörenden Erläuterungen ist als «dezimeter- bis halbmetergebankt» (=geschichtet) beschrieben; der naturwissenschaftliche Beweis scheint gelungen.
Erzherzog Johann (1782–1859) war zwar kein Geologe, aber Gründer der Montanuniversität in Leoben im Jahre 1840 und regte den Bau der Südbahn über den Semmering an. Auch das Landesmuseum Joanneum in Graz geht auf den Erzherzog zurück, der 1808 seine Sammlungen aus Schönbrunn samt den «Aufstellungskästen» nach Graz in den Lesliehof bringen ließ und die Objekte der Verwaltung des Landes übergab. Sein 100. Todestag im Jahre 1959 wurde mit einer grünen 1,50-Schilling-Marke gefeiert; passend für die «grüne» Steiermark. Wiederum in Grün präsentiert sich auch die 4,50-Schilling-Marke anläßlich des 125. Todestages (1984), belebt wird diese durch ein rotes Halstuch. Zur Popularität des Erzherzogs trug nicht bloß die Hochzeit mit der Postmeisterstochter Anna Plochl, sondern auch der nach ihm benannte Jodler bei.
Bei der Aufzählung der «großen Söhne» darf die 7-Schilling-Sondermarke «150 Jahre Geologische Bundesanstalt» nicht fehlen. Zu sehen ist das Palais Rasumofsky, der Sitz des Geologischen Bundesanstalt in der Rasumofskygasse 23 in Wien. Nicht nur, daß in diesem Gebäude mehrere Generationen von Geologen ein und aus gingen, auch Ludwig van Beethoven war hier und führte hier seine dem Fürsten Andrej Kirillowitsch Rasumofsky (1752–1822) gewidmeten Rasumofsky-Quartette erstmals auf. Die 1849 gegründete k.k. geologische Reichsanstalt ist die älteste Institution dieser Art auf dem europäischen Festland und bildete lange Zeit den Ausgangspunkt und den Fokus der Geowissenschaften in der Monarchie.
«Große Söhne» (die Frage der in der Bundeshymne nicht erwähnten großen Töchter sei hier nur erwähnt) sind – zumindest in der Volksmeinung – nicht zwangsläufig berühmte Wissenschaftler, heute werden darunter auch gerne Sportler und (Pop)Sänger subsumiert. In der Skination Österreich gehen Namen wie Toni Sailer, Karl Schranz oder Hermann Maier in die Geschichte ein. Eine der Eintrittskarten in das «Who is Who» der Großen Söhne ist ein Sieg auf der Streif in Kitzbühel. Wer das A und O des schifahrerischen Könnens auf der «Königsstrecke» beherrscht, ist zumindest für kurze Zeit im Mittelpunkt der Berichterstattung. Anläßlich des 50. Hahnenkammrennens wurde 1990 eine 5-Schilling-Marke ausgegeben. Geschichte machte hier vor allem Franz Klammer, er siegte gleich viermal; 1975, 1976, 1977 und 1984. Eine geologische Abfahrt über die Streif, sie liegt in der Grauwackenzone, beginnt in den Grödener Basisschichten (Konglomerate aus dem Perm), die Mausefalle führt uns über Schwazer Dolomit aus dem Devon (jener Dolomit, aus dem in Schwaz und Brixlegg das Fahlerz gewonnen wurde), und schließlich stoßen wir bei der Hausbergkante noch auf kieselsäurearme, vulkanische Gesteine ebenfalls aus dem Devon, ehe wir im Zielhang (eiszeitliche Ablagerungen) auf die Stoppuhr blicken.

«Volk, begnadet für das Schöne»

Zunächst wollen wir einen Blick auf jene Briefmarken werfen, die weltweit einen besonders guten Ruf genießen. Die Kombination sorgsam ausgewählter und gezeichneter Motive – stellvertretend sollen Meister wie Prof. Adalbert Pilch oder Prof. Otto Zeiller hervorgehoben werden (Name am linken unteren Bildrand) – umgesetzt durch erstklassiger Stecher (der Name steht immer am rechten unteren Bildrand) und perfekt ausgeführtem Druck der Österreichischen Staatsdruckerei garantiert seit Jahrzehnten höchste internationale Auszeichnungen. Bei den «geologischen» Marken wurde 1978 die Riegersburg, entworfen von Prof. Otto Zeiller, mit dem Preis der «Schönsten Marke der europäischen Gemeinschaft» geehrt. Die Marke zeigt die weithin sichtbare Burg, die auf geschichtetem vulkanischem Gestein steht, das vor ca. 3,8 bis ca. 1,7 Millionen Jahren als kieselsäurearmes Magma aus Tiefen zwischen 50 und 80 km zu Tage gefördert wurde. Diese sogenannten «Pipes», vertikale Schlote (Durchbruchsröhren), reichen bis in den Bereich des Erdmantels hinunter. Die Schönheit der Berge ist zu einem erheblichen Anteil auch durch Flora und Fauna mitbestimmt, die zusammen mit den Gesteinsformationen zum alpinen Gesamterlebnis beitragen. Aus den zahlreichen Tier- und Pflanzenmotiven soll aus der Serie «Alpenblumen» (1966) nur die Wulfenia (2,20 Schilling) herausgegriffen werden. Diese Blume aus den Karnischen Alpen erinnert an den großen Naturforscher, Priester, Mineralogen und Botaniker Franz Xaver Wulfen (1728 in Belgrad – 1805 in Klagenfurt), der ab 1773 von Klagenfurt aus zahlreiche Forschungsausflüge in die Karnischen Alpen unternahm. Dabei fand er auch die Wulfenia, die mit dem 20 bis

40 cm hohen behaarten Stengel zu den Rachenblütlern gehört. Auch ein Mineral, der gelbe Wulfenit («Gelbbleierz», Blei-Molybdänmineral, $PbMoO_4$), ist nach ihm benannt.

Nicht minder schön und imposant stürzt in Kärnten der Tschaukofall in die Tiefe (1986, 5 Schilling). Er liegt geologisch in den Karawanken, der südlichsten geologischen Großeinheit in den Alpen. Nennenswert sind hier – südlich der Periadriatischen Linie (=Grenze zwischen Nord- und Südalpen) – zahlreiche Blei-Zinkvererzungen in Karbonatgesteinen der Trias. Hier ist vor allem die Obir-Tropfstein-Höhle zu nennen, die bei der Suche nach Erzen entdeckt wurde und seit 1991 für Besucher zugänglich ist. Wenn auf der 5-Schilling-Sondermarke (1991) die gelblich-orangen Farben der Tropfsteine der «Pagode» auffallen, so kommt die Färbung von Eisenoxyden, die aus den umgebenden, erzführenden Kalken gelöst wurden und später als Stalaktit (hängend) oder Stalagmit (stehend) wieder ausgefällt wurden. Eine völlig andere Art der Schönheit bietet die Dachstein-Rieseneishöhle im Dachsteinmassiv (Oberösterreich) in den Nördlichen Kalkalpen. Der Dachstein (2993 m) besteht aus Dachsteinkalk, einer lagunären Ablagerung aus der Oberen Trias (vor 220 Millionen Jahren). Die Eisbildung in der Dachsteinrieseneishöhle läßt sich wie folgt erklären: Die Höhle gehört zu den «dynamischen» Eishöhlen. Die Eisbildung steht hier in Abhängigkeit von der Bewetterung (= Luftzufuhr) von außen, wobei nicht nur der Höhleneingang eine Rolle spielt, sondern zahlreiche luft- und wassergängige Klüfte im verkarsteten Dachsteinkalk. Hat sich einmal durch eindringende kalte Luft und Wasser Eis gebildet, kommt es in der Höhle zu einer Art Kühlschrankeffekt und dann kondensiert selbst warme Luft und gefriert, was zur Bildung der wunderschönen Eisgebilde führt. Ist an vielen Stellen der Alpen der Rückzug der Gletscher meßbar, ist in der Höhle keine derartige Tendenz bemerkbar. Diese Fremdenverkehrsattraktion wurde 1928 mit elektrischem Licht ausgestattet und zum Naturdenkmal erklärt. 1963 erfuhr das Gebiet einen flächenhaften Schutz, bis schließlich am 7. Dezember 1997 die gesamte Region in die World Heritage List der UNESCO unter der Identifikationsnummer 806 aufgenommen wurde. Beim Antrag der Unterschutzstellung durch das Land Oberösterreich wurde folgendes mitberücksichtigt: «Insbesondere die Dachstein-Rieseneishöhle (Österreichisches Höhlenverzeichnis 1547/17) repräsentiert das international Typische an Österreichs Höhlen, kann doch Österreich mit Recht auch als das ‚Land der Eishöhlen' bezeichnet werden.» 1987 wurde sie auf einer 5-Schilling-Marke im Rahmen der Serie «Naturschönheiten» gewürdigt.

Ob der Klagenfurter Lindwurm eine Schönheit ist,

mag dahingestellt bleiben, eine Besonderheit ist das sagenhafte Tier allemal. Heute gilt als gesichert, daß dem Bildhauer Ulrich Vogelsang für den Lindwurm, den er aus einem paläozoischen Grünschieferblock aus einem Steinbruch am Kreuzbergl schuf, der Schädel eines eiszeitlichen Fellnashorns als Vorbild diente. Der Schädel wiederum wurde – vermutlich – in der sogenannten «Lindwurmgrube» am Zollfeld nördlich von Klagenfurt im Jahre 1353 gefunden. Heute ist der Schädel im Kärntner Landesmuseum ausgestellt. Das hohe Alter der sieben Lindwurmsagen belegt ein Wappen aus dem Jahr 1287. Erstmals erschien der Lindwurm 1968 auf einer 2-Schilling-Marke, ein zweites Mal 1997 als 6,50-Schilling-Marke im Rahmen der Serie «Sagen und Legenden aus Österreich». Ein anderes Fossil wurde 1976 auf einer 3-Schilling-Sondermarke des Naturhistorischen Museum abgebildet. Der Ammonitenabdruck (=ausgestorbener Kopffüßer) eines Virgatosphinctes stammt aus dem Ernstbrunner Kalk (Oberjura, 130 Millionen Jahre) und diente auch als Vorbild für das Logo des Museums. Ausgestellt ist das Original in der Direktion des Hauses.

Lange ließe sich die Liste der auf Briefmarken verewigten geologischen Merkwürdigkeiten fortsetzen, doch es geht nicht darum, Vollständigkeit zu erreichen. Wir werden vielmehr Sichtweisen aufzuzeigen und an der Schwelle zum nächsten Jahrtausend, vor einer Währungsumstellung, die sich auch auf Briefmarken auswirken wird, mit Spannung auf das Kommende warten und dabei im Sinne der Aufforderung auf der 5,50-Schilling-Marke des Jahres 1992 nie vergessen: «Schützt die Alpen!»

Danksagung

Für Hinweise und Hilfestellung dankt der Autor Hannes Hübl (Wien), Karl Mais (Wien), Gerhard Pestal (Wien), Gisela Wöber (Wien) und Friedrich Ucik (Klagenfurt) sowie den KünstlerInnen (Helga Herger, Anna Kammerer-Rogler, Marianne Siegl für die «Prof. Otto Zeiller-Gesellschaft» sowie Werner Pfeiler, Adalbert Pilch, Peter Sinawehl) für die Erlaubnis, die Briefmarken abzubilden.
Repro der Briefmarken: Siegfried Laschenko (Wien).

Literatur

Fally, Wolfhart [Red.] (1985): Wasserfallweg Krimmler Wasserfälle.– Naturkundl. Führer zum Nationalpark Hohe Tauern, Bd. 3, 56 S., 9 Abb., Innsbruck.

Frasl, Günther & Frank, Wolfgang (1969): Bemerkungen zum zweiteiligen geologischen Panorama von der Edelweißspitze (Großglockner-Hochalpenstraße).– Wiss. Alpenvereinshefte, 21. 12–114, 2 geol. Panoramaktn., München.

Hofmann, Thomas (1998): Der Mythos vom Tauerngold.– Alpenverein 4/98, Jahrgang 53 (123), S. 20–21, Innsbruck.

Hofmann, Thomas (1998): Adalbert Pilch – der ewig junge Meister.– NÖ Kulturberichte, 2, 14–15, St. Pölten.

Hofmann, Thomas (1998): Gaia's Sterne: Ausflüge in die geologische Vergangenheit Österreichs.– Unveröff. Manuskript (211 S., 56 Abb., 1 Tab., Anh.)

Höck, Volker & Pestal, Gerhard (1994): Geologische Karte der Republik Österreich Blatt 153 Großglockner.– Geol. B.-A., Wien.

Plöchinger, Benno (1982): Geologische Karte der Republik Österreich Blatt 95 St. Wolfgang (mit Erläuterungen) – Geol. B.-A., Wien.

Ucik, Friedrich H. (1972): Bergbau und Montanindustrie auf österreichischen Briefmarken.– Leobener Grüne Hefte, 135, 26 S., 17 Abb., Wien.

Van Husen, Dirk (1989): Geologische Karte der Republik Österreich Blatt 65 Mondsee.– Geol. B.-A., Wien.

Reinhard Walcher: Bergjause. Eine Bildergeschichte in vier Folgen. Pastell auf Papier, 1999.

Landjäger und Müesliriegel

Was ißt der Mensch, wenn der Berg ruft? Eine kleine alpine Ernährungskunde.

Von Waltraud Mayr. Mit Bildern von Reinhard Walcher

Was isst der Mensch, wenn der Berg ruft? Heute, im Zeitalter der Ernährungsphysiologie und Sportmedizin, mag das eine wissenschaftliche Frage sein, die zu erörtern andere berufener sind, aber früher? Vielleicht lassen sich die Erfahrungen, die Bergsteiger früherer Jahrzehnte machten, vergleichen mit dem, was heute als gängige Praxis gilt? Oder ist die Ernährung am Berg den gleichen Moden unterworfen wie die Ernährung im Tal, kommt also nach der Nouvelle Cuisine die bodenständige Küche mit der Renaissance des Landjägers?

Was Ötzi gegessen hatte, bevor er am Hauslabjoch liegenblieb, ist mit den Mitteln der forensischen Medizin ausreichend erforscht, und ohne daß wir seinen Mageninhalt und dessen Verdauungsstadium noch einmal ausführlich referieren wollen, stellen wir die These auf: Etwas anderes als bei den zurückbleibenden Leuten im Tal wird es nicht gewesen sein, und ob er jetzt Dreiviertel- oder Fast- oder Ganz-Vegetarier war, ist für uns auch unerheblich. Fix ist hingegen: Er hat Proviant mitgeführt, weil der Mensch nicht stundenlang bergsteigen kann, ohne etwas zu sich zu nehmen. Und die Angst vor dem Verhungern und Verdursten ist – vor allem bei den Bergwanderern – bis heute viel weiter verbreitet als die Angst vor dem Erfrieren oder Herunterfallen. Bleibt das Transportproblem, und das dürfen wir nicht unterschätzen, denn es ist sozusagen ein zweifaches: Einerseits muß die Versorgung der Bergsteiger «von außen» sichergestellt werden. So dient alpine Infrastruktur – jedenfalls in den touristisch gut erschlossenen Alpen – zu einem Großteil der Heranschaffung des Notwendigen, also in erster Linie der Lebensmittel. Andererseits sind die Bergsteiger eigenverantwortlich für ihre Verpflegung während der Touren, und was auf den Gipfeln der Welt verzehrt wird, muß meist von denen, die essen und trinken wollen, selbst hinaufgetragen werden.

Rucksack packen

Wir wissen, daß uns kein Sherpa zur Verfügung steht. Haben Sie einmal Kinder beim Wandern beobachtet? Die fühlen sich als «vollwertige» Wanderer, sobald sie ihr eigenes Essen im Rucksack tragen können. Später ist man dann nicht mehr so scharf drauf, einen recht vollen Rucksack zu haben.

Was gab es in der Frühzeit des Alpinismus zu essen? Genau wie jetzt sehr Unterschiedliches. Größer als die Veränderung der Nahrung selbst scheint die Entwicklung der Behälter zu sein. Schon im 19. Jahrhundert wurden bestimmte Konserven englischer Provenienz als besonders bergtauglich gepriesen. Wir halten *corned beef* vielleicht nicht mehr für die ultimative Bergnahrung, und Weißblech als Verpackungsmaterial hat zu wenig alternativen *touch*, als daß wir es für präsentabel hielten. *High tech* ist in der Verpackung jedenfalls genauso die Devise wie in der Kleidung, und wer *Gore-tex* und Microfaser am Leib trägt, hat im Rucksack auch nicht mehr die gute alte Proviantdose. Kennen Sie die überhaupt noch? Sie war aus Aluminium, in zwei Farben zu haben, «Gold» oder «Silber», und der Unterschied zwischen den verfügbaren Modellen manifestierte sich – außer in der Größe – in unterschiedlicher Anordnung der Belüftungslöcher im Deckel. Die ganz besonderen hatten in den zwei gegenüberliegenden Ecken ein Edelweiß eingestanzt ... Trotz der Stoffserviette, in die der gesamte Inhalt gepackt wurde, klapperte einiges bei jedem Schritt, und bei Familienausflügen, bei denen traditionell der Papa das Essen für alle trug, fand ich dieses Geräusch immer sehr verheißungsvoll, denn am Berg gab es andere Dinge zu essen, als wir im Tal und zu Hause bekamen.

Als Verpackungsmaterial diente sonst das Butterbrotpapier, großspurig «Pergament» genannt. Ganz fettdicht war es nicht, und im Lauf des Tages zeichneten sich die Speckränder schon von außen deutlich auf dem Packerl ab. Der Vergleichstest mit *Tupperware* kann unterbleiben, da ist das Papier auf verlorenem Posten: Plastik ist leicht, inzwischen auch ziemlich haltbar, und es schließt Behälter luftdicht ab. Höchstens die großen Temperaturunterschiede machen dem Material noch zu schaffen. Und was packen wir in die Dosen? Früher war ich ein Verfechter der «fertig gerichteten» Brote, aber das zwingt zu einer vorzeitigen Entscheidung für einen bestimmten Brotbelag und setzt den Variationen im Mengenverhältnis zwischen Brot und Belag enge Grenzen. Woher weiß ich, vieviel Wurst ich auf dem Gipfel bei der Mittagsrast mögen werde? Also Brot und Wurst getrennt einpacken, und dazu den Taschenfeitl. Leute, die etwas auf sich halten, nehmen natürlich das Schweizer Armee-Messer, aber abgesehen vom *snob appeal* hat es für mich keine weiteren Vorzüge. Das Brot ist natürlich Schwarz- oder Vollkornbrot, denn meistens sieht es mehrere Gipfel, bevor es verzehrt wird. Semmeln? Die werden schnell zäh, und wir machen beim Bergsteigen nicht die Franz-Xaver-Mayr-Kur. Weißbrot am Berg wirkt ohnehin ein bißchen deplaziert, wenn es nicht in jenen berühmten Hütten angeboten wird, die man schon in den zwanziger Jahren als «Hotels» bezeichnen konnte. Von Ginzling im hintersten Zillertal sollen Bauernbuben jeden Tag um drei die ersten Semmeln beim Bäcker abgeholt und im Buckelkorb auf die Berliner Hütte getragen haben, damit das verwöhnte Publikum nicht darben mußte. Klingt irgendwie dekadent … Also Schwarzbrot, und im Belag Fett und Eiweiß in der richtigen Mischung. Ob Dauerwurst die Ideallinie der Ernährung darstellt, weiß ich nicht, aber Millionen Bergsteiger können nicht irren, oder? Und seit Jahrhunderten gibt es Landjäger (eben, die Jäger haben ja auch immer eine Jause mit) und Kaminwurzen (vorzüglich, wenn sie ganz hart und trocken sind, weil sich das «Fettfinger-Problem» gar nicht stellt), oder die Polnische, die bei einem österreichischen Hersteller von vornherein «Bergsteiger» heißt und in verschiedenen Größen angeboten wird. Und Käse, aber der ist schon heikler. Weichkäse leidet unter den Temperaturschwankungen, nur ganz harter Hartkäse übersteht längere Aufstiege in praller Sonne, ohne zu Tränen gerührt zu werden. Gottseidank gibt uns die Nahrungsmitteltechnologie – sonst mißtrauisch beäugt – als Alternative den Schmelzkäse in die Hand, in diesem Fall die Rettung für alle Vegetarier. Geschmacksvarianten stehen in großer Zahl zur Verfügung; seit es den roten Aufreißfaden gibt, ist die Aluverpackung optimiert und der Verzehr frustfrei, höchstens die Entsorgung muß noch bedacht werden. Aber dazu später. Im 19. Jahrhundert schien Butter unverzichtbar. Wir sind davon wohl ganz abgekommen, wahrscheinlich sind unsere kühlschrankgewöhnten Geschmacksnerven mit zu warm gewordener Butter gar nicht mehr zu versöhnen. Mir erscheint Butter am Berg nur innerhalb ihres «Herstellungszusammenhanges» sinnvoll, also aufs Brot, wenn wir bei einer Alm rasten, wo frisch geschlegelt wurde.

Du darfst, du sollst, du mußt …

Wen auch immer ich zum Thema befragt habe, jeder schien ein schlechtes Gewissen zu haben, wenn er über Ernährung am Berg reden sollte. Leute, die Berge in Mexiko bestiegen haben oder auf dem Ararat waren, reden herum und erklären mir: «Gut wäre …», «Man sollte …», «Es wird empfohlen …» Aber halten mag sich niemand dran. Wenn man sie nach ihren persönlichen Vorlieben fragt, erzählen sie genau das, was die weniger professionellen Wanderer auch sagen. Also plädiere ich für etwas weniger Dogmatik und mehr Selbstbewußtsein: Her mit der Salami, wenn sie uns schmeckt!
Verpflegung am Berg ist nicht wertfrei. Was heute als gut gilt, kann morgen schon in den Bereich der unverständlichen Marotten abgedrängt werden, und die Gurus der Bergsteiger-Ernährung sind wie alle Gurus fundamentalistische Eiferer, die keine andere Lehre neben der eigenen dulden. Am besten läßt sich das am Beispiel «Trinken am Berg» veranschaulichen. Da hieß es früher: Erst am Gipfel trinken, unterwegs nach oben keine Nahrung zu sich nehmen, das belastet den Organismus nur. Dagegen berichtet Emil Zsigmondy von Schweizer Führern, die alle drei Stunden eine Rast für die Nahrungszufuhr einlegen. Dieser Wert ergab sich für die geübten Geher sicher aus der Erfahrung. Und damit sind wir eigentlich schon bei dem, was heute allen Sportlern empfohlen wird: Essen, bevor man hungrig ist, trinken, bevor man Durst hat. Mit dem Essen haben wir uns schon beschäftigt, aber was wollen oder sollen wir trinken? Vor hundert Jahren wurden Wein und Schnaps offensichtlich in weit größeren Mengen konsumiert als heute.

Wessen Magen das reine Wasser nicht verträgt …

Aber bereits Beda Weber stellt 1837 fest, der Tiroler Wanderer «lieb(e) es nicht, Wein mitzuschleppen, er macht … unaufgelegt zu gehen, schwere Füße,…» Aber dafür hält er ein paar Tropfen Rum auf einem Zuckerstück für gut, um verbrauchte Energie rasch zu ersetzen – nicht gerade zu vergleichen mit den isotonischen Durstlöschern, die heute angeboten werden. Wein galt wohl in weiten Kreisen als das «normale» Getränk, kein Wunder, lebten doch die meisten Menschen in Gegenden, in denen das Trinkwasser wesentlich verdächtiger und womöglich mit viel mehr Keimen belastet war als Wein. Und die frühen Touristen gehörten ja auch nicht zu den Armen, die sich den Wein nicht leisten konnten. Bergführer und Skilehrer in den Dolomiten erzählen heute noch, daß in der Zwischenkriegszeit zu ihrer Verpflegung, die vom Hotel oder der Hütte zu stellen war, ganz selbstverständlich zwei Liter Wein täglich gehörten. C. T. Dent empfiehlt 1893 in seinem «Handbuch für Bergsteiger» reines Wasser als Getränk. Aber er fügt treuherzig hinzu: «Wessen Magen das reine Wasser nicht verträgt, der mische es mit einem Schluck Wein.» Und dann hat er noch einen besonderen Tip parat, mit dem er schon in die Nähe der Nobeltouristen im Berghotel rückt: «Champagner oder Asti spumante bilden, wenn man den ersehnten Gipfel erreicht hat, eine köstliche Erfrischung: wenn man sie hierfür mitführen will, ist nichts einzuwenden.»
Na also! Das hatte noch Stil! Dagegen ist der winzige Schluck Schnaps, den man uns immer aufgezwungen hat («Sonst verkühlst du dich, Kind!») gar nichts. Schnaps, Rum und Cognac werden immer wieder in den Ratgebern erwähnt, aber sie gehören wohl eher in die Kategorie «Apotheke» – als Medizin bei Magenverstimmung und ähnlichen Leiden. Vereinzelt wird schon gewarnt vor der Wirkung des Alkohols,

Zsigmondy zum Beispiel nimmt keinen Wein mit, weil «wir ihn in ausreichender Menge zum Durstlöschen doch nicht mitnehmen können und er in solcher Menge genossen üble Folgen hätte.» Auch er erkennt Wein demnach als «Durstlöscher» an; eine Vorstellung, die uns heute ziemlich fremd ist. Und die üblen Folgen? Der «praktische Wink» findet sich gleich auf der folgenden Seite: Zsigmondy führt die Absturzgefahr vor Augen und warnt vor der trügerischen Wirkung des Alkohols bei Kälte. Seltsam, daß sonst allgemein die Wirkung des Alkohols wenig thematisiert wird und sich kaum Angaben darüber finden, wieviel «zu viel» sein könnte, wenn vor übermäßigem Genuß gewarnt wird. Aber wie sollte es auch verbindlichere Aussagen dazu geben, wo die Bergsteiger offensichtlich auch im Alltag weit mehr Alkohol konsumiert haben, als wir heute für zuträglich halten? Und die Einschränkung der Reaktionsfähigkeit, die für uns als Autofahrer die selbstverständlich akzeptierte Wirkung des Alkohols ist, scheint kaum zum Thema zu werden. Erst wir im Zeitalter der absoluten Mobilität haben die neue Nullkomma-fünf-Promille-Grenze so weit internalisiert, daß wir sie automatisch auch für das Bergsteigen gelten lassen – ohne Straßenverkehrsordnung. Aber wir sehen im Bergsteigen eben

primär einen Sport, bei dem sich Schädliches wie Alkohol de facto von selbst verbietet…
Trinken muß der Mensch trotzdem. Schlagen wir wieder nach bei Zsigmondy und Dent. Der eine hält Limonade (aus kristallisierter Zitronensäure und Zuckerwasser) für das non plus ultra. Als Verbesserung kann er sich noch vorstellen, daß der Würfelzucker vorher an der Schale der Zitronen abgerieben wird und so das ätherische Öl aufnimmt. Dieses Rezept erinnert mich an den Skiwasser-Sirup meiner Mutter: Orangen dünn mit dem Kartoffelschäler abschälen und in Weingeist einlegen, bis der die Farbe der Orangen und ihren Duft vollständig aufgenommen hat, dann zwei Liter Zuckersirup mit zwei Stamperln Weingeist und drei Deka [=30 Gramm] Zitronensäure mischen. Im Skiwasser wird der Sirup dann wieder eins zu acht verdünnt, der Alkohol hat sich also homöopathisch verteilt, aber das Skiwasser schmeckt doch nach den ätherischen Ölen der Orangen.
Ach überhaupt, Skiwasser! Das gibt es auch nur bei uns: Himbeer-Zitronen-Sirup zum Verdünnen, damit die Durstigen wissen, sie haben mehr zu sich genommen als bloßes Wasser, und der Preis gerechtfertigt ist. Die sprichwörtliche «Hüttenverdünnung», die das auf der Flasche empfohlene

Mischungsverhältnis «streckt», bis nur mehr ein bißchen Zucker und ein bißchen Farbe übrigbleiben, die das «Ski-» im Wasser markieren! Dagegen ist das Skiwasser meiner Mutter eigentlich ehrlich, weil von vornherein fast farblos.

Das «Strecken» und Nachfüllen der Flasche, bevor sie leer ist, gilt vor allem, wenn man nur Schnee nachstopfen kann, schon seit mehr als hundert Jahren als gängige Praxis. In den zwanziger Jahren wurde das Brausepulver erfunden, Zucker mit ein bißchen Farb- und Aromastoff; damit trat die Kohlensäure ihren Siegeszug als Durstlöscher an. Heute empfinden wir reines Leitungswasser, wenn es nicht ganz kalt ist, oft schon als «eingeschlafene Füße»; nur, was prickelt, gilt als frisch!

Zurück zu unseren Gewährsleuten im vorigen Jahrhundert. Dent, ein Verfechter der längeren Durststrecke am Anfang einer Bergtour, erwähnt auch Tee und Kaffee als Getränke, aber sie scheinen ihm nicht ganz geheuer zu sein. Über die Menge der Flüssigkeit, die der Mensch zu sich nehmen soll, herrscht heute wohl – aus der Sicht der Sportmedizin – ziemliches Einverständnis. «Viel trinken!» als Leitspruch ist für uns auch leichter zu akzeptieren, weil die Transportprobleme geringer sind. Stellen Sie sich vor, Sie müßten Ihr *Isostar* im ledernen Wassersack mitführen (Es wurde allgemein beklagt, daß das Leder vor allem anfangs den Geschmack erheblich beeinträchtige!) oder in der metallenen Feldflasche … Da hat Plastik unbestreitbare Vorteile; sogar für die vielgeschmähten Aludosen spricht einiges: Sie sind leicht wie Kunststoff und dazu unempfindlich gegen Druck. Und jetzt, wo nach dem weltweiten Kampf der Umweltschützer für einen «igelsicheren» Öffnungsring dieser an der Dose bleibt, kann man sich an weggeworfenen Verschlüssen nicht mehr schneiden. Trinken und ab mit der Dose in die Altstoffsammlung. Die süßen Limonaden haben am Berg auch nicht die gleiche schlechte Presse wie sonst. So etwas wie Cola enthält jedenfalls genügend Zucker, um belebend zu wirken. Die Koffein-Menge hingegen reißt niemanden aus der Lethargie.

Schwarztee gilt als das «Berggetränk» schlechthin, heiß oder kalt. Und hier ist es an der Zeit, über die Thermosflasche zu reden, bevor wir auf ihren Inhalt eingehen. Können Sie sich eine Skitour ohne Thermosflasche vorstellen? Und wie lautet die existentielle Frage nach einem Sturz? – «Hat die Flasche überlebt?» Nichts Traurigeres als Tee mit Spiegelscherben im Plastikbecher …

… bringt verbrauchte Energie sofort zurück

Der Mensch lebt nicht nur bei Frühstück und Gipfelrast, er braucht auf jeden Fall noch etwas zwischendurch, sei es, weil er wirklich Energie benötigt, oder einfach so zum Naschen. Da haben wir die große Auswahl. Beginnen wir mit dem Studentenfutter, weil Nüsse Energie und Mineralstoffe liefern und Trockenfrüchte neben Spurenelementen viele rasch verwertbare Zuckersorten enthalten. Dörrobst und Rosinen sind auch der Hauptbestandteil von Zelten und Kletzenbrot. Es gibt Tourengeher, die schwören darauf, und das hat Tradition. Vermutlich wäre die Eroberung der höchsten Alpengipfel und erst recht des Himalaya auf halbem Wege zum Stillstand gekommen, hätten nicht die britischen Alpinisten ihren berühmten *fruitcake* mitgeführt. Er besteht aus Trockenfrüchten und gehackten Nüssen, die mit gerade so viel Teig verklebt sind, daß die Masse zusammenhält – eine kompakte Sache, schwer, aber gehaltvoll, und in Blechdosen leicht zu transportieren. Ob Sir Edmund Hillary wirklich dem mit Brandy getränkten Dundee Cake den Vorzug gab, wie behauptet wird, können wir nicht nachprüfen. Ernährungsbewußte heute halten sich lieber an Müesliriegel – im Prinzip sind es fast die gleichen Inhaltsstoffe …

Dazu können wir natürlich auch andere Riegel essen, von denen uns die Werbung verspricht, wir würden nach deren Genuß ungeahnte Höchstleistungen vollbringen. Und diese Riegel bestehen aus der guten, alten Schokolade und ein bißchen Karamel! Es gab «Fliegerschokolade», «Bergsteigerschokolade» gibt es nicht, aber unbestritten ist, daß die Tafel (bitter, wenn möglich!) zur Grundausstattung des Alpinisten gehört. Die Wissenschaft kann uns auch erklären, welche chemischen Prozesse, ausgelöst durch Kakaobestandteile, euphorisierend wirken und deshalb das Wanderer-Schicksal weniger schlimm erscheinen lassen, wenn wir uns verlaufen haben oder auf Hilfe warten müssen. Und mehr Kalorien pro Deka gibt es auch kaum. Übrigens ist Schokolade auch schon seit mehr als hundert Jahren die Ausdauer-Nahrung schlechthin. Recht «neu» dagegen ist das «Jausenpackerl von Mutter Natur», wie die Werbung die Banane nennt. Als Obst unerhört praktisch, weil «verpackt», und weniger problematisch zu essen als ein Apfel, geschweige denn Zitrusfrüchte, gilt sie uns als der Inbegriff der Sportlernahrung, seit wir im gesehen haben, wie Tennisspieler spätestens nach dem zweiten *tie break* ein paar Bissen (und damit Kalium und Calcium) nehmen, damit sie beim Service nicht unter Wadenkrämpfen leiden.

In den fünfziger Jahren, als wir alle an den Fortschritt glaubten, versprach man uns für das Jahr 2000 Astronautennahrung als Alltagskost, oder überhaupt die Ernährung nach Formel, in Form von Pillen. Inzwischen wehren sich die Leute in der Raumstation gegen den tristen Tubenfraß, und im Alltag hat sich natürlich auch die Ernährungspille nicht durchgesetzt. Wir brauchen eben Genuß, nicht nur Nährstoffe! Nur am Berg sah es einige Zeit so aus, als gebe es mit *Dextro Energen* alles, was der Mensch braucht, in unschuldigen weißen Täfelchen, deren größter Fehler ist, daß die Verpackungsfolie so leicht davonfliegt. Jetzt wissen wir es aber auch da besser und ziehen die langsame Stärke dem schnellen Zucker vor. Die isotonischen Getränke bleiben die einzigen «Nahrungsmittel», die direkt aus der Retorte kommen, und dabei versucht man noch, durch Zitrusgeschmack den Anstrich des «Natürlichen» zu kultivieren.

Alpine Infrastruktur

Wenden wir uns zuletzt der alpinen Infrastruktur zu, den Einrichtungen, die den Wanderern und Alpinisten Schutz und Nachschub sichern. Ob mittelalterliches Hospiz, Schutzhütte oder Lift-Bergstation, sie alle bieten dem Alpinisten zwei Dinge: einen Platz im Trockenen, gegebenenfalls geheizt, und etwas zu essen und zu trinken. Daß das Essen warm sein sollte, postulieren nicht so sehr die Ernährungsexperten als unser aller Sehnsucht nach Herd und Geborgenheit, und so schauen wir gleich in den Topf: Aaaaah, Suppe! Nicht irgendeine, die Ur-Suppe, sozusagen. Knödelsuppe ist natürlich möglich, in dekadenten Gegenden mag ein Grießnockerl in der Bouillon schwimmen, aber eine richtige Bergsteigersuppe ist etwas anderes, sie bietet ein Kaleidoskop an Farben und Geschmäckern, auch wenn das Standard-Rezept recht einheitlich sein kann. Die Variationen ergeben sich aus der Versorgungslage und der Notwendigkeit, eventuell auch doppelt so viele Leute mit dem Vorhandenen satt zu machen wie ursprünglich vorgesehen. Also Fleisch, Geselchtes oder Wurst, so vorhanden, Wurzelgemüse, weil es haltbar ist und gesund, Zwiebeln für den Geschmack, und zur Sättigung Hülsenfrüchte, Erdäpfel, Gerste oder Nudeln. So eine Suppe hat alles: Flüssigkeit zur Ergänzung des Elektrolythaushaltes. Sie mag auch ein bißchen stärker gesalzen werden, als das im Tal notwendig wäre, weil wir mehr schwitzen, unterschiedliche Geschmackskomponenten und Farben, und sie liefert Eiweiß und Fett in Maßen, in erster Linie aber Kohlenhydrate. Klar ist auch, daß sich diese Bergsteigersuppe nicht sehr unterscheidet zwischen Skandinavien und den Pyrenäen, in Schottland gibt es sie genauso wie in den Alpen, und die Firma Knorr (die mit der Erbswurst, von der noch die Rede sein wird) vertreibt sogar eine Packerl-Variante für das Tal. Die Zutaten dafür mögen authentisch sein, aber sicher fehlt die besondere Würze, die man nur spürt, wenn einem der Jochwind den Mund ausgetrocknet hat … Die Suppe kann «klar» sein, aber weit häufiger ist sie eingebrannt oder eingemacht. Und dieses Symbol der Zivilisation, dieser Vorposten der Menschlichkeit wurde als eines der frühesten Nahrungsmittel standardisiert, rationalisiert und industrialisiert. Das lag nicht an den Bergsteigern im 19. Jahrhundert, die forderten, man müsse Unverderbliches, Transportables für die Zubereitung am Berg bereitstellen, sondern an den Militärs, die sich durch die Nahrungsmittelindustrie eine Belebung von Nachschub und Versorgung versprachen. Was herauskam, hieß Suppenwürfel oder Erbswurst, und es leistet heute noch gute Dienste. Kulinarische Offenbarungen sind mit Fleischextrakt und Erbswurst (es gibt sie noch, wenn sie auch im normalen Lebensmittelhandel wegen ihres Nachkriegs-Images kaum noch anzutreffen ist) natürlich nicht möglich. Also schauen wir uns an, was die «Karte» auf der Hütte sonst noch bietet. Schlichte Antwort: Alles. Höchstens in wirklich entlegenen Regionen unterscheidet sich das Speisenangebot noch von dem im Tal, weil der Transport mittels Hubschrauber logistische und finanzielle Grenzen setzt, die für die Zulieferung per Seilbahn oder 4WD-Fahrzeug nicht gelten. Seit kaum mehr mit Muli oder Pferd gesäumt wird, ist fast alles möglich. Und wer auf einer Hütte ein Wiener Schnitzel mit gemischtem Salat will, bekommt es auch, nicht nur auf wirklichen Gourmet-Hütten … Solche gibt es nämlich auch. Vor allem unter Tiroler Hüttenwirten sind einige Jäger, die zu gegebener Zeit «aus eigener Jagd» anbieten können. Daß diese Gerichte nicht den Weg auf die Karte finden, versteht sich von selbst: Die Eingeweihten wissen's eh, wenn's was gibt, und fragen danach … Und dann sind da noch die Bergstationen der Seilbahnen und Berghotels wie jene in St. Moritz, wo sich die Reichen und Schönen schon im Sommer für den Skiurlaub jeden Mittag einen Platz reservieren lassen, damit man sie dabei beobachten kann, wie sie Räucherlachs garniert mit Hummer und drei Sorten Kaviar zu einem Glas Chardonnay verzehren. Da wird das Essen in der Hütte zum Beweis des persönlichen Erfolgs und der Gruppenzugehörigkeit …

Zwei-Klassen-Gesellschaft

Zurück zu den «normalen» Bergsteigern. Auch manche Alpenvereinshütten sind zu ganz normalen Gasthöfen geworden, in denen Komfort und Auswahl für die Konsumenten im Vordergrund stehen. Aber in allen, ob leicht oder weniger leicht zugänglich, gibt es noch dieses Relikt des Versprechens, daß für alle, die dazugehören, etwas zum Essen da sein muß: das Bergsteigeressen, kurz «der Bergsteiger» ein preiswertes Gericht, gleichzeitig nahrhaft. Ob «Knödel mit …» oder die klassischen Wurstnudeln, erst in jüngster Zeit hat sich erwiesen: diese Art der Ernährung erfüllt wirklich die Anforderungen, die Leistungssportler stellen. Und wenn die Radler auf der Tour de France kiloweise Spaghetti essen, kann Ähnliches für die Bergsteiger nicht falsch sein. Die Analogie zum Bergsteigeressen bildet das Teewasser für AV-Mitglieder, um das vor ein paar Jahren im inneren Ötztal ein veritabler Streit entbrannt war. Die Frage: «Ist kochendes Wasser ein Getränk?» stand zwar vordergründig zur Beantwortung an, gegangen ist es aber doch eher darum, ob eine Schutzhütte ein Gastronomiebetrieb wie jeder andere ist, oder ob für Bergsteiger, jedenfalls die traditionellen, andere Regeln gelten, und gekämpft wurde natürlich um Geld, nämlich die Getränkesteuer.

Entsorgungsproblem

Wenn der Überfluß auch am Berg herrscht, so wie in allen anderen Lebensbereichen, verschieben sich natürlich die Perspektiven. Unsere Sorge gilt heute weit mehr der Frage, wie bringen wir unseren Dreck wieder hinunter? Da in den Hütten nur ein beschränkter Konsumationszwang herrscht, der ohnehin dem Grundgedanken des Schutzes für alle, die seiner bedürfen, widerspricht, wird das Entsorgungsproblem endgültig zu einem kollektiven. Und so mancher Hüttenwirt seufzt unter der Last der Verpackungen, die ihm Lebensmittel hinterlassen, an denen er keinen Groschen verdient hat, denn vom Verursacher-Prinzip halten die meisten Bergwanderer wenig. Sie sind schon stolz darauf, wenn sie ihren Dreck in die Abfallkübel werfen.

Was nehmen wir das nächste Mal mit, oder was bestellen wir uns auf der Hütte? Die Antwort ist ganz einfach. Alles, worauf wir Lust haben. Wir tragen es schließlich selbst hinauf. Und wann ißt man sonst mit solchem Appetit wie nach einem anstrengenden Aufstieg? Und sollte wieder einmal ein Experte kommen, der die ultimative Bergsteigernahrung gefunden hat: Probieren werden wir sie, denn wir sind neugierig, aber ob er uns bekehren kann?

Hans Henzinger: Kleine Halt, Gams- und Ellmauer Halt.

Die Großen Kaiserkare

Farbholzschnitte von Hans Henzinger. Mit einer Textbegleitung von Herbert Kuntscher

Kare sind aus erdkundlicher Sicht muldenartige Hohlformen, die durch die aushobelnde Wirkung eiszeitlicher Gletscher im Gebirgsmassiv entstanden sind. Darin sammelt sich Gesteinsschutt, der seinerseits durch das Klima und die Wirkung von Schnee, Eis und Wasser weiter zerkleinert wird. Kare werden häufig durch einen Riegel abgegrenzt, der die Bildung von Firnfeldern begünstigt. Die Bergformen werden durch Anzahl und Größe der eingebetteten Kare und die seitlich ansetzenden Wände, Kanten und Grate bestimmt.
Betrachten wir das Gebirge als Bauwerk, so sind die Kare die Fenster der Berge. Ihre Größe und Lage bestimmen den Eindruck von Länge und Breite des Gebirgsstocks, das Maß von Höhe und Tiefe, die Optik von Leichtigkeit oder Schwere, die Empfindung von Harmonie oder das Gefühl von Angst.
In der alpinen Literatur werden Kare stiefmütterlich behandelt. Kare sind Schuttkessel, die mit rutschigem Gestein gefüllt sind oder in denen sich der Schnee in harten Firn verwandelt, der das Überschreiten gefährlich werden läßt. Erst mit der Entwicklung des alpinen Skilaufs haben die Kare an Bedeutung gewonnen. Sie sind ein Inbegriff für Schneesicherheit und Firnabfahrten geworden.
Das Kaisergebirge zeichnet sich durch die Vielfalt seiner Formenwelt aus. Der Felskoloß des Haltenstockes, der terrassenförmige Klotz des Totenkirchls, die glatte Mauer der Fleischbank, die Schichtsäule des Predigtstuhls und die Zackenmauer des Griesnerkars wären nicht dermaßen eindrucksvoll, wenn nicht dazwischen ausgedehnte Kare eingebettet wären. Sie verleihen den Gipfeln ihr unverwechselbares Aussehen. Die Mannigfaltigkeit der Kaiserkare ist groß. Man denke an den Großen Friedhof, das tief eingekerbte Gamskar, die Treppenfolge der Scharlinger Böden, die himmelstürmende Steinerne Rinne, die Arena des Griesnerkars oder das blockige Eiland der Kreidegrube. Die Unterschiede in Form, Größe, Steilheit, Himmelsrichtung und Höhenlage sind beeindrukkend.
In der Holzschnitt-Serie «Große Kaiserkare» von Hans Henzinger wurden die bisher wenig beachteten Kare zum eigenständigen Motiv. Die oftmals nahezu waagrecht eingelagerten Kare verstärken den Schwung der nach oben strebenden Linien. Man lernt die Karmulden mit anderen Augen sehen. Die Schotter- und Schneefüllung der Kare sind ein unregelmäßiges, aber unablässig laufendes Uhrwerk des Gebirges. Hier sammeln sich die Steine, die von den Graten und Wänden zur Tiefe fallen. Sie werden zerkleinert, vom Frost gespalten, vom Wasser gelöst, fortgeschwemmt und abgelagert: Sekunden im Werden und Vergehen der Berge.
Die Holzschnitte begeistern den Kunstfreund ebenso wie den Naturliebhaber. Die Blätter sind keine Abbildungen, sondern abstrahieren, vereinfachen und reduzieren. Doch die Umrisse und charakteristischen Linien bleiben erkennbar. Dazu kommt die Wirkung der Farben, die in ihrem satten Ton scheinbar unwirklich sind und großflächig, kontrastierend und hervorhebend gewählt wurden. So entsteht eine Überlagerung aller jener Farbnuancen, die in den Bergen von Sonnenaufgang bis zum Abendrot und bis zum mitternächtlichen Mondglanz erlebbar sind.
Eine solche künstlerische Ausgewogenheit gelingt nur jemandem, der, wie Hans Henzinger, das Kaisergebirge kreuz und quer durchwandert hat, der durch die Wände geklettert und die Grate überschritten hat, der die Kare von oben und von unten kennt und der seine Skispuren darin gezogen hat.
«Der Kaiser war immer wieder der Berg, der mich zum Zeichnen verlockte», bekennt er selbst. So entstanden Skizzen, Schwarz-Weiß-Zeichnungen, Ölkreide-Entwürfe und schließlich Holzschnitte in Schwarz-Weiß und Farbe.
Die Texte zu den Bildseiten sind als Hinweise für jene gedacht, welche die Örtlichkeiten kennen oder sich daran erinnern. Die eingestreuten Zitate von Vertretern der Erschließungsgeschichte zeigen, wie verbreitet die Begeisterung für die Kaiserberge ist. Künstler, Bergsteiger oder Wanderer, alle werden empfinden, wie es der Kufsteiner Kaiserkenner Franz Nieberl einst niederschrieb: «Immer wieder fand ich dort, was ich sonst nirgendwo in so vollendetem Maß antraf: zarteste Regungen der Natur harmonisch vereint mit den Bildern einer gewaltigen Bergwelt.»

Großer Friedhof

Als Freithof bezeichnete man in der älteren Umgangssprache einen «eingefangenen» d.h. eingezäunten oder ummauerten Grund. Daraus hat sich der Begriff Friedhof entwickelt. Der Flurname Friedhof ist nicht als Begräbnisstätte zu verstehen, sondern dient zur Charakterisierung der Geländeform. In der

Unten: Großer Friedhof.
Rechts: Kesselkar.

Tat ist die Hochmulde unter den Nordwänden von Scheffauer und Zettenkaiser ein Beispiel für die Enge und den schroffen Übergang von Grünzone, Schotterböden und anstehendem Fels.
Der Große Friedhof ist ein Kar ohne Ausgang. Wer zur Grübler Lucke, der Einschartung zwischen den beiden Gipfeln möchte, kommt ohne Kletterei nicht aus.
Die Wege auf die Gipfel umgehen das Kar. Auf den Zettenkaiser führt der Riegensteig in einem weiten Rechtsbogen durch den Kleinen Friedhof. Westlich davon gibt es den Bauernfriedhof. Der Widauersteig auf den Scheffauer verläßt den Großen Friedhof in Ostrichtung und wendet sich über Bänder und Rinnen der Gipfelregion zu.
Der Große Friedhof ist ein einsamer Ort. Die jäh aufschießenden Wände erfüllen ihn mit Bedrücktheit. Herabgestürzte

Felstrümmer, vegetationslose Böden und Spuren von Steinschlag erinnern an die Vergänglichkeit …
Wer Friedhofsgedanken scheut, sollte sein Gesichtsfeld ändern. Beim Blick nach oben entdeckt man die schlanke Felsnadel unterhalb des Zettenkaisers. Michael Kaindl, Much genannt, Hüttenwirt und Bergführer am Steinberg, hat sie erstmals bestiegen. Ihm zu Ehren heißt sie Kaindlnadel.
Eine andere Perspektive vermittelt die Sicht in das Inntal. Vor mehr als 200 Jahren (1794) hat der Schwoicher Hilfspriester Franz Berndorffer in einem Bericht über seine botanische Exkursion «auf die Spitze des berühmten Kayserberges» geschrieben: «…bis wir auf einen schönen Platz, Freithof genannt, gelangten. Hier erblickte ich den schönsten Kräutergarten und das schöne Rosenheim lag vor unseren Augen da …»

Rechts: Kreidegrubenkar.

Kesselkar

Der Zahme Kaiser ist in seinem ersten Drittel ein begrüntes Plateau, das nach Norden steil in das Inntal abfällt. Gegen Osten werden die begrünten Flächen weniger. Nach der Pyramidenspitze verläuft der Hauptkamm als scharfer Grat bis zum Roßkaiser. Jenseits dieser Schneide in Richtung Walchsee ist das hufeisenförmige Winkelkar eingetieft. Gegen das Kaisertal bilden die vier sekundären Grate Steingrubenschneid, Öchselweidschneid, Vordere und Hintere Kesselschneid langgestreckte, bis tief in den Latschengürtel hineinreichende Kare. Eines davon ist der Große Kessel. Er wird von den beiden Kesselschneiden begrenzt. Der Name wurde später als Gipfelbezeichnung auf die höchsten Punkte des Kammverlaufs übertragen. Die Vordere Kesselschneid ist mit 2002 Meter der höchste Punkt im Zahmen Kaiser.
Der Große Kessel ist kein Schuttstrom von gleichmäßiger Neigung, sondern wird von flacheren Stellen und unterschiedlich gekörnten Schuttböden gegliedert. Bis in das Karzentrum in rund 1750 Meter Höhe kämpfen Pflanzen um ihren Lebensraum. Die südseitige Lage und die damit verbundene Sonneneinstrahlung begünstigen die Vegetationsdauer. Kalkschutt, Felsrasen und Felsspalten ermöglichen kleinen Blütenpflanzen, Moosen und Flechten das Fortkommen: Täschelkraut, Leinkraut, Gemskresse, Alpendost, Felsenblümchen, Steinbrech, Farnarten und hartwüchsige Gräser.
Der Große Kessel ist einsam. Er gehört den Gemsen, den Dohlen, die darüber hinwegfliegen und den Schneehühnern, die hier ihren Einstand haben – doch vor allem den Pflanzen, die sich einmal als Samen hier niederließen. Wie tröstlich, daß ein scheinbar totes Kar so unübersehbare Zeichen des Lebens trägt!

Kreidegrubenkar

Lange vor Beginn des Alpinismus haben Jäger und Wildschützen das Kaisergebirge durchstreift. Als Ortskundige führten sie die ersten Touristen. Der später zunehmende Besucherstrom führte dazu, daß die scheuen Wildtiere wie Gemse, Reh, Hase, Fuchs und Federwild sich in die Randgebiete zurückzogen. Der Ostteil des Wilden Kaisers blieb ein bestandsreiches Revier. Es wird von den Gipfeln rund um die Ackerlspitze eingerahmt und im Süden vom Niederen Kaiser und im Norden vom Kaiserbachtal begrenzt. Es gibt dort viel Wald, Latschenzonen und Schrofen und nur wenig Almwirtschaft.
Darüber, in rund 1500 Meter Seehöhe, ist das von keiner Seite gut einsehbare doppelzüngige Kreidengrubenkar eingebettet. Dort sammelt sich das Lockermaterial, das von den Felsen der Maukspitze, der Gamsfluchten und des Lärchecks herunterkommt. Die Ostwände dieser Berge bieten keine attraktiven Kletterwege. Die wenig gegliederten, von Schluchten und Rinnen durchzogenen, steil aufgestellten Schichten werden nur selten durchstiegen. Der Zugang auf die Gipfel ist aus dem jenseits gelegenen Griesner Kar schöner und einfacher. Die Maukspitze verdankt ihre Bedeutung der Westwand, deren Plattenschüsse und Quergänge berühmt sind.
Der Ostkaiser wird eine stille Gegend bleiben. Die Winzigkeit der Kreidegrube im Gegensatz zu den riesigen Wandfluchten betont die Verlassenheit. Ein Eindruck, den der Landestopograph Johann Jakob Staffler vor 160 Jahren vorwegnahm, als er schrieb: «Der Kaiser, die ungeheure Felsenstadt mit ihren Wällen und Türmen und ihm gegenüber der alpengrüne Hügelkreis. Damit das Liebliche im Bilde durch das Erhabene und Ernste umso mehr gehoben werde.»

Scharlinger Böden

Gäbe es einen Poeten des Kaisergebirges, so könnte er seine dichterischen Fähigkeiten an der Beschreibung der Scharlinger Böden beweisen. Diese Karfolge beginnt kurz nach Hinter-

Unten: Scharlinger Böden.
Rechts: Hoch- und Niedersessel.

bärenbad, wo Anton Karg- und Hans-Berger-Haus bekannte Stützpunkte für Bergtouren sind. Vom Mirakelbrünndl, dessen Wasser Wunderwirkung zugeschrieben wird, windet sich der Weg zum Unteren Scharlinger Boden empor. Der Obere liegt weitere 250 Höhenmeter darüber. Bis zur Roten Rinnscharte, am Fuß der Ellmauer Halt (2344 m) sind es nochmals 500 Meter Steigung. Dieser höchste Kaisergipfel baut sich aus drei hintereinander gestaffelten Felskolossen auf, die ihrerseits Kleine Halt und Gamshalt als selbständige Erhebungen ausweisen. Die Tausendmeter-Plattenschüsse beherrschen Hinterbärenbad, den «Festplatz des Kaisergebirges». Seit 1987 führt der versicherte «Kaiserschützenweg» durch die ausgesetzten Plattenwände.

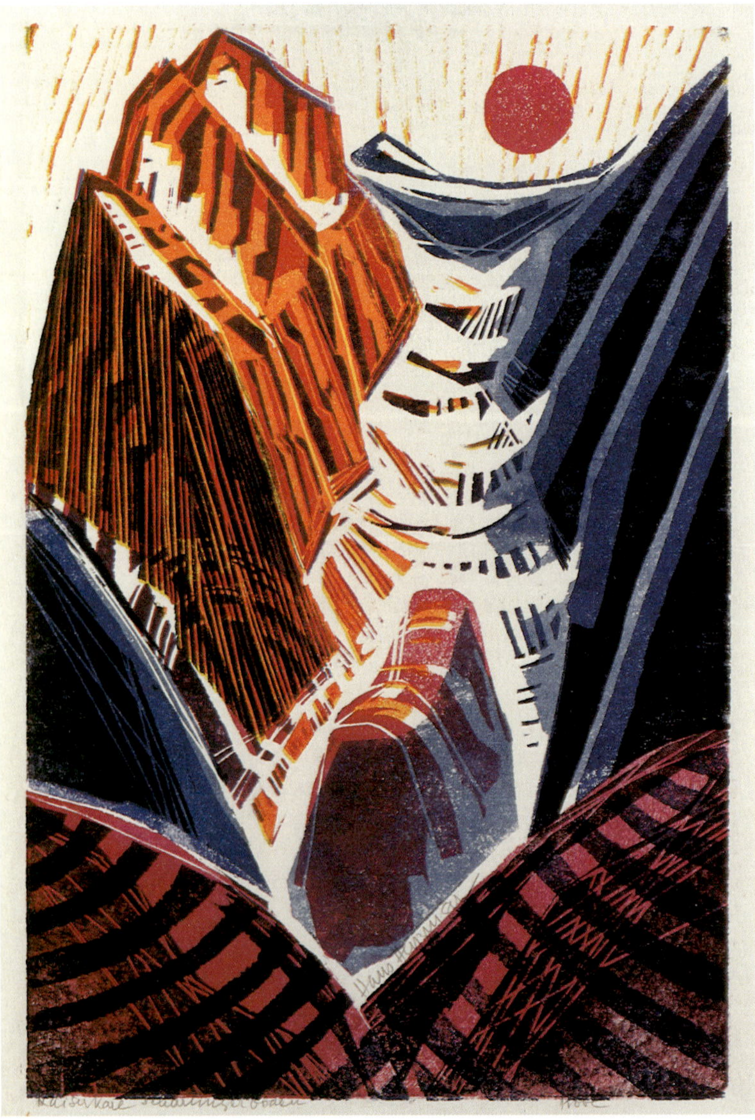

Landschaftlich ist der rund zwei Kilometer lange Einschnitt zwischen Haltenstock und Sonneckmassiv ein Juwel. Josef Enzensperger, ein erfolgreicher Bergsteiger der Frühzeit, urteilte vor mehr als 100 Jahren: «Der obere Scharlinger Boden zählt zu den schönsten und großartigsten Partien des Wilden Kaisers. Ein Kranz von himmelansteigenden Wänden, gekrönt von bizarren Zacken und Zinnen, umgibt seinen weiten, schutt- und schneerfüllten Kessel und läßt nur gegen Norden auf das Plateau des Zahmen Kaisers einen Ausblick frei!»

Steinerne Rinne

Die geräumige Senke des Ellmauer Tores erstreckt sich zwischen der Karlspitze und den Goinger Halten. Sie trennt das südseitig gelegene Kübelkar von der Steinernen Rinne auf der Nordseite. Deren oberster Teil ist eine sanfte, halbbogenförmige Mulde, die sich an die schrofigen Flanken an den beiden Seiten anlehnt. Einige hundert Meter tiefer endet die Idylle. Das Kar bricht jäh ab, Felsen treten an die Stelle des nachgiebigen Schotters. Engstellen, Klüfte, Schneereste, Bänder, rutschige Gesimse und ausgesetzte Wandln beherrschen die bodennahe Struktur. Diesen gigantischen Felsspalt begrenzen die himmelhohen und wenig gegliederten Wände zwischen Fleischbank und Predigtstuhl. Die Plattenschüsse, Rißreihen und durch wenige Rauhigkeiten angedeuteten Quergangtraversen sind das Abenteuerparadies der Kletterer im obersten Schwierigkeitsgrad. Dem Wanderer ermöglicht der 1904/05 erbaute Josef-Egger-Steig den sicheren Durchstieg bis hinauf zur beruhigenden Weite des Tores. Jenseits leuchten die Gletscher der Hohen Tauern.
Fritz Schmitt, der bayerische Chronist des Kaisergebirges, rühmte die Einmaligkeit dieses Winkels: «Fragt mich jemand, wo er das Felserlebnis am sinnfälligsten aufspüren könne, so rate ich ohne Zögern und Zweifel: in der Steinernen Rinne!»

Kübelkar

Der Name ist treffend: Man stelle sich einen halbierten Kübel vor, dessen Boden man ausklappt. Dann füge man diesen in das Zentrum der kaiserlichen Felsenmauer. Es entsteht eine sonnendurchflutete Riesenmulde mit einem Höhenunterschied von 800 Metern zwischen Gaudeamushütte und Ellmauer Tor. Zerfranst erscheint das Bild auf der rechten Seite durch den Schrofengürtel des Bauernpredigtstuhls und linkerhand durch ein verstecktes Schotteroval unterhalb der Vorderen Karlspitze. Das ändert aber nichts an der Tatsache, daß die gestreckte Mulde des Kares den Schwung der aufstrebenden Linien mit der Ausgewogenheit der eingelagerten Böden verbindet. Das Kübelkar ist kein Beispiel für Wildheit und Wucht, sondern weist den fröhlichen Weg nach oben. Im Sommer ist das Tor Zielpunkt der Wanderer und Aus-

gangspunkt für Kletterer. Zwischen Winter und Spätfrühling zieht es die Skifahrer in Massen an. Manchmal gibt es schon zu Weihnachten den ersten Firn, und bei den letzten Touren blühen die Platenigl …

Hoch- und Niedersessel

In die nach Süden abstürzenden Wandfluchten von Mauk- und Ackerlspitze sind diese beiden Kare eingebettet. Ob die Bezeichnung Sessel, als gepolsterter Sitz mit Handlehne, im Gegensatz zum einfachen Stuhl die Mächtigkeit der beiden Kessel ausdrücken soll, sei dahingestellt.
Sicher ist, daß das Erscheinungsbild dieser hohen Kaisergipfel dadurch weniger massig, ja im Verein mit den darunter liegenden Ausläufern des Hochgrubachkares und der langgezogenen Gipfelflur oberhalb, eher das Breite, Waagrechte und Gemächliche betont.
Doch der Schein trügt. Schon der geistliche Rat Peter Carl Thurwieser, der in Begleitung zweier Führer im Oktober 1826 den höchsten Punkt betrat, warnte: «Über den Sessel hinauf darf es keiner wagen, der nur etwas schwindelig ist: man hat bisweilen kaum für einen halben Fuß Standpunkt.» Trotz inzwischen angebrachter Versicherungen gilt das bis heute. «Bergerfahrung, Schwindelfreiheit und Trittsicherheit unbedingt erforderlich» steht im Kaiserfuhrer zu lesen, in dem zudem auf die Steinschlaggefahr hingewiesen wird.

Hoher Winkel

Die mauerglatte Westwand des Totenkirchls bewacht dieses von düsteren Wänden eingerahmte Kar. Eine Geröllrinne im Ostteil, die so versteckt ist, daß man sie von unten nicht sieht, führt zum Kopftörl hinauf. Vom Törl schwingt sich der Grat zur Vorderen Karlspitze auf, biegt dann zur Hinteren Karlspitze um und endet am Totenkirchl. Daß der Hohe Winkel nicht so ernst und düster wirkt, wie es seiner Nordlage entspricht, verdankt er dem Karlspitzenstock. Dessen Flanke ist wenig zerfurcht und von gleichmäßiger Neigung.
Wer sich in den Hohen Winkel begibt, verfällt der Faszination des berühmtesten Kaiserberges, des Totenkirchls. Im Jahre 1881 wurde es erstmals – vom Stripsenjoch aus – bestiegen. In den folgenden Dezennien folgten viele neue

Unten: Hoher Winkel.
Rechts: Östliches Griesnerkar.

Routen. Die Westwand wurde nach mehreren abenteuerlichen Versuchen im Oktober 1908 zur Gänze durchklettert. Das Ereignis trug dazu bei, daß das Kirchl zum Modeberg wurde. Bis zum Jahr 1930 trugen sich 100 Seilschaften in das Wandbuch ein, inzwischen sind es tausende geworden.
Berg und Mensch im Spiegel der Entwicklung: Die Berge ändern sich geringfügig in langen Zeiträumen, Menschen kommen und gehen innerhalb weniger Jahre. Ein Glück, daß Ewiges dem Schnellvergehenden soviel Lebensfreude vermittelt!

Östliches Griesnerkar

Der Zugang zum Kleinen Griesnerkar ist versteckt und mühsam. Das Schild, gegenüber der Latschenbrennerei nahe der Fischbachalm, mit dem Hinweis «Nur für Geübte» schreckt viele ab. Der Aufstieg durch Latschengassen und über Schotterfelder schaut wenig einladend aus. Man müßte lügen, wenn man ihn empfehlen wollte. Man kann nur versprechen, daß sich die Plage lohne, denn oben sei alles anders.
Zwei Stunden wird man brauchen, bis man zuerst durch Mischwald, dann über den steilen Steig, der mit Hilfe einiger Drahtseile ausgesetzte Stellen überwindet, bis zum Geröllfeld unter dem Lärcheck kommt. Weiter gehts entlang einer plattigen Wand zu einem Felsriegel und zum Kleinen Griesner Tor.
Hier rauben einem Einsamkeit und Wildheit beinahe den Atem. Im Zentrum steht die Ackerlspitze, die von ihren Trabanten, der Ackerlschneid und den Gamsfluchten, einge-

Westliches Griesnerkar.

rahmt wird. Wie mit einer Feile eingeschnitten wirkt das Griesschartl, von dem sich der Grat zum Lärcheck aufbaut. Nur angedeutet bleiben die Schuttflecken, über die in schier endloser Zick-Zack-Reihe der Steig zum Gipfel führt.
Wie eine steinerne Riesenfaust trennt der Mitterkaiser das Kleine Griesnerkar von seinem weitaus bekannteren großen Bruder. Bergsteigerisch erfordern Lärcheck und Ackerlspitze keine besonderen Fähigkeiten. Hingegen sind die Gamsfluchten Eckpunkte einer Szenerie, die durch aufgestellte Schichten gebildet wird, die wie gleichmäßig geformte Kulissen hintereinander in die Tiefe wirken. Dementsprechend schwierig sind die Kletterfahrten.
Das Leistungsbergsteigen begann im Wilden Kaiser sehr früh. Im Jahre 1901 umrundete Georg Leuchs das Griesnerkar über alle Gipfel vom Lärcheck bis zum Kleinen Törl im Alleingang in 17 Stunden.

Westliches Griesnerkar

Während manche Kare, infolge ihrer Lage und Eigenart, Schaustücke in den Sommermonaten sind, ist das Große Griesnerkar Treffpunkt der Schneeliebhaber. Vom Frühwinter bis in die letzten Maitage ziehen Tourengeher in diese Arena voll Firnschnee und Sonnenlicht. Sie überwinden die Mühen des Aufstiegs, erfreuen sich an der Pracht der Felsumrahmung und genießen eine Abfahrt, die ihresgleichen sucht: Hindernislose Steilhänge, Wedelspuren, Querfahrten, grünender Buchenwald und zum Schluß eine Schneerunse bis hinab zum Bach bei der Griesner Alm. Wunschlose Zufriedenheit beim Einkehrschwung mit dem Blick auf die von weit oben glänzenden Schneefelder!
Das Westliche Griesnerkar ist von einer derartigen Vollkommenheit, daß man ihm dramatische Effekte zuschreiben möchte: Präludium im Wald, erster Akt am eisigen und abgewehten Steilhang, Übergang zu den ausschwingenden Schneeräumen in den folgenden Stufen und schließlich der Höhepunkt bei der Fritz-Pflaum-Hütte am Fuß des Mitterkaisers. Dort spiegelt sich die Sonne im Karkessel, der sich zu den Zinnen und Zacken beiderseits des Kleinen Törls aufschwingt.
Genug des Schwärmens! Zählt man die Wonnen der Abfahrt hinzu, so kommt man zum Schluß, daß das Griesnerkar das Non plus Ultra der «kaiserlichen» Skifahrten ist.
Erfreulich, daß man mit diesem Urteil nicht allein bleibt. Vor langer Zeit hat der Alpin-Klassiker Erich König ähnliches empfunden, als er schrieb: «Ich sah wie traumverloren auf die sich hier wunderbar präsentierende Kette der Törlspitzen. Diese Obelisken! Diese Pyramiden! Diese Farbenpracht! Wie zierlich – wie schön! Das war ein Gebirg im Gebirge! Das war das Schmuckkästchen des Wilden Kaisers, ein anderer als jener mit seinen ungeheuren Wandfluchten im Westen.»

Hochgrubachkar

Karl Hofmann, der 1869, zusammen mit dem ortskundigen Mallhansl, die höchste Erhebung des Kaisergebirges, die Ellmauer Halt (2344 m) erstmals betrat, schrieb: «Der Wilde oder Hochkaiser bildet einen furchtbar zerrissenen Grat […] Von tiefen Einschnitten durchfurcht und zersägt, ist er in seinem unteren Teil einer riesigen Zyklopenmauer ähnlich, in seinem oberen hingegen erscheint er als ein Kranz von aufsteigenden Türmen, die durch mächtige Scharten voneinander getrennt sind.»
Vom Gruttenköpfl aus, einem Grasbuckel inmitten des Hochgrubachkares, wird man diesen Eindruck bestätigt finden. Links ragt das Massiv des Haltgipfels auf. Auf ihn führt der Normalweg durch die Schrofen unterhalb der Abbrüche und dann über Bänder und Wandstufen zum höchsten Punkt. Der Einschnitt am rechten Bildrand heißt Kopftörl. Die Bildmitte beherrscht der lange, in sechs eigenständige Türme unterteilte Kopftörlgrat. Er gilt als eine der schönsten

Kaiserklettereien. Alpine Abenteuer ranken sich um den Leuchsturm mit seiner prallen Südwand und den eigenartig geformten Kapuzenturm.
Kleine Kessel, sandige Böden und grasige Kuppen formen die Riesenmulde des Hochgrubachkares. An den Rändern entstanden Rinnen, in denen der Schnee lange liegen bleibt. Die Ursache für die Entstehung dieses einen Kilometer langen Schuttgürtels liegt in der Brüchigkeit der Wandpartien. Steine, Splitter, Sandrutsche und Grus finden den Weg in die Tiefe. Wind, Schnee und Wasser sorgen für stetigen Nachschub. Deswegen ist der gut versicherte Gamsängersteig als Normalweg zur Ellmauer Halt nicht ungefährlich. Steinschlag, Ausgleiten auf rutschigen Tritten oder Abrutschen vom eisigen Firn haben manches Opfer gefordert.

Schneekar

Ein strahlender Frühlingsmorgen über der Kaiser-Südseite. Die Steinböcke im Wildgatter beim Jagerwirt schauten zu, als wir die Skier anlegten. Nach der Wegscheid-Niederalm spurten wir im engen Graben zur Hochalm hinauf. Geländestufen waren zu überwinden, Erlen und Latschen stellten sich in den Weg. Durch schmale Gassen erreichten wir den Boden am Fuß des Treffauer. Das folgende Hinaufraufen über den hartgefrorenen Hang, der den Eingang in das Schneekar abschließt, war mühsam.
Endlich erreichten wir das Kar und staunten: Ein überraschend flacher und weiter Platz, Steinblöcke dazwischen, Latschen, Gemsfährten, eine Idylle inmitten von Schnee und Fels. Links begrenzen die hellen Felsen des Sonnecks die bergwärts ansteigende Schneeschüssel, rechts rahmt sie die schattendunkle Flanke des Treffauer ein. Im Mittelpunkt steht das Kleinkaiserl. Ein Gipfel, von dem es im Führer heißt, daß er wenig bedeutend sei und wenig besucht werde: Aus unserer Sicht eine burgartig aufragende Felsgestalt und Mittelpunkt eines vollkommenen Bildes. Eine Symphonie der Linien, die man kaum beschreiben kann. Mein Begleiter packte das Skizzenbuch aus und hielt zeichnerisch fest, was wir sahen.
Dann stiegen wir in weiten Kehren durch das Kar höher und hielten uns rechts, einer Schneerinne zu. Zu Fuß erreichten wir die Treffauer Lucke, einen luftigen Balkon mit hindernislosem Tiefblick auf die Scharlinger Böden.
Die Abfahrt krönte den Aufsteig. Später entstand der Holzschnitt. Er vergoldet die Erinnerung an den Tag in einem unverlierbaren Paradies.

Linke Seite: Hochgrubachkar.
Rechte Seite unten: Schneekar.
Rechts: Gamskar.

Gamskar

Das Gamskar ist ein sagenumwobenes Gebiet. Nicht nur des Namens wegen und auch nicht, weil es keinen direkten Zugang hat, sondern infolge der versteckten Lage am Fuß der von Riesenkaminen und Geröllschluchten zerrissenen Steinwelt im Halbrund von Wiesberg, Sonneck und Gamskarköpfl. Wen wundert es, daß die Überlieferung berichtet, daß hier der Teufel zu Hause sei. Der Alpenvereinspionier Anton Karg hat um die Jahrhundertwende die Kaiser-Sagen gesammelt. Einmal, so erzählt er, stieg der Teufel mit einer wertvollen Last über die Hackenköpfe zum Sonneck. Mitten in der Nacht wurde der Schwarze müde und ließ sich auf der luftigen Schneide zur Rast nieder. Er schlief ein und erwachte erst durch das Licht des neuen Tages. Jetzt war höchste Eile geboten, um in seinen finsteren Schlupfwinkel zurückzukehren. Er ließ die schwere Kraxe stehen und zog schleunigst ohne sie ab. Die Kraxe samt den Schätzen versteinerte und bildet heute ein Hindernis auf dem sonst breiten und grasigen Grat.

Der Name Kopfkraxen blieb erhalten. An dieser ausgesetzten Stelle, an der das erste Bergopfer im Wilden Kaiser, der Vermessungsoffizier Anton Prohaska, 1851 zu Tode stürzte, erleichtert heute ein Drahtseil die luftigen Schritte. Von oben gesehen, wenn der Blick hindernislos zwischen den Beinen bis in das tief unten liegende Schuttkar fällt, empfindet man das Wechselspiel von Senkrecht und Waagrecht aufregend und ist froh, wieder festen Boden unter den Füßen zu haben. Wie heißt es: Der Teufel schläft nie!

Oben: Die Mitternachtsmesse vor Beginn des Vierbergelaufs auf dem Magdalensberg.
Alle Fotos von Fritzi Lukan.
Rechts: Der Vierbergelauf zeichnet mit seinen Eckpunkten eine perfekte Raute in die Landschaft, eine Form, an der sich auch das keltische Landvermessungssystem in Bayern orientierte (woran bis heute das blau-weiße Rautenmuster der bayerischen Flagge erinnert).
Näheres dazu findet der Interessierte in zwei Aufsätzen von Peter Amann («Die Landschaft als keltischer Kalender» und «Das Netz der Sonnwendlinien»), erschienen in den Bänden 1/97 und 1/99 der interdisziplinären Zeitschrift Zeitensprünge (Mantis Verlag, Gräfelfing).

«Solang die Vierberger gehen, gehts gut auf der Welt!»

Der Kärntner Vierbergelauf im Wandel der Zeit. Karl Lukan über eine der ältesten Bergwallfahrten des Alpenraums

Insonderheit aber seind vier die hochsten Perg im Land / da Jährlich grosse Walfahrt hin sein. Deren Namen seind / S. Ulrichs Perg / S. Helena Perg / S. Veyts Perg / und S. Laurentzen Perg. Auff dise vier Perg laufft das gemeine Landvolck alle Jahr Kirchfahrten an der heiligen drey Nägl Tag unnd muß diß Kirchfahrt-lauffen auff einen Tag verricht werden. Darumb sie sich dann nicht lang saumen / wann sie in der Kirchen ainekommen: gehn allein flux umb den Altar / naigen sich und laffen wider davon.

Hieronymus Megiser über den Vierbergelauf in «Annales Carinthiae», Leipzig 1612

Ich bin kein guter Christ, gehe nur selten in die Kirche. Aber wenn die Zeit vor dem Vierbergelauf kommt, dann werd ich ganz unruhig. Der Vierbergelauf … das ist für mich so etwas wie für die Jungen heut das Rauschgift!

Der Vierberger J. K. (60 Jahre), Knecht aus dem Metnitztal

Der Vierbergelauf in Kärnten gehört zu den urtümlichsten Bräuchen des Alpenraumes; die «älteste Wallfahrt der Welt» wurde er sogar genannt.

Er findet alle Jahre am zweiten Freitag nach Ostern statt. Ausgangspunkt ist die Kirche auf dem Magdalensberg (1058 m), also auf jenem Berg, wo sich vor der Zeitenwende ein Zentrum der alpinen Kelten befand. Nach einer Mitternachtsmesse ziehen von dort die Vierberger (so nennen sich die Teilnehmer der Wallfahrt) zum Ulrichsberg (1015 m), Veitsberg (1175 m) und Lorenziberg (966 m), wo die Wallfahrt vor Sonnenuntergang beendet sein muß. Wegstrecke: an die 50 Kilometer.

«Solang die Vierberger gehen, gehts gut auf der Welt! Wenn einmal die Vierberger nimmer gehen, dann geht die Welt zugrund!» Und: «Dreimal muß man über die vier Berge mitgehen, dann kommt man nach dem Tod sofort ins Paradies. Wer nur einmal mitgeht, der muß die zwei fehlenden Läufe in der Ewigkeit nachholen!» Das hatten uns die Leute erzählt, als wir 1973 zum erstenmal den Weg über die vier Berge gingen. – Meine Frau und ich sind nachher noch vierzehnmal Vierberger geworden. Das Paradies ist uns also sicher.

An die zweihundert Vierberger waren wir damals im Jahre 1973, und heute weiß ich, daß es einer der letzten Vierbergeläufe «nach altem Brauch» war, bei dem wir noch den ganzen mythischen und mystischen Zauber dieser Wallfahrt miterleben konnten. Teilnehmer waren vor allem noch die Landbewohner aus der Umgebung, die vom Ulrichsberg die dort in einer Schüssel liegenden Getreidekörner mitnahmen, um sie daheim auf die Felder zu streuen (was gute Ernte bringen sollte) und auch auf jedem der Berge «Vierbergerlaub» (Bärlapp, Efeu, Wacholder und Fichte) für den Herrgottswinkel zu Hause pflückten.

Der Bauer Ferdinand Eicher (1894–1971) war jahrzehntelang Vorbeter beim Vierbergelauf und als solcher Herz und Seele der Wallfahrt. Der katholischen Kirche war diese nie ganz geheuer, und darum wird sie auch offiziell von keinem Priester begleitet. So war der Vorbeter mehr als nur ein Vorbeter für Litaneien und Rosenkränze. Er war der Mann an der Spitze der Wallfahrer, der nicht nur den richtigen Weg wußte und das Gehtempo und die Dauer der Rasten bestimmte, sondern sie in jeder Beziehung lenkte und leitete. Neunundvierzigmal hatte Ferdinand Eicher die Vierberger-Wallfahrt mitgemacht, zuletzt 1970. Da war er bereits 76 Jahre alt und besonders elendes Schlechtwetter hat den letzten Vierbergelauf seines Lebens zu einem wahren Leidensweg gemacht.

«Ich ging in der Nacht bis Pörtschach hin und her schwingend wie ein Besoffener vor Mattigkeit und als Kriegsversehrter 50 Prozent samt zwei unheilbaren Kriegsleiden […]
Wir gehen, über tiefen Schnee, Stein, Wurzel und Gesträuche. Nicht lange ging ich, da bin ich am Rücken gestürzt, auf Stein oder Wurzel, und bitterlich rippenverletzt, ich glaubte, ich muß liegen bleiben. Samt bitterer Schmerzen ging ich weiter. So jetzt wieder ein steiler Abgrund wie ein Dach, da sitzte ich im tiefen Schneehaufen nieder und rutschte sitzend hinunter […] So ich sitz nieder vor dem Altar vor Mattigkeit im Kirchlein für Litanei und Wettergebete. So jetzt weiter nach Gradenegg ohne Weg ohne Steg bis 1 Meter und 1 Meter 20 cm Schnee. Ein Mann ging als Wegweiser unter Großbäumen und Gebüsch hin und her, lange als erster voran … Sehr steilen Abgrund hinunter im bitteren Schlamm. Der eine Mensch wollte sich auf den anderen halten und stützen in großer Gefahr im Schlamm zum Umfallen[…]» (Aus einem Brief Ferdinand Eichers an Helge Gerndt)

Am Vorabend des Vierbergelaufs. Die Leute aus Sörg und aus dem Metnitztal erreichen den Magdalensberg.

Die Vierberger gehen bei jedem Wetter. Aber auch bei schönem Wetter ist der Vierbergelauf eine Strapaz, welche – das war einst die Meinung – von Menschen nur an diesem besonderen Tag vollbracht werden kann.
Beim Aufstieg zum Veitsbergkircherl erzählte man uns, daß früher die Leut schweigend hinaufgegangen sind, weil sie glaubten, dadurch eine arme Seel im Fegefeuer zu erlösen (unsere Leut vom Vierbergelauf 1973 fluchten allerdings manchmal recht kräftig, weil der Weg gar so sausteil ist). Vor jeder Kirche wurde auf die Nachzügler gewartet, und dreimal wurde diese dann umschritten, bevor man sie betrat. Während des Gehens wurde fast ununterbrochen laut gebetet – aus Frömmigkeit, aber auch (wie uns ein alter Vierberger sagte), «weils Gehen viel leichter geht, wenn man beim Gehen beten tuat!» In der Nacht hatten Kerzen in den Fenstern aller Häuser gebrannt, an denen wir Vierberger vorbeigezogen sind und die Bauern, die uns dann untertags am Wegrand mit Brot und Kuchen, Tee oder Most bewirteten. wollten dafür nur ein «Vergeltsgott» (weil ihnen das Glück bringen sollte).
«Als Vierberger ist man halt wer!» hatte der alte Knecht J. K. gesagt, als beim Einzug in Zweikirchen die Schulkinder Spalier standen und die Böller krachten. Eine ältere Bäuerin erzählte uns unterwegs, daß sie zum zwölftenmal mitgehe, daß sie sonst jahraus/jahrein nie vom Hof wegkomme (die Kinder, die Enkerl, die Arbeit), daß für sie der Vierbergelauf «die einzige Erholung ist!»
Und immer wieder wurde vom verstorbenen «Eicher-Vater» gesprochen. «Es wird ihn freuen, daß heuer soviele Leut dabei sind!» Auch das hatte einer der Vierberger gesagt: «Beim Vierbergelauf sind auch die Toten dabei!»

Wie alt ist der Vierbergelauf?

Die erste größere Untersuchung des Vierbergelaufs veröffentlichte im Jahre 1912 der Kärntner Volkskundler Georg Graber (1882–1957). Er erkannte in dem Brauch ein Weiterleben des bei allen vorchristlichen Völkern Europas in verschiedenen Variationen bestehenden Fruchtbarkeits- und Totenkults und sah die Anfänge des Vierbergelaufs in der Keltenzeit. «Im keltischen Sonnenkult und den damit verbundenen Bräuchen sind zweifellos alle Elemente gegeben, welche zur Ausbildung des Brauches notwendig waren, wie er uns im Vierbergelauf entgegentritt ...»
Alles, was den Vierbergelauf so urtümlich erscheinen läßt, wollte Graber schon in den Riten alter Naturreligionen erkennen. Seine Erkenntnisse wurden dann auch lange Zeit von anderen Gelehrten akzeptiert.
Auf dem Magdalensberg kam im Jahre 1502 beim Pflügen die berühmte bronzene Jünglingsstatue zutage, die den von den keltischen Norikern verehrten Fruchtbarkeits- und Todesgott Mars Latobius darstellt. Auf dem Ulrichsberg ist am Portal einer gotischen Kirchenruine eine Weiheinschrift der Noreia-Isis eingemauert – eine Fruchtbarkeits- und Todesgöttin, welche auf diesem Berg ihr Heiligtum hatte. Auf dem Veits- und Lorenziberg konnten zwar keine vorchristlichen Heiligtümer lokalisiert werden; es wurde nur angenommen, daß sich solche dort befunden haben. Als 1933 inmitten des von den vier Bergen gebildeten Runds – in Hohenstein im Glantal – eine der Noreia-Isis geweihte Tempelanlage ausgegraben wurde, meinte man, damit die Nabe des imaginären Sonnenrades gefunden zu haben, das beim Vierbergelauf abgelaufen werden sollte.
«Jetzt machen wir das Radl voll!» sagten die alten Vierberger, bevor sie zum letzten der vier Berge – zum Lorenziberg – loszogen. Und sie waren davon überzeugt, daß der Brauch mit der Sonne etwas zu tun habe und mit den Feldern und auch mit den Toten und jedenfalls uralt sei. «Jahrtausende ziehen mit uns» hatte der Volkskundler Bertl Petrei sein 1962 erschienenes und dann vielgelesenes Vierbergelauf-Buch genannt.
1973 erschien das Buch des deutschen Volkskundlers Helge Gerndt, der zu einem anderen Ergebnis kam:
– Der Vierbergelauf entstand erst nach der Einführung des Festes zur Verehrung der heiligen drei Kreuzesnägel durch Papst Innozenz VI. im Jahre 1353.
– Der Vierbergelauf ist kein aus einem alten Sonnen-, Fruchtbarkeits- und Totenkult hervorgegangener Brauch, sondern ein Nachvollzug des Leidensweges Christi. Die vier Berge sind Stationen der Passion: Magdalensberg = Abendmahl, Ulrichsberg = Verurteilung durch Kaiphas, Veitsberg = Kreuzigung, Lorenziberg = Grablegung.
Tatsächlich findet der Vierbergelauf am Dreinagelfreitag (= zweiter Freitag nach Ostern) statt. Und der zutiefst religiöse

und schwärmerische Vorbeter Ferdinand Eicher hatte den Vierbergelauf auch als Passionsweg des Herrn empfunden. Mit ihm hatte Helge Gerndt noch engeren Kontakt aufnehmen können, wobei er allerdings nicht konkret feststellen konnte, ob die Vorbeter vor Ferdinand Eicher ebenso gedacht haben.

Gerndt kam also zu dem Schluß, daß die Vorstellung von einem jahrtausendealten Vierbergelauf von Georg Graber erfunden und dann bald von den Vierbergern willig angenommen worden sei. In den dabei gepflogenen Bräuchen wie das Mitnehmen von Getreide und Vierbergerlaub, dem dreimaligen Umschreiten von Kirchen vor deren Betreten, im Arme-Seelen-Erlösen durch Schweigen (am Veitsberg), im Höhenfeuer (am Ulrichsberg) – in all dem sah er «ganz allgemeine Wallfahrtsakzidentia».

Das blieb nicht unwidersprochen. Der damalige Landeskonservator von Kärnten, Siegfried Hartwagner, warf dem Autor vor, zu sehr den kirchlichen Urkunden vertraut zu haben, «ohne sich bemüßigt zu fühlen, nach den in historischen Quellen nicht erfaßbaren Wurzeln zu suchen» – was aber bei Volksbräuchen unerläßlich ist.

Außerdem: Eine Dreinagelwallfahrt hätte keine vier Berge gebraucht, wohl aber war die Zahl Vier für den keltischen Kosmos von großer Bedeutung. Gerndts Meinung, daß es in Kärnten zwischen der Spätantike und dem Mittelalter keine Kultkontinuität gegeben haben könne, weil da andere Völkerschaften eingedrungen seien, läßt Hartwagner nicht gelten. Das Brauchtum dieser Völker habe sich nicht wesentlich von dem der Urkärntner unterschieden, und «insgesamt ist festzustellen, daß sich in Kärnten Altes länger erhalten hat als anderswo.» Nirgendwo in ganz Europa gibt es etwa wie in Kärnten an Kirchen noch so viele für lebende Tiere bestimmte Opferställe, deren Ursprung ohne Zweifel in den antiken Naturalienopfern zu sehen ist.

Außerdem ist der Vierbergelauf nicht die einzige Bergwallfahrt Kärntens. Vor allem im Frühjahr gab es dort noch viele andere (wie etwa den jetzt wieder stattfindenden, vom Liesnaberg ausgehenden Dreibergelauf im Jauntal), die aber keineswegs zum Nachvollziehen des Leidensweges Christi angetreten wurden. Daß einige davon am Dreinagelfreitag stattfanden, könnte auch darauf zurückzuführen sein, daß seinerzeit den alten Flurumzügen durch Verlegung auf diesen Tag ein christliches Mäntelchen umgehängt werden sollte.

Das Nachvollziehen des Leidensweges Christi im Vierbergelauf erscheint auch insofern nicht sehr glaubhaft, weil es ganz und gar nicht in bäuerliche Vorstellungen paßt. Wenn Bauersleut ihren Hof für eineinhalb oder zwei Tage verließen, um einen weiten beschwerlichen Weg anzutreten, dann wollten sie nichts nachvollziehen, sondern dafür etwas bekommen. «Do ut des» (Ich gebe, damit du gibst) – so einfach formuliert war schon die Beziehung der aus einem Bauernvolk hervorgegangenen Römer zu ihren Göttern.

Berge als Göttersitze und als Aufenthaltsort der Geister (Seelen) der Toten waren einst in der Vorstellung der Menschen eng verbunden. Beim Landvolk erhielten sich diese Vorstellungen noch sehr lange. Nicht nur von den Himmlischen erwarteten sie Hilfe, auch die Toten konnten nach ihrer Meinung das Leben im Guten wie im Bösen beeinflussen. Darum ist auch beim Vierbergelauf neben Fruchtbarkeitsriten (Getreidemitnahme, Vierbergerlaub) das Totengedenken in den Brauch eingebunden.

Auch nachdem sich Helge Gerndts Hypothese unter den Vierbergern herumgesprochen hatte, glaubten sie weiterhin einem uralten Brauch zu folgen, wenn sie sich auf dem Magdalensberg versammelten. Denn dort ist nicht nur die schöne Statue von dem Keltengott gefunden worden, dort oben kamen auch bei den nach dem Zweiten Weltkrieg begonnenen Ausgrabungen Jahr um Jahr mehr Ruinen einer großen Keltenstadt zum Vorschein. Berichte in den Zeitungen, im Radio, im Fernsehen verstärkten das Bewußtsein, nicht in einem gewöhnlichen Wald- und Wiesenland unterwegs zu sein, sondern auf historischem Boden.

Und dann gab es eine Sensation um den schönen Jüngling vom Magdalensberg. Vielbewundert stand der Bronzejüngling in der Antikensammlung des Kunsthistorischen Museums in Wien und eine Kopie von ihm auf dem Magdalensberg. Und oft wurde vor dieser auch gesagt, daß sie wohl gut und gelungen sei, aber … Kopie ist Kopie ohne das Fluidum des Originals. Es war eine große Überraschung, als sich bei einer 1983 begonnenen Untersuchung herausstellte, daß auch das Original in Wien nur eine Kopie ist!

Der im Jahre 1502 gefundene Jüngling vom Magdalensberg war 1519 nach Salzburg gekommen und dann um 1550 von König Ferdinand I. nach Spanien gebracht worden. Vorher wurde ein Abguß angefertigt, der dann – auch ohne Fluidum – von Historikern, Kunsthistorikern, Archäologen und vielen anderen Experten bis in unsere Zeit für das Original gehalten wurde (das leider in Spanien verschollen ist).

Der Jüngling vom Magdalensberg war ins Gerede gekommen, und so wurde dann bald auch in Frage gestellt, ob er überhaupt den Keltengott Mars Latobius darstelle. Der Handelsgott Merkur sollte er sein, der von Händlern aus Aquileja zur Festigung der Handelsbeziehungen mit den Kelten gestiftet wurde (sozusagen als ein Vorläufer der heutigen Firmen-Bestechungsgeschenke). Außerdem: Gab es auf dem Gipfel des Magdalensberges überhaupt ein Mars-Latobius-Heiligtum?

Dazu die wissenschaftliche «Magdalensberg-Arbeitsgemeinschaft»: Der Jüngling ist Mars Latobius, und auf dem Magdalensberg hatte er ein Heiligtum.

Die Zweifel griffen auf den Ulrichsberg über. Gab es auf ihm ein vorchristliches Heiligtum der Noreia-Isis? Konnte die Weiheinschrift nicht aus ihrem Heiligtum in Hohenstein stammen und bei der Erbauung der gotischen Kirche als

Die Vierberger in der Kirchenruine auf dem Ulrichsberg.

Spolie angebracht worden sein?
Natürlich wurden diese Diskussionen mit der Frage nach dem Alter des Vierbergelaufs in Verbindung gebracht. Denn die Götterheiligtümer auf dem Magdalens- und Ulrichsberg galten als starke Beweise für ein hohes Alter des Brauchs.
Schriftliches über den Vierbergelauf gibt es erst aus der Zeit um 1500. Es ist eine eher verwirrende als klärende Notiz des Wiener Domherrn Ladislaus Sunthaym. Nach dieser sollten nur Frauen die Wallfahrt unternommen haben – und das barfuß!
In dem 1588 verfaßten Bericht des Kärntner Prädikanten Christalnick steht davon nichts, da «lauffet das arme volkh». Auch in den 1612 erschienenen «Annales Carinthiae» des Hieronymus Megiser «laufft das gemeine Landvolck» …
Nach diesen ersten schriftlichen Nachrichten müßte sich der Vierbergelauf im 16. Jahrhundert von einer Frauenwallfahrt in kürzester Zeit in einen Volkslauf verwandelt haben – was ebenso unwahrscheinlich ist wie die Bemerkung, daß die Frauen diese weite Strecke über Stock und Stein barfuß gelaufen seien. Wozu noch zu bemerken ist, daß keiner dieser drei Autoren den Vierbergelauf mitgemacht hatte, ihn nur vom Hörensagen kannte.
Alte Volksbräuche lassen sich nur selten durch schriftliche Belege ergründen und auch nicht durch archäologische Befunde.
Auch nach den ersten schriftlichen Berichten über den Brauch hat sich an ihm etliches gewandelt. Da ist immer etwas dazugekommen oder weggefallen oder ist anders geworden, und das bis in jüngste Zeit, wie etwa der Wegverlauf zeigt, der sich seit dem 19. Jahrhundert geändert hat: Der Aufstieg auf den Veitsberg begann seinerzeit in Wasei und nicht in Liemberg.
Die kleine Martinskirche von Wasei aus dem 15. Jahrhundert steht auf einer Wiese am Rande eines Steilabbruches. Sie wird nicht mehr benützt. Geborsten ist auch der Riesenbaum, der einst vor der Kirche aufragte. Jetzt steht nur noch sein Stumpf da. Der Kärntner Radiästhet Johann Werzer hatte festgestellt, daß dieser Wiesenplatz ein starker «Ort der Kraft» ist. Seiner Meinung nach hatten sich die Vierberger dort energetisch aufgeladen, bevor sie den Steilanstieg auf den Veitsberg angingen. Außerdem war es dort Brauch, mit den Zähnen den Glockenstrick zu fassen und das Kirchenglöcklein zu läuten, was Zahnschmerzen vertreiben oder verhindern sollte. Einem Andachtsplatz vor einem Heiligtum gleicht diese Wiese. Sie ist auch jener Platz, von dem aus sich der Veitsberg am eindrucksvollsten zeigt.
Auf dem Veitsberg konnte bisher kein vorchristliches Heiligtum lokalisiert werden – was aber über seine Bedeutung in alter Zeit nichts besagt. Es gab (und es gibt) heilige Berge auf dieser Welt ohne Heiligtum darauf, Berge, deren Gipfel auch nicht zu Kulthandlungen erstiegen wurden.
Der 3538 m hohe Rocciamelone über der Alpenstadt Susa ist ein solcher Berg. Das bezeugt der um die Zeitenwende in Susa errichtete Römerbogen, der bewußt so gestellt wurde, daß sich der Berg genau in der Bogenmitte zeigt. Erst im Jahre 1358 wurde der Gipfel vom Marchese Rotario aus Asti erstmals erstiegen – um da oben ein Marienbild aufzustellen, das den noch immer verehrten Heidenberg christianisieren sollte. Heute stehen eine große Marienstatue und eine Kapelle auf dem Gipfel – der höchste Wallfahrtsort Europas! Auch der Monte Bego (2873 m) in den Seealpen mit seinen mehr als hunderttausend prähistorischen Felsbildern war kein Wallfahrergipfel. Nur bis in eine Höhe von etwa 2600 Meter sind die an eine höhere Macht gerichteten Bitten in Form von Symbolen in den Fels geritzt oder geschlagen worden. Höher oben nicht mehr: Die Gipfelzone war der Gottheit vorbehalten.
In dem 1891 erschienenen, damals grundlegenden Werk über den *Höhencultus asiatischer und europäischer Völker* des Anthropologen Ferdinand von Andrian steht der auch für die vier heiligen Berge Kärntens geltende Satz: «Als Symbol der Unendlichkeit und Ewigkeit, als bevorzugte Manifestationspunkte der das organische Leben beherrschenden Kräfte werden die Berge zum Ausgangspunkt einer Weltanschauung …»
Manifestationspunkte müssen nicht unbedingt betreten oder bestiegen werden, es muß auch kein Heiligtum darauf stehen. Es könnten Menschen einer Gottheit auf dem Veitsberg auch

Das auf dem Ulrichsberg brennende Totenfeuer wird auch zum Trocknen der beim Steilaufschwung vollgeschwitzten Hemden benützt.

von unten ihre Anliegen vorgebracht haben ... von einem besonderen Platz aus, wie es die Kirchenwiese von Wasei ist. Auch auf dem Lorenziberg wurde bis jetzt kein vorchristliches Heiligtum lokalisiert. Dort steht nur die aus dem 14. Jahrhundert stammende Kirche. Allerdings muß eine falsche Meinung berichtigt werden: Der Lorenziberg (966 m) ist nicht der vierte der vier heiligen Berge Kärntens. Er ist nur eine Vorkuppe von dem an Größe den anderen drei Bergen ebenbürtigen Gauerstall (1127 m); er ist nur durch die Vierberger zu besonderer Bedeutung gekommen – sozusagen stellvertretend für den höheren Gauerstall.

Vom Gauerstall haben 1932 die Heimatforscher Dr. Franz Jantsch und Leo Knaus berichtet, daß sich darauf eine befestigte vorgeschichtliche Höhenstation befand. In der 1973 erschienenen *Kärntner Burgenkunde* wird über den Gauerstall kurz vermerkt: «Doppelte Wallanlage. Vermutlich Kultstelle und Fluchtburg». Spätbronzezeitliche Keramikreste sollen auch gefunden worden sein; demnach würde die Anlage aus der Zeit um 1000 v. Chr. stammen.

Der Gauerstallgipfel hat nur gegen Osten eine geneigte Flanke, sonst bricht er mit zum Teil felsdurchsetzten Steilhängen ab. Beim Anstieg vom Lorenziberg sind die zwei übereinanderliegenden Wälle deutlich erkennbar. Die Gipfelzone ist ein schmaler Kamm, also als Fluchtburg nur bedingt geeignet. Gegen Westen bricht sie mit dunklen moosüberzogenen Felsen ab. Bei unserer Erkundung (1998) konnten wir am äußersten Rand Bearbeitungen durch Menschenhand feststellen. Außerdem ist dieser Felsenbug auch ein geomantisch starker Platz, sogar ein besonders starker Platz, ein «Ort der Kraft». Hier könnte sich einst das Gipfelheiligtum befunden haben. Daß man später auf dem tiefer gelegenen Lorenziberg die Kirche baute, dürfte wahrscheinlich darauf zurückzuführen sein, daß vom Tal aus gesehen diese Kuppe als höchster Punkt des Bergmassivs erscheint.

Wie alt ist der Vierbergelauf?

Seinerzeit hatte der Volkskundler Georg Grabner angenommen, daß die Wurzeln des Vierbergelaufs in jene Zeiten vor der Zeitenwende zurückreichen, in der in diesem Gebiet jede Gemeinde (Stammesgruppe) ihren Berg der Verehrung und Ort für Riten des Fruchtbarkeits- und Todeskultes hatte, wobei bei sakral-festlichen Anlässen auch die Berge der Nachbarn aufgesucht wurden. Diese Hypothese hat noch immer großen Wahrscheinlichkeitsgehalt. Wirklich sicher ist nur, daß der Brauch in seiner weiteren Entwicklung viele Wandlungen erfahren hat – wie alles im Verlauf der Zeit auf dieser Welt.

Der Weg über die vier Berge

beginnt auf dem Magdalensberg, wo in der spätgotischen Kirche der hl. Helena und Maria Magdalena jenes urtümliche Steinbecken mit drei Köpfen an den Seiten steht, das so geheimnisvoll ist wie der Ursprung des Vierbergelaufs.

«Die Dreizahl symbolisiert bei den Kelten die Kraft und Vollkommenheit, der dreiköpfige Gott ist der mächtige Gott» (Jacques Moreau). Das Dreikopfbecken war wahrscheinlich ein Opferbecken. Aber wo ist es einst gestanden? Jetzt ist die Schale mit Weihwasser gefüllt, und kein Vierberger versäumt es, sich beim Betreten der Kirche damit die Stirn zu benetzen. Wenn die Vierberger nach der Mitternachtsmesse losrennen, dann führt ihr Weg auch an den Ruinen der spätkeltisch-frührömischen Bergstadt vorbei. Geisterhaft wirken sie im Dunkel der Nacht. Wir habens noch gesehen, wie sich einige ältere Vierberger im Vorbeigehen bekreuzigten.

Einmal hatte es nach Mitternacht ganz grauslich geregnet und stockfinster war die Nacht. Wir hatten Schirme und Fackeln mit. Doch über brennenden Fackeln kann man keine Schirme aufspannen. Da sind wir patschnaß geworden. Unterm Schirm und ohne Licht hat es uns immer wieder hingehaut. Denn gleich von Anfang an machen die Vierberger ihre Abkürzer über Steilhänge oder quer über Felder (was kein Flurfrevel ist, sondern – so hieß es schon immer – den Feldern Fruchtbarkeit bringen soll). Zuletzt gehts durch einen Hochwald, in dem es wichtig ist, jenen Weg zu finden, «der beim Prunnerkreuz außikommt!»

Das Prunnerkreuz ist eine Kapelle, die der Kärntner Landesbeamte und Altertumsforscher Johannes Dominicus Prunner 1693 auf dem Boden der Römerstadt Virunum errichten ließ.

Sie ist eine Kuriosität wegen der vielen in ihre Wände eingemauerten Römersteine. Als «erstes Freilichtmuseum Kärntens» gilt sie deshalb und auch als einzigartiges Denkmal für die Geschichte der Archäologie in Österreich. Prunner war noch der Meinung, daß der Name der Römerstadt auf dem Zollfeld Sala sei, was er auch in einer Inschrift festgehalten hatte: «Hier ist der Platz, wo Sala gestanden ist. Verweile, Wanderer!»
Die Vierberger verweilen nicht. Laut betend ziehen sie durch die Nacht, und immer eiliger wird ihr Tempo, je näher sie dem Ort Pörtschach am Berg kommen. Dort gibt es eine Rast, dort wird gewartet, bis zwischen vier und fünf Uhr früh in der Kirche auf dem Hügel die Messe beginnt.
In Pörtschach ist alles etwas zu klein ... das Wirtshaus, in das nicht alle Vierberger hineinkönnen, und auch die Kirche, bei der etliche von ihnen draußen bleiben müssen. Auf den Gräbern um die Kirche brennen in dieser Nacht Kerzen, und am Himmel glitzern bei gutem Wetter die Sterne. Dazu der Gesang in der Kirche. Sehr stimmungsvoll ist es da draußen vor der Kirche.
Weniger stimmungsvoll ist nachher der Steilanstieg auf den Ulrichsberg, der zumeist durch dichten Hochwald führt. Umso stärker wirkt dann der weite Ausblick von der Gipfelkuppe nach Süden – auf das Klagenfurter Tiefland und die schneebedeckten Karawanken im Morgenlicht.
In der «lowwierdigen» Ulrichsbergkirche wurde (wie eine Inschrift am Turm meldet) 1786 der letzte Gottesdienst gehalten, dann begann der Verfall, 1897 schlug außerdem ein Blitz ein. Jetzt schaut die Kirchenruine genau so aus, wie Maler der Romantik eine malerische Kirchenruine gemalt haben. Für einige Vierberger ist sie noch immer ein Gotteshaus, in das sie vor der Totenandacht beim Ulrichsbergkreuz hineingehen, «um dem Herrgott schnell Grüßgott zu sagen!» Dann wird der Vierbergelauf abenteuerlich.
Auf den Ulrichsberg führt eine Fahrstraße, und es gibt Wanderwege. Diese benützen die Vierberger für den Abstieg nicht. Sie stürzen sich weglos über die steile bewaldete Nordflanke hinunter, rutschen, springen mit lauten Schreien von Baum zu Baum, eine wilde Jagd. Vor unserem ersten Vierbergelauf hatten wir uns gewundert, daß auch so viele ältere Leut gekommen waren. «Wenn die auch mitgehen, wird die Gschicht nur halb so wild sein!» Nachdem wir aufatmend den Fuß des Ulrichsberges erreicht hatten, waren wir nur noch voll Bewunderung für die alten Vaterln und Muatterln, die in gewöhnlichen Straßenschuhen (die Frauen mit Handtascherln) flott durch den Steilwald herabkamen.
In Karnberg ist wieder eine Messe und in dem nur wenige Kilometer entfernten Zweikirchen noch eine. Dort kommt der Pfarrer mit seinen Ministranten und mit Kreuz und Fahnen den Vierbergern ein Stück entgegen; dann werden alle Vierbergerkreuze an das Kirchenkreuz gedrückt – das ist das «Kreuzbussen» (= küssen). Die Glocken läuten, die Böller krachen, die Schulkinder stehen Spalier – und das läßt die Vierberger kurz vergessen, daß sie erst bei der Hälfte ihres langen Weges angelangt sind.
In Liemberg am Fuße des Veitsberges ist die Stimmung schon etwas gedämpft. Dort findet um zwölf Uhr Mittag die letzte Messe des Tages statt, und vorher gibts noch die «Suppenrast». Dort hocken auch schon eine Menge Leute am Boden, welche die Blasen an ihren Füßen behandeln. Denn jetzt folgt das anstrengendste Wegstück des Vierbergelaufs – der Anstieg zum Veitsberg. Der ist zwar nicht steiler als der auf den Ulrichsberg, aber an ihm spürt jeder schon den zurückgelegten Weg in den Knochen. Außerdem ist es Mittagszeit, und in der ist der Mensch etwas träger, und das besonders nach einer schlaflosen Nacht. Und wenn sich ein Neuling schon hoch oben darüber freut, daß er jetzt endlich den Gipfel sieht, dann wird er zu seiner Enttäuschung hören, daß er sich erst am untersten Zipfel der «Bluatswiesen» oder «Gummiwiesen» befindet, welche sich noch lange, lange bis zum wirklichen Gipfel hindehnt.
Auf dem Veitsberg (oder auch Göseberg) wird schon 1580 eine kleine Kirche urkundlich genannt. 1922 schlug der Blitz in das Kirchlein ein, 1947 wurde es von einem Pyromanen angezündet. Immer wurde es wiederhergestellt – und das eigentlich nur für diese eine Stunde des Jahres, in der die Vierberger in und vor ihr Andacht halten und die Wunschglocke läuten, die jeden Wunsch in Erfüllung gehen lassen soll, an den während des Läutens inbrünstig gedacht wird. Sonst steigt kaum jemand auf diesen wenig lohnenden Berg.
Vom Veitsberg weiter haben die Vierberger die allmählich tiefer sinkende Sonne im Rücken. Damit hatte seinerzeit der noch junge (und nachher bald verstorbene) Pfarrer von Liemberg an einem brennheißen Tag die verschwitzten Vierberger vor dem Veitsbergkircherl getröstet und seine kurze Ansprache mit den Evangeliumsworten geschlossen: «Herr, bleibe bei uns, denn es will Abend werden!»
Wenn die alten Vierberger die Neulinge am Veitsberg damit aufmuntern wollen, daß es jetzt nur noch eben dahingehe, dann ist das bloß eine fromme Lüge. Denn bald kommt beim Abstieg ein vollsaftiges (meist glitschig-nasses) Steilstück, wo es gar viele Leut auf den Hintern haut. Und auch weiterhin gehts bergauf und bergab und wieder bergauf ...
Der Weg der Vierberger führt durch Wälder und Felder und an Bauernhöfen vorbei, um die es sonst das ganze Jahr hindurch einsam und still ist. Und er bringt zu alten Bauernkirchen, wo drinnen gotische und barocke Heiligenstatuen stehen und auf den draußen eingemauerten Römersteinen Mänaden tanzen. Kärnten – das Land, in dem Römersteine zu Kirchen gehören wie das Weihwasserbecken.
In der Vorhalle der Wehrkirche von Sörg ist ein Stein mit einem radförmigen Gebilde zu sehen. Ein Sonnenrad wollte man erkennen, einen «steinernen Zeugen» für die Beziehung: keltischer Sonnenkult – Vierbergelauf. In Wirklichkeit ist der

ks oben: Vierberger im Aufstieg auf den Veitsberg; die «Bluatwiese»
r «Gummiwiese».
ks unten: Brauchtum im Wandel. Gegen Ende des Vierbegelaufs haben
t die Wallfahrer den Rest ihres Proviants an die Kinder aus den am
g liegenden Gehöften verschenkt. Heute nehmen sie «Zuggelan»
ckerl) mit, um die am Wegrand sitzenden Kinder zu beschenken..
hts oben: Letztes «Zusammenwarten» vor dem Ende des Vierbergelaufs
Lorenzibergkircherl.
hts unten: Vierbergelauf 1998. Wie so oft regnete es auch diesmal bei
Ankunft der Vierberger in Sörg.

Links: Ebenfalls am Dreinagelfreitag findet in Kärnten der vom Liesnaberg ausgehende Dreibergelauf statt.
Unten: Das berühmte keltische Dreikopfbecken, jetzt in der Vorhalle der Magdalensbergkirche.

Vor Sonnenuntergang haben die Vierberger den Lorenziberg erreicht. Ihre Füße tun ein bisserl weh, aber die Herzen sind hochgestimmt. Laut singen sie am Ende ihres langen Weges «Großer Gott, wir loben dich!»

«Solange die Vierberger gehen ...»

Von Beginn an war der Vierbergelauf einem Wandel unterworfen. Das ist er noch immer.
Als nach dem Zweiten Weltkrieg die Fit- und Wanderwelle in Bewegung kam, waren alsbald Leute in rotkarierten Hemden und mit abzeichengespickten Hüten unter den Vierbergern zu sehen. Clevere Burschen waren das, die erkannten, daß man diesen «Bergmarathon» in wesentlich kürzerer Zeit derpacken könne, wenn man die Kirchenbesuche mit den unnötigen Wartezeiten einfach wegläßt. Tatsächlich war bald zu hören, daß die ersten dieser Renner bereits am Vormittag den Lorenziberg im Sauseschritt erreicht hätten. «Solln's halt rennen!» haben die Vierberger gelassen gesagt.
Dem Zeittrend folgend wollte 1977 der Bürgermeister von St.

Stein ein Kanalgitter aus der Römerstadt Virunum.
In dieser Vorhalle steht auch einer jener sogenannten Wurftische, welche einst zur Deponierung bäuerlicher Opfergaben (Fleisch, Eier, Käse u.a.) für die Kirche (konkret für den Pfarrer und den Mesner) dienten. Das Naturalienopfer uralter Zeiten! In den Kirchen von Gradenegg und Sörg finden nur kurze Andachten statt. Dann gehts weiter zum Lorenziberg, der noch vor Sonnenuntergang erreicht werden muß, weil sonst - wie gesagt wird - die Wallfahrt «nix gilt».
Vor dem letzten Wegstück zum kleinen spätgotischen Laurentiuskirchlein wird dann zum letztenmal «z'sammgewartet» auf die Nachzügler. Oben beim Kirchlein wartet eine Menge Leute... Angehörige, aber auch Leute, die sehen wollen, wie die Vierberger einziehen. Das verpflichtet. So manche, die schon fast auf dem Zahnfleisch dahingelatscht sind, ziehen die letzten Meter so schneidig dahin, als wäre der Vierbergelauf nur ein kleiner Jausenspaziergang gewesen.
Einmal hatte ein neuer junger Pfarrer das Ende der Wallfahrt besonders festlich begehen wollen, hatte dafür eine gehaltvolle Predigt vorbereitet. Die wollte kein Ende nehmen. Immer unruhiger wurden die müden Vierberger ... Da hallte dann ein lautes «Amen!» durch die Kirche. Einer der Vierberger hatte die christliche Geduld verloren. «Ihr meint ... ich rede zuviel?» fragte etwas verlegen der Herr Pfarrer.
«Jaaa ...!» riefen die geschmerzten Vierberger im Chor. Worauf auch der Prediger innerhalb einer Minute zum «Amen» fand.

Das Prunnerkreuz auf dem Boden der Römerstadt Virunum, an dem die Vierberger vorbeiziehen.

Veit so wie allen Fitmarschierern auch den Vierbergern Plaketten und Teilnehmerurkunden verkaufen. Dagegen haben diese dann heftig protestiert, und der Herr Bürgermeister konnte sich seine Plaketten selber auf den Hut stecken.
Immer mehr Teilnehmer bekam der Vierbergelauf, nachdem er von den Medien entdeckt worden war. Viele Leute kamen, um einmal dabei gewesen zu sein, aber auch «Prominente», die (zumindest am Wegrand im Spalier) gesehen oder ins Bild kommen wollten. Und dann setzte auch bald die Vermarktung im wahrsten Sinne des Wortes ein mit Tee-, Schnaps-, Bier- und Würstelbuden entlang des Weges. Es kam noch besser: 1994 gab es im Angebot eines Reisebüros dieses:

> Der 4-Berge-Lauf in Kärnten
> 14. 4. – 16. 4. 94
> Mit Bus oder Kleinbussen, Gasthof/HP
> S 1.850,-

Der Vierbergelauf 1998 hatte mehr als 4500 Teilnehmer. Wir sind nicht mitgegangen, waren nur am Rande dabei, um wieder einmal Vierbergeratmosphäre zu erleben und auch um zu sehen, wie das ist, wenn soviele Leut unterwegs sind. Auf dem Magdalensberg war es am Donnerstag-Spätnachmittag noch wie seinerzeit. Da kam die kleine Gruppe der Leute aus Sörg und dem Metnitztal den Berg herauf und umschritt betend dreimal die Kirche. Nachher plauderte man eine kleine Weile … von vergangenen Vierbergeläufen und von Vierbergern, die einmal dabei waren und jetzt nicht mehr sind (also waren sie doch noch ein bisserl dabei). Langsam sank die Sonne im Westen am klaren Himmel tiefer. Schön wirds morgen sein und viele Leute werden kommen …
Doch in Sörg schüttete es in Strömen, als die Vierberger ankamen. («Wenns am Dreinagelfreitag regnet, dann regnets immer, wenn wir nach Sörg kommen!» sagten die Alten.) Tatsächlich waren viele gekommen und es war eine mehrere Kilometer lange Menschenschlange, welche durch die Wälder und Wiesen dahinzog. Besonders viele Junge waren diesmal unter den Vierbergern, und das Reporterteam von Radio Kärnten (das während des ganzen Tages Reportagen brachte) fragte hauptsächlich diese Mädel und Burschen, warum sie mit dabei seien. Fast alle sagten, weil der Vierbergelauf so etwas ganz anderes ist …
Das ist er auch. Von den mehr als 4500 Vierbergern des Jahres 1998 werden nur noch wenige über die vier Berge gegangen sein, um Wachstum für die Felder zu erbitten. Aber Wallfahrten waren schon immer etwas Außergewöhnliches, haben die Menschen aus dem Alltag geführt. Der Vierbergelauf führt recht weit hinaus …
Schon die Zeit des Aufbruchs ist außergewöhnlich – nach der Mitternachtsstunde! Dann der Abstieg vom Magdalensberg im Fackel- oder Taschenlampenschein … und wie es nachher beim Aufstieg zum Ulrichsberg allmählich heller und heller und schließlich Tag wird (ein Erlebnis, das viele der Leute von heute weißgottwann zum letztenmal mitbekommen haben). Untertags unterwegs … auf den Feldern wird gearbeitet, überall wird gearbeitet, Werktag ist. Nur für die Vierberger ists kein Tag wie jeder andere … sie ziehen von einer Kirche zur andern und beten auch unterwegs. Aber niemand wird zum Kirchenbesuch oder Mitbeten vereinnahmt. Doch wer eine Weile «mit der Schar» (mit den Betern hinter den Vierbergerkreuzen) geht, kommt dadurch in einen von der Menge abgehobenen Bereich, wird bald – ob er nun fromm ist oder nicht – von einer feierlichen Stimmung erfaßt sein … und wenn dann endlich der Lorenziberg erreicht ist, hat wohl jeder das Gefühl, in den vergangenen siebzehn Stunden soviel erlebt zu haben wie kaum anderswo.
Darum vermag der Vierbergelauf noch immer die Menschen zu faszinieren – trotz seiner Vermassung und Vermarktung und trotz aller Abenteuerreisen und esoterischen Purzelbaumseminare, die jetzt angeboten werden. Er liegt so weit aus der Zeit und kann trotzdem das Gemüt und die Phantasie anregen. So bleibt in einem etwas anderen Sinn der alte Vierbergerspruch weiterhin gültig: «Solange die Vierberger gehen, gehts gut auf der Welt! Wenn einmal die Vierberger nimmer gehen, dann geht die Welt zugrund!»

In die Fremde – aus der Ferne: Ausland / Expeditionen

Heinz Zak
Andreas Dick
Michael Andres
Friedrich Smola
Ralf Gantzhorn / Irmhild Hennings
Michael Vogeley
Harry Neumann
Henriette Hölzl-Eberwein / Sebastian Hölzl
Jürgen Winkler

Das Fitz-Roy-Massiv von der Ostseite.
Die Fotos zu diesem Beitrag stammen vom Autor.

Royal Flush

Die dritte Begehung einer patagonischen Traumroute. Eine Fotogeschichte von Heinz Zak

Wie ein Kometenschweif zieht die Wolke vom Gipfel in den Himmel. Chalten, der Rauchende, nannten die Ureinwohner den mächtigen Felsklotz, der über 3000 Meter aus den patagonischen Ebenen herausragt. Mit einem dumpfen Krachen, das an den Anriß einer Lawine oder das Einstürzen eines Seracs erinnert, brandet eine neue Windwalze an den Berg und rollt dann wie eine unsichtbare Staublawine das Tal hinunter, Felsen und Seracs wie mit Peitschenhieben streifend. Das unheimliche Geräusch macht mir Angst. Der Gedanke, bei so einem Sturm hoch droben in der Wand oder gar am Gipfelgrat zu sein, erfüllt mich mit Ratlosigkeit und Zweifel – haben wir ein zu hochgestecktes Ziel ins Auge gefaßt?

Alles war sehr schnell gegangen: Vormittags Einkauf in Rio Gallegos, nachmittags Busfahrt nach Calafate und weiter nach Chalten, am nächsten Tag Aufstieg und Pferdetransport unseres Gepäcks ins Basislager «Rio Blanco». Es nieselte und die Stimmung im Camp war nicht besonders – fast alle waren wieder einmal vergeblich zum Paso Superior aufgestiegen, hatten in den grausligen Eishöhlen auf gutes Wetter gelauert und waren tags darauf unverrichteter Dinge wieder abgestiegen. Naiver Weise dachten wir zu diesem Zeitpunkt noch, daß wir die einzigen mit riesiger Motivation wären. Getreu unserem Vorsatz, jede Minute auszunützen, bauten wir unser Lager auf und packten 35 kg schwere Rucksäcke für den nächsten Tag. Bei miesem Wetter brachen wir tags darauf auf und schleppten die Rucksäcke zum Bergsee Lago de los Tres, wo es uns die Knie schon ordentlich durchbog.

Unerwartet schnell läßt der Wind nach, lösen sich die Wolken vom Gipfel, brennt die Sonne auf den Gletscher. Wir holen uns einen derart heftigen Sonnenbrand, daß wir noch Tage später schmerzvoll daran erinnert werden. Eine 100 Meter hohe Eisflanke mit dem klingenden Namen «Stairway to Heaven» bringt uns zum berühmten Biwakplatz «Paso Superior». Müde werfen wir nach fünf Stunden Aufstieg unsere Rucksäcke in den Schnee. Ein kurzer Streifzug durch die verlassenen, abgestanden riechenden Eishöhlen bestärkt mich in der Meinung, erst gar keine neue zu bauen, sondern noch 1 1/2 Stunden bis zum Wandfuß weiterzugehen.

Wir hatten uns vorgenommen, Reinhard Karls patagonischen Alptraum «im Gefrierschrank sitzen und Geldscheine verbrennen» gar nicht erst zu ermöglichen. Unser Motto war, jeden Tag etwas zu unternehmen. Der Ausspruch Karls hatte für mich jahrelang die traumhaften Bilder dieser Gegend überschattet, bis eine Postkarte von Kurt Albert, die seine Route «Royal Flush» zeigte, 1995 von ihm, Arnold und Gerschel eröffnet, alle Zweifel wegblies. Sein Kommentar, «die beste Route, die ich bis jetzt geklettert habe», ließ unser Stimmungsbarometer patagonisch schnell in die Höhe schießen. In Peter Janschek hatte ich in vielerlei Hinsicht den besten Partner für ein derart schwieriges Unternehmen. Wir sind gute Freunde; im Herbst 1998 haben wir über einen Monat in den Wandfluchten des El Capitan im Yosemite verbracht. Wir hatten dabei viele unentbehrliche Erfahrungen gesammelt und konnten zudem die Route «Free Rider» im 9. Schwierigkeitsgrad frei durchklettern. Viel wichtiger allerdings war, daß wir gut zusammen paßten, daß wir voll motiviert waren, und andererseits keinen Streß hatten, wenn das Wetter allzu schlecht war.

Wegen der Ungewißheit, ob der Bergschrund zu überklettern ist, steigen wir um 17 Uhr in die 1300 Meter hohe Wand ein. Wasser rauscht den vereisten Riß herunter. Mit aller Vorsicht muß ich, die Hände klemmen zwischen Fels und Eis im senkrechten Gelände, einen 1 1/2 Meter hohen, lockeren Block hinaufpiazen, um unter den Schneeüberhang zu gelangen. Keine Sicherung ist hier anzubringen. Da der Überhang zu weich ist für die Eisgeräte, muß ich die bloßen Hände in den Schneeüberhang stoßen und an diesem extrem fragwürdigen Halt hinausschwingen, um das darüber liegende Schneefeld zu erreichen. Die restlichen 100 Meter in kombiniertem Gelände bis zum Beginn des senkrechten Verschneidungssystems sind problemlos. Um 20 Uhr seilen wir ab, laufen hinunter ins Rio Blanco, essen und packen bis 23.30 Uhr, um am nächsten Tag wieder die 1200 Höhenmeter, diesmal «nur» mit je 20 kg, aufzusteigen. In Patagonien kann man sich Schönwetter-Rasttage einfach nicht leisten! Träge vor Müdigkeit schleppen wir die Rucksäcke höher. Am Lago de los Tres wird der Wind stärker, fette Wolken schwappen über den Berg – Gott sei dank, wir können mit ruhigem Gewissen in die Gemütlichkeit des Rio Blanco absteigen. Wir backen Brot, sitzen mit unseren argentinischen Freunden in der urigen, aus Holzstämmen aufgebauten und mit Plastikfolien geschützten Kletterhütte. Mit meiner Vorliebe für das Balancieren auf einem zwischen zwei Bäumen gespannten Schlauchband stecke ich fast das ganze Camp an. Wir balancieren, bouldern an Felsblöcken oder an umgefallenen Baumstämmen, die es zu umrunden gilt, sammeln Beeren, gehen spazieren, lesen im Zelt oder hören Musik in der Kletterhütte – kurzum, wir haben es saugemütlich hier und mir ist klar, daß ich unabhängig vom Erfolg dieser Reise nächstes Jahr wiederkommen werde. Tage später klettern wir im senkrechten Teil der Wand. Schon nach zwei Seillängen haben wir dicke Arme vom harten Klettern im anhaltenden 8. Grad sowie vom anstrengenden Hochziehen des schweren Materialsackes. Allein das 350 Meter lange Fixseil, das wir gegebenenfalls verwenden wollen, wiegt über 20 kg. Die nächste Woche sausen das Barometer und wir rauf und runter wie ein Jo-Jo, einmal präsentiert sich die Wand als Eispanzer und tags darauf als sonniger Spielplatz in der Senkrechten. Wir beschließen, nicht mehr auf den Höhenmesser zu achten. Am 8. Februar bessert sich das Wetter und wir steigen zum Zelt am Wandfuß. Früh morgens klettern wir am Fixseil die sechs fixierten Seillängen hoch. Eine um die andere Seillänge im 8. Grad klettern wir in allerbesten Granitrissen hoch. Wir können kaum glauben, daß wir Seillänge um Seillänge so schwierig klettern müssen – die Salathé am El Capitan erscheint uns dagegen als Aufwärmroute! Kontinuierlich steil, fast nur Schlingenstände bietend, führt das mächtige Verschneidungssystem höher. Nachmittags kommt Wasser in die Risse, weicht unsere Haut auf und macht den Fels schmierig. Teils frei, teils technisch klettern wir hinauf zum Biwakplatz nach der 16. Seillänge, den wir um 21 Uhr erreichen. Wir schmelzen Schnee, befreien die 30 cm schmale Felsleiste vom Eis, kochen ein leckeres Reiter-Fertigmenü und räumen bis um 1 Uhr morgens herum. Hundemüde verbringen wir auf der Leiste sitzend, den Materialsack unter die Füße gebunden, mehr schlecht als recht die sternklare Nacht. Bereits bei Sonnenaufgang sind wir wieder in senkrechten bis überhängenden Rissen und Verschneidungen. Die Schwierigkeiten scheinen kein Ende zu nehmen. 8-, 8, 9, 8-, 6, 8, 8+, 8, 8+, 8, 8- lauten die Freikletterbewertungen der nächsten elf Seillängen. Die 24. Seillänge ist ein ekelhafter Offwidth – ein Riß, der zum Rißklettern zu breit und als Kamin zu eng ist. Im Grund ist der Riß vereist, an der Außenkante feucht. Die Bohrhaken sind ca. 4 Meter auseinander und ich keuche und kämpfe bis aufs Zahnfleisch. Die letzte Länge klettert Peter bereits im Dunkeln. Gespenstisch wandert der Lichtkegel der Taschenlampe hin und her zwischen den Händen im vereisten Riß, den Klemmkeilen am Gurt sowie den Füßen. Der geplante Biwakplatz ist für die Fische. Von 23 Uhr bis 1 Uhr früh hacke ich Eis hinter einem Felssporn weg, bis wir beide halbwegs sitzen können. Zum Kochen haben wir keine Lust. Um 2 Uhr sind wir endlich im Schlafsack. Meine Füße rutschen ständig in den vereisten Felsspalt, der mir unangenehm auf die Oberschenkel drückt. Peter schläft zumindest teilweise; die 3 1/2 Stunden gehen ohnehin schnell vorbei.

Ein traumhaft schöner Morgen bricht an. Feuerrot schwingt sich die Sonne in einen wolkenlosen Himmel, funkelnd und sich spiegelnd in den zahlreichen Seen unter dem FitzRoy-Massiv. Der Materialsack bleibt zurück. Ohne Eile klettern wir bei absoluter Windstille an mächtigen Granitstrukturen einem tiefblauen Himmel entgegen. Um 14 Uhr stehen wir auf dem Felskopf «Swiss Edge», auf dem die Route «Royal Flush» endet – wir freuen uns riesig. Wir möchten gerne noch auf den Gipfel, der Weiterweg ist bedeutend leichter; um 16 Uhr wollen wir droben sein. Eine Stunde später kommt wie aus dem Nichts plötzlich starker Wind auf. Eine Wolke schießt bedrohlich schnell vorbei, die nächste verschluckt uns.

Während wir noch überlegen, selbst bei diesem Wind noch weiterzuklettern, bricht der Sturm los. In Sekunden überzieht Reif unsere Ausrüstung. Der Wind wirft uns am Standplatz wie Marionetten aneinander, wir haben Mühe, uns gegenseitig etwas in die Ohren zu schreien. Zum Fürchten bleibt uns keine Zeit. So schnell wie möglich seilen wir zurück in die windgeschützte Ostwand. Je tiefer wir über mauerglatte Granitwände kommen, desto weiter entfernen wir uns vom Wind. Um Mitternacht nach 35 Abseilfahrten erlischt meine Taschenlampe. Weil es zu gefährlich ist, ohne Licht mit Peter abzuseilen, warte ich fast eine Stunde, bis Peter mit dem Materialsack die letzte Länge auf den Gletscher abgeseilt hat; dann torkle ich in stockdunkler Nacht am Fixseil hinunter über riesige, teils lose Granitblöcke.

Nach traumlosem Schlaf schleppen wir die Ausrüstung hinüber zum Paso Superior, um sie dort für den Normalanstieg über die Franco Argentinia Route zu deponieren – wir haben ja noch genügend Zeit, um den Gipfel zu probieren.

Eine Woche später überschlagen sich die Ereignisse. Verschreckt berichtet David, der abends in unsere Hütte stürzt, von seinem schwerverletzten Freund Gatito, der mit stark blutendem, mehrfachem Trümmerbruch am Paso Superior liegt. Trotz orkanartigem Sturm steigen wir um 23 Uhr mit Medikamenten auf. Am Lago de Los Tres herrscht Weltuntergangsstimmung. Der Wind reißt das Wasser aus dem See, wie aus Kübeln geschüttet prasselt es auf uns nieder. Wir werden hin- und hergerissen, halb gehend, halb kriechend versuchen wir vorwärts zu kommen. Die gefährliche Seequerung an abschüssigen Felsen überstehen wir ohne Schaden. Am Gletscher kann ich mich nur mit großer Mühe über eine Kante schwindeln. Der Wind nimmt mir fast den Atem. Peter wird vom Wind erfaßt, sofort 30 Meter mitgerissen und bricht sich Schien- und Wadenbein. Die nachkommenden Freunde kümmern sich um Peter, während ich mit der Medizin zu unserem schwerverletzten argentinischen Freund weitergehe. Zusammen mit zwei weiteren Freunden, die noch vor dem Eintreffen der Arzneimittel aus dem Tal aufgestiegen waren, versorge und betreue ich den verletzten Gatito so gut wie möglich. Nach einer schlaflosen Nacht in der Eishöhle hätte uns Horatio beinahe für immer schlafen geschickt. Anstelle von Wasser erhitzt er in der Eishöhle Benzin. Der Benzingeruch steigt mir zwar in die Nase, doch bevor ich den Ernst der Situation begreife, fängt das Gebräu Feuer; entsetzt werfe ich mich sofort in eine Ecke der Eishöhle, während unter einer riesigen Stichflamme der Topf voller Benzin weiterbrodelt. Horatio, dem Topf am nächsten, ergreift ihn, krabbelt mit ihm in Blitzeseile zum engen Ausgang und schleudert den Alptraum ins Freie. Teile seiner Kleidung fangen dabei Feuer, das wir aber sofort löschen können, ohne daß er dabei zu Schaden kommt.

Der Abtransport der beiden Verletzten gestaltete sich problemlos. Glücklicherweise konnten sie mit einem Hubschrauber, der sich zufällig in Chalten aufhielt, ausgeflogen werden. Daß der Pilot zu diesem Zweck zum ersten Mal am Berg landete, ist ein anderes Abenteuer und es würde zu lange dauern, auch diese Geschichte ausführlich zu erzählen.

Information

Charakter: Die Route «Royal Flush» ist eine der schwierigsten Felsrouten Patagoniens. Sie führt über einen 1300 m hohen, meist senkrechten Granitpfeiler an der Ostseite des Fitz Roy (3441 m). 19 von 34 Seillängen liegen im 8. Schwierigkeitsgrad oder darüber, falls sie frei geklettert werden. Erfahrung in Granitrissen ist unerläßlich.

1. Begehung: Albert, Arnold, Gerschel, Richter (Jan. bis Febr. 95)

2. Begehung: Gäbel, Schafroth, Treppte (Jan. bis Febr. 98)

3. Begehung: Janschek, Zak (Febr. 99)

Anreise: Flug Buenos Aires–Rio Gallegos (3 1/2 Std.), Busfahrt über Calafate nach Chalten (8 Std.), Pferdetransport ins Basislager Rio Blanco (3 Std.)

Zustieg: Über den Lago de Los Tres zum Paso Superior (3 bis 5 Std.) und weiter an den Wandfuß (1 bis 1 1/2 Std., je nach Rucksack)

Ausrüstung

Bekleidung: Duofold Unterwäsche, handgestrickte Schafwollsocken, Karakorum Jacke (Mountain Equipment), Kongur Überhose (Mountain Equipment), Powerfleece Salopette (Mountain Equipment), Ultrafleece Mountain Jacket (Mountain Equipment), Lightline Daunenjacke (Mauntain Equipment), Dewline Schlafsack für die Wand (Mountain Equipment), Iceline Schlafsack für das Camp (Mountain Equipment)

Schuhe: Kaukulator, Nepal Top (La Sportiva)

Seile: 3 Zwillingsseile (Edelweiß), 300 Meter Fixseil (Edelweiß)

Gurte: Bigwall Nr. 2 (Edelweiß)

Hardware: Camalots 1und 2, je zwei mal (Black Diamond), Camalot 3, 3,5, je einmal (Black Diamond), Metolius 0 bis 4, je zwei mal (Metolius), ein Satz Stopper (Black Diamond), Wallhauler (Petzl), vier Jümar (Petzl), 20 einzelne Karabiner (Stubai), 10 Schraubkarabiner (Stubai), 12 Expreßschlingen (Stubai), 1 Hammer (Black Diamond), X-Dream Steigeisen (Stubai), 2 Eisgeräte Rambo (Grivel), 2 Helme (Camp)

Rucksäcke: 100 Liter Rucksack (Kohla), 60 Liter Rucksack (Kohla)

Haulbags: 2 verschiedene Größen (North Face)

Verpflegung: Müsliriegel (Cliffbar), Trockennahrung (Reiter)

Linke Seite: Leben im Basislager.
Oben: Heinz macht Waschtag.
Unten: Peter beim Brotbacken.

Rechte Seite: Der Weg zum Berg.
Oben: Das Fitz-Roy-Massiv von Osten.
Unten: Am Lago de los Tres.

Linke Seite oben: Felsrippe zum Paso Superior.
Unten: Kurz vor dem Paso Superior.
Rechte Seite: Peter in der ersten Länge (8).

:der Wand.
:ke Seite: Heinz in der achten Länge.
:chte Seite oben: Peter unter Haulbags.
:ten: Sonnenaufgang über der patagonischen Ebene.
: Ostwand des Fitz Roy ist glutrot.

Linke Seite oben: Peter im «Herz» (29. Seillänge, 8. Grad).
Unten links: Heinz mit Tiefblick auf die Seen.
Unten rechts: Der Haulbag schwebt höher; eine anstrengende Arbeit.
Rechte Seite oben: Rückzug.
Unten: Peters Hände.

Permafrost-Erosionsrillen im Liathach-Gebiet.
Alle Fotos zu diesem Beitrag vom Autor.

Eine Welt für sich – Eisklettern in Schottland

Oder: Have fun – but don't screw it up. Notizen vom zweiten internationalen Winterbergsteiger-Treff des BMC in Glenmore Lodge. Von Andreas Dick

Jeden Abend will unsere Tochter eine Geschichte hören, am liebsten von zwei frechen Brüdern. Eine geht so: Als der Papa von Markus und Simon nach Schottland fahren wollte, erzählte er ihnen vorher, was ihn dort erwarten würde – und die Kinder spielten es nach. Sie schmierten Aprikoseneis (das ihnen eh nicht schmeckt) in die Griffe der Kletterwand im Schlafzimmer, stellten den Ventilator auf Sturm, ließen ein Kilo Mehl und die Daunen eines aufgeschlitzten Schlafsacks durchs Zimmer treiben, gossen Regen aus der Gießkanne auf die Matratzen und hampelten mit schweren Stiefeln und spitzen Messern an der Kletterwand herum.
Was treibt einen halbwegs vernünftigen Menschen im Winter nach Schottland? Zum Klettern auf dünnem, mürbem Eis, verschneitem Fels und gefrorenen Grasbollen, in Sturm, Nebel und Schneefall? Genau das. Die Lust, das masochistische Vergnügen des Bergsteigens einmal in ganz neuen Variationen auszukosten – und die Neugier, an der legendären Quelle des europäischen Extrembergsteigens zu nippen. Ein stiller Traum, seit ich zum erstenmal meinen Pickel in senkrechtes Eis geschlagen habe. Und jetzt die einzigartige Gelegenheit, eine Woche lang mit ausgezeichneten Kletterern aus der ganzen Welt Spaß zu haben. «Climbing into the millennium» – «Klettern ins nächste Jahrtausend» – unter dieses Motto hatte das British Mountaineering Council (BMC), einer der englischen Alpenvereine, sein zweites internationales Winterkletter-Treffen gestellt. 68 Eiskletterer aus 27 alpinen Verbänden in 24 Ländern kamen; darunter als DAV-Abgesandte Bernd Eberle, Bergführerausbilder – und ich. Zwanzig Jahre träumen, jetzt nach Schottland!
Flugreisen erinnern oft an die Geschichte vom Indianer, der nach einer Zugfahrt am Bahndamm saß und wartete, «bis meine Seele auch hier angekommen ist.» Gerade noch zuhause, kurz darauf zwei Tagesreisen weiter weg. Wie im Traum sitze ich im Bus, der uns am Flughafen von Inverness abgeholt hat, und atme die Landschaft ein. Langgestreckte Seen, die wie blaue Finger vom Meer hereingreifen; die sanfte Dünung grüner Hügel, darüber hingestreut viele weiße Wollknäuel, die allgegenwärtigen Schafe; am Horizont die weißen Wellenkuppen der höheren, schneebedeckten Berge… darüber aufgelockerte Bewölkung, blaue Himmelsfetzen, Sonne; kein Sturm, kein Regen – sind wir wirklich in Schottland? Noch mehr Unglaubliches in unserem Quartier Glenmore Lodge: Die Eisverhältnisse in diesem Winter sind so gut wie seit zehn Jahren nicht mehr, für den nächsten Tag ist windstiller Sonnenschein angesagt. Wir haben freie Auswahl aus der eisigen Schatzkiste.
Beim Eröffnungs-Weinempfang habe ich Ian Parnell aus Manchester kennengelernt, Bigwall- und Extremkletterer. Er ist einer der fünfzig «Hosts», der einheimischen Kletterer, die den Gästen aus dem Ausland als Tourenberater und -begleiter zugeteilt werden. Unser dritter Mann für den ersten Tag ist Saulius Vilius aus Litauen. Ian hat ein Auto, und so heizen wir entlang an leuchtenden Seen, in denen sich verschneite Bergspitzen spiegeln, zum Ben Nevis. An Schottlands höchstem Berg sind heuer Eisfallrouten gefroren, die nur alle paar Jahre begehbar sind. Am Parkplatz, knapp über Meereshöhe, ist Frühling. Vögel singen, Bäche plätschern, es duftet nach Moor und feuchtem Gras. Zwei Stunden weiter oben ist Winter. Vor der kleinen, immer überbelegten C.I.C.-Hütte stehen wir im harten Schnee, uns gegenüber ein Gebirge aus schwarzem Granit, von Karen und Schluchten zerrissen, schneebedeckt, eisgepanzert, von Rauhreif verkrustet.
Mega Route X heißt unser Ziel. Ein reichlich arroganter Name für ein nur sechzig Meter hohes Wasserfällchen. Aber wild ausschauen tut's. Eine senkrechte Verschneidung, von Eisbalkonen umgeben, in der Mitte steht ein grauglänzender Pfeiler. Schottisch 6 – einigermaßen beeindruckt steige ich ein. Aber schon nach den ersten Metern löst sich die Spannung. Das Eis ist griffig und solide, mit einem Schlag sitzen die Geräte, keine Schollen platzen ab, wie man es vom Stubai gewöhnt ist. Senkrechtes Eis kann so verblüffend leicht sein, wenn man einmal etwas Erfahrung gesammelt hat und die Ausrüstung stimmt. Der Respekt wird abgelöst durch die Klettergeilheit, die mich schon gestern vibrieren ließ, und die Tour wird ein Jubel. Drei Stunden Autofahrt, zweieinhalb Stunden Auf-, zwei Stunden Abstieg für zwei Seillängen Kletterei: Wir bereuen nichts.
Am Abend erzählt Simon Richardson, einer der profiliertesten schottischen Kletterer, über den Charakter dieses Sports. Was ist Winterbergsteigen eigentlich? In den Alpen lebt immer noch der Begriff der «Winterbegehung» für Felsklettereien, der durch den kalendarischen Winter definiert wird, egal ob die Route ausgeapert ist. Gleichzeitig hat sich beim Kombiklettern das «Dry Tooling» entwickelt, bei dem

oft Dutzende Meter mit Eisgeräten und Steigeisen im trockenen Fels gestiegen wird, um dünne Eisspuren oder -zapfen weiter oben zu erreichen. In Schottland dagegen gilt eine Route erst als «winter climb», wenn sie «winterlich aussieht». Der Fels muß verschneit oder vereist sein, das Gras gefroren, dann gilts. Und man steigt immer onsight, von unten, ohne Abseil-Erkundung – das hätte eh keinen Sinn, weil beim schottischen Sauwetter die Verhältnisse stündlich wechseln können. «Das schottische Winterklettern ist technisch fantastisch und die ethisch reinste Form des Bergsteigens in der ganzen Welt», summiert Richardson. Er definiert fünf Teildisziplinen: Eisfallklettern, Gullyklettern, «thin face climbing» (Wandklettern an Eisglasuren), Mixed-Klettern auf vereistem Fels und gefrorenem Gras und «snowed-up rock climbing», das Klettern in vollkommen verschneitem und rauhreifüberzogenem Fels. Ob wir das komplette Gruselkabinett kennenlernen werden?

Bei Guinness und Whisky in der Bar werden die Heldentaten des Tages erzählt. Alex Huber hat für die Schotten ihr schwerstes Projekt geknackt; «Great Escape» (VIII, 9 oder M9-) nennt er die seitwärts überhängende Verschneidung, und er schwärmt vom Piazen am verklemmten Pickelschaft und dem einarmigen Abputzen der Anraumdecke. Snowed-up rock und Mixed Climbing, das scheinen hier die Zauberwörter zu sein.

Am nächsten Tag fahren wir trotzdem wieder zum Eis des Ben Nevis. Unsere Wunschroute, «The Shroud», ein freistehender Eiszapfen, ist belegt. Alternative ist eine Mixedlinie, die wir gestern als Erstbegehungsmöglichkeit entdeckt haben, die aber, wie wir am Abend erfahren mußten, vor ein paar Tagen schon begangen wurde. Für eine Wiederholung ist die Motivation schwächer, ich gebe meinen Ängsten vor der überhängenden Felszone nach und lasse Ian vorsteigen. Der zeigt auch gleich einige böse Tricks: Die Haue des einen Eisgeräts mit dem Hammerkopf des anderen in den Riß dengeln, dann am Schaft anpiazen, die andere Hauenspitze pickt derweil auf einem freigeputzten Leistchen, die Frontzacken kratzen auf ähnlich dünnen Strukturen... ein Stück weiter oben wird es großgriffiger, aber brüchig, überhängend und ungesichert – er dreht um.

Es ist Nachmittag, zu spät für etwas langes Schweres. So gehen Ian und Saulius zu einer kurzen Gullyroute und ich starte solo zum Point Five Gully. Schottlands berühmtesten Eisklassiker allein zu begehen, reizt und schreckt gleichzeitig. Aber das Gully ist einen Grad leichter bewertet als die Tour von gestern, und in einer Rinne fühlt man sich nicht so exponiert wie an einem Wasserfall – das paßt schon. Von unten ist die Route nicht zu erkennen, so schmal ist der Schlitz im Fels. Erst als ich langsam das große Kar hinaufstapfe unter die weiße Burgmauer des Nevis, zeigt sich die eisgefüllte Kerbe in ihrer vollen Länge, wie ein Schlitz in Baumrinde, durch den Harz herunterläuft. Handschlaufenlänge optimieren, Ärmelmanschetten schließen... ein paar Standardaktionen zur Nervenberuhigung vor dem Einstieg. Einen senkrechten Aufschwung nutze ich zum Test für Psyche und Technik. Danach ist der Knoten durchschlagen, ruhig, aber konzentriert geht es weiter. Mal fast im Inneren des Berges, wenn der Spalt so eng wird, daß man sich mit den Schultern durchwinden muß, mal angenehm ausspreizend, wenn das Gully breiter wird. Welch ein Gefühl von Stärke! Übergangslos trete ich aus der schattenblauen steilen Wand auf eine arktische Hochfläche, so fremd wie der Mars. Wie eine Startbahn für Raumfahrzeuge streckt sich der Gipfelrücken des Ben Nevis über seinen senkrechten Abgründen dahin, wie auf einer Wolke schwebe ich über der Weite Schottlands. Im Norden, tief unter meiner weißen Höhe, das grün-gelb-braune Flickenmuster des Tals, durch das wir hergekommen sind, im Osten und Süden gestaffelt die angeschneiten Hügelketten der Mamores, im Westen glänzt im Gegenlicht der Nachmittagssonne ein goldener Streifen: Loch Linnhe, ein Meeresarm, der als Flachland-Fjord weit ins Inland hineinzüngelt. Seine Fortsetzung, der Great Glen oder Kaledonische Graben, durchreißt das gesamte Land bis hinauf zum Loch Ness und dem Moray Firth bei Inverness – einer der Dutzende Gräben, die diesem Teil Schottlands die Form eines gesprungenen Tellers verleihen. Doch im Moment ist mir Geologie völlig egal, ich stehe fassungslos im Kreis dieser Wunder. Es ist einer der Augenblicke im Leben, wo die Zeit langsamer vergeht, die man nicht auf tausend Dias festhalten kann, nicht mit Augen und Verstand, vielleicht mit dem Herzen.

Beim Abstieg treffe ich Saulius, der nachdem die Ausweichtour besetzt war, über einen leichten Weg zum Gipfel gestiegen ist, und Ian, der das Shroud, unsere ursprünglich geplante Tour, nun doch noch gemacht hat – wahrscheinlich die erste Alleinbegehung. Wieder ein phantastischer Tag, auch wenn er, wie gestern, wegen Verspätung mit einem improvisierten Imbiß als Abendessen endet. Wir sind gerade noch so zeitig dran, daß ich die abendliche Vortragsrunde um die Vorstellung des deutsch-österreichischen Sanierungs-Kompromiß-Papiers bereichern kann. Dürfen in alpinen Felsklassikern Bohrhaken geschlagen werden? Diese Frage überhaupt zu stellen, ist in Britannien schon gefährlich. Die Alternative «bolt protection or bold protection» (Bohrhaken- oder kühne Absicherung) ist hier zugunsten des harten Stils mit dem weichen «d» entschieden, und den Begriff «Plaisir» konnte ein koreanischer Teilnehmer nur komisch-widersinnig mißverstehen: «place gear» (setze dein eigenes Sicherungsmaterial). «Wie verträgt sich das miteinander: Plaisirrouten fordern und eisklettern?» Oft höre ich diese Frage, und als Antwort fällt mir höchstens ein: «Ich will Spaß.» Beim Klettern kommt mein Spaß aus der Bewegung, da sind Bohrhaken förderlich. Beim Eisklettern dagegen fängt der Spaß oft da an, wo es ernst wird. Angstüberwindung ist beim Steileisklettern fast essenti-

Oben: Ian Parnell in der 2. SL von «Mega Route X» (VI, 6) am Carn Dearg.

Unten: «Honeypot» (IV, 6), «Mess of Pottage», Coire an-t Sneachda, Cairngorms.

Am Gipfelrücken des Ben Nevis.

ell, schon wegen des dubiosen Terrains. Sich auf bröckligen Glasuren und an dünnen Zapfen hinaufzuschwindeln, braucht Findigkeit und Entschlossenheit, aber auch exaktes Abwägen von Gefahr, Schwierigkeit und Können. Bohrhaken rauben diesen Reiz. Der nächste Tag bringt ein Beispiel dafür.

Zwei Stunden fahren, zwei Stunden stapfen. Wieder lohnt es sich. Als riesiges Amphitheater steht die Felswand des Coireag Dubh Mor im Liathach-Massiv über uns, alle dreißig Meter zieht ein Eisstreifen durch den 150 Meter hohen Aufschwung. Weil alle klassischen Routen besetzt sind, haben wir eine von Ehrgeiz frei scheinende Ausrede, uns an der Tour zu versuchen, nach der wir schon heimlich geschielt haben: «Foobarbundee» (VIII, 7) hat noch keine Wiederholung und wird als vielleicht härteste Eisglasur-Route Schottlands gehandelt. Heute erscheint die heikle, 70 Grad steile Glasur-Passage dick vereist zu sein – fünf bis zehn Zentimeter statt ein bis zwei bei der Erstbegehung –, aber es ist warm, feuchte Streifen kriechen unter den Eisschildern heraus. Normalerweise steige ich nur ein, wo ich sicher bin, durchzukommen. Heute bin ich es nicht, aber unter der Schlüsselstelle müßten Haken zum Abseilen plazierbar sein.

Schon die erste 70-Grad-Platte ist steiler als erwünscht, die Eisglasur knirscht unter den Frontzacken und will ganz sanft gekitzelt sein; erst nach acht Metern sitzt ein Keil etwas abseits der Linie. Eine Verschneidung mit dünner Eisfüllung bietet kraftraubende Piazzüge an verkeilten Platten, trickreiches Hooken mit den Hauen und nervendes Suchen nach solideren Eisfleckchen für Pickel und Steigeisen. Erst nach der schweren Passage singt ein Haken in den Sandstein. Die nächsten Meter unter die Schlüsselstelle geben sich leichter, aber Ian wird später im Nachstieg große, sicher erscheinende Eisschollen wegtreten. An meinem möglichen Umkehrpunkt schlage ich einen Messerhaken, der hundertprozentig verläßlich wirkt. Da kann man reinstürzen. Aber wo versuchen? Die Verschneidung der Erstbegeher sieht abscheulich aus, kompakt, abdrängend, nicht absicherbar – nicht mein Weg. Eleganter wären die dünnen Eisstreifen, die über meinem Haken direkt zum berüchtigten Eisschild führen. Ein Testschlag fährt satt ins Eis; ein zweiter pflügt nutzlos durch mürben Schlabber. Einen Sturz riskieren in den Haken? Lieber nicht, auch wenn er super aussieht. Mit ein paar Bohrhaken wäre das alles eine Spielerei. Ohne ist es eiskalter Ernst. Ich schlage einen zweiten Haken und richte die Abseilstelle ein. Als ich die Seile umgebaut habe und testweise an den Haken ruckle, kann ich beide von Hand im Riß bewegen, auch meinen «Lebensversicherungshaken» von vorhin. Ein physikalisches Phänomen: Das Eis im Riß schmilzt, der Haken verliert seinen Halt. Marko Prezelj erzählt am Abend, daß ein Freund von ihm mit so einem Haken abgestürzt ist. Bohrhaken? Sie schützen vor Dummheit oder Unvorsicht und erlauben unverbindliches Ausprobieren – aber das Spiel wäre ein anderes. Noch lange werde ich grübeln, ob die Route nicht doch kletterbar gewesen wäre. Man muß auch scheitern können.

Zum Trost gönnen wir uns noch die schwere Länge von «Test Department» (VII, 7), einer Wasserfallroute an zwei freistehenden Zapfen, die sich in diesem Jahr zum erstenmal seit der Erstbegehung 1987 gebildet hat und gleich ein dutzendmal wiederholt wurde. Spaß pur: dickes Eis für solide Schrauben, Pickel im Fels verklemmen als Griff, spreizen und stemmen zwischen Eiszapfen und vereister Felswand, ohne Pickel ziehen und stützen auf Löchern im Eis… Wasser ist so phantasievoll beim Gefrieren, die Bewegungen sind so kreativ und vielfältig trotz dicken Gore-tex-Panzers – was kann schöner sein!

Die abendliche Diskussion ist gut besucht: «Herausforderungen im Winterklettern für das Jahr 2000 und danach». Francesco Capellari aus Italien outet sein Land als Dorado für Warmduscher: Hier gilt das Ruhen im Eisgerät noch nicht als unschicklich, und Bohrhaken stecken nicht nur an Abseilständen, sondern auch als Zwischensicherungen. Hausmeister Graeme Ettle schildert das andere Extrem: «Give the route a chance» heißt sein Credo – geh ohne Bohrhaken und wenn es wirklich schwer ist. Eine Begehung in Schottland zählt nur, wenn die Route in «full wintry conditions» ist, weiß verschneit wie eine Rauhputzmauer. Alex Huber wirft ein: «Dann darf ich nicht mehr gehen, wenn ein anderer vor mir rauf ist? Nachdem ich die 'White magic' gestiegen bin, war sie nur noch 'black magic', ein schwarzer Streifen mit freiem Fels in einer verschneiten Wand.» Ja, so ist das: zum vollen Schwierigkeitsgrad gehört das Putzen dazu. Zum Trost: Bei dem ständigen Wind ist die Route schon am nächsten Tag frisch geweißelt. Völlig anders läuft der Schneehase in Amerika: Pete Takeda zeigt haarsträubende Dias vom Dry Tooling in überhängenden Felswänden mit Abschlußmoves an Eiszapfen. Ist das noch Eisklettern, mit Steigeisen und Pickeln eine apere Felswand hinaufklettern? Die beliebte Definition «es muß mit Eisen und Pickel leichter sein als ohne» gilt dann für die Handgeräte, aber die Füße stehen eigentlich ohne Steigeisen besser im Fels. Die Diskussion gipfelt in Petes Satz «Du würdest ziemlich dumm dreinschauen, wenn du vom Fels zum Eiszapfen spreizen willst und keine Steigeisen anhast» und in Alex Hubers Erwiderung: «Den Eiszapfen klettere ich dir auch ohne Steigeisen rauf, mit einarmigen Fixierern am Eisgerät.»

Die Positionen bleiben verschieden, aber das Plenum einigt sich auf die Bitte, lokale Regeln zu beachten und Traditionen zu respektieren. Die heißen für Schottland: Die Route sollte winterlich aussehen; Gras sollte gefroren sein; beim Klettern auf gefrorenem Gras vorsichtig damit umgehen.

Am nächsten Tag deutet das schottische Wetter seine Fähigkeiten an: 50 Meilen Wind (ca. 80 km/h) wehen in den Cairngorms, wo wir heute hinwollten; Fußgänger werden umgeblasen, die Straße ist wegen Schneeverwehungen ge-

sperrt. Unten im Flachland scheint die Sonne. Jockel und Picco aus Tirol wollen mit Scott Muir in einen Klettergarten gehen – «geschützt, trocken, überhängend» – Bernd und ich schließen uns an. Der Klettergarten liegt in einem schattigen Flußtal, Schnee und Matsch am Wandfuß, fünf Grad Lufttemperatur, nirgends Haken, alles muß selber mit Klemmkeilen abgesichert werden – das ist ja fast noch schlimmer als Eisklettern! Trotzdem hat es einen gewissen Reiz, zumindest Charakter. Als wir Scott erklären, daß ein solches Natur-Kleinod in Deutschland keine zwei Tage lang ungesperrt bleiben könnte, mag er uns gar nicht glauben. Die Schotten gehen sehr respektvoll mit ihrer reichlich vorhandenen Wildnis um, aber Natursport gehört dort einfach zum Leben. Im United Kingdom gibt es vier Millionen «Hillwalker», Leute, die höher als 600 Meter hinaufwandern (das sind dort schon richtige Berge). Sie sichern 10.000 Arbeitsplätze und bringen der Volkswirtschaft jährlich 200 Millionen Pfund (ca. 600 Mio Mark) – die nächstwichtigen Wirtschaftszweige Fischzucht und Forstwirtschaft bringen jeweils nur 60 bis 70 Millionen Pfund. Der Radio-Wetterbericht ist ein «Kletterbericht», mit Informationen für Bergsteiger. In diesem Land leben die Menschen mit der Natur und akzeptieren es als selbstverständlich, daß man sie – mit Respekt – benützt. Wir deutschen und österreichischen Besucher sind neidisch.

Am Abend wartet das nächste Highlight. Vorträge zum «Super Alpinism», Seilschafts-Expeditionen in großen Himalayawänden. Rick Allen zeigt Dias von seinen Erstbegehungen am Ganesh und Pumori und definiert den Begriff «lightweight expedition» britisch-trocken um: «Das einzige, was bei einer Leichtgewichts-Expedition nicht leicht ist, ist dein Rucksack – das Verhältnis ist umgekehrt proportional: je kleiner die Expedition, desto größer der Sack.» Ein Problem bei Alpinstil-Begehungen ist das Essen: «Du kannst maximal für sieben Tage Essen mitnehmen – die Frage ist dann, wie lange du damit auskommst.» Fixseile bezeichnet er als Verschwendung von Zeit und Geld. Andy McNae bringt dafür Beispiele von großen Zielen, bei denen fixseilgestützte Gruppen auch nicht erfolgreicher waren als Seilschaften im Alpinstil. «Lieber spektakulär scheitern als ein alpin machbares Projekt mit Fixseilen verhunzen», ist sein Credo. Was heute im Himalaya geht, zeigt der Slowene Marko Prezelj mit Dias aus dem Shishapangma-Gebiet: Ohne Erfolgsdruck, unverbindlich als Akklimatisationstour gestartet, hat er dort zwei 1000-Meter-Wände auf 7000er-Gipfel erstbegangen. Sein Diavortrag, eine hinreißende Mischung aus brillanten Kletterbildern und romantischen Naturstimmungen, läßt die Zuschauer träumen und die Leidenschaft und Freude spüren, die aus den Bergen kommen. «Have fun – genieße es», heißt denn auch das Abschluß-Statement dieses Abends – «but try not to mess the place up – aber mach möglichst nichts kaputt». Was sich nicht

Welteistheater Schottland

Oben: Blick vom Liathach-Zustieg nach Norden, Richtung Meer.
Unten links: Bergsteiger vor erosionszerfurchten Hängen des Beinn Eighe.
Unten Rechts: Versuch in neuer Route beim Ben Nevis.

Oben: Auf dem Cairn Gorm, Zustieg ins Loch Avon Basin.
Unten links: In der ersten Seillänge von «Route Major» (IV, 5) am Carn Etchachan, Cairngorms.
Unten rechts: Negativ-Erosion am Nevis-Gipfel: Wo Fußtritte den Schnee verdichtet haben, wurde er nicht vom Wind abgeblasen.

nur auf Abfall und hinterlassene Fixseile bezieht, sondern auch auf den Umgang mit den Einwohnern und ihrer Kultur. Ein Drittel der Teilnehmer stimmt für ein Verbot von Flaschensauerstoff, aber schon Fixseile will kein einziger verboten sehen.

Freitag, der letzte «offizielle» Tag. Wieder weht Wind, aber am Creag Meagaidh (sprich Kräg Meggie) soll man klettern können. Wieder ist schon der Zustieg eine Bergtour für sich. Der Boden sieht aus wie Elefantenhaut, lauter winzige Hügelchen. Ein Phänomen des Permafrost: Hier im Norden ist der Boden durchgehend gefroren, nur oberflächlich taut er ein bis zwei Meter weit auf. Diese weiche Schicht gleitet auf dem harten Untergrund ab, größere Brocken schneller als kleinere, und so sammeln sich kleine Häufen, bilden sich Riefen und Rillen wie auf einem Gletscher oder auf einer Schneefläche im Frühling. Wir wandern durch ein Naturschutzgebiet. Unten war eine Rangerstation, wo Rentiere gefüttert werden und Besucher auf einem Schild ihre «Wildtier-Beobachtungen» eingetragen haben: Schneehase, Schneehuhn, Adler und «viele verrückte Kletterer». Zwischen dem Naturschutzgebiet und dem langgestreckten See Loch Laggan wird die Straße erneuert; ein riesiges Schild klärt auf, warum das notwendig ist und was getan wird, um die Natur so wenig wie möglich zu belasten. Die Wanderwege zum Creag Meagaidh sind mit Holzbohlen belegt, damit die Schuhe den sumpfigen Boden nicht zerstampfen. Alles ist durchorganisiert, aber das Recht des Menschen auf Naturnutzung wird nicht in Frage gestellt, solange sie sanft geschieht.

Wieder eine Andeutung von schottischem Wetter: ein bißchen Sturm, gelegentlich ein Schauerchen, Gipfel in Wolken. Trotz Null Grad Lufttemperatur ist es in der Wand warm, unsere geplante dünne Eisrinne trieft von Schmelzwasser. Wir erliegen der Verlockung eines alpinen Ersatzzieles: 59 Face Route, eine klassische Mixed-Kletterei. Bernd kämpft sich tapfer 30 Meter hoch, mit einer Zwischensicherung, ich eiere geschockt hinterher: Die Hauen rutschen nutzlos durchs tropfnasse Gras. «turf not frozen = no real winter climbing», oder so ähnlich hatte Graeme doch gesagt? Dann dürfen wir ja umdrehen. Bernd bastelt eine raffinierte Konstruktion aus einem wackligen Felsbrocken, einem angetauten Eiszapfen und einem rostigen Haken, und behutsam hangeln wir uns zurück auf festen Boden. Erst am letzten Tag, am Carn Etchachan, werden wir noch das Vergnügen auf «frozen turf» testen – auch nicht viel anders als daheim am Jochberg. Nur daß es uns zuhause nicht passiert, daß Sonntagskletterer über Stellen locker wegmarschieren, für die wir uns ganz gehörig konzentrieren müssen.

Vielleicht die «Last Post» als Ersatzprogramm? V, 5 – easy stuff; unten ein 70-Grad-Aufschwung, dann anscheinend nur noch steiler Schnee. Mehr aus alpiner Tradition ziehen wir zumindest ein Seil mit – und finden uns plötzlich auf hohl dröhnendem, verschneitem Eis, das doch steiler ist als es ausgesehen hat. Bei der Qualität der Schrauben hilft das Seil allerdings nur dem Nachsteiger zur Entspannung; der Vorsteiger stellt fest, daß man in Schottland – genau wie auch sonst im Eis – besser Touren unter der Leistungsgrenze angeht. Und daß man in Schottland besser Karte und Kompaß mit auf Tour nimmt, merken wir am Ausstieg. McPetrus macht die erste Schublade auf und packt uns in einen White out für Anfänger. «Schlechtes Wetter im Himalaya ist ein gutes Training für Schottland», hat July Ann Clyma gesagt. Und Roger Payne hat geschwärmt von Verhältnissen, wo man die Hand nur vor Augen sieht; streckt man den Arm, sieht man sie nicht mehr. Wir sehen immerhin bis zum Boden. Dort hat es Spuren, die noch nicht zugeweht sind und uns auch ohne Karte zurückleiten zum Wandfuß. Die Lawinenbollen dort stammen, wie wir später erfahren, von Glenda, die beim Ausstieg ihrer Tour den Wächtenkeil abgetreten hat und 30 Meter ins Seil gerutscht ist. Auch ohne viel Schneefall baut der andauernde schottische Wind Lawinen; am Ben Nevis, niedriger als der Feldberg im Schwarzwald, stürzt am nächsten Tag eine Seilschaft aus dem Point Five Gully zu Tode.

Der Abschlußabend. Vor dem Vergnügen die Arbeit: wir sollen Botschaften an die Kletterwelt verabschieden. Alle unterstützen das deutsch-österreichische Papier zur Sanierung alpiner Felsklassiker als Ausgangsbasis für eine Weiterentwicklung. Auch eine Warnung für Schottland-Pilger vor den Tücken der Orientierung und ein sehr optimistischer Aufruf an die Presse zu Fairneß und Ehrlichkeit werden einmütig beschlossen. Für die lokalen Unterschiede in Ethik und Schwierigkeitsbewertung findet sich keine schnelle Lösung. Man wird vorerst damit leben müssen, daß sich die Mixed-Bewertungen auf dem Kontinent anscheinend inflationär entwickelt haben und vernünftige Vergleiche noch nicht möglich sind. Der schottische Ansatz, Absicherbarkeit und technische Schwierigkeit getrennt zu bewerten, wird nicht allgemein übernommen werden. Die Bewertungssysteme für die technische Schwierigkeit werden sich weiterhin im Stubai, in Frankreich/Italien und in Schottland um jeweils etwa einen Grad unterscheiden. Jeder Teilnehmer hatte seine Routen in eine Liste eingetragen und zum schottischen den heimischen Schwierigkeitsgrad dazugeschrieben. Für Kombirouten erwies sich die schottische Skala als ziemlich direkt übernehmbar, die Bewertung für Eisklettereien lag um ein bis zwei Grade über der Alpenskala. «Vielleicht weil eure Hauen so stumpf sind vom Kombigelände», wie Picco aus Innsbruck anmerkte. Vielleicht aber auch, weil moderne Geräte und leicht setzbare Schrauben das Eisklettern in den letzten Jahren bequemer gemacht haben, während der Fels gleich bleibt…

Kletterer diskutieren gerne. Aber sie können auch anders. In der Bar stehen nicht nur die gewohnten fünfzig Sorten Single Malt Whisky, sondern heute abend Männer in Röcken und

Kletterer am Coire an-t Sneachda.

eine Frau mit Dudelsack. Ceilidh (sprich «Kelie») ist angesagt, schottischer Leistungs-Volkstanz. Vorher verkünden die Funktionäre ihre Schlußkommuniqués, und es gibt eine Flasche Whisky für Eduardo, den Pechvogel der Woche, der sich am ersten Tag bei einem Sturz den Knöchel gebrochen hat. «Sei froh, das heilt schneller als eine Bänderdehnung», hat er in dieser Woche mindestens dreißigmal gehört; als er den Whisky sieht, leuchten seine Augen und er verspricht: «Next time I jump – das nächste mal springe ich gleich.» Roger Payne, Geschäftsführer des BMC, schraubt den Verschluß von der Flasche, zerdrückt ihn und wirft ihn in die Runde; den ganzen Abend hinkt Eduardo nun durch die Reihen vom Ringelpietz verschwitzter Nordwandgesichter, um sein Erfrischungsgetränk loszuwerden.

Der nächste Morgen beginnt etwas später und langsamer. Fast alle müssen heim, aber Bernd und ich haben noch zwei Tage, und wieder scheint die Sonne. Der Bus der Glenmore Lodge fährt uns zu den Liften der Cairngorms. Was für ein Skigebiet! Hölzerne Fangzäune umgeben die Pisten, damit der Schnee nicht weggeblasen wird, bockhart ist der Firn, Schlittenfahrer benutzen Helme, tausend Autos stehen auf dem Parkplatz. Ein erheblicher Teil davon muß Winterbergsteigern gehören, denn allein an unserem Berg stapfen weit über hundert Leute herum. Coire an-t Sneachda heißt unser Gipfel. Das ist Gälisch. Eine Sprache, die nur noch von 4000 Leuten gesprochen wird und damit in Großbritannien weniger verbreitet ist als etwa Urdu, die Sprache der pakistanischen Einwanderer. Alle schottischen Gipfel haben so seltsame Namen, die fünf Anläufe zum Lesen brauchen, klingen wie Monster aus dem «Herrn der Ringe» und sich anhören wie eine böse Erkältung: «kwuorrijantschjräijachcha».

Snowed-up rock, das muß es heute sein. Die ganze Woche haben wir nur geklettert, was wir eh können, jetzt müssen wir endlich die schottische Spezialität ausprobieren. Wir stehen vor einer blendendweiß verschneiten Felswand. Wer in den Alpen da raufsteigen würde, käme in die Klapsmühle. Hier tun es alle. Also los. Die erste Länge sieht ja banal aus, gestufter Granit, 60 Grad flach, brav eingeschneit. Aber schon nach drei Metern fange ich zu zappeln an. Die Granitbänder sind abschüssig, der Schnee ist weich – hält die Stufe oder nicht? Wenn nicht, muß der Schnee weg – hält danach das Steigeisen auf dem schrägen Fels oder nicht? Für die Hände stellen sich noch mehr Fragen. Den Pickelschaft in den Schnee stecken? Die Haue auf den Fels drücken und auf dem Pickelkopf stützen? Nur mit der Faust in den Schnee? Oder den Schnee wegkratzen in der Hoffnung, daß ein Griff rauskommt; oder ein Klemmblock zum Hooken; oder ein Riß zum Verklemmen oder Verdrehen von Haue oder Schaft; und vielleicht endlich mal eine Klemmkeilstelle? Wenn Felsklettern Tanz in der Vertikalen ist und Eisklettern einem Degenduell à la Belmondo gleicht, dann läßt sich snowed-up rock climbing am ehesten mit dem Geburtskampf eines Säuglings vergleichen. Der ganze Körper ist verspannt, windet und verwurstelt sich, hier stützt die Hand, dort zieht ein Arm, das Knie quetscht den Schnee platt, Anraum abkratzen, ah, schnell ein Keil, die Frontzacke findet ein Leistchen, noch ein Rucker, stehen, durchatmen, ... selten haben wir so gelacht wie nach (!) solchen Kletterstellen. That's real fun, man!

Das große Zahlen-Verwirrspiel

Als Übersetzungshilfe und zur Orientierung im Irrgarten der internationalen Eis- und Mixed-Schwierigkeitsbewertung bewerteten die Gäste des Treffens ihre Routen nach ihren «heimischen» Maßstäben – die Streuung ergibt sich aus Unterschieden in Können und Erfahrung oder aus lokal abweichenden Traditionen. Dabei ist zu beachten, daß bei der schottischen Skala die lateinische Ziffer für die Absicherbarkeit und Kontinuität der Route steht, die arabische Ziffer für die technische Schwierigkeit. Bei der alpinen WI-(Water Ice-) Skala bezeichnet die arabische Ziffer ebenfalls die technische Schwierigkeit, die lateinische aber neben der Ernsthaftigkeit auch die konditionellen und alpinen Gesamtanforderungen. Nicht zu vergessen: Die Verhältnisse können immer mindestens einen Grad Abweichung bewirken.

Morgenstimmung über den Cairngorms.

Route	Schottisch	WI-Skala
Liathach		
Umbrella Fall	IV, 5	4
Poacher's Fall	V, 5	IV, 3+ … 4+
The Salmon Leap	VI, 6	IV, 4 … 5
Test Department	VII, 7	IV, 4+ … 5
Coire an-t Sneachda und Coire an Lochain		
Honey Pot	IV, 6	M 4+ … 5+
The Message	IV, 6	M 3 … 4
Pot of Gold	IV, 6	M 4
White Magic	VII, 7	M 7
Pateys Route	IV, 5	III M4+ … 5
Aladins Mirror Direct	IV, 4	III, 3
Broken Gully	III	IV
Fingers Ridge	IV, 4	IV
Red Gully	II / III	II, M3
Men in black	VII, 8	M 7 … 8
Big Daddy	VIII, 8	M 8
Great Escape	VIII, 9	M 9-
Savage Slit	V, 6	M 5
Fallout Corner	VI, 7	IV, M6
Western Route	IV, 6	III, 3 M5
Hell's Lum Crag		
Deep Cut Chimney	IV, 4	WI 2-3, Fels 3-4
Salamander	V, 4	IV, 5
Shelter Stone Crag		
Sticil Face	V, 6	M 4+
Creag an Dubh-Loch		
Labyrinth Direct	VII, 6	4+ … 5
Ben Nevis		
Italian Gully R Hand	IV, 4	III, 2+
Comb Gully	IV, 4	III, 3
Green Gully	IV, 4	III, 3
Vanishing Gully	IV, 5	III, 4
Zero Gully	V, 4	IV, 3+ … 4
Hadrians Wall direct	V, 5	IV, 4+
Point Five Gully	V, 5	IV, 3-4
Mega Route X	VI, 6	4+
Gemini	VI, 6	4, M5
The Shroud	VII, 6	IV, 5
Aonach Mor		
Stirling Bridge	VI, 7	M 7
Creag Meagaidh		
Centre Post	III	III, 2
Ritchie's Gully	IV, 4	IV+
The Pumpkin	V, 4	4
Smith's Gully	V, 5	III, 4 … 5
Last Post	V, 5	D-D+, IV, 3+ … 4+
Centre Post Direct	V, 5	III, 4
North Post	V, 5	4
Glen Coe, Bidean Nam Bian, Church Door Buttress		
Crypt Route	IV, 6	M6

Die Statements des Treffens

* Die schottischen Bege sind eine ernste und anspruchsvolle Umgebung, die großen Respekt verdient. Die Bedingungen können sehr schnell wechseln; wer in die schottischen Berge gehen will, sollte in allen bergsteigerischen Techniken fähig sein, ganz besonders in der Orientierung.

* Wir appellieren an die Medien, Verständnis für das Bergsteigen zu entwickeln und mit den nationalen Bergsteigerverei-

nen zusammenzuarbeiten, um ein realistisches Bild dieses Sports und eine klare Sicherheitsbotschaft zu präsentieren.
* Wir appellieren an alle Kletterer, Wanderer und Bergsteiger, an ihre Verantwortung zu denken und jeglichen negativen Einfluß auf Umwelt und Kultur zu vermeiden, egal in welchem Stil sie bergsteigen.
* Die Teilnehmer des Treffens fanden, daß in einem freien Sport kein Stil über einen anderen gestellt werden sollte. Sie fanden aber auch, daß bei jedem Stil die Schlüsselelemente von Abenteuer und Herausforderung erhalten bleiben sollten.
* Kletterer in Schottland, bitte beachtet diese Grundsätze:
- Die Route sollte «winterlich» aussehen (im Rahmen des regional Üblichen)
- Klettert nur im Mixed-Gelände, wenn das Gras gefroren ist
- Respektiert örtliche Ethik und Tradition
* Genießt es – aber macht möglichst nichts kaputt.

Civetta-Überschreitung bei Schneelage.
Foto: Andreas Messner

Sind wir auf der Flucht?

Neue Karten, neues Spiel. Extreme Skitouren in den Dolomiten. Von Michael Andres

MIT DEN LETZTEN Sonnenstrahlen dieser herrlich klaren Winterdämmerung bin ich losgerannt, ohne Rucksack, die Stoppuhr im Anschlag, die Tourenschuhe weit geöffnet und die Steighilfe auf möglichst senkrecht gestellt. Hindurch zwischen den letzten frohfröhlich vorbeirauschenden Skiläufern, begafft und belächelt, die Piste hinauf. Diesen glückbringenden, weißen Streifen entlang. Obwohl ich den Betriebsschluß der Gondelbahn abgewartet habe, um dem größten Skirummel zu entgehen, ist mir doch ein Rest an Schamröte geblieben, bei dem Gedanken an meine voller Überlegenheit und Idealismus verprusteten Worte, daß ich das Tourengehen lieber an den Nagel hängen werde, als plattgewalzte Skipisten hinaufzulaufen.
Bin ich also doch im letzten Stadium der Sucht angelangt, wo der einzig beherrschende Gedanke die Beschaffung und das Konsumieren der Droge wird? Wo ist meine alpine Einstellung geblieben, wo mein Idealismus für ein naturbezogenes Erleben? Wo bleibt zwischen dem Lärm der Pistenraupen, der Schneekanonen und meinem eigenen Geschnaufe und Gerotze, zwischen Gondelstützen und Stoppuhr Platz für Stille, für gleichmäßig einsames Spuren durch glitzernde Winterlandschaften?
Ist aus dem Abenteuer Skitouren ein Leistungssport geworden?
Sind denn die Höhenmeter pro Zeiteinheit die einzige Meßlatte für uns Skibergsteiger oder «sind wir auf der Flucht» wie es mein Freund Petrus auszudrücken pflegt, wenn wir übereifrig den Berg hochhetzen.

Kann es sein, daß alle anspruchsvollen und alpinen Herausforderungen für uns Skibergsteiger bereits ausgereizt sind?
«No na net» sagen wir Südtiroler, wenn wir gleich dreimal verneinen wollen. In den winterlichen Dolomiten haben wir einen noch unverspurten Spieltisch gefunden, wo die geleisteten Höhenmeter neben den gesamtalpinistischen Anforderungen nebensächlich werden. Einige von uns haben immer noch genügend Sprengstoff im Hirn und Strom in den Beinen, um auch im Skibergsteigen neue Wege zu gehen und Eckpfeiler zu setzen. Die nächtlichen Läufe über Skipisten sind nur dazu da, um den Kreislauf in Schwung zu halten und die im Alltag angestauten Aggressionen in Pferdestärken umzuwandeln. Denn wenn das Wetter und die Verhältnisse wiedereinmal stimmen, haben wir am Horizont bereits Berge entdeckt, um ein neues Spiel zu beginnen und die Karten neu zu verteilen.
Wir sind die Spieler, die großen Dolomitengipfel sind unsere Spielkarten, die Spielregeln macht der Berg und zu gewinnen gibt es Augen voller Sternfunken und die satte Zufriedenheit über phantastische Abenteuer im Gebirge.

Herz König – Punta Sorapis, 3205 m

Seit jenem 5. Januar glaube ich wieder an die Technik und die Wunder der Kommunikation. Vielleicht sollte ich mein nicht vorhandenes Geld doch in Telecom-Aktien investieren, denn wenn du abends um zehn mit einem einzigen Freund für den nächsten Tag eine Skitour ausdenkst und morgens um fünf Uhr stehen dann weitere sieben Bergführerkollegen vor deiner Haustür, dann beweist dies zwei Dinge: erstens, daß das Telefon auch bei Nacht funktioniert und zweitens, daß du dir die richtige Tour ausgedacht hast.
So donnern wir in zwei Autos Richtung San Vito di Cadore, mit der vagen Hoffnung, dort bereits zu dieser gnadenlosen Uhrzeit einen Cappuccino & Brioche zu ergattern, denn kulinarisch gesehen steht uns ein karger Tag bevor.
Kurz darauf der Startschuß; Diego, Martin, Hubert, Ander, Othmar, Toni, Benno und ich stehen aufgereiht wie die Sardinen in der Dose und rümpeln nebeneinander die Skipiste zum Rifugio Scotter Palatini hinauf. Die einzige wirkliche Gefahr bei dieser Skitour scheint, daß einer deiner Freunde einmal mehr als eine halbe Skispitze vor dir liegt. So bleibt an der Hütte auch keine Zeit, sich über den Schlepplift zu erfreuen, der unerwarteterweise bereits um 7.30 Uhr in Betrieb geht. Wir hätten uns tröstliche 500 Höhenmeter damit ersparen können. Aber schließlich soll man im Urlaub nicht sparen, und wer will behaupten, daß wir heute nicht in Urlaub sind?
Durch einen steilen und kraftraubenden Wald arbeiten wir uns zur San-Marco-Hütte vor. Dort wird einheitlich beschlossen, daß es auch für eine kurze Rast noch zu früh ist und wir lieber gleich die unangenehmen fels- und latschendurchsetzten Hänge Richtung Forcella Grande in Angriff nehmen. Zwischen dem Torre Sabbioni und der Punta Taiola angelangt, sind die ersten Fettreserven bereits verbraten, und wir

Blick über eine weiße Welt.
Vom Elfer (Sextener Dolomiten).
Foto: Andreas Messner

gönnen uns deshalb die Zeit, Luft zu holen und die grandiose Umgebung aufzusaugen. Seit dem Verlassen des Skiliftes haben wir keine Skispur mehr gesehen, und nichts läßt vermuten, daß sich hier im Sommer die Dolomitenhöhenwege Nr. 3 und Nr. 5 kreuzen und dies somit ein magischer Ort für jeden fanatischen Höhenwegsammler ist. Wir queren leicht abwärts Richtung Norden, um bald erstmals den Hauptgipfel der Punta Sorapis zu sehen. Damit beginnt auch das Rätselraten, wo zwischen den verschiedenen Felsbändern eine brauchbare Aufstiegsmöglichkeit sein könnte. Bedingt durch die ersten Müdigkeitserscheinungen zieht sich unser Feld etwas auseinander, und ich als Schlußlicht checke gerade die besten Ausreden für mein Hintenbleiben durch.
Aber auch die Freunde sind in der Fond di Rusecco auf den ersten Felsriegel gestoßen, wodurch es zu Stockungen kommt. Wir binden uns die Skier auf den Rucksack und klemmen und spreizen in voller Skitourenausrüstung durch einen widrigen Felskamin. Danach folgt ein steiles und unendliches Gipfelfeld, das mit anstrengender Spurarbeit aufwartet. Für solche Fälle ist es äußerst ratsam, einen von den Antholzer Messnerbuabm mit dabei zu haben. Dort, wo jeder durchtrainierte Normalbergführer seine ersten Konditionsschwächen zeigt, spuren sie noch geradlinig und gleichmäßig wie ein Fiat-Dieseltraktor jeden Hang hoch. Die letzten Höhenmeter zum Gipfel sind nochmals kniffelig: leichtes, kombiniertes Gelände, bilderbuchmäßig zum Abstürzen geeignet. Unachtsamkeiten werden hier gerne mit Glockenläuten belohnt.
Doch bald stehen wir alle auf dem Zapfen und sehen, daß der richtige Gipfel, der mit dem Kreuz und dem Gipfelbuch, um kaum einen Meter höher, aber doch ganze 50 Meter rechts von uns steht.
Wir lassen ihn dort stehen und freuen uns über den gelungenen Aufstieg, über das grandiose Wetter, aber an unseren Getränkeflaschen blinkt schon längst das Reservelicht. Je länger wir über alle Berge in Richtung Venedig schauen, um so deutlicher können wir am Markusplatz die Touristen Bier saufen sehen. Das ist ein klares Zeichen: abkletternd, abseilend und abfahrend stürmen wir in Richtung Hefeweißbier. Wieder bei der Scotter-Hütte angelangt, geben wir das Bild einer Kindergartengruppe ab, die zufällig zur happy hour an einer Eisdiele vorbeigekommen ist. Das ist der Blick, den alle Wirtsleute lieben.
Gleich zu acht waren wir mit den Skiern auf der Punta, Grund genug ausgiebig zu feiern, denn schließlich sind wir heute in Urlaub und das Geld für die Telecomaktien können wir uns ein anderes Mal sparen.

Laub As – Cima Tosa, 3173m

In der Brenta, da wohnen die Bären. Aber die schlafen im Winter. So wie Hubert und ich es eigentlich auch tun sollten. Statt dessen sitzen wir seit halb fünf Uhr morgens schlaftrunken im Auto und halten uns mit belanglosem Gelaber wach. Einer von den Antholzer Bergführern hat uns einen Floh ins Ohr gesetzt. Er, der Renzler Sepp, sei mit den Skiern am Buckel durch die Tosa-Eisrinne auf die Cima Tosa und über den Normalweg wieder herunter! Das sind die Momente, wo dein Rechner im Hirn sofort zu rattern beginnt, ein paar vergilbte Erinnerungsbilder ins Gedächtnis scannt und dir die mentale Landkarte gestochen scharf vor die Augen rollt, wie Dagobert Duck die Dollarscheine, wenn er ein Geschäft riecht. Irgendwann macht es dann Klick, und du weißt: Da will ich hin.
Deshalb sitzen wir im Auto, und ich hoffe innigst, daß die Fahrt noch unendlich lange dauert. Mindestens so lange, bis ich mich nicht mehr übel, krank, verlassen und vor allem unheimlich blöd finde, weil ich heute trotz der klaren Anzeichen einer waschechten Grippe heldenhaft aufgestanden bin. Auf eine Wetterverschlechterung zu hoffen ist bei dieser wolkenfreien Morgendämmerung und dem bereits seit Wochen andauernden Azorenhoch vollkommen aussichtslos, und auch wenn ich unauffällig einen der grundlegenden Ausrüstungsgegenstände verschwinden lasse, hätte Hubert als vorsorglicher Bergführerkollege sicher sofort einen guten Ersatz bei der Hand.
So genieße ich sichtlich den Umstand, daß wir uns mehrmals verfahren und zwischendurch auf der zugeschneiten Straße hängen bleiben, wodurch meine Galgenfrist im kuscheligen Beifahrersitz angenehm verlängert wird. Aber irgendwann sind doch alle befahrbaren Straßen abgefahren, und es bleibt uns nichts mehr übrig als aufzufellen und loszuspuren.
Was nun beginnt, ist die reinste Hexenjagd: ein herrlicher Tag, keine einzige Spur, lawinensichere Verhältnisse, alles umrahmt von den gigantischen Felsklötzen der Brenta, und ich, der ich mich fühle wie ein Waschlappen im Krankenstand. Einzig die Überzeugung, daß alles, was ich heute herausschwitze, morgen nicht mehr krank sein kann, schiebt mich weiter. Blick für das überwältigende Ambiente habe ich keinen, dafür bin ich zu sehr mit mir beschäftigt. Hubert spurt währenddessen fröhlich durch das Val Brenta Richtung Brentèi-Hütte und biegt dann kurz vorher links ab zur Tosa-Eisrinne. Ich stottere ihm mit viel Eigensinn und wenig Kraft nach, und wir ziehen im steilen Zickzack die Rinne hoch. Irgendwann kommt der Punkt, wo man sich anstatt der Skier die Steigeisen an die Füße wünscht und die Stöcke mit dem Eisgerät vertauscht. Die kristallharte Eiswulst wartet nicht mit großen technischen Schwierigkeiten auf, aber mit nur einem Eisgerät ausgerüstet bleibt die Fehlertoleranz doch knapp bemessen. Weiter oben legt sich die Rinne wieder etwas zurück und wir versinken knietief im Schnee. Um der mühsamen Spurarbeit zu entgehen, versuchen wir mit den Skiern aufzusteigen, müssen aber bald wieder auf die traditionelle Eistechnik umsteigen.
Von der Brentèi-Hütte sah dieser Schnee- und Eisschlauch

ausgesprochen einladend aus, aber die in der Karte eingetragenen tausend Höhenmeter werden einem erst bewußt, wenn das obere Ende der Rinne trotz intensiven Stufenzählens nicht näherrückt. Doch alles hat ein Ende, nur die Wurst hat zwei, und wenn sie nicht gestorben sind, sind sie irgendwann oben angekommen. Das Irgendwann war zu Mittag, und was uns der Trentiner Tourismusverein dort oben geboten hat, war allerfeinste Sahne. Eine Aussicht, auf die jeder Lufthansapilot neidisch ist, kaum ein Windhauch, keine Menschenseele, soweit das Auge reichte, und zwischen Hirn und Magen ein galaktisches Gefühl der Zufriedenheit. Meine Grippe ist die Tosarinne hinuntergerutscht, das Speckbrot schmeckt, wie es schmecken soll, und es gibt keinen Grund zu glauben, die Welt sei nicht in Ordnung.

Daß man von der Cima Tosa nicht nur belanglos mit den Skiern abfahren kann, wissen wir noch von unserem sommerlichen Kletterabenteuer, wie dies im Winter aber im Detail aussieht, steht noch in den Sternen. Anfangs mit großzügigen Schwüngen, dann immer vorsichtiger abrutschend, bis irgendwann wieder die Steigeisen zum Handkuß kommen, tasten wir uns abwärts. Ein Abseiler über einen Felsriegel, und ein letzter steiler Hang bringt uns in den Talkessel der Vedretta della Tosa inferiore.

Hier stellen wir entschieden fest, daß der heutige Tag einfach zu prächtig ist, um nicht bis zum letzten Tageslicht genutzt zu werden. Anstatt weiter den Normalweg zu verfolgen, steigen wir wieder leicht auf und queren über den zugeschneiten und vor allem gesund ausgesetzten Brentari-Klettersteig in das Val d'Ambiez. Erstmals in meiner Bergsteigerkarriere kann ich helle Begeisterung für einen Klettersteig aufbringen. Die hin und wieder zwischen Schnee, Fels und Eis vorragenden Drahtseile sind Balsam für die phantasierende Seele. Ein weiterer Gegenanstieg bringt uns in die Bocca d'Ambiez, und von dort queren wir knapp unter den Felsen in die Bocca dei Camosci.

Inzwischen ist es später Nachmittag geworden, die Sonne beginnt die Felsen heimatliedländlich rot zu färben, die Luft wird kalt und klarer, und der Himmel trägt Farben, die in ihrer Großartigkeit wie unwirklicher Kitsch wirken. Wir heben ab, schweben dahin, kennen keinen Halt und kurven mit großen Schwüngen an der Zwölf-Apostel-Hütte vorbei in das Val Nardis. Bald färbt sich der Schnee rosa wie eine Flamingoherde, die Felsen lachen vor einsamer Ruhe und wir fühlen uns wie die sieben Zwerge im Schlaraffenland. Keiner kann uns heute weismachen, daß die Sonne sich jeden Abend so grandios von uns verabschiedet.

Über dem Lago di Val d'Angola ist die Luft so kalt, daß die Gesichtsmuskeln eigenartig spannen. Wir müssen nochmals bis zur Alm spuren, schieben, schupfen, um dann in der letzten Dämmerung den langen Forstweg zurück zu unserem Auto abzufahren.

Seit dieser Tour glaube ich, daß in der Brenta die Bären wohnen. Nur hat sie noch kaum jemand gesehen, denn sie

Unten: Per aspera ad astra. An der Hohen Gaisl (Pragser Dolomiten). Rechts: Fast oben. An der Civetta. Fotos: Othmar Zingerle

machen ihren Winterschlaf im Sommer, wenn die Brenta nur so menschelt, und genießen wach den Winter, wenn ihnen hier alle Berge alleine gehören.

Herz Dame und Karo As – Piccola Civetta, 3121 m, und Monte Civetta, 3220 m

Ich liege im Dunklen im Bett, und die Müdigkeit steigt in mir auf wie Alkohol. Zufrieden und gelöst lasse ich den heutigen Tag nochmals durch meinen Kopf traumwandeln, und im Dämmerzustand zwischen Schlaf und Wachsein sehe ich einzelne Bilder vor mir. Am deutlichsten das Blau, so makellos und wolkenfrei, daß es schon kitschig wirkt. Vom ersten wahrnehmbaren Moment an hat es unseren heutigen Tag bestimmt, als wir verschlafen und steif aus dem Auto gestiegen sind und uns gegenseitig mit dummen Sprüchen alle Zweifel für den bevorstehenden Tag genommen haben.
Wir sind dann einfach losgegangen, Richtung Rifugio Vazzoler, unbefangen und vertieft in den neuesten Bergsteigertratsch, unter dem Torre Trieste vorbei, der kalt und unwirklich dasteht. Der Schnee ist harschig, sodaß in guter Bergführermanier jeder seine eigene Spur zieht, und kaum griffig genug, die sicherlich nützlichen Harscheisen doch hochmütig im Rucksack zu lassen. Ander, dessen Felle nach der xten Tour unter akutem Haarausfall leiden, ist immer öfter gezwungen, Steilstellen im Fischgrätenmuster zu meistern. Hubert hingegen, getarnt durch den «MoSchi» (Vulgärform von Morgentoilette), nimmt seine Skier nochmals genauer unter die Lupe, um verwundert festzustellen, daß eines seiner Felle die Haare in Gehrichtung aufstellt. So kommen Othmar und ich in den befriedigenden Genuß, mit ganzen dreieinhalb Minuten Vorsprung den Anfang der Rinne zu erreichen, verstohlen den Schweiß aus der glühenden Birne zu wischen und in engster Verbundenheit zu den nachkommenden Freunden hinunterzugrinsen.
Hier, wo sich das Val dei Cantoni zu einer Rinne verengt und aufsteilt, ziehen wir unsere Steigeisen an und schnallen die Skier auf den Rucksack. Begünstigt durch den hartgepreßten

Schnee erreichen wir bald den Gletscher etwas unterhalb des Tome-Biwaks. Vor eineinhalb Monaten waren Othmar, Toni und Ander bereits hier auf der Cima De Gasperi, um sich die Gegend gründlich anzuschauen. Noch heute sollten ihre Spuren die einzigen sein, denen wir begegnen.
Nach kurzer Rast, die ersten 1700 Höhenmeter liegen bereits hinter uns, biegen wir in eine felsdurchsetzte Rinne, die in die Scharte am Grat zwischen Cima de Toni und Piccola Civetta führt. Kombiniertes Gelände mit Skischuhen; Skier, die jede Gelegenheit nützen, sich zwischen den Felsen zu verklemmen, Skistöcke, hier so überflüssig wie Haarfestiger und ein niedlicher Leichtpickel, der bei jeder ernsthaften Begegnung mit dem Eis aus der Hand zu springen droht – hurra, es lebe das Skibergsteigen.
Wir strampeln uns höher, jeder für sich, getrieben von einer kindlichen Neugier, um den nächsten Felsblock, hinter das nächste Hindernis zu blicken. Auf dem Grat angelangt, trifft uns die Sonne, starre Finger werden erwärmt, das Blau ist endlos und alle Berge dieser Welt sind zu sehen. Wir sind bereits in der dritten Stufe des natural high, spüren eine unbändige Lust, endlos weiterzugehen, und vergessen in der stetig wachsenden Euphorie die Ausgesetztheit. Auch die anspuchsvolle Kletterei wird zu einer harmonischen Bewegung, und auf der Suche nach einem Mittelweg zwischen Anstrengung und Weiterkommen findet man ein gleichmäßiges Höhersteigen in meditativer Stimmung.

Später die Mittagspause am Gipfel der Piccola Civetta: wir sind betrunken von diesem Tag, genießen die Aussicht und suchen etwas verlegen nach einer Möglichkeit für den Abstieg und die Querung zum Civetta-Hauptgipfel. Wieder unterwegs, lösen sich alle Fragezeichen in wunderbarer kombinierter Kletterei auf, und bald stehen wir auf dem Monte Civetta. Das Wetter ist ungebrochen herrlich, die Aussicht tränentreibend, unsere Getränkeflaschen leer und der Gipfelhang mit knietiefem Firn versehen. Noch am Gipfel schnallen wir die Skier an und fahren direkt zur Torrani-Hütte ab. «Jawohl, Herr Maier, von ihrer klettersteigdurchkreuzten Civetta kann man mit herrlichen kleinen Skischwüngen einfach abfahren.» Nur bei der Via Ferrata Tissi müssen wir die Skier nochmals auf den Rucksack binden und irgendwo zwischen den Gehirnwindungen genügend Konzentration sammeln, um sicher entlang der zugeschneiten Drahtseile abzuklettern. Der skibehangene Rucksack zerrt schwer an den Armen und beschleunigt jede Bewegung Richtung Schwerkraft. Ein knapp neben Othmar zerberstender Eiszapfen bringt den Puls nochmals in Schwung, bevor wir die herrlichen Firnhänge des Val delle Sasse erreichen. Der Rest ist wie Liebe auf den ersten Blick. Eine unverspurte Firnabfahrt, teilweise steil, felsendurchsetzt und überragt vom Torre Trieste, der jetzt in der warmen Nachmittagssonne glüht wie eine Fata Morgana.
Unten angekommen zählt einzig der nächste Barhocker und irgendetwas Flüssiges. Wir haben heute wahrscheinlich die

Und noch ein Schluf. Am Elfer.
Foto: Othmar Zingerle

erste Skiüberschreitung der Kleinen und Großen Civetta gemacht, und es ist uns völlig egal. Was zählt, ist einzig das unerhört gute Gefühl, nun hier bei einem Bier zu sitzen und keine Worte für das Erlebte zu finden.

Die schwarzen drei Damen, Laub Bube und Pik As

Die schwarzen drei Damen haben sich Hubert, Diego und Martin ohne mich geholt. Obwohl diese Überschreitung aller drei Tofane an einem Tag wohl der am längsten gehegte Traum in meiner Phantasiekiste war, habe ich Hubert am Vorabend, um Mitternacht, noch leise meine Absage in das Telefon geflüstert. Mein Jugendfreund Hannes, Gefährte unzähliger Abenteuer jener Sorte, die dich nie erwachsen werden lassen wollen, hatte es geschafft, uns ein letztes Mal zu verblüffen: polternd und stolpernd, fliegend und krachend ist er eine gefrorene Schnee- und Felsrinne hinuntergerast, um auf seine, wie immer einmalige Art, Abschied von uns und dieser Welt zu nehmen. Mein erinnerungsschwerer Kopf, gefangen von Gedanken an den lachenden Hannes, ließ keinen Platz für die drei stolzen Tofanedamen. So sind ihnen Diego, Hubert und Martin ohne mich auf den Rükken gestiegen.
Oder der Laub Bube, die Elferspitze in den Sextner Dolomiten, unbedeutend genug, nur nach dem Stand der Sonnenuhr benannt zu werden. Ihm sind Othmar, Toni und Ander an einem strahlherrlichen Wundertag über versteckte Rinnen und ausgesetzte Grate auf das Haupt gestiegen und haben aus dem bescheidenen Laub Buben eine einmalige Trumpfkarte gemacht.
Noch unwegsamer die Pik As, vulgo Hohe Gaisl in den Pragser Dolomiten. Stolze 3146 Meter hoch und breit und klotzig, hat sie das Wunder vollbracht, den meisten kundigen Dolomitenkennern unbekannt zu bleiben und sich auch sommers nur von vielleicht fünf, vielleicht fünfzehn meist einheimischen Einsamkeitsfreunden besuchen zu lassen. Zweimal mußte Ander feststellen, daß er an der falschen Stelle angetreten war, bevor ihm beim dritten Versuch mit Othmar, Martin und Konrad die Skibesteigung gelang. Vielleicht die außergewöhnlichste aller hier aufgezählten Touren, wo die Sinnhaftigkeit der auf den Rucksack gebundenen Skier schon nahe an das Fragwürdige rückt. Die Tour als solche jedoch läßt sicher keine Frage an die alpinistischen Anforderungen eines jeden Aspiranten offen.

«Was wollt ihr mehr? Muß es denn stets Parole sein, ein Monument, ein Meilenstein?»
Pelmo, Antelao und viele andere gehören auch bereits in die Trophäenkammer. Lebhaft hängen sie in der Erlebnisstube einiger unserer Köpfe. Aber die Dolomiten sind noch groß, groß genug für viele Leben. Direkt vor unserer Haustür beginnt eine winterliche Spielwiese, die wir jahrzehntelang übersehen haben. Plötzlich ist wieder Platz für Abenteuer da, die Gehirnspulen überschlagen sich in unzähligen noch jungfräulichen Tourenzielen, und man fühlt sich wie Columbus auf seinem Trip in die neue Welt. Die alten Marktschreier, Miesmacher und Berguntergangssänger, die den Alpinismus todreden wollen, laden wir ein, mindestens mit dem Finger auf der Landkarte unseren Touren zu folgen, bevor sie die nächste Ladung Kuhmist über den Niedergang des Skibergsteigens abladen.

Die Spielkarten sind neu vergeben worden, und die Regeln sind denkbar einfach. Keine Depots, keine Führerliteratur, kein Nordwandgesicht, ein leichtes Seil im Rucksack, Steigeisen, Pickel und Gurt zur normalen Skitourenausrüstung. Keine Helikopterunterstützung, kein Medienrummel und Kollegen, deren Namen so unbeschrieben klingen wie Zufallsfunde aus dem Telefonbuch. Eine Landkarte, ein gutes Auge, eine gesunde Grundkondition für oft deutlich mehr als 2000 Höhenmeter und genügend Unverschämtheit, das Unbekannte einfach anzugehen.

In der wilden Pala

Wenn Senioren über die Stränge schlagen. Von Friedrich Smola

IM SOMMER 1994 waren wir mit Ingrid als Chefin eine Woche in der Palagruppe unterwegs. Die Pala liegt in den südlichen Dolomiten und gilt auf Grund ihrer Felsstruktur – steilste Wände und Kanten und doch überaus griffig – als wahres Kletterparadies. Wir waren zwei Dreierseilschaften, und Ingrid hatte eine wunderbare Unterkunft besorgt – Chalet Piereni – in etwa 1300 m Höhe, nicht allzu weit südlich von San Martino di Castrozza. Von dort konnten wir unser «Arbeitsgebiet» immer in Augenschein nehmen: Sass d'Ortiga, Pala del Rifugio und Cima del Coro – nur die Cima della Madonna war nicht ganz deutlich zu erkennen. Das Essen war vorzüglich, und so stand einer zünftigen Kletterwoche nicht allzuviel im Wege – vorausgesetzt das Wetter trug seinen Teil dazu bei.

Wie gesagt, hatte das Oberkommando Ingrid, eine ambitionierte, junge Professorin, die im Nebenberuf Deutsch und Leibesübungen an einem Gymnasium unterrichtet. Ihre Haupt-Berufung ist das Klettern, und in dieser Disziplin ist sie schon zu Kletterführer-Ehren gekommen. In ihrer Seilschaft hatte ihr Vater Wolfgang einen Stammplatz. Obwohl er schon so um die 70 Lenze zählte, kann dieser «ehrwürdige Greis» (nach Goethe die angemessene Bezeichnung für eine Mannsperson über 49) das Klettern immer noch nicht lassen und unterbricht seine häufigen Alleingänge an Hochschwabtürmen gelegentlich durch südamerikanische Sechstausenderbesteigungen oder – eben heuer – durch rasante Himmelstürmereien an schleierhaften Kanten.

Der Dritte im Bunde dieser Seilschaft war Peter, ein Arzt, mit dem ich schon einige Kletter- und Eistouren zu machen die Ehre hatte. Er hat nur den einen Fehler, daß er zu gut klettert (und dabei die leichteren Passagen übersieht), wodurch es ihm gelingt, mich als hinter ihm keuchenden Normalverbraucher in unangenehme Situationen zu bringen.

Die zweite Seilschaft befehligte Franz, ein Kletterpartner von Ingrid, auch so ein akrobatischer Pensionist, der Siebener- und Achtertouren nur so aus dem Ärmel schüttelt und dazu über eine sagenhafte Kondition verfügt: Mont Blanc mit Hilfe der Midi-Seilbahn in einem Tag, zusammen mit Ingrid. Sie konnten einfach nicht auf die Dusche im Hotel in Chamonix verzichten – das ist schon eine etwas schnellere Gangart wert! Zu dieser Seilschaft gehörte dann noch Pater Severin aus einer Benediktiner-Abtei und Direktor des dortigen Abteigymnasiums. Er hatte anläßlich eines Maturavorsitzes Ingrid kennengelernt, die in einer Pause des Prüfungsgemetzels die hohe Kommission durch imaginäre Kletterkunststückchen an der (noch gar nicht vorhandenen) Kletterwand aufheiterte. Auf jeden Fall begann damit ein neuer Abschnitt in der alpinistischen Laufbahn Pater Severins, der sich inzwischen in die Spitzengruppe kletternder Benediktinermönche hinaufgearbeitet hat.

Schließlich gehörte zu dieser zweiten Seilschaft auch noch ich armes Würstchen. Mir fiel die unerhört dankbare Aufgabe zu, die von Ingrid im 180-Grad-Spagat angebrachten Schlingen bei den diversen Fünferstellen abzubauen. Ohne diese Schlingen hätten wir klettertechnischen Zwergrattler uns auf leichtere Hüttenbummeleien beschränken müssen. Da ich bei dieser Tätigkeit genug zu tun hatte, mein nacktes Leben zu retten, kam ich gar nicht auf den Gedanken, diese Stellen ohne massive Schlingenhilfe zu bewältigen.

Wir begannen mit einer harmlosen Eingehtour in der Nähe der Trevisohütte, es war der Dente del Rifugio – so etwa im III. bis IV. Schwierigkeitsgrad. Da diese Sache nicht allzu lange dauerte, hofften wir auf einen geruhsamen Nachmittag. Aber nein! Noch eine schwierige Fünfertour an diesem Zapfen stand auf dem Programmzettel Ingrids. Da streikten wir drei alten Kracher aber und beschlossen, dieses Schauspiel aus gebührender Entfernung zu beobachten. Unsere «Extremen» – Ingrid, Franz und Peter – machten sich an die Arbeit. Das Zuschauen war aber mindestens so aufregend und anstrengend wie das Klettern dieser Artisten. Man mußte nämlich diese Wand so steil hinaufschauen, daß ich nach kurzer Zeit Genickstarre hatte. So viel konnte ich aber bemerken, daß sich der in diesem Metier nicht ganz so bewanderte Peter hervorragend geschlagen hat. Für Ingrid und Franz war die Kletterei sowieso nur eine kleinere Aufwärmübung.

Am nächsten Tag wurde es ernster: Die berühmte Westkante des Sass d'Ortiga sollte dran glauben. Ein langer Zustieg, unsicheres Wetter mit Gewittergefahr würzten die Tour etwas, doch muß der Berichterstatter zugeben, daß ihn diese Kletterei nicht ganz unbeeindruckt ließ: sechs Seillängen fast durchwegs IV bis IV+ bis zum Pfeilerkopf, dann hinunter in die Scharte, wo die bekannte Fünferstelle schon auf uns wartete. Wie schon erwähnt, wurde sie von Ingrid auch für

Die wilden Senioren im Anmarsch ...

Kletterbabys gangbar gemacht – eine Schlinge nach der anderen ermöglichte uns, in muskeltötender Hangelakrobatik die Stelle zu meistern. Als ich mich auf dem Gipfel endlich der lange ersehnten Zubereitung eines kräftigen Mittagessens hingeben wollte (ich dachte an Schnitzel mit Pommes, meine Leibspeise – leider hatte ich aber den Gaskocher vergessen), hieß es: Schnell weiter, das Wetter wird schlecht! Also nur ein Schluck aus der Feldflasche mit Himbeer-Tschapperlwasser, und hinunter den Grat in die Forcella delle Mughe. Dort begann es richtig zu regnen, der Regen ging in Hagel über, der Weg verwandelte sich in eine eisige Rutschpiste. Daß wir bei der Hütte lebend ankamen, war ein Beweis des Wohlwollens unserer Schutzengelbegleitabteilung, die Pater Severin angeworben hatte. Zuletzt mußte noch ein Bach durchwatet werden, irgendwann rieselte aber trotzdem das heiße Duschwasser über unsere geschundenen Gliedmaßen.

Zum Glück war das Wetter am nächsten Tag nicht sehr einladend, so daß wir einen benachbarten Ort unsicher machen konnten. Doch am Nachmittag hellte es auf, der Wetterbericht war auch nicht extrem ungünstig – also auf zur Schleierkantenhütte, bei der Ingrid wegen des großen Andrangs Schlafplätze bestellt hatte. Die Schleierkante als «schönste Klettertour der Dolomiten» wird ja täglich von mindestens 500 Adrenalinfreaks belagert. So arg war es an diesem Abend mit dem Gedränge nicht. Wenn wir gewollt hätten, hätte jeder von uns in einem eigenen Zimmer schnarchen können. Am nächsten Morgen – das Wetter sah so einigermaßen trocken aus – ging es um 6 Uhr los. Wir reihten uns in die endlose Schlange der anderen Schleierkantensüchtigen ein, hoppla, das stimmt ja gar nicht – wir sahen den ganzen Tag keine kletternde Menschenseele. Wahrscheinlich waren die anderen Adepten so vernünftig, bei diesem Wetter lieber die Matratzen abzuhorchen.

Na ja, zuerst ging es noch, aber dann wurde die Angelegenheit immer steiler und schwieriger, und schließlich kamen wir zur ersten Schlüsselstelle unter dem ersten Kantenpfeiler, im Führer mit V bewertet. Zuerst hatte Ingrid es weiter rechts versucht (dort soll ein unangenehmer Schulterriß die Krabbelei erschweren), sie erkannte aber blitzschnell, daß für mich an dieser Stelle nur mehr eine Hubschrauberliftung die Rettung gewesen wäre. P. Severin hatte sich in weiser Selbstbeschränkung für diese Tour asketische Abstinenz verordnet und eine Wanderung unternommen. Wie ich diese Stelle – es war eine Variante der klassischen Langesführe – meisterte, ist mir heute noch schleierhaft – das ist aber bei einer «Schleierkante» wahrscheinlich das Normale; schließlich konnte auch ich den Gipfel des ersten Pfeilers mit meiner Anwesenheit beehren. Er hat sich sichtlich darüber gefreut! Weiter ging es an der fast senkrechten Kante (im Führer steht: IV+, schön!) hinauf zum zweiten Kantenpfeiler. Von dort muß man mit einem gewaltigen Sprung (zum Glück kann man Anlauf nehmen!) einen fast 500 m tiefen Spalt überqueren; ob man dabei den berühmten Henkelgriff auch erreicht, ist reine Glückssache (so etwa hätte ein etwas weniger sachlicher Schreiberling als ich diese Stelle dokumentiert). Die folgende Wand war im Führer mit V+ (IV/A0) angegeben. Auch hier kann ich mir nicht vorstellen, wie ich mich als Seilerster mit Hilfe von Expreßschlingen von Haken zu Haken, die sehr kümmerlich gesät waren, hinaufschwindeln hätte können. Gott sei Dank hatte unsere gute Ingrid wieder mit Schlingen alles so weit entschärft, daß auch mir die Gnade einer sturzfreien Bewältigung geschenkt wurde. Wie nicht anders zu erwarten, gab es auf dem Gipfel auch an diesem Tag keine

... und in Aktion.
Fotos vom Autor

Zeit für mein obligates Mittagsschläfchen – nicht die Faust, aber das Gewitter im Nacken trieb uns unbarmherzig in die Tiefe. Um etwa 15 Uhr betraten wir wieder die Hütte und wurden mit einem «Fortuna, Fortuna!» des Hüttenwirtes begrüßt – kaum hatte sich nämlich die Tür hinter uns geschlossen, begann es wie aus Kübeln zu gießen. Nach einer Stunde besserte sich das Wetter so weit, daß wir, ohne bis auf die Knochen durchweicht zu werden, unser Auto erreichen konnten.

Am nächsten Tag – die Sonne erfreute uns wieder mit ihrem Lächeln – war endgültig ein Ruhetag fällig, was bei Ingrid etwa folgendes bedeutet: Eine leichte Klettertour von vier bis fünf Stunden mit Schwierigkeiten nicht über IV+ hinaus und Zustieg und Rückweg nicht mehr als 6 Stunden. Das legten wir natürlich so aus, daß in diese sechs Stunden Autofahrt, Sessellift und Seilbahn inkludiert sein müßten. Und so fuhren wir gemütlich bis etwa 2600 m zur Rosetta hinauf. Ich hatte in dieser Gegend einmal mit einem Führer eine schöne Tour gemacht, die nach einem kurzen Abstieg direkt am Gipfel der Rosetta endete. Es hat mich damals sehr beeindruckt, daß wir durch einen senkrechten Schacht direkt auf dem Gipfel der Rosetta ankamen, und noch dazu inmitten einer Schar riesige weiße Steilhüte tragender Nonnen. Leider fanden wir diesmal den Einstieg nicht und gaben es bald auf. Nur Ingrid und Franz suchten weiter. Was sie später erzählten, war haarsträubend: fürchterlich brüchig und recht schwer – wahrscheinlich hatten sie «meine» Tour als Senilenspaziergang bewertet und nach Besserem Ausschau gehalten. Wir anderen bestiegen den Aussichtsberg Croda da Roda und auch noch die Rosetta – es war also wirklich eine geruhsame Angelegenheit (für uns).

Am letzten Tag der Kletterwoche stand noch eine Tour auf die Cima del Coro auf dem Programm, und zwar der Südwest-Pfeiler. Eine Freundin von Ingrid hatte sie schon gemacht, III bis IV, nur eine Stelle V, das brächten wir Gelegenheits-Senkrechtwanderer ohne Problem zusammen, meinte sie. Wieder ein langer Zustieg in den hintersten Winkel des Canali-Tales hinein. Nun gut, bis auf die eine Stelle war die Sache nicht allzu schwierig (oder waren wir nun schon etwas abgebrüht?). In der gewohnten Weise hampelten wir uns an den von Ingrid gelegten Schlingen wieder hinauf. Dann kam der Abstieg. Schon bei der ersten Abseilstelle rumpelte es gewaltig. Abgesehen von der Südwestwand scheint der ganze Berg nur aus losen Trümmern zu bestehen. Wenn man nicht sehr aufpaßte, durfte man auf dem weiteren Abstiegsweg, an und für sich gut markiert, viele passabel aussehende Griffe und Tritte nicht einmal anschauen, schon rasselten sie in die Tiefe. Wir waren alle froh, als wir die Drahtseile des Reali-Klettersteiges in den Händen hatten.

Aus den obigen Ausführungen könnte man vielleicht entnehmen, daß mir die ganze Sache kaum Spaß gemacht hatte. Ganz im Gegenteil! Wer mich genauer kennt, weiß, daß 80% von dem, was ich so von mir gebe, sowieso «derstunken und derlogen ist»; nur gehört halt ein gewisses Maß an Bauernschläue dazu, Weizen und Streu voneinander zu trennen. Es war die schönste, schwerste, aufregendste usw. (ich könnte noch 48 weitere passende Adjektiva anführen) Kletterwoche, die ich je erlebt habe, und das Geschick Ingrids, (zumindest mich) immer genau an der Belastbarkeitsgrenze zu fordern, ist mir ja nicht unbekannt, aber immer wieder ein köstliches Erlebnis.

Paßkontrolle.
Alle Aufnahmen von den Autoren..

Mit Kind in Patagonien

Unter ungewöhnlichen Umständen auf einer nicht ganz gewöhnlichen Route. Von Ralf Gantzhorn und Irmhild Hennings

Es ist sechs Uhr abends und draußen bereits dunkel. Ein feuchtkalter Novembertag neigt sich dem Ende zu. Innen ist es zwar deutlich gemütlicher, aber nach den Gesichtern der Eltern zu urteilen, auch nicht so ganz streßfrei. Von all dem unberührt, spielt unsere Tochter Carlotta (18 Monate) fröhlich mit wahrhaft riesigen Bergen von Gepäck. Wie soll das alles bloß in einen Rucksack und eine Seitentasche einer Kindertrage verstaut werden?

Nach Patagonien wollen wir, ausgerechnet. In die Landschaft am Südende des amerikanischen Kontinents, als deren Haupteigenschaft wochenlange Schlechwetterperioden und relativ stürmische Winde gelten. Aber ganz so schlimm ist es nicht, zumindest nach meiner Erfahrung. Aber da wir nicht nur mit dem Bus unterwegs sein wollen (bzw. gerade das mit Kind vermeiden wollen), muß die gesamte Ausrüstung für drei Leute inklusive Zelt, Schlafsäcke, Isomatten und Kocher auf eine für eine Person tragbare Kilozahl reduziert werden. Schnell ist das Dreimann-Zelt durch den kleineren Bruder für theoretisch maximal zwei Personen ersetzt, statt drei Schlafsäcken nehmen wir nur zwei ultraleichte, koppelbare Daunentüten mit, die wir als Decke über uns legen wollen. Auf so manches liebgewonnenes Kleidungsstück noch verzichtet, und letztendlich sind wir erfolgreich: Der Berg ist tatsächlich abgetragen, und wir blicken gespannt aus einem Taxi in den Hamburger Dauerregen. «War es die richtige Entscheidung? Haben wir nichts vergessen?» Jetzt ist es zu spät, wir sind auf dem Weg in Richtung Argentinien.

Zwei Tage später sind wir in Calafate, einem Nest am Südufer des Lago Argentino. Calafate ist nach der gleichnamigen Beere benannt, von der es heißt: Wer davon ißt, wird immer wieder in dieses rauhe Land am Ende der Welt zurückkehren. Für mich ist der Genuß von Calafate-Beeren zwiespältig und damit charakteristisch für das Land: Nach dem anfänglichen positiven Geschmackserlebnis spuckt man anschließend minutenlang Kerne aus dem Mund bzw. versucht, die Reste der dunkelblauen Früchte zwischen den Zähnen herauszubekommen. Calafate, der Ort, ist für uns der Ausgangspunkt für diverse Trekking-Touren, die wir von hier aus unternehmen wollen.

Als erstes haben wir uns den Perito-Moreno-Gletscher ausgesucht. Klar, was sonst! Der berühmteste Gletscher ganz Südamerikas ist bequem in zwei Stunden per Bus zu erreichen. Wir haben uns jedoch etwas anderes vorgenommen. Wir wollen zu Fuß über die Magallanes-Halbinsel in drei bis vier Tagen bis zum Gletscher wandern. Als wir dieses Unterfangen bei den diversen Tourveranstaltern vortragen, ernten wir zunächst müdes Lächeln, dann Unverständnis. Die Tour sei lediglich als kompletter Tagesausflug inklusive Hin- und Rückfahrt zu buchen. Wer unterwegs aussteigen möchte, muß trotzdem den vollen Preis bezahlen, heißt es unisono. Schon leicht genervt bitten wir unsere Pensionsmutter um Hilfe, die nach mehrmaligen halbstündigen Telefonaten einen Reiseveranstalter findet, der uns am Eingang zum Nationalpark am Ende des Lago Argentino absetzt. Natürlich auch zum vollen Preis, aber immerhin mit der Zusicherung, uns drei Tage später am Gletscher wieder abzuholen.

Am Eingang des Nationalparks Los Glaciares erfahren wir, daß sich die gesamte Halbinsel bis auf einen 800 m breiten Uferstreifen in Privatbesitz befindet und wir daher noch zum Capataz, d.h. dem Verwalter der benachbarten Estancia gehen sollten, um uns dort anzumelden. Glücklicherweise ist diese nur etwa 800 m vom Parkeingang entfernt. Wir packen Carlotta also das erste Mal innerhalb dieses Urlaubs in die Trage. Dort angekommen, ist sie schon fast eingeschlafen. Erst die Hunde der Estancia erwecken wieder ihr volles Interesse. Der Capataz stellt sich, im Gegensatz zu den Leuten in Calafate, als hilfsbereit und flexibel heraus. Irmhild wird zum ersten Mal zu einem Mate eingeladen, und begeistert erzählt uns Señor Lautaro von der bei schönem Wetter traumhaften Aussicht auf den Perito-Moreno-Gletscher und das Inlandeis. Selbst den Fitz Roy soll man ganz weit entfernt noch erkennen können. Unser Vorhaben hält er, trotz Kind, für machbar – endlich jemand, der uns nicht für verrückt erklärt. Kurz nach Mittag, begleitet mit den besten Wünschen, geht es dann endlich los. Es hat mindestens 30°C im Schatten. Kein Lüftchen regt sich, und wir sind froh, den Sonnenschirm an der Trage installiert zu haben, den ich schon fast wegen des sprichwörtlichen Windes zu Hause lassen wollte. Carlotta fällt schnell in den Schlaf der Gerechten, und so wandern wir, jeder mit seinen Gedanken beschäftigt, langsam den Hang hinauf in Richtung Rio Mitre. Wie wir uns beide erst später eingestehen, waren wir zu diesem Zeitpunkt mehr als unsicher, ob wir unserer Tochter mit dieser Reise nach Patagonien nicht zuviel zumuten. Aber schon die heutige erste

Tagesetappe wird beispielhaft für die nächsten vier Wochen und belehrt uns eines besseren.
Ein typischer Tagesablauf sieht ungefähr so aus: Zwischen sieben und acht Uhr stehen wir auf, Carlotta erkundet die Umgebung, während wir das Frühstück zubereiten. Anschließend packen wir alle zusammen die Rucksäcke, und sobald wir unterwegs sind, schläft unsere Tochter in der Trage. Nach drei bis vier Stunden Wanderung machen wir ausgiebig Mittagspause, Carlotta ist wach und muß zumindest von einem von uns beschäftigt werden. An Spielzeug haben wir nur einige kleine Töpfchen mit, den Rest stellt die Natur in Form von Steinen, Stöcken und ähnlichem zur Verfügung. Während der nachmittäglichen Wanderung schläft sie wiederum in der Trage. Am frühen Abend suchen wir einen Zeltplatz, wo wir den Rest des Tages verbringen.
Unseren ersten Zeltplatz heute erreichen wir gegen 18 Uhr, und es ist so warm, daß wir sogar im benachbarten Bach baden gehen. Carlotta genießt den grauen, warmen Sand, die anschließende unvermeidliche Waschprozedur mag sie weniger. Ich kann es immer noch kaum fassen: Es ist gerade drei Tage her, daß wir aus dem verschneiten Europa geflüchtet sind, und jetzt zelten wir inmitten ein fast unberührten Natur.
Patagoniens Wäldern haftet etwas Märchenhaftes an. Die Bäume, im äußersten Süden Patagoniens eigentlich nur drei Südbuchenarten, wachsen sehr langsam und passen sich mehr oder weniger dem Diktat des Windes an. Was abstirbt, bleibt liegen, und Totem wie Lebendigem haften gelbgrüne Flechten an, deren spanischer Name «Barba del viejo» (Altherrenbart) am besten den Charakter dieser Pflanzen beschreibt. Die Baumgrenze ist bei etwa 1000 m. Die uns zur Verfügung stehende Karte hat den übersichtlichen Maßstab von 1:400.000 und verrät leider auch nichts über die zu erwartende Vegetation. So kommen wir erst nach und nach darauf, daß wir heute nichts von der umgebenden Landschaft sehen werden und uns stattdessen den ganzen Tag mit der Aussicht auf eben jenen Wald begnügen müssen. Wir beiden Erwachsenen fühlen uns dabei lebhaft an das zuletzt für Carlotta gekaufte Kinderbuch «Wir gehen auf Bärenjagd» von Helen Oxborrow erinnert: «Oh, ein großer dunkler Wald, drüber können wir nicht, drunter können wir nicht, oh nein, wir müssen mittenrein!»... Es sollte der von der Laufleistung längste Tag überhaupt werden, und nach etwa zehn Stunden im Wald waren wir trotz aller Urwüchsigkeit heilfroh, diesen endlich hinter uns gelassen zu haben. Wir finden eine traumhafte Zeltgelegenheit inmitten einer tundraartigen Landschaft direkt an einem dahinplätschernden Bach. Dieses Plätzchen erfüllt sämtliche Katagorien unserer internen Drei-Sterne-Wertung (gute Aussicht, weicher Boden und fließend Kaltwasser), lediglich die schnell dahinziehenden grauen Wolken bereiten uns ein wenig Sorgen. Morgen wollen wir über den Kamm, und schlechtes Wetter wäre das Letzte, was wir auf dieser Höhe gebrauchen können.
Der nächste Morgen weckt uns zwar nicht mit Schneesturm, aber der erhoffte wolkenfreie Himmel ist auch nicht in Sicht. So steigen wir nach dem Frühstück gespannt auf den uns so nah erscheinenden nächsten Gipfel. Werden wir auch einen Blick auf die märchenhaften Gipfel über dem Inlandeis werfen können? Nein! Nach dem nahezu endlos erscheinenden Aufstieg pfeift uns oben ein kalter Wind entgegen, die hohen Berge hüllen sich in äußerst unattraktive Wolken. Ein bißchen enttäuscht sind wir, trotz des für Patagonien eigentlich guten Wetters und des nun wirklich atemberaubenden Tiefblicks auf den Perito-Moreno-Gletscher. Auf vier Kilometer Breite schiebt sich dieser wie eine riesige Raupe auf die gegenüberliegende Halbinsel Magallanes. Deutlich zu erkennen, wie durch den Eisstrom der Lago Argentino in zwei Teile geteilt wird und damit der Wasserspiegel des abgetrennten Teils bis auf 30 m über Normal ansteigen kann.
Während wir nach geeigneten Brennweiten zur Erfassung des Motivs suchen, hat Carlotta keinen Blick für das großartige Panorama übrig. Sie interessiert sich für die Kleinigkeiten am Wegesrand und spielt auf der Leeseite des Kamms mit den Steinen. So öffnet sie uns die Augen für die kleinen, versteckten Schönheiten der Landschaft. Ich bin mir auf jeden Fall nicht sicher, ob ich die nur 3 cm großen, salatkopfartigen Blüten inmitten all des Gerölls gesehen hätte.
Runter kommen sie alle, fragt sich nur, wie. Irgendeinen Haken mußte die Geschichte ja haben, wenn der Aufstieg auf 1500 m Höhe insgesamt etwa 30 km lang ist, der Abstieg sich aber innerhalb von 3 km Luftlinie abspielt. Es war steil, sehr steil. Auch wenn sich keine unüberwindlichen Felspassagen in den Weg stellten und keine riskanten Abseilmanöver durchgeführt werden mußten, gehört dieser Abstieg zu den unangenehmsten Wegstrecken, die wir je gemeinsam zurückgelegt haben. Zunächst ging es über endlose Schotterpisten, dann erleichterte die erste Vegetation das Vorwärtskommen ohne heftigen Kontakt mit der lokalen Geologie. Die Vegetation war es aber auch, die uns weiter unten fast zur Verzweiflung trieb. Bis zur Brust blieben wir immer wieder im stacheligen Gestrüpp hängen und fühlten uns wie eine Fliege im Spinnennetz, aus dem nur mit brachialer Gewalt zu entkommen war. Irgendwann und irgendwie erreichten wir dann doch den parallel zum See verlaufenden Pfad, mit zitternden Knien, einer schlafenden Carlotta und dem festen Vorsatz, die nächsten Tage auf ausgewiesenen Wanderwegen zu bleiben.
Nach einem Traumabend direkt zu Füßen der bis zu 70 m hohen Abbruchkante des Perito-Moreno-Gletschers beschließen wir, als nächstes in Richtung Fitz Roy aufzubrechen. Die Lebensmittel sind in Calafate schnell eingekauft (Tütensuppen mit Nudeln und Nudeln mit Tütensuppen), und unsere Pensionswirtin besorgt uns wieder die notwendigen Bustickets. Um 5 Uhr morgens geht's los. Während wir wohl

oder übel die Notwendigkeit eines so frühen Aufbruchs einsehen, ist Carlotta völlig anderer Meinung. Kurz vor Abfahrt des Busses weiß die gesamte Pension, daß wir wieder unterwegs sind.
Aufgrund des Wetters mache ich mir langsam Sorgen um den Bestand des patagonischen Inlandeises. Nicht eine Wolke trübt den Blick zum Horizont, und obwohl ich diese Fahrt nun schon zum xten Mal gemacht habe, sehe ich Gipfel, deren Existenz ich zuvor nicht mal geahnt habe. Während der Rest des Busses wieder schläft, bin ich ruhelos. Schließlich taucht dann, noch über hundert Kilometer entfernt, der Fitz Roy auf. Wie eine Fata Morgana aus rotbraunem Granit steht er über der gelbgrauen Pampa. Der Busfahrer hat glücklicherweise Verständnis für mein Verlangen, dieses Jahrhundertwetter auf Zelluloid zu bannen, und stoppt einige Male. Gegen Mittag erreichen wir Chalten, einen etwa zehn Jahre alten Ort zu Füßen des Fitz Roy. Chalten (Rauchender Berg) ist der ursprüngliche Tehuelche-Name für den Berg Fitz Roy und mittlerweile ein typisch argentinisches Patagonikum. Nach dem verlorenen Krieg um die Falkland-Inseln bzw. Malvinas wollte die argentinische Regierung den Berg eigentlich umbenennen, denn Robert FitzRoy war Kapitän des englischen Forschungsschiffes Beagle und damit folgerichtig Engländer. Und ein argentinischer Berg, benannt nach einem englischen Kapitän, wäre nun doch ein nationaler Frevel gewesen. Aber die Bergsteiger/innen sind relativ konservative Menschen, und daher blieb der Fitz Roy international Fitz Roy; den Ort am Fuß des Berges konnte man 1986 bei seiner Gründung noch frei benennen.
Vorbei an den wahrscheinlich aus Buenos Aires stammenden Straßenschildern (viel zu groß und daher schon vom Wind krumm und schief geweht) steigen wir zu unserem ersten Zeltplatz an der Laguna Capri auf, einem kleinen See direkt gegenüber der Ostwand des Fitz Roy. Der Pfad ist breit und nicht zu verfehlen, wie eigentlich alle Wege im Fitz-Roy-Gebiet. Am Zeltplatz angekommen, treffen wir auf zwei Paare, die uns sehr überrascht anschauen. Nach längerer Unterhaltung stellt sich heraus, daß die eine Frau gerade schwanger ist und daher, wie sie sagt, das letzte Mal das Leben in der freien Natur genießen möchte. Das andere Paar hat bereits eine 18 Monate alte Tochter, die sie jedoch aus Sorge vor den Belastungen wehmütig in Buenos Aires gelassen haben. Beide stellen nun erstaunt fest, daß auch mit Kind das Outdoorleben nicht zu Ende sein muß.
Wir wandern weiter bis zur Piedra del Fraile, dem Stein des Paters, Ausgangspunkt für alle Nordwandaspiranten am Fitz Roy. Dank Ricardo, dem Besitzer des Grundstücks nördlich vom Fitz Roy, ist dieses einer der liebenswertesten Plätze in ganz Patagonien. Kurz vor den letzten Bäumen hat er hier mit viel Liebe zum Detail eine kleine geschützte Oase geschaffen, in der es einem an nichts mangelt. Eine grüne Wiese für die Zelte, kleine Cabañas (Hütten) für die, die es bequemer mögen, eine mit Holz beheizte Dusche, und in der rustikalen Freiluftbar kann man den besten Milchkaffee südlich des Rio Colorado schlürfen. Für 5 $ am Tag Erholung total, besonders dann, wenn der manchmal nicht ganz einfache Hauswirt einen ins Herz geschlossen hat. Carlotta, der kleinste Gast, an den er sich erinnern konnte, wurde auf jeden Fall mit Aufmerksamkeiten geradezu überhäuft. Nur Bobby, der kleine rothaarige Hund des Hauswirts, fand die Anwandlungen seines Herrn überhaupt nicht mehr komisch. Nach drei Tagen an der Piedra del Fraile reagierte er geradezu eifersüchtig auf unsere Tochter und deren Gekicher zusammen mit Ricardo.
Wir unternehmen von der Piedra del Fraile aus mehrere Tageswanderungen, unter anderem zum Paso del Quadrado, einem 1700 m hohen Paß und Übergang zur berühmten Supercanaletta am Fitz Roy. Mir ist diese Tour besonders in Erinnerung geblieben, da das Thermometer bereits morgens um 10 Uhr auf 28°C im Schatten hochschnellte. Und dann schien da ja noch die Sonne. Dank FCKW und deren Hersteller ist in Patagonien bereits jedes dritte Schaf blind und selbst Ricardo, geboren, aufgewachsen und geformt in

Sobald die Sonne scheint …
patagonische Blicke

Linke Seite oben: Die Fitz-Roy-Gruppe von Norden.
Unten links: Der Brazo Sur (Südarm) des Lago Argentino.
Unten rechts: Auf dem Weg zum Cerro-Torre-Basislager.
Rechte Seite: Sturm über einem namenlosen Gipfel am Lago Argentino.

Patagonien zieht nachmittags sein Hemd wieder an, um nicht von der Sonne verbrannt zu werden. Wir hatten beim Aufstieg zum besagten Paß schlicht die Reflektion des Gesteins unterschätzt, was zur Folge hatte, daß Carlotta sich trotz Sonnenschirm und Lichtschutzfaktoren empfindlich die Nase verbrannte.

Zurück in Calafate entbrennt zwischen den Eltern erstmal eine heftige Diskussion, wohin unsere letzte Wanderung mit Ausgangspunkt Calafate führen soll. Das Nordufer des Lago Argentino, mit der Estancia Cristina als Ausgangspunkt, kommt, soviel ist nach einer eintägigen Bootsfahrt mit Wanderung zum Uppsala-Gletscher klar, nicht in Frage. Zu wild und abgelegen erscheint uns die Landschaft dort. Nach nochmaligem Befragen der Guardaparques der Nationalparkverwaltung entschließen wir uns für das Südende des riesigen Sees, einer ebenfalls recht abgelegenen Gegend. Dort bzw. an der Laguna Frias soll es eine kleine Hütte für Glaziologen geben, und wo es eine Hütte gibt, muß auch ein Weg hinführen, so zumindest meine Behauptung. Irmhild kann sich letztendlich dieser Argumentation nicht verschließen, und so werden wir einen Tag später per Taxi zum Ausgangspunkt der Tour, der Estancia Nibepo Aike gebracht.

Die Estancia ist typisch für den Strukturwandel in Patagonien in den letzten Jahren. Während früher auf den riesigen Ländereien zigtausend Schafe weideten und sich die Besitzer ein süßes Leben in Buenos Aires machen konnten, reichen heute die Erträge der Schafzucht bei weitem nicht mehr zum Überleben aus. Zu stark war der Raubbau an der Natur durch Überweidung, viel zu rückständig sind die Methoden der einheimischen Schafzucht im Vergleich zur motorisierten Konkurrenz aus Australien oder Neuseeland. Der klassische Gaucho stirbt aus. Eine alternative Einnahmequelle am südlichsten Ende der Welt ist der Tourismus. Und so hat auch die Estancia Nibepo Aike das alte Herrenhaus zum Hotel umgebaut, glücklicherweise mit den alten Möbeln und Einrichtungsgegenständen. Wir trinken hier einen Kaffee, der so opulent ausfällt, daß wir beschließen, hier auf dem Rückweg noch mal vorbeizuschauen und vielleicht sogar zu übernachten.

So kommen wir wieder erst gegen Mittag los, aber wir haben keine Eile. Wir haben für sechs Tage Lebensmittel dabei, und es sind höchstens zwei Tagesetappen bis zum Ziel. Der Weg folgt einem alten Viehpfad, so daß die Orientierung kein Problem darstellt. Trotz der Ausweisung als Nationalpark wird das Tal anscheinend noch ausschließlich landwirtschaftlich genutzt. Ständig sind wir am Öffnen und Schließen von Viehgattern, einmal begegnen wir sogar drei riesigen Bullen. Währen Carlotta vor Begeisterung fast aus der Trage fällt, bleibt uns das Herz stehen, als sich die riesigen Tiere erheben und langsam einige Schritte auf uns zugehen. Der nahe Zaun rettet uns, auch wenn von einem geordneten Rückzug kaum die Rede sein kann.

Je weiter wir uns jedoch von der Estancía und damit dem letzten Vorposten der Zivilisation entfernen, desto mehr tauchen wir in eine Landschaft ein, die uns bald fasziniert und nicht mehr losläßt. Wir sind hier völlig allein und auf uns selbst gestellt. Die Gletscher sind längst nicht so riesig wie der Perito Moreno, kein Gipfel ist auch nur annähernd so spektakulär wie der Fitz Roy oder der Cerro Torre. Trotzdem haben wir beide das Gefühl, nirgendwo einen derartigen Gleichklang zwischen uns und der Natur erlebt zu haben. Am Südende des Lago Argentino zelten wir inmitten rubinroter Riesen, im türkisfarbenen Wasser des Lago Argentino spiegeln sich walfischartige Wolken über vergletscherten, namenlosen Bergen. Während Carlotta an den noch unreifen Beeren des Calafate-Strauches zupft, sind wir uns sicher, hier unser kleines Paradies gefunden zu haben und auch ohne den Genuß der angeblichen Heimatdroge an diesen Platz wieder zurückkehren zu wollen.

Information

Anreise

Calafate, Ziel und Ausgangspunkt aller erwähnten Trekking-Touren, liegt in der südargentinischen Provinz Santa Cruz und ist der wichtigste Touristenort innerhalb des Nationalparks «Los Glaciares». Der schnellste Weg dorthin führt zunächst mit fast allen großen Fluggesellschaften nach Buenos Aires. Von dort aus fliegen mehrere nationale Gesellschaften nach Rio Gallegos. Sowohl der Flug nach Buenos Aires als auch Rio Gallegos lassen sich von Deutschland aus direkt buchen. Von Rio Gallegos fährt ein Bus mehrmals täglich in ca. 4 Stunden Fahrzeit nach Calafate. Die verschiedenen Ausgangspunkte der Trekking-Touren lassen sich wiederum von Calafate mit dem Bus (Perito Moreno Gletscher, Fitz Roy Gebiet, Torres del Paine in Chile) bzw. mit dem Taxi (Laguna Frias) erreichen.

Beste Reisezeit

Der patagonische Südsommer zwischen Mitte November und Ende März. Erfahrungsgemäß ist der Frühsommer die sonnenreichste Zeit, allerdings gleicht die Wettervorhersage in Patagonien eher einem Lotteriespiel. Ab Ende März verwandeln sich die Buchenwälder in ein rot-oranges Farbenmeer.

Ausrüstung

Mit Kind muß alles auf ein Minimum reduziert werden, da ja leider nur ein Rücken zur Verfügung steht. Für unsere Tochter benutzen wir eine Trage der Firma Norönna. Diese hat den Vorteil, daß das Kind relativ tief sitzt und dadurch besser vor Regen und Wind geschützt ist. Auch können Kinder in dieser Trage hervorragend schlafen, ohne daß der Kopf hin und her wackelt. Der Tragekomfort ist brauchbar, eine kleine Tasche erleichtert die Mitnahme der täglichen Windelration sowie des Tagesproviants. Wichtig ist die Installation eines Sonnenschirms an der Trage (die normalen für den Kinderwagen), da die Sonneneinstrahlung in Patagonien bei klarem Wetter unglaublich hoch ist (Ozonloch!). Absolutes Muß ist für das Kind ein Fleece-Anzug, möglichst mit eingebauten Windstopper (z.B. von Globetrotter). In diesem Zusammenhang sollte man erwähnen, daß das Kind gerade in der Trage immer weitaus wärmer angezogen werden muß als die von einem selber subjektiv gefühlte Temperatur. Kinder kühlen in der Trage durch die mangelnde Bewegung schnell aus. Ebenfalls zur Pflicht

gehört ein anständiger kleiner Regenanzug. Zum Wickeln hatten wir ungefähr 4-5 Windeln pro Tag eingesteckt und Feuchttücher aus Deutschland importiert. Volle Windeln sind selbstverständlich wieder aus der Natur mitzunehmen. Für uns selbst hatten wir die übliche Standardausrüstung für feuchte und kühle Klimate mitgenommen, also Gore-tex-Jacke und -Hose, feste Trekkingstiefel, evtl. Gamaschen, Funktionsunterwäsche, Fleece, Daunenweste, Sonnenhut und Sonnenschutzmittel. Trekkingstöcke erleichtern die schwere Last sowohl beim Auf- als auch Abstieg.
Als Zelt benutzten wir ein ultraleichtes Tunnelzelt einer bekannten schwedischen Firma, zum Schlafen genügten uns zwei koppelbare Daunentüten (Temperaturbereich bis ca. -10°C). Isomatten sind Geschmackssache, wir haben beide einen empfindlichen Rücken und benutzten daher die Ultra-Light von Therm-A-Rest.
Einzig brauchbarer Kocher ist meines Erachtens der Wisperlight von MSR, da dieser sehr leicht ist und auch mit argentinischem Bleifrei anständig läuft. Der- oder diejenige, der das ganze Gepäck trägt, sollte in der Lage sein, Lasten bis 30 kg auch auf längeren Strecken zu schleppen. Normale Trekkingrucksäcke sind da schnell an ihren Grenzen. Es sollte daher ein Rucksack mit einem stabilen, verwindungssteifen Hüftgurt zum Einsatz kommen (entweder mit Außengestell oder, wenn ein Innengestell bevorzugt wird, z.B. von der Firma Gregory).

Lebensmittel
Geeignete Lebensmittel sind in den gängigen Supermärkten vor Ort erhältlich. Dazu zählen u.a. Haferflocken, Trockenfrüchte, Milchpulver, Schokolade, Kekse, Wurst und Käse, Tütensuppen, Nudeln, Getränkepulver und eine Knoblauchzwiebel.

Übernachtung
Calafate: Hospedaje Dos Pinos, 9 de Julio 358 oder Albergue del Glaciar, Calle los Pioneros
Puerto Natales: Casa Cecilia, Tomas Rogers 54 (mit Verleih von Ausrüstung)

Bücher
Buscaini/Metzeltin: Patagonien – Traumland für Bergsteiger und Reisende, Bruckmann-Verlag (der Klassiker)
Brunner/Gantzhorn: Abenteuer Trekking: Patagonien und Feuerland, Bruckmann-Verlag (die Grundlage)
Bruce Chatwin: In Patagonien, Rowohlt-Verlag (das Lesebuch)

Information/Karten
Touristeninformation im Busterminal von Calafate. Karten sind entweder in den verschiedenen Souvenirläden in Calafate erhältlich oder sollten aus den genannten Büchern kopiert werden.

Maligne Lake mit Spirit Island (Skyline Trail).
Alle Fotos zu diesem Beitrag vom Autor.

Weites wildes Land

Abenteuer Canada – Eine Durchquerung der Rocky Mountains bis zum Pazifischen Ozean. Von Harry Neumann

Sommer und Herbst

(Fortsetzung aus BERG' 99)

Marble Canyon – Kootenay Nationalpark – Prospectoros Valley – Neil Colgan Hut – Valley of Ten Peaks – Moraine Lake – Larch Valley – Sentinel Pass – Lake Louise – Pipestone River – Siffleur Valley – Saskatchewan – Columbia Icefield – Glacier Trail – Maligne Lake – Maligne Canyon – Jasper – Mount Robson – Vancouver Island – West Coast Trail

Drei Monate später kehren wir im Juli wieder in das Tal des Bow River, eines der schönsten der Erde, zurück.
Die Berge und Seen um Banff gehören zu den atemberaubendsten auf der ganzen Welt. Der Cascade Mountain, die Vermillion Lakes, der Mount Rundle, eine Welle aus Kalkgestein und die Wasserfälle des Bow River vermitteln uns eine unwirkliche Ästhetik. Diese Szenerie tiefblauer Seen und schneebedeckter Berge läßt uns den Atem anhalten.
In Banff erhalten wir alles, was wir noch an Ausrüstung brauchen, insbesondere die Gaskartuschen für die nächsten Wochen und das *bug-spray*, ein notwendiges Utensil im Sommer gegen die Moskitos und Mücken an den Seen.
Im Kootenay-Nationalpark brechen wir am frühen Vormittag bei gutem Wetter durch den Marble Canyon in nordwestlicher Richtung auf. Schon nach kurzer Zeit endet der Weg und wird zu einem schmalen Pfad, der uns durch urwaldähnliches Gelände führt. Manchmal ist es schwierig, die Spur zu erkennen. Wir gehen durch wunderschöne Koniferen- und Pinienwälder, die sich mit saftigen und farbenfrohen Wiesen abwechseln. Nach einer Stunde kommen wir in ein weites Tal am Tokkum River, dessen Name auf das alte indianische Wort für *red fox* zurückgeht. Schwindelfrei und trittsicher überqueren wir mit unserem schweren Rucksack auf Baumstämmen zweimal diesen breiten Fluß, der aus dem darüber liegenden Wenkchemna Gebirge herunterstürzt. Elf Kilometer weiter verlassen wir den schmalen Weg und steigen sehr steil in nördliche Richtung auf. Ein von den Gletschern herabstürzender Wildbach zeigt uns den Weg nach oben. Einige hundert Meter vor der Hütte müssen wir eine sehr steile Rinne, den schwierigsten Teil des Anstiegs, mit Hilfe unseres Seils bewältigen: Mitten im Wald finden wir auf 2108 m die idyllische Fay Hut, die älteste Hütte des canadischen Alpenvereins aus dem Jahre 1927 mit zwölf Plätzen. Die wenigen canadischen Alpenvereinshütten (nur 18 in den gesamten Rockies) sind reine Selbstversorgerhütten, unbewirtschaftet, mit einem Raum zum Essen, Trinken und Schlafen. Kocher, einige Töpfe und Holz sind zumeist vorhanden, alles andere, auch Gas und Benzin muß selbst mitgebracht werden.
Es ist wohltuend, den nahegelegenen Wasserfall zum Duschen und Waschen zu nützen. Heute abend gibt es Bœuf Stroganoff aus der Expeditionsverpflegung von Reiter, die uns schon im Winter gute Dienste erwiesen hatte.
Am nächsten Morgen marschieren wir in eine unwegsame Canyon-Schlucht. Sehr steil geht es zunächst hinunter, die herabstürzenden Wassermassen sind so stark, daß wir nur mit Hilfe des Seils auf die andere Seite gelangen können. Das Gelände wird immer schwieriger, der Fels bröckliger und gefährlicher. Jetzt haben wir unterhalb der Felswände nur noch Platz für eine Schuhbreite, um weiter zu gehen. Die Schuhe finden keinen Halt mehr im losen Geröll, es wird so gefährlich, daß wir den Rückzug antreten. Die einzige Möglichkeit, auf den Gletscher zu kommen, ist über den noch immer schneebedeckten Canyon.
Vorsichtig setzen wir nach dem Übergang vom Fels in den Schnee jeden Schritt. Wir gehen mit weitem Abstand, um die Schneedecke nicht unnötig zu belasten. Jeder Schritt wird vorher mit den Stöcken geprüft, wir hören unter uns das Getöse. Wie dick wird die Schneedecke sein, wird sie halten? Nur nicht in die eiskalten Wassermassen einbrechen. Sehr steil geht es hinauf. Auf dem schmalen Canyon liegen dicke Felsbrocken und riesige Tannen, die von oben heruntergestürzt sind. Kein ungefährlicher Aufstieg zur Colgan Hut. Plötzlich breche ich ein, werde jedoch Gott sei Dank durch den großen Rucksack in der Schneedecke gehalten. In einer unglaublichen Kraftanstrengung gelingt es mir schließlich, wieder Fuß zu fassen und aus den eiskalten Wassermassen heraus zu kommen. Unsere Abstände waren so groß, daß Daniela davon nichts bemerkt hat. Erst Tage später erzähle ich ihr davon.
Nach einigen hundert Metern lehnt sich das Gelände endlich zurück. Wir überqueren noch einige terrassenartig abfließende Gletscherbäche und schauen auf den Little Bowlen Col, auf dem die Hütte auf über 3000 m bereits zu sehen ist.

Mehr Tiere als Menschen – im wilden Nordwesten Amerikas

Linke Seite oben: Schwarzbär.
Links: Mount Robson.
Unten: Morgenstimmung am West Coast Trail.

Rechte Seite oben: Paradise Valley.
Unten: Im Canyon zum Faygletscher und zur Neil Colgan Hut.

Durch unübersichtliches Moränengelände gehen wir weiter in Richtung Gletscher, seilen uns an und erreichen nach zwei Stunden die Hütte. Hier oben werden wir durch faszinierende Blicke auf die Gipfel der Ten Peaks belohnt.
Daniela organisiert unser Material in der Hütte, ich hole den Schnee zum Kochen vom Faygletscher. Der Sonnenuntergang auf dem Gipfel des Mount Little (3140 m) beschert uns einmalige Blicke auf die Bugaboos und die eisbedeckten Gipfel des Bow Valley.
Kurz nach Sonnenaufgang brechen wir am nächsten Tag auf. Ein technisch schwieriges Unternehmen steht uns bevor. Der Abstieg über den Faygletscher mit anschließender schwieriger Kletterei über die Perren Route, tausend Höhenmeter hinunter zum Moraine Lake. Es ist schwierig, die eingerichteten Abseilstellen zu finden. Acht Abseillängen helfen uns über die schwierigsten Stellen. Beim Anblick des Moraine Lake verschlägt es uns den Atem. Ein türkisblauer Gletschersee wie im Bilderbuch. Einige Kanus gleiten lautlos an uns vorbei. Es ist nicht verwunderlich, daß in diesem Gebiet die Anfänge des Trekking in den Rocky Mountains liegen. In der Nähe der Moraine Lake Lodge schlagen wir unser Zelt auf.
Am rechten Ufer des Sees geht es früh am nächsten Morgen in vielen Kehren durch dichten Nadelwald. Auf dem Plateau beginnt der Lärchenwald. Ende August, Anfang September sollte man hier wegen der leuchtenden Farben unterwegs sein. Am Minnestimma-See, was soviel wie «schlafendes Wasser» heißt, vorbei, erreichen wir nach vielen Kehren und losem Geröll auf 2611 m den Sentinel Paß, von dem wir einen gigantischen Ausblick auf die Ten Peaks und den eisbedeckten Mount Fay (3235 m) haben. Schade, daß wir der Versuchung, von hier aus den Mount Temple zu ersteigen, nicht nachgehen können, da wir zu wenig Zeitreserven haben. Auf farbenprächtigen und üppigen Blumenwiesen ziehen wir weiter, um auf sehr steilem und teilweise weglosem Pfad ins Paradise Valley abzusteigen. Wanderer sollten sich hier auch im Sommer auf gefährliche Schneefelder einstellen. Der campground der Horseshoe Meadows, unmittelbar am Paradise Creek und den Giant Steps gelegen, ist ein weiterer landschaftlicher Höhepunkt. Es ist Mitte August geworden, die Nächte werden kühler. Der Sonnenuntergang an der eisgepanzerten Nordwestwand des Mount Temple im warmen Abendlicht wird uns immer in Erinnerung bleiben.
Durch das Paradise Valley steigen wir zunächst auf der rechten, dann auf der linken Seite des Creek hinunter in Richtung Lake Louise. Spontan beschließen wir, den 2744 m hohen Fairview Mountain oberhalb des weltberühmten Sees zu besteigen, der uns mit spektakulären Aussichten auf die Bow Range mit dem Victoriagletscher als Mittelpunkt belohnt. Am Lake Louise werden wir für eine kurze Zeit durch die Hektik und Unruhe der Pauschaltouristen schockiert. Wir haben nur einen Wunsch, möglichst schnell diesen Ort zu verlassen. Vom Dorf Lake Louise führen uns die nächsten 150 Kilometer auf den Spuren der Winterdurchquerung am Pipestone River über das Siffleur Valley zum Sasketchewan River Crossing. Von dort marschieren wir weiter bis zum Columbia Icefield, das wir nach dem Sunwapta Paß erreichen. Wir sind gut akklimatisiert und täglich zwischen acht und zehn Stunden unterwegs.
Ich kann es selber kaum glauben, aber nach dem Bow Lake werden die landschaftlichen Genüsse noch spektakulärer. Höhepunkt ist das Columbia Icefield mit seiner 380 km^2 großen Gletscherfläche, eines der größten kontinentalen Eisfelder südlich des Polarkreises. Von diesem eisgepanzerten Rücken der Rocky Mountains fließen die Schmelzwasser in drei verschiedene Weltmeere ab.

In weiteren sechs Tagen erreichen wir von hier über den neunzig Kilometer langen Glacier Trail über Nigel Pass (1830 m), Jonas Pass (2320 m) und Maligne Pass (2240 m) den weltberühmten 25 Kilometer langen Maligne Lake. Hier werden wir durch die zahlreichen Streifenhörnchen begrüßt. Wir gönnen uns einen Tag Ruhe. Der Weg führt uns weiter über den steilen Shovel Paß zum Skyline Trail und über den Marble Canyon nach Jasper, die Stadt der Pelzhändler und Abenteurer. Hier werden die Geschichten und Legenden dieses Landes lebendig. In mehreren Tagen schlagen wir uns über die Dominion Prairies durch teilweise wegloses und schwieriges Gelände und auf matschigen Pferdetrails zum Yellowhead Paß durch, um den Mount Robson (3954 m) zu erreichen.
Im Nordwesten erreichen wir auf dem Berg Lake Trail den «König der Rockies», den Mount Robson. Seine mächtige Eiskuppe ist ein unvergeßlicher Anblick. Drei Tage Zeit lassen wir uns entlang des wilden Robson River, durch die langen canadischen Täler und einen kleinen Regenwald mit Fichten, Zedern und Douglastannen. Wir wandern, sehen, bewundern und fotografieren.
Dort, wo die Sträucher auf dem fruchtbaren Waldboden mit Früchten und Beeren gefüllt sind, fühlen sich auch die Bären wohl. Nach einer Biegung erscheint etwa zwanzig Meter vor uns unvermittelt ein Schwarzbär in seiner vollen Größe. Die Erfahrung, daß Bären davonlaufen, wenn man singt und Geräusche macht, können Daniela und ich nicht bestätigen. Der unmittelbare Anblick eines solchen Tieres ist putzig und gefährlich zugleich. Langsam und ruhig auf das Tier einredend, treten wir den Rückzug an und wagen uns erst nach einer Stunde wieder weiter.
Auf einer Schautafel sind wir erstaunt und beeindruckt zugleich, wie einfach die Amerikaner schwierige klimatische Zusammenhänge erklären: «Big mountains, big trees», ist hier zu lesen. Das gewaltige Bergmassiv zwischen Pazifik und Rockies bildet ein eigenes Kleinklima mit ergiebigen Niederschlägen. Wir haben das Glück, den Mount Robson in den nächsten Tagen wolkenfrei sehen zu können.

Am milchigblauen Kinney Lake vorbei geht es hinauf in das unwirklich schöne Valley of Thousand Falls mit unzähligen kleinen tosenden Wasserfällen, wo der Robson River auf einer abenteuerlichen Hängebrücke überquert werden muß. Nun wird es steil, der Pfad wird schmal, in der brütenden Mittagshitze steigen wir schnaufend und schweißtriefend an den drei Wasserfällen White Falls, Falls of the Pool und dem mächtigen sechzig Meter hohen Emperor Fall hinauf. Kaum zu glauben, daß die Ausblicke und Naturimpressionen immer gigantischer werden, je höher wir kommen. Nach 800 Metern schauen Daniela und ich sprachlos auf die majestätische eis- und schneebedeckte Nordwand des Mt. Robson. Mist Glacier und Berg Lake Glacier brechen kaskadenartig mit Getöse Tag und Nacht in den See ab.

In dieser majestätischen Landschaft errichten wir am nordöstlichen Ende des Sees unser Basislager. Wir verbringen hier einige Tage und unternehmen eindrucksvolle Wanderungen zum Robson Paß, zum Snowbird Paß und zum Moose Paß. Wir genießen unbeschreibliche Sonnenuntergänge und Abendstimmungen am Mount Robson, dessen Gipfel sich von hier aus nochmals 2300 Meter in den Himmel erhebt. Tiefe Erlebnisse und Eindrücke, die bleiben.

West Coast Trail – bis zum Pazifischen Ozean

Der legendäre West Coast Trail auf Vancouver Island, Traum vieler Bergsteiger und Trekker aus der ganzen Welt, bildet den Abschluß unseres einmaligen alpinen Unternehmens: Pazifischer Ozean, paradiesische Naturschönheiten und Sonnenuntergänge, Wale, Robben, Bären, Seeadler, Sümpfe, Indianer, Urwald.

Wir durchwandern eine unberührte Urlandschaft mit Wasserfällen und Sümpfen, durchqueren das Wattenmeer und reißende Flüsse zu Fuß, mit abenteuerlichen cable cars oder in einem Indianerboot. Wir müssen mit unserem Wasser sorgfältig umgehen, denn nur an wenigen Stellen gibt es genießbares Süßwasser. Die Hitze im Urwald, die stechenden Moskitos und die schweren Rucksäcke lassen das Unternehmen oft zur Qual werden. Im unwegsamen und abschüssigen Gelände können wir nur ein bis zwei Kilometer in der Stunde bewältigen, es gelingt uns, maximal zwanzig Kilometer am Tag zurückzulegen.

Wir stoßen auf ein erstes großes Hindernis einige Kilometer hinter Port Renfrew, die Mündung des Gordon River. Der Versuch, durch die schnellen und kalten Wasser hindurchzuwaten, ist aussichtslos. Ein Pacheenaht-Indianer bringt uns mit seinem Boot an das andere Ufer. Mit einem Kribbeln in der Magengegend brechen wir zu einem der schwierigsten Abschnitte des Trails auf: Es geht durch Sümpfe, über alte und zerbrochene Leitern, über morastige Holzstämme von umgefallenen Douglastannen, unter uns fünfzig Meter Abgrund und versteckte Urwaldseen. Sicheres Ausbalancieren mit den schweren Rucksäcken ist überlebensnotwendig. Wir erreichen den höchsten Punkt des Trails mit 300 Metern über dem Pazifik, bevor es steil zum Log Jam Creek hinabgeht. Hier gibt es nach einigen Stunden frisches Wasser, mit dem wir die Trinkflaschen und die Wasserbehälter füllen. Über mehrere Leitern mit zahlreichen fehlenden Sprossen geht es zum Trasher Cove, unserem heutigen Tagesziel. Für diese acht Kilometer im Regenwald benötigen wir sieben Stunden, legen also etwas mehr als einen Kilometer in der Stunde zurück. Am Trasher Cove finden wir genügend Treibholz für das Feuer und einen guten Platz für das Nachtlager. Wir bereiten das Essen vor dem Zelt zu und genießen dabei den glutroten Ball der Sonne, der in der Juan-Fuca-Straße im Pazifischen Ozean versinkt.

Über moosbewachsenen Felsen steigen wir das Bachbett hinauf, klettern gesichert über einen Wasserfall und erreichen ein Sumpfgebiet, das uns auf den nächsten vier Kilometern bis zum Walbran Creek begleitet. Beeindruckend ist immer wieder die Pflanzenwelt. Nach mehreren Stunden durch gefährliches Gehgelände erreichen wir bis zu den Knien völlig verdreckt diesen Fluß. Ein natürliches Becken im Bachbett nützen wir zum Baden und Schwimmen. Auch diesen etwa 300 Meter breiten creek überqueren wir mit einer *cable car*. Es ist sehr anstrengend in der Hitze, am anderen Ufer sind unsere Hände voller Blasen und Schwielen. Die Moskitos setzen uns ebenfalls zu, wir sind bereits am ganzen Körper zerstochen und haben es längst aufgegeben, uns regelmäßig mit Salbe einzureiben. Wir durchwandern ein dichtes Waldgebiet mit idyllischen kleinen Bächen und Wasserfällen, durchlaufen das erste Indianerreservat und richten am Bonilla Creek unser Lager für die Nacht her. Es ist immer der gleiche Ablauf: Zeltplatz herrichten, Zelt aufbauen, Holz für das Feuer sammeln, waschen oder baden unter einem der paradiesischen Wasserfälle. Kochen und essen, Proviant und alles, was irgendwie riecht, in einen großen Plastiksack geben und hoch aufhängen. Nur so ist ein wirksamer Schutz vor den Bären, die hier reichlich vorkommen, möglich.

Heute morgen nehmen wir den Weg über das Meeresschelf. Anhand unserer Gezeitentabelle stellen wir fest, daß genügend Niedrigwasser für die etwa vier Kilometer lange Strecke bis zum Carmanah Creek vorhanden ist. Wir wandern auf einer landschaftlich wunderschönen Strecke zwölf Kilometer bis zu den großartigen Tsusiat-Wasserfällen. Es geht durch Indianerreservate, pittoreske Buchten, über weite und ebene Sandstrände mit gewaltigen Treibholzansammlungen, ausgewaschenen Höhlen in der Steilküste und das tierreiche Schelf mit interessanten Farbschattierungen. Auf einer Länge von über einem Kilometer steigen Tausende von Seemöven über uns im Morgendunst auf, ein beeindruckendes Schauspiel. An diesem Tag haben wir sogar das Glück, einen Weißkopfseeadler zu beobachten, der sich von seinem Horst auf den

Douglastannen in eleganten Schwüngen in den Ozean stürzt. Die Wellen des Meeres schlagen beim Ansteigen der Flut haushoch über das Riff, immer wieder werden wir von den Wassern erfaßt und klitschnaß. Wir steigen die Steilküste nach oben und tauchen wieder in den Regenwald ein.

Den mächtigen Cheewhat Creek überqueren wir einzeln über eine abenteuerliche Hängebrücke. Über Clo-oose und Whyac, verlassene Indianersiedlungen, erreichen wir das größte Hindernis, die Nininat Narrows. Eine landschaftlich spektakuläre Meeresenge, in der die abfließenden Wasser des Ninitatsees, eines Gezeitensees, auf die ansteigende Flut des Pazifik treffen. Wehe dem, der in die dadurch entstehenden Wirbel und Wellen, die berüchtigten *narrows*, gerät. An diesem gefährlichen Punkt haben schon viele ihren Leichtsinn mit dem Leben bezahlt. Ein Indianer, von dem wir frischen Wildlachs erwerben konnten, bringt uns mit seinem Boot auf die andere Flußseite.

Es geht weiter in Richtung der spektakulären Wasserfälle. Wir bevorzugen den manchmal nicht mehr erkennbaren Pfad durch den Regenwald. Hier ist es kühler, und trotz aller natürlichen Hindernisse kommen wir schneller voran als im weichen Sand der Küste. Dann erreichen wir die Tsusiat-Wasserfälle. In vollkommener Einsamkeit und Wildnis stürzen sich die schäumenden Wassermassen über eine hundert Meter breite Felswand auf den Strand. Wir duschen im eiskalten Wasser, und am Lagerfeuer vor dem glühenden Ball der untergehenden Sonne grillen wir in der heißen Glut den frischen wilden Lachs.

Heute durchqueren wir sieben Flüsse, um unseren Lagerplatz am Michigan Creek zu erreichen. Mühsam und mit viel Kraftaufwand ziehen wir uns in einer alten cable car über den Klanawa Creek. Der Weg verläuft nun fast überwiegend durch Waldgebiete, der Strand ist nur einige Male über steiles und unwegsames Klippengelände zu erreichen. Zwischen dem Tsocowis Creek und dem Darling River stoßen wir auf den Flat Rocks auf eine Kolonie von Seelöwen, die sich auf den Schelfplatten in der Sonne aalen. Plötzlich tauchen riesige Kolosse aus dem Meer auf, eine Fontäne schießt aus dem Wasser, Grauwale, etwa 150 Meter von uns entfernt, ein beeindruckender Abschluß des Tages.

Nebel zieht am Abend auf, kreischende Vögel um uns herum, eine unheimliche und ängstliche Stimmung stellt sich ein. Wir haben das Gefühl, daß sich ein Bär in unmittelbarer Nähe aufhält. Kein Auge können wir heute Nacht zumachen, wir drehen und wälzen uns ständig hin und her. Außerdem müssen wir an den Puma denken, vor dem uns die Ranger in Port Renfrew gewarnt hatten. Wir sind erleichtert, als wir um fünf Uhr morgens aufstehen und weiter gehen können. Als es hell wird, hofft jeder von uns beiden, daß der andere die großen frischen «Bärenhaufen» entlang der üppigen Beerenhecken auf den letzten 14 Kilometern bis nach Bamfield nicht bemerkt.

Zweitausend Kilometer in 92 Tagen zu Fuß durch Canada, von den Rocky Mountains bis zum Pazifischen Ozean. Ein abenteuerliches Unternehmen. Danke an Daniela Raihl aus Nürnberg. Dieses Land mit seiner endlosen Weite und seiner unergründlichen Wildnis hat uns in seinen Bann gezogen. Es ist wie ein Bär: gewaltig, groß und schön.

Das Columbia-Eisfeld mit dem Athabasca-Gletscher.

Die vier Pfoten und der Schwanz des Schneeleoparden

Auf den Siebentausendern im Pamir und Tien-Shan.

Von Henriette Hölzl-Eberwein und Sebastian Hölzl

Als es die UdSSR noch gab, waren dort Orden und Auszeichnungen für Ostbergsteiger sehr begehrt. Wie in anderen Sportdisziplinen wurden auch für Bergsteiger Titel wie der «Alpinist» oder «Meister des Sports» verliehen. Am begehrtesten war der «Schneeleopard», der unter den Höhenbergsteigern der Ostblockländer als höchste Auszeichnung galt, zumal für sie ja die Weltberge unerreichbar waren. «Schneeleopard» durfte sich nennen, wer die drei Pamir-Siebentausender Pik Lenin (7134 m), Pik Korshenewskaja (7105 m) und Pik Kommunismus (7495 m) sowie den Tien-Shan-Siebentausender Pik Pobjeda (7493) m bestiegen hatte. Neben diesen vier Gipfel-Pfoten gibt es im Tien-Shan oder Himmelsgebirge noch den «Schwanz» des Schneeleoparden, den formschönen Minisiebentausender Chan Tengri, der mit seiner Schnee-Gipfelkuppe von schwankender Höhe seit 1985 zu den Siebentausendern zählt. Auch wenn seine Höhe in den neuesten amtlichen Karten mit 7010 m nur knapp über der magischen Grenze liegt, so ist er unbestritten der schönste unter den fünf Gipfeln.

Wegen der Streitigkeiten zwischen China und der Sowjetunion waren die Grenzberge zu China und somit der Tien-Shan in der Zeit von 1982 bis 1990 fast unzugänglich. Nur die Amerikaner William Garner und Randall Starrett erhielten eine Sondergenehmigung und standen 1985 als erste westliche Alpinisten auf dem Pik Pobjeda. Sie konnten damit als erste Ausländer alle Pfoten des Schneeleoparden erringen. Bis zu dieser Zeit war dieser massige Berg im Westen völlig unbekannt, obwohl er nur wenige Meter niedriger als der Pik Kommunismus ist. Wegen seiner extremen Witterungsbedingungen und seines langen mit Gegenanstiegen durchsetzten Ostgrates zählt er zu den gefürchtetsten aller Siebentausender. Er hat durchaus den ernsten Charakter eines Achttausenders.

Seit 1990 sind alle fünf Siebentausender für den «Schneeleoparden» erforderlich. Vorher konnten wahlweise der Chan Tengri oder der Pik Pobjeda bestiegen werden. Der Pik Lenin wird als leichteste der nunmehr fünf Leopardenpfoten gehandelt. Wie relativ solche Bewertungen je nach Wind und Wetter, Schneelage und Temperatur sind, sollte ich am eigenen Leib verspüren. Denn mir machte dieser «Pensionistensiebentausender», wie der Pik Lenin abfällig bezeichnet wird, am meisten zu schaffen.

Der erste westeuropäische Trophäenjäger, der hinter dem Schneeleoparden und seinen vier Pfoten her war, war Helmut Graupner aus Tullnerbach. Er hatte bereits vier der begehrten Gipfel und wollte 1991 als erster Österreicher mit mir gemeinsam den Pik Pobjeda besteigen; doch kurz vor dem Abflug bereitete eine Sportverletzung seinem Lebenstraum ein schmerzliches Ende.

Meine Pfotensammlung war damals noch recht bescheiden. 1984 war ich mit Henriette, meiner späteren Frau, erstmals unter Leitung von Helmut Graupner im Pamir. Dank seiner reichen Erfahrung bekamen wir wertvolle Tips, wie man in der kurz bemessenen Zeit logistisch, ohne die Akklimatisierungsphase zu mißachten, die Siebentausender angehen sollte.

Die erste Pfote: Pik Kommunismus, 7495 m

Nach den üblichen Akklimatisierungstouren beim Basislager Atschik Tasch (3700 m) werden wir mit dem großen Transporthubschrauber MI 17 in das Basislager Moskwina (4400 m) geflogen. Viele der Teilnehmer verkraften den rasanten Höhengewinn nicht und müssen in den nächsten Tagen wieder ausgeflogen werden. Besonders dramatisch ist das Lungenödem unseres Zeltnachbarn, der röchelnd die erste Nacht im Sitzen verbringen muß und im Moskwina-Lager sicher keine zweite Nacht überstanden hätte.

Unsere Vierergruppe versucht zum Einstand den Pik der Vier (6400 m), den wir aber ebenfalls wegen eines Notfalls aufgeben müssen. Nur mit Mühe können wir einen Schweizer Bergführer, der bereits völlig apathisch ist, zur Lagerärztin hinunterschleppen. Doch der Horror sollte sich noch steigern, als ein Franzose auf unserer geplanten Route am Borodkin-Pfeiler tödlich abstürzt. Wenige Tage darauf überlebt eine Japanerin einen ähnlichen Sturz schwer verletzt.

Als sich unser «Ruhepuls» nach zehn Tagen endlich beruhigt, gibt uns die Lagerärztin nach 20 Kniebeugen grünes Licht für den Pik Kommunismus. Wegen der vielen Krankheitsfälle werden die Gruppen neu gemischt. Henriette und ich sind das kleinste, aber mobilste Team. Die lange Querung unter den Seraks zum Lager I ist auch im Sprint ein russisches Roulette mit ungewissem Ausgang. Nur Arthur, ein passionierter Einzelgänger aus unserer Gruppe, erhebt diese Etappe

Oben: Im Vordergrund links Pik der Vier (6400 m), im Hintergrund der Pik Kommunismus (7495 m). Rechts: Noch 150 m zum Gipfel des Pik Kommunismus. Alle Fotos von den Autoren.

zu jeder Tageszeit zu seinem Lieblingstrip und hätte nach der Wahrscheinlichkeit mehrmals vom Eisschlag getroffen werden müssen.
Bei gutem Wetter verlegen wir unser Zelt weiter nach oben. Da wir wegen des gefährlichen Quergangs nicht pendeln wollen, müssen wir die gesamte Ausrüstung auf einmal über den Pik Borodkin (6372 m) hochschleppen. Als erste spuren wir zum großen Firnplateau in ca. 6000 m Höhe hinunter und gönnen uns einen Rasttag. Wegen eines herannahenden Zyklons empfiehlt uns die Dolmetscherin Ludmilla über Funk, die Flucht nach vorne anzutreten. Henriette spurt schon am Vortag einige Kilometer voraus. Trotzdem benötigten wir am nächsten Tag mit unseren riesigen «Wolken» viel zu lange, bis wir Lager III auf ca. 6400 m erreichen. Noch über 1100 Höhenmeter trennen uns vom Gipfel.
Am folgenden Morgen ist es zwar bitterkalt, doch fast windstill. Wegen des drohenden Wetterumschwungs verzichten wir auf ein weiteres Lager im Sattel des Pik Dushanbe (7000 m). Wir wechseln uns bei der Spurarbeit ab und kommen gut voran. Wegen des vielen Schnees zieht es mich nach links zum Grat, statt den Gipfel in der Fallinie möglichst direkt anzugehen. Unsere Rucksäcke samt Getränk lassen wir am Sattel zurück. Das sollte Henriette den Gipfel kosten, denn es wird alsbald unerträglich heiß. Unser Abstand vergrößert sich zusehends, doch am Grat angelangt bin ich nicht mehr zu halten. Zum Glück stoße ich in der Gipfeletappe auf die Spuren der Russen, die eine Überschreitung machen. Der messerscharfe Grat ist nirgends überwächtet, so kann ich den Alleingang wagen. Als ich im hellen Licht in den Felsen eine Bronzetafel leuchten sehe, weiß ich mich am Ziel.

Die zweite Pfote: Pik Korshenewskaja, 7105 m

Ab da läuft alles perfekt, und unser Auftrieb ist ungebremst. Lassen wir nun Henriette erzählen: Zwei Tage später treffen wir im Basislager ein, um am darauffolgenden Nachmittag wieder aufzubrechen: Zum Pik Korshenewskaja auf der anderen Talseite!
Eine Stunde Abstieg zur Staubwiese, die ihrem Namen alle Ehre macht; dort deponieren wir vorsichtshalber ein Glas Kirschkompott. In weiteren drei Stunden haben wir das Lager I (5200 m) erreicht und schlagen unser Zelt auf einer Moräne auf. Viel Steine gab's und wenig Brot ...
In aller Herrgottsfrüh brechen wir zur zweiten Etappe auf. Um unsere Rucksäcke so leicht wie möglich zu halten, haben wir auf Seil und dergleichen verzichtet. Also gehen wir, solange der Gletscher hart ist. Es ist bitterkalt, und das Eis gewinnt mit zunehmender Höhe an Steilheit.
Die Traverse liegt noch gänzlich im Schatten, und wegen des gewaltigen Sturms (das wird wohl der angekündigte Zyklon sein?) bekommt man kaum noch Luft. Doch nach fünf Stunden erreichen wir Lager III in 6200 m (Lager II haben wir übersprungen). Es ist kaum zu glauben, doch hinter dem Sattel ist es windstill. So geben wir uns den Rest des Tages dem Müßiggang hin. Schließlich sind wir hier auf Urlaub!
1. August 1984 – Summitday! Mit einem leichten Sturmrucksack machen wir uns auf den Weg. Knapp über dem Zeltplatz erhebt sich eine etwa 50 m hohe Felsstufe, die sich in einem wunderbar geschwungenen Schneegrat fortsetzt. Mein Auftrieb kennt keine Grenzen. In knapp sechs Stunden stehen wir dort oben, wo es nicht mehr weiter geht. Die Anstrengungen der letzten Tage liegen weit zurück, und ich bin nicht ein bißchen müde.
Außer uns sind noch vier Russen hier, die ihren Sinnen nicht recht trauen, als sie unser weithin tönendes «In die Berg bin i gern ...» vernehmen. Überrascht stellen sie fest, daß wir vom Basislager bis auf den Gipfel nur 46 Stunden unterwegs waren.
Beim Abstieg nach der letzten Schotterrinne wissen wir unser Kirschkompott zu schätzen. Schon am nächsten Tag sind wir wieder im Lager Moskwina. Genüßlich knacke ich mit Sebastian einen Schampanskoje. (Henriette Hölzl-Eberwein)

Der Schwanz des Schneeleoparden: Chan Tengri, 6995m bzw. 7010m

Nach unserem Erfolg am Broad Peak anno 1986 – Henriette ist die erste Österreicherin auf einem Achttausender – zog es uns 1991 schließlich in den Tien Shan. Wir waren mit einer recht inhomogenen Gruppe unterwegs. Henriette und ich mußten drei lange Wochen Tisch und Bett mit Günter, einem Deutschen, teilen, weil zwei andere Teilnehmer mit ihm nicht klarkamen. Auf dieser Tien-Shan-Fahrt lief einiges anders als geplant, denn eigentlich wollten wir uns von Anfang an auf den Gipfel des «Sieges», wie der Pobjeda auf russisch heißt, konzentrieren. Doch unsere elfköpfige Gruppe

hatte sich für den Schwanz des Schneeleoparden, also den Chan-Tengri entschieden.
Da Henriette mit einer Bronchitis vom südlichen Inyltschekgletscher ausgeflogen werden muß, begnüge ich mich vorerst mit dem Gipfel zweiter Wahl. So wird dieser steile Zahn, der dem Matterhorn nicht unähnlich ist, für mich zur Akklimatisations- und Eingehtour. Obwohl die drei Wochen am Berg nur für einen der beiden Gipfel vorgesehen sind, kann ich unseren Zeltpartner Günter motivieren, an diesem Minisiebentausender einen Blitzversuch zu wagen, bevor wir zum eigentlichen Ziel starten.
Als das Wetter schlecht wird, steigen wir nicht mit der Gruppe ab, sondern igeln uns in einer Schneehöhle auf 6000 m ein. Ich bin froh, daß ich die gefährliche, durch Eisschlag bedrohte Zweieretappe nur einmal gehen muß. Nichtsahnend quartieren wir uns in die erstbeste leere Schneehöhle ein, was einen Rausschmiß zur Folge hat. Denn unser Basislager steht unter der Obhut der Kirgisen. Wir hingegen sind in eine Schneehöhle der Kasachen geraten.
Das unsichere Wetter läßt keine großen Pläne zu, weshalb sich der Auftrieb notgedrungen in Grenzen hält. Als sich kurz der Himmel auftut, starrt uns ein tief verschneiter, äußerst abweisender, messerscharfer Grat entgegen. Nur verständlich, daß alle Gipfelaspiranten die Schneehöhlen sukzessive verlassen, um die Flucht nach unten anzutreten. Günter und ich registrieren dies mit einem lachenden und einem weinenden Auge: Einerseits haben wir nun viel Platz in der Höhle, andererseits sind wir nun ganz auf uns allein gestellt. Wir wollen noch eine Nacht auf 6000 m ausharren und den Höhenmesser beobachten, bevor wir eine Entscheidung treffen.
In der Nacht wird es in der Höhle verdächtig warm, und wir wachen gerade rechtzeitig auf, bevor uns der Triebschnee endgültig das letzte Atemloch zuweht. Wir trauen unseren Augen nicht, als uns dann ein strahlender Morgen entgegenlacht. Tief unter uns liegt der nördliche Inyltschek-Gletscher noch im Schatten «unserer» Pyramide, als wir die Steigeisen am Grataufschwung anlegen. Die relativ kurze Etappe bis zum Gratlager in 6400 m hat es bei diesen winterlichen Verhältnissen in sich. Die vom Wind gepeitschten eisverkrusteten Fixseile sind eine äußerst fragwürdige Sicherung. Wir lassen bei den IIIer und IVer-Stellen wohl die Steigklemme mitlaufen, ohne sie aber zu belasten. Glücklicherweise sind wir alleine im Fixseil, sodaß uns weder Steine noch Bergsteiger auf den Kopf fallen können. Dank der wärmenden Sonnenstrahlen wird der Grat zusehends schneefrei, und schon zu Mittag können wir unser letztes Lager einrichten. Stunden der Muße und des Staunens liegen vor uns. Ich ertappe mich immer wieder dabei, daß meine Gedanken 30 km weiter südlich beim Pik Pobjeda sind. Hoffentlich hat meine Frau inzwischen ihre Bronchitis in Maya Dadir auskuriert!

So einen ausgesetzten Zeltplatz wie auf dieser kleinen Felskanzel habe ich selten erlebt. Der in der Nacht einsetzende heftige Wind zerrt nicht nur am Zelt, sondern auch an unseren Nerven. Nach langer Nacht starten wir in die bittere Kälte. Noch im Zelt ziehen wir die Steigeisen an. Es erwartet uns kombiniertes Gelände, das immer steiler und schwieriger wird und sich in 6800 m zur Schlüsselstelle im V. Grad steigert. Endlich liegt der Gipfelhang vor mir. Die letzten 150 Meter über den immer flacher werdenden Firnhang gehen wir seilfrei. Zwar hat der Wind nachgelassen, doch hüllt sich der Gipfel in Wolken. So bin ich recht froh, daß ich trotz Nebels das Vermessungszeichen finde. Statt genüßlich die Gegend zu betrachten, verkrieche ich mich in den Biwaksack und warte auf Günter. Als erste unserer Gruppe können wir uns über den «Schwanz des Leoparden» freuen. Günter fehlt nur noch eine «Pfote», und mir fehlen vor allem die Samtpfötchen von Henriette ...

Die dritte Pfote: Pik Pobjeda, 7439 m

In den letzten fünfzehn Jahren waren wiederholt westliche Bergsteigergruppen im Tien Shan, doch nur sehr wenige am Pik Pobjeda. Es gab Jahre, in denen wegen der extremen Wetterverhältnisse am Rande der chinesisch-kirgisischen Grenze niemand den Gipfel erreichte. Die Besteigungsgeschichte des höchsten Gipfels im Himmelsgebirge am Rande der Takla Makan ist nicht sehr ermutigend. Bis 1973 sind bei Besteigungsversuchen 28 sowjetische Bergsteiger umgekommen (vgl. AV-Jahrbuch 1990, S. 172). Wegen des langen Grates mit Gegenanstiegen sind Bergungen fast chancenlos. Am Chan Tengri hingegen können trotz größerer technischer Schwierigkeiten auch schwächere Höhenbergsteiger Gipfelerfolge verbuchen, weil die Fixseile, die geradlinige Routenführung, die niederere Höhe und die kurzen Etappen den Aufstieg und auch eine allfällige Bergung erleichtern.
Zwei Tage nach dem Chan-Tengri-Gipfel machen wir uns zu dritt auf den langen Weg zum Pik Pobjeda. Die ersten drei Etappen laufen wie am Schnürchen. Da die Zeit drängt, überspringen wir ein Lager. Henriette hatte sich gut erholt und ihre Bronchitis auskuriert. Zur Überraschung aller begleitet sie mich bis zum Westgipfel, den 6918 m hohen Pik Washa Pschawela. Das ist für eine Rekonvaleszente die Grenze des Verantwortbaren. Doch lassen wir meine Frau erzählen, was sie in diesem Augenblick empfand: Während Günter noch mit klammen Fingern an seiner Kamera hantiert, verabschiede ich mich von Sebastian. Das fällt mir diesmal besonders schwer, obwohl ich felsenfest überzeugt bin, daß er sich richtig einschätzen kann und keine Fehler begeht. Immerhin kann er bei Sturm oder Schlechtwetter am nächsten Tag auch wieder absteigen. Doch wenn das Wetter hält, stehen die Chancen gut, daß er den Gipfel erreicht. Ich für meinen Teil habe beschlossen, mich mit dem Westgipfel zufriedenzugeben, denn mir fehlt einfach die Zeit. Ein weiteres Zwischenlager wäre für mich unerläßlich, da ich mir nicht zutraue, den langen Grat an einem Tag hin und retour zu schaffen. In drei Tagen schon sollen wir vom Basislager ausgeflogen werden. So mache ich mich mit Günter schweren Herzens an den Abstieg.
Meine Gedanken sind bei Sebastian. Ich vermisse seine Nähe, trotzdem mache ich mir keine Sorgen, denn mein Vertrauen in sein Können und seinen Instinkt in Gefahrensituationen kennt keine Grenzen. Diese Gedankenverbundenheit gibt mir Sicherheit. In zahlreichen Grenzsituationen sind wir uns nähergekommen. Unsere gemeinsamen Erfahrungen lassen die Entscheidungen des anderen trotz räumlicher Trennung erahnen. Ob ich in dieser Nacht tief geschlafen oder wach geträumt habe, weiß ich nicht so genau. Auf jeden Fall kehrt ein Gedanke immer wieder: «Du mußt hier mit heiler Haut hinunterkommen, dir darf nichts passieren. Denk an deinen kleinen Sohn zuhause, der seine Mutter dringend braucht, mach bloß keinen falschen Schritt.» Alles muß noch sorgfältiger geplant und ausgeführt werden, um das damit verbundene Restrisiko möglichst gering zu halten. Der Zwiespalt der Gefühle steuert auf einen Höhepunkt zu. Gewisse Ereignisse sind eben nicht vorhersehbar, wie Sebastian in den folgenden Zeilen zu berichten weiß (Henriette Hölzl-Eberwein):
«Was du hier versuchst, ist die Quadratur des Kreises! – Trotzdem wünsche ich dir alles Gute!» Mit diesen wenig ermunternden Worten trennt sich Günter von mir und steigt mit Henriette vom Pobjeda-Westgipfel wieder zum Lager IV ab. Die Verabschiedung war hektisch, denn der Sturm wurde immer heftiger. Sobald meine Frau und Günter am Horizont verschwinden, wird mir mit aller Deutlichkeit bewußt, worauf ich mich da eingelassen hatte. Ohne Zelt, ohne Kocher und ohne Funkgerät wollte ich den langen Grat an einem Tag im Alleingang versuchen und im Aufstieg das letzte Lager, sowie im Abstieg gleich drei Lager überspringen. Um zum Hauptgipfel zu gelangen, muß man auf 7000 m mehrere Gegenanstiege (auch am Rückweg) bewältigen. Nach 4 km Auf und Ab steht man erst vor dem Gipfelaufschwung, wo meist noch ein Lager VI errichtet wird. Auf den letzten 450 Höhenmetern ist nochmals eine Distanz von 1 1/2 km zu bewältigen. Hin und retour bewegt man sich also 11 km in der «Todeszone». Eine Distanz, die bei Spurarbeit und Gegenwind zur tödlichen Falle werden kann. Diese Erkenntnis wird mir in den nächsten 24 Stunden auf tragische Weise vor Augen geführt ...
Nach dem Abschied von Henriette mache ich mich am späten Nachmittag auf die Suche nach Lager V, einer Schneehöhle hinter einer Schneekuppe. Dank menschlicher, allzu menschlicher Spuren kann ich die große Höhle bald finden. Ich freue mich über das großzügige Platzangebot, da ich ja nicht wissen kann, daß am Vortag 10 Kasachen zum Gipfel aufgebrochen und noch immer nicht zurückgekehrt sind. Ich

Oben: Chan Tengri. Aufbruch zu den letzten tausend Höhenmetern.
Unten: Blick vom Pik Pobjeda zum Chan Tengri.

verkrieche mich in das hinterste Loch in meinen von Günter geliehenen Leichtschlafsack. Trinkflasche und Innenschuhe nehme ich vorsorglich zwischen die Daunen.
So gut ich durch Helmut Graupner über den Chan Tengri informiert war, so wenig wußte ich über den Pik Pobjeda, da bisher noch kein Österreicher oben war, den ich darüber befragen hätte können. Alle sprechen nur mit größtem Respekt von diesem höchsten Tien-Shan-Gipfel. Erfolgschancen von weniger als 30% sind selbst bei bester Akklimatisierung schon hoch gegriffen. Doch 1991 war in Kirgistan ein Jahrhundertsommer!
Vor fünf Tagen waren wir im Basislager aufgebrochen, und nur einmal mußten wir wegen eines Sturmtages pausieren. In Lager II und III konnten wir Schneehöhlen von unseren Vorgängern benutzen. Bei Kälte, Sturm und Lawinengefahr hat eine Höhle wesentliche Vorteile gegenüber einem Zelt. Lager IV auf 6400 m war wegen des Felsgürtels zum Schneehöhlenbau ungeeignet. Erst nach langem Suchen und mühevollem Auf und Ab fanden wir spät abends einen geeigneten Platz.
Nun liege ich also in der Schneehöhle auf Lager V und hoffe auf besseres Wetter. Es ist schon dunkel, als endlich die ersten Gipfelsieger erschöpft zurückkommen. Liebevoll kümmern

sich die Zurückgebliebenen, kochen Tee und massieren die angefrorenen Füße. Die letzten Heimkehrer haben schwere Erfrierungen, und so wird die Schneehöhle zu einem Feldlazarett umfunktioniert. Das Gestöhne und Gejammer, das Husten und Kotzen dauert die ganze Nacht an. Als ich morgens das schlechte Schuhwerk sehe – teilweise nur einfache Lederschuhe – wundere ich mich nicht mehr über die Folgen, an denen die Kasachen zu leiden haben.
Wegen der großen Kälte warte ich mit dem Aufbruch bis zum Sonnenaufgang. Einige lauwarme Schlucke aus der Trinkflasche sind mein Frühstück. Erfreut stelle ich fest, daß noch am Vorabend fünf Landsleute nachgerückt sind und ihre Zelte aufgestellt haben. Bereits in den unteren Lagern waren wir uns wiederholt begegnet. Sie sind so freundlich und helfen mir mit ihrem Kocher aus. So komme ich vor der Königsetappe doch zu einem warmen Frühstück. Noch wichtiger für mein Nervenkostüm ist aber, daß ich Landsleute hinter mir weiß, mit deren Hilfe ich im Notfall rechnen darf. Mit leichtem Gepäck, Trinkflasche, Biwaksack und Fotoausrüstung mache ich mich auf den langen, langen Weg. Obwohl der Wind nachgelassen hat, werden Zehen und Finger immer klammer. Dem Wasser in der Trinkflasche ergeht es ähnlich wie mir. Daher nehme ich die Flasche unter die Daunenjacke und wärme gleichzeitig meine Finger in den Achselhöhlen auf. Da ich keine Thermogamaschen dabei hatte, wollte ich ursprünglich die Innenschuhe so wie am McKinley oder am Broad Peak mit Folie umwickeln, doch leider hatte Henriette die Rettungsdecke nach unten entführt. Um mich aufzuwärmen, steigere ich das Tempo. Der breite Kamelrücken bietet keine technischen Schwierigkeiten. Als das Gelände ausgesetzter wird, vertausche ich einen Schistock mit dem Eispickel. Teilweise ist der Grat stark verwächtet, weshalb ich auf die chinesische Südseite wechsle. Laut Auskunft der kirgisischen Trainer muß ich bis zum Lager VI beim Obelisken mit vier Stunden Gehzeit rechnen. Ich bin daher angenehm überrascht, als ich schon nach 2 1/2 Stunden den Gipfelaufschwung erreiche.
Gerade als ich mich auf die Suche nach einem Rastplatz mache und so richtig in Hochstimmung bin, weil Wetter und Timing so gut passen, werde ich jäh aus meinen Träumen gerissen. Etwas abseits der Route lege ich mein Daunenzeug ab, um es mit Steinen zu beschweren. Doch da liegt schon etwas! Bei näherem Hinsehen entpuppt sich das in Planen und Seile gewickelte Etwas als die traurigen Reste eines Bergsteigers. Ob er auch ein Einzelgänger war? Mir wird auf drastische Weise bewußt, daß das Leben in diesem Grenzbereich an einem seidenen Faden hängt. Hier bedeutet ein Ausrutscher, ein Beinbruch das Todesurteil, denn eine Bergung ist wegen der Gegenanstiege unmöglich. In gedämpfter Stimmung setze ich die Gratwanderung zwischen Leben und Tod fort und hoffe auf das bißchen Glück...
Ohne jede Seilsicherung gehe ich die letzten 450 Höhenmeter an. Die auskragenden Wächten verstellen mir den Blick zum Chan Tengri. Es gelingt mir, zwischen Gehrhythmus und Atemfrequenz den idealen Ausgleich zu finden. Da der Schnee windgepreßt ist, schaffe ich locker 200 Höhenmeter pro Stunde. Schade, daß ich auf keinem Achttausender bin. Heute könnte ich noch stundenlang so weiterstapfen.
Weit im Westen sehe ich fünf Punkte, die sich auf meiner Spur zum Lager VI bewegen. Nun bin ich sicher, daß die Landecker auch mich sehen. Nach zwei Stunden legt sich der Gipfelgrat merklich zurück. Am Horizont sehe ich eine Alustange glänzen, und ich weiß mich am Ziel. Zwar gehört einem der Gipfel erst, wenn man wieder heil im Tal ist, doch nun weiß ich, daß mir die Quadratur des Kreises – wie sich Günter ausdrückte – gelungen ist.
Am Rückweg treffe ich meine Tiroler Landsleute, die mich als ersten Österreicher am höchsten Gipfel des Thien Shan herzlich beglückwünschen. Schon am frühen Nachmittag bin ich wieder am Westpobjeda, nehme meinen großen Rucksack auf und versuche noch Lager III zu erreichen, wo Henriette inzwischen auf mich wartet. An der Schlüsselstelle muß ich mich nochmals konzentrieren, um keinen Fehler zu machen, denn die meisten Unfälle an den Weltbergen passieren in der Euphorie des Abstiegs. Am späten Nachmittag des 11. August 1991 ist die Familie Hölzl bis auf unseren kleinen Sohn Fabian wieder vereint und die dritte Leopardenpfote in meiner Trophäensammlung.

Die vierte Pfote: Pik Lenin, 7134 m

Fabian hat sich zwei so verrückte Bergsteiger als Eltern ausgesucht, daher war es nur eine Frage der Zeit, bis er uns zum letzten der fünf Siebentausender in den Pamir begleiten sollte. Nach ausreichender Vorakklimatisierung in den Alpen brachen wir 1994 mit unserem viereinhalbjährigen Sohn und unserem Freund Christoph zum Pik Lenin auf.
Nach dem Zusammenbruch der UdSSR war es mit der perfekten Organisation leider vorbei. Jede der Nachfolgerepubliken wollte nunmehr am Touristenkuchen mitnaschen. Zwar ersparten wir uns die obligate Sightseeingtour in Moskau, doch landeten wir in verschiedenen Sportlagern Kasachstans, Kirgistans und Tadschikistans und schließlich im Navrus-Lager, dem ehemaligen Moskwina-Lager (4300 m), statt in Atschik Tasch. So waren wir zwar in einer passablen Höhe, doch am falschen Berg. Hier im Navrus-Lager hatte sich seit unserem letzten Besuch vor zehn Jahren sehr viel verändert.
So nützen wir die Gelegenheit, den trapezartigen Sechstausender «Pik der Vier» zur Akklimatisierung zu besteigen. Fabian läßt sich inzwischen von der Lagerärztin verwöhnen. Er ist bald der Liebling im ganzen Lager. Nach einer weiteren Woche dürfen wir endlich zum Pik Lenin ausfliegen. Weil die Zeit schon knapp ist, werden wir gleich über den «Paß der

Reisenden» ins vorgeschobene Basislager (4150 m) geflogen. Während Christoph sich als Kindermädchen rührend um Fabian kümmert, errichten wir die Lagerkette. Abwechselnd wird unser Sohn im «Dreierrad» von uns bemuttert.
Schlechtes Wetter bringt auch im vorgeschobenen Basislager viel Schnee, worüber sich Fabian als einziger freut und mit Christoph einen wunderschönen Schneemann baut. In knietiefem Schnee und heftigem Sturm sitzen Henriette und ich auf Lager III in 6400 m fest, nachdem alle anderen Gruppen abgestiegen sind. Bevor es uns ganz einschneit, müssen wir am nächsten Tag die Flucht nach unten antreten. Auf drei Pfoten und mit hängender Rute zieht sich der «Schneeleopard» zurück. Der «Pensionistensiebentausender» hat uns schließlich mehr zu schaffen gemacht als die sogenannten schwierigen Siebentausender.
Erst 1997 bietet sich die günstige Gelegenheit, am Weg zum Mustagh Ata den Pik Lenin als Akklimatisationstour nochmals zu versuchen. Auch diesmal ist das Wetter nicht ideal. Unter Ernst Schwarzenlanders Leitung ist die Stimmung zwar bestens, doch die Gruppe viel zu groß. Bei heftigem Wind wagen wir zu siebt einen Gipfelversuch. Teilweise ist der Wind so stark, daß ich vom Grat weg in der Leeseite Deckung suchen muß, um nicht hinuntergeblasen zu werden. Als ich mich umsehe, muß ich erkennen, daß mir nur noch Hermann Krafzing folgt. Warum ich bei diesem Sturm den Gleitschirm bis auf 6300 m hochschleppe, kann ich wohl niemandem erklären. Ebenso wenig kann ich mir erklären, wie der zwei Kilo schwere Stein in meinen Gleitschirmrucksack hineingekommen ist… Da hat ein «lieber» Bergkamerad meiner Kondition wohl etwas viel zugemutet!
Überraschenderweise beruhigt sich der Wind mit zunehmender Höhe, und so kann ich am 29. Juli 1997 die vierte Pfote des Schneeleoparden feiern. Beim Abstieg treffe ich auf Hermann, der auf mich wartet, weil er sich im Nebel verirrt hat. Daß sich an diesem Tag noch ein Flug mit dem Paragleiter bis ins vorgeschobene Basislager ausgeht, hätte ich am Morgen nicht zu hoffen gewagt. Eine Woche später wird Hermann mit dem Gipfel des Mustagh Ata für sein Pech am Pik Lenin entschädigt, und so können wir gleichsam außer Konkurrenz eine weitere Pfote feiern. Allerdings sind Hermanns eigene «Pfoten» durch Erfrierungen schwer in Mitleidenschaft gezogen. Doch durch den raschen Rücktransport von Sinkiang über den Torungart-Paß nach Bischkek und von Almaty direkt nach Frankfurt können bis auf drei Finger alle gerettet werden.

Postscriptum

Monate nach unserer Heimkehr und nachdem ich den «Schneeleoparden» bereits in der alpinen Mottenkiste verräumt hatte, bekam ich einen Brief aus St. Petersburg, worin mir die Alpinismusföderation von Rußland mitteilte, daß ich der erste Österreicher mit dem «sehr ehrenvollen Titel Schneeleopard» sei. Bisher waren erst fünf Ausländer auf allen vier bzw. fünf Gipfeln: 1985 W. Garner und R. Starret (USA), 1994 N. Mahruki (Türkei) und 1997 B. und P. Meloni (Frankreich). Da diese Auszeichnung ein Relikt aus der Zeit der UdSSR ist, verlieh mir die Alpinismusföderation von Rußland zusätzlich den höchsten nationalen Bergsteiger-Orden, nämlich den im Jahre 1967 geschaffenen «Goldeispickel». Falls er nicht so schwer ist wie der Stein in meinem Gleitschirmrucksack, werde ich ihn wohl auf den nächsten 7000er hinaufschleppen, um dann vielleicht von AGIP den sechsbeinigen Turbohund verliehen zu bekommen.

Sohn Fabian im vorgeschobenen Pik-Lenin-Basislager

Schon Anfang der Dreißiger Jahre sammeln berühmte Bergsteiger als erste Alpinisten Klettererfahrungen mit den wilden Gebilden aus jahrtausendealtem Gletschereis. Hans Ertl, einer der besten Eiskletterer seiner Zeit und Erstbegeher der eisigen Ortler-Nordwand, geht dabei fast zugrunde.
Foto: Michael Vogeley

S.O.S. Eisberg

Von Lust und Angst. Alpines Spiel mit einer Materie, die man nicht beherrschen kann. Von Michael Vogeley

Für Jean-Marc

Viele Unglücksfälle kommen daher, daß gewisse Dinge von uns weichen: so der Griff, das Gleichgewicht oder der Verstand.
Geoffrey Winthrop Young

Das Doppelseitenfoto weckt Sehnsüchte. Wunderschön schimmert der Eisberg – blau-weiß und plastisch in Licht und Schatten. Obendrauf ein gelbgekleideter Mensch, lässig mit einem Arm auf das Eisgerät gestützt, die andere Hand zum Gruß erhoben. Ein spielerisches Motiv von Stefan Glowacz' Antarktis-Expedition im Frühjahr 1999. Im Magazin *Alpin* im Juni publiziert und abgelichtet vom Klassefotografen Gerd Heidorn. Die Bildunterschrift sagt wenig: «In Eckensteintechnik auf den Eisberg. ‚Eismann' Jürgen Knappe beim Eisklettern mitten im Eismeer.»

Vom Hüftgurt des Protagonisten verschwindet ein Seil hinter dem Eisstück. Ist dahinter noch jemand, der sichert? Steht ein zweiter am Anfang des Stricks? Ist der an Eisschrauben gesichert und an einem Standplatz festgebunden? Wurden Zwischensicherungen gesetzt, und läuft das Seil durch mehrere Karabiner? Sind hier zwei Menschen quasi ans Eis gefesselt?

Was kann es Herausforderndere für einen Kletterer geben, als sich an einem Eisberg zu versuchen? Ist es nur die Lust am Kampf mit einer Materie, die man nicht beherrschen, höchsten überlisten kann? Die schwimmenden Gesellen können recht launisch sein. Anfang der dreißiger Jahre sammelten berühmte Bergsteiger, unter ihnen «Bergvagabund» Hans Ertl und der Bergführer Fritz Steuri, Klettererfahrungen mit den Gebilden aus jahrtausendealtem Eis. Arnold Fanck legt in seinem Buch *Er führte Regie mit Gletschern, Stürmen und Lawinen* Zeugnis von seinem Leben als Bergfilmer ab. Der Streifen *S.O.S. Eisberg* entstand 1932 auf einer Fahrt nach Grönland. Leni Riefenstahl spielte eine Hauptrolle; Ertl, einer der besten Eiskletterer seiner Zeit und Erstbegeher der Ortler-Nordwand, begleitete Fanck als Bergführer und ging dabei fast zugrunde.

Fanck war begeistert von der Schönheit der Eisberge und philosophiert im Buch über die «schwimmenden, heimtückischen Ungeheuer»: «[...] wo doch jede Besteigung eines Eisbergs gefährlicher ist, als die Bezwingung der schwierigsten alpinen Gipfel. [...] Je weiter weg, desto größer die Liebe – und je näher, desto größer die Bedenken.»

Warum?

Die selbstgestellte Frage nach den Beweggründen einer Besteigung beantwortet Fanck so: «Weil wir keine Ahnung hatten. Trotzdem wir alle Bergsteiger waren, die zum Teil schon seit 20 und 25 Jahren auf Gletschern und Eisgipfeln der Alpen herumklettern, hatten wir nicht die leiseste Vorstellung davon, wie leicht – aber auch furchtbar gefährlich – es sei, auf relativ so kleinen (gemessen an den Dimensionen ihrer großen alpinen Brüder) Bergen aus Eis herumzusteigen.»

Zur damaligen Technik des Überwindens von Steileis bemerkt er: «Gerade dieses Stufenschlagen verbietet sich im grönländischen Eis von selbst. Wer es einmal versucht und das Resultat auch nur ‚gehört' hat – noch nicht einmal gesehen – nämlich das unheimliche Krachen, das oft ein einziger Pickelschlag in der ungeheueren Masse eines unter ungewöhnlichen inneren Spannungen stehenden Eisberges ertönt, der ist für alle Zeiten davon kuriert, den Eiswänden eines Eisberges mit dem gewohnten Hilfsmittel des Pickels zu Leibe gehen zu wollen. Wer es aber gar einmal erlebt und mitangesehen hat, wie der Versuch, einen dünnen Mauerhaken zu Sicherungszwecken viele Meter hinter einer Eiskante einzuschlagen, sofort das Resultat hatte, daß durch dieses winzige Stück Eisen die ganze Kante mit einer Eismasse von über 10 000 Zentnern losgesprengt wurde und mit dem donnernden Krach einer Explosion ins aufschäumende Meer hinunterstürzte, mitsamt den darauf stehenden Menschen, der wird sicher verstehen, daß die Beantwortung der Frage ‚Warum?' eigentlich tatsächlich nur lauten kann: ‚Weil wir keine Ahnung hatten.'»

Nun stelle auch ich fest, daß die physikalischen Gesetze von damals noch immer gelten. Ich lerne die Lust am Spiel mit einer Materie, die man nicht beherrschen kann. Und die Angst davor.

Die Spitze des Eisbergs

Glaziologen definieren Eisberge als große Bruchstücke von schwimmendem oder gestrandetem Gletschereis, die durch Abbrechen, Kalben, geboren werden. Etwa 80% der Masse bleiben unter Wasser. Die günstigsten Bedingungen für die Geburt von Eisbergen herrschen an den Küsten Grönlands und der Antarktis. Von Anfang März bis in den Juli hinein bekommen Eisberge in Grönland Saison. Von donnernden Gletschern werden sie ins Meer geworfen und begeben sich auf eine lange Reise. Meeresströmungen und Wind bestimmen den Kurs. Flotten von bis zu 40.000 von ihnen erreichen jährlich Nordost-Kanada und werden weiter von Strömungen nach Süden geschickt.

Eisberge mit etwa 100 bis 120 m sichtbarem «Gipfel» lassen vermuten, daß ihre Untergrenze 600 bis 1000 m unter der Wasseroberfläche liegt. Löst sich unter Wasser ein Stück Eis, so schießt es wie ein Champagnerkorken an die Meeresoberfläche. Wehe dem Boot, das diese Rakete dann trifft!

Eisberge können schwimmen, aber auch trudeln, kentern. Der Anblick eines großen, sich wälzenden Eisbergs gleicht einem Vulkanausbruch, einer elementaren Naturkatastrophe.

Es gibt kaum eine schönere Landschaft als polare Gewässer an einer Küste. Christiane Ritter schrieb vor sechs Jahrzehnten in ihrem Buch *Eine Frau erlebt die Polarnacht*: «Um diese Landschaft zu malen, müßte man die Andacht der alten Meister haben.»

Nachts war es immer der gleiche Alptraum: Ich kletterte an einem Eisberg, stand auf den Frontalzacken der Steigeisen und hing mit den Eisklettergeräten an einem senkrechten Stück. Weit unten das Meer. Und dann drehte die Insel aus Eis durch.

Der Inuit Märta Tikkam merkte zu dieser Horrorvision realistisch-poetisch an: «Eisberge nehmen keine Rücksicht, wenn ihnen zum Bersten zu Mute ist. [...] Und die Flutwelle hält den Atem an, wenn der Berg neue Berge gebiert, und sich dann aus der dröhnenden Stille erhebt, zehn Meter hoch, steil aufragend kommt er angestürzt.»

Die Eiskappe Grönlands: Erbe der Eiszeit

Betrachtet man die nördliche Erdhalbkugel, so bleibt man an einem großen weißen Fleck haften: Grönland. Die größte Insel der Welt trägt die mächtigste Eismasse außerhalb der Antarktis, knappe zwei Millionen Quadratkilometer groß. Das Alter des Eises schwankt am Rand von 500 bis zu kaum glaubhaften 100.000 Jahren. Die untersten Schichten des bis zu 3000 Meter mächtigen Inlandeis sind bis zu zwei Millionen Jahre alt. Sie haben den Klimaverlauf der Erde konserviert. Folgerichtig wird mit kalbenden Eisbergen auch die Geschichte auf die Reise geschickt.

Würde das grönländische Becken aus Eis – nur zusammengehalten von den Randgebirgen der Küste – abschmelzen, so stiege der Wasserspiegel der Ozeane um etwa sieben Meter. Hamburg würde versinken. Die Niederlande wären fast völlig untergegangen, weite Teile der Norddeutschen Tiefebene wasserumspült.

Würde auch das Eis der Antarktis flüchtig, so stiege das Niveau der Ozeane nochmals um 70 Meter. Köln wäre ein Hafen am Meer.

Die überwiegende Zahl aller Eisberge der nördlichen Erdhalbkugel wird von grönländischen Gletschern produziert. Zwischen dem bis zu 2000 m hohen Schüsselrand der Küstengebirge schiebt sich das Inlandeis in ungezählten Gletscherzungen in die tief eingeschnittenen Fjorde. Die ungeheure Geschwindigkeit – viele Gletscher fließen bis zu 30 m pro Tag, also etwa die Strecke, die ein Alpengletscher in einem Jahr schafft – läßt mit Donnergrollen enorme Eismassen abbrechen: Der Bruch kalbt. Jahrtausendealte, schön geschichtete Eiskaskaden werden krachend ins Wasser geworfen, und Gebirge auf die Reise geschickt. Sie reihen sich in eine Prozession gigantischen Ausmaßes ein.

Der Arktisforscher de Quervain schreibt darüber beeindruckt: «Solch ein mit Eis verstopfter und verrammelter Fjord [...] ist ein Chaos, dessen Anblick so wild und abstoßend wirkt, wie ihn die Furchtbarkeit der Natur nur irgend aufweisen kann.»

Der Nordlanderkunder Ernst Sorge erlebte im engen Rinksfjord an der Westküste eine 20 m hohe Flutwelle, die sich nach einer Kalbung aufbaute.

Titanic – und andere Dramen

Als «schwimmendes Schloß aus Eis» bezeichnete der irische Mönch St. Brendan de Clofert im sechsten Jahrhundert einen Eisberg. Man wagte sich in diese Hölle nur in der Hoffnung, einen direkten Weg zu den Schätzen des Ostens zu finden, und sucht über Jahrhunderte nach Nordost- und Nordwest-Passagen.

Auf der Suche nach Trinkwasservorräten auf einer solchen Segelreise schreibt 1602 der englische Kapitän Weymouth in sein Logbuch: «Während wir das Eis abbrachen – was sehr anstrengend war, denn das Eis war fast so hart wie Stein – ließ die Eisinsel ein mächtiges Krachen ertönen, wie bei einem Donnerschlag, und bald darauf begann die Insel zu kippen.»

Es ist eine sternenklare Nacht an diesem 14. April 1912. Das als unsinkbar geltende modernste Passagierschiff der Welt pflügt bei ruhiger See durch das Eismeer nahe der neufundländischen Küste. Plötzlich erbebt der schwimmende Riese. Die *Titanic* ist mit einem Eisberg kollidiert. Sie sinkt innerhalb von nicht einmal drei Stunden. 1800 Menschen sterben in den Fluten. Das Drama wurde durch einen unlängst mit Oscars überschütteten Film wieder in Erinnerung gebracht.

In den fünfziger Jahren wurde der Stolz der dänischen Flotte, die *Hans Hedthoft*, mit Mann und Maus von einem Eisberg in die Tiefe geschickt.

Eisberge können auch aktuell für die Schiffahrt gefährlich werden. Die *International Icepatrol*, Schiffsradar und Patrouillenflüge der amerikanischen Küstenwache halten die Gefahr einer Kollision mit Eisbergen heute geringer, schließen sie jedoch nicht aus. Denn nur etwa 20 Prozent der Masse

eines Eisbergs ist über der Wasseroberfläche sichtbar – und damit zu orten. Bei schwerer See sind die weißen Gesellen noch immer eine beträchtliche Gefahr im Nordatlantik.
Die schwimmenden Inseln präsentieren sich in architektonischer Fülle. Wind und Wellen formen sie zu bizarren Türmen. Das Eis zeigt eine deutliche Schichtung, die durch Sommer- und Winterschneefall, aber auch durch das Rollen der labilen Brocken entsteht. Durch immer neue Lageveränderungen tauchen rundgewaschene Partien auf. Riefen im Eis sind ehemalige Brandungslinien, die sich modellieren, wenn sich die Lage des Eisstücks im Wasser mehrfach ändert. Während die sie kleiner und kleiner werden, bilden sich vielfältige Formen von bizarrer Schönheit: seitwärts geneigte Blöcke, Kuppeln mit gerundeter, glatter Oberfläche, Tore und Gewölbe, aber auch spitze, matterhornähnliche oder pyramidenförmige Gebilde.
Das Wort vom «ewigen Eis» gilt für Eisberge nicht. Die Zeichen des Verfalls sind hier unverkennbar. Wenn sie sich nach Schmelzverlusten in eine neue Position gedreht haben, tauchen malerische Ruinen auf – eiskalte Märchenfiguren von atemberaubender Plastizität, formbar und wandelbar.

Wo Berge segeln

Im Frühjahr und Sommer starten die Eisberge zu ihrer oft tausende Kilometer langen Seereise. Meeresströmungen und Wind bestimmen den Kurs. Vom Ostgrönlandstrom geschoben, driften sie nach Süden, umrunden die Spitze der Insel, schwenken wieder nach Norden ab, beschreiben in kanadischen Gewässern einen fast vollständigen Kreis und treiben mit dem Labradorstrom bei Baffin Island wieder südwärts. Mit der in den Wind gestellten großen Fläche können die schwimmenden Berge hundert und mehr Kilometer am Tag segeln.
Zehntausende von ihnen erreichen so jährlich den Nordteil des amerikanischen Kontinents. Noch auf der Breite Floridas wurden sie geortet.
Eisbergeis ist ein grönländischer Exportartikel. Snobs bevorzugen *icebergs* für ihren Scotch oder Bourbon; sie lieben die *whispering icecubes*, die flüsternden Eiswürfel.

Das von der Antarktis abbrechende Eis hat andere Formen und Größen als die Eisberge der Arktis. Im Süden des Globus wird es weniger von Gletschern gekalbt. Dort bricht Schelfeis aus ländergroßen Buchten ab und geht in riesigen Tafeln auf die Reise. Das größte gesichtete Exemplar war der Eisberg B-9. Er löste sich 1987 – 153 km lang und 36 km breit. Das entspricht der doppelten Fläche des Saarlands. Dagegen sind die Eisberge der Arktis klein. Doch fehlen den antarktischen Schelfeistafeln die Schönheit und Vielfalt der Formen.
Auf die Masse bezogen sind es nur etwa vier Fünftel, die von einem Eisberg sichtbar werden. Wie tief er im Wasser liegt, hängt von der Struktur des Materials und dem Salzgehalt des Meerwassers ab.
100 m hoch über das Wasser ragende Exemplare sind keine Seltenheit. Die bisher größte zuverlässig bestimmte Höhe eines solchen Eisstückes betrug 215 m – fast so hoch wie die Fleischbank-Ostwand! Unter der Wasserlinie muß es Eisvolumina geben, die bis 1000 m in die Tiefe reichen. Das entspricht der Masse eines Matterhorns – und der Höhe seiner Nordwand.
Kleine, fünf bis fünfzehn Meter aus dem Wasser ragende Stücke werden *growler*, Brummer, genannt und sind für die Schiffahrt besonders gefährlich.
Grönland gehört zu den kalten Gebieten der Erde. Trotzdem verlieren Eisberge hier im Unter-Null-Grad-Meer an Masse. Vor allem, wenn die lange Mitternachtssonne scheint, werden sie lebendig. Arnold Fanck schildert das so: «Jetzt aber kam die Sonne – die grönländische Sonne – diese Sonne, die durch das unendlich viele Eis eigentlich sehr abgekühlt sein sollte, aber doch so erstaunlich heiß ist, daß sie einen geradezu zur Verzweiflung bringen kann. [...] Sie brachte nämlich ein unglaubliches Leben in diese weißen, anscheinend toten Gesellen. Überall wo dieses schöne, auf den ersten Blick so harmlose Eis im Wasser schwimmt [...] fängt es jetzt unter den warmen Strahlen der Sonne an zu krachen, zu bersten, zu kalben, zu trudeln. Jeder dritte Eisberg und jedes zweite Eisbergchen fühlte plötzlich den Ehrgeiz in sich, sein Unterstes zuoberst zu kehren.»

Der Erstbesteiger

Unsere kleinen Schlauchboote rollen nach riskantem Kurs durch ein «Gletscher-Manhattan» in der langen Dünung der grönländischen Diskobucht. Nicht weit gleißt der Bruch des *Jacobshavn Isbrae*, der «Superlativ der Glaziologen».
Die Front des größten Gletschers der nördlichen Hemisphäre kalbt alle zwei bis vier Wochen. Drei bis fünf Kilometer breite Eismassen brechen dann ab. Das ist nur ein winziger Aderlaß der gewaltigen Eiskappe. Meistens zerschellt die nördliche Front in kleinere Stücke, während die großen Eisberge vom Südteil auf die Reise geschickt werden.
Der Fjord ist beim Einfluß etwa 1500 m tief. Das Gletschereis hat eine Mächtigkeit von 1000 m, schwimmt also ohne Grundberührung auf. Über dem Wasserspiegel erreichen die Höhen 70 bis 200 m. Die Riesenfront wird durch die Gezeiten drei Meter gehoben und gesenkt.
An der Mündung des Isfjords ist wegen einer unterseeischen Rippe die See nur 600 m tief. Kleinere Eisberge werden relativ schnell in die Diskobucht getrieben. Größere bleiben oft Jahre an der Erhebung des Meeresbodens hängen, bis sie soweit abgeschmolzen sind, daß sie über das Hindernis treiben und ihre Wanderschaft in den Atlantik antreten.
Fanck beantwortet die Frage, wer als erster Mensch einen

Leni Riefenstahl und Sepp Rist auf dem Weg zu ihrem ersten Eisberggipfel. Aus Arnold Fancks Buch «S.O.S. Eisberg» von 1933.

großen Eisberg erklettert hat, mit dem Hauptdarsteller seines Films *S.O.S. Eisberg*, dem Zehnkämpfer Sepp Rist: «[...] machte er auf seinem Eisberg selbst in unseren Fernrohren nur noch den Eindruck einer kleinen Laus, die da friedlich auf etwas ungeheuer großem Weißen herumkrabbelte. An diesem [...] Vergleichsmaßstab wurde uns damals zum erstenmal klar, was für Kolosse solche Eisberge in Wirklichkeit sind. Er war knapp 100 Meter hoch, und als Rist mit seelenruhigen Schritt auf den Gipfel trat, war das für uns alle eigentlich ein historischer Moment. Denn wenn auch hin und wieder einmal [...] kleinere Eisberge von einzelnen Wissenschaftlern schon vorher bestiegen wurden, so war das doch sicher der erste wirklich große Eisberg, auf dessen Gipfel je der Fuß eines Menschen stand.»

Marginalien zu einer Eisbergbesteigung

Wir treiben inmitten der dichten Ansammlung von Eisbergen, die auf der Welt ihresgleichen sucht. Nahe vor uns steilt sich eine ebenmäßige weiße Fläche auf – ein enormer Eisberg von fantastischer Regelmäßigkeit, gläsern und hell, vielleicht 100 m hoch.

Der Franzose Jean-Marc Boivin ist einer der besten Alpinisten und einer der ganz großen Eiskletterer. *König der Pickel und Steigeisen* oder auch *Akrobat* wurde er genannt. Seine Kondition und sein Kletterkönnen sind legendär. Vor allem seine unmöglichen *enchainements*, das Aneinanderreihen von schweren Wänden, haben ihn berühmt gemacht. Wagemutige Skiabfahrten – unter anderem durch die Ostwand des Matterhorns – machten Furore. Vom Gipfel des Mount Everest gelang ihm der erste Paraglider-Flug. Jean-Marc will die Wand dieses Eisbergs solo durchklettern. Der Wind hat das anvisierte Stück hierher getrieben. In gleichmäßiger Steilheit – unten vielleicht 60 bis 70 Grad und am Ausstieg vertikaler – setzt die Wand übergangslos in der wellenlosen See an.

Der Franzose bereitet sich vor. Weiß er um das Risiko? Kennt er die Geschichte vom Klassekletterer seiner Zeit, Hans Ertl? Der ging auf einem Eisberg fast zugrunde. Arnold Fanck erzählt: «[...] der Eisberg trudelte. Das unheimlichste daran war die absolute Lautlosigkeit, mit der sich das Schauspiel vollzog. Oben auf dem Gipfel aber – der jetzt allerdings schon gar kein Gipfel mehr war, sondern schräg nach unten abfallende Eiswand – standen Zogg [ein weiterer Bergführer der Expedition] und Ertl hilflos, wie auf einer ungeheueren Schaukel, auf der glashart polierten Eisfläche, die unter ihren Füßen steiler und steiler wurde und sich tiefer und tiefer zum Meer hinuntersenkte. [...] Dabei hatten wir uns alle auf die kühne Theorie geeinigt, man müsse in diesem Falle bergauf laufen, um oben zu bleiben, also sich gleichsam wie ein Akrobat auf einer rollenden Kugel zu halten versuchen. [...] Wie diese beiden dort oben auf dem rollenden Eisberg herumliefen – einmal nur noch einige Meter über dem Wasser und gleich darauf wieder haushoch über uns auf dem ständig wechselnden Gipfel: Solch ein bewegtes Bild läßt sich in Worten kaum schildern.»

Nur mühsam hindere ich unseren Bootsführer daran, das Gefährt mit einem Haken am Eisberg zu verankern. Wenn der «Kirchturm» kentert, würden wir entweder unter Wasser gedrückt oder wie auf einer Achterbahn in die Luft geschleudert. Jean-Marc läßt die Beine mit den spitzen Steigeisen über die Bordwand des Schlauchbootes baumeln, haut ein Eisbeil in den Idealfirn, setzt die Steigeisen ein und zieht sich hinüber.

Noch einmal aus Arnold Fancks Bericht: «Wer einmal das unheimliche Krachen gehört hat, das oft auf einen einzigen Pickelschlag in der ungeheuren Masse eines unter ungewöhnlicher Spannung stehenden Eisbergs ertönt, der ist für alle Zeiten davon kuriert, den Wänden eines grönländischen Eisbergs mit dem Pickel zu Leibe zu gehen.»

Wir lassen die Motoren aufheulen und brausen weit weg, fort von der Gefahr. Eisberge können nicht nur trudeln, sondern durch die Temperaturdifferenzen zwischen Innen und Außen auch explodieren. In der Masse werden unheimliche Kräfte angehäuft, die sich urplötzlich lösen können.

Ich erinnere mich an meine eigene Eisbergbesteigung. Der Plan war, daß erst ich einen Eisberg erklettere und Freund Walter es danach probieren sollte. Wir wollten das Risiko zu kentern minimieren. Niemals, das war uns klar, würden wir gemeinsam, mit Seil und Schrauben gesichert, auf einen der labilen Brocken klettern.

Sepp Rist, «der erste Mensch» auf einem höheren Exemplar.

Das Erlebnis vor dem Nup-Kangerdlua-Gletscherbruch im südgrönländischen Eismeer sei hier anhand meiner Tagebuchaufzeichnungen geschildert, die unter dem starkem Eindruck einer haarscharf gutgegangenen Eisklетterei niedergelegt wurden.
«In der Straße der Eisberge schaukelt die Segeljacht. Kleine Eisstücke verzieren das Meer wie Porzellanscherben. Co-Skipper Folkmar hat mich mit einem Schlauchboot an dem schönen Eisberg abgesetzt.
Nun bin ich allein, unendlich allein. Der Adrenalinspiegel pulsiert ganz oben, Körper und Geist sind sensibilisiert, die Gefahr ist körperlich spürbar. Unschuldig dümpelt der Berg in der leichten Dünung und dreht sich unmerklich in der Strömung. Zu berechnen, wann ein Eisberg seine Lage verändert, ist unmöglich.
Nur ein Narr wird das Risiko bei der Erkletterung eines schwimmenden Eisbergs ignorieren. Wir haben deshalb entschieden, Trockentauchanzüge zu tragen.
Eine erste Steilstufe bietet keine Probleme. Das Eis ist bestens zum Klettern geeignet, denn der Berg ist noch jung. Die Frontalzacken der Steigeisen dringen nur einige Millimeter ein, halten aber sicher. Die Hohlrohrhauen der Eisklettergeräte fressen sich ins weiße Firneis. Hüftbreit die Eisen einsetzend klettere ich über eine steile Rampe zu einem flachen Absatz. Unter mir, klein, das gelbe Boot mit Folkmar. Mein Freudenjodler zerreißt die Stille.»

In der Diskobucht donnert es. Den nervenstarken Jean-Marc stört das nicht. Am Horizont zerbricht ein Eisberg und läßt hohe Wasserfontänen aufspritzen. Ein hausgroßer Turm zerfällt in kleine Stücke.
Blendendweiß setzt die Flanke am ruhigen Wasser an. Wir treiben mit den Schlauchbooten im «Eisbergsalat», während wir über eine halbe Stunde Zeugen eines alpinen Hurrastücks werden. Beeindruckend sicher klettert Jean-Marc. Kein Pickelschlag ist zuviel. Jeder Tritt der Steigeisen sitzt. Die direkte Linie erscheint mir zu steil – oben wird sie überhängend. Der kürzeste Weg kann unendlich lang sein. Das schafft auch ein Boivin nicht. So hält er sich auch links und pickelt sich zielstrebig aufwärts.

Schnelligkeit contra Wahrscheinlichkeit

Der winzige bunte Punkt in der nun 80 Grad steilen Wand verdeutlicht die Dimensionen. Unvorstellbar groß wäre die kinetische Energie dieser Masse, wenn sie kentert.
Ich erinnere mich an das eigenes Abenteuer. «‚Wahnsinn!‘ Ich höre die Kommentare bis hier oben. Was für mich bergsteigerischer Alltag ist, muß für die nichtkletternden Segler der Tat eines Selbstmörders ähneln. Zwischen den Beinen und durch die Frontalzacken der Steigeisen sehe ich nur Wasser und Eis. Einen Fehler darf ich nicht machen. Ein Vierzigmeterfall aufs Wasser ist wie ein Sturz auf Beton.
Der Gipfel wird durch eine stufige, teils senkrechte Wand gebildet. Konzentriert pickele ich hinauf. Es ist ein unglaubliches Gefühl, viele Meter über dem Meer zu stehen. Was passiert, wenn das riesige Eisstück seine Lage nur um einige Grade verändert? Oder der Berg gar durchdreht?
[...] Ich schlage die Eisgeräte weit oben ein und ziehe mich daran hoch. Die Beine baumeln kurz in der Luft. Ein Klimmzug – dann stehe ich auf dem messerscharfen Gipfel. Unter mir bricht das Eis überhängend zum Meer ab – eine Exposition, wie sie in einer Wand im Gebirge selten ist. ‘Schnelligkeit contra Wahrscheinlichkeit’ muß das Motto sein. Ich richte mich auf dem spitzen Gipfel kurz auf – und klettere sofort wieder abwärts.
Beim Übergang der Gipfelkalotte in die senkrechte Wand haue ich die Eisgeräte so tief wie möglich ein, schwinge mich daran hinunter und schlage die Steigeisen aus dem Knie heraus mit Schwung ein.
Dann stehe ich auf einer flachen Schulter, hämmere zwei Haken ins Eis, knüpfe eine Reepschnur zu einem Kraftdreieck und klicke den Karabiner ein. Ich zerre das Seil aus dem Rucksack, fädle es durch die Fixierung und werfe es aus. Ein prüfender Ruck an der Verankerung – und dann beginne ich mit der seltsamsten Abseilfahrt meines Lebens.
Bald pendle ich unter einem Eisüberhang. Schmelzwasser tropft auf den Tauchanzug.
Folkmar treibt mit seinem Schlauchboot direkt unter mir. Frei hänge ich in der Luft und drehe mich über dem

Die erstaunliche Welt der Eisberge

Linke Seite oben:
Die polarerprobte Jacht Freydis *ist unser «Basislager» für die Erkletterung eines prächtigen Eisbergs. Noch ahnen wir nicht, daß wir nur haarscharf an einer Katastrophe vorbeischrammen werden. Eisberge sind kein Ziel für Eiskletterer.*
Foto: D. E. Wilts

Unten:
Nur im Winter, wenn das Meereis gefroren ist, sind Eisberge stabilere Kletterziele – und fantastische Fotomotive.
Foto: North Winds

Rechte Seite oben:
Das von der Antarktis abbrechende Schelfeis hat oft ländergroße Dimensionen und geht in Tafeln auf die Reise. Das größte gesichtete Exemplar war 1987 der Eisberg B-9: 153 Kilometer lang und bis zu 36 Kilometer breit. Letzte Meldung im August 1999: «Vor Kap Hoorn wird ein 80 Kilometer langer Eisberg gesichtet.»
Foto: Ernst Berger / Michael Vogeley

Unten:
Hasardspiel! Der kleine Punkt des Kletterers in der etwa 70 Grad steilen Wand eines Eisbergs von Wohnblockgröße verdeutlicht die Dimensionen. Der Brocken reicht einige hundert Meter in die Tiefe. Wie groß ist die freiwerdende Energie dieser Masse, wenn sie kentert oder explodiert?
Foto: Michael Vogeley

Eisberge mit 100 bis 120 m sichtbarem Gipfel lassen vermuten, daß ihre Untergrenze bis zu 1000 m unter der Wasseroberfläche schwimmt.
Foto: Michael Vogeley

empfindlichen Dinghi. In rasanter Abseilfahrt bin ich schnell über ihm und strecke die Füße mit den spitzen Steigeisen hin. Er hebelt den Kippverschluß auf, löst die Fangriemen und nimmt die Eisen ab. Mit dem einen Ende des Doppelseiles in der Hand sitze ich auf der Vorderbank. Der Skipper gibt Rückwärtsgas. Und schnell sind wir aus dem Gefahrenbereich. Das Seil klatscht hinter dem Boot ins Wasser.
Ein Eisberg ist bestiegen, und alles verlief reibungslos. Hatten wir uns zu lange verrückt gemacht? Überschätzten wir das Problem?»
Ich beobachte Jean-Marc, der mit traumwandlerischer Sicherheit durch die Wand klettert. Dann steht er auf dem Grat, der zum Gipfel führt und den er sich spart: Der Weg war das Ziel. Welcher Kletterer kennt nicht das sinnliche Vergnügen, sich mit etwas auseinanderzusetzen, von dem man weiß, daß man es weder kalkulieren und schon gar nicht beherrschen kann? Wir applaudieren und freuen uns. Jean-Marc jauchzt uns zu. War es für ihn nur Eiswandalltag? Nichts Besonderes? Er ist ein Könner, aber er hatte auch Glück.
Wie dramatisch endete es bei Walter, der nach mir auf den Eisberg stieg. Wieder ist das Tagebuch eine zuverlässige Gedächtnishilfe.
«Solide und zuverlässig liegen Hunderttausende Tonnen Eisberg im ruhigen Wasser. Auch Walter hat sich vom Schlauchboot am Eisberg absetzen lassen. Sorgfältig richtet er die Klettergeräte. ‚Walter! Schneller!' flehe ich im Stillen, verfalle jedoch der Schönheit des Anblicks. Da steht ein bunt gekleideter Mensch im Steileis, nur mit den Steigeisen in die Basis eines Kolosses gekrallt. Fantastisch hebt sich der Kletterer gegen das leuchtende Weiß ab …
‚Er kentert!' brüllt jemand auf der Jacht. Kinoreif spult ab, was wir in unseren Alpträumen längst erlebt haben. Das Gebirge aus Eis neigt sich – ein unwirklicher Anblick, wie in einem Horrorfilm. Ein ganzer Häuserblock kippt langsam um. Die große und stabil aussehende Masse aus Eis trudelt. Unheimlich tönt das Knarren und Knacken zu uns herüber. Ein turmhohes Stück bricht ab und verändert die Lage des Riesen noch mehr.
‚Wo ist Walter?' Der Schrei gellt in die Weite des Meeres. Ich weiß plötzlich, daß es passiert ist. Die gräßlichen Möglichkeiten – sind sie eingetroffen? Sekunden können zur Ewigkeit werden.
Wo ist Walter? Der Gipfel der ungeheuren Eismasse verharrt wenige Meter über dem Wasser und pendelt dann unmerklich zurück. Wir sehen einen schwarzen Punkt in der nun schäumenden See unter einer Hohlkehle im Eis. Das muß Walters Kopf sein. Folkmars Schlauchboot braust darauf zu – und entfernt sich dann mit Vollgas vom schwankenden Eis. Walter? Er muß am Boot hängen! Wir ahnen, daß er doch nicht tot ist, ersäuft oder erschlagen, wie ich es mit Entsetzen noch vor Sekunden erwartete. Folkmar wird es schaffen!
Das Dinghi tuckert längseits. Der Freund liegt pudelnaß im Boot. Der Tauchanzug hat ihn vor dem Schlimmsten bewahrt. Sein Gesichtsausdruck erinnert an jemanden, der von einem Blitz getroffen wurde. Die Handknöchel sind aufgeschürft, und er steht unter Schock. Sonst fehlt ihm nichts.
Drüben wippt der noch vor wenigen Minuten höchste Punkt flach über dem Wasser. Die Abseilverankerung taucht sprudelnd im Eismeer ein.
Was war passiert? Walter, noch am Anfang der Kletterei, wurde, als der Berg trudelte, unter Wasser gedrückt. Wie tief, weiß er nicht mehr. Er löste geistesgegenwärtig seine Eisgeräte und wurde vom Trockentauchanzug nach oben getragen.
Es war ein großes Glück, daß die Falle nicht zuschnappte. Daß die Hohlkehle des Eisüberhanges nicht durchkenterte. Und daß Walter ein glänzender Schwimmer ist. Wahrscheinlich der einzig erfolgreiche mit Steigeisen und Bergschuhen im Eismeer! Und daß wir uns nach langer Diskussion entschieden, nur solo zu klettern. Und Tauchanzüge anzuziehen. Und daß Folkmar im richtigen Moment die richtige Entscheidung traf. Kaltblütig. Und … und … und. Es ist gutgegangen. Haarscharf!
Der wahre Held ist Folkmar. Er war Spitze. Wir tauften deshalb den vergänglichen Eisberg Folkmars Toppen – nach alter grönländischer Manier. Walters Schock behandeln wir blitzschnell und sehr effektiv mit einem Gegenschock. Ich schicke ihn mit einem wichtigen Auftrag unter Deck. Er ist sowieso mit Kombüsendienst an der Reihe und soll Kartoffeln für das anstehende Abendessen schälen!»

Unten: Es gibt kaum eine schönere Landschaft als polare Küsten. Die für den Menschen unwirtlichen Gestade der Antarktis sind wegen ihrer vielfältigen Tierwelt ein polarer Garten Eden. Wegen des Sauerstoffreichtums der schmelzenden Riesen ist in der Gegend von Eisbergen die Tierwelt besonders vielfältig.
Foto: Ernst Berger / Michael Vogeley

Die Erinnerungen an das Beinahe-Unglück vor zwei Jahren verscheuche ich. Der Küchendienst wirkte damals tatsächlich. Der Freund klettert noch immer – auch im Eis.

Unsere Gummiboote schaukeln im Sonnenlicht. Wir sind mit Jean-Marc vereint, der lebhaft seine Besteigung erzählt. Er hebt die rechte Hand, setzt den Zeigefinger an die Schläfe, streckt den Daumen nach oben und sagt laut und für alle Nationen verständlich: «Tick, tick, tick .... Peng.» Wir lachen, und unser Blutdruck nimmt wieder Normalwerte an. Die Besteigung war tatsächlich Russisches Roulette.

«In der Arktis ist sowohl zuwenig wie auch zuviel Mut fehl am Platz; sie verlangt Ausgeglichenheit», heißt es beim Polarforscher Amundsen. Dem ist auch vom alpinisten Standpunkt nichts hinzuzufügen.

Im Duo «objektive und subjektive alpine Gefahren» treffen bei einer Eisbergbesteigung beide in höchstem Maße zusammen. Objektiv ist nie zu kalkulieren, wann ein Eisberg kentert oder trudelt. Subjektiv ist ein Idiot, der auf einen Eisberg klettert.

The Playground of Europe

Nirgends auf der Erde gibt es noch so viele unbestiegene Berge und unentdeckte Regionen wie in den Polargebieten Grönlands und der Antarktis. Toni Hiebeler schrieb Ende der siebziger Jahre: «Nur wenige wissen, daß sich die Gebirgskette (Anm: von Grönland) [...] an Ausdehnung und Länge sogar mit dem Himalaya messen kann. [...] Und vor allem ungezählte, vollkommen unberührte Berge, die noch nicht einmal einen Namen haben. Wer, in vollkommener Abgeschiedenheit, sich in die Goldene Zeit des Bergsteigens versetzen will, für den ist Grönland vielleicht das letzte wahre Paradies.»

Unausweichlich wird diese Tatsache mehr und mehr Bergsteiger anziehen. Als neuer *Playground of Europe* des anbrechenden Millenniums werden die letzten weißen Flecken in der Szene gehandelt. Hier liegt die Zukunft des Entdeckerbergsteigens. Unausweichlich ist damit auch, daß aktivitätshungrige Kletterer mit Eisbergen konfrontiert werden – und ihrer Faszination.

So auch Stefan Glowacz und Co., die kürzlich in der Antarktis klettertechnische Maßstäbe setzten, aber auch der Eisbergversuchung nicht widerstehen konnten: «Eine Bucht, in der riesige Eisberge stranden, macht uns neugierig. Sensationelle Bilder kann man hier machen, die Filmkamera wird geschultert, Eisklettern im Meer. Keine leichte Sache, und Jürgen [Knappe] sagt, das Eis stehe unter einer merkwürdigen Spannung, er höre das am Klang des Eisgerätes. Merkwürdig dumpf, der Ton. [...] Doch alles geht gut, also noch schnell mit dem Dinghi zu einem anderen Eisberg. Doch schon der erste Schlag war alarmierend dumpf, zehn Meter weiter ein erneuter Versuch, wieder ein Schlag in das Eis – plötzlich bildet sich über die gesamte Breite des Eisbergs ein Riß! Der Bootsmann gibt Gas, in diesem Moment bricht eine Scholle, etwa einen halben Meter dick vom Eisberg ab. Krachend, genau zwischen Schlauchboot und Eisberg, stürzt der Riesenklumpen ins Meer. Die große Welle hat die Crew im Boot überstanden, doch das Eis taucht prompt unter dem Dinghi wieder auf, und alle werden herausgeschleudert. [...] Die Freunde, die im eiskalten Wasser schwimmen, mit Eisgeräten an den Armen, können sich alle wieder ins Dinghi retten.»

Wenn es denn sein muß: Auf einen Eisberg steigt man nur solo, mit Tauchanzug – und sehr, sehr schnell!

Eisberge sind keine Ziele für Eiskletterer. Sie werden immer ein Hasardspiel bleiben, bei denen es auf Können allein nicht ankommt. Es ist nicht das Schlechteste, die eigene Feigheit zu kultivieren.

(Jean-Marc Boivin wurde wenige Monate nach der geschilderten Eisbergbesteigung ein Opfer seiner Leidenschaft. Er verunglückte beim Paragliden tödlich.)

In Nepal.

Tragen, Träger und Lasten

Ein Foto-Essay über eine fundamentale Bedingung nicht nur des Bergsteigens in fremden Ländern. Von Jürgen Winkler

Mit grosser Wahrscheinlichkeit begann der Mensch mit dem Tragen von Lasten, als er lernte, seine Hände auch für solche Dinge zu gebrauchen, die nicht unmittelbar etwas mit der Nahrungsaufnahme zutun hatten.
Das muß in jener grauen Vorzeit gewesen sein, als er anfing, Vorräte zu sammeln, eine Bleibe zu bauen oder gar seßhaft zu werden.
Auch heute gehört für die meisten Erdenbürger das Tragen von Lasten immer noch zum täglichen Leben. Es ist der Großteil der Menschheit – besonders jene in den armen Ländern, denen die Mittel fehlen, andere tragen zu lassen oder sich einer entsprechenden Technik zu bedienen. Das Tragen von Lasten ist somit ein Indiz für Armut oder Wohlstand der Bewohner eines Landes. Ein markantes Beispiel hierfür die Länder Nepal und Schweiz. In ihrer Naturbeschaffenheit sind sie recht ähnlich – hier wie dort beherrschen die Berge das Landschaftsbild; in beiden Ländern wird der Mensch von der Natur mit ähnlichen Gegebenheiten und Schwierigkeiten konfrontiert. Die Schweiz zählt zu den reichsten Ländern dieser Erde und Nepal zu den ärmsten; in der Schweiz trägt kaum noch jemand Lasten über eine größere Strecke oder über einen größeren Zeitraum – in Nepal tragen die meisten Menschen, viele ein Leben lang. Ein nepalisches Sprichwort sagt: «Wer die Last trägt, weiß, wo sie drückt».
Eine Last drückt nicht nur, sie kann auch bedrükken oder gar niederdrücken. Sie kann zur Bürde werden, zum Kreuz und zum Joch; sie kann dich erdrücken. Daß es nicht so weit kommt, empfiehlt ein Spruch im Buch der Bücher: «Einer trage des anderen Last.» Eine Legende erzählt, daß der heilige Christophorus das Christuskind auf die Schultern nahm und über einen reißenden Fluß trug. Christophorus ist nicht nur einer der vierzehn Nothelfer – er gilt auch als Patron der Reisenden.
Reisende, die unterwegs sind zu den Bergen der Welt, sich auf Trekkingtour, Expedition oder Abenteuerreise begeben, sind häufig auf die Knochenarbeit der Träger angewiesen; ohne ihre Hilfe wären viele Unternehmen kaum denkbar. Die meisten Trekker wären nicht einmal in der Lage, ihr Gepäck auch nur wenige Stunden selbst zu tragen – geschweige denn über Tage oder Wochen.
Die Entwicklung des Expeditionsbergsteigens wäre anders verlaufen, hätten nicht Träger die schweren Lasten zum Berg gebracht und oft sogar weit hinauf über die Gletscher bis in Höhen von sieben- und achttausend Metern. Der Bestseller von Jon Krakauer wäre nie geschrieben worden, der Südsattel wäre nicht der höchste Müllplatz der Erde, und vielleicht wäre Chomolongma noch unbestiegen. Die Geschichte des Bergsteigens müßte umgeschrieben werden. Es hat Expeditionen gegeben, bei denen mehr als tausend Träger beschäftigt waren; die meisten kommen mit weniger aus, aber ganz ohne sie geht fast gar nichts. Selbst wer nur von Lodge zu Lodge wandert, ist indirekt auf sie angewiesen, denn manche Gebiete sind nicht einmal mit Tragtieren zu erreichen. Die notwendigen Güter werden wie seit Jahrhunderten auf Trägerrücken befördert.
Die vielen namenlosen Menschen in den Bergregionen unserer Erde haben wesentlich dazu beigetragen, daß Wanderer und Trekker so weit gekommen sind; auch wären manche «Helden der Berge» vielleicht ohne sie gar keine Helden geworden.

Links: Biaho River, Karakorum.
Rechts: Am Weg zum K2.

Links: Schneefall an den Seen von Gosainkund am 4600 m hohen Surja La. Es fehlt an Sonnenbrillen; die Träger schmieren sich Ruß unter die Augen.
Rechts: In Nepal.

(Un)gewöhnliche Lasten. (Beides in Nepal.)

Am Weg zum Kibo.

Alpinismus international

Bedeutende Unternehmungen 1998. Chronik von Andreas Dick

Die Reihenfolge der Chronik entspricht der alphabetischen Reihenfolge der Kontinente, deren Gebirgsgruppen wiederum geographisch unterteilt sind.
Der Berichtszeitraum umfaßt den Winter 1997/98 und das Kalenderjahr 1998.
Die Chronik erhebt keinen Anspruch auf Vollständigkeit. Aus Platzgründen ist es nicht möglich, alle Unternehmungen zu erwähnen. Für das Zustandekommen der vorliegenden Chronik danken wir allen Bergsteigern, die ihre Berichte zur Verfügung stellten. Herzlichen Dank auch an die Redaktion von «Alpin» für die Nutzung des Archivs, an Jürgen Bienert vom DAV-Archiv für Auslandsbergfahrten, an Lindsay Griffin, den Bearbeiter der Chronik in «High» und an die immer freundlichen und hilfsbereiten Damen der DAV-Bibliothek.

Abkürzungen:

Alp	Alp Magazin (I)
Arch	DAV-Archiv für Auslandsbergfahrten
Cli	Climbing (USA)
Des	Desnivel (E)
High	High Mountain Sports (GB)
Kle	Klettern (D)
RP	Rotpunkt (D)
Vert	Vertical (F)

Afrika

Madagaskar

Tsaranoro Atsimo (Süd), 2000 m

«Mai più così» («Nie wieder das gleiche», 670 m, 8a+, 7b obl.) heißt die Route der Italiener Rolando Larcher, Marco Sterni und Erik Svab durch die Ostwand des Tsaranoro Atsimo, für die sie fünf Klettertage im September brauchten. Sie kletterten alle Stellen von unten frei und setzten Bohrhaken nur zur Sicherung. Für den Rotpunkt-Durchstieg brauchten sie acht Stunden. (Alp 166)
Etliche weitere Routen wurden von anderen Teams aus Italien, Frankreich und der Schweiz eröffnet – lohnende Möglichkeiten gibt es noch in Masse. Ausführliche Informationen in High 199.

Mali

Suri Tondo (Hand der Fatima)

Silvia Vidal und Pep Masip aus Spanien kreierten in fünf Januartagen die Route «Veus del desert» (Wüstenwind, 415 m, A4+, 6b+) in der Südostwand. Ein wildes Technospiel, die obere Hälfte Freikletterei an Rissen. (Des 149)

Kaga Tondo

Im Dezember 98 wurstelten die Südtiroler Helmut Gargitter, Claus Obrist und Paul Trenkwalder an einem anderen Gipfel der «Hand der Fatima» herum. 50° Hitze und mit Fledermausurin imprägnierte Risse machten das Klettern mühsam; die Route «Inshallah» (13 SL, 7b+, A2) wurde 60 m unter dem Gipfel wegen Wassermangels beendet. (Kle 3/99)

Zentralatlas

Tadrarate

«Lo que es viento se llevó» (610 m, ED, 6c, A2) heißt die Route der Spanier Favio Levi und Eduardo Español in der Südwestwand, für die sie fünf Wandbiwaks brauchten. (Des 149)

Amerika (Nord)

Alaska

Ruth Gorge

Mount Bradley

«The Gift that Keeps on Giving» heißt die Neutour von Steve House, «Jonny Blitz» Carpenter und Mark Twight in der Südwand des Mount Bradley, für die sie keine Schwierigkeitsbewertung herausrückten. Aber immerhin nennt Twight 11 der 23 Seillängen «hart» und erzählt von dünnem Eis, langen Runouts und «inobvious» (nicht offensichtlichen) Absicherungsmöglichkeiten. Im Topo finden sich dazu Zahlen wie 5.9, A2, 90° und der Satz «in Vail they'd call it M7 – but it's not». Drei Tage im März brauchten die Amerikaner. (Cli 178, 179; eine Übersicht über die Routen in der Ruth Gorge mit guten Fotos bietet Climbing 182)

Saint Elias Range

Mount Swanson, ca. 3290 m

Rund 1600 Meter hoch ist die Nordostwand dieses Berges, durch die die Amerikaner Jim Earl und Brendan Cusick die Route «Swansong» (Alaska Grad IV; 5.8, A1, 85°) legten. 26 Stunden brauchten sie für die Erstbegehung samt Abseilen bei Schlechtwetter und Staublawinen. (Cli 180)

Point Blanchard

Barry Blanchard (daher der Bergname) und Mark Wilford entdeckten eineinhalb Meilen nordwestlich von Alverstone zwei 800 Meter hohe Granitpfeiler, die sie mit dem Grand Capucin verglichen. In zwei Tagen legten sie die Route «The pugilist at rest» (24 SL, 5.10, A3) über den rechten Pfeiler, nach einer Sturmpause zogen sie am 26. Mai mit «The Wilford Couloir» (5.10 mixed, WI 5) zwischen den beiden Gipfeln nach. (Cli 181)

Mount Logan, ca. 6026 m

Die erste Solo-Überschreitung des zweithöchsten nordamerikanischen Berges gelang dem Tschechen Martin Minarik in vierzehn Tagen im Mai. Er stieg über den Ostgrat auf und über die King Trench Route ab. (Cli 181)

King Peak, ca. 5170 m

Nur mit einem kleinen Sortiment Ausrüstung, einem Kocher, einer Schaufel und etwas Ersatzwäsche stiegen Joe Josephson und Steve

House in die 2300 m hohe Südwestwand des King Peak – fünfthöchster Berg Nordamerikas – ein. 35 Std. später standen sie wieder im Basislager, mit der Route «Call of the Wild» (5.6, WI 6+) im Sack und nach Abstieg über Westgrat und Nordwand. Nur eine Seillänge war sehr schwer, dafür waren sie erst die sechste Partie auf dem Gipfel. (Cli 181)

Kichatna-Region, Tatina Glacier
Mount Nevermore
Ziemlich feucht war es in der Ostwand (800 m, VI, 5.9, A2+) des Nimmermehr-Berges, durch die die Amerikaner Jed und Doug Workman und Mike Houston ihre Bahn zogen. 16 Tage vergnügten sie sich mit ihren Portaledges in der Wand; um sich mit Getränk zu versorgen, brauchten sie nur eine Plastiktüte hinaus zu halten. (Cli 182)

Kanada
Waddington Kette
Tiedemann, Marcus, Merlon
An diesen drei Gipfeln war eine deutsch-amerikanische Gruppe unterwegs. Bruno Boll, Daniel Hamann und Forrest Murphy sackten die zweite Begehung des «Kompletten Südgrates» (1600 m, VI, 5.10, A1) am Tiedemann ein (fünf Tage); Murphy und Dan Aylward packten später erstmals die «Nordrippe» (800 m, IV, 5.10) des Marcus, während Boll und Hamann in 17 Stunden die brüchige Nordwand des Merlon (900 m, IV, 5.6) erstbegingen. Später hängten sie noch einige kürzere Fels-Neurouten am Upper Tellot Glacier an. (High 199)

Stiletto Peak
Wieder einmal war es Fred Beckey, der anderen zu einer Neutour verhalf: Kai Hirvonen, Lorne Glick und Witt Richardson durften die Südwestwand des Stiletto Peak (540 m, V, 5.10, A2) in zwei Tagen durchsteigen, nachdem Beckey hatte aufgeben müssen. (High 199)

Baffin Island
Walker Citadel, ca. 1280 m
Sechs Tage lang lagen Mike Libecki, Josh Helling und Russel Mitrovich gelegentlich mit den Füßen nach oben in ihrem Portaledge, um Lawinen wegzustemmen. Als der Sturm aufhörte, setzten sie ihren Weg durch die Nordwand der Walker Citadel im Sam Ford Fjord fort und vollendeten nach 28 Seillängen und rund 1350 Klettermetern ihre Neutour «The Mahayna Wall» (VII, A4, 5.10). (Cli 182, High 197)

The Fin
«Nanuq» (VI, 6a+, A3) heißt die Kreation der Spanier Natxo Barriuso, Mikel Berazaluce, Txus Lizarraga und Raúl Melero in der 600 Meter hohen WNW-Wand des Fin im Sam Ford Fjord. Nach sechs Vorbereitungstagen stieg das Team in sieben weiteren Tagen im Kapselstil durch die Wand, die schon 1995 von anderen versucht worden war. (High 197)

Mount Thor
Der 20jährige Jason «Singer» Smith machte alleine die Zweitbegehung der Route «The Midgard Serpent» (VI, 5.9, A5) in der 1200 Meter hohen Westwand, aufgelockert durch drei 15-Meter-Stürze. Auch den An- und Abmarsch mit sämtlichem Material machte er alleine; bei fast 200 Kilogramm Material kamen über 500 Kilometer Strecke zusammen. (Cli 182, 183, High 197)

Grönland
Ulamertorssuaq
Die 1000 Meter hohe Westwand wurde nahezu überlaufen; die Glowacz-Albert&Co.-Route «Moby Dick» ist schon fast zum Klassiker geworden. Die letzten 20 m künstliche Kletterei merzte nun der Slowake Dusan Beranek aus. Gemeinsam mit Vlado Linek und Ivan Doskocil arbeitete er zweieinhalb Wochen an der Tour, mit diversen Rückzügen wegen schlechten Wetters. Die originale Schlüssellänge (IX+) kostete acht Stunden Boulderzeit, die A2-Länge der Erstbegeher gelang ihm kurz vor dem Abreisetermin nach 700 Metern Jümaren, 300 Metern Klettern und einer guten Stunde Bouldern – für die 20 Meter wirft er ebenfalls die Bewertung IX+ aus.
Eine völlig freie Route zu eröffnen war das Ziel der Amerikaner Jeff und Steve Bechtel, Mike Lilygren, Peter Mallamo, Bobby Model, Paul Piana und Todd Skinner. Mit Fixseilen arbeiteten sie knapp einen Monat an den 31 Seillängen, bis «War and Poetry» (5.12 c) fertig war. Stände mit Bohrhaken, sonst meist «natural protection». (high 195)

Nalumasortoq, Zentralturm
Der Schweizer Christian Dalphin fügte gemeinsam mit A. Castella, R. Lehner, A. Truffer und N. Zambetti seiner eigenen Route «Cheese Finger at three o'clock» eine direkte Variante hinzu: «Vertical Dream» zieht nach sechs Seillängen linkshaltend durch die Wand. Die Schwierigkeiten liegen bei A2 und 6a, im unteren Teil wurde bis 7a freigeklettert, auch der obere Teil wird als kletterbar (7b/c) eingeschätzt. (High 197)

Nalumasortoq / Hinterland
Hinter diesem Berg fanden die Engländer Tony Penning und Ian Parsons ein Amphitheater mit unerschlossenen Granitwänden. Sie eröffneten zwei Routen: «James Hopkins Pillar» (700 m, 15 SL, E4 5c) und «Honey Buttress» (600 m, E4 5c). Beides «schöne alpine Felsrouten» mit einer Portion Bruch und diversen Runouts, jeweils in 21 Stunden Nonstop-Kletterei. (high 195)
Die Schweizer Denis Burdet, Regis Dubois und Olivier Schaller fanden zwei neue Routen: eine ebenfalls am Honey Buttress («Pet Gaz», 500 m, 6c A1) und eine links des Ulamertorssuaq («Dalphin Safe», 9 SL, 7a, A0). (high 195)

Ostgrönland
Rignys Bjerg
130 Kilometer nordöstlich der Watkins Mountains liegt diese Region, die erst 1998 bergsteigerisch erforscht wurde. Zwei britische Gruppen bestiegen erstmals 28 Gipfel bis 2600 Meter Höhe mit mäßigen Schwierigkeiten; es warten noch hunderte anderer unbenannter Berge bis 2800 Meter. Bilder gibt es im Internet unter den Adressen: www.mountain.-force9.co.uk, www.compulink.co.uk/~russell-hovmro/scans/pictures.htm und www.cix.-co.uk/~alread/ovmro/Greenland/Climbing.-html. (high 195)

Fraenkels Land
Auf 73° Nord liegt Petermann's Bjerg (2933 m), der höchste Berg der Hocharktis. In seiner Umgebung finden sich steilere, felsigere Berge, die technisch interessantere Routen erlauben. Es gibt noch genügend unbestiegene Gipfel, obwohl eine Gruppe unter Leitung des Veranstalters Paul Walker rund 30 erledigt hat. (high 195)

Kangerdlugssuaq
Hier stehen die Lemon Mountains, die unterschiedlichste Schwierigkeiten anbieten. Zwei englische Teams vergnügten sich 1998 bei mittelmäßigen Wetter: Steve Brailey und seine Freunde machten sieben Erstbesteigungen bis TD und eine Neutour am Chisel Peak (Südgipfel Südwestgrat, TD+). Die Gruppe um Phil Bartlett bestieg in 35 Tagen über 30 Gipfel erstmals, darunter den Redekammen (2555 m, Nordgrat, TD). (high 195)

Yosemite
El Capitan
Immer wieder Neues am großen Klotz: Ein halbes Dutzend Bigwallrouten wurden 1998 eröffnet. Besonders interessant: die Querung durch die gesamte Wand («The Girdle», 74 SL, VI, A3, 5.9, Chris MacNamara und Mark Melvin, 5 Tage); die Aidroute «Nightmare on California Street» (VI, 5.10, A4+ X) von Warren Hollinger und Grant Gardner; in der Route «Highway to Hell» (VI, 5.9, A5) von

Thomas Tivadar und Gabor Berecz aus München wurde die vielleicht härteste Technolänge im Valley geklettert: Die erste Seillänge, die «Guillotine Pitch», führt mit extrem unzuverlässigen Fortbewegungshäkelchen über einem kantigen Blockfeld hinauf. Da Tivadar es ablehnt, Rivets (dünne Bohrnieten) zur Fortbewegung zu verwenden, die eine gewisse Sicherung versprächen, schnitten ihm die Yosemite-Locals das Seil ab – in Amerika wurden Ethik-Diskussionen schon immer besonders engagiert geführt.
Eine komplette Liste der Schnellkletter-Rekordzeiten findet sich in high 195.
Die meistbeachtete Route am El Cap war «El Niño», eine komplett freigekletterte neue Linie in der Zone der «North American Wall» in der Südostwand. Alexander und Thomas Huber arbeiteten drei Wochen lang an den Einzelstellen, bevor ihnen vom 23.-25. September der Durchstieg gelang. Die Schwierigkeiten gingen bis 5.13c (8a+ = X-/X). Die 19jährigen Briten Leo Houlding und Patch Hammond schnappten sich gleich die Zweitbegehung, in einem Vier-Tage-Streich, wobei Houlding bis auf 2 Seillängen alles onsight stieg. Die Huber-Buben legten dafür eine neue, leichtere Freikletter-Variante zur Salathé nach: «Freerider» begnügt sich mit Schwierigkeiten bis 5.12d (7c = IX) und wurde von den beiden in 15:25 Stunden durchrannt. (high 195, Klettern 1/99)
Für die zweite freie Begehung der «Nose» investierte der Amerikaner Scott Burk bemerkenswert viel Geduld: 261 Tage übte er seit Januar 1996 an der Route, bevor ihm im November 1998 in zwölf Tagen der Durchstieg gelang – allerdings immer noch mit dem Schönheitsfleck, das «Great Roof» wegen eines nahenden Sturms nur im Toprope gestiegen zu haben. (Cli 185)

Cascade Mountains
Mount Baring
Eine der schönsten langen schweren Routen Nordamerikas soll «Vanishing Point» 600 m, 18 SL, VI, 5.12-) am Dolomite Tower des Mount Baring sein, die Bryan Burdo (USA) vom 11.-13.9. rotpunkten konnte. (Climbing März 99)

Amerika (Süd)

Mexiko
Sierra Madre West - Sierra Taraumara
Cerro del Colonel
In einem mexikanischen Canyon entdeckten die Spanierin Cecilia Bull Polo und der Mexikaner Luis Carlos Garcia Ayala außer vielen anderen Erstbegehungsmöglichkeiten einen gigantischen Felsklotz aus Andesitgestein. 20 Klettertage, davon 15 hintereinander in der Wand, brauchten sie für ihre Route «Simuchi» (1025 m, 25 SL, 6c, A4); die Schlüsselpassagen sind zwei heikle A4-Seillängen. (Vert 112, Kle 3/99)

Venezuela
Roraima Tepui
Jean-Minh Trinh-Thieu (F) und Toni Arbonès (E) legten durch die 460 Meter hohe Wand des Roraima Tepui die Route El Mundo Perdido (18 SL, 7b+). Eine Seillänge konnten sie nicht rotpunkten. (Kle 4/98)

Peru
Tocllaraju, 6034 m
Die Erstbesteigung des Südwestgrates (900 m, bis 85°) gelang den Franzosen Philippe Forté, Marco Siffredi und René Robert. Die ersten beiden fuhren mit dem Snowboard über den Grat ab – wie die Steilstellen überwunden wurden, ist nicht bekannt. (Vert 12/98)

Chile
Zentralanden
Die chilenischen Bergsteiger sind unglücklich, daß diese Berggruppe mit vielen Möglichkeiten, wenn auch mittelmäßigem Fels, noch ziemlich unbekannt ist. Der Reutlinger Jürgen Straub, der 1997 die Aconcagua-Südwand solo in der Rekordzeit von 12,5 Stunden durchstiegen hatte, besuchte das Gebirge und erntete, wieder ständig im Alleingang, etliche schöne Erfolge: Risopatron, 5720 m, Erstbegehung der Südostwand, 1200 m, im oberen Teil Eis bis 85°, Fels bis VI- und kombiniertes Gelände. Cerro Tronco, 5567 m (O) und 5558 m (S), Erstbegehung der SW-Wand, 1500 m, Fels bis V, Eis bis 80°, Erstbesteigung des Gipfels, Überschreitung zum Ostgipfel. Alto de los Leones, 5380 m, Südcouloir, Erstbegehung, 1700 m, Eis bis 80°. Marmolejo, Nordwand, Erstbegehung, 1700 m, Fels bis V, Eis bis 70°. Außerdem Erstbegehungen im Fels am Cerro Castillo (NO-Wand, 900 m, V+/VI-), an der Casa de Piedra (S-Wand, 700 m, V) und am Arenas (S-Wand, 500 m, V). (J. Straub)

Cochamo
Ein interessantes neues Granitgebiet findet sich im Tal des Rio Cochamo, etwa 130 km westlich von Bariloche. Crispin Waddy, Noel Craine, Simon Nadin, Grant Farquhar und Dave Kendall (GB), Nathan Martin und Steve Quinlan (USA) legten in getrennten Seilschaften drei Routen durch die 700 Meter hohe Nordwand des «Trinidad». Die Daten: «Sundance», britisch E5 6a, A2+; «Megalanic Clods/ Welcome to the Jungle», A3, 5.11; «The Ides of March», britisch E4, A3+.

Patagonien
Nach einem windigen Winter 97/98 überraschte der Februar 98 mit drei Wochen Schönwetter – vielleicht eine weitere Folge von «El Niño».
In Alp 161 findet sich eine brauchbare Übersicht der Routen im Cerro Torre-Fitz Roy-Gebiet und an den Painetürmen.

Cerro Torre, 3102 m
Bemerkenswert die Leistung des französischen Paares Laurence Monnoyeur und Bruno Sourzac: am 14. Oktober 1997 gelang ihnen die dritte Begehung von «Lost Times» (800 m, ED 2, VI/4+-5, 90°) zum Col of Hope. Am 27./28. 10. setzten sie die siebte Begehung der «Ferrari Route» (800 m, ED3, VI/6-6+) drauf, bis 40 Meter unterhalb des Gipfels – die erste Begehung durch eine Frau. (high 192, Kle 5/98)
Lieber an einem würdigen Projekt scheitern oder einen Stapfer abknipsen? Tom Dauer und Michi Wärthl aus München wählten die harte Variante und versuchten sich im patagonischen Winter an der Ferrariroute. Sie kamen bis vier Seillängen über den Col of Hope (ca. 1200 m, mixed, VI+, 90° Eis und Schnee), dann zeigte die Schönwetterperiode Verfallserscheinungen und die Gefahren wurden uneinschätzbar – sie kehrten um. Das alpinistisch hochwertige Projekt wurde vom DAV unterstützt. (Arch)

Cerro Standhardt, 2730 m
Wiederum Laurence Monnoyeur und Bruno Sourzac gelang die lange versuchte Kombination der Routen Tomahawk (8 SL, 5.9, A2, 90° oder IV/5+) und Exocet (250 m, 5.9, WI 6), am 15. November 97.
Im Februar fanden Kevin Thaw und Mark Synnott eine neue Route neben Tomahawk; sie nannten sie nach einem Raketensystem SCUD und stiegen Schwierigkeiten bis 5.11-, A1+ und WI 4+. (high 192)

Fitz Roy, 3405 m
Die erste Wiederholung von «Royal Flush» (1300 m, VIII+/IX-) gelang den Deutschen Günter Gäbel, Michael Schafroth und Rainer Treppte, erstmals mit Ausstieg auf den Gipfel. Sie brauchten drei Tage auf den Gipfel und zurück, nachdem sie einige Längen fixiert hatten. (high 192)

Aguja Saint-Exupéry, 2558 m
Durch die 700 Meter hohe Südostwand legten Kurt Albert und Bernd Arnold mit Egbert Dozekal eine «Genußtour». «El Condorito» hat 14 eigenständige Seillängen (insgesamt 21) mit Schwierigkeiten bis 5.12 (UIAA IX) und 15 Meter A2. Zur Erleichterung für Wiederholer setzten die Erschließer Bohr-

haken an den Ständen und gelegentlich zur Zwischensicherung – davon profitierten Jens Richter und Rainer Treppte (2. Beg.) und Günter Gäbel mit einem belgischen Partner (3. Beg.). (high 192, Kle 3/98)

Torres del Paine, Nordturm, 2260 m
«Spirito Libro» (Freigeist, 11 SL, 5.11b und A1) heißt die Kreation der Trentiner Fabio Leoni und Elio Orlandi. Sie eröffneten sie am 2. Februar in 13 Stunden Kletterzeit. (high 192)

Torres del Paine, Zentralturm, 2454 m
Nur 22:45 Stunden brauchten Steve Schneider (USA) und Andres Zegers (Chile) für die erste Wiederholung von «La Tarde Roja» (700 m, VIII, A3) in der Westwand. 400 Meter Offwidth-Risse (10 bis 25 Zentimeter breit) konnten den Yosemite-Experten Schneider nicht schrecken. Kurz unter dem Gipfel sprangen ihnen die Trümmer eines Bergsturzes knapp um die Ohren vorbei und schlugen zwei Basken aus dem Zustiegscouloir. (high 192)
Die getöteten Basken, Antxon Alonso und Gaizka Razkin, leben weiter als Namensgeber für eine Neutour der Spanier Andoni Areizaga, Josetxo Rodriguez, Cerardo Telletxea und Martin Zabaleta in der Nordwestwand. Die Route «Antxon eta Gaizka» war mit 600 Meter Fixseilen erschlossen worden, bietet kontinuierliche Schwierigkeiten bis VII+ und A2 und hat mit Bohrhaken eingerichtete Abseilstände. (high 192)
Flott wie gewohnt bewegte sich der Yosemite-Schnellkletterer Hans Florine mit seinem Partner Steve Smith auf der Nordpfeiler-Route (8 SL, VII, A2). Sie brauchten für die Route 6:15 Stunden, nachdem sie das Zustiegscouloir in 5 Stunden bewältigt hatten, und waren in insgesamt 18 Stunden zurück bei ihrem Ausgangspunkt unter dem Couloir. (high 192)

El Escudo
«Et si le soleil ne revenait pas...» («und wenn die Sonne nicht mehr kommt ...») heißt eine neue Route in der 900 Meter hohen Ostwand, die nicht den Gipfel erreicht. Jean-Daniel Nicolet, François Robert und Jean-Michel Zweiacker fixierten 350 Meter Seil, arbeiteten vom 12. bis 18. Februar im Kapselstil weiter, mußten dann aber 60 leichtere Meter unterhalb der Nordgrat-Schulter wegen schlechten Wetters umkehren. Viel technisches Klettern bis A4 und VIer-Freikletterpassagen waren in der gewaltig überhängenden Wand geboten. Alle Stände sind mit Abseil-Bohrhaken ausgerüstet. (high 192)

The Mummer, ca. 2100 m
Ein hübscher Zipfel zwischen dem Pingo- und dem Frances-Tal, auch La Mascara genannt. Jonathan Copp und John Merriam gelang die erste Besteigung in einem Tag über die neue Route «Duncan's Dihedral» (5.11, A1) in der Südwand über dem Paß zwischen Mummer und Coerno Norte, ohne Haken. (high 192, Alp 161)

Grupo la Paz, Ostturm
Carsten von Birckhahn (D) und Andy McAuley (AUS) bestiegen erstmals diesen hübschen Felsturm (900 m V-VI) in der bisher unbekannten Berggruppe, den sie mit Kajaks von Puerto Natales her erreichten. Anschließend gelang Birckhahn zusammen mit Tilman Steinhardt in sieben Wochen eine Durchquerung des amerikanischen Südzipfels. (Kle 5/98, Alp 161)

Antarktis

Horseshoe Valley, Heritage Range
Die beiden Südpol-Regionen waren noch nie von Bergsteigern besucht worden – bis im November und Dezember 1997 Paolo Gardino (I) und Simon Garrod (F) kamen und 11 Gipfel (PD bis D) mit Höhen von 1000 bis 1500 Metern erstbestiegen. (Vert 3/99)

Eine 3900 Kilometer lange Durchquerung der Antarktis beschäftigte die Belgier Alain Hubert und Dixie Dansercoer vom 4.11.1997 bis zum 9.2.1998. Raffinierte Technik mit drei verschieden großen Gleitschirm-Segeln (6 bis 21 m^2) half dabei. (Vert 7/98)

Asien / Himalaya

Sikkim Himalaya
Kangchenjunga Himal
Kangchenjunga, 8585 m
Sechs Expeditionen waren im Vormonsun unterwegs, zwei davon in der Nordflanke. Am 9. Mai erreichten sieben Tibeter den Gipfel – sie gehören zum Team, das bis 2002 alle Achttausender ersteigen will; Tsering Dorje hat schon 9 auf dem Konto. Hans Kammerlander (I) und sein Partner erreichten den Gipfel am 18. Mai – für Hans der 12. Achttausender, es fehlen ihm noch K2, Manaslu und eigentlich der Hauptgipfel der Shisha Pangma (dort war er «nur» auf dem niedrigeren Zentralgipfel, wie viele andere). Die spanischen Brüder Jesus und José Antonio Martinez, die in 12 Monaten alle Achttausender ersteigen wollten, scheiterten am Kantsch und erreichten insgesamt von acht Gipfeln fünf (Jesus) und vier (José). Das Maß voll hat nach seiner eigenen Meinung der Italiener Fausto de Stefani: er sei nach seinem Kantsch-Erfolg am 15. Mai der sechste 14x8000-Mann. Schönheitsfehler: Am Lhotse waren er und Sergio Martini 1997 etwa 150 Meter unter dem Gipfel wegen Sturm und Nebel umgedreht, in der Meinung, «so gut wie» am Gipfel zu sein. Am Kantsch stand er nach Angaben des amerikanischen Magazins Climbing nur auf dem Yalung Kang, nicht auf dem Hauptgipfel. Über die Nordwand erreichten fünf Japaner den Gipfel, aber Kenso Akasaka und Atsushi Shiina (beide 28), schafften es nicht mehr ins Lager auf 7800 Metern zurück. Die drei Überlebenden kämpften sich bis zum Lager 1 (6100 m) zurück, unterstützt von zwei Kameraden, die vom Basislager aufstiegen; vom Camp 1 rettete sie ein moderner russischer Hubschrauber – ein außergewöhnliches Flugkunststück in dieser Höhe. Vier Mitglieder einer englisch-amerikanischen Gruppe erreichten den Gipfel am 18. Mai, ohne Flaschensauerstoff und ohne Hochträger, darunter Jonathan Pratt und Ginette Harrison (eine 7-Summit-Frau), der damit die erste Frauenbesteigung des Kantsch gelang. Nun sind alle Achttausender von Frauen erreicht worden. (high 193, Cli 181)

Jongsang, 7483 m
Eine der wenigen innovativen Expeditionen versuchte sich an der Südostwand des Dreiländerberges an den Grenzen zwischen Nepal, Tibet und Sikkim. Die sechs Iren unter Leitung von Kieran O'Hara waren wegen Frachtproblemen von Anfang an spät dran. Ein Versuch im Alpinstil endete auf 6600 Metern in schlechtem Wetter, nachdem Eis bis 65° und Mixedgelände (schottisch 3/4) geklettert worden war. Für einen weiteren Versuch war dann keine Zeit mehr. (high 193)

Drohmo, 6850 m
Nach einem Fehlversuch im Vormonsun klappte es im Herbst für den über 50jährigen Doug Scott: Gemeinsam mit Roger Mear gelang ihm mit der Erstbesteigung des Drohmo über den Zentralpfeiler der Südwand vom 5. bis 8. Oktober seine schwerste Tour seit dem Ostpfeiler des Shivling. 750 Meter Mixedgelände (28 Seillängen) bis V, in verschneitem Fels und auf miesem Schnee fast völlig ohne Sicherungsmöglichkeiten waren zu überwinden. In Anbetracht des unbekannten Gebietes und des kompromißlosen Alpinstils eine der größeren Leistungen der Himalaya-Saison. (Alp 167, Kle 2/99, High 198)

Nepal Himalaya
Barun Himal
Ama Dablam, 6856 m
Volkssturm am nepalischen Matterhorn: 30 Nachmonsun-Expeditionen aus 18 Nationen, 130 Zelte im Basislager, Fixseile vom Einstieg

bis zum Gipfel, 160 Gipfelbesteiger – darunter die Deutsche Tamara Schlemmer, die sich bisher eher im Klettern profiliert hatte. Flott war der Amerikaner Chad Kellogg: 9:40 Stunden vom Basislager zum Gipfel und zurück. (Alp 167, RP 3/99, High 198)
Winterbesteigungen 97/98 gelangen 13 Personen, darunter Peter Athans (USA) und Christophe Profit (F). (high 193)

Makalu, 8463 m
12 Bergsteiger aus 5 Expeditionen erreichten im Vormonsun den Gipfel über die Normalroute, darunter der Sammler Oscar Cadiach (E) und zwei Frauen: Sona Vomackova (27, Tschechien) und Nani Duro Arajol aus Andorra – die dritte und vierte Frauenbesteigung. (high 193)

Khumbu Himal
Mount Everest, 8846 m
30 Expeditionen im Vormonsun, 118 Besteigungen durch 116 Personen, 73 von Norden, 45 von Süden. Der erste Behinderte auf dem Everest ist der 50jährige Amerikaner Tom Whittaker, der bei einem Autounfall den rechten Fuß verloren hat. Im vierten Anlauf erreichte er am 27. Mai den Gipfel, geführt vom Amerikaner Jeff Rhoads und unterstützt von vier Sherpas, in immerhin nur 7 1/2 Stunden vom Südcol. Rhoads und der Sherpa Tashi Tsering bestiegen den Gipfel zweimal innerhalb von einer Woche – Rekord. Bolivien, Iran, Weißrußland, Usbekistan und Singapur sahen ihre ersten Bürger auf dem Everest. Die Putzexpedition des Amerikaners Bob Hoffmann trug 120 Sauerstoffflaschen, 100 Gaskartuschen, 546 Batterien und 1484 Kilo Abfall vom Südcol zum Basislager – langsam wird der Berg wieder sauber. Wally Berg (USA) bestieg den Gipfel zum viertenmal und montierte etwa 20 Meter unterhalb auf einem Felsen ein GPS-Gerät; aus dessen Daten geht hervor, daß der Everest vielleicht doch nur 8830 Meter hoch ist. Auf der Süd- und Nordroute gab es Fixseile bis zum Gipfel, auf der Nordseite ab 6500 Metern Höhe. Insgesamt war der Everest nach der Vormonsun-Saison 1039mal von 808 Personen bestiegen worden. (high 193)
Am 16./17. Oktober korrigierte der Sherpa Kaji den Geschwindigkeitsrekord für die Südcolroute: 20:40 Stunden ist nun die Richtzeit vom Basislager (5300 m) zum Gipfel. Außer ihm erreichte nur ein Spanier vermutlich den Gipfel. (Alp 165, Kle 2/99, High 198)

Cho Oyu, 8201 m
Was wären kommerzielle Expeditionsanbieter ohne diesen Gipfel? 60 Leute aus 16 Expeditionen kamen im Vormonsun rauf, darunter Alex Huber (D), der sich auf diese Art an großen Höhen herantasten will, um später dort schwere Routen zu klettern, und die Reichenhaller Spitzenkletterin Barbara Hirschbichler. Der Italiener Abele Blanc sackte seinen achten 8000er ein, neun Tage nach der Shishapangma. Bei einer deutsch-österreichische Expedition untersuchte Thomas Lämmle die Belastung von Bergsteigern in großen Höhen. (high 193, Kle 5/98)
Auch im Herbst erwies sich der Cho Oyu als sichere Bank für Sammler: 61 stolze Sieger stapften über den Normalweg zum Gipfel – insgesamt gelang bis jetzt 907 Leuten diese Leistung. (Kle 2/99)

Kangtega, 6779 m
Die erste Route durch die 1300 Meter hohe Nordostwand des Kangtega glückte den sieben Mitgliedern einer französischen Expedition von CAF und FFME unter Leitung von François Pallandre und François Marsigny; nach vier Vorbereitungstagen im unteren Felsriegel brauchten sie noch vier Tage für den Rest der Route «Trait d'Union» (90°, 5c, A1), am 26. Oktober erreichten sie den Gipfel. Die Route wurde für den «Cristal» vorgeschlagen. (Alp 167, Vert 3/99, High 198)

Lhotse, 8516 m
Mehr Ehrgefühl als Fausto di Stefani 1997 brachte der Spanier Iñaki Ochoa de Olza auf: Er behauptet nicht, auf dem Gipfel gewesen zu sein. Aufgebrochen vom Lager 1, entschloß er sich 30 Meter unter dem Gipfel zur Umkehr, weil seine Augen gefroren. Er schaffte es alleine zurück auf 7400 Meter, von dort halfen ihm andere ins Basislager; das ganze dauerte weniger als 24 Stunden. André Georges (CH, jetzt sieben 8000er) erreichte den Gipfel alleine vom Lager auf 6500 m; außerdem standen im Vormonsun fünf weitere Bergsteiger oben. (high 193)
Im Herbst versuchte eine russische Gruppe die Traversierung vom Lhotse Shar (8400 m) zum Mittelgipfel (8414 m), dem höchsten noch unbestiegenen Gipfel der Erde, mußte aber am ersten Etappenziel aufgeben; den Lhotse Shar hatten sie über Südwand und Südostgrat erreicht. Den Hauptgipfel erreichten fünf Tibeter einer Achttausender-Sammel-Gruppe; Tsering Dorje und Ren Na haben nun schon zehn Riesen im Sack. (Kle 2/99, High 198)

Rolwaling Himal
Kussum Kangguru, 6367 m
Im Vormonsun zog der Japaner Yasusi Yamanoi im Alleingang eine neue Route durch die Ostwand; 22 Stunden war er unterwegs. (High 198)
Eine neue, schwere Route (1300 m, ED 1/ 2) durch die Nordwestwand legten die Franzosen Yannick Graziani und Christian Tromsdorff in zwei Tagen; sie heißt nach einem tödlich verunglückten Sherpa «Tendi». (Kle 2/99, High 198)
Die erste Winterbegehung (insgesamt 2. Beg.) der Nordwand holten sich die Spanier Alfonso Vizán, Mikel Saez de Urabain und Carlos Vieira. Mit einem dreistündigen Biwak kletterten sie in 25 Stunden durch die 1400 Meter hohe Wand (WI VII, 5+) und seilten über die gleiche Route wieder ab zum Basislager (4100 m), das sie nach insgesamt 43 Stunden wieder erreichten. (Des 149)

Langtang Himal
Shishapangma, 8027 m
14 Expeditionen bevölkerten den «leichten» Achttausender im Vormonsun, 50 Besteigungen des Zentral- (8008 m) oder Hauptgipfels wurden gemeldet (für die 14x8000-Sammler zählt eigentlich nur der Hauptgipfel, aber er ist nur über eine lange, oft heikle Querung zu erreichen; nicht jeder Besteiger macht genau klar, welchen Punkt er als «Gipfel» akzeptiert hat). Der Koreaner Park Young-Seok (sieben 8000er) vermeldete einen Erfolg am Zentralgipfel. Den Hauptgipfel erreichten unter anderem der Südtiroler Christian Kuntner (sechs 8000er) und der Italiener Abele Blanc (sieben 8000er); Bernhard Fahner (CH) brauchte nur 23 Stunden vom Basislager nach oben. (high 193)

Porong Ri, 7292 m, Pt. 7332
Ein brillantes Beispiel, wie Himalaya-Bergsteigen aussieht, wenn wirklich kompetente Leute unterwegs sind: Marko Prezelj (Slowenien) und Thierry Schmitter (CH) wollten eigentlich die Shishapangma-Südwand begehen, was aber wegen Straßenschäden und Schnee auf der Anmarschroute nicht klappte. Ausweichziel wurde das normale Shishapangma-Basislager. Von dort starteten sie zum Akklimatisieren zum Porong Ri. Sie durchstiegen seilfrei erstmals die 1000 Meter hohe Ostwand (D+/ TD-, 60° Eis mit Pulverschnee) und stiegen über den Nordostgrat ab. Eine Woche später bestiegen sie über die felsig-verschneite Nordwand in zwei Tagen den Pt. 7332, der der Shishapangma nördlich vorgelagert ist. Nach einem Rasttag auf 7100 Metern wollten sie weiter auf die Shishapangma gehen, wurden dann aber durch Schneefall zur Umkehr gezwungen (Schmitter stieg später solo auf den Zentralgipfel). Insgesamt eine schöne Leistung – das englische Wort «super-alpinism» bezeichnet am treffendsten diese Art, im Bewußtsein des eigenen Könnens und gut akklimatisiert in großen Höhen als Seilschaft ganz

einfach bergsteigen zu gehen. (high 193)

Punkt 6838 m
An einem unbenannten Gipfel im Shishapangma-Gebiet fuhr der Italiener Mauro Rumez auf Ski über zwei Steilwände ab: die Südwestwand (700 m, 55°) und die Südwand (700 m, 60°), bei der er sich allerdings 80 Meter über Felsen abseilen mußte. (Alp 166)

Ganesh Himal
Pt. 5380
Eduard Birnbacher und Sabine Krol (D) versuchten sich im Februar an dem unbenannten Gipfel im Ganesh-Gebiet. Sie kletterten an zwei Gipfeln Schwierigkeiten bis V und 70° Eis, erreichten aber wegen starkem Schneefall nur einen Gratzacken am Pt. 5380; die Route dort hinauf nannten sie «Hinajana». (high 193)

Annapurna Himal
Annapurna, 8091 m
Eine versuchte Winterbesteigung durch Simone Moro (I) und die Kasachen Dimitri Sobolew und Anatoli Bukrejew endete tragisch: Sie waren am Südwestgrat unterwegs, der über den Fang (7647 m) zum Gipfel zieht, als eine Lawine sie auf etwa 6300 Meter Höhe aus der Wand spülte. Moro überlebte wunderbarerweise und konnte aus eigener Kraft zum Basecamp absteigen. Die anderen beiden aber wurden nicht mehr gefunden. Mit Bukrejew starb einer der stärksten Himalayabergsteiger, der 21 mal auf Achttausendern gestanden hatte und bei der Everest-Tragödie 1996 ungeheure Leistungen zur Rettung vollbracht hatte. (high 193)
Im Vormonsun versuchten sich zwei Teams am Normalweg, eines am Südpfeiler. Erfolg hatten nur ein Koreaner und drei Sherpas am 3. Mai über die Nordflanke. Der Südwandversuch von Jean Christophe Lafaille (F), Alberto Pirovano, Mario und Salvatore Panzeri (I) wurde abgebrochen, nachdem eine Lawine vier Sherpas aus der Wand gespült hatte, die jedoch überlebten. (high 193)

Tarke Kang (Glacier Dome), 7193 m
Die fünfte und sechste Begehung und die ersten Skiabfahrten in der vergletscherten Nord- oder Nordostwand gelangen den Tschechen Robin Baum und Vladimir Smrz sowie Vladimir Prielozny solo. (High 198)

Dhaulagiri Himal
Dhaulagiri, 8167 m
Von sechs Expeditionen im Vormonsun waren vier erfolgreich. Der Baske Juanito Oiarzabal stand am 22. Mai am höchsten Punkt; drei Wochen vorher hatte er schon einen Stock erreicht, den der Koreaner Park Young-Seok 1997 am vermeintlich höchsten Punkt eingesteckt hatte. Zum wirklichen Gipfel ist es aber von dort noch gut ein Kilometer über einen schwierigen Grat, oder unterhalb durch eine steile Flanke. Für Oiarzabal war das der 12. Achttausender, die sieben höchsten hat er schon. Gleichfalls die «Top Sieben» und insgesamt neun Achttausender verbuchen die baskischen Brüder Alberto und Felix Iñurrategi, die gemeinsam mit Oiarzabal am Gipfel standen. Der Grieche Nikos Papandreou stürzte aus 7500 Metern Höhe tödlich ab. Die erfolgreichste Höhenbergsteigerin der letzten Jahre, die Französin Chantal Mauduit, und ihr Sherpa Ang Tsering starben im Zelt auf 6500 Metern Höhe, wahrscheinlich doch eher durch eine Eislawine als durch Ersticken. (high 193)
Im Herbst waren sieben Expeditionen am Werk, den Gipfel erreichten aber nur sieben Japaner und der Grieche Charalampos Tsoupras, der dabei im Schneesturm verschollen ging. (High 198)

Tibet, Nyangla-Qen-Tangla-Kette
Sepu Kangri, 6690 m
Zum zweitenmal versuchte sich der 64jährige Chris Bonington an diesem Gipfel. Victor Saunders und Scott Muir aus seinem Team mußten rund 150 Meter unter dem Gipfel wegen großer Lawinengefahr umkehren. (Cli 183)

Garhwal Himal
Nanda-Devi-Gruppe
Changabang, 6864 m
1997 war die englische Erstbegehung in der Nordwand eines der Himalaya-Highlights; 1998 wurde rechts daneben eine weitere Route gleichen Kalibers durch diese Wand gezogen. «Lightning Route» (1500 m, 35 SL, VI+, A4) heißt der Anstieg des Amerikaners Carlos Buhler und der Russen Ivan Dusharin, Andrej Volkow, Andrej Mariew und Pavel Shabaline, die sie im Kapselstil innerhalb von 20 Tagen begingen – vom Portaledgecamp wurden in drei bis sechs Tagen jeweils acht Seillängen erschlossen, dann wurde das Lager versetzt. «Ein typischer Bigwall-Alptraum», kommentiert der Bigwall-Experte Buhler, «saukalt, viel Eis und Technoklettern auf Granit.» (Cli 180, Alp 165)

Dunagiri, 7066 m
Die Spanier Xavier Guembe und Jon Beloki legten im Mai eine neue Route durch die Nordwand des Dunagiri; 1900 Meter, 80°, IV. (Vert 12/98)

Gangotri-Gruppe
Baghirati III, 6454 m
Ein russisches Sechser-Team, zu dem Yiri Koshelenko gehörte, der Autor der Route «Lena» durch den Ausbruch des Dru, durchstieg im September/Oktober die Westwand des Baghirati III: viel Bruch auf 1500 Meter Wandhöhe (VI+, A4); 17 Tage war das Team im Kapselstil unterwegs. Eine der bedeutendsten Leistungen des Jahres. (Alp 167, Cli 184)
Am gleichen Berg, aber am Südpfeiler waren die Franzosen Arnaud Guillaume und Rémy Thivel unterwegs: Vom 15.-19. Mai stiegen sie im Alpinstil durch «les temps sauvages» («Wilde Zeiten», 1300 m, TD+/ED-, V, 6a, A2). Dafür erhielten sie den französischen «Cristal»; Arnaud Guillaumes Antwort auf die Frage nach dem ethischen Grund für seinen Lightweight-Stil: «vor allem eine Frage des Gewichts.» (Alp 165, Vert 3/99)

Shivling, 6543 m
Die Zweitbegehung des extrem schwierigen Nordpfeilers war das hochgesteckte Ziel der «Jubiläumsexpedition der DAV-Sektion Murnau», an der Christoph Kuhlmann, Winni Kurzeder, Johannes Hager, Luis Stitzinger, Andreas Sippel und Martin Grziwatsch teilnahmen. Schlechtes Wetter und miese Verhältnisse verhinderten dieses Projekt, aber zumindest eine Besteigung über den Normalweg am Westgrat (IV, 90°) gelang dem erfahrenen Team, das vom DAV finanziell unterstützt worden war. (Arch)

Panjab Himal
Himachal Pradesh
Die Italiener Diego Stefani und Gianluca Bellin waren auf Erkundungstrip im Miyar-Tal, wo sie bei Schwierigkeiten bis VII und 85° einen unbestiegenen Gipfel entjungferten und auf den Namen «Thunder Peak» tauften. (Alp 165)

Kashmir Himalaya
Nanga-Parbat-Gruppe
Nanga Parbat, 8125 m
Acht Expeditionen auf der Kinshofer-Route durch die Diamir-Flanke, nur zwei ohne Erfolg, 13 Summiter. Für den Engländer Alan Hinkes war es der zehnte Achttausender, für den Koreaner Park Young-Seok der neunte, für seinen Landsmann Wuang Young-Han der achte; ein italienisches Ehepaar – Nives Meroi und Romano Beret – erreichte vereint den Gipfel; der Japaner Hidaki Ohmiya stürzte, von Steinschlag getroffen, tödlich ab. (high 196)

Karakorum
Bei gemischtem Wetter konzentrierten sich die Expeditionen im Karakorum auf die leichteren Achttausender-Normalwege (vor allem den Gasherbrum II), als anspruchsvollere Zie-

le dienten die großen Granitzacken. Sieben Bergsteiger starben, und der bekannte amerikanische Abenteurer Ned Gillette wurde in seinem Zelt von Einheimischen erschossen. (high 196)

Baltoro Mustag

Broad Peak, 8047 m

Nur sieben Bergsteiger erreichten den Gipfel oder zumindest den Vorgipfel des Broad Peak. Bei stärkstem Sturm vom Gipfelgrat geblasen wurden offensichtlich zwei Franzosen: Pascale Bessière und Eric Escoffier. Escoffier war in den achtziger Jahren einer der leistungsstärksten Alpinkletterer (Erste freie Begehung der Fou-Südwand, Directe Americaine und Bonattipfeiler in 10 1/2 Stunden, Walker- und Crozpfeiler an einem Tag) und hatte fünf Achttausender auf der Liste. Nach einem Autounfall 1987 war sein linkes Bein bewegungsgestört, er hatte aber 1996 und 1997 schon Mount McKinley, Aconcagua und Cho Oyu bestiegen. (high 196)

K2, 8611 m

Fünf Expeditionen vergnügten sich am zweithöchsten Berg, aber das Wetter war niemandem gut genug für einen Gipfelgang. Der Italiener Edmund Joyeusaz fuhr von 7000 Metern Höhe auf der Kukuczka-Route mit Ski ab, sein Landsmann Marco Barmasse am Abruzzigrat von 6700 Metern. Zwei Deutsche am Nordgrat konnten auch nichts wesentliches ausrichten. (high 196)

Savoia Kangri, 7263 m

Immer noch unbestiegen ist dieser Berg westlich des K2. Ein schottisches Team machte drei Versuche, bei denen Julian Cartwright und Jamie Fisher bis zum Beginn des Gipfelgrates auf etwa 7000 Meter kamen, doch immer wieder schlug sie schlechtes Wetter zurück. (high 196)

Gasherbrum I (Hidden Peak), 8068 m

Vier von sieben Expeditionen waren am Normalweg über das Japanercouloir erfolgreich, sieben Bergsteiger erreichten den Gipfel, darunter der Deutsche Dieter Porsche, der alleine zum Gipfel stieg. Vier Japaner verschollen in schlechtem Wetter oberhalb des Japanercouloirs. (high 196, Cli 182)

Gasherbrum II, 8035 m

Dieser Gipfel profiliert sich im Karakorum als sicherste Bank der Normalwegsammler: 50 Leute schafften den Aufstieg. Unter ihnen: der in Venezuela lebende Spanier Ramon Blanco, mit 65 Jahren der älteste Achttausenderbesteiger; die 59jährige Japanerin Tamae Watanabe; und Rajab Shar, der nun als erster Pakistani alle 5 Achttausender seines Heimatlandes bestiegen hat. Eine multinationale Expedition, geleitet vom Amerikaner Daniel Mazur, versuchte sich im September auf der chinesischen Seite über dem Shaksgamtal, mußte aber wegen ständigen Sturms aufgeben. (high 196)

Gasherbrum VI, 7003 m

Bei einem Versuch, die Südwestwand im Alpinstil zu durchsteigen, wurde der Niederländer Nicolas Gustave von einer Lawine aus der Eiswand gerissen. Sein Partner Jean Noel Urban (F) konnte von hoch aus der Wand alleine zurücksteigen. (high 196)

Panmah Mustag

Latok III, 6949 m

Ein starkes amerikanisches Team versuchte sich an der 2000 Meter hohen Westwand. Kitty Calhoun, Jay Smith, Steve Quinlan und Ken Sauls kletterten im Kapselstil bis etwa 6050 Meter, wobei sie in mäßigem Fels Schwierigkeiten bis 5.10a und A2 überwanden, mußten dann aber aus Mangel an Verpflegung umkehren. (high 196)

Shipton Spire, 5852 m

Die Amerikaner Steph Davis, Kennan Harvey und Seth Shaw legten eine neue Route namens «Inshallah» durch die 1300 Meter hohe Südwand. Sie kletterten zwei Wochen lang im Kapselstil, links der Boyd/Child/Foweraker-Route «Baltese Falcon», setzten nur acht Bohrhaken und kletterten bis auf eine 10-Meter-Passage alles frei, bei Schwierigkeiten bis 5.12. (high 196)

Hushe Region

Charakusa Tal

Nicht hoch, aber schön sind die Berge in diesem Tal. Amerikaner und Italiener beschäftigten sich lebhaft mit anregenden Granitklettereien an rund 5000 Meter hohen Gipfeln. Galen Rowell (USA) und den Italienern Gianluca Maspes und Natale Villa aus Lecco gelang unter anderem die Erstbegehung der Iqbal's Wall (320 m, 5.10 d). Conrad Anker und Peter Croft (USA) kletterten eine 270-Meter-Route auf einen Zahn, den sie Lucky Shinmo Spire nannten (5.11 b) und rauschten in einem 23-Stunden-Trip über den 2300 Meter langen WSW-Grat des Spansar Brakk (5300 m, 2 SL 5.11, viel 5.9 und 5.10). Croft, der Speedkönig des Yosemite, bezeichnet die Route als schönste und beste Kletterei seines Lebens. Die Italiener Maurizio Garota, Giuseppe Masdea, Dario Spreafico, Corrado und Danilo Valsecchi fanden zwei neue Routen an den knapp 5000 Meter hohen Ausläufern des K7: Pilastro dei Bimbi (17 SL, VII+, A3) und Pilastro Pulcinella (15 SL, VII, A2). (high 196)

Die Lecchesen Maurizio Giordani, Gianluca Maspes und Natale Villa bestiegen neben leichteren Routen den Kopra Peak (5400 m) über den Ostpfeiler (450 m, VI+, A1) und den Charakusa Tower (5600 m) über die WNW-Wand (900 m, VII, A3, 55°). (Alp 165)

Nangma Tal

Mehrere Gruppen untersuchten die Granitzacken dieses Tales in der Hushe Region. Die Briten Steve Mayers, Mike Turner und Elfyn Jones arbeiteten sich bei mäßigem Wetter in vier Wochen durch die Nordwand des Amin Brakk (5750 m) hinauf. Nach 32 Seillängen erreichten sie den Ausstieg der Wand und der Route «Nawaz Brakk» (1000 m, E3, 5.11, A3) einen Tag vor dem geplanten Rückmarsch.

Die Damenmannschaft, Louise Thomas und Libby Peter, legte die 19-Seillängen-Route «Ramchikor» (E3, 5c/5.10 A2) durch die Südwand des Sotal Pa (4800 m), der bisher offensichtlich noch nicht bestiegen war.

Das australisch-neuseeländische Damenteam Abby Watkins, Vera Wong und Nicola Woodford zog die Route «Excess Baggage» (5.10, A2+) auf den 5300 Meter hohen Changi Tower und eine 250-Meter-Linie (5.10, A1) auf den Marpo Brakk (5300 m). Ebenfalls am Changi Tower waren die Neuseeländer New Norton und Paul Weber tätig: Zehn Tage brauchten sie unverhofftterweise für «just a quickie» (26 SL, 5.10, A1).

Neun lange Seillängen reichten den Spaniern Pep Masip und Silvia Vidal für den 540 Meter hohen Ostpfeiler des Brakk Zang (4800 m). Vom 25. Juni bis 5. Juli waren sie mit der Technoroute «Ganyips» oder «1001 Risse» (A3, 6a) beschäftigt. (high 196, Cli 182)

Pamir

Pamir Alai

Die Italiener Sonja Brambati, Paolo Vitali und Eraldo Meraldi fanden im mittlerweile schon klassischen Ak-Su-Tal drei Erstbegehungen: «The missing mountain» (580 m, 6 ab) am Russian Tower sowie «A better world» (380 m, 6c) und «Take it easy» (360 m, 7a) am Westlichen Vorbau der Central Pyramide. (High 197, Alp 167)

Die Nürnberger Bergführer Dirk Gröger und Reiner Pickl wiederholten im Ak-Su-Tal zwei Klassiker und begingen eine neue Route an der Pamir-Pyramide: 5 SL bis 7a+. Bettina Böhmer und Robert Lange, ebenfalls aus Franken, sammelten etliche schöne Wiederholungen – etwa die erste Rotpunktbegehung der Franzosenroute an der Central Pyramid (700 m, 7a+) durch Lange und den NO-Pfeiler am Pik 1000 Years of Russian Christi-

anity (1300 m, 6a) – und fanden drei Erstbegehungen mit Schwierigkeiten bis 6c+. Am Fishtower kletterte Lange die schwerste Seillänge der Region (7b+), das Projekt namens «Vogelfrei» mußte aber wegen Schlechtwetters abgebrochen werden. Die Schwaben Jörg Straßner und Martin Waldhör legten neben einigen Wiederholungen die Route «Forever Yak» (700 m, VII+) durch die Westwand des Asan. (High 197, Arch)
Am Ak-Su selbst gelangen zwei russischen Teams extreme Winter-Erstbegehungen: Pavel Shabaline, Alexander Abramow und Ilias Tukhvatulin arbeiteten vom 6.-22.12. an den 45 Seillängen der «Route via the old corner» (ED+); Pershin Mikhail und Igor Nefedow vergnügten sich elf Tage lang in der gleichschweren «Chaplinsky Route». (Cli 185)

Gorniak, 5013 m
Hoch zu bewerten ist die Leistung von K.V. Korabelnikow und V.P. Shamalo, die die «Sidorov-Route» (6B) in der NNW-Wand des Gorniak erstmals wiederholten. Wo die Erstbesteiger Hubschrauber benutzt hatten, marschierten die beiden zu Fuß an, durchstiegen in acht Tagen die Wand und legten dabei noch einige Varianten. Dafür erhielten sie den zweiten Preis für «technisch anspruchsvolle Alpinrouten» der «Offenen Bergsteigermeisterschaften». (High 199)

Tien Shan

Kokshaal Tau
Im Südwesten des Tien Shan, an der Grenze von Kirgisien nach China (Xinjiang) suhlten sich die Amerikaner Carlos Buhler, Mark Price und Christian Beckwith mit den Kanadiern Guy Edwards und Sean Isaac in einem Meer unbestiegener Gipfel – acht neue Gipfelnamen mußten sie erfinden. Höhepunkt in Metern und Schwierigkeit war der Pik Babuchka (ca. 5220 m), den sie über die Nordwand (600 m, V, AI 4) erstbestiegen. Ganz große Erfolge verhinderte das recht miese Wetter. (Cli 183, High 199)

Khan Tengri, 6995 m
Das «vielleicht letzte große Problem» am Beinahe-Siebentausender löste eine starke russische Gruppe: Yuri Ermatschek, Dimitri Pawlenko und Nikolai Zhilin durchstiegen vom 12.-20. August die Nordwand in ihrem linken Teil, wo sie am steilsten und schwierigsten ist. Eis, Fels und Kombigelände bis zu 90° bewältigten die drei Alpinisten, die 1997 auch an der Makalu-Westwand erfolgreich waren. (High 199)

Europa

Hohe Tatra

Gesamtüberschreitung
Als ein Höhepunkt in der Geschichte des Tatra-Bergsteigens wird die schnelle Winter-Allein-Überschreitung des gesamten Hauptkamms betrachtet, die dem Slowaken Vlado Pulik zwischen dem 16. und 19. Januar gelang. 90 Gipfel mit Höhen um 2500 Meter säumen den 26 Kilometer langen Grat, die Sommer-Schwierigkeiten liegen zwischen II und IV, eine Stelle V. Pulik benötigte für die Strecke 50 Stunden Kletterzeit. Die schnellste Sommerzeit mit 36 Stunden stellte 1994 Vlado Linek auf, die erste Winter-Solo-Überschreitung gelang 1979 Pavel Pochyly. Pulik erreichte im Vormonsun den Everest ohne Flaschensauerstoff. (high 191)

Kazalnica-Mieguszowiecka-Wand
Die Direttissima (VI A2) durch die 500 Meter hohe, anspruchsvollste Wand der polnischen Tatra erhielt ihre erste Winter-Alleinbegehung durch Marien Tomaszewski in 21 Stunden. (high 191)

Alpen

Mont-Blanc-Gruppe
Petit Dru, 3733 m
Die Russen Valeri Babanow und Juri Kochelenko trauten sich als erste in die Zone des großen Felssturzes in der Dru-Westwand, der erst ein halbes Jahr her war. Sieben Tage, vom 9.-16. Februar, waren sie in der Wand; die Route «Lena» bot Schwierigkeiten bis A3 und 6b mit einer Gesamtbewertung von ED 3, vor allem aber jede Menge Damokles-Blöcke und überhängenden Schotter. (high 190)

Mont Blanc, 4807 m
Ein vielbewundertes Enchainement gelang Thierry Schmitter (CH) und dem Slowenen Marko Prezelj im Februar: Cecchinel-Nominé am Grand Pilier d'Angle (TD+/ED 1, V, 5, 5c A1) und Frêneysie Pascale (ED 2/3, VI, 6 R, vermutlich 3. Begehung). Dazwischen übernachteten sie im Eccles-Biwak, das sie nach einem Abstieg über den Peutereygrat erreichten. (high 190)

Aiguille Sans Nom, 3982 m
Die erste Winterbegehung der Gabarrou-Silvy-Direttissima (ED 2/3, 6a/b, A1, mixed V/6) gelang ebenfalls Marko Prezelj und Thierry Schmitter. Eineinhalb Tage benötigten sie für die Route, die als eine der besten ihrer Art im Mont-Blanc-Gebiet gilt. (high 190)

Grandes Jorasses, 4208 m, Les Drus, 3754 m
Viel Rumoren gab es um den Russischen Alpinwettbewerb, der 1998 ausgerechnet in Chamonix ausgetragen wurde. Dabei wurden höchstklassige Begehungen bei miesen Verhältnissen durchgezogen – die Russen betreiben den Sport eben besonders ambitioniert. An 1200 Meter hohen Nordwand der Grandes Jorasses wurden «No Siesta» (ED 3, VII-, A2, 90°), «Manitua» (ED 3, VII+, A3) und die «Colton/MacIntyre» (ED 3) wiederholt; Highlight war der 3 1/2-Tages-Trip von Alexander Klenow und Mikhail Devi durch die «Directe de l'Amitié» (ED 3/4). An der Dru-Nordwand fanden zwei Erstbegehungen statt, eine Wiederholung der Lesueur-Route und die erste Wiederholung der Gabarrou-Long-Direttissima (ED 3, 6c+). (high 194)

Capucin du Requin, 3047 m, Grand Capucin, 3838 m, Aiguille du Fou, 3501 m
Was guten Kletterern möglich ist, zeigten Robert Caspersen (NOR) und Arnaud Petit (F) in der düsteren NNO-Wand. Onsight in einem Tag, nur mit Keilen und Friends als Zwischensicherung, eröffneten sie die Route «Loin de chez moi» (400 m, 7b+, 6c obl.). Außerdem stiegen die beiden die «Triple Direct» (7c) am Capucin onsight und wiederholten «Les Ailes du désir» (7c) an der Aiguille du Fou. «Retour á la Montagne» (7c) am Tour Verte gelang ihnen erstmals onsight. (high 194)

Aiguille du Triolet, 3870 m
Die «letzte logische Linie» in der Nordwand belegten die Franzosen Emmanuel Pellissier und Patrick Pessi mit «Jingo-lo-ba» (ED 2, 6a, A2, 90° mixed). Der Fels war nicht immer der beste. (high 190)

Aiguille du Caiman, ca. 3550 m
Andy Parkin und François Marsigny legten eine sehr «moderne» Mixedroute durch die Wand rechts der klassischen Lagarde-Ségogne-Führe: «Alaskan Freeway», VI, 5c, A1, WI 5+, mit gehobenen Ansprüchen an Moral und Eisklettertechnik. (Vert 111)

Dauphiné
Glacier-Noir-Gebiet
Ein schönes Enchainement gelang den Franzosen Patrick Berhault und Bruno Sourzac. Nach einer Zeltnacht auf dem Glacier Noir starteten sie am 13. Februar mit der Nordwand des Mont Pelvoux (3946 m, Ginel-Pinard-Route, 800 m, ED 1). Am nächsten Tag folgte die George-Russenberger-Route durch die Nordwand des Pic Sans Nom (3914 m, 1000 m, ED 1, V+), am Tag darauf die vermutlich zweite Begehung der Chapoutot-Route am Pic du Coup de Sabre (3699 m, Nordwand, 600 m, TD). Den Abschluß bilde-

te die Nordwestwand der Ailefroide (3954 m, Devies-Gervasutti-Route, 1100 m, TD+/ED1, V+) mit einem kalten Biwak auf dem Gipfel. (high 190)

L'Olan, 3564 m
Eine ernste Neuroute durch die Nordwestwand legten die Briten Kenton Cool und Al Powell: «Central Couloir». In der nach rechts führenden Rampe fanden sie anspruchsvolle Mixed-Kletterei bis schottisch VII, 6 bei teilweise üblem Fels, die Gesamtbewertung liegt bei ED 2 (900 m). (high 190)

Ailefroide, 3954 m
Die erste Winter-, erste Allein- und insgesamt zweite Begehung der «Voie des Dalles» (1000 m, ED 2) durch die Nordwestwand gelang dem Franzosen Arnaud Guillaume in drei Tagen. (high 190)

Aiguillette du Lauzet, 2712 m
Fast länger als die Kletterei ist die Bewertung der neuen Route von Jérôme Blanc-Gras und Dominique Gleizes in der Nordwestflanke: 300 m, ED 3, Eis V/5+, mixed M6, Fels 5c A1. Aber so wissen Wiederholer wenigstens, was sie erwartet – vorausgesetzt, die Verhältnisse bleiben gleich. (high 190)

Wallis
Mont Collon, 3637 m
Frank Jourdan aus Pforzheim eröffnete im Januar solo zwei neue Routen in der rund 1000 Meter hohen Nordwand: Stormbringer (1100 m, 80°, Fels IV) und «Jetlag» (1100 m, 75° Eis und M6). Kurz vorher hatte er die Vaucher-Route (900 m, ED 1/2, V, 70°) in der NNO-Wand der Dent Blanche (4356 m) in acht Stunden solo begangen. (Klettern 3/98)

Monte Rosa, Signalkuppe, 4556 m
Die schwierigste Route in der Ostwand des Monte Rosa benannten Patrick Gabarrou und Christophe Ducroz nach dem Bad Dürrheimer Tobias Heymann, der vor einigen Jahren am Dammastock verschollen ist. Die «Directe de Tobias» bot 1250 m heikle, anspruchsvolle Kletterei bis 6c und in kombiniertem Gelände, die Gesamtbewertung dürfte mindestens bei ED 3 liegen. (high 194, Vert 113)

Bergell
Precipizio degli Asteroidi
Die härteste Technoroute des Bergell, wenn nicht der ganzen Alpen, legten Thomas Tivadar aus München und Gabor Berecz in neun kalten (-15°C) Märztagen durch die klassische Wand über dem Val di Mello. Die «Via Prost-Tata» wurde mit VI, 5.10a, A5- bewertet, einer Seillänge wurde «death fall potential» zugesprochen. (high 194, Kle 4/98)

Berner Alpen
Eiger, 3970 m
Die 24. Route durch die Eiger-Nordwand vollendeten die Italiener Andrea Fortini und Gianni Faggiana nach Vorarbeiten im Vorjahr im August 98: «Yeti» steigt am Stollenloch ein und hat bei 800 Klettermetern 17 Seillängen, zwingende Schwierigkeiten von 6c+, freigeklettert etwa 7c+. (Vert 5/99, Topo Alp 165)

Norwegen
Vagakallen, 942 m
Daniela Jasper-Klindt und Robert Jasper nutzten ihre Flitterwochen zu einer Bigwall-Erstbegehung in Norwegen. In sieben Tagen im Juli zogen sie die Route «Freya» (IX, A3+) über den 800 Meter hohen Nordpfeiler des Vågakallen, den «Bonattipfeiler der Lofoten». (RP 1/99, Kle 5/98)

Trollryggen, 1742 m
Frank Jourdan nutzte eine vierwöchige Schönwetterperiode für 40 Solorouten (27000 Klettermeter), darunter vier Erstbegehungen bis zum oberen siebten Grad und die «Rimmon»-Route (1200 m, 7-/7) am Trollryggen. Eine der letzten Begehungen, denn im September gab es in der Trollwand einen gewaltigen Bergsturz, der viele klassische Routen zerstörte. (High 197, Kle 2/99)

In Nepal.

Blick auf die Sadniggruppe.
Alle Fotos zu diesem Beitrag vom Autor.

«Es ist wieder still in der Mölltalleit'n»

Wie der Traum vom Modellprojekt Rettenbach an den Realitäten der bergbäuerlichen Welt zerbrach. Von Heinz Jungmeier

«Ist das wirklich möglich?», geht es mir durch den Kopf. In der engen Kurve des Almweges, der von Rettenbach herauf zur Viehkaser führt, kommt uns ein Traktor mit Anhänger entgegen. Am Führersitz der Bauer, auf dem mit Bauholz beladenen Anhänger schaukelt ganz oben seine junge Frau. Gerade erst hat es Nachwuchs gegeben. Ihrer Gesundheit kann es nicht besonders zuträglich sein, auf diesem luftigen Sitz durchgerüttelt zu werden. Ich weiß, die beiden wollen auf Empfehlung des Alpenvereins eine einfache Almhütte errichten, um mit der Vermietung etwas dazuzuverdienen. In unseren vielen Mitteilungsheften werden sie annoncieren.
Wir hatten ihnen zum Hüttenbau jede Menge hilfreicher Hände angeboten – freiwillige Helfer von der AV-Umweltbaustelle. Ich komme gerade von der Alm, wo sich dreißig Leute beim Schwenden und Wasserleitungsbau auf schwierigem Felsgelände gegenseitig im Wege stehen. Es ist über ausdrücklichen Wunsch unserer Partner schon die zweite Einsatzwoche. Dunkel erinnere ich mich jetzt an die Andeutungen dieses Bauern, daß eine Mithilfe von «Stadtleuten» bei «seiner Hütte» nicht vorstellbar sei. Damals hatten wir diese Worte überhört oder nicht ernst genug genommen. Jetzt weiß ich, er hat es wirklich so gemeint. Ich habe dazugelernt.

Berglandwirtschaft und Alpenverein

Nicht nur von Bergen und Tälern wird eine alpine Landschaft bestimmt, sondern in großem Ausmaß durch die Arbeit der Bauern.
Es trat ein Pfarrer zu einem auf der Bergwiese arbeitenden Bauern heran, und sprach ihn leutselig an: «Schön habt Ihr beide diesen Flecken Erde bearbeitet, Ihr und der Herrgott». «Ja», antwortet der Bauer, «aber Ihr hättet das Grundstück sehen sollen, als der Herrgott noch alleine bauerte.»
Jedes Stück Kulturlandschaft ist unverwechselbar, wiederholt sich nicht. Wenn diese Kulturlandschaft verschwindet, geht auch ein Teil unsrer Bergheimat unwiederbringbar verloren: Weiden, feuchte Wiesen und Almvieh, Hecken, Klaubsteinmauern und Buckelwiesen. Flächen und Strukturen, die heute den Charakter der Landschaft bestimmen, würden künftig nicht mehr vorhanden sein, verbunden mit dem weitgehenden Verlust an bergbäuerlichem Leben und Kultur.
«Bei uns in Rettenbach gibt es neben einer wunderbaren Kulturlandschaft eine eigene Schule, Feuerwehr und Kirche. Und alle unsere Alten sind bei uns zu Hause, keiner im Altersheim, keiner belastet die Allgemeinheit – das ist Kultur.» (Bürgermeister Huber von Rettenbach)
Bei einer ganztägigen Klausur der Kärntner AV-Sektionen Anfang 1992 am Iselsberg war der nachhaltige Wunsch entstanden, den Niedergang der Berglandwirtschaft, sichtbar vor allem im großräumigen Zusammenbruch der Almwirtschaft, nicht nur zu beklagen, sondern selbst die Ärmel aufzukrempeln. Einem so großen Verein wie dem ÖAV müßte es möglich sein, hier echte Unterstützung anzubieten. Deutlich noch klangen die Appelle des langjährigen Vorsitzenden Louis Oberwalder in den Ohren, letztmalig beim Symposium «Alpen in Not» 1990 in Salzburg.
So schien es nur die Frage zu sein, ob die Bauernschaft ein solches Angebot auch annehmen würde. Der Alpenverein könnte die Betriebsinhaber vor allem dort unterstützen, wo es um Aktivitäten geht, die sich außerhalb des bergbäuerlichen Bereiches abspielen, und für die die Landwirte häufig nicht ausgebildet sind, wie beispielsweise: Betriebswirtschaftliches Denken und Handeln, Kontakte zu Behörden, Vermarktung und Werbung über flächendeckende Alpenvereins-Medien, Abschluß von Pflege- und Duldungsverträgen, Organisation von Exkursionen zum Einbringen von Erfahrungen; weiters die Vermittlung vom Almhütten zur Vermietung oder Unterstützung bei der Auflichtung des Förderungs-Dschungels. Gerade das Förderungsunwesen ist für die Bauern schwer zu durchschauen, noch schwieriger, es zu handhaben, Papierkram ist für sie von Haus aus ein Horror! Da gibt es viele verschiedene Förderungsstellen, alles ist sehr bürokratisch. Wichtige Informationen kommen manchmal gar nicht durch. Modalitäten ändern sich oft mehrmals während eines Jahres, immer wieder kommen andere Auskünfte. Kaum hat sich einer auf eine Förderung ausgerichtet, wird sie von heute auf morgen eingestellt. Jeder Betrieb bräuchte einen persönlichen Berater! Wenn es gelänge, ein Modellprojekt zwischen einer Alpenvereinssektion und einer Gruppe von Bauern zustande zu bringen, dann könnte dies von weiteren unserer 200 Sektionen, in der Folge auch solchen des DAV übernommen werden. Alle würden ihre Erfahrungen einbringen, und gemeinsam könnte eine äußerst fruchtbare Zusammenarbeit entstehen.

Die Fotos von oben nach unten: Linke Reihe: Klaubsteinmauern; öffentliche Projekt-Präsentation; mühevolles Schwenden; geräumte Lärchwiesen. Rechte Reihe: Neuer Brunnentrog; Wasserleitungsbau.

Konkrete Maßnahmen

1. Umwelt

Naturschutz:

Orchideenwiesen
Niedermoore
Eislöcher
urwaldähnliche Bestände (sollen erhalten beziehungsweise geduldet werden)

Maßnahmen zur Flächensicherung:

Schwenden (Schwenden ist das Entfernen von Weideunkräutern, Wacholder, Sträuchern, Entasten von kleinen Bäumen etc.) und Räumen
Lärchwiesen
Klaubsteinmauern (Weidemauern aus geklaubten Steinen)
Duldung bzw. Pflege durch Abschluß von Pflegeverträgen zwischen Bauern und Alpenverein.

weiters:

Versuche mit intensiver Schafbeweidung, um das Aufkommen von Weideunkräutern hintanzuhalten.
Freiwilliger Düngerverzicht für Almen

2. Almwirtschaft

gemeinschaftliche Reaktivierung der Almwirtschaft
Restaurieren Viehkaser
Anstellen eines gemeinsamen Hirten
neue Quellfassung, Wasserversorgung etc.

3. Produkte

Direktvermarktung:

auf eigener neuer Schiene, eventuell eigenes Verkaufslokal ab Hof
Werbung in AV-Mitteilungen

Neue Produkte:

Schafprodukte in großer Vielfalt
Ziegenprodukte für Allergiker
schwarze Almschweine (früher die traditionelle Tierrasse)
Fischzucht, Krebse
Christbaumgärten
Forstgärten für Schutzwaldsanierung
Samen
neue Fleischverarbeitung
Pflanzen und Beeren für pharmazeutische Produkte
spezielle Produkte je Bauernhof
Almhütten-Vermietung für sanften Tourismus
Werbung in AV-Mitteilungen

4. Weitere Maßnahmen

Überprüfen der Maschinen, Geräte und Arbeitsabläufe auf Wirtschaftlichkeit
Energiestudie zur Minimierung des Energieverbrauches
Ersatz für zu teuren Futtermittelzukauf
Betäubungsgewehr für verirrte Schafe und Ziegen
Einsatz von Zivildienern
Aktion 8000 (Amtliche Aktion zur Beschäftigung von 8000 Arbeitslosen)
Arbeitseinsätze Alpenverein (Umweltbaustellen)
Vereinsgründung zur Abwicklung öffentlicher Förderungen
Kompostieren, Schneeräumen, etc. für Kommune

Das Projekt

Werner Pinter, Vorsitzender der Alpenvereinssektion Winklern, war es zu verdanken, daß eine Projektgruppe gefunden werden konnte. Im kleinen Weiler Rettenbach/Mölltal, hoch über Mörtschach, wohnen 65 Menschen. Die Bauernhöfe selbst liegen zwischen 1200 und 1400 m, die Almen bis 2200 m. Neun Betriebsinhaber, davon zwei Haupterwerbs-, der Rest Nebenerwerbsbauern, waren bereit, eine Zusammenarbeit mit dem ÖAV einzugehen. Klare Zielsetzung des Projektes: Durch Einbringen von neuem Gedankengut sollten gemeinsam Lösungen erarbeitet werden, wie unter ökologisch sinnvollen Rahmenbedingungen ein ökonomisches Überleben gesichert werden kann.
Mit der Grundlagenerhebung war das «Institut für Angewandte Ökologie» beauftragt. Sie sollte jedem Betrieb im Detail aufzeigen, welche «Schätze» ökologischer und ökonomischer Art er in seinem Besitz hat. Für jeden wurde eine Bilanz der Einnahmen und Ausgaben erstellt, um später den Erfolg bewerten zu können. Von Anfang an waren alle beteiligten Institutionen mit eingebunden: Landesregierung, Kammern, Bürgermeister, Nationalpark, Nachbarschaft; Erfahrungen des Diestelvereins und des Kulturlandschaftsprogrammes Mallnitz wurden einbezogen. Von Seite unserer Rettenbacher Partner nominierte man einen Sprecher, von AV-Seite neben Werner Pinter noch den Verfasser als Ansprechpersonen und Koordinatoren. Zur Finanzierung des Projektes wurde ein zweckgebundener Fonds eingerichtet.
Nach Vorliegen der Grundlagenerhebung und eingehenden Diskussionen wurde ein Paket konkreter Maßnahmen (siehe Kästen) geschnürt. Das Ausnützen von Erwerbskombinationen und allen Förderungsmöglichkeiten stand zuoberst. Es sollte ein ganzheitliches Entwicklungsmodell werden, nichts wurde von vornherein ausgeschlossen.
Schon die ersten vorsichtigen Schätzungen zeigten überaus Erfreuliches: Mit der Kombination diverser Maßnahmen – je nach Betrieb – waren Einkommenssteigerungen von 50–100% durchaus im Bereich des Möglichen. Dies mußte unsere Arbeit beflügeln! Limitierender Faktor war allerdings die Arbeitsleistung der bäuerlichen Familie, das heißt es konnten realistischerweise nur solche Ziele in Angriff genommen werden, die von der Familie auch tatsächlich bewältigbar waren. Ein Zukauf von Lohnarbeit wurde vorerst ausgeschlossen. Der schwierigste Teil des Projektes stand bevor: die Umsetzung der ins Auge gefaßten Schritte. Die gemeinsame Arbeit mußte organisiert werden, eine gewaltige Knochenarbeit wartete. Wir waren im zweiten Projektjahr.

Der Projektalltag: Höhen und Tiefen

Eines war klar: nur das, was vom Bauern selbst kommt, wird eine Chance auf Realisierung haben. Der Alpenverein ver-

Das «Schwenden», eine mühevolle Kultivierungsarbeit.

stand sich ausschließlich als Koordinator und Berater. Besonders wichtig war die Zusammenarbeit zwischen unseren Partnern. Jahrhundertelang war sie Voraussetzung für den Erfolg, manchmal funktionierte sie wohl auch unter Schwierigkeiten, wie die alten ausgefeilten Regulierungen zur Nutzung der Almen belegen. Seit fünf Jahrzehnten aber wurde das Gemeinsame kaum noch gepflegt, und jeder ging seinen eigenen Weg. «Ich habe erst über dieses Projekt meinen Nachbarn kennengelernt» – so die Äußerung eines Bauern. Diese Entwicklung hat sicher nicht unwesentlich dazu beigetragen, daß die Berglandwirtschaft so in die Defensive geraten ist. Nun sollte das Gemeinsame neu belebt werden, denn Zusammenarbeit war eine der wichtigsten Voraussetzungen für das Erreichen des gesteckten Zieles. Auch die öffentlichen Förderungen bevorzugen Gemeinschaftsprojekte deutlich, bis zum doppelten Betrag gegenüber Einzelprojekten. Laufende, zumindest monatliche Zusammenkünfte waren vorgesehen. Wir vom Alpenverein haben uns in der Anfangsphase oft nur mit dem Sprecher unserer Rettenbacher Freunde getroffen, er sollte die anderen dann laufend informieren. Der Inhalt der Gespräche fand in Protokollen seinen Niederschlag. Die Stimmung war sehr gut und hoffnungsvoll. So schien es uns. Zu gemeinsamen Besprechungen mit den anderen Bauern kam es nur in größeren Zeitabständen; vollzählig waren wir nie. Es gab zu viele Hindernisse: Eine Kuh kalbte, eine dringende Feuerwehrübung, eine Sitzung da oder dort, zwei Schafe mußten gesucht werden, Termin vergessen. Mühsam war es von allem Anfang an.

Höhen ...

Besonders erfolgreiche Aktivitäten im Rahmen der Aktion:

Pflegeverträge

Zwischen unseren Partnern und dem Alpenverein wurden – vorerst auf fünf Jahre – Pflegeverträge abgeschlossen. Gegenstand waren Maßnahmen für Flächensicherung und Naturschutz. Der Alpenverein verpflichtete sich, für Pflegeleistungen ein jährliches Honorar auszuschütten. Zusätzlich konnten erstmals auch diverse öffentliche Förderungen in diesem Bereich in Anspruch genommen werden, ermöglicht durch unsere Vorarbeiten mit der Grundlagenstudie. Damit wurde eine Reihe von Arbeiten unverzüglich in Angriff genommen, wie Schwenden und Räumen von Almböden und Lärchwiesen, Klaubsteinmauern, Niedermoore etc. Der Erfolg konnte sich sehen lassen! Parallel dazu liefen die Vorbereitungsarbeiten für die vielen anderen ins Auge gefaßten Maßnahmen.

Exkursion

Großes Interesse herrschte vor, auch die Frauen waren diesmal dabei. Einmal etwas anderes sehen! Mit einem Bus wurden zwei Betriebe in Oberösterreich sowie die Wieselburger Messe für Direktvermarktung besucht. Besonders interessant war ein Betrieb, der sich auf Ziegenprodukte spezialisiert hatte.
Nach dem Beginn mit zwei Ziegen zählte der Betrieb heute sechzig Mutterziegen. Peinlichst sauber, köstliche Käse und Joghurt. Alles ging in den «Allergikermarkt», die Preise waren hoch. Die Inhaber hatten zuvor in der Industrie gearbeitet, jetzt konnten sie gut von ihrem Betrieb leben. Trotz vieler Arbeit ging sich ein jährlicher Urlaub aus. Der eine oder andere aus Rettenbach überlegte ähnliches. Dabei blieb es.

Triebweckendes Frühjahr

Die Hoffnung, daß der Winter eine gute Jahreszeit wäre, um intensiver am Projekt zu arbeiten, erfüllte sich zwar nicht, unsere Freunde schienen mit der Natur zu ruhen. Doch überraschend zeigten sich im April neue Triebe. Sie hatten nachgedacht, und alle waren jetzt wild entschlossen, etwas zu tun. Die erste Hauptversammlung des neu gegründeten Vereins «Berglandwirtschaft Rettenbach» wurde abgehalten. Der Verein war zur Abwicklung der öffentlichen Förderungsgelder notwendig. Es gab verschiedenste Aktivitäten. Die ersten – von Bauernhand geschriebenen – Protokolle tauchten auf. Zwei Partner wurden wegen Desinteresses vom Projekt ausgeschlossen, zwei neue kamen dazu.

Umweltbaustelle

Sie war ein großer Schritt nach vorne. Vor dem ersten Arbeitseinsatz des Alpenvereins herrschte bei unseren Freunden große Skepsis: «Was werden die schon machen?» Dennoch, fünf Bauern erklärten sich bereit mitzumachen. Gegen freie Station und Verpflegung arbeiteten siebzehn Personen eine ganze Woche lang; darunter auch Familien mit großen Kindern. Schwenden, das heißt Abschneiden von Weideunkräutern wie Wacholder, Wasserleitungsbau, Brunnentröge. Das vorgesehene Wochenprogramm war schon am zweiten Tag erfüllt. In Windeseile wurde neu eingeteilt. Die Begeisterung unserer Rettenbacher war echt und überschäumend, die Stimmung aller Beteiligten großartig. «Die Aktion

Die Viehkaser.

des Jahrhunderts» – äußerte sich ein Bauer. Im Mölltal wurde allgemein von einem großen Erfolg gesprochen, der das Projekt einen Riesenschritt vorangebracht habe. Stolz auch die mitarbeitenden Söhne eines Bauern, die so etwas nie für möglich gehalten hätten.
«Der Erfolg des Arbeitseinsatzes war auch wichtig gegen das blöde Reden am Wirtshaustisch; alle haben sich ins eigene Fleisch geschnitten, die nicht mitgemacht haben». (ein Bauer)
Abends waren alle hundemüde, besonders die aus der Stadt. Aber: Große Weideflächen und Lärchwiesen waren sauber wie seit Jahrzehnten nicht mehr. Alle konnten zufrieden sein.

... und Tiefen

Hier seien diejenigen Aktivitäten aufgeführt, die als Tiefschläge anzusehen waren und die wenig bis keinen Erfolg brachten.

Behirtung
Wir hatten in Erfahrung gebracht, daß die öffentliche Hand einen gemeinsamen Hirten für die Alm fördert. Jeder Betrieb wollte selbst noch einen kleinen Teil beisteuern, der Rest würde vom Alpenverein kommen. Alle waren begeistert von der Möglichkeit, nach vierzig Jahren wieder einen Hirten zu haben. Damit konnte sich jeder Bauer viel Zeit einsparen, weil er sonst jeden zweiten Tag auf die Alm fahren mußte, um bei seinem Vieh nachzuschauen. Der Antrag mußte bis Ende Mai beim Amt sein. Es waren zwei Monate Zeit, einen Hirten zu suchen. Die Suche blieb allerdings vergeblich; man fand niemanden, der die Arbeit gemacht hätte.
Dann schlug einer seinen Schwiegervater, der selbst Bauer war, vor. «Dem vertraue ich mein Vieh nicht an!» rief sofort ein anderer.
Eine Chance war dahin, aber wenigstens im nächsten Jahr sollte es klappen. Schon im Herbst wurden alle eingeschworen, für das kommende Jahr nach einem geeigneten Hirten Ausschau zu halten. Anfang 1996 kam die Nachricht, daß sogar zwei Hirten (einer davon in Reserve) für den Sommer bereit stünden. Allerdings verlangte die Behörde neuerdings eine Garantie, daß 70 GVE (Großvieheinheiten) über fünf Jahre aufgetrieben würden. Es gab lange Debatten, wie man so etwas garantieren könne, doch schließlich fanden sich ein Modus. Also schien alles für eine Behirtung 1996 klar. Als wir im Sommer den Hirten besuchen wollten, war keiner zu finden.
Der Grund: Die offizielle Hirtenförderung war von der Landesregierung kurzfristig eingestellt worden. Es wurde kolportiert, daß das Land Kärnten für seinen finanziellen Anteil nicht vorgesorgt hatte, weshalb die EU-Mittel nicht in Anspruch genommen werden konnten.

Die Quellfassung
Von fünf Projektteilnehmern hatte jeder eine eigene Quellfassung. Keine einzige würde einer behördlichen Überprüfung standhalten. Diese wäre aber sofort aktuell, wenn einer mit der ins Auge gefaßten Vermietung seiner Almhütte beginnen würde. Aus diesem Grund fand eine Begehung mit dem Chef des Wasserbauamtes statt, um dessen Meinung zu hören. Das Ergebnis: Eine neue, gemeinsame Quellfassung wurde dringend empfohlen. Die Quellschüttung wäre für alle ausreichend. Ein Projekt für eine gemeinsame Wasserfassung einschließlich Kalkulation der erforderlichen Baukosten wurde erstellt. Die öffentliche Hand würde 60% übernehmen, der Alpenverein 20%. Die fünf Betriebe sollten den Rest in Form von Arbeitsleistung einbringen. Die einzige Bedingung war, daß sie sich vorher vertraglich auf ihre Anteile einigten. Es kam zu keiner Einigung und zu keiner neuen Quellfassung.

Restaurieren der Viehkaser
Für die gemeinschaftliche Reaktivierung der Almwirtschaft kam der Viehkaser eine zentrale Funktion zu: als «Dach über dem Kopf», Feuer- und Wasserstelle, Wohnmöglichkeit für einen Hirten. Alle wollten «ihre» Viehkaser wieder instandsetzen; die Neueindeckung hatte bereits die Nationalparkverwaltung übernommen. Die gesamten Kosten für die Erneuerung der Fundamente, von Boden, Herd, Schlafstellen und Fenstern wurden mit S 80.000,- kalkuliert. Die öffentliche Hand wollte 40% übernehmen, der Alpenverein 35%. Der Rest sollte von neun unserer Partner in Form von je zwanzig Arbeitsstunden Eigenleistung erbracht werden. So wurde es beschlossen. Der Alpenverein zahlte seinen Beitrag im voraus ein, zwei Bauern erbrachten ihre Eigenleistung. Dann ging bei der Viehkaser nichts mehr weiter. Obwohl 75% Fördermittel bereitstanden, fragten schließlich sieben Ungläubige unschuldig, warum sie eigentlich eine Eigenleistung erbringen müßten.

Großer Erklärungsbedarf

Noch nach Jahren der gemeinsamen Arbeit mußte sich der Alpenverein immer wieder den gleichen Fragen stellen: «Was wollt ihr wirklich von uns? Habt ihr uns alles gesagt, welche Hintergedanken habt ihr?» Und immer wieder erklärten wir ihnen Arbeit und Ziele des Alpenvereins. Es gelang uns anscheinend nicht, den uneigennützigen und idealistischen Hintergrund unseres Handelns zu vermitteln. Der Bergbauer glaubt ganz einfach, das es nichts auf der Welt umsonst gibt. Von Anfang an hat uns dieses Erklärungsdefizit begleitet, und manchmal stand es wie eine unsichtbare Wand zwischen Alpenverein und Bauern.

Organisatorisches

Hier ergaben sich die größten Schwierigkeiten. Ein so großes komplexes Projekt erfordert ein hohes Maß an Information und Kommunikation. In den vielen Jahren war es uns nicht ein einziges Mal gelungen, alle auf einmal an den Tisch zu bringen. Warum sie denn nicht verläßlich zu den Sitzungen kommen könnten? «Wir haben keine Zeit, jede Woche drei bis vier andere Sitzungen, von der Feuerwehr, der Nachbarschaft bis zur Gemeinde, dazu die Arbeit am Hof.» Ein konkretes Beispiel: Ein Sitzungstermin war um 19.00 Uhr vereinbart. Der AV-Vertreter war pünktlich da. Der erste Bauer kam um 19.30, der zweite um 20.00, der dritte um 20.30. Dann kam noch einer, eine unzweideutige «Fahne» verriet seinen Zustand. Er setzte sich gar nicht zum Tisch, sondern diskutierte mit der Frau am Herd. Nur einmal rief er herüber: «Wollt ihr ewig Streit haben, dann redet weiter vom Wasser!» (Gemeint war die Quellfasssung.)
Dies alles, nachdem wir in den vorangegangenen Wochen geglaubt hatten große Fortschritte zu machen. Wieder ein Tief. Begreifliches Ergebnis war dann oft die stehende Redewendung bei unseren bäuerlichen Partnern: «Davon wußten wir nichts.» Abgelenkt von vielen Ehrenämtern, überfordert von Bauernarbeit und Job, mußte zwangsläufig der Blick auf das wesentliche des Wirtschaftsbetriebes zu kurz kommen.
«Schlimm ist der Nebenerwerb, weil hier das Geld zu einfach verdient wird. Wenn einer die Gesellen- oder Meisterprüfung macht, dann hat er den Kopf nicht mehr bei der Landwirtschaft. Er weiß genau, was er dort verdient, im Gegensatz zur Landwirtschaft.» (ein Projektmitarbeiter)

Zweite Umweltbaustelle: ein Desaster

Der Alpenverein wollte ohnedies nicht mehr so recht, wollte ein Jahr auslassen. Aber über ausdrücklichen Wunsch unserer Rettenbacher sollte auch 1996 wieder ein Arbeitseinsatz erfolgen. Sieben Betriebe meldeten ihr Interesse an, gewünscht waren mindestens 25 arbeitende Teilnehmer von der Seite des Alpenvereins. Tatsächlich meldeten sich dann dreißig Leute zur Arbeit, der Ablauf sollte wie im Vorjahr sein. Wenige Tage vor Beginn der Arbeiten wurde der Alpenverein verständigt, daß alle bis auf zwei abgesagt hatten. Gründe: Beim einen wollte die Mutter nicht kochen, beim anderen hatte die Frau ein Kind bekommen (baut aber Hütte!), der dritte mußte verreisen und ähnliches. Gesprächsweise wurde bekannt, daß weitere Bauern just zur gleichen Zeit ihre Unterkünfte an Feriengäste vermietet hätten. Viel später würden sie sagen: «Wir haben dem Sprecher eh gesagt, daß wir keine Leute brauchen.» Zum Absagen war es aber schon zu spät. 25 Leute mußten auf einer einzigen Baustelle arbeiten, und so standen sie sich gegenseitig im Weg. Die Frau war hoffnungslos überlastet, mußte sie doch für alle eine Woche lang kochen, und die Übernachtungsmöglichkeiten konnten Improvisation nicht leugnen. Daß dann noch persönliche Animositäten zutage traten, wenn so viele Menschen auf so engem Raum lebten und arbeiteten, war eine zwangsläufige Folge.
Gut, daß diese Woche endlich vorbei war! Die Zusammenarbeit bestand ihre erste größere Belastungsprobe nicht. Schritt für Schritt ging die Gesprächsbasis verloren, das Ende des Projektes zeichnete sich ab.
Ein Jahr nach diesem Desaster kam eine der Familien – ohne Zutun des Alpenvereins – wieder nach Rettenbach, um hier zu arbeiten. Der Bauer nahm es mit Zufriedenheit zur Kenntnis.

Chronik

1990	ÖAV Symposium «Alpen in Not» Salzburg
1992	Klausur Iselsberg. Idee und Projektbeschluß
1993	Erste Begehung Projektgebiet, Grundlagenstudie
1994	Pflegeverträge, öffentliche Projektpräsentation Döllach
1995	Diverse Maßnahmen, Schwenden, Wasserleitung, erste Umweltbaustelle
1996	Viehkaser, Hüttenbau, Schwenden, Wasserleitung, zweite Umweltbaustelle
1997	Pflegemaßnahmen, Schwenden
1998	Pflegemaßnahmen, Schwenden, Beendigung des Projektes

Zusammenfassendes aus der Sicht des Alpenvereins

Der Alpenverein hätte sich ein anderes Ergebnis erhofft, das sei ehrlich zugegeben. Dennoch: Es war den Versuch wert, dieses Projekt durchzuführen, das größte dieser Art sei Bestehen des Alpenvereins. Mehr als sechs Jahre intensivster Arbeit wurden investiert, und wenn man in diesem Zusammenhang schon von Geld sprechen muß: Die Summe an Arbeitsleistungen und Direktaufwand lag jenseits der Millionengrenze.

Viel Positives konnten wir erfahren:
- verschiedenste Diskussionen wurden in Gang gesetzt
- Die Öffentlichkeit, aber auch Vertreter von Naturschutz und Landwirtschaft haben positiv und interessiert reagiert
- Es hat sich gezeigt, daß in einer derartigen Zusammenarbeit grundsätzlich Chancen liegen
- Die Grundlagenerhebungen haben sich als brauchbar und herzeigbar, vor allem aber als notwendig erwiesen (z.B. für das

Noch eine Momentaufnahme vom Schwenden.

Erlangen von Förderungen)
- Es hat auf der Alm einige sichtbare Fortschritte gegeben: Schwenden, Wasserleitungsbau, teilweise Kaserumbau
- Das Projekt wurde auf Wunsch unserer Partner sogar ausgeweitet
- Man lernte die Probleme der anderen besser kennen

Es war ein Mißerfolg des Projektes, daß
- gegenseitiges Verständnis und Zusammenarbeit sich so schwierig gestaltet haben bzw. nicht zustande gekommen sind
- seitens der Bauern die Bemühungen kaum gewürdigt wurden
- einzelne Aktionen so komplett «in die Hose» gegangen sind
- das Projekt hinsichtlich Mühen und Nerven beide Seiten offensichtlich bei weitem überstrapaziert hat
- das Projekt mangels Zusammenarbeit und Interesse beendet werden mußte

Es war eine Erfahrung aus dem Projekt, daß
- bäuerliche Gemeinschaften nach Gesetzmäßigkeiten funktionieren, die einem Außenstehenden offensichtlich auch bei nachhaltigstem Bemühen unverständlich bleiben müssen. Vor allem die Geschwindigkeit von Entscheidungen und Entwicklungen kann mit der «außerbäuerlichen» Entwicklungsgeschwindigkeit nicht mithalten.
- Projekte wie dieses weniger durch sachliche Gegebenheiten, sondern viel mehr durch «menschliche» Aspekte bestimmt werden.
«Ich habe unterschätzt, wie schwierig es ist, die anderen zu überzeugen.» (Bauernsprecher)

Selbstkritisch ist zu vermerken, daß die Erhaltung bergbäuerlicher Kultur und Landschaft heute wohl nur mehr als Wunschdenken zu betrachten ist. Die gegenläufige Entwicklung ist schon zu weit fortgeschritten, sie wird von der EU noch beschleunigt. Einen Zug, der mit Höchstgeschwindigkeit heranbraust, kann man nicht mit bloßen Händen aufhalten! An der Schwelle zum dritten Jahrtausend, an der dieser Beitrag erscheint, wird man dies auch im Alpenverein schmerzlich zur Kenntnis nehmen müssen. Das «Bauernsterben» wird sich so auswirken, daß mehr und mehr Landwirte in andere Berufe ausweichen. Der Nebenerwerb ist der Einstieg, mit dem den Landwirten eine andere Welt erschlossen wird. Mangels Arbeitskraft ist eine Pflege der Almen nicht mehr möglich, der Wald wird sie zudecken (siehe «Zeitsprünge»). Vermutlich können die Höfe als Wohnstätten erhalten bleiben, oder sie verwandeln sich in Urlaubsdomizile.
Blumen des Dankes und der Anerkennung sollen all denen gestreut werden, die ihre Freizeit dafür hergaben, um dieses Projekt zu verwirklichen! Insbesonders Werner Pinter, Wolfgang Gmeiner, Dora Jahn, Björn Zedrosser, Michael Jungmeier, Gregory Egger, Gottfried Rißlegger, Peter Haßlacher. Den Rettenbachern sei Dank dafür ausgesprochen, daß sie bereit waren, mit dem Alpenverein ein Stück des Weges zu gehen; mögen ihnen in Zukunft nur solche Freunde begegnen, die es ebenso aufrichtig meinen wie die vom Alpenverein! Hat dieses gemeinsame Projekt auch zeitweise viel Staub aufgewirbelt: Es ist jetzt wieder still in der Mölltalleit'n.

Literatur

ÖAV Mitteilungen 6/89.
ÖAV Raumordnung Nr. 4, Alpen in Not, 1990.
Jungmeier Michael, Kulturwanderweg Kals, 1992.
Jungmeier Michael, Egger Gregory, Almprogramm Rettenbach, 1994.
ÖAV Raumordnung Nr. 9, Projekt Rettenbach, 1994.
ÖAV Mitteilungen 6/94.
Rausch Wolfgang, Bergbauern nehmen ihre Zukunft in die Hand. Kleine Zeitung, 13.11.1994.
Nenning Günther, Heiliger Geist mit Bart. Kärntner Krone, 22.10.1994.
Nenning Günther, Als der Heilige Geist noch einen Bart trug. Die Zeit, 28.10.1994.
Leb Gudrun Maria, ORF, 24.6.1994.
Unegg Monika, Überleben auf 1500 m. Salzburger Nachrichten, 2.11.1995
ÖAV Mitteilungen 6/95.
Zedrosser Björn, Zeitsprünge, 1995.
ÖAV Jahrbücher bis 1998.

Zwei schöne Ansichten der ältesten Rudolfshütten. Oben die erste Hütte, 1877 gemalt von Adolf Obermüllner (jetzt im Besitz der Sektion Austria); unten die Hütte nach dem Umbau 1883, ebenfalls gemalt von Adolf Obermüllner (Alpenverein-Museum Innsbruck).

Von der Schutzhütte zum Alpinzentrum

125 Jahre Rudolfshütte – 20 Jahre Alpinzentrum

Von Louis Oberwalder

Unserem grossen, in Sektionen aktiven Alpenverein fallen Gedenktage und Jubiläen laufend in den Kalender. Sie werden meist in den Sektionen familiär gefeiert. Dies ist für das Selbstverständnis eines Großvereins im Wandel der Gesellschaft von Bedeutung. Als Jubilar steht man, um es in einem Bild zu sagen, auf einem gut ausgewählten Standplatz, von dem aus man gerne die zurückgelegte Route in Hochform, aber auch mit Ermüdungsphasen und «Verhauern» überschaut und dann den weiteren Aufstieg, den Weg ins Morgen, prüft. Der Blick zurück in die Geschichte hat mit dem Gemüt zu tun. Der Blick routeaufwärts zu neuen Zielen fordert von Hirn und Herz Zukunftsmut.

Wenn wir nun unter den jubilierenden AV-Hütten die Rudolfshütte bevorzugt herausgreifen, hat dies mehrere Gründe. Als älteste Schutzhütte des Alpenvereins war sie ein Modell für die in den Ostalpen nachfolgenden Schutzhäuser. Zugleich ist sie Zeitzeuge der Entwicklung des Alpinismus. Wie kein anderes alpines Bauwerk spiegelt sie Leitideen und Entwicklungen in einer sich wandelnden Gesellschaft wieder. Als Großverein war der Alpenverein nicht nur ein Kind dieser Gesellschaft, er hat den Alpinismus als gesellschaftliche Bewegung führend mitgeprägt.

Wenn schon nicht ein «Haus voll Glorie», so schaut doch ein Erbe von Generationen vom Schafbichl in der Fels- und Eisarena des Stubach-Talschlusses hinunter zum grünen Pinzgau.

Der Hüttenstandort zwischen Granatspitz- und Glocknergruppe

Ich hatte im Gymnasium einen hervorragenden Geographen als Lehrer. Er hieß Dr. Josef Resinger und er kannte die Hohen Tauern wie vermutlich keiner vor ihm. Er war mit 175 Venediger- und 83 Glocknerbesteigungen eine Legende in den Talgemeinden. Mir bleibt unvergessen, mit welcher Bestimmtheit er im Unterricht einmal sagte: «Nun durchwandern wir das schönste aller Tauerntäler, das Stubachtal, und gehen über das Kalser Törl nach Osttirol.» Als junger Bergsteiger konnte ich mich dann bald von dieser Prämiierung des Stubachtales überzeugen.

Vier vom Eis geformte, ineinandergeschachtelte Tröge mit stürzenden, drei große, schwarz bis türkisgrün schimmernde Karseen, steile Eisflanken um die Firnfelder der Hauptkammgipfel sind in ihrer konträren Schönheit Schaustücke dieser alpinen Urlandschaft. Von den schäumenden Wassern komme der Name «Stubach», sagt der Pinzgauer Heimatforscher Josef Lahnsteiner.

Seit alters wurde diese Hochgebirgswelt vom Menschen begangen. Der alpine Hauptkamm hat zwei Gesichter. Er ist mit seinen Graten und Gipfeln die gewaltige Sperrmauer in der Mitte Europas, gleichzeitig verbindet er durch Pässe und Jöcher die inneralpinen Landschaften zu kulturgeographischen Einheiten. Die Bedeutung des Felbertauern und, damit verbunden, die Besitznahme dieses Übergangs durch das Erzstift Salzburg über Jahrhunderte hinweg ist bekannt. Der nach Osten folgende Einschnitt, der Stubacher Tauern, die Südanrainer nennen ihn das Kalser Törl, erlebte nie eine ähnliche Verkehrsbedeutung. Für Uttendorf und Kals aber war er eine wichtige Verbindung.

Der Fund eines Bronzeschwertes auf der Kalser Seite beweist eine schon vor- und frühgeschichtliche Nutzung dieses Überganges durch Siedler und Händler. Im Mittelalter blühte in Konkurrenz mit dem Felbertauern der Salzhandel. Um 1500 plagten sich Uttendorfer mit der Errichtung einer «Samstraße», kamen aber über Stückwerk nicht hinaus. Utopisch war um 1700 die Planung einer Straßenverbindung über den Tauern nach Lienz mit dem Anschluß nach Venedig.

Für die Nachbarschaft Kals-Pinzgau blieb der Übergang bis zur Eröffnung der Südbahn 1871 von Bedeutung. Dabei übte der reichere Pinzgau eine starke Sogwirkung auf das extrem gelegene, von Notzeiten heimgesuchte Kals aus. Viehtriebe zu den Märkten im Pinzgau, Handwerker auf der Stör, sich für Heu- und Kornschnitt verdingende ledige Leute passierten das eisfreie Törl, oft plötzlichen Gewittern ausgesetzt, die auch Todesopfer forderten.

In diese archaische Welt trat nach der Mitte des vorigen Jahrhunderts der Alpinismus als neue, prägende Kraft. Dies betraf die Wirtschaftshilfe durch den Bau von Wegen und Hütten, die Entstehung neuer Berufe wie der des Bergführers und Hüttenwirtes und die Förderung von Handel und Handwerk in den Talorten. Bedeutsam für die weitere Entwicklung waren auch die Bildungsimpulse, die aus wohlmeinendem Kontakt zwischen Touristen und einheimischer Bevölkerung entstanden. Aus der Betreuung der Arbeitsgebiete durch städtische Sektionen erwuchs oft – so auch im Fuschertal – eine Art Heimatbeziehung mit der Bergregion. Die Ersteigung des Großglockners durch eine Expedition des Fürstbischofs Graf Salm von Gurk mit Hilfe von Bergführern aus Heiligenblut 1800 durch das Leitertal brachte der Heiligenbluterseite einen rasch nachfolgenden Touristenbesuch. Den viel kürzeren Glockneranstieg von Süden, von Kals aus, hat dann Johann Stüdl durch seinen Hütten- und Wegebau im Ködnitztal und seine Veröffentlichungen begehbar und bekannt gemacht.

Eindrucksvolle Naturschilderungen der grandiosen Bergszenerie im Hintergrund des Stubachtales lockten Bergsteiger über den Enzingerboden und das Kapruner Törl in den Talschluß um den Weißsee. So den Lienzer Geodäten, Franz Keil und den Wiener Geographen A. v. Ruthner, den ersten Präsidenten des 1862 gegründeten Österreichischen Alpenvereins. Im August 1860 durchwanderte der Kartograph Carl v. Sonklar das Kaprunertal, stieg über das Kapruner Törl und schildert den Blick von seinem Rastplatz am Rande des Rifflkeeses: «[...] aber welcher unverhoffte Anblick bot sich mir auf diesem Punkte dar! Dicht vor meinen Füßen, nur etwa 1000 Fuß tiefer, lag das Tauernmoos [...] Eine breite grüne Alluvialterrasse, welche der aus einer felsigen Schlucht hervortretende Abfluß des Ödenwinkel Gletschers, in unzählige kleine Rinnsale verteilt, friedlich überrieselte und sich am nördlichen Ende dieser Ebene zu einem kleinen See, dem Tauernmoossee anstaute, dessen Wässer blaugrün herüberblickten.»

Enthusiastisch beschreibt auch der junge Münchner Karl Hofmann 1869 vom Kalser Törl aus die Fels- und Eisherrlichkeit zwischen Granatspitze und Hoher Fürlegg: «Auch die Westseite ist würdig, aufmerksam betrachtet zu werden. Dort funkelt der prächtige Weißsee zu uns herauf, eine Perle der Glocknergruppe. Drei Eisströme ziehen zu ihm hernieder, der Weißsee-, der Sonnblick- und der Granatkogel-Gletscher, letzterer mit schön entwickelter Gletscherzunge. Unter den Bergen, die sich am Westrande desselben erheben, zeichnet sich vor allem der Sonnblick aus [...] In manchen Jahren soll es auch vorkommen, daß vom Weißsee-Gletscher sich große Eisblöcke loslösen, die dann auf der Oberfläche des Sees umherschwimmen.»

Bei seiner Erstbegehung der Unteren Ödenwinkelscharte berichtet Hofmann: «In weitgestrecktem Bogen beschreibt sie (die Umrandung des Ödwinkel-Keeses) einen riesigen Halbkreis, der als Zirkus sich über den Gletscher emporbaut. Der Eindruck, den derselbe auf uns machte, wurde noch vermehrt durch die 10 bis 11 000 Fuß hohen Felswände, die im Hintergrund des Bildes emporsteigen und deren Effekt noch besonders durch den tiefen, darüber sich ausbreitenden Schatten gehoben wurde; sie boten einen prächtigen Gegensatz zu den bläulichen hellschimmernden Flächen des Gletschers; terrassenförmig in immer stärkerer Neigung zogen die eisigen Wellen zu dem kolossalen Gewände hinan, das seinen Fuß in die erstarrten Fluten taucht. Je unerwarteter dieses erhabene Gemälde uns entgegentrat, von dessen Schönheit wir noch nie etwas vernommen hatten, desto größer war unsere Bewunderung bei der Betrachtung derselben.»

Es ist die Zeit des letzten großen Gletschervorstoßes nach 1850. Zwei Ölbilder des zeitgenössischen Malers Adolf Obermüllner illustrieren Hofmanns Beschreibung. Mit Johann Stüdl hatte Hofmann in den Sechzigerjahren eine Reihe von Erstbegehungen in der Glocknergruppe durchgeführt. Mit der Hofmannsspitze, dem Hofmannskees und der Hofmannshütte ist der jungen Mitbegründer des Deutschen Alpenvereins in seiner Bergheimat verewigt. In romantischem Patriotismus meldete sich der erst vierundzwanzigjährige Jurist im Krieg 1870/71 freiwillig an die Front. Er fiel als Leutnant in der Schlacht bei Sedan.

Stüdl hat seiner Totenklage für den jungen Bergkameraden dessen alpinen Nachlaß angeschlossen, in dem Erstbegehungen und Touren in der Glocknergruppe, mit Auf- und Abstiegen ins Stubachtal, begeistert beschrieben werden. Stüdls Pionierleistungen im Wege- und Hüttenbau an der Glockner-Südseite und die zunehmende Bekanntheit des Stubachtales als westseitiger Zugang ins Herz der Glocknergruppe waren Motive für den Bau der Rudolfshütte.

Wege- und Hüttenbau im Alpenverein

Die Gründung des Österreichischen Alpenvereins 1862 in Wien hatte die Erforschung der Alpen als Hochgebirge zum Ziel. Gegen die Enge dieser Zielsetzung und die zentralistische Struktur der «Geographischen Stubengesellschaft» revoltierten junge Mitglieder wie Franz Senn, Pfarrkurat von Vent, und Johann Stüdl, der Großkaufmann aus Prag. Mit Karl Hofmann, Hermann Trautwein und weiteren Bergkameraden gründeten sie in München 1869 den Deutschen Alpenverein mit der Schwerpunktsetzung: «[...] die Bereisung des Hochgebirges zu erleichtern.» Hinter diesem schlichten Satz stand die Idee, der zunehmenden Zahl von Bergsteigern durch den Bau von Wegen und Hütten den Anmarsch zu den Gipfelzielen zu ermöglichen und mit den Schutzhäusern Nächtigungsmöglichkeit und Schutz vor Wettereinbrüchen zu gewähren. Auf die Nord-Süd-Überquerung der Alpen wurde dabei besonders Bedacht genommen. Entscheidend war die Gliederung des neuen Vereins in weitgehend selbständige Sektionen, die den Weg- und Hüttenbau in die Hand nehmen sollten. Der Visionär Senn und das Organisationstalent Stüdl trafen mit dieser Gegengründung voll ins Schwarze. Bereits 1873 schlossen sich die beiden Vereine zum Deutschen und Österreichischen Alpenverein (DuOeAV) zusammen.

Die Ausbreitung des Alpinismus als neue kulturelle Bewegung wirkte wie ein warmer Sommerregen auf den jungen

Verein. Überall in deutschen Landen schossen AV-Sektionen wie Pilze aus dem Boden und bauten, kaum gegründet, Schutzhäuser in attraktive Gebirgsgruppen. Zehn Jahre nach seinem Zusammenschluß zählte der elitäre Verein bereits 16.000 Mitglieder in 91 Sektionen und verfügte über 69 Schutzhütten. Nach einem weiteren Jahrzehnt war er auf 222 Sektionen mit 134 Hütten angewachsen. 1914 umfaßte der immer noch elitäre Bürgerverein 407 Sektionen. 102.138 Mitglieder machten ihn zum größten alpinen Verein der Welt. Mit 323 Schutzhäusern und einem Wegenetz von über 30.000 km hielt er die Ostalpen fest in seiner Hand.
Der Pionier des alpinen Hüttenwesens im Alpenverein ist zweifellos Johann Stüdl. Aus den Erfahrungen seiner ersten schmerzlichen «Hüttenliebe» auf der Fanetscharte und dreizehn weiteren Hütten der Sektion Prag, deren Gründer und Vorsitzender er über Jahrzehnte war, stammen die Vereinsordnungen über die Wahl der Hüttenstandorte, den Bau und die Ausführung der Schutzhütte und die Hüttenordnung. Später kamen die Vorschriften über die Führung der Hütten, die Rechte der Mitglieder und die Pachtverträge dazu. Festgehalten waren auch die Schutzhütten als Führerstandort und Maßnahmen für die Bergrettung.
An diesem Hüttenvorbild orientierte sich auch die Sektion Austria bei der nun kommenden Erschließung des Stubachtales mit der Errichtung und Führung der Rudolfshütte.

Mit dem förmlichen Wettlauf um die Aufteilung der noch verbliebenen Arbeitsgebiete und der Suche nach touristisch wichtigen und landschaftlich schönen Hüttenplätzen kam es zu einer offen gezeigten Konkurrenz hinsichtlich der Größe und Ausstattung der Häuser. Die Identifikation mit der eigenen Stadt und der nach ihr benannten Hütte zeigte sich auch im steigenden Komfort.
In drei Jahrzehnten lassen sich deutlich drei Phasen des Hüttenbaues erkennen: Die kleine einfache Selbstversorgerhütte, die bewirtschaftete und bereits erweiterte Schutzhütte und schließlich das hochgebaute komfortable Haus am Berg, das oft die Talgasthöfe an Größe und Ausstattung überbot. Diese Entwicklung führte zu einer Gegenbewegung im Verein. Die jungen «Führerlosen» der klassischen Zeit und die «reinen» Jugendbewegten revoltierten gegen wachsenden Hüttenkomfort und forderten schon vor dem 1. Weltkrieg und noch vehementer in den zwanziger Jahren die Rückkehr zur «einfachen Hütte», ein Ruf, der seither nicht mehr verstummt ist.
Der Zentralverein suchte mit dem Führungsinstrument «Hüttenordnung» der Fehlentwicklung einer Hütteneuphorie mit laufenden Neubauten, Hüttenerweiterungen und vermehrter Ausstattung entgegenzuwirken. Nahe einer Zerreißprobe versuchten 1926 die «Tölzer Richtlinien für Hütten und Wege» das Hüttenwesen für beide Gruppen zufriedenstellend zu ordnen. Zur geforderten Einfachheit klagte der Zentralsekretär Dr. Emmer schon 1908: «[...] ab und zu klagt wohl einer über den Verfall der einfachen Alpinistensitten und die Verweichlichung. Aber stets nur daheim, denn selbst die abgehärtetsten Hochalpinisten sind nicht unempfänglich für die Vorzüge eines guten Bettes und einer vortrefflichen Verpflegung.» Sein Nachfolger Dr. Moriggl wetterte mit noch härteren Worten gegen «weichen Pfuhl und Schmauserei» auf den Alpenvereinshütten. Mit dieser Schizophrenie muß der Alpenverein bis zum heutigen Tag leben.

Der Fischerweg und die erste Rudolfshütte

Nach dem Zusammenschluß der beiden Vereinsgründungen in Wien und München 1873 in Bludenz war die Sektion Austria Erbhalterin des Österreichischen Alpenvereins von 1862.
Ortskenntnisse aus eigenen touristischen Begehungen, die Zurufe von Stüdl und Hofmann als Arbeitsgebietsnachbarn und das Interesse der Einheimischen in Uttendorf und Kals ließen schon 1872 im damals noch Österreichischen Alpenverein den Plan reifen, einen Weg durch das Stubachtal und weiter über den Tauern nach Kals zu errichten. Die Begeher bedurften eines Schutzhauses am Kalser Tauern, das in die Gesamtplanung eingeschlossen war. In Vorarbeiten wurden Situationspläne für das Bauvorhaben in beiden Tälern erstellt, und am 9. Feber 1874 wurde die «Gangbarmachung des Weges über den Tauern und die Errichtung der Schutzhütte zur Ehrensache der Sektion» erklärt. Zur Beschaffung der nötigen Gelder sollten Sammlungen durchgeführt werden.
Die Organisation des Wege- und Hüttenbaues und weithin auch die Bauaufsicht übernahm Austria-Mitglied Fischer v. Rößlerstamm. Die mit Wegebau vertrauten einheimischen Baupartien begannen am 2. Juni 1875 mit dem schwierigsten Wegstück über die Talstufe vom Enzingerboden zum Grünsee. Hier waren Sprengungen, Mauerbauten und Steganlagen notwendig. Ende August war der Weg bis zur Tauernhöhe und der vom Kapruner Törl zum Riffl-Kees fertiggestellt; eine hervorragende Leistung. Der nunmehr auch für Saumpferde gangbare Weg hatte eine Länge von 11,5 km und kostete 1250 Gulden. Mit der Bezeichnung «Fischerweg» würdigte die Sektion den Einsatz des verdienten Organisators.
Im darauffolgenden Jahr wurde der Weg vom Kalser Törl durch das Dorfertal zur Dorfer Alm fertiggestellt.
Gleichzeitig mit dem Wegebau wurden die Verträge für den Grundkauf am Schafbichl mit den Wasser- und Wegerechten abgeschlossen. Im Frühsommer 1874 wurde mit dem Hüttenbau nach dem Plan von Johann Stüdl begonnen. Nach der Fertigstellung von drei Schutzhäusern der Sektion Prag, Stüdl-, Clara- und Prager Hütte, war Stüdl der Hüttenexperte im Alpenverein. Inzwischen hatte seine Majestät, Kaiser Franz Joseph, auch den Namen Rudolfshütte wohlwollend zur Kenntnis genommen. Kronprinz Rudolf war zwar kein Berg-

Die Rudolfshütte 1941; in den Kriegsjahren war eine erste kleine Staumauer gebaut worden. Foto: E. Traeg (Archiv Slupetzky)

steiger nach dem Vorbild Erzherzog Johanns, aber in seiner umfassenden Bildung auch am Alpinismus interessiert.
Durch einen frühen Schneefall Anfang September konnte das kleine schmucke Haus am Weißsee erst im darauffolgenden Sommer, am 25. August 1875, feierlich eröffnet werden. Es war ein echtes Bergfest für die Sektion Austria, die mit ihr verbundenen Glocknertouristen, die Nachbarsektionen und die Talorte Uttendorf und Kals. Ein Salutschuß in den hellen Mittagshimmel und ein Hoch auf das Kaiserhaus durften dabei nicht fehlen.
Johann Stüdl beschrieb in einer Abhandlung über die Alpenvereinsschutzhütten die Rudolfshütte im Detail und stellte sie damit auch als Muster in Bau und Ausstattung vor. Auf kleinster Nutzfläche von 7 x 3,6 m war, von außen zugänglich, ein Kochraum mit freistehendem Herd eingerichtet. Die den Herd umlaufende Bank wurde von ausgefrorenen Touristen hochgeschätzt. In Regalen und einem Kasten waren Koch- und Eßgeschirr, Wassereimer, Spülbecken und die notwendigen Reinigungsgeräte untergebracht. Eine Tür führte in den Eß- und Schlafraum. Von den sechs Pritschen konnte man die zwei mittleren durch Aufklappen zu Sitzflächen machen und bekam so Raum für zwei Tische. Hatten die ersten Schutzhütten durchwegs nur Heulager oder Strohsäcke, bot die Rudolfshütte sechs Matratzenbetten mit Wolldecken, bald auch mit Leintüchern. Vom Kochraum aus führte eine Leiter zum Dachboden, unter dessen verankertem Pultdach ein Notlager zwölf Touristen Platz bot.
Das Hütteninventar war mit Stüdl'scher Sorgfalt ausgewählt und enthielt alles Notwendige für den Bergsteiger. Sauber inventarisiert half das kleine Haus den Besuchern in zu erwartenden Nöten mit Nähzeug, Hüttenapotheke, Blendlaternen, Sonnenbrillen, Steigeisen, sogar mit einem Bergseil aus. Auch an Schlechtwettertage war gedacht. Alpine Literatur, Kartenspiele, Schach, Damebrett und Dominospiele sollten die Wartestunden nützlich und unterhaltsam verkürzen. Eine gut lesbare Hüttenordnung ermahnte die Besucher zu pfleglichem Umgang mit dem zur Verfügung gestellten Sektionseigentum. Dieser «pflegliche Umgang» ließ bei steigenden Besucherzahlen einiges zu wünschen übrig, so daß laufende Ergänzungen von Seiten der Sektion notwendig wurden. Zu diesem kleinen Ärger kam dann bald der größere durch auftretende Baumängel. Stüdl war schockiert, als ihm ein nach Kals gekommener Bergsteiger berichtete, die Rudolfshütte sei feucht, der Boden zum Teil aufgewölbt, der Aufenthalt dadurch wenig einladend.

Die erweiterte und bewirtschaftete Rudolfshütte

Der zunehmende Hüttenbesuch mit den negativen Erfahrungen der Selbstversorgung führten schon 1880 zur Hüttenbewirtschaftung. Alois Däubl aus Uttendorf war der erste Hüttenpächter. Mit einem ausgeklügelten Pachtvertrag – er betraf die Instandhaltung, die Pflege und Ergänzung des Inventars, die Verrechnung der Nächtigungsgebühr und das Verpflegsangebot – war er an die Hütte gebunden. Tourenberichte und Naturschilderungen über das erschlossene Stubachtal, mehr aber die erleichterte Anreise seit Eröffnung der Westbahn 1876 brachten dem Haus am Weißsee rasch steigenden Besuch. Der Andrang und die schon erwähnten Baumängel zwangen die Sektion Austria zu einer Hüttenerweiterung. 1883 bis 1885 wurde die Hütte nahezu neu gebaut und verfügte nunmehr neben der Küche über einen Speiseraum und einen Keller, über zwei Schlafräume mit neun Betten und zwölf Lagern. Die Umbaukosten beliefen sich auf 2328 Gulden.
Der Fischerweg von der Schneiderau über den Grünsee zur Hütte war als Reitweg einen Meter breit ausgebaut und von Gegensteigungen freigemacht worden. 1894 wird in der Zeitschrift des DuOeAV von 2296 Hüttenbesuchern berichtet. Die Eröffnung der Pinzgauer Lokalbahn 1898 versprach eine weitere Besuchersteigerung.
Die Sektion Austria entschloß sich nach guter Vorarbeit zu einem neuerlichen Erweiterungsbau nach Plänen des Architekten Ludwig Tischler. In einer feierlichen Eröffnung der nun schon dritten Rudolfshütte am 8. September 1898 konnte der Sektionsvorstand Adolf v. Guttenberg zahlreichen prominenten Gästen ein Haus präsentieren, das nunmehr als das Flaggschiff der Austriahütten bewundert wurde. Die Hütte hatte ein zirbengetäfeltes Speisezimmer, Küche, Wohnraum für die Wirtsleute, einen eigenen Raum für Führer und Träger, Keller und Waschküche und bot in 10 Zimmern mit 24 Betten und in 2 Lagern 90 Personen Nächtigungsmöglichkeit an. Die Bau- und Einrichtungskosten beliefen sich auf rund 10.000 Gulden. Der Zentralverein stellte 8000 Mark zur Verfügung, die Sektion gab an Mitglieder Anteilscheine zu 50 Gulden aus, die mit einem Gesamtbetrag von 3350 Gulden das Sektionsbudget stabilisieren halfen.
Noch vor dem 1. Weltkrieg wurde das Wegenetz mit erheblichen Mitteln weiter ausgebaut, so der Anstieg zur Ödenwinkelscharte für eine bessere Verbindung mit der neu errichteten Oberwalderhütte und wesentliche Teile des späteren St. Pöltener Ostweges von der Rudolfshütte über die

Oben: Die Rudolfshütte am 23. 9. 1951, rechts das «Austriadörfl». Unten: Die Hütte am 4. 9. 1954; 1953 wurde der erste Speicher Weißsee gebaut, die Hütte in der Folge abgerissen. (Beide: Archiv Slupetzky)

Granatscharte und weiter über die Kammhöhe zur St. Pöltener Hütte am Felber Tauern. Ab dem Jahre 1906 hatte die Rudolfshütte in der Bewirtschaftungszeit eine regelmäßige Postverbindung, und der zunehmende Winterbesuch machte die Einrichtung eines Winterraumes schon 1907 notwendig.

Kraftwerksbau im Stubachtal

Die Auswirkungen des ersten Weltkriegs und die Zusammenbruchsjahre 1918/19 hinterließen auch hier Schäden. Besonders betrüblich waren Einbrüche und Plünderungen; jede Tür in dem stattlichen Haus war erbrochen worden. Mit einigen Opfern wurde die Hütte wieder in den guten Vorkriegszustand gebracht.

Eingriffe anderer, viel nachhaltigerer Art erlebte das Stubachtal. Bereits während des Krieges war mit dem Kraftwerksbau begonnen worden. Die Pläne reichten in die neunziger Jahre des vorigen Jahrhunderts zurück. «Es ist über Salzburg hinaus wenig bekannt, daß im Stubachtal, dem schönsten der Tauerntäler, die Anfänge des Nationalparks Hohe Tauern liegen. Der 1909 gegründete Verein Naturschutz Berg e.V. Stuttgart erwarb auf Anraten des Salzburger Rechtanwaltes August Prinzinger Alm- und Weideflächen im Stubachtal. 1921 wurden 90 Quadratkilometer in der nördlichen Granatspitzgruppe unter Schutz gestellt, es ist die erste offizielle Schutzerklärung eines Gebietes in den Hohen Tauern. Zusammen mit dem von A. Wirth 1914 erworbenen Grund im Glocknergebiet mit der Widmung als ‚Naturschutzgebiet für ewige Zeiten' sind dies die Kristallisationskerne des heutigen Nationalparks», schreibt Univ. Prof. Dr. Heinz Slupetzky von der Universität Salzburg. Die Auseinandersetzungen zwischen dem Verein Naturschutzpark Stuttgart und den Österreichischen Bundesbahnen (ÖBB) endeten mit dem Rückzug der Naturschützer, die nunmehr im Obersulzbachtal ein neues Schutzgebiet erwarben.

Das bereits 1913 von der Eisenbahndirektion Wien eingereichte Projekt zur Errichtung von vier Wasserkraftwerken im Stubachtal wurde genehmigt. Noch während des Krieges wurde das Grünseewerk in kleiner Ausführung errichtet, nachdem man aus geologischen Gründen vom Aufstauen des Sees Abstand genommen hatte. Dieses erste Kraftwerk lieferte den Strom für den Bau der weiteren drei Kraftwerksstufen. An der Werkstraße zum Tauernmoos arbeiteten auch russische Kriegsgefangene. Nach Kriegsende wurde die Straße von Uttendorf zum Enzingerboden aufwendig ausgebaut und 1926 auch für den öffentlichen Verkehr freigegeben. Zum Bau der Staumauer am Tauernmoossee bedurfte es einer Seilbahn, die 1942 zum Weißsee weitergeführt wurde. 1951 wurde die Bahn für den Personenverkehr freigegeben.

Unter viel Zustimmung und Bewunderung wurde 1929 der Speicher Tauernmoos mit dem Krafthaus am Enzingerboden in Betrieb genommen. Die 25 Meter hohe, 190 Meter lange Staumauer setzte das bekannte Pferdeparadies mit den mäandrierenden Bächen, den Wollgrasinseln und seiner bekannten Hochmoorflora über eine Länge von 1,4 km unter Wasser.

In der dritten Baustufe folgte das Kraftwerk Schneiderau. 1943 begannen die Vorarbeiten für die Einbeziehung des Weißsees, dessen Wasser dem Tauernmoossee zugeführt werden sollten.

«Für die Elektrizitätswerke und Reichsbahndirektion München waren zivile Zwangsarbeiter und Kriegsgefangene im Arbeitseinsatz: Anfang 1940 etwa beim Stubachkraftwerkbau 260 deutsche Arbeiter, 50 Slowaken und 75 kriegsgefangene Polen. Zumindest von August bis Dezember 1944 war das ständige Lager «Weißsee» als eine Außenstelle des KZ Dachau eingerichtet. Die Häftlinge waren überwiegend Ausländer, aber auch aus politischen Gründen inhaftierte Inländer. Die Schlafbaracken und Werkstätten befanden sich beim Weißsee in der Nähe der Rudolfshütte. Während dieser Zeit hatte die Rudolfshütte die Funktion einer SS-Kommandostelle. Aus autobiographischen Texten von Heinrich Fritz («Stationen meines Lebens», 1990) erahnt man das große Leid, das die Häftlinge erdulden mußten, denn hier starb man eines ‚natürlichen Todes' durch Hunger, Entkräftung, Kälte, Entbehrungen bei schwerster körperlicher Arbeit,» schreibt Heinz

Slupetzky. Diese schlimmste Entfremdung einer Schutzhütte ist den Leuten im Pinzgau kaum mehr in Erinnerung.
Stollenzuleitungen vom Landeck-Kees, von der Ammertaler Öd und dem Salzplattensee ermöglichten eine Seespiegelanhebung um 30 Meter. Damit war das Schicksal der alten Rudolfshütte besiegelt. Die Mauerreste versanken im See, der einst mit seinem Farbenspiel und den kleinen schwimmenden Eisbergen bewunderter Hüttennachbar gewesen war.
Führung und Mitglieder der Sektion Austria hatten zu den Kraftwerksplänen und dem folgenden Ausbau ein ambivalentes Verhältnis. Emotional litten viele an den massiven Eingriffen in die Hochgebirgsnatur, die vor Augen geführte Verstümmelung des vielgepriesenen Stubachtales. Rational war der Werksbau hingegen ein Beispiel des neuen Lebenswillens der Ersten Republik und eine Demonstration bewundernswerter österreichischer Kraftwerkstechnik. So gab es für die Großbauvorhaben viel Zustimmung der öffentlichen Meinung, insbesondere im Pinzgau, dem der Kraftwerksbau viel Wirtschaftshilfe mit neuen Arbeitsplätzen brachte.
Fast gleichzeitig vollzog sich das Technikwunder Kaprun, das das Nachbartal mit der alten Rainerhütte völlig veränderte und mehr als Technikschaustück denn als Naturerleben vermarktet wurde. So hieß der bekannte Slogan: «Kaprun ist der Ruhm Österreichs, der Stolz des Pinzgau.» Ähnliche Attribute erhielt auch das Stubachtal. Wie technische Gigantomanie im Kraftwerksbau damals im Kurs stand, zeigen ein Projekt der AEG (Allgemeine Elektrizitätsgesellschaft Berlin) und sein Gegenstück von der ÖKA (Österreichische Kraftwerks AG) für die gesamte Nutzung der Tauernwasser. Dabei sollten auch die Venedigergruppe und das Iseltal in das Riesenprojekt voll eingeschlossen sein. Ein verkleinerter Nachzügler war in den Siebzigerjahren das Projekt Kraftwerk Dorfertal, das zehn Jahre lang den Osttiroler Teil des Nationalparkes blockierte.
Mit der Inangriffnahme des Baues der Staumauer am Weißsee war das Todesurteil für die alte Rudolfshütte gefällt. Als Folge der sich über Jahrzehnte hinziehenden Ungewißheit war eine bauliche Vernachlässigung erfolgt. Dennoch trauerten die Freunde um ein Haus, das so viel Nachbarschaft gestiftet hatte und mit dem schönste Berg- und Hüttenerlebnisse verbunden waren.
Die Verhandlungen der Sektion Austria mit den ÖBB waren ein halber Flop. Statt ein neues, höher gelegenes Haus bereitzustellen, wurde die Sektion Austria mit einem Baugrund auf dem Schafbichl und einer bescheidenen Geldsumme abgefertigt. Für die Betreuung der Bergsteiger bis zur Fertigstellung einer neuen Hütte wurden dem benachteiligten Partner drei Baubaracken zur Verfügung gestellt. Man nannte sie, mit weiteren Baracken vergesellschaftet, das «Austria Dörfl». Ich selbst habe mit Jugendgruppen dort genächtigt. Es waren statt Hüttenabenden Barackennächte.

Die Rudolfshütte als Alpenhotel Weißsee

Die neue Situation im Arbeitsgebiet Stubachtal stellte die Sektion Austria vor eine schwere Entscheidung. Die mechanische Erreichbarkeit ließ ÖBB und Tourismusfachleute in der Vision schwelgen, «die höchste, modernste Gletscherseilbahn Österreichs werde einen Sommer- und Wintertourismus bringen, den nur ein großes Berghotel aufnehmen könne.» Die Nationalmannschaft, die ab Herbst 1953 am Olympiahang trainierte, war dabei ein wirksames Aushängeschild.
Die ÖBB taktierten mit einem eigenen Hotelbau am Schafbichl und stellten damit die Sektion Austria unter Zugzwang. Sie sah sich vor der Entscheidung: Aufgabe des historischen Hüttenplatzes ähnlich dem Kaprunertal, wo 1951 die alte Rainerhütte im Stausee Mooserboden versank, oder Bau eines großen Berghauses, das den Erwartungen der Interessenten entsprach. Die führenden Ausschußmitglieder der Sektion, die Herren Robert Obrecht, Hans Völkl, Ignaz Robert Gsur und der Baumeister Walter Meinharter entschieden sich für das Wagnis der großen Lösung «Berghotel Weißsee». Als Kostenrahmen wurden 6 Millionen Schilling festgelegt. Die Finanzierung sollte weitgehend über einen ERP-Kredit erfolgen. Die folgenden Planungs- und Finanzierungsgespräche, in die auch der Gesamtverein eingebunden war, brachten harte Auseinandersetzungen zwischen den tourismusorientierten und den dem Bergsteigen verbundenen Gruppierungen. Nach der Beschlußfassung in einer außerordentlichen Hauptversammlung der Sektion Austria, die Hütte nach vorliegenden Plänen als Berghotel zu bauen und zu führen und weitgehend mit ERP-Mitteln zu finanzieren, entschied sich auch eine Hauptversammlung des Alpenvereins in Krems 1953, gegen die Meinung des 1. Vorsitzenden Univ. Prof. Dr. Hans Kinzl, für diese Lösung. Damit sei, meinte Kinzl, das Tor für eine neue Hüttenpolitik aufgetan, deren Zukunft vereinsideologisch, kaufmännisch und auch im Hinblick auf den Naturschutz voll ungewisser Risiken sei. Die Entwicklung hat Kinzl recht gegeben.
Für die neue Hütte war ursprünglich der Scheitel des Schafbichl ausgewählt worden. Nach aufwendigen Sprengarbeiten wurde der Hüttenplatz tiefer, in die unmittelbare Nähe der Seilbahn-Bergstation, verlegt. Gründe dafür waren die Wasserversorgung und die Versorgung des Hauses durch die Seilbahn.
Die Größe des Objektes, die entlegene Baustelle mit mangelhafter Bauaufsicht, Transport- und Witterungsprobleme und Geldmangel hatten eine Bauzeit von vier Jahren zur Folge. Dabei leistete Paul Slupetzky als kommender Hüttenpächter vollen Einsatz. Er kam aus der Textilbranche, war vom Projekt fasziniert und griff, schon 54 Jahre alt, mit der Alpenhotel-Idee nach den Sternen. Im Mai 1956 übernahm er das Haus noch im Rohbau zur Fertigstellung. Diese gelang mit viel Mühe bis

Die Hütte Anfang der sechziger Jahre. (Ansichtskarte: Cosy Verlag Salzburg, Archiv Slupetzky)

in den Spätherbst 1958. Noch von werkenden Tischlern umgeben, saß die Ski-Nationalmannschaft nach dem Training im Speisesaal. Im Vergleich zum Barackenaufenthalt war es ein großer Fortschritt.
Erst am 30. Mai 1959 konnte das «Berghotel Weißsee» im Beisein von Landeshauptmann Dr. Josef Klaus, Salzburg, und vielen prominenten Gästen feierlich eröffnet werden. Der als Bergsteiger und Naturliebhaber bekannte Dr. Klaus schrieb ins frisch aufgeschlagene Gästebuch: «30.05.59. Der neuen Rudolfshütte den Geist alten österreichischen Bergsteigerwesens wünscht am Tage der Einweihung

Klaus
Landeshauptmann»

(Aus dem Gästebuch der Familie Slupetzky)

Der Pächter Paul Slupetzky erfuhr dann sehr bald, wie schwierig es war, die gewandelte Rudolfshütte als Berghotel und als Alpenvereinshütte zu führen. Dazu kamen die Einnahmenerwartungen der Sektion, der die weitgehende Fremdfinanzierung des aufwendigen Baues wie ein Mühlstein um den Hals hing. Der Pächter, der mit seiner Familie das Haus führte, war bei den vorprogrammierten Konflikten zwischen Bergsteigern und Hotelgästen, zwischen den Mitarbeitern des Hauses in exponierter Einschicht, zwischen eigenen Vorstellungen und den Auffassungen der Sektion enorm gefordert. Mit der vollen Unterstützung seiner Familie steuerte er das «Flaggschiff», das rasch weitum bekannt wurde, erfolgreich im Trend des neuen Freizeittourismus. Das bis in die Sechzigerjahre konkurrenzlose Angebot, Sommertouristen und Bergsteiger mit der Seilbahn bis in die Gletscherregion hinaufzufahren, sicherte dem Haus einen starken Tagesbesuch. Bestes Trainingsgelände und Schneesicherheit ab dem Spätherbst war ein begehrtes Angebot für die Skirennläufer. Die österreichische und andere Nationalmannschaften wurden so über Jahre hinaus Stammgäste im Hotel Weißsee. Ein Gletscher zum Tauernkogel erhielt den Namen Olympiahang. Schon Toni Sailer, Josl Rieder, Anderl Molterer und Hias Leitner trainierten am Weißsee, wie in der folgenden Generation Karl Schranz, Egon Zimmermann, Pepi Stiegler und andere, die sich mit den Damen wie Traudl Hecher, Christl Haas, Edith Zimmermann auf der Rudolfshütte zuhause fühlten. Prominente Teilnehmer im Kreis der Rennläufer waren Prinz Karim Aga Khan und Prinzessin Irene von Holland. Adabeis und Sportjournalisten machten die Gegend und das Haus weitum bekannt.

Paul Slupetzky bemühte sich, dem nunmehrigen Berghotel neben dem alpin-sportlichen Image auch eine kulturelle Note zu geben. Der musisch begabte Pächter bot in einer Stube im Tiefparterre «die Stunde der klassischen Musik» an, die von den Gästen gut angenommen wurde. Unvergessen blieben die Abende im großen Speisesaal. «Ich erinnere mich noch gut an eine Aufführung der Mondscheinsonate an einem Abend, als tatsächlich im dunklen See durch die großen Fenster das Gebirgspanorama, vom Mondlicht beleuchtet, zu sehen war.» So ein Teilnehmer von damals. Der Versuch, die Rudolfshütte als «Höhenkurort» attraktiv zu machen, war ein Vorläufer der späteren höhenmedizinischen Station im Alpinzentrum. Universitätsprofessor Dr. Reinhold Boller, Wien, schickte Darmerkrankte in das Gebirge, Frau Rosa Slupetzky betreute sie nach den Anweisungen des Arztes und verabreichte eine eigene Diätkost.
Die Zwillingssöhne Heinz und Werner, die noch als Gymnasiasten im elterlichen Betrieb vor allem als Schankburschen mitarbeiten mußten, interessierten sich bald auch wissenschaftlich für das Hochgebirge und begannen seit 1960 die zurückschmelzenden Gletscher genauer zu beobachten. Am Sonnblick- und Ödenwinkl-Kees stellten sie mit Meßmarken die Zungenveränderungen fest. Mit der Dissertation über die Massenbilanzuntersuchungen am Stubacher Sonnblick-Kees verband Heinz Slupetzky wissenschaftliche Neugierde mit einer bis heute währenden Heimatbindung an das Stubachtal.

Mit der Errichtung der Seilbahn auf das Kitzsteinhorn 1966 und weiteren Erschließungen in Saalbach und Gastein gingen die goldenen Jahre des Berghotels Weißsee zu Ende. Pläne der ÖBB, mit einer Seilbahn auf das Hochfilleck das Sonnblick-Kees zu erschließen, wurden nicht mehr weiter verfolgt. Mit dem Besucherrückgang kamen die Probleme des Hauses und

Die Bergstation der Stubach-Weißsee-Seilbahn der ÖBB, die Bergstation der Seilbahn zur Rudolfshütte der Gletscherbahnen Weißsee, das Alpinzentrum, unterhalb der Rest der Lager- und Baubaracken (heute K.-Steinböck-Hütte des Eisenbahner-Sportvereins), vorn die Staumauer Weißsee.
Foto: Heinz Slupetzky, 1997

damit die Auseinandersetzungen zwischen Sektion und Pächter immer stärker zum Vorschein. In seiner zweiten Funktion als Alpenvereinshütte galten auch für das Berghotel die Bestimmungen der Hüttenordnung, wie bevorzugte Aufnahme der Mitglieder, Anrecht der Mitglieder auf halben Nächtigungspreis, auf ein billiges Bergsteigeressen und auf die Möglichkeit der Selbstversorgung mit Speisen und Getränken. Jüngere Besucher machten davon häufig Gebrauch. Diese Entwicklung beeinträchtigte sowohl die Sektions- als auch die Pächtereinnahmen spürbar. Der Pachtvertrag sah eine Umsatzbeteiligung der Sektion von 8% vor, zusätzlich von 90% der Nächtigungsgebühren. Abschlüsse mit Reisebüros waren auf Grund der Hüttenordnung ein weiterer Konfliktpunkt.
Es bedurfte weiterer ähnlicher Fälle bei mechanisch erreichbaren Häusern, bis der Alpenverein eine Kategorisierung (Bewertung) seiner Schutzhütten durchführte und die Hüttenordnung den neuen Kategorien anpaßte. Die drei Hüttentypen sind nach der neuen Ordnung 1983: die alpin bedeutsame, mechanisch nicht erreichbare Schutzhütte, das alpin interessante, für Gruppen- und Familienaufenthalte geeignete, mechanisch erreichbare Berghaus wie die Rudolfshütte und die mechanisch erreichbare, alpin wenig attraktive Hütte in der Funktion eines Berggasthofs.
Als 1964 Tochter und Schwiegersohn Dobcak die Bewirtschaftung übernahmen, kamen zu den schon erwähnten Schwierigkeiten auch noch die Sommer 1965 und 1966 mit außerordentlich schlechtem Wetter. Umsatz und Einnahmen gingen stark zurück. Ab 1969 versuchte Gerti Dobcak nach dem tödlichen Autounfall ihres Gatten Paul das Haus weiterzuführen, mußte jedoch im Oktober 1970 aus familiären Gründen aufgeben. Damit war die Zeit der Familie Slupetzky als Bewirtschafter zu Ende.
Nach einer anschließenden, wenig glücklichen Verpachtung und einem weiteren Pächterwechsel war die Zukunft der Rudolfshütte ernsthaft bedroht.
Die finanzielle Situation der Sektion Austria hatte auch zur Folge, daß wichtige Sanierungsarbeiten, Standardverbesserungen und Einrichtungsergänzungen unterblieben. Das schmucke große Haus begann rasch zu altern. Als Retter in der Not stieg Ende der Siebzigerjahre der Gesamtverein in den Ring. Nun übernahm die Rudolfshütte als Ausbildungszentrum des Österreichischen Alpenvereins (OeAV) ihre dritte Funktion.

Alpinzentrum Rudolfshütte des OeAV – Ein Instrument zur Förderung des Bergsteigens

Der wirtschaftliche Aufstieg ab den Sechzigerjahren, zunehmende Mobilität und vermehrte Freizeit haben den Alpinismus zur Erlebniswelt breiter Volksschichten gemacht. Dabei entwickelten sich eine Vielfalt von Spielformen alpiner Betätigung, die sich die Wirtschaft zunehmend zu Nutzen machte. Diese Breitenwirkung des Bergsteigens war zwangsläufig mit einer wachsenden Zahl von Bergunfällen verbunden, denen mit vermehrter Information und Ausbildung begegnet werden mußte. Der Alpenverein sah sich gefordert wie so oft in der Geschichte des Alpinismus. Vor die Wahl gestellt, seinem Ziel Nummer eins gemäß innovativ zu reagieren oder weite Bereiche des Alpinismus dem Kommerz und den Sportverbänden zu überlassen, entschloß er sich zu einer Alpinoffensive. Der 1. Vorsitzende des DAV, Reinhard Sander, erklärte: «Unser Ziel muß sein:
- Jedes Alpenvereinsmitglied kennt die alpinen Wunder und die alpinen Gefahren;
- weiß sich als Bergwanderer und Bergsteiger richtig zu verhalten;
- kann wenigstens Bergfahrten mit Schwierigkeitsgrad 2 sicher bewältigen.»

Ein utopisches Ziel, mag sein. Allein Utopien sind notwendig, «um dem Trott einen Tritt für den Marsch zu neuen Horizonten zu geben.»
Wastl Mariner, Sachwalter für Bergsteigen und Bergrettung, zugleich ein Pionier des modernen Bergrettungswesens, sah in der Entwicklung der «Soft- und Hardware» für das Bergsteigen, in der Ausbildung der Lehr-, Touren- und Wanderwarte und der Jugendführer die neue Schwerpunktaufgabe in den Sektionen, die der Gesamtverein entsprechend initiieren und fördern müsse. Dieses umfassende Vorhaben bedurfte, so Mariner, eines umfassenden Ausbildungsinstrumentes, eines eigenen, ganzjährig geöffneten, technologisch gut ausgestatteten Hauses in alpin optimaler Lage und eines Lehrkörpers von theoretisch und praktisch hochqualifizierten Ausbildnern. Es war die Vision einer Alpinakademie. Er sah darin auch die Chance, über Mitgliederkreise hinaus im Alpinismus tätige Führungskräfte in Vereinen und Institutionen, so auch Bundesheer und Schulen, eine Aus- und Weiterbildung nach dem neuesten Standard anbieten zu können und damit der Experte und führende Partner in allen alpinistischen Belangen zu werden.
In gegenseitiger Abstimmung berieten Alpin- und Ausbildungsexperten ein Organisationskonzept, Bergführer mit guter Ostalpenkenntnis den optimalen Standort, Baufachleute das Raumkonzept und Vereinsfunktionäre die Einbindung der Sektionen in das Programm, die erforderlichen Mittel und ihre Aufbringung. Intensive Arbeit und Entschlußfreude brachten rasch ein diskussionsreifes Projekt.
Auf der Suche nach dem geeigneten Standort führte eindeutig die Rudolfshütte nach der Kaunergrathütte in den Ötztaler und der Dresdner-Hütte in den Stubaier Alpen. Die Sektion Austria zeigte sich sofort am Projekt interessiert, und auf Grund ihrer finanziellen Lage bot sie dem Gesamtverein das bestehende Haus zum Kauf an. Mit 18 Millionen Schilling

Verkaufserlös war die Sektion Austria von dem finanziellen Würgegriff, der die Sektion zu lähmen drohte, befreit und erlebte unter neuer Führung einen beispielhaften Aufstieg.
Der Standort Weißsee mit Einbeziehung der Rudolfshütte ermöglichte die große Lösung eines Alpinzentrums (AZ), das alle Tätigkeitsbereiche des Alpenvereins in einem umfassenden Konzept vernetzte und die Sektionen als Miteigentümer des Zentrums einband. Auf eine Trägerschaft des DAV und des AVS (Alpenverein Südtirol) mußte aus organisatorischen Gründen verzichtet werden. Beide zeigten aber Interesse an einer engen Partnerschaft.
Noch während der Gespräche mit den Eigentümern der Dresdner Hütte und der Gemeinde Neustift beschloß die Hauptversammlung in Schladming 1976 grundsätzlich, ein Ausbildungszentrum zu errichten. Mit einem Rahmen von 27 Millionen angesparter Mittel erschien eine auf die Ausbildung beschränkte Lösung möglich. Die Verhandlungen im Stubai führten zu keinem Erfolg.
Die Hauptversammlung in Freistadt 1977 befaßte sich dann eingehend mit der großen Lösung Alpinzentrum Rudolfshütte. Damit betrat der Alpenverein, wie schon oft in seiner Geschichte, Neuland, um Entwicklungen im Alpinismus führend mitzusteuern. Die Sektionsleitungen waren vorinformiert, berieten sich im Rahmen der Landesverbände eingehend über das Vorhaben und stellten sich dann als Beschlußorgan dem vom Hauptausschuß vorgelegten Antrag.
Als Vorsitzender war ich von der Richtigkeit des Vorhabens überzeugt und mir auch über die Konsequenzen der Beschlußfassung voll im klaren. In einer offenen und niveauvollen Auseinandersetzung begegneten sich Befürworter, Skeptiker und Gegner. Die Bedenken richteten sich gegen das Eigentum und die Führung einer «Schutzhütte» durch den Gesamtverein, den verstärkten Zentralismus in der Ausbildung und die zu erwartenden hohen Bau- und Folgekosten. Mitentscheidend für die Meinungsbildung war der zusammenfassende Beitrag von Markus Schmuck, Extrem-Expeditionsbergsteiger und Obmann der Sektion Salzburg. In einer knapp gefaßten Analyse des Bergsteigens und der Trends im Alpinismus forderte er notwendige Initiativen im Alpenverein und fand in den Funktionen eines Alpinzentrums eine Voraussetzung dazu. Mit 84% der abgegebenen Stimmen gab die Hauptversammlung der Gesamtvereinsführung den Auftrag, das Projekt Alpinzentrum Rudolfshütte rasch zu verwirklichen.

Funktionen und Organisation des Alpinzentrums, damals als Ziele formuliert

Das AZ befaßt sich mit der Geschichte des Alpinismus, kennt die jeweiligen Erscheinungsformen und beobachtet Trends und weitere Entwicklungen.
Innerhalb des wissenschaftlichen Umfeldes werden Höhen-

Das Alpinzentrum, das Stubachtal und der Madelz-Sessellift. Foto: Heinz Slupetzky

medizin, Hochgebirgsklima und Gletscherforschung in eigenen Stationen betrieben und in Zusammenarbeit mit den Universitäten Salzburg und Innsbruck dem Fachbereich und Alpinismus nutzbar gemacht.
Im Bereich der alpinen Aus- und Weiterbildung erarbeitet das AZ Trainingsprogramme für Grundkurse, Ausbildungskurse im Baukastensystem und Spezialkurse. Besonderes Augenmerk wird dabei auf eine erprobte Didaktik in Verbindung von Theorie und Praxis gelegt. Dazu gehören auch ein kameradschaftlicher Umgang zwischen Führer und Geführten, zwischen Mitarbeitern und Mitgliedern.
Im Zusammenhang mit dem Alpinismus stehen aktuelle Themen aus den Bereichen Wege und Hütten, Ver- und Entsorgung, Bauen im Hochgebirge, alpine Raumordnung, Natur- und Umweltschutz. Das AZ bietet sich zur Durchführung von Symposien, Tagungen, Seminaren und für Projektarbeit in diesen Themenbereichen optimal an. Die Ausbildungskurse werden zielgruppenorientiert angeboten.
Als Ausbildungshaus steht das AZ allen AV Sektionen für die Durchführung von eigenen Kursen und Veranstaltungen zur Verfügung. Auf Wunsch werden ihnen auch die erforderlichen Fachkräfte vermittelt.
Bevorzugte Gäste sind Ausbildungskurse des DAV-Summit Club und des AVS.
So weit noch Plätze frei sind, nimmt das AZ auch Gruppen von anderen Institutionen auf, die Hochgebirgsforschung betreiben oder Alpinausbildung durchführen.
Eine vermehrte Funktionärsausbildung wird den vielen in den Sektionsausschüssen tätigen Mitarbeitern in den Inhalten Menschenführung, Vereinsmanagement, Öffentlichkeitsarbeit u. v. m. angeboten.
Dabei lernen diese ehrenamtlichen Mitarbeiter das Haus und seine Aufgabenbereiche kennen und schätzen.
Der adaptierten Rudolfshütte bleibt auch die Schutzhüttenfunktion. Bergwanderer und Bergsteiger werden die Betreuung erfahren, die einem gut geführten Schutzhaus entspricht. Tagesgäste werden in einem eigenen Gastraum versorgt.
Das Organisationskonzept sah die Einbindung des AZ in den Sachbereich Bergsteigen des Gesamtvereins vor. Der Sachwalter für Bergsteigen ist damit für das AZ dem Verwaltungsausschuß gegenüber verantwortlich. Die kaufmännische Führung des Hauses wird vom Schatzmeister des Gesamtvereins und seinen Rechnungsprüfern kontrolliert.
Das AZ selbst wird von einer qualifizierten Führungskraft geleitet, die sowohl für den Veranstaltungsbereich als auch für die kaufmännischen Führung des Hauses kompetent ist. Als Alternative war ursprünglich die Trennung der beiden Aufgabenbereiche vorgesehen. Die Mitarbeiter im Bildungsbereich, Referenten, Kursleiter und Projektleiter werden möglichst aus dem großen Expertenreservoir des OeAV genommen.
Mit der detaillierten Planung bei Vorgabe des Programmes sollte nicht der häufige Fehler wiederholt werden, nach groben Zielvorstellungen ein Objekt zu errichten, dessen Mängel im Detail nach der Inbetriebnahme zum Problem würden.

Das Alpinzentrum – ein Modell für gutes Bauen im Gebirge

Die beschlossene große Lösung mit Sanierung und baulicher Erweiterung der Rudolfshütte verlangte eine von der Planung und Bauqualität her optimale Lösung. Ein begrenzter Architektenwettbewerb sollte diesem Ziel nahe kommen. Die Planung der Architektengemeinschaft Heinz, Mathoi, Streli entsprach am besten den Vorstellungen der Jury. Arch. DI Jörg Streli, Ansprechpartner für den OeAV, hatte sich eingehend mit dem Problem Bauen im Hochgebirge auseinandergesetzt und nach der Auftragserteilung in vielen intensiven Gesprächen seine Planung begründet und mit den Wünschen des Bauherren auch im Detail abgestimmt.
In seinem Beitrag «Gedanken zum Bauen im Hochgebirge» in den OeAV-Mitteilungen 1979 9/10 erklärte Streli unter anderem: «Wie soll ein Bauwerk in der gewaltigen, enorme optische Reize ausstrahlenden Hochgebirgswelt aussehen? Soll es sich so weit als möglich anpassen, einfügen, geradezu verstecken? (Tarnarchitektur). Oder soll es sich bewußt als Gegensatz zur Landschaft als künstliches oder besser künstlerisches Zeichen menschlichen Geistes in der natürlichen Landschaft zeigen. (Kontrapunkt) [...] Bauen war immer zentrale Aussage menschlichen Geistes, Bauen war immer etwas äußerst Künstliches, auch wenn unter 'natürlichen' Bedingungen mit den Materialien der Umgebung gearbeitet wurde. Bauen hat immer die Natur ausgenützt und die Natur verändert. Derart sind auch unsere vielgeliebten Kulturlandschaften entstanden.
Wie baue ich im Hochgebirge, in der Urlandschaft, ohne Anschlußzwänge? Ich glaube, der Mensch sollte sich so verhalten, wie er es immer getan hat. Einerseits der Landschaft, in der gebaut wird, so wenig als möglich von ihrem Spezifischen zu nehmen und andererseits eine Aussage zu verbinden, die das Charakteristische der Schutzhütte formal zum Ausdruck bringt:
- Die extremen klimatischen Bedingungen
- Die Einmaligkeit und den Reiz der topographischen Situation
- Die verfügbaren Baustoffe
- Die Funktion der Hütte als Signal- und Orientierungszeichen
- Als Ort der Zuflucht und Geborgenheit vor der rauhen Natur
- Als gesellschaftlicher Treffpunkt und als Kommunikationsraum in der Einsamkeit
- Als Erholungs- und Regenerationsbereich.

Wie das Ergebnis auszusehen hat, ist nirgends festgelegt. Neue

Aufgaben verlangen neue Aussagen [...] Die Entwurfsüberlegungen waren: Das Alpinzentrum ist kein Neubau, sondern eine Erweiterung der bestehenden Rudolfshütte. Diese wurde in den Fünfzigerjahren, jedoch im Architekturgeist der Dreißigerjahre, gestaltet. Sie gefiel uns recht gut, die Proportionen jedoch erschienen uns zu hoch, der Baukörper zu klotzig. So war es unserer Meinung nach logisch, die bestehende Bauform weiterzuführen, jedoch durch 'kühnen Schwung' einerseits Sonne und Aussicht besser als im Altbau einzufangen und andererseits die Geländeform aufzunehmen. Somit ergab sich die Chance, die Proportionen zu verbessern und die Baumasse lagerhaft auf dem Felsrücken anzulegen. Die wesentlichen architektonischen Elemente des Altbaues wurden belassen und auch im Neubau übernommen, jedoch in eine zeitgemäße Sprache übersetzt. So verschmilzt in der Baumasse Alt und Neu zu einem einheitlichen Ganzen, in der Ausbildung der formalen Details wird differenziert, damit bleibt ablesbar, was einst und jetzt entstanden ist.

Auch im Inneren sollte der Bestimmungswandel – aus einer Schutzhütte wird eine alpine Ausbildungs- und Forschungsstätte – zum Ausdruck gebracht werden. Das Herzstück bildet die zentrale Halle, die dem Besucher schon beim Eintritt signalisiert, daß er hier an Ort und Stelle mitten im Hochgebirge in einer Ausbildungsstätte mit allen notwendigen Einrichtungen wie Lehrsäle, Labors, 12 Meter hohe Kletterwand etc. nach dem letzten Stand der Alpintechnik unterrichtet werden soll. So kann auch bei Schlechtwetter in der vielfäl-

Das Alpinzentrum in voller Pracht.
Foto: Hans Gregoritsch

tigen Innenzone in Zusammenhang mit den Gemeinschafts- und Lehrräumen dem Besucher ein vielfältiges Programm geboten werden, sogar in der Kombination von Theorie und Praxis.»

Der kühne Zeitplan – Errichtung des Rohbaues von März bis Wintereinbruch 1978, Fertigstellung und Einrichtung des Hauses bis Spätherbst 1979 – erforderte einen Kraftakt. Die Organisation und die Bauleitung übernahm Günther Grausgruber, ein Organisationstalent mit Bauerfahrung. Firmen aus dem Pinzgau und aus Osttirol leisteten vorzügliche Arbeit. Bauseits wurden qualifizierte Arbeiter mit Hochgebirgserfahrung, überwiegend aus dem Iseltal, beigestellt, die den Kern des späteren Alpenvereins-Bauhofes bildeten. Dieser sanierte neben anderen die Oberwalder, Kürsinger und Hofpürgl-Hütte und das Peilsteinhaus als Trabanten um das Alpinzentrum, in denen in Abstimmung mit dem AZ vermehrt Ausbildungskurse durchgeführt werden sollten.

Schon bei den Vorsprachen und bei der Bauverhandlung Mitte März zeigten die Gemeinde, die Bezirkshauptmannschaft und die ÖBB ihre positive Einstellung zum Bauvorhaben. Die dabei in Aussicht gestellte Unterstützung, insbesondere durch den Bürgermeister von Uttendorf, Kurt Maier, erfuhr das Projekt in vielerlei Hinsicht konkrete Hilfen. Am 16. Juni 1978, es war ein verregneter und kalter Samstagnachmittag, nahm Handelsminister Dr. Josef Staribacher symbolisch durch eine Felssprengung den Spatenstich vor. Zu dieser Zeit liefen die Vorbereitungen bereits auf vollen Touren. Für die Lieferung des Baumaterials, besonders des benötigten Sandes, mußte eine eigene, leistungsfähige Materialseilbahn vom Tauernmoossee hinauf zur Baustelle errichtet werden. Ein Bravourstück war dann der Transport einer Raupe von 20 Tonnen vom Tauernmoossee über das steile felsige Gelände. Ein Baukran (30 Meter) und die dazu passende Mischanlage, Gerüst und Schalungsmaterial komplettierten die Baustelle. Inzwischen war die Baugrube, ca. 2500 Kubikmeter Fels, ausgesprengt worden, und am 11. August ließ der Maschinist stolz die erste Betonmischung in den Krankübel laufen. Unter enormem Zeitdruck, von Schlechtwettereinbrüchen behindert, aber von einem nicht zu brechenden Einsatzwillen beseelt, zogen die zwei Dutzend Arbeiter Stockwerk um Stockwerk der Dachgleiche zu. Die Materialseilbahn kam drei Monate nicht mehr zum Stillstand. Tag und Nacht hörte man das monotone Rauschen der Laufrollen. 3000 Kubikmeter Schotter, 100.000 kg Betoneisen, 12.500 Säcke Zement, um nur einiges zu nennen, mußten in der kurzen Zeit befördert werden. Müde und ausgefroren vom scharfen Wind, waren die Leute heilfroh, nach Arbeitsschluß, meistens schon spät in der Nacht, das Abendessen stillschweigend einzunehmen. Für eine Kartenrunde war niemand in Stimmung. Architekt und Bauleiter sagten mir mehrfach, ein solche Identifikation der Arbeiter mit ihrem Bau habe Seltenheitswert. Mein Gedanke dabei: «Wenn bloß auch der Bauherr, Gesamtverein und Sektionen sich nach Fertigstellung ähnlich mit dem Alpinzentrum identifizieren!»

Das Durchhalten hatte sich gelohnt. Am 25. November 1978 wurde unter dem stummen Jubel der Arbeiter, des Architekten und der Vereinsvertreter die Alpenvereinsfahne mit Zierbändern als symbolischer Firstbaum am Giebel des Hauses angebracht. Das gesetzte Ziel war erreicht, ein kurzer Winterurlaub für alle Beteiligten verdient.

Nach sorgfältiger Vorbereitung wurde bereits Mitte Feber 1979 mit dem Innenausbau begonnen. Besonderes Augenmerk wurde auf die Wärmerückgewinnung aus der Abluft von Hallenbad und Sauna gelegt. Eine bestmögliche Außen- und Innenisolierung sollte die Heizkosten mit elektrischem Strom so weitgehend drosseln.

Weit umfangreicher als angenommen waren die Sanierungsarbeiten an der alten Rudolfshütte. Zur notwendigen Kellererweiterung kamen der Austausch aller Fenster, die Neuinstallierung von Heizung, Wasser und Strom und neue Raumeinteilungen, die aus Alt- und Neubau eine funktionierende Einheit schufen.

Mit 20.000 Kubikmeter umbautem Raum verfügte das Alpinzentrum nun über folgende Räumlichkeiten:
5 Laborräume für Höhenmedizin, Meteorologie, Lawinen- und Gletscherforschung, Halle mit 12 m hoher Kletterwand, 2 Lehrsäle mit audiovisuellen Einrichtungen, Bücherei, 2 Jugendräume, Kinderspielraum, Tischtennisraum, Fitnessraum an Stelle des ursprünglichen Hallenbades und der Sauna, 3 Speisesäle für Hausgäste mit 200 Sitzplätzen, ein Speisesaal für Tagesgäste mit 250 Sitzplätzen, 33 Zimmer mit Dusche und WC, 27 Zimmer mit Fließwasser, ein Lager für 20 Personen, ein Notlager für 20 Personen, 3 Kleinwohnungen und 16 Personalzimmer.

Das Haus verfügt insgesamt über 214 Betten und 40 Lager. Die Gesamtkosten der Errichtung des Alpinzentrums beliefen sich auf 18 Millionen Schilling für den Kauf der Rudolfshütte und auf rund 62 Millionen Schilling für die Sanierung der Rudolfshütte, den Zubau und die Einrichtung.

Eröffnung und Inbetriebnahme des Alpinzentrums

Knapp vor Weihnachten, am 19. Dezember 1979, war es soweit. Das Alpinzentrum Rudolfshütte wurde feierlich eröffnet. Wie so häufig bei solchen Festen: Am Samstag Vormittag wurde noch eifrigst geputzt. Die zu früh gekommenen Gäste halfen dabei bewundernswert mit. Am Nachmittag traf schon viel Prominenz, allen voran der Herr Bundespräsident Dr. Rudolf Kirchschläger mit seiner Frau und der Präsident der Naturfreunde Österreichs, Dr. Heinz Fischer, ein. Nach einem Empfang und Grußworten in der Halle und einem gemütlichen Abendessen saßen die Gäste in bester Stimmung bis tief in den Abend hinein. Unter den Freunden in guter Nachbar-

schaft war auch Prof. Fritz Morawec, der Leiter der Hochgebirgsschule Glockner-Kaprun der Naturfreunde im benachbarten Kaprunertal.

War das Haus schon am Abend ausgebucht gewesen, kamen am nächsten Morgen, mit Böllerschüssen begrüßt, wieder eine stattliche Zahl von Gästen aus Salzburg, einschließlich des Landeshauptmannes Dr. Wilfried Haslauer. Neben viel politischer Prominenz waren auch die alpinen Vereine, insbesondere der Deutsche Alpenverein und der Alpenverein Südtirol mit ihren Vorsitzenden und Abordnungen vertreten. Höhepunkt des Festaktes war die Ansprache von Akad. Prof. Dr. Reinhold Stecher, dem späteren «Bergsteigerbischof» von Tirol. «Die Botschaft der Berge», wie Stecher sie auch in seinem Buch interpretierte, traf mit ihrem transzendentalen Bezug auch voll die Werthaltungen des Alpenvereins. Die Wünsche in den Grußbotschaften gingen in ähnliche Richtung: Das Haus möge seine hochgesteckten Ziele, Menschen, vor allem junge Menschen, befähigen, mit der rechten Einstellung und dem notwendigen Können, mit Seil- und Gruppenkameraden solidarisch, den Berg in seiner Schönheit und Herausforderung heil zu erleben.

Der Eröffnung folgte rasch die volle Besetzung des Hauses im ersten Winterbetrieb.

Die Gründererfahrung, daß es leichter ist, in einem Kraftakt ein Bauwerk zu errichten, als es dann seiner Bestimmung entsprechend erfolgreich zu führen, war den Initiatoren des Alpinzentrums wohlbekannt. Noch während der Bauzeit wurde das Management für das neue Haus geplant und die

Kastengrat und Eiskögele vom Mandelzkopf.
Foto: Heinz Slupetzky

Stelle des Leiters nach einem Anforderungsprofil ausgeschrieben. Zu hohe Qualifikationsanforderungen und wohl auch die extreme Lage des ganzjährig geöffneten Hauses bewogen mehrere bekannte Bergsteiger, von der Bewerbung Abstand zu nehmen. Schließlich war der Wunschkandidat in der Person von Doz. Dr. Kurt Jeschke von der Universität Innsbruck, Bergführer und erfahrener Alpinausbildner, gefunden. Knapp vor seinem Dienstantritt kam die Nachricht: Kurt Jeschke ist am Berglasferner im Stubai tödlich verunglückt. Sie traf die verantwortlichen Funktionäre äußerst hart, begrub sie doch vorerst die hochgesteckte Konzeption für das AZ, die Programmgestaltung und die Geschäftsführung in eine Hand zu legen.

Zu zweit übernahmen mit der Eröffnung Günther Grausgruber und ab 1981 Reinhold Schmuck die Geschäftsführung. Beide meisterten mit viel Einsatz die Startprobleme und Kinderkrankheiten der Einführungsphase. Den Ausbildungsbereich betreute Wolfgang Nairz, als hauptamtlicher Alpinreferent in der Gesamtvereinsleitung in Innsbruck. Als Feuerwehr bei auftretenden Problemen war der 2. Vorsitzende des AV, Gedeon Kofler, immer wieder im Einsatz. Es war die Fortsetzung seines großen Engagements bei der Planung und beim Bau des AZ.

Die geglückte Inbetriebnahme verdeckte nicht die Stolpersteine, die das AZ mühsam aus dem Weg zu räumen hatte. Die Vorbehalte, die es schon bei der Beschlußfassung zum Bau gegeben hatte, hielten sich weiter und verhinderten die volle Identifikation mit dem AZ und seinem Programm bei einem zwar kleinen, aber sich häufig kritisch äußernden Teil von Mitgliedern, Sektionsfunktionären, aber auch einzelnen Gesamtvereinsvertretern. Stark Naturschutzorientierte sprachen von einem «Monsterbau». Verstärkt in dieses Horn stießen Kraftwerks- und Erschließungsbetreiber, um ihre Projekte zu rechtfertigen. Hüttenbesitzende Sektionen, deren Beihilfewünsche an den Gesamtverein nicht voll erfüllt wurden, kritisierten die Baukosten und die Abgänge, die durch die hohen Abschreibungsbeträge ausgewiesen wurden. Dazu kam die Konkurrenzangst, das AZ nehme anderen Hochgebirgshütten traditionelle Kurse weg. Die Aussagen über das Programm und die Führung des AZ waren dabei durchwegs positiv. Die Inanspruchnahme des AZ durch die Sektionen ließ jedoch zu wünschen übrig.

Ein überraschender Störfaktor für den Betrieb des AZ kam Ende der Achtzigerjahre von außen. Die Nabelschnur der Versorgung des Hauses, die neue Umlaufseilbahn, drohte zu reißen. Der sehr aktive Bürgermeister von Uttendorf, Nat. Rat. Kurt Maier, hatte mit Unterstützung der zuständigen Ministerien den Neubau einer Umlaufseilbahn vom Enzingerboden zur Rudolfshütte mit einer Mittelstation oberhalb des Grünsees erreicht. Am 25. März 1983 wurde sie eröffnet. Ein Sessellift bis zum Fuß des Medelzkopfes auf einer Höhe von 2560 m Höhe erweiterte das Skiangebot für Tagesgäste. Die Investitionen sollten vor allem einen vermehrten Winterbesuch in die Region bringen. Die Betriebsabgänge der Seilbahn führten zu einem Verkauf an die Silvretta Nova Seilbahngesellschaft. Überlegungen, sie ab- und in ein frequentierteres Skigebiet zu übertragen, verunsicherten den Betrieb des AZ kurzfristig so weit, daß Überlegungen über einen möglichen Rückbau ins Gespräch kamen. Die regionalen Tourismusinteressen, hinter denen auch das Land Salzburg stand, und auch Interventionen des OeAV Vorsitzenden Univ. Prof. Dr. Christian Smekal sicherten dann doch den Betrieb der Seilbahn.

Das Alpinzentrum, eine Visitenkarte des Alpenvereins

Mit der Wintersaison 1985 übernahm Hans Gregoritsch mit seiner Frau Christine die Leitung des Alpinzentrums. Als Bergführer und Alpinausbildner verfügte Gregoritsch über die theoretischen und praktischen Kenntnisse für den Veranstaltungsbereich des AZ. Seine Managementerfahrung befähigten ihn auch für die Geschäftsführung des Hauses. Dazu besitzt der nunmehrige Leiter die Lern- und Innovationsfreude, die eine erfolgreiche Bildungshausführung verlangt. 15 Jahre voller Einsatz haben das AZ betriebswirtschaftlich auf eine solide Basis gestellt. Der wirtschaftliche Erfolg zeigt sich heute in den Mittelwerten:

Besuchernächtigungen jährlich	23.000
Davon 90% AV Mitglieder	
Tagesbesucher jährlich	31.000
Jährlicher Umsatz	ATS 14,500.000
Ertrag ohne Abschreibung	ATS 500.000
Investitionen für Verschindelungen u.a.	ATS 3,500.000
Rücklagen für bevorstehende Sanierungs-Erfordernisse, weitere Verschindelung, Sanierung der Kläranlage u.a.	ATS 5,000.000

Wenn man die finanziellen Abgänge von Bildungshäusern kennt, ist die Geschäftsführung des AZ sehr erfolgreich.

Mit nur 14 Angestellten im Sommer und 17 Mitarbeitern im Winterhalbjahr, bei relativ wenig Personalfluktuation, hat das AZ einen optimalen Mitarbeitereinsatz.

Im Forschungs- und Bildungsbereich bleibt eine Erfolgskontrolle in Zahlen immer eine halbe Aussage. Die Qualität einer Veranstaltung oder einer wissenschaftlichen Untersuchung und der dabei erzielte Nutzen lassen sich schwer in Zahlen fassen. Kenner des AZ-Programmes sind überzeugt, daß die Entwicklung in den zwei Jahrzehnten die anspruchsvollen Zielsetzungen im wesentlichen erreicht hat.

Hier ist nur Raum, die inhaltlichen Schwerpunkte in verschiedenen Veranstaltungsbereichen kurz aufzuzählen.

Im Bereich Wissenschaft und Forschung führt die höhenmedizinische Station, vom Sachwalter für Höhenmedizin

und Bergrettung betreut, Einzel- und Gruppenuntersuchungen über den Leistungszustand durch und überprüft den Erfolg von Trainingsprogrammen. Eigene Arbeiten untersuchen die Einwirkungen der Klimafaktoren des Hochgebirges auf den Menschen. International besuchte Symposien und Tagungen befassen sich mit Spezialfragen aus diesem Bereich.

Der besonders für den Wintersport wichtige Forschungs- und Dokumentationsbereich «Sicherheit am Berg» veranstaltet Fachtagungen mit Experten für Ärzte und in der Bergrettung Tätige.

Mit der Erweiterung der Rudolfshütte zum AZ bot sich für die Gletscher- und Hochgebirgsforschung die Möglichkeit, mit der Anmietung von zwei Räumen durch die Universität Salzburg die Aktivitäten auf eine neue Basis zu stellen. Dazu zählt auch die auf Anregung von Heinz Slupetzky von der Zentralanstalt für Meteorologie in Wien errichtete, ganzjährig betriebene Wetterstation. Allein damit erlangte die Rudolfshütte allgemeine Bekanntheit. Die Massenbilanz des Stubacher Sonnblick-Kees ist zu einer internationalen Standardreihe geworden. Universitäre Lehrveranstaltungen und Kurse, Tagungen, Forschungsprojekte, Lehrerfortbildung zählen zu den laufenden Aufgaben. Ein wichtiger Beitrag wird zur Nationalparkforschung geleistet und zur Umsetzung im Rahmen der Bildungsaufgaben des Nationalparkes, wie etwa bei der Anlage von Gletscherlehrwegen. Die häufige Medienpräsenz hat das Weißseegebiet und seine Gletscher weiter bekannt gemacht. Für die Fachwelt der Glaziologen ist das Sonnblick-Kees ein Begriff geworden.

Dem Bereich Bergsteigen in all seinen Ausformungen gelten die Hauptangebote des AZ. Die große Mehrzahl der Veranstaltungen sind Grund- und Spezialkurse für Gehen in Fels und Eis, für Sportklettern bis zu Eisfallklettern. Oft lernen und trainieren drei bis vier Kurse nebeneinander, ohne sich im Haus oder Gelände bei der Ausbildung zu behindern. Häufigster Kursveranstalter ist der Summit Club des DAV. Die Kletterwand im Haus und die Unterrichtstechnologie in den

Lehrsälen sind dabei besonders für Schlechtwettertage unersetzbar.
Vorrang in der Alpinausbildung haben Aus- und Weiterbildungskurse und Tagungen für die Ausbildung der Lehrwarte, Touren- und Wanderwarte, Jugendführer und Betreuer von Familien- Wander- und Bergferienwochen. Eigene Fachtagungen befassen sich mit den theoretischen Erkenntnissen und der laufenden Entwicklung im alpintechnischen und Ausrüstungsbereich. Zeitgemäße Didaktik, neue Lehr- und Lernmethoden und auch Rechtsfragen sind weitere Inhalte in diesem Bereich.
Die Aus- und Weiterbildung haupt- und ehrenamtlicher Sektionsfunktionäre im Vereinsmanagement, im Umgang mit Mitarbeitern und Mitgliedern und in der Wahrnehmung der Öffentlichkeitsarbeit werden gerne im AZ durchgeführt, so weit sie vom Gesamtverein zentral ausgeschrieben sind.
In guter Alpenvereinstradition hat das AZ inzwischen auch ein Kulturprogramm entwickelt, das dem Haus Teilnehmer aus neuen gesellschaftlichen Schichten bringt. Österreichweite Bekanntheit haben die Malersymposien und Künstlerwochen. Musiktage der Camerata Academica des Mozarteums in Salzburg bringen Künstler aus dem urbanen Leben in die Stille und oft auch in den Sturm der unbekannten Hochgebirgswelt.
Exklusivcharakter haben Kreativwochen und Mitarbeiterseminare für Führungskräfte.
Dieses bunte, dabei seriöse Programm wird zum Teil in Zusammenarbeit mit den Sachwaltern und Referatsleitern im Gesamtverein unter Heranziehung von Experten und bewährten Kursleitern durchgeführt. Dazu kommen Veranstaltungen in Kooperation mit Verbänden und Institutionen, häufig aber ist das AZ mit seinen Dienstleistungen Gastgeber für Veranstalter.
Die Grundidee, mit ein eigenem kleinen Lehrkörper von inhaltlich und didaktisch qualifizierten Alpindozenten dem AZ Akademiecharkter zu geben, ist vorerst ein Zukunftstraum geblieben.
Veranstalter und Teilnehmer der mehrtägigen, oft über eine Woche laufenden Veranstaltungen schätzen das AZ in seinem Beherbergungs- und gastronomischen Standard, noch mehr aber in seinem Raum- und technologischen Ausstattungsangebot. Ein gewisser Mittelpunkt, auch in der Kommunikation, ist die Kletterwand in der Halle, vom englischen Alpinexperten Scone geplant, ein Trainings-Freizeitangebot unter Dach. Das Haus entspricht nach zwanzigjähriger voller Inanspruchnahme immer noch den Anforderungen gültiger Standards für ein Bildungszentrum und gibt damit einer weitschauenden Planung recht. Dazu gehören auch die Hygiene- und Komfortangebote von Zweibettzimmern, Naßzellen, Sauna und Fitnessraum. Die öfter geäußerte Kritik, vor allem von jüngeren Mitgliedern, über zu viel Aufwand und Komfort im Zeitalter einer Rückkehr zur einfachen Hütte, übersieht oder kennt nicht die Funktionen und damit die Anforderungen an ein Bildungshaus.
In der Doppelfunktion, neben dem Ausbildungsbereich auch eine gut geführte Schutzhütte zu sein, geht es dem Alpinzentrum durch gute Raumtrennungsmöglichkeiten besser als dem seinerzeitigen «Alpenhotel Weißsee» mit den Trainingskursen der Skinationalmannschaft. Einfache Zimmer, Lager und Selbstversorgerraum haben auch im AZ Schutzhüttencharakter.
Die Rudolfshütte ist überdies ein Tor zum Nationalpark Hohe Tauern. Nur einige hundert Meter westlich zum Sonnblick-Kees oder ostseitig in den Ödenwinkel betritt der Besucher die Kernzone des Parks, alpines Urland in seinen schönsten Ausformungen. In der neuen Funktion bietet das AZ Informationen, Führungen und fallweise auch naturkundliche Veranstaltungen an. Ihm obliegt auch die Betreuung der Lehrpfade.
Das Alpinzentrum Rudolfshütte hat heute in der alpinen Welt einen hohen Bekanntheitsgrad. Mehrfach haben sich auch Vertreter der Europäischen Alpinen Vereine zu Gesprächen hier getroffen.
Nach einer Konferenz der Präsidenten der großen hüttenbesitzenden Vereine, es war ein Schönwetternachmittag mit leuchtendem Firn und wandernden Spiegelbildern im Weißsee, sagte einer der «Häuptlinge»: «Ein Haus in dieser Lage, in dieser Ausstattung, gibt's nicht wieder in den Alpen, es ist eine Visitenkarte für den Österreichischen Alpenverein.»

Literatur

Ehm, Eckard: Hütten und Wege des Alpenvereins, Symposion 1979, Bericht OeAV Innsbruck.

Emmer, Johannes: Die Geschichte des Deutschen und Österr. Alpenvereins, Zeitschrift des D u. OeAV, Berlin 1894.

Hanke, Hans: 100 Jahre Österr. Alpenverein, 1862–1962, Österr. Alpenverein Innsbruck 1962.

Hofmann, Carl: Aus der Glocknergruppe, Hochtourist 1870.

Hofmann, E.F.: Zwei Bergkameraden – Johann Stüdls und Carl Hofmanns Erschließungsarbeit, Jahrbuch D u. OeAV 1929.

Moriggl, Johannes: Zehn Jahre Vereinsgeschichte, 1918–1929, Zeitschrift des D u. OeAV 1929.

Moriggl, Johannes: Hütten- und Wegebau, Zeitschrift des D u. OeAV 1919.

Lahnsteiner, Josef: Oberpinzgau von Krimml bis Kaprun, Eigenverlag, Hollersbach 1965.

Oberwalder, Louis: Johann Stüdl, Alpenvereinsjahrbuch 1983.

Oberwalder, Louis: Die Erschließung der Alpen durch den Alpenverein. Laufener Seminarbeiträge 9/98, Bayerische Akademie für Naturschutz und Landschaftspflege.

Plott, Adalbert, Prag: Unsere Hütten, Festschrift zum sechzigjährigen Bestehen des Deutschen Alpenvereins Prag, 1870–1930, Prag 1930.

Purtscheller, Ludwig: Die Granatspitzgruppe, in: Der Hochtourist, Bibliographisches Institut, Leipzig 1928.

Slupetzky, Heinz: Die alte Rudolfshütte, Festschrift 100 Jahre Rudolfshütte 1875–1975, Austria Nachrichten 1975/8.

Slupetzky, Heinz: Von der Hütte zum Alpinzentrum, aus der Geschichte der alten Rudolfshütte, Mitteilungen des OeAV 4/5 99.

Streli, Jörg: Gedanken zum Bauen im Gebirge, Mitteilungen OeAV, 9/10 1979.

Chronist von dreißig Jahren Zeitgeist

Elmar Landes im Ruhestand. Von Helmuth Zebhauser

Für die periodischen Veröffentlichungen der deutschsprachigen, ostalpinen Alpenvereine wurden am 19.11.1862 entscheidende Richtlinien festgelegt. Sie gelten bis heute. Bei der Gründung des ÖAV wurde bestimmt, der Zweck des Vereins solle durch Publikationen erreicht werden, nämlich die Kenntnis der Alpen zu verbreiten und zu erweitern, die Liebe zu ihnen zu fördern und ihre Bereisung zu erleichtern.
Drei Richtpunkte gab es von Anfang an im formierten Alpinismus des deutschen Sprachbereichs: Einen wissenschaftlichen, einen ästhetischen und einen praktischen. Mit den ersten «Mitteilungen» des ÖAV waren im Grunde schon für über hundert Jahre die zwei wesentlichen Publikationen der deutschsprachigen Alpenvereine geschaffen: Das Jahrbuch, welches unmittelbar aus diesen «Mitteilungen» hervorging, und die späteren «Mitteilungen», die nachgegründet wurden und denen dann die ursprüngliche Bezeichnung zufiel.
1869 wurde die Zeitschrift des DAV gegründet. Sie verband sich mit dem Jahrbuch des ÖAV 1872 zur Zeitschrift des DuÖAV.
Das alles ist weithin bekannt. Aber zum Thema dieses Aufsatzes muß es in Erinnerung gerufen werden. Denn aus diesen Anfängen rührt die Aufgabe, der sich 1950 bei der Wiedergründung des Deutschen Alpenvereins und der Gründung einer separaten Publikation «Mitteilungen» des DAV die Herausgeber und Schriftleiter wie selbstverständlich unterzogen.

Heute nun, während einer gründlichen Neuorientierung der Publikationen des DAV und aus dem ehrenvollen, aber auch einschneidenden Anlaß des Ausscheidens des Schriftleiters des DAV, Elmar Landes, der in den Ruhestand getreten ist, lohnt sich die Rückbesinnung. Elmar Landes war für den Deutschen Alpenverein der Redakteur des Jahrbuches. (Der ÖAV und der DAV wechseln sich in unserer Zeit von Jahr zu Jahr in der Schriftleitung und der Herstellung des Jahrbuches ab). Landes war darüber hinaus seit 1970 als Schriftleiter des DAV auch der ständig wirkende verantwortliche Redakteur der «Mitteilungen» des DAV.
In den letzten fünfzig Jahren haben zwei Männer die Publikationen des DAV im Sinn der alten Aufgabenstellung fortgeführt und immer wieder zeitgemäß geprägt: Fritz Schmitt ab 1950 und Elmar Landes ab 1970.
Elmar Landes wurde am 9.1.1936 in Ingolstadt geboren, ging dort in die Volksschule und auf das humanistische Gymnasium. 1954 machte er das Abitur. Er hätte gern Germanistik studiert, aber der Vater wünschte ein Architekturstudium. Landes ließ dann doch seiner Neigung freien Lauf, verbummelte nach dem Vordiplom die Architektur, hörte lieber an der Uni Vorlesungen über Literatur und Philosophie. Er schlug sich mit Entwürfen und Bauplänen für das elterliche Architekturbüro durch. Das Kletterheim Aicha bei Konstein (Sektion Ansbach) war eine dieser Arbeiten. Daneben schrieb er Texte für Alpinzeitschriften und gelegentlich auch für Tageszeitungen.
Der Geschäftsführer des DAV, damals Günter Hauser, hielt Landes für einen Wolkenschweber, bot ihm aber dennoch die Redaktion der «Mitteilungen» an.
1970 trat Landes in die Redaktionsarbeit beim DAV ein, lernte seine spätere Frau Marianne kennen und verband sich mit ihr zum Redaktionsteam und fürs Leben. Die beiden haben lautlos, reibungslos und ungewöhnlich präzis zusammengearbeitet. Zur Bestätigung des begonnenen Auftrages wurde er im Oktober 1970 von der Hauptversammlung in Regensburg, wie es die Satzung vorschreibt, zum Schriftleiter bestellt. Seitdem lagen die «Mitteilungen» und auch viele Jahrbücher in seinen Händen.
168 Hefte der «Mitteilungen» des Deutschen Alpenvereins, d.h. die gesamte periodische Öffentlichkeitsarbeit des Vereins über 25 Jahre hin hat Landes entworfen, bearbeitet, gestaltet und zum Druck gebracht. Genau gesagt, waren es 173 Hefte, denn fünf erste bearbeitete er bereits, obgleich sie noch unter Hausers Verantwortung liefen.
Elmar Landes steht in der rühmlichen Reihe jener Männer, die sich von Trautwein über Heinrich Heß, Johannes Emmer, Hans Barth bis zu Fritz Schmitt um die Verbreitung der Kenntnis von den Gebirgen ehrenvoll verdient gemacht haben.
Landes dachte zurück und voraus. Herkunftsvergessen war er nie. Bei aller Aufgeschlossenheit für neue Trends der Gegenwart, für zukunftsfreudige Entwicklungen wußte er immer auch an die Stationen der Entwicklung des Alpenvereins zu erinnern. Er ließ wichtige historische Ereignisse beschreiben und würdigen – und griff immer wieder selbst zur Feder, um

an Gestalten und Vorgänge, die wesentlich für den damaligen und heutigen Zustand des Alpenvereins waren, zu erinnern. Wer weiß schon, welche wichtige Rolle etwa Herr von Sydow einst spielte oder wer Hofrat Busch war und was der DAV dessen Initiative und Hartnäckigkeit verdankt, nämlich die Rückgabe der in Österreich gelegenen Hütten an den DAV nach dem Zweiten Weltkrieg.

Die «Mitteilungen» sind eine einzigartige Chronik der vereinspolitischen Bewegungen und ebenso der bergsteigerischen Tendenzen und Erfolge. Landes kannte die aktuellen Entwicklungen und Gefahren. Er hat Autoren gefunden und half ihnen, ihre Ideen klar darzustellen. Die «Mitteilungen» hatten Platz für das Warum, für Diskussionen und Provokationen: Pläsier- oder Abenteuerklettern, 8000er-Ethik, Geschlechterrollen, Kunst und Berg – «Landes' Publikationen waren eine Landkarte des 'Bergsteigens': übersichtlich, wegweisend, anregend». (Andreas Dick)
Wenn Elmar Landes mit Bergsteigern diskutierte, wußte er, wovon er redete. Landes kam früh zum Klettern – am Konstein, und bald auch ins Hochgebirge. Er war Jungmannschaftsleiter und später bei «Berggeist» Sektionsvorsitzender. Er war im Fels gewesen – Totenkirchl-Dülferweg, Eidenschink-Peters, Westpfeiler; Predigtstuhl-Direttissima; Dent-du-Géant-Südwand und einiges mehr. Er kennt das steile Urgestein, den lotrechten Kalkstein, aber auch die Flyschkuppen, von dort, wo die Alpen ausebben ins Land vor den Bergen. Mit solchen Erfahrungen, gekoppelt mit einer humanistischen Grundbildung und -haltung, konnte er stets bedenkender Anwalt von Gebirge wie Bergsteiger sein.

In den fast dreißig Jahren, in denen Landes als Schriftleiter des DAV wirkte, veränderte sich der Alpinismus total (damals unter 300.000 Mitglieder, heute über 600.000). Nur ein hellwacher Chronist konnte dokumentieren, was da passiert ist:
1. Die Alpinkletterei, die sich aus der technisch ausgestatteten Extremkletterei löste, und mit Impulsen vom sportlichen Klettern auch aus den Mittelgebirgen und dem Elbsandstein wieder zu Freiklettereien, zur Steigerung von Schwierigkeiten und zu einer neuen Erschließung des Lotrechten kam.
2. Das Höhenbergsteigen, das nun alle Achttausender eroberte, hunderte Gipfel über 6000 m in der Welt plötzlich begehbar machte.
3. Die Entwicklung von alpinistischen Spielformen, wie Indoor-Sportklettern, Drachenfliegen, Paragliding, Snowboarden, Canyoning, Mountainbiking.
4. Die geistige Durchdringung des Alpinismus – Psychologie, Historiographie, Literatur- und Kunstgeschichte bemächtigten sich des Themas Alpinismus. Symposien, Akademietagungen griffen Einzelthemen auf. Museen wurden eingerichtet, Archive entstanden, die Alpenvereinsbibliothek wuchs über alte Maße hinaus. Der Naturschutz griff um sich, und der DAV wurde offizieller Naturschutzverband. Es galt nun zunächst, die Natur zu schützen, dann aber auch die Betretung der alpinen Natur zu sichern. All diese Aufgaben mit den oft kontrovers geführten Anlaufdiskussionen spiegeln sich in den «Mitteilungen» wieder, so objektiv es nur möglich war. Das ist die große Leistung des DAV-Schriftleiters.

Wer wissen will, wie die Gegenwart aus der Vergangenheit entstand, wer die Zukunft des formierten Alpinismus aus der Herkunft formen will, kommt am Studium der «Mitteilungen» des Deutschen Alpenvereins und der Jahrbücher nicht vorbei.
Die «Mitteilungen» sind genau das, was auch der Schöpfer des Alpinen Museums in München seinem Projekt abforderte: keineswegs nur Vergangenheitsniederschrift zu sein, sondern Zeugnis einer fortwährenden Sinnstiftung. Man kann gelassen auf die Dichotomie verweisen, die der Historiker Hans-Michael Körner bei seinem Eröffnungsvortrag des Alpinen Museums auf der Praterinsel 1996 herausstellte: «Auf der einen Seite die Alpen, als das schlechterdings Statische, Unveränderliche, Beharrliche und, wenn wir die Erdgeschichte ausblenden, das A-Historische, die Alpen, deren Faszination, die immer wieder in den Kategorien des Ewigen, des Gleichbleibenden und des majestätisch Großen zu erklären man sich unterfing. Quer dazu steht der Begriff der Geschichte, ein Begriff, der Entwicklung, Dynamik, gelegentlich Fortschritt, stets aber Veränderung, Gestaltung, menschlichen Zugriff und menschliche Wirksamkeit in den Blickwinkel treten läßt.»
In diesem Rahmen dokumentieren die «Mitteilungen» und das Jahrbuch unter Fritz Schmitt und dann unter Elmar Landes 50 Jahre Alpinismus und Alpenverein.

Elmar und Marianne Landes haben im 16. und letzten Band des Alpenvereins-Jahrbuches, den sie gestalteten, im Buch «Berg '99», in einem Abschiedsgrußwort von einer konsequenten «Förderung des Wachstums einer möglichst alles majorisierenden Nichtlesergemeinschaft innerhalb unserer Mediengesellschaft» geschrieben. Die Jahrbuchveröffentlichungen standen inmitten dieser Brandung von Inhaltslosigkeiten, aber nicht wie ein erratischer Block; den Wandel unserer Wirklichkeiten, die Veränderungen im Alpinismus haben sie nie verleugnet, sondern fördernd dokumentiert. Sie haben sich stets bemüht, der «Reihe die Lebendigkeit zu bewahren».
Das ist eine jener typischen Untertreibungen der Landes. Sie haben die Lebendigkeit nicht nur zu bewahren sich bemüht, sondern sie haben der Jahrbuchreihe diese Lebendigkeit beschert. Man muß die Jahrbücher vor Landes anschauen und dann die ihrer Arbeitsperiode. Da spiegelt sich die Vielfalt des Bergsteigens wie nie zuvor, die Breite des Alpi-

nismusfächers, wie er in den letzten dreißig Jahren entstand, ist offengelegt. Ich spreche nicht nur von den neuen Spielformen des Bergsteigens. Landes hat Alpinismus als das verstanden, als was er gewachsen ist: Wissenschaft, Kunst, Erlebnisliteratur, Problembewußtsein, Naturliebe und Bergsteigen. Man muß nur die Einteilung seines letzten Bandes der Jahrbuchs anschauen:

- Eine Gebirgsgruppe (Venediger)
- Bizarrerien der Erdkruste = überraschungsträchtige Erlebniswelten
- Bergsteigen – Perspektive – Horizonte
- Allzu-, Über- und Widernatürliches
- Geschichte, Kultur, Gesellschaft, Umwelt

Wer dazu die Namen der Autoren liest, der weiß, wie Alpinismus heute zu verstehen ist. Da stehen traditionsgebundene Leute neben solchen, die in neue Dimensionen steigen, da stehen Alte neben Jungen, da stehen Klassiker neben Startern, da steht Vergangenheit mit zukunftsorientierter Gegenwart, alles eng verbunden durch die Zusammenschau, die Elmar Landes da gelungen ist.
Er ist Chronist des Zeitgeistes aus dreißig Jahren Alpinismus. Hut ab vor soviel Durchblick, Sachverstand und Mut.

Landes, als Redakteur, war immer bestrebt, jungen Menschen, die schrieben, zeichneten oder fotografierten, die Gelegenheit zur Veröffentlichung zu geben. Er hat mit seiner kundigen Hand manchem durch Korrekturen und milde Hinweise geholfen, den Weg in die Öffentlichkeit zu finden. Mancher heute hochrenommierte Alpinautor hat in den «Mitteilungen» seinen ersten Auftritt gehabt. Seinen Wunsch nach größtmöglicher Perfektion der Zeitschrift stellte Landes dann auch einmal hintenan, wenn es darum ging, solche erste Schritte in die Öffentlichkeit zu fördern. Das war typisch für ihn. Er hat immer sich selbst zurückgenommen. Er hat sich in den Dienst der Sache und ihrer Entwicklung gestellt.
Landes war ein Kulturarbeiter des DAV: Organisation der Kunstausstellung «Berge 81»; inhaltliche Mitarbeit an der Gestaltung des Bergsteigersymposiums in Brixen 1984; Zusammenstellung und Redaktion des alpenvereinsgeschichtlich wichtigen Bandes «Gratwanderungen» von Fritz März; Bearbeitung von Reinhard Karls «Zeit zum Atmen», einem Klassiker des Alpinismus.
Er half, wo er gebeten wurde, mit seinem unbestechlichen Sinn für Inhaltsqualität und mit seiner perfekten Textkorrektur, las kritisch Texte für die Alpinmuseen in Kempten und München, werkelte am Entwurf einer Alpinismus-CD-ROM, gab manchen wertvollen Rat bei der Herausgabe von alpinen Klassikern. Man konnte ihn anrufen wann immer. Er war stets freundlich. Er half. Er und Franz Grassler waren oft die letzte Station, wenn man etwas aus der Alpinismusgeschichte wissen mußte und nirgends fand.
Das alles liest sich jetzt wie Lobhudelei, aber es ist nur ein trockener Bericht über eine Haltung und ein Lebenswerk.

Landes war nicht eigentlich Journalist, aber auch nicht Feuilletonist. Er schrieb einen ruhigen klaren Stil, nie modisch oder manieriert. Dabei fehlte es keineswegs an Engagement. Seine Texte wurden bisher noch nicht gesondert betrachtet oder gewürdigt. Sie wären eines Klassikerbandes wert. Das gäbe ein wichtiges zeitgeschichtliches Sachbuch zum Thema Alpinismus. Die poetische Note, das Künstlerische des Architekturschülers, Musikfreundes und Klavierspielers Landes drückt sich selten in seinen publizistischen Texten aus, aber sie tritt unüberlesbar in seinem schönen Buch über das Ruhpoldinger Tal hervor. Einer viel geschmähten Touristenlandschaft gewinnt er ihren eigentümlichen Reiz ab. Kulturwissenschaftliche Tiefe trägt die persönliche Zuneigung zu einem Landstrich am Gebirge.
Landes war ein großer Schriftleiter des DAV. Und mehr. Mit ihm geht eine Epoche der Publikationen des DAV zu Ende. Neue Ziele, Zeichen und Wege sind ins Auge gefaßt. Die Arbeit von Schmitt und Landes ist DAV-Vergangenheit. Eine schöne Vergangenheit. Man wird fragen müssen: Was braucht die Zukunft von solcher Vergangenheit?

Das «Guinness-Buch der Rekorde»

Eine Betrachtung über den Unsinn, zu dem dieses Buch verleiten kann. Von Pit Schubert

Das *Guinness-Buch der Rekorde* ist eine beliebte Lektüre, meist allerdings nur für diejenigen, die darin Eingang gefunden haben und sich dessen rühmen können. Andere versuchen die beschriebenen Rekorde zu übertrumpfen, um ebenfalls Eingang darin zu finden. So treibt die Animation durch dieses unnötigste aller Bücher inzwischen die seltsamsten Blüten. Nicht nur, daß es die größte Torte sein muß, der längste Schal, der längste Tanz oder was an skurrilen Einfällen sonst noch sein mag, auch der jüngste Besteiger eines Berges scheint gefragt zu sein und die größte Anzahl an Teilnehmern beim Massentauziehen.

Am Berg gescheitert

Anfang der neunziger Jahre wollte ein Elternpaar durch die Besteigung des Montblanc (4807 m) mit ihrem vierjährigen Kind Eingang in das *Guinness-Buch* finden. Die Eltern taten dies der Presse zuvor kund. Wie sich später herausstellte, erhofften sie sich dadurch einen wirtschaftlichen Vorteil. Die Presse ging, wie zu erwarten, darauf ein. Die geplante Besteigung wurde groß angekündigt. So blieb diese auch den französischen Alpingendarmen[1] nicht verborgen.

Die Staatsanwaltschaft schaltete sich ein. Als die Eltern mit dem Kind auf der Gouter-Hütte (3817 m) waren, holten die Alpingendarmen das Kind im Auftrag der Staatsanwaltschaft mit dem Hubschrauber herunter; die Eltern, ihres angestrebten Zieles beraubt, gaben auf und flogen im Hubschrauber gleich mit.

Schon Jahre zuvor wollte ein Engländer mit seinem achtjährigen Sohn das Matterhorn besteigen mit dem Ziel, den jüngsten Bezwinger des berühmtesten Berges in den Alpen der Öffentlichkeit zu präsentieren und Eingang ins *Guinness-Buch* zu finden. Auch in diesem Fall wurde die Werbetrommel zuvor kräftig gerührt. Die Presse berichtete von dem geplanten «kühnen» Versuch, Vater und Sohn wurden abgebildet. Der Vater wurde von erfahrenen Leuten eindringlich gewarnt; er war für eine derartige Besteigung völlig unerfahren. Beide, Vater und Sohn, machten sich an den Aufstieg – und kehrten nicht mehr zurück. Beide sind seitdem verschollen.

Massentauziehen

Am Pfingstsonntag 1995 versuchten deutsche Pfadfinder im Westerwald den Rekord im *Guinness-Buch* zu überbieten. Etwa fünfhundertsechzig (!) Pfadfinder, geteilt in zwei Mannschaften, zogen an einem 534 Meter langen und 18 Millimeter dicken Nylonseil[2] aus ehemaligen NVA[3]-Beständen, das dieser Belastung nicht gewachsen war und mit einem explosionsartigen Knall riß, ähnlich einem überdimensionalen Peitschenschlag. Durch den Bruch wurde «die im Seil gespeicherte Energie schlagartig frei», so das Gutachten des TÜV-Rheinland, «sodaß die Seilenden mit hoher Geschwindigkeit in die Gruppen schnellten». Folgen: Ein zehnjähriger Pfadfinder wurde tödlich getroffen, ein anderer gleichen Alters erlag seinen Verletzungen am darauffolgenden Tag. Weitere 102 (!) erlitten Verletzungen, insbesondere Schnittwunden, Brand- und Schürfwunden an den Händen, Kno-

Links: Bei einem Wettkampf in der Schweiz.
Foto: Werner Rupp
Rechts: Eine der harmloseren Verletzungen, wenn ein unter hoher Spannung stehendes Seil reißt und zurückschlenzt (nicht beim Tauziehen passiert, sondern bei Versuchen zur Ermittlung der Belastung beim Seilrutschen).
Foto: Pit Schubert

chenbrüche, Prellungen und Schockzustände. Einem Pfadfinder wurde ein Finger abgerissen. Die Polizei ermittelte, der Staatsanwalt schaltete sich ein. Wie kann es zu derart schweren Verletzungen beim Tauziehen kommen?

Der Fluch der großen Zahl

Wenn jeder Pfadfinder nur mit einer Kraft von 300 N (ca. 30 kp) zieht – und das ist nicht viel (siehe unten) – wird bei solchem Massentauziehen eine Kraft in das Seil eingeleitet, die ohne weiteres die Größenordnung von über 8 Tonnen (8000 kp, ca. 80 kN) erreichen kann. Und das muß ein Seil erst einmal aushalten. Nach dem TÜV-Gutachten betrug die Reißkraft des Seiles nur knapp 4 Tonnen (4000 kp, ca. 40 kN). Und das waren mindestens vier Tonnen zu wenig. Das Gefährliche daran ist – wie im Gutachten angeführt – die im Seil gespeicherte Energie, die in Form des zurückschnellenden Seiles schlagartig frei wird und die unmittelbar Gegenüberstehenden trifft. Außerdem werden diese rücklings beschleunigt. Was heißt das? Sie werden aufgrund der eingeleiteten Zugkraft für Bruchteile von Sekunden mit hoher Geschwindigkeit nach hinten gerissen. Dabei muß es zu einem heillosen Durcheinander von Körpern, Armen und Beinen und damit zu Verletzungen kommen.
Auch wenn einem die physikalischen Zusammenhänge nicht geläufig sind, kann man mittels einer einfachen Rechnung «soundsoviele Mann ziehen mit soundsoviel Kraft gibt soundsoviel Tonnen Zugbelastung» – leicht überprüfen, ob das Seil hält oder reißen muß. Schließlich wird in jedem Seilkatalog die Bruchkraft angegeben. Kennt man die Bruchkraft nicht, läßt man besser die Finger von jeder Verwendung.

Vor Gericht

Zunächst ermittelten Polizei und Staatsanwaltschaft gegen vierzehn Verantwortliche des Pfadfindertreffens; gegen zwölf wurden die Ermittlungen eingestellt, gegen die beiden Hauptverantwortlichen erfolgte Anklage wegen vernachlässigter Sorgfaltspflicht in Tateinheit mit fahrlässiger Körperverletzung, teils mit Todesfolge. Sie hatten zuvor keinen fachkundigen Rat eingeholt und ein zu schwaches Seil ausgewählt.
Da die strafrechtliche Vorwerfbarkeit aber sehr niedrig lag und die Verantwortlichen ehrenamtlich und im Rahmen anerkennenswerter Jugendarbeit tätig waren, hielt es die Staatsanwaltschaft trotz der schrecklichen Folgen für ausreichend, gegen die beiden Hauptverantwortlichen nur eine Geldstrafe in Höhe von 500,- bzw. 1000,- DM auf Bewährung zu beantragen, dem sich das Gericht mit der Feststellung anschloß: «... sie haben das Beste gewollt, die Gefahrenlage aber völlig verkannt.»
In solchen Fällen gehen die Juristen von altruistischen[4] Beweggründen aus. Wer für die Allgemeinheit tätig ist, kann

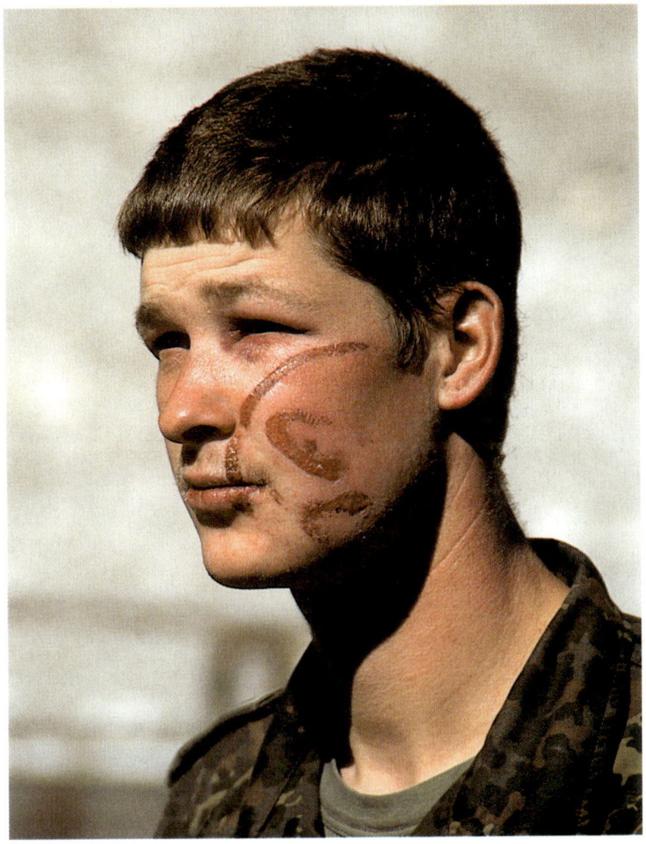

im Falle eines Unfallverschuldens wesentlich milder bestraft werden, als im Fall kommerzieller Interessen. Ein Beispiel aus dem täglichen Leben: Wer einen Verkehrsunfall schuldhaft verursacht, wird gemäß den gesetzlichen Bestimmungen bestraft. Wenn der Fahrer eines Sanitätskraftwagens, der in Eile mit Blaulicht einen Kranken befördert, den gleichen Unfall schuldhaft verursacht, wird er mit einem wesentlich milderen Urteil rechnen können, da er für die Allgemeinheit tätig war.

Nicht das erste Mal

Der Unfall der Pfadfinder im Westerwald war nicht der erste dieser Art. Bereits Anfang der achtziger Jahre ereignete sich ein Unfall in der Schweiz, und das mit Erwachsenen. Auch in diesem Fall war das *Guinness-Buch der Rekorde* der Grund für das Massentauziehen. Zweimal 440 (!) Personen waren beteiligt. Auch dieses Seil riß, es gab neben anderen Verunfallten mit abgequetschten oder abgerissenen Fingern und Handverbrennungen einen Schwerverletzten, dem eine Hand abgerissen wurde und der später aufgrund seines schwachen Immunsystems (Alkoholiker) im Krankenhaus verstarb. Auch hier schaltete sich der Staatsanwalt ein. Eigenartigerweise wurde nicht der Veranstalter angeklagt, sondern

Links: Das Seilziehen, für Kinder ein harmloses Vergnügen, solange sie es nicht zu hunderten mit einem Seil betreiben.
Foto: Pit Schubert
Rechts: E. T. Compton: Heidelberger Hütte. Aquarell auf Karton, o. J.

der Geschäftsführer der Seilherstellerfirma (Berg- und Industrieseile). Dieser wurde in erster Instanz sogar verurteilt, in zweiter jedoch freigesprochen, da sich nicht einwandfrei klären ließ, ob der Besteller des Seiles nähere Angaben gemacht hatte, wofür er das Seil benötigte.
Doch auch der Unfall in der Schweiz war nicht etwa der erste. Bereits in den siebziger Jahren ereignete sich ein Unfall in den USA mit 1100 (!) Teilnehmern auf jeder Seite. Auch hier waren viele Schwerverletzte und etliche Tote zu beklagen. Leider hatten sich diese Unfälle nicht bis zu den deutschen Pfadfindern im Westerwald herumgesprochen.
Wie nach dem Unfall der Pfadfinder vom Verlag des *Guinness-Buches* zu hören war, nimmt dieser schon seit längerem keine Meldungen von Massentauziehen mehr an, «weil bereits zu viel passiert ist».
Doch auch der Unfall im Westerwald sprach sich trotz weltweiter Kommunikation offensichtlich nicht ausreichend herum. So wurde 1997 in Taipeh (Taiwan) anläßlich eines Nationalfeiertags ein Massentauziehen mit rund 1500 Personen veranstaltet. Über vierzig wurden verletzt, einigen ein Arm ab- oder auch ausgerissen. Auch die Botschafter von Costa Rica, Guatemala und Nicaragua hatten daran aktiv teilgenommen und wurden verletzt.

Wenn sportliches Tauziehen, ...

dann nicht mit mehr als zehn Mann auf jeder Seite. Am besten richtet man sich nach den Regeln der entsprechenden Sportverbände. Beim Schweizer Tauziehverband werden nur acht Personen auf jeder Seite zugelassen. Bei Beschaffung der Seile sollte die Festigkeit (Reißkraft) beim Hersteller erfragt werden (mindestens 100% Sicherheitsreserve einkalkulieren). Vom Schweizer Tauziehverband werden nur Seile mit mindestens 32 Millimeter Durchmesser zugelassen (geringere Dehnung). Der Verband hat beim Tauziehen folgende Kräfte pro Person ermittelt:

Untrainierte (Anfänger) etwa 0,8–1,0 kN (ca. 80–100 kp)
Trainierte Sportler bis etwa 1,5 kN (ca. 150 kp)

Bei acht Personen auf jeder Seite ergibt sich auch bei trainierten Sportlern nur eine Belastung in der Größenordnung von 12 kN (ca. 1200 kp, 1,2 t). Und das halten alle Seile, die von den Sportverbänden zugelassen werden, leicht aus. Also: Tauziehen Ja – Massentauziehen Nein.

Bergsteigerseile?

Sie sind dünner, zwischen 10 und 11 Millimeter Durchmesser bei Einfachseilen (mit dünneren Seilen hat man zu wenig in den Händen); die Reißkraft liegt über 20 kN (über 2000 kp, 2 t). Sofern das Seil nicht durch irgendetwas, möglicherweise durch Chemikalien, vorgeschädigt ist[5], kann es nicht reißen. Wenn man Kinder tauziehen läßt, dann mit nicht mehr als fünf Kindern auf jeder Seite. Folgende Kräfte wurden mit Kindern und einem Einfachseil pro Kind gemessen:

Fünf- bis Siebenjährige etwa 0,1–0,2 kN (ca. 10–20 kp)
Acht- bis Zehnjährige etwa 0,2–0,3 kN (ca. 20–30 kp)
Elf- bis Vierzehnjährige etwa 0,3–0,4 kN (ca. 30–40 kp)

Wenn eine Seite losläßt, kippt die andere Seite nach hinten, und es kann zu ein paar blauen Flecken kommen (jedoch nicht wie zu Verletzungen bei einem Seilriß, da das Nachgeben langsamer erfolgt, nicht wie bei einem plötzlichen Seilriß). Natürlich sollte man sich keinen Betonboden aussuchen (schon passiert). Am besten ist Rasen. Auch Sand ist möglich; doch können die Mütter die euphorische Stimmung ihrer Sprößlinge, die im Sand das Tauziehen gewonnen haben, meist bei weitem nicht teilen, da sich der Sand anschließend nur zu gern in Haus und Wohnung ablagert. Die kleineren Kinder sollte man weiter vorn (also in der Seilmitte) und die größeren weiter hinten ziehen lassen. Auf diese Weise gibt es beim Durcheinanderpurzeln, wenn eine Seite ausläßt, weniger blaue Flecken als im Fall, da die weiter vorn postierten Gewichtigeren die weiter hinten befindlichen Kleineren zu Boden drücken.

[1]Peloton de Gendarmerie de Haute Montagne (= PGHM)
[2]Polyamid, PA-6
[3]NVA = Nationale Volksarmee (Armee der ehemaligen DDR)
[4]altruistisch = uneigennützig
[5]z.B. durch Schwefelsäure (Autobatterie!)

Personalien

Michael **Andres**, geb. 1964 in Bruneck, lebt in Bozen, Südtirol. Neun Jahre in der Bergsportbranche als Produktentwickler tätig, jetzt hauptberuflicher Bergführer und Leiter der Alpinschule *Globo Alpin*.
Herbert **Blank**, geb. 1949, lebt in Zams (Tirol), Elektriker, Bergsteiger und Fotograf. Fotos u. a. in *Berge*.
Andreas **Breinbauer**, geb. 1961 in Passau, aufgewachsen in Schärding, Oberösterreich, lebt in Wien. Veröffentlichungen in *Standard, profil, Format, Nebelspalter* u.a.

Reinhard **Böhm**, Dr., geb. 1948 in Wien. Studium der Meteorologie und Geophysik an der Universität Wien. Seit 1973 an der Zentralanstalt für Meteorologie und Geodynamik in Wien. Schwerpunkte: Klimatologische Zeitreihenanalyse, Urban- und Hochgebirgsklimatologie, Gletscher und Klima; zahlreiche Publikationen; zur Zeit Mitarbeit an den Forschungsprojekten ALOCLIM (Austrian Long Term Climate), WURTEN (Massenbilanzmessungen im Sonnblickgebiet), ALPCLIM (Environmental and Climate Evidence from High Elevated Sites in Europe) und ÖKLIM (Interaktive Klima-CD Österreich); Herausgeber der Zeitschrift *Jahresberichte des Sonnblickvereins*.
E. T. (Edward Theodore) **Compton**, geb. 1849 in London. 1867 Übersiedlung nach Deutschland (Darmstadt). 1870/71 besuchte er das bayerische Hochgebirge und die Dolomiten. Ab 1873 lebte er in Feldafing bei München, wo er 1921 starb; bestieg mit mit den berühmtesten Bergsteigern seiner Zeit zahlreiche Alpengipfel. Er illustrierte seinerzeit viele Bände des Alpenvereinsjahrbuchs und gilt als der Alpenmaler schlechthin.
Peter **Danner**, geb. 1960, Historiker, Publizist, Bergsteiger. Monographien: *Griechische Akrotere der archaischen und klassischen Zeit* (Rom 1989); *Westgriechische Firstantefixe und Reiterkalyptere* (Mainz 1986); *Westgriechische Akrotere* (Mainz 1997). Zahlreiche Publikationen zur griechischen, etruskischen und römischen Archäologie und Geschichte, über Kunst, Kultur und Wissenschaft.

Andreas **Dick**, geb. 1964 in Baden-Baden, Dipl.-Ing. (FH) für Umwelt- und Verfahrenstechnik, Bergführer im Lehrteam Bergsteigen des DAV, freier Journalist in München.
Udo **Dickenberger**, geb. 1958 im oberhessischen Ilbenstadt, philosophische und literaturwissenschaftliche Studien, zahlreiche literarische und kulturwissenschaftliche Veröffentlichungen, zuletzt ist bei Reclam Leipzig der Band *Philosophie des Maulwurfs – Unzeitgemäße Wühlarbeiten* erschienen.
Zipora **Fried**, geb. 1963 in Haifa, lebt in Wien, Grafikerin.
Ralf **Gantzhorn**, geb. 1964, Diplom-Geologe, klettert seit etwa 15 Jahren in Fels und Eis. Zu seinen bevorzugten Reisezielen gehört Patagonien, wo er in Summe etwa zweieinhalb Jahre verbracht hat. Zahlreich Veröffentlichungen in verschiedenen Zeitschriften, Verfasser von zwei Trekking-Führern.
Irmhild **Hennings**, geb. 1962, Buchhändlerin und Diplom-Biologin. Lebt als freie Journalistin in Hamburg und schreibt zu Themen Natur und Reise. Recherchiert dafür am liebsten weltweit auf gemeinsamen Trekkingtouren mit Mann und Kind.
Hans **Henzinger**, Lehrer und Schuldirektor in Kufstein (Behindertenpädagogik), geb. 1921 in Landeck. Seit 1978 intensive Beschäftigung mit dem Holzschnitt in S/W und Farbe. 1983 Sommerakademie in Salzburg. Zyklen zu religiösen und mythologischen Themen. 1992/93 entstand die Bildfolge *Große Kaiserkare*. Zahlreiche Ausstellungen und Reisen. Werkmonografie: *Ins Holz geschnitten, Bildmeditationen*, Verlagsanstalt Tyrolia, Innsbruck, 1999.
Thomas **Hofmann**, geb. 1964 in Wien, Studium der Paläontologie an der Universität Wien, seit 1991 an der Geologischen Bundesanstalt mit den Schwerpunkten Geotopforschung, Geschichte der Geologie, Wissenschaftsjournalismus, Buchveröffentlichung: *Das Weinviertel*, Falter, Wien 1995.
Andreas **Hohl**, Dr., Studium von Psychologie, Soziologie, Romanistik und Agrarwissenschaften in Bonn, Lissabon, Wien. Promotion über den Schutz der tropischen Regenwälder in Stuttgart-Hohenheim. Mehrjährige Forschungsaufenthalte in Übersee, unter anderem Brasilien, Kenia und Australien. Für den DAV Summit Club in Osteuropa und Afrika tätig.
Stefanie **Holzer**, geb. 1961, lebt in Innsbruck, Schriftstellerin, Publikationen zu landeskundlichen und touristischen Themen. Ende 1999 erscheint im Folio Verlag, Bozen der Führer *Kultur Geschichten Tirol*.
Sebastian **Hölzl**, geboren 1945, lebt in Innsbruck, Archivhistoriker am Tiroler Landesarchiv, zahlreiche Veröffentlichungen über Landesgeschichte, Gemeindearchive, Höfeforschung und Verfasser von Dorfbüchern. Langjähriger Jugendführer im ÖAV; Allroundbergsteiger zwischen Frêney-Pfeiler (Mt. Blanc), Schweizer Weg (W-Zinne) und Broad Peak (gemeinsam mit seiner Frau); Paragleiter und Höhenbergsteiger auf über 20 Expeditionen.
Henriette **Hölzl-Eberwein**, geb. 1960 in Klagenfurt, Wahltirolerin, Hauptschullehrerin für Sport und Deutsch, ein Sohn, langjährige Jugendführerin im ÖAV, Allroundbergsteigerin und Expeditionsbergsteigerin; Erste Österreicherin auf 8000 m (Broad Peak 1986) gemeinsam mit ihrem Gatten Sebastian. Texte über Frauenbergsteigen (AV-Jahrbuch 1988) und Veröffentlichungen in Alpin-Zeitschriften.
Heinz **Jungmeier,** Dipl.-Ing. Dr. mont., geb. 1937. Leitende Funktionen in der Industrie, Lehrbeauftragter an der TU Graz. Seit 1986 Vorsitzender des Landesverbandes Kärnten des Österreichischen Alpenvereins.
Robert **Klien**, geb. 1935 in Pians-Quadratsch, lebt in Pfunds im Oberinntal, bis 1997 Bezirksschulinspektor. Zahlreiche landeskundliche Publikationen. Zuletzt erschien der schöne Band *Stanzertal, Paznaun und Region Landeck – Kunstschätze und Baudenkmäler* (zusammen mit Josef Walser), Tyrolia Verlag, Innsbruck/Wien 1998.
Ernst **Krenek**, geb. 1900 in Wien, starb 1991 in Kalifornien, wohin er 1938 emigrierte. Er zählt zu den interessantesten Komponisten unseres Jahrhunderts; sein größter Erfolg war die Oper *Jonny spielt auf* (1927). Er schrieb nicht nur seine Libretti selbst, sondern war auch sonst schriftstellerisch produktiv. Seine zwischen 1942 und 1952 verfaßten Memoiren erschienen 1998 unter dem Titel *Im Atem der Zeit. Erinnerungen an die Moderne* in der Übersetzung von Friedrich Saathen und Sabine Schulte bei Hofmann und Campe, Hamburg. Der Abdruck des Kapitels aus diesem Buch erfolgt mit freundlicher Genehmigung des Hofmann und Campe Verlags; der Abdruck des *Reisebuchs aus den österreichischen Alpen* mit freundlicher Genehmigung der Buchverlage Langen Müller Herbig. Die schönste Aufnahme des *Reisebuchs* (op. 62) ist ohne Zweifel jene mit Julius Patzak mit Heinz Schmidt (Klavier), Preiser Records, Mono 90073.
Herbert **Kuntscher**, Naturwissenschaftler, geb. 1915 in Innsbruck, lebt in Kufstein. Artikel, Beiträge in Sammelwerken und Buchveröffentlichungen über Skitouristik, Alpingeschichte, Tiroler Landeskunde, alpinen Bergbau und Höhlen.
Karl **Lukan**, geb. 1923, Verlagsangestellter, seit 1939 Bergsteiger. Verfasser von insgesamt fünfzig Büchern (Bergbücher und kulturgeschichtliche Werke) sowie zahlreicher Zeitschriftenbeiträge.
Fritz **März**, Dr. jur., geb. 1927, Wirtschaftsanwalt. «Bergsteigen ererbt vom Vater. Gleich nach dem Krieg, an dem ich noch teilzunehmen die zweifelhafte Ehre hatte, viele schwierige Touren in den Alpen in Fels und Eis. 1953 Leiter der ersten deutschen bergsteigerischen Südamerikaexpedition nach dem Krieg in die Cordillera Vilcanota in Peru. Erstbesteigung des Ausangate 6384 m und anderer 6000er. Später noch mehrere Expeditionen nach Peru, unter anderem Entdeckung einer bergsteigerisch bisher völlig unbekannten Gruppe in der Cordillera Carabaya. Verschiedene Publikationen zum Thema Bergsteigen. Von 1980 bis 1992 Erster Vorsitzender des Deutschen Alpenvereins.»
Waltraud **Mayr**, geb. 1954, unterrichtet Deutsch und Englisch

an der Tourismusfachschule Villa Blanka in Innsbruck, zahlreiche Veröffentlichungen zu gastronomischen Themen.
Johannes **Menge**, geb. 1944 in Heidenheim/Brenz, Studium von Germanistik und Latein, seit 1974 Gymnasiallehrer in Blaubeuren, wandert und forscht in den Alpen sowie auf den Spuren seines Vorfahren, des Mineralogen und Australienpioniers Johannes Menge (1788-1852).
Dietram **Müller**, Prof. Dr., geb. 1941, Studium der klassischen Philologie, Archäologie, Geographie und Philosophie in Mainz, Wien, München und Thessaloniki. Tätig am Seminar für Klassische Philologie der Universität Mainz. Veröffentlichungen: *Handwerk und Sprache* (1974), *Satzbau, Satzgliederung und Satzverbindung in der Prosa Herodots* (1980), *Topographischer Bildkommentar zu den Historien Herodots, Bd. 1 Griechenland* (1987), *Bd. 2 Kleinasien* (1997).
Harry **Neumann**, Abenteurer, Fotograf, Studium der Germanistik und Politikwissenschaft, Kalender *Berge der Welt*, Fernseh- und Rundfunksendungen, freier Mitarbeiter bei *Trekkers World* und *abenteuer und reisen*. Hundert Drei- und Viertausender, klassische Klettertouren und Eiswände in den Westalpen im Winter sowie zahlreiche Unternehmungen in den Weltberge.
Louis **Oberwalder**, Prof., geb. 1922 in Virgen (Osttirol), Studium der Geschichte und Geographie, Lehrer am Gymnasium in Lienz, danach in der Erwachsenenbildung tätig. Alt- und Ehrenvorsitzender des Oesterreichischen Alpenvereins. Zahlreiche Publikationen.
Sebastian **Schrank**, «geb. 1958 / ab 1968 Gymnasiast / ab 1974 Kletterer / ab 1982 Zeichner / ab 1983 Mitglied einer sich aggressiv vermehrenden Familie.»
Pit **Schubert**, geb. 1935, Dipl.-Ing., Leiter des DAV-Sicherheitskreises, Untersuchung von Bergausrüstung und Unfällen. Zuvor Projektingenieur in einem Luft- und Raumfahrtkonzern. Extremkletterer seit 1959, Erstbegehungen und Erstbesteigungen. Zahlreiche Buch- und andere Veröffentlichungen.
Dieter **Seibert**, geb. 1940 in Prien am Chiemsee, lebt im Oberallgäu. Bergsteiger ab 4 Jahren. Der wohl beste Ostalpenkenner, seit gut 25 Jahren beruflich Buchautor und Fotograf (vor allem für alpine Themen), gut 50 Veröffentlichungen (Bücher, Lehrbücher, Führer), Fachmann für Skitouren, Bergwandern (auch mit Kindern), Klettersteige, zudem für wenig bekannte Berge und Gebiete.
Friedrich **Smola**, geb. 1928, beschrieb in *Berg '98* seine Westalpen-Abenteuer.
Alfred **Tamerl**, geb. 1942 in Landeck. Studium der Germanistik und Anglistik in Innsbruck. Lehrer am Bundesrealgymnasium Imst. Zahlreiche landeskundliche und historische Publikationen. 1999 erschien *Roswitha von Gandersheim – Eine Mystifikation* im Mantis Verlag, Gräfelfing.
Reinhard **Walcher**, geb. 1953 in Wörgl, lebt als Grafiker und Maler in Innsbruck und Wörgl.
Johann Jakob **Weilenmann**, geb. 1819 in Illnau, Kanton Zürich, lebte nach bewegten Jugendzeiten als Kaufmann in St. Gallen, wo er 1896 starb. Er ist einer der großen Bergsteiger und Alpinschriftsteller der klassischen Epoche. Sein Tourenverzeichnis, «auf den Schäften seiner beiden Bergstöcke mit dem Brennglas eingebrannt», umfaßt etwa 350 Berg- und Paßnamen. Unter anderem gelangen ihm die Erstbesteigungen von Fluchthorn und Piz Buin. Der hier abgedruckte Text über die Silvretta entstammt Weilenmanns ausgewählten Schriften, die unter dem Titel *Aus der Firnenwelt* 1923 im

Johann Jakob Weilenmann, von Toni Schönecker

Bergverlag Rudolf Rother, München erschienen sind, mit einem Lebensbild Weilenmanns von Walther Flaig und mit Bildern nach Zeichnungen von Toni Schönecker; vom ihm stammt auch das hier abgedruckte Porträt.
Rudolf **Weiss**, geb. 1932, Professor für Erziehungswissenschaften an der Universität Innsbruck. Zahlreiche Veröffentlichungen, u. a. Lehrbücher und Gebietsführer für den Tourenskilauf, Wanderführer und ein *Alpines Wörterbuch in vier Sprachen*. Er schrieb in *Berg '98* über Schitouren in den Kitzbüheler Alpen.
Gabriele **Werner**, geboren 1957, Mikrobiologin, Dozentin am Institut für Medizinische Chemie und Biochemie der Universität Innsbruck. Neben Artikeln in internationalen biochemischen Fachzeitschriften Beiträge in der *GEGENWART*, u.a. zu Charles Darwin, Bernhard Grzimek und Erwin Chargaff.

Sgraffito an einem alten Haus in Guarda (Engadin).
Foto: Dieter Seibert.

Jürgen **Winkler**, geb. 1940 in Berlin, lebt in Bayern. Fotografenlehre in Frankfurt, dann in Industrie- und Werbefotografie tätig. Winkler ist heute einer der profiliertesten Landschafts- und besonders Bergfotografen. Sein 1989 erschienener bildband *Himalaya* wurde mit dem Europäischen Bergbuchpreis ausgezeichnet. 1993 erschien bei J. Berg in München der beeindruckende Bildband *Aus den Bergen. Photographien in Schwarzweiß.*

Heinz **Zak**, geb. 1958 in Wörgl, lebt in Scharnitz (Tirol). Einer der profiliertesten Extremkletterer und Bergfotografen. Sein schönes Wetterstein-Buch erschien 1998 im Bergverlag Rother, München.

Helmuth **Zebhauser**, Dr. phil. (Kommunikationswissenschaft, Philosophie und Mathematik), geb. 1927, Kulturbeauftrragter des Deutschen Alpenvereins.

Besonderer Dank für die Hilfe bei der Beschaffung von Bildmaterial und für Auskünfte aller Art geht an Klaus Oberhuber (OeAV-Bibliothek, Zweig Innsbruck) und Monika Gärtner (Alpenverein-Museum Innsbruck).

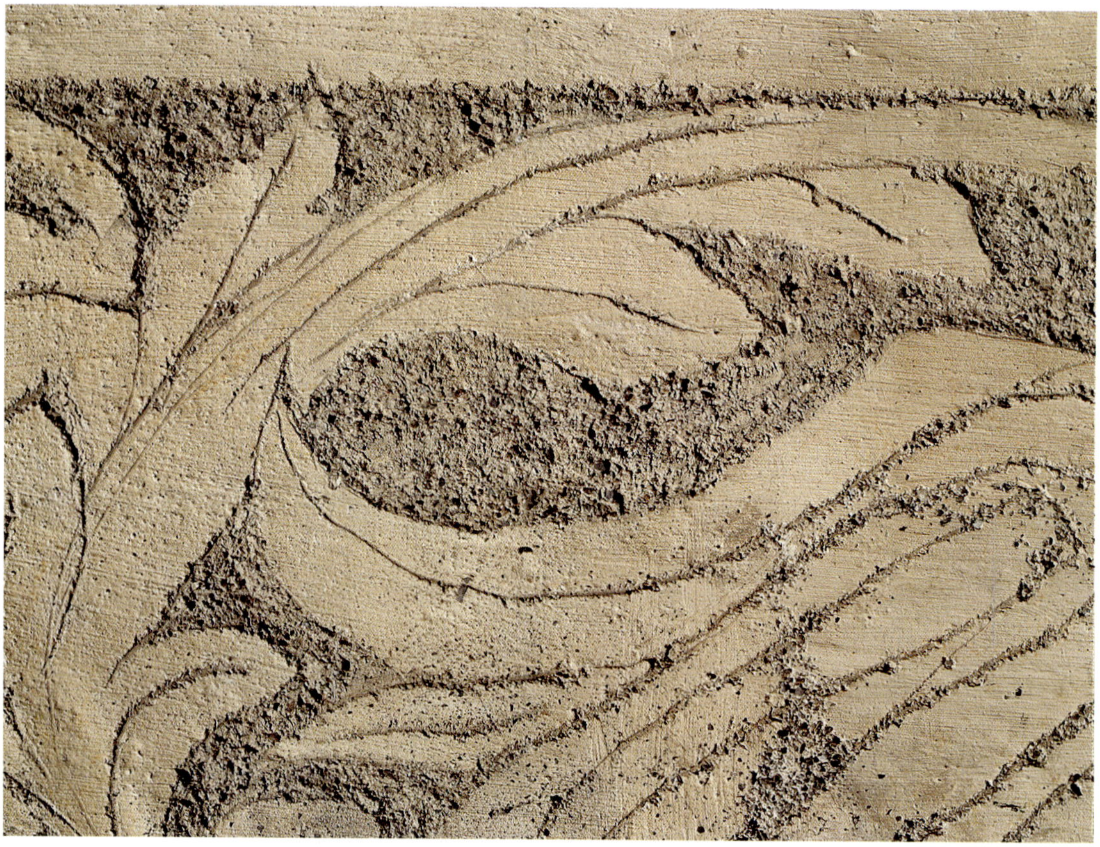

ISSN 0179-1419
ISBN 3-7633-8068-X
ISBN 3-928777-67-X (Mitgliederausgabe)

Satz und Layout: Walter Klier.

Fototechnische Ausführung: Steigerdruck, Lindenweg 37, A-6094 Axams.
Druck: Druckerei Friedrich Sochor, Kitzsteinhornstraße 63, A-5700 Zell am See.
Gedruckt auf chlorfreiem Papier.
Alleinvertrieb für den deutschen Buchhandel: Bergverlag Rudolf Rother GmbH, Haidgraben 3, D-85521 Ottobrunn.
Für Österreich: Freytag & Berndt, Schottenfeldg. 62, A-1071 Wien.